"이처럼 생생하며 흥미진진한 일화들로 가득한 이 책에서, 브래드 스톤은 저렴한 가격과 놀라운 서비스를 우리에게 제공하는 어마어마한 힘을 가진 회사이자 수많은 비즈니스와 일자리를 파괴하는 기업의 내부에 대해 사상 처음으로 아주 깊숙이 파고들어간다. 좀처럼 접하기 어려운 아마존 임원들과의 만남을 통해, 독자들은 아마존의 회의 현장으로 안내되고, 탁월하지만 호전적인 제프 베이조스를 아주 가까이에서 마주할 수 있으며, 놀라운 효율성과 시장 지배력의 폐해가 서로 상충된다는 것을 이해하게 되고, 왜 각국 정부가 아마존 같은 디지털 대기업이 제기하는 독점의 위협에 경각심을 갖게 되었는지 최신의 이야기들을 파악할 수 있다."

— **켄 올레타**(Ken Auletta), 《구글드(Googled)》 저자

Amazon Unbound

Amazon
Unbound

아마존 언바운드

브래드 스톤 지음 | 전리오 옮김

퍼블리온
Publion

나의 아버지 로버트 스톤에게

[일러두기]

- 본문의 주석은 모두 '옮긴이 주'이며, 참고자료 인용 등 '저자 주'는 미주로 표시했습니다.
- 한국에 출간된 책은 출간 도서명으로 표기하고, 원서 제목으로 넣은 경우 '옮긴이 주'에 한국 어판 정보를 추가했습니다.

'플랫폼 제국'을 만든 제프 베이조스의
강력한 경영 리더십과 변화에 대응하는 가치관

이 책은 2013년 《아마존 세상의 모든 것을 팝니다(The Everything Store: Jeff Bezos and the Age of Amazon)》를 통해 비밀주의로 유명한 아마존과 제프 베이조스의 실체를 공개한 브래드 스톤(Brad Stone)의 후속작이다. IT 전문 저널리스트인 저자는 전작에 이어 설득력 있고 흥미로운 스토리 전개로 아마존과 제프 베이조스의 성장 기록을 자유롭게 담아냈다. 플랫폼 경제 생태계에서 가장 강력하고 두려운 기업이 된 아마존과 천재적인 창업자이자 CEO 제프 베이조스는 글로벌 비즈니스 혁신을 선도하고 있다. 그동안 아마존의 시가 총액은 1조 5천억 달러를 넘었고, 전체 임직원 수도 130여만 명 규모로 급성장했다.

저자는 전·현직 아마존 직원들과 한 인터뷰를 바탕으로 회사의 비전과 제프 베이조스의 경영 스타일을 가감 없이 보여준다. 주로 유통과 기술 혁신에 집중 투자하면서 인공지능(AI) 플랫폼 알렉사(Alexa) 개발, 클라우드 컴퓨팅 사업 아마존 웹 서비스(AWS, Amazon Web Services)의 성장, 로봇과 자율주행 기술 기반의 물류·배송 시스템 강화, 친환경 식품 유통 대형체인 홀푸드마켓(Whole Foods Market) 인수, 무인 자동화 상점을 구현하기 위한 아마존 고(Amazon Go) 출점, 스트리밍 서비스 출시, 영화·드라마 제작을 위한 아마존 스튜디오(Amazon Studios) 설립 등 전방위적인 사업에서 괄목할 만한 성과를 창출하고 있다.

이 책은 아마존의 제프 베이조스와 경영진들이 극복해야 했던 이슈와 해결 과정을 자세하게 보여준다. 동기부여를 위한 내부 모토(motto)로 만든 "열심히 일하세요, 즐거운 시간을 보내세요. 그리고 역사를 만드세요(Work hard, Have fun and Make history)"는 아마존의 노력과 열정을 상징한다. 한편으로 아마존의 눈부신 성장은 시장경제와 자본주의의 명암을 보여준다. 빅테크 기업에 대한 반독점 규제와 소비자 보호 문제, 근로자에 대한 부당한 처우 문제, 지역 진출 과정에서 발생한 논란 등이 대표적이다. 저자는 제프 베이조스의 급격한 재산 증가 과정, 방송 앵커와의 스캔들, 아내와의 이혼 등 내밀한 사생활까지 다루었다.

이제 '아마존이 곧 제프 베이조스, 그가 바로 아마존의 전부인 시대'가 막을 내리고 있다. 2021년 7월, 창업 후 27년 만에 앤디 재시(Andy Jassy)에게 CEO를 물려주고 떠난 제프 베이조스는 우주항공 사업, 바이오 테크, 기후변화 대응 등 그만의 끝없는 도전을 다시 시작했다. 이렇게 초심을 잃지 않고 매일 혁신을 추구하는 '데이원(Day 1)' 정신은 아마존과 제프 베이조스를 상징하는 키워드다. 이를 기반으로 한 고객 중심, 장기적인 안목, 창조 정신은 아마존의 핵심 성공전략으로 새로운 경영진들이 만들어갈 리더십 원칙에도 철저하게 반영될 것이다.

최근 아마존은 한국 시장에 더 많은 관심과 투자를 진행하고 있다. 이미 한국에 진출한 AWS 사업은 꾸준히 성장 중이며, 온라인 유통은 '11번가'와 손을 잡고 해외 직구와 구독 서비스부터 본격화했다. 이제 국내에서도 '아마존화되다(To be Amazoned)'라는 이야기가 현실화될 가능성이 높아졌다. 따라서 거의 모든 기업과 경영 리더들의 촉각이 아마존과 제프 베이조스를 향해야 할 시점이다.

이 책은 여러 위기를 돌파하고 있는 오늘의 아마존에 균형적 시각을 갖게 하고, 미래지향적인 비즈니스 통찰력을 더욱 키워줄 것이다. 무엇보다 거대한 '플랫폼 제국'을 만든 제프 베이조스의 강력한 경영 리더십과 변화에 대응하는 가치관을 이해하는 데 최상의 선택이 될 것이다.

류영호
《아마존닷컴 경제학(Amazonomics)》저자
교보문고 DT추진실 부장

그의 천재성은 무언가를 발명하는 것이 아니라,
발명하기 위한 시스템을 발명한 것에 있다.
에디슨은 철저한 위계질서를 가진 조직을 만들었고,
그 안에서 수십 명의 연구자와 기술자, 수선공이
그의 감독을 받으며 실험하고 있었다.

— 그레이엄 무어, 《밤의 마지막 날들》

나는 언제나 이상하게 생각했어. 우리가 높이 평가하는 것들이,
그러니까 친절함과 관대함, 개방성, 정직함, 이해심, 공감 같은 것들이
사실은 모두 우리 사회에서는 실패의 결과물이라는 거야.
반면에 신랄함, 탐욕, 집착, 비열함, 자기중심, 사리추구 등
우리가 혐오하는 것들은 모두 성공을 위한 특징이란 말이지.
그리고 사람들은 전자의 특성을 높이 평가하면서도,
후자의 결과물을 좋아한다는 거야.

– 존 스타인벡, 《통조림공장 골목》

Part 02 레버리지

Chapter 14 **심판**

Chapter 15 **팬데믹**

Prologue

전 세계에서 가장 영향력 있는 기업

Amazon Unbound

모든 가치 있는 일들은
수많은 실험과 실수와 실패를 거쳐 나온다

———

그것은 거대한 실내 행사였는데, 얼핏 보면 시대에 뒤떨어진 것처럼 느껴지는 면도 있어서 마치 사라진 고대 문명의 오래된 풍습처럼 보일 수도 있었다. 현대 역사상 최악의 팬데믹을 촉발한 코로나19가 중국 우한에서 처음 모습을 드러내기 한 달 전인 2019년 11월의 어느 일요일 밤, 정치, 미디어, 비즈니스, 예술 분야의 저명한 인사들이 워싱턴 D. C.에 있는 스미스소니언(Smithsonian) 국립초상화미술관(National Portrait Gallery)에 모였다. 초대장을 받은 사람만이 입장할 수 있는 이 행사에는 미셸 오바마(Michelle Obama), 힐러리 클린턴(Hillary Clinton), 낸시 펠로시(Nancy Pelosi) 등을 비롯한 수백 명의 손님이 모두 검은색 정장 차림을 하고 미술관 안뜰을 가득 메우고 있었다.

이들이 모인 이유는 미술관이 초상화 여섯 점을 새롭게 영구 소장하게 된 것을 축하하기 위해서였다. 이러한 영광스런 초상화의 주인 공은 미국의 상징 같은 인물들인데, 대표적으로는 뮤지컬 〈해밀턴 (Hamilton)〉을 만든 린마누엘 미란다(Lin-Manuel Miranda)와 〈보그(Vogue)〉 편집장 애나 윈터(Anna Wintour)가 있었다. 그리고 물론 세계 최대 부자 도 빼놓을 수 없다. 아마존(Amazon) 설립자이자 CEO인 제프 베이조스 (Jeff Bezos) 말이다.

베이조스의 실물과 똑같은 초상화는 화가인 로버트 맥커디(Robert McCurdy)가 그린 것으로, 그림 속의 그는 순백색 배경을 뒤로한 채 빳빳 한 흰색 셔츠에 은색 타이를 매고, 지난 25년 동안 아마존의 직원들을 정신없게 만든 바로 그 냉혹한 시선으로 정면을 응시하고 있었다. '서 비스, 창의성, 개성, 통찰력, 독창성'에 대한 헌신을 인정받아서 그는 그 날 밤 '국가의 초상화 상(Portrait of a Nation Prize)'을 받았는데, 수상 연설 에서 베이조스는 자리에 함께 한 가족과 동료들에게 고마움을 전하면 서 특유의 대중적인 겸손함을 선보였다.

열아홉 살인 첫째 아들 프레스턴(Preston)의 화려한 소개를 받은 그는 이렇게 말했다. "제 삶은 거대하게 이어진 실수들에 바탕을 두고 있습 니다. 그 점에 대해서는 제가 비즈니스 업계에서 나름 유명한 편입니 다. 지금 여기에 파이어폰(Fire Phone)을 갖고 계신 분이 몇 명이나 되나 요?" 청중이 한바탕 크게 웃은 후에 다시 조용해졌다. 파이어폰은 아마 존이 2014년에 선보였다가 완전히 망해버린 스마트폰이다. 이에 그가 웃으며 말했다. "자, 보셨죠? 아무도 없네요. 감사합니다."

베이조스는 말을 이었다. "제가 해낸 모든 흥미로운 일들, 제가 해낸 모든 중요한 일들, 제가 해낸 모든 가치 있는 일들은 수많은 실험과 실수와 실패들을 거쳐서 나온 것입니다. 그 결과 저의 얼굴은 이처럼 반흔조직(scar tissue)으로 뒤덮이게 되었습니다." 그러면서 그는 미술관이 제공한 화가들의 목록 중에서 맥커디를 선택하던 당시를 회상했다. "저는 제가 가진 모든 결점, 모든 불완전함, 모든 반흔조직 자국까지 아주 세밀하게 그려줄 하이퍼리얼리즘 화가를 찾고 있었습니다."

청중은 베이조스의 연설에 열광적인 기립박수로 화답했다. 이런 분위기의 저녁이었다. 밴드 어스 윈드 앤드 파이어(Earth, Wind & Fire)가 공연을 했고, 손님들은 술 마시고 춤을 췄으며, 코미디언 제임스 코든 (James Corden)은 금발의 가발에 검은색 선글라스를 쓰고 털가죽을 덧댄 코트를 입고선 애나 윈터를 흉내 내면서 그녀에게 시상을 했다. 그러면서 그는 "제프 베이조스에게 내 커피를 가져오라고 해!"라며 즉석에서 애드리브를 했다. 부유한 청중은 즐거워했고, 행사장은 웃음바다가 되었다.

이처럼 성대한 행사가 펼쳐지고 있었지만, 이제 창립 26주년을 맞은 아마존과 그 CEO를 대하는 바깥세상의 분위기는 그보다 훨씬 더 복잡했다. 아마존은 호황을 누렸지만, 그 이름은 각종 얼룩으로 더럽혀져 있었다. 그들에게 박수갈채가 쏟아질 때마다, 그에 못지않은 비판도 이어졌다. 아마존은 존경받았으며 고객들에게도 사랑받았지만 그들의 비밀스런 의도는 신뢰받지 못하는 경우가 많았고, 회사의 물류창고에서 일하는 블루칼라 노동자들의 열악한 처지와는 대조적으로 창업주의 순자산은 갈수록 치솟으면서 부와 권력이 비대칭적으로 분배되는 것에 대한 불편한 의문들을 불러일으켰다. 아마존은 더 이상 사람들에게 용기를 심어주는 성공 스토리를 간직한 회사만이 아니었다. 그들은 이제 직원들에 대해, 지역사회에 대해, 우리의 연약한 지구의 존엄성에 대해 거대 기업이 가져야 할 책임감과 사회에 대한 하나의 시험대였다.

지구에 대한 책임에 대해서 베이조스는 아마존의 '기후서약(Climate Pledge)'이라는 구상을 통해 해결책을 제시했는데, 이는 아마존이 2040년까지 탄소 중립(carbon neutral)을 달성하겠다는 약속이다. 2040년은 파리기후협약으로 정한 대부분의 야심찬 계획들보다 10년 정도 앞선 시점이다. 아마존을 비판하는 사람들은 그들에게 다른 기업들처럼 탄소 발자국을 공개하라며 압박했다. 곧 지구의 기온을 급격하게 상승시키는 해로운 가스 배출에 아마존이 얼마나 영향을 미치는지 밝히라는 것이다.

아마존의 지속가능성(sustainability) 담당 부서는 자사의 건물들에 좀 더 효율적인 기준을 만들고 유해한 포장재 사용을 줄이기 위해 몇 년 동안 노력하고 있었다. 그러나 단순히 탄소와 관련된 보고서를 공개함으로써 그들의 노력을 알리고 다른 기업을 따라하는 것만으로는 충분치 않았다. 베이조스는 아마존이 이 문제를 창의적으로 접근해야 한다고 주장했다. 그렇게 해야 자신들이 지속가능성 분야의 리더로 여겨질 것이며, 전 세계 수백만 명의 고객이 아마존의 사이트를 방문했을 때도 기분 좋게 '지금 구매' 버튼을 누를 수 있다는 것이었다.

이러한 목표를 이루기 위한 구체적인 방안은 존재하지 않았다.' 특히 비행기, 트럭, 배달용 승합차 등 오염물질을 토해내는 아마존 함대의 규모가 더욱 커지는 사실에 비춰보면 그러한 대비가 더욱 부각되었다. 그럼에도 베이조스는 이 서약을 공개하고 품위 있는 태도로 다른 기업들도 여기에 서명하도록 요청하고자 했다. 이를 위해 사내에서 적극적으로 논의된 아이디어 한 가지는, 그가 극지방의 만년설에서 개인적으로 동영상을 촬영한 다음에, 그걸 활용해서 이러한 이니셔티브를 발표한다는 것이었다. 이처럼 끔찍할 정도로 복잡하면서도 탄소를 많이 소모하는 아이디어의 실행방안을 마련하기 위해 실제로 아마존의 지속가능성 부서와 홍보 담당 부서의 직원들이 며칠 동안 심사숙고했는데, 다행히도 그들은 이러한 구상을 포기했다. 대신에 베이조스는 그보다 훨씬 더 접근하기 쉽고 따뜻한 지역인 워싱턴 D. C.에 있는 내셔널프레스클럽(National Press Club)에서 이러한 계획을 발표하게 된다.

스미스소니언에서 성대한 행사가 열리기 두 달 전인 2019년 9월 19일 아침, 언론인 수십 명이 아마존 CEO를 만날 수 있는 보기 드문 기회를 놓치지 않기 위해 모여들었다. 베이조스는 이곳의 작은 무대에서 기후변화에 관한 유엔기본협약(UNFCCC)의 사무국장을 지낸 크리스티아나 피게레스(Christiana Figueres)와 함께 앉아 있었다. 그가 발언을 시작했다. "기후 과학자들이 불과 5년 전에 내놓은 예측이 잘못된 것으로 밝혀지고 있습니다. 남극의 대륙빙하는 5년 전의 예상보다 70퍼센트 더 빠르게 녹고 있습니다. 바다는 40퍼센트 더 빠르게 따뜻해지고 있습니다." 그는 계속해서 말을 이어갔다. 아마존은 새로운 목표를 달성하기 위해 자신들의 비즈니스에서 사용하는 동력을 100퍼센트 재생에너지로 전환할 것이라고 했다. 그리고 아마존이 자금을 지원했으며, 미시간의 플리머스에 있는 리비안 자동차(Rivian Automotive)에 전기승합차 10만 대를 주문할 것이라고 말했다.

이어진 질의 시간에 기자 한 명이 베이조스에게 '기후정의를 위한 아마존의 직원들(Amazon Employees for Climate Justice)'[2]이라는 이름으로 함께 모인 노동자 집단에 대해 물었다. 이들 직원은 다른 무엇보다도 아마존이 기후위기를 부정하는 정치인에게 재정지원을 철회하고, 화석연료 기업들과 맺은 클라우드 컴퓨팅 관련 계약을 파기하도록 요구했다. 베이조스는 그 단체의 우려사항에 대해서는 충분히 이해한다고 말했지만, 그들의 요구사항에 전부 동의하지는 않는다고 밝혔다. "저는 이 문제가 공유지의 비극(the tragedy of the commons)*이 되는 것을 원하지 않습니다. 우리는 이 사안에 대해 모두 함께 노력해야 합니다." 몇 개월 후, 코로나19 팬데믹 와중에 아마존은 이 단체의 주도자들 중 두 명을 해고한다.

그날 그 자리에 있던 나도 손을 들어서 그 아침 시간의 마지막 질문을 베이조스에게 던졌다. "당신은 우리 인류가 뜨거워지는 지구와 관련한 최악의 시나리오를 벗어날 만큼 충분히 빠르게 대처할 수 있다고 확신하나요?" 그는 화가인 로버트 맥커디가 아주 충실하게 포착해낸 바로 그 레이저 같은 눈빛으로 나를 노려보며 대답했다. "저는 태어날 때부터 낙천적입니다. 독창성이 관여할 때, 창의력이 관여할 때, 사람들의 결심이 단호할 때, 열정이 발휘될 때, 강력한 목표를 세울 때, 저는 진정으로 가능하다고 믿습니다. 우리는 그 어떤 독창적인 방식으로도 우리의 길을 만들어낼 수 있습니다. 우리 인류가 지금 당장 해야 할 일이 바로 그것입니다. 저는 우리가 그것을 해나갈 것이라고 믿습니다. 저는 우리가 그걸 해나갈 것이라고 확신합니다."

---

* 공유 자원의 이용을 개인에게 맡기면, 사람들이 각자의 사익을 추구하여 결국 공공의 이익에 반대되는 결과가 초래된다는 개념.

그의 대답에서는 기술의 근본적인 미덕에 대한 믿음, 그리고 그 어떤 궁지에 빠져도 헤쳐나갈 수 있는 가장 똑똑하며 결단력 있는 혁신가들의 능력에 대한 절대적인 신념을 엿볼 수 있다. 보는 사람의 관점에 따라 다르긴 하겠지만, 적어도 그 순간만큼은 그가 세상을 흥미진진한 미래로 이끌고 있거나 공정한 경쟁과 자유로운 기업체제 그 자체의 가능성을 없애는 데 일조하는 기업을 설립하여 운영하는 수십억 달러 자산가가 아니라, 예전의 제프 베이조스처럼 보였다.

지금도 여전히 첫날(Day 1)입니다!

——

오늘날 아마존은 세상의 거의 모든 것을 팔고, 그렇게 판매한 상품을 즉시 배송하며, 자신들의 데이터센터에서 인터넷의 상당 부분을 작동시키고, 텔레비전 방송과 영화를 우리의 가정까지 스트리밍하고, 인기 있는 음성인식 스피커도 판매하고 있다. 그러나 약 30년 전만 하더라도 이러한 비즈니스는 그저 맨해튼 중심가의 초고층 빌딩 40층에서나 떠돌던 하나의 아이디어에 불과했다. 인터넷에 대한 기본적인 내용을 잘 모르는 사람을 위해 그간의 이야기를 설명하면 다음과 같다.

월스트리트의 저명한 헤지펀드인 디이쇼(D. E. Shaw)에서 고액 연봉을 받으며 일하던 서른 살의 제프 베이조스는 사업가가 되겠다고 다짐하면서 회사를 그만둔다. 그가 시작한 사업은 소소해 보이는 온라인 서점이었다. 당시 스물네 살이던 아내 매켄지(MacKenzie)와 함께 뉴욕에서 포트워스로 날아간 그는, 차고에 있던 1988년형 쉐보레 블레이저 차량에 가족을 태웠다. 그리고 아내에게 북서쪽으로 운전해달라고 부탁하고, 자신은 조수석에 앉아 노트북으로 스프레드시트에 있는 재무 모델을 만지작거렸다. 이때가 1994년으로, 인터넷의 역사로 보면 구석기 시대라고 할 수 있다.

그는 시애틀 동부의 교외에 있는 침실 셋 딸린 단층집의 꽉 막힌 차고에서 스타트업을 설립했다. 차고의 중앙에는 가운데가 불룩한 오래된 철제 난로가 있었고, 홈디포(Home Depot)에서 구입한 60달러어치의 나무 문짝으로 사무실의 첫 책상 두 개를 직접 만들었다. 이 회사의 처음 이름은 카다브라(Cadabra Inc.)인데, 이후에 북몰닷컴(Bookmall.com), 아아드닷컴(Aard.com), 릴런틀리스닷컴(Relentless.com) 등의 이름으로 갈팡질팡하다가 결국엔 지구에서 가장 거대한 강의 이름이 이 회사의 방대한 서고를 잘 반영할 수 있다고 생각해 아마존닷컴(Amazon.com)으로 정착하게 된다.

그는 처음에 자체적으로 창업 자금을 조달했는데, 이중에는 그를 헌신적으로 지원해준 부모인 재키(Jackie)와 마이크(Mike)에게서 투자받은 24만 5,000달러도 포함되어 있었다. 1995년에 웹사이트가 오픈했을 때, 아마존은 그 즉시 월드와이드웹(World Wide Web)이라 불리는 새로운 기술에 열광하는 초기 마니아들의 관심을 사로잡았다. 주문량이 매주 30, 40, 50퍼센트씩 급증하여, 아무리 철저한 계획을 세우고 각 분야에 걸쳐 대규모 인력을 선발해 이처럼 정신없는 속도전에 투입해도 소용이 없었다. 그래서 초창기에 근무한 이들은 당시 불면증에 시달릴 정도의 분위기를 이후에도 생생하게 기억할 정도였다. 처음에 나타난 잠재적

투자자들은 대부분 망설였다. 그들은 인터넷이라는 것을 잘 알지 못했고, 미친 듯이 걸걸하게 웃는 동부 연안에서 온 다소 괴짜 같으면서도 자기 확신에 찬 이 젊은이를 신뢰하지 않았다. 그러던 중 1996년에 실리콘밸리의 벤처투자가들이 이 스타트업과 연결되었고, 그들의 풍부한 자금이 그가 가진 거친 야망과 시장 장악이라는 열렬한 꿈을 촉발하면서 이제 막 싹을 틔우기 시작한 CEO의 두뇌에 있는 스위치를 건드리게 된다.

회사 전체에 퍼진 첫 번째 모토는 '빠르게 성장한다(Get Big Fast)'였다. 1990년대 후반의 닷컴 붐이라고 알려진 기간 동안에도, 아마존의 급속한 성장세는 엄청났다. 베이조스는 새로운 임원들을 영입했고, 새로운 물류창고들을 만들고 문을 열었으며, 1997년에는 대대적인 기업공개(IPO)를 하면서 상장하게 된다. 그리고 그들의 첫 번째 경쟁사인 반스앤노블(Barnes & Noble) 서점이 제기한 치열한 소송을 이겨냈다. 그는 아마존이라는 브랜드가 리처드 브랜슨(Richard Branson)의 버진(Virgin) 그룹처럼 유연하게 확장할 수 있다고 생각했고, 그래서 저돌적으로 신제품 카테고리에 뛰어들어 CD, DVD, 장난감, 전자제품 등을 팔기 시작했다. 그는 당시 시애틀의 동료 CEO인 스타벅스의 하워드 슐츠(Howard Schultz)에게 "우리는 이 사업을 달까지 가져갈 것"이라고 말했다.

베이조스는 성미 급한 외부인들의 간섭이 아니라, 성공을 평가하는 자신만의 분석틀을 만들고 싶어 했다. 그래서 주주들에게 보내는 첫 번째 편지에서 그는 단기간의 재무적인 수익이나 월스트리트의 근시안적인 요구사항을 충족시키는 데 초점을 맞추지 않고, 현금흐름과 시장점유율을 늘려 충성스런 주주들에게 장기간에 걸쳐 가치를 창출하는 데 집중하겠다는 의사를 표현했다. 베이조스는 "지금은 인터넷의 첫날(Day 1)이고, 우리가 잘 해낸다면 아마존닷컴에도 그렇습니다"라고 쓰면서 '첫날'이라는 성서의 표현을 사용했는데, 이는 아마존의 내부에서 지속적인 발명과, 빠른 의사결정과, 더욱 폭넓은 기술적 트렌드를 열렬하게 받아들여야 한다고 대변하는 것이었다. 투자자들은 이들의 주가에 상상할 수 없을 정도의 높은 가격을 매기면서 아마존의 행렬에 함께 했다. CEO는 억만장자이자 유명인사가 되었고, 지난 세기의 황혼녘인 1999년에 〈타임〉 지의 '올해의 인물'로 선정되며 표지를 장식했다. 당시의 표지 사진을 보면 그는 화려한 색깔의 스티로폼 충전재로 가득 찬 종이상자에서 조금은 바보 같은 모습으로 한창 벗겨지던 머리를 불쑥 내밀고 있다.

그러나 그 이면의 실상은 모든 것이 엉망이었다. 아마존이 물 쓰듯 투자한 닷컴 분야의 다른 스타트업들은 망해갔고, 직접 인수한 여러 기업은 전혀 실적을 내지 못했으며, 초기에 고용한 인력들은 아마존이 마치 월마트 같은 전통적인 리테일 업체들처럼 걷잡을 수 없이 퍼져나가는 혼란스러운 광경을 목격하고는 다수가 회사를 떠났다. 초기의 물류창고들은 크리스마스 연휴에 주문이 폭주하여, 시애틀 본사에서 근무하는 직원들은 매년 12월이 되면 모두가 자리를 박차고 일어나 일선 현장에 나가서 소매를 걷어붙인 채 선물을 포장해야만 했다. 그리고 일이 끝나면 저렴한 호텔방 하나에 두 명씩 잠을 잤다.

이후 2년 동안 닷컴 붕괴 기간이 이어졌고, 회사는 현금을 피처럼 쏟아내며 거의 죽을 지경이 되었다. 어느 경제신문은 이 회사를 두고 아마존닷컴이 아니라 '아마존닷밤(Amazon.bomb)'이라고 부르며 "투자자들이 마치 한편의 동화 같던 이 회사의 주식이 문제가 있다는 사실을 깨닫기 시작했다"고 선언했다. 그리고 회사는 꼼짝할 수 없는 상태가 되었다. 베이조스는 여기저기에서 조롱받았고, 2001년에는 내부거래 혐의로 미국증권거래위원회(SEC)에서 간단한 조사를 받기까지 했다. 어느 애널리스트가 이 회사의 현금이 조만간 고갈될 것이라고 예측한 내용은 언론의 헤드라인에 자주 노출되었다.

당시 아마존은 시애틀 중심가를 마주보는 언덕에 자리 잡은 1930년 대 아르 데코(art deco) 양식의 재향군인 병원으로 사옥을 이전한 상태였다. 2001년 2월 니스콸리(Nisqually) 지진이 발생해 태평양 연안 북서부를 강타했을 때는, 마치 불길한 예언이라도 되는 것처럼 건물의 벽돌과 시멘트가 비처럼 쏟아져 내렸다. 베이조스를 비롯한 직원들은 두꺼운 문짝으로 만든 책상 밑으로 뛰어들어 살아남을 수 있었다.

아마존의 주가는 1주당 10달러 밑으로 떨어져* 벼락부자의 꿈을 산산이 무너뜨렸다. 당시 37세의 베이조스는 사무실의 화이트보드에 "나는 내 회사의 주가가 아니다!"라며 휘갈겨 쓰고는 고객에 대한 서비스에 더욱 전념했다. 이러한 서비스들 중에는 《해리 포터》 시리즈의 신작을 출간 당일에 즉시 배송해주는 것도 있었다.

직원들은 불안에 떨었지만, 베이조스의 혈관에는 마치 얼음물이 흐르기라도 하는 듯 그는 좀처럼 동요하지 않았다. 적절한 시기에 기업 채권을 발행했고, 거의 끝장날 것처럼 보이던 2001년 여름에는 온라

---

* 아마존 주가는 1997년 5월 15일 나스닥 상장 당시 1주당 18달러였는데, 2001년 9월 28일 1주당 5.97달러로 최저치를 기록했다.

인 서비스 기업인 AOL이 1억 달러의 자금을 투입함으로써 회사는 채무를 변제하기에 충분한 현금을 확보했고, 다른 대부분의 닷컴 기업에 닥친 운명을 피해갈 수 있었다. 이후 아마존은 꾸준히 비용을 절감해 나갔고 2003년 봄에는 마침내 분기 흑자를 달성했다.

그러자 그동안 무언가 원한을 품고 있던 CEO는 분기 실적 보고서의 제목에 암호 같은 메시지를 담아서 발표했다. 제목에 있는 각 단어의 앞글자만 모으면 밀리라비(milliravi)라는 단어가 되는데,[3] 이는 그간 아마존이 망할 것이라고 예측한 어느 애널리스트*를 조롱하는 의미로 내부 관계자들 사이에서 사용하던 용어였다.

회사는 살아남았지만, 그렇다고 해서 특별하게 보이는 것은 거의 없었다. 라이벌 온라인 스토어인 이베이(eBay)는 훨씬 더 많은 종류의 제품을 판매하고 있었다. 제품의 가격은 오프라인 할인상점인 월마트에서 사는 게 더 쌌다. 세력을 키워가던 검색 엔진 구글은 전 세계 최고의 엔지니어들을 끌어모아 온라인 쇼핑객을 구글의 웹사이트로 빼돌리고 있었다. 그러고는 사람들을 다시 아마존으로 데려가려면 검색 결과 내에 유료 광고를 게재하도록 요구했다.

그러던 중에 일어난 일은, 비즈니스의 역사에서 가장 주목할 만한 전환점 중 하나가 되었다. 이베이가 거둔 온라인 경매의 성공을 따라잡는 데 실패한 베이조스는 아마존 사이트를 제3의 판매자들에게도 문호를 열어, 그들이 직접 아마존의 상품과 함께 자신들의 제품을 진열하고 고객이 그중에서 원하는 것을 고를 수 있게 만들었다. 당시 그

---

* 라비 수리아(Ravi Suria).

에게는 그러한 결정이 자신의 비즈니스에 힘을 실어줄 선순환 구조가 될 것이라는 통찰력이 있었다. 외부 업체를 받아들이고 아마존닷컴에 상품 목록을 추가함으로써, 회사는 신규 쇼핑객을 끌어모았고 판매가 이뤄지면 수수료를 받았다. 이러한 수수료 덕분에 그들은 가격을 더욱 낮추거나 빠른 배송에 대해 보조금을 지급할 수 있었다. 그 결과 더욱 많은 쇼핑객이 몰려들었고, 더욱 많은 판매자를 끌어모았다. 이러한 과정이 계속해서 반복되었다. 베이조스는 이러한 선순환의 고리에서 어느 부분에 투자를 하든 이러한 순환은 더욱 가속화될 것이라고 판단했다.

그리고 베이조스는 항공우주 및 자동차 업계의 대기업인 얼라이드시그널(AlliedSignal) 출신의 제프 윌크(Jeff Wilke)를 임원으로 영입한다. 윌크는 베이조스와는 상당히 비슷한 사람이었다. 곧 신중하고 야심이 있으며, 고객을 만족시키는 것에 집중했다. 직원들의 사기는 물론이고 다른 모든 것은 그다음이었다. 그들은 함께 기존의 물류창고들을 '주문처리 센터(FC, fulfillment center)'라는 세례명을 부여하며 설계를 바꾸었다. 그리고 기존의 물류 소프트웨어를 처음부터 아예 다시 만들었다. 고객의 주문을 효율적이며 예측 가능하게 처리할 수 있는 능력을 갖춤으로써, 아마존은 보석이나 의류 같은 제품으로도 제품 카테고리를 한 번 더 확장해나갔다. 그리고 결국 연간 79달러만 내면 이틀 안에 배송을 보장하는 아마존 프라임(Amazon Prime) 서비스를 도입하게 된다.

그리고 베이조스는 같은 생각을 가진 또 한 명의 부사장인 앤디 재시(Andy Jassy)와 함께 훨씬 더 놀라운 방향으로 확장을 했다. 자신의 엔지니어들이 일하는 모습과 성수기의 엄청난 트래픽에도 견딜 수 있는 안정적인 컴퓨팅 인프라를 구축하면서 개발한 전문성에 대해 곰곰이 고심하던 그는 아마존 웹 서비스(AWS, Amazon Web Services)라는 새로운 비즈니스를 생각해낸다. 기본적인 아이디어는 아마존이 자신들의 컴퓨팅 능력을 다른 조직이나 기업에 판매하고, 그들은 아마존의 시스템에 온라인으로 접속해서 각자의 비즈니스를 저렴한 비용으로 운영하게 만든다는 것이었다.

이러한 비즈니스 플랜은 아마존 내부의 많은 임직원에게는 좀처럼 이해되지 않는 것이었다. 그러나 당시 마흔 살이던 베이조스는 이 사업의 성공 가능성을 믿었다. 그래서 그는 관련 프로젝트를 아주 세부적인 사항까지 관리하면서 AWS 프로젝트의 팀장들에게는 엄청나게 자세한 권고사항과 목표들을 적어서 보냈는데, 이러한 지시사항은 밤늦게 전달되는 경우도 많았다. 그는 언젠가 이 프로젝트를 진행하며 고생하던 엔지니어들에게 이렇게 말하기도 했다. "이 시스템은 다운타임(downtime)* 없이 무한대로 확장되어야 합니다. 무한대 말입니다!"

같은 기간, 베이조스는 애플(Apple)이 아이팟(iPod) 음악 플레이어와 아이튠즈(iTunes) 스토어를 통해 음악 부문의 매출을 급속도로 끌어올린 것에 충격을 받았다. 도서 분야에서도 비슷한 피해를 겪을까 봐 우려한 그는 아마존의 자체 전자책 단말기인 킨들(Kindle)을 개발하기 위한 비밀스런 프로젝트를 가동시켰다. 동료들은 그런 기계를 만들면 아마존으로서는 영원히 돈을 잃게 만드는 미친 짓이라고 생각했다. 그러자 베이조스가 그들에게 이렇게 말했다. "그게 어렵다는 것은 저도 너

---

* 고장이나 점검 등의 이유로 시스템을 이용할 수 없는 시간.

무나 잘 알고 있습니다. 그러나 우리는 그 방법을 배우게 될 것입니다."

그는 또 한 명의 부사장인 스티브 케셀(Steve Kessel)에게 아마존이 초기부터 벌여온 책 판매 사업의 운영을 그만두고 전자책 관련 사업의 책임을 맡겼는데, 베이조스는 그에게 "기존의 종이책을 팔던 모든 사람의 일자리를 잃게 만드는 것을 목표로 일을 추진하라"고 요청했다. 이후 새로운 전자책 시장에 대한 조건을 두고 기존의 출판사들과 몇 년 동안 충돌이 이어졌고, 아마존이 약탈적인 행위에 관여한다는 비판을 낳았다. 역설적이게도 이러한 충돌로 결국은 미국 정부가 5대 메이저 출판사와 애플을 상대로 반독점 소송을 제기하게 되었다. 킨들에서 전자책 한 권의 정가는 9.99달러인 데 비해, 이들은 불법으로 공모해 자신들이 출간하는 전자책 가격을 킨들보다 높은 수준으로 책정했다는 혐의였다.

주문처리 센터, 아마존 웹 서비스(AWS), 그리고 킨들이라는 세 가지 이니셔티브가 하나로 합쳐지면서, 아마존은 다시금 월스트리트의 총애를 받는 기업으로 도약하게 되었다. 2008년 아마존의 시가총액은 이베이를 넘어섰고, 구글과 애플, 그리고 당시만 해도 실리콘밸리의 새로운 스타트업인 페이스북과 동일한 선상에서 이름이 언급되기 시작했다. 그때부터 베이조스는 월마트를 이기기 위해 자신이 발휘할 수 있는 모든 수단을 동원했다. 그는 당시 온라인 분야의 새로운 라이벌인 업체 두 곳을 인수했는데, 하나는 신발을 판매하는 재포스(Zappos)이고 다른 하나는 소비재 상품을 판매하는 쿼드시(Quidsi)인데, 쿼드시는 다이퍼스닷컴(Diapers.com)이라는 인기 웹사이트를 소유하고 있었다. 당시에 반독점 규제당국은 이러한 인수 계약을 빠르게 승인했는데, 이후에 아마존의 지배력이 엄청나게 커지리라는 걸 예상했다면 아마도 회의적으로 판단했을 것이다.

베이조스는 이제 머리를 깨끗하게 밀고 점점 더 건강한 모습이 되었는데, 그에게는 일반인들이 생각하는 것 이상으로 상당히 심오한 부분이 있는 것으로 알려져 있다. 그는 책을 엄청나게 많이 읽는 사람인데, 예를 들면 그는 중역들을 이끌고 클레이튼 크리스텐슨(Clayton Christensen)이 쓴《혁신기업의 딜레마(The Innovator's Dilemma)》같은 책으로 토론을 벌일 정도였다. 그리고 그는 무엇이든 관습에 따라 실행하는 것을 극도로 혐오했다. 직원에게는 고객에 대한 깊은 관심, 인재를 판단하는 높은 조건, 근검절약 등 그가 내세우는 열네 가지 리더십 원칙을 가르쳤다. 그리고 그러한 원칙을 신규 고용이나 진급에 대한 의사결정은 물론이고, 제품에서 사소한 부분을 변경할 때조차도 일상적으로 고려하도록 교육했다.

파워포인트(PowerPoint)를 활용한 발표는 미국의 다른 기업에서는 아주 널리 사용되는 방식이지만, 중요항목 표시를 해놓고는 장황하게 설명하는 데다 생각을 논의하기에는 불완전하다는 이유로 아마존에서는 금지되었다. 대신에 모든 회의는 '내러티브(narrative)'라고 부르는, 데이터가 가득한 6페이지 분량의 문서를 마치 명상하듯 읽으면서 시작했다. 아마존에서 어떤 비즈니스를 하나 구축하는 것은 수많은 수정을 거치는 문서와 단어 하나하나의 의미를 두고 벌이는 토론, 그리고 회사 경영진의 철저한 검토가 이루어지는 일종의 편집 프로세스 같았다. 그 모든 과정은 베이조스가 직접 관여했다. 한편 아마존 내부의 업무 그룹은 '피자 2판 팀(two-pizza teams)'이라고 부르는 소규모의 다재다능한 단위로 세분화되었다. (저런 특이한 이름이 붙은 이유는 피자 2판이면 팀원들 모두가 충분히 배불리 먹을 수 있을 정도로 소규모였기 때문이다.) 그들에게는 빠르게 움직이도록 요구되었는데, 때로는 사내에서 서로 경쟁하는 경우도 많았다.

이처럼 특이하면서도 분권화된 기업 문화는 직원들에게 속도와 정확성 사이에 타협은 없다는 생각을 주입시켰다. 그들은 빠르게 움직여야만 했고, 일을 망쳐서도 안 됐다. 목표, 책임, 마감 일정이 조직 내부에 하달되었다. 한편으로는 주간 보고와 분기별 사업 보고서, 그리고 회사 전반에 걸쳐 연 2회 진행되는 OP1(늦여름에 이뤄지는 사업평가)과 OP2(연말 휴가시즌 이후에 이뤄지는 사업평가)라는 보고를 통해 수많은 분석 지표가 상부로 전달되었다. 각 팀의 성과에 대해서는, 베이조스와 생각이 같은 수학의 귀재들이 모인 S팀(고위급 경영진)이라는 명예로운 지도부 회의체에서 평가했다. 그러한 모든 것 위에는 언제나 베이조스가 직접 앉아 있었다. 그는 유망한 신규 프로젝트를 검토하거나, 성과가 실망스러운 팀이 있다면 아마존의 초창기 시절부터 지켜온 것과 똑같은 집중력과 동일한 기준으로 그 조직을 재정비하는 데 전념을 다했다. 그는 아마존의 계속되는 성공을 포함해, 그 어느 것도 당연하게 여기지 않았다.

그러한 기준을 충족하지 못한 직원이 있으면 그가 짜증을 터트렸는데, 그러한 비판은 회사 내에서는 가히 전설적인 것이었다. "당신은 왜 내 인생을 낭비하게 만들고 있는 거야?" 실망스런 직원이 있다면 그는 이렇게 조롱하듯 말했다. 아니면 "미안하지만, 내가 오늘 멍청이 알약이라도 먹은 건가?"라며 스스로를 비하하기도 했다. 이러한 냉혹한 스타일의 리더십과 독특한 문화가 많은 직원의 기력을 소진시키기도 했지만, 그러면서도 확실한 효과가 있었음이 입증되었다. 2011년 봄, 아마존의 가치는 800억 달러로 평가되었다. 베이조스가 보유한 주식의 가치가 상승한 덕분에 그의 순자산은 181억 달러에 달하면서, 47세의 베이조스는 세계에서 30번째로 부유한 사람이 되었다.[4]

이렇게 엄청난 성공을 거두자, 새롭게 주목하는 이들이 있었다. 미국 내 여러 주의 의회에서는 인터넷에서 면세품 판매가 급증한 것이 주정부의 금고를 고갈시킨다는 점을 알아차렸다. 그래서 그들은 온라인 리테일 업체가 판매세(sales tax)를 내도록 하는 규정을 통과시켰고, 인터넷이 등장하기 이전에 우편주문을 처리하던 기업을 위해 만들어놓은 규정의 허점을 보완하기 시작했다.

베이조스는 오프라인의 경쟁업체에 비해 상당히 우위에 있는 가격 경쟁력을 지키기 위해 싸울 준비가 되어 있었다. 심지어 캘리포니아주에서는 온라인 리테일 업체에 판매세를 징수하려는 새로운 법률안을 무효화하도록 요구하는 주민 발의(ballot initiative)가 나오면서 그들에게 힘을 실어주었다.

그러나 이 싸움이 한창 진행되던 도중, 그는 노선을 변경했다. 판매세를 회피하려는 전략 때문에 그들이 새로운 시설을 열거나 심지어 직원들이 출장을 가는 곳에서도 각종 제약이 잇따르면서 회사를 곤경에 빠트렸다. 베이조스는 판매세 징수에 동의했고, 자신이 소중히 여기던 이권을 포기했다. 대신에 그는 좀 더 장기적으로 내다보았다. 곧 고객과 훨씬 더 가까운 인구가 많은 주에 사무실과 주문처리 센터를 개소하고, 비즈니스 역사상 가장 거대한 확장 사례 중 하나가 되는 기반을 마련한다는 것이었다.

아마존은 그들의 고향과 온라인을 포함해 모든 방향으로 뻗어나가기 시작했다. 그전까지 시애틀 근방의 여기저기에 산재해 있던 사무실들을 시내 중심가의 북쪽에 있는 담수호인 레이크 유니언(Lake Union) 근처에서 개발 중이던 사무 지구에 위치한 십여 개의 건물로 이주시켰다. 2012년 초 사우스 레이크 유니언(South Lake Union) 지역에 익명의 전단지가 붙기 시작했는데,[5] 이 전단지에서는 아마존의 사원증을 착용하고 이 지역을 돌아다니는 직원들이 많아지는 것을 보면서 그들을 '암홀(Am-hole)'*이라는 다소 경멸적인 표현으로 불렀다. 그리고 이는 좌파 성향의 블루칼라들이 많이 사는 그들의 고향이나 다름없는 시애틀과 아마존의 불편한 관계가 커지리라고 예고하는 것이었다.

제프 베이조스가 수많은 역경을 이겨내긴 했지만, 그는 경제지 〈배런즈(Barron's)〉에서 예전의 아마존을 두고 '아마존닷밤(Amazon.bomb)'이라고 보도한 것과 같은 부정적인 기사들을 사무실의 벽에 붙여두기를 원했다. 그럼으로써 그와 동료들이 계속해서 경각심을 갖고 자극받도록 하려는 것이었다.

"지금도 여전히 첫날(Day 1)입니다!"

그해 봄에 공개한 주주들에게 보내는 편지에서, 그는 직원들과 투자자들에게 자신이 예전에 한 발언을 다시금 상기시켰다. 결국 실물 제품은 물론이고 디지털 제품에 이르기까지 '모든 것을 파는 가게(The

---

* '아마존(Amazon)'과 재수 없는 사람을 뜻하는 속어인 'asshole'을 합친 단어로, 당시 이 지역에 새로 나타나 무리지어 몰려다니는 아마존 직원들을 대하는 주민들의 분위기가 그다지 좋지 않았음을 알 수 있다.

everything store)'에 있는 가상의 선반에 끝이 없을 정도로 상품을 진열하기 위해, 그들에게는 아직도 해야 할 일이 엄청나게 많이 남아 있었던 것이다.

전자책에서 로봇 제조사까지,
아마존의 무한질주

———

전 세계에서 아마존에 대한 관심이 한창 고조되던 2013년 10월에 나는 《모든 것을 파는 가게(The Everything Store)》라는 책을 출간했다.* 이 책에서 나는 전형적인 현대의 비즈니스 스토리를 설명하고자 했다. 곧 온라인 서점의 일개 기획자였던 사람이 어떻게 해서 거의 파탄에 이를 뻔한 상황을 이겨냈으며, 단지 리테일 업종만이 아니라 디지털 미디어와 기업용 컴퓨팅 부문까지 전부 뒤집어놓았는지에 대해서 말이다.

이 책에 대해서는 일반적으로 좋은 평이 많았지만, 부정적인 내용으로 악명이 높은 리뷰도 상당히 많았다. 매켄지 베이조스는 아마존닷컴에 "나는 이 책을 좋아하기를 원했다"는 멘트와 함께 별점 1개로 모

---

* 한국어판은 《아마존 세상의 모든 것을 팝니다》(21세기북스, 2014)로 출간되었다.

욕을 주었다. 그녀는 이 책이 사실관계가 부정확하다는 점을 지적했는데, "아마존 사람들과 문화에 대해 편향적이며 오도하게 만드는 그림"이라고 말했다. 그리고 베이조스 제자들의 특징에 대해서도 그들이 마치 '제프의 로봇'이라도 되듯이 베이조스의 격언과 리더십 스타일을 전파하는 것처럼 묘사했다고 비판했다.

후에 나는 베이조스가 이 책에서 내가 지금은 고인이 된 그의 친아버지 테드 요르겐센(Ted Jorgensen)을 추적한 방식을 두고 화가 났다는 사실을 알게 되었다. 그는 베이조스가 갓난아기였을 때 가족을 떠났고, 45년이 흐른 뒤 내가 그를 찾아갔을 때까지도 자기 아들이 어떤 사람이 되었는지 알지 못했다.

당시에 나는 아마존의 성장에 대한 포괄적인 내용의 책을 썼다고 생각했다. 그런데 그때 이상한 일이 일어났다. 2014년에 아마존은 가상 비서(virtual assistant)인 알렉사(Alexa)가 탑재된 음성인식 스피커 에코(Echo)를 처음으로 선보였다. 이 제품은 큰 성공을 거두었고, 회사는 이후 5년 동안 1억대 이상을 팔아치웠다. 그리고 이는 음성 기반의 컴퓨팅이라는 새로운 물결을 일으켰고, 동시에 아마존이 이전에 파이어폰으로 소비자 가전에서 실패한 기억을 깨끗이 지워버렸다. 과거에는 고객의 현관까지만 도달할 수 있었던 아마존은 이제 사람들의 거실로 들어가고 있었다. 그들은 고객의 광범위한 요청과 질문을 들을 수 있었고, 잠재적으로는 그들의 가장 은밀한 대화까지도 엿들을 수 있게 되었다.

그와 거의 동시에, 아마존의 AWS 사업부는 데이터베이스 서비스의 범위를 대기업과 정부기관까지 확장해서 그들을 엔터프라이즈 컴퓨팅의 신세계로 끌어들였다. 그것은 바로 '클라우드(cloud)'였다. 아마존은 2015년 봄에 처음으로 AWS 부문의 재무 실적을 보고하면서 그것이 가진 수익성과 성장세로 투자자들을 놀라게 했는데, 역시나 이는 아마존 주식에 대한 또 한 차례의 뜨거운 열기를 조성하게 된다.

몇 년 후, 아마존은 시애틀에 오프라인 가게인 아마존 고(Amazon Go)의 원형이 되는 매장을 처음 열었다. 여기에서는 인공지능(AI)과 컴퓨터 비전(computer vision)을 이용해, 고객이 계산원에게 돈을 내지 않고 가게 밖으로 그냥 걸어 나가더라도 자동으로 결제가 이루어졌다. 회사는 또한 지리적으로도 확장했는데, 막대한 비용을 들여 인도와 멕시코 등을 포함해 다양한 국가로 진출하면서 매출액 기준으로 세계 최대의 기업인 월마트(Walmart)와 정면으로 승부하게 된다.

한편 아마존 스튜디오(Amazon Studios)를 통해 할리우드에도 투자하여 〈트랜스페어런트(Transparent)〉, 〈마블러스 미세스 메이즐(The Marvelous Mrs. Maisel)〉, 〈잭 라이언(Jack Ryan)〉 같은 주요 히트작을 만들기도 했지만, 우디 앨런(Woody Allen) 감독의 〈크라이시스 인 식스 신(Crisis in Six Scenes)〉 같은 혹평 세례를 받은 작품을 선보이기도 했다. 어쨌든 이러한 시도 덕분에 새로운 시대의 홈 엔터테인먼트를 재정의하기 위한 경쟁에서 아마존은 넷플릭스(Netflix)를 바짝 뒤쫓을 수 있게 되었다.

이러한 모든 일이 전개되는 동안에도 아마존은 기존의 사업들에도 계속해서 활기를 불어넣었다. 개별 판매자들이 아마존닷컴에서 자신들의 제품을 팔 수 있게 한 아마존 마켓플레이스(Amazon Marketplace)도 폭발했는데, (짝퉁과 위조품이 포함되어 있기는 했지만) 중국산 저가 상품이 쏟아진 덕분이었다. 2015년에 아마존 마켓플레이스에서 판매된 상품의 총액은 아마존이 자신들의 사이트에서 판매한 금액을 넘어섰다. 아마존은 2017년에 유기농 슈퍼마켓 체인점인 홀푸드마켓(Whole Foods Market)을 인수함으로써 미국인에게는 상징적인 식료품점을 약탈적인 투자자들한테서 구해냈으며, 동시에 식료품 비즈니스를 정복하기 위한 자체적인 시도에도 더욱 박차를 가할 수 있었다.

아마존은 또한 수화물 분류 센터와 운전기사, 아마존 프라임 로고가 새겨진 화물기 등을 갖춘 자체 네트워크를 구축하여 UPS 같은 협력업체에 대한 의존도를 낮추면서 배송 시스템을 새롭게 재편했다. 그리고 자체적인 광고 비즈니스를 부활시켰는데, 그것은 바로 검색 결과에 광고를 삽입하는 것이었다. 이것은 10년 전에 구글이 처음 시도하여 아마존을 짜증나게 한 것과 똑같은 방법이지만, 어쨌든 이 덕분에 회사로서는 또 하나의 수익원이 생겨나게 되었다.

내가 전작에서 다룬 아마존의 가치는 2012년 말 기준으로 약 1,200억 달러였다. 그러던 이 회사의 시가총액은 2018년 가을에 사상 최초로 1조 달러를 찍었는데, 이는 불과 6년도 안 되는 시간에 여덟 배 이상 늘어난 것이다. 그리고 2020년 초에는 이 경계선을 다시 한번 돌파했는데, 이번에는 완전히 훌쩍 넘어선 것으로 보인다. 전작을 쓰던 당시에만 해도 아마존의 직원은 15만 명이 넘지 않았다. 그러나 2020년 말 현재의 직원 수는 무려 130만 명에 달한다. 전작을 쓸 때만 해도 이들의 주력 상품은 킨들이었지만, 지금은 알렉사로 대표되는 회사가 되었다. 물론 클라우드 회사이기도 하다. 그리고 할리우드의 스튜디오도 있다. 그리고 비디오게임 제작사이며 로봇 제조사인 동시에 식료품 체인까지 소유하고 있으며, 계속해서 열거하자면 끝이 없을 정도다.

이처럼 아마존이 투자자와 고객을 매혹시키는 동안, 그들은 다른 한편에서는 자유시장 자본주의를 다시 정의해야 할 수도 있는 정치적 논쟁의 한가운데에 들어와 있었다. 아마존을 소리 높여 비판하는 사람들은 그처럼 부와 권력이 한쪽으로 축적되면 소득 불평등을 악화시키고 노동자 및 지역의 자영업자에게는 더욱 불리한 여건이 조성되는 등 사회적으로 상당한 비용을 초래할 것이라고 생각했다.

"오늘날의 기술 대기업들은 지나치게 큰 힘을 갖고 있습니다. 우리의 경제, 우리의 사회, 우리의 민주주의에 대해 지나치게 큰 힘을 가지고 있는 것입니다." 엘리자베스 워런(Elizabeth Warren) 상원의원이 비록 성공하지는 못했지만, 2019년에 백악관 입성에 도전하면서 던진 말이다. "아마존은 자신들이 아마존 마켓플레이스에서 판매하는 상품을 똑같이 모방한 다음, 그걸 다시 자체 브랜드로 판매하여 중소기업들을 망가트리고 있습니다." 그녀는 제프 베이조스가 심혈을 기울여 만든 이 창조물에서 재포스와 홀푸드마켓을 분리하는 등 아마존이 좀 더 작은 단위로 분할되어야 한다고 주장했다.[6]

괴짜 CEO, 비즈니스 세계의
액션 히어로가 되다

———

아마존이 변화하면서, 베이조스의 삶도 놀라운 변신을 겪었다.

창립 초기에 그는 주로 주름을 잡은 카키색과 네이비색의 단추 달린 셔츠를 입은 채로 2륜 세그웨이 스쿠터를 타고 사무실을 즐겁게 돌아다녔고, 그의 웃음소리가 종종 벽에 울려퍼졌다. 그는 아내와 함께 아이들 네 명을 데리고 시애틀 외곽에 있는 워싱턴주 메디나 바닷가의 호화로운 교외에서 가족의 사생활을 철저히 지키며 살았다. 재산이 점점 불어났지만, 그는 빈티지 스포츠카나 독점 경매에서 낙찰된 값비싼 그림 같은 자산을 수집하는 데는 그다지 관심을 보이지 않았다. 또한 호화 요트를 좋아하는 사람도 결코 아니었다. 그는 오직 전용기에만 열정을 불사르는 것처럼 보였는데, 그 이유는 그가 일반 여객기를 타지 않음으로써 돈을 주고도 살 수 없는 '시간'이라는 자원을 아낄 수 있기 때문이다.

그러나 2010년대 후반까지, 베이조스는 유행에 뒤떨어진 외골수 괴짜답게 대체로 구식 스타일이었다. 2014년 비운의 운명을 타고난 파이어폰의 출시 행사에서도 이 스마트폰의 기술 사양을 기쁘게 설명하긴 했지만, 그는 여전히 너드(nerd)*의 모습을 완전히 탈피하지 못한 채 무대에서 고개를 숙여 인사했다.

대중 앞에 서는 걸 어색해하지만 그래도 자신만만한 괴짜 이미지를 벗어던지면서, 베이조스는 이제 첫인상에서부터 거의 무적의 신비스런 기운을 가진 것처럼 보이는 비즈니스계의 주역으로 떠올랐다. 2017년 여름을 지나면서 베이조스는 세계 최대의 부자가 되었는데, 이는 아마존의 주가가 급상승하면서 나타난 그저 산술적인 수치에 불과했다. 당시 마이크로소프트의 공동 창업자인 빌 게이츠(Bill Gates)의 자산은 비교적 천천히 증가한 데다 그마저도 자선활동에 많은 돈을 쓴 반면, 베이조스는 아직까지 그런 분야에 그다지 많은 지출을 하지 않고 있었다.

베이조스가 이렇게 세계 최대의 부호에 이름을 올리자, 앨런앤컴퍼니(Allen & Company)가 주최하는 명망 높은 선밸리 콘퍼런스(Sun Valley Conference)에 참석한 그가 가렛 라이트(Garrett Leight)의 선글라스를 착용하고 거대한 이두박근이 드러나는 반팔 폴로 셔츠와 다운 조끼를 입은 모습을 찍은 사진이 널리 퍼졌다. 이 사진이 입소문을 타고 퍼지자, 제프 베이조스는 비즈니스 세계의 액션 히어로가 되었다.

---

* 기이한 취향의 괴짜, 세상 물정 모르는 모범생.

내부 관계자들은 언뜻 봐서는 베이조스가 얼마나 변했는지 알아차리기 힘들었다. 동료들은 그가 여전히 알렉사 같은 아마존의 신규 비즈니스의 메커니즘에 몰두해 있다고 말했다. 하지만 그의 시간을 원하는 다른 요구사항들이 생겨났다. 대표적으로는 이제 막 시작한 자선공헌 사업, 우주 개발에 대한 야심을 갖고 새로 만든 기업인 블루오리진(Blue Origin), 그리고 그가 2013년에 인수한 저명한 신문사 〈워싱턴포스트〉(Washington Post)도 있었다. 참고로 〈워싱턴포스트〉는 성미 급한 도널드 트럼프 전 대통령에게서 자주 공격받았다.

오랜 친구이자 제이피모건(JPMorgan)의 CEO인 제이미 다이먼(Jamie Dimon)은 "지금의 제프는 내가 예전에 알던 모습과 똑같다"고 말했다. 그러나 다이먼은 워싱턴 D. C.에 본부를 두고 있으며 연간 수차례 만나 정책을 논의하는 단체인 기업인위원회(Business Council)나 직원들의 의료비 절감을 위해서 아마존, 제이피모건, 버크셔해서웨이(Berkshire Hathaway)가 공동으로 출범시켰지만 성공하지는 못한 헤이븐헬스케어(Haven Healthcare) 같은 여러 포럼에서 베이조스와 함께 일하면서, 자신의 오랜 친구가 서서히 눈을 뜨고 있음을 알아차렸다. "제프는 마치 사탕가게에 있는 아이 같았습니다. 그에게는 모든 것이 새로웠어요. 그는 오랫동안 아마존에만 지나치게 집중해왔습니다. 당시 그는 서서히 이 세계의 시민이 되고 있었습니다."

그 외의 다른 사람들에게는 베이조스의 그러한 변신이, 상상할 수 없는 성공에 따르는 자만심이 나타난 것을 의미했다. 2017년 가을, 그는 HQ2(제2본사)라는 이름의 대회를 개최하라고 회사에 지시했는데, 이는 아마존의 새로운 본사를 시애틀이 아닌 북미의 다른 도시에 짓기 위한 시합이었다. 이후 17개월 동안 전례를 찾아볼 수 없는 공개 경연이 펼쳐졌는데, 모두 238개 지역이 스스로 체면을 구겨가면서까지 기술 업계의 거대 기업을 유치하기를 원했다. 뉴욕시(New York City)와 노던버지니아(Northern Virginia)가 승자로 호명되었지만, 다른 무엇보다도 아마존이 거액의 세금 감면 혜택을 받으려고 그런 일을 벌인다는 것에 대해 정치적인 분위기가 그들에게서 급격하게 등을 돌리기 시작했다. 알렉산드리아 오카시오-코르테스(Alexandria Ocasio-Cortez)처럼 유명한 하원의원을 비롯해 뉴욕의 퀸즈(Queens)에 지역구를 두고 있는 진보적인 성향의 의원들이나 그들의 동맹이라고 할 수 있는 노동조합 등이 충분히 소란을 일으킬 수 있기 때문에, 아마존은 뉴욕의 롱아일랜드에 사무실을 열겠다는 제안을 수치를 무릅쓰고 철회하게 된다.

그때부터 상황은 더욱 이상한 방향으로 전개되었다. 2019년 1월, 베이조스는 25년 동안 함께 지내온 아내 매켄지와 이혼한다는 놀라운 소식을 트위터에 올렸다. 이는 그들 부부를 잘 안다고 생각하던 사람들에게도 충격적인 소식이었다. 다음 날, 슈퍼마켓의 진열대에서 팔리는 악명 높은 타블로이드 신문 〈내셔널인콰이어러(National Enquirer)〉는 무려 11면에 걸쳐 베이조스가 방송인 로런 산체스(Lauren Sanchez)와 혼외관계를 맺고 있었다는 사실을 폭로했는데, 관련 기사에는 그들이 주고받은 외설적인 문자메시지도 포함되어 있었다. 베이조스는 그 신문사가 자신의 사적인 문자메시지와 은밀한 사진들을 어떻게 입수했는지 조사하라고 지시했다.

그 후 1년에 걸친 조사 과정에서, 처음에는 그저 불륜 드라마인 줄 알았던 이 문제가 국제적인 스파이 행위가 연관된 사건으로 스케일이 커졌으며, 결국엔 사우디아라비아 왕세자 무함마드 빈 살만(Mohammed bin Salman)이 연루된 음모의 흔적까지 드러나게 되었다. '세계에서 가장 엄격한 사람 중 한 명인 그가 어떻게 이런 상황에 처하게 되었을까?' 당시에 아마존의 임원 중에서 개인적으로 이런 의문을 품은 사람은 한두 명이 아니었다.

아마존 창업자인 그를 바라보는 대중의 시선은 이제 동시에 수만 가지가 되었다. 그는 발명가였고, 확실히 세계에서 가장 뛰어난 CEO였으며, 우주 사업가였고, 한 신문의 구세주이자 언론 자유를 위해서는 직접 나서서 싸울 수도 있는 수호자였다. 동시에 그는 위험한 독점 자본가였고, 중소기업들의 적이었으며, 창고 노동자들을 착취하는 고용주였고, 선정적인 타블로이드 신문에는 매력적인 기삿거리였다.

2021년 2월에 그는 오랫동안 부사장을 지내온 앤디 재시에게 아마존의 CEO 자리를 넘겨주고 자신은 이사회 의장으로 물러날 것이며, 이후에는 아마존의 신규 제품과 프로젝트를 비롯해 자신이 관심 있는 다양한 분야에 더욱 전념하겠다고 발표했는데, 이에 대해서도 사람들은 각양각색의 다양한 반응을 보여주었다.

'기후서약'을 발표하는 기자회견에서 그는 지구온난화의 해법에 대해 나름의 낙관론을 펼치긴 했지만, 그는 확실히 예전의 제프 베이조스가 아니었다. 그래서 나는 전작의 속편을 써야겠다고 생각했다. 아마존이 어떻게 그토록 짧은 시간 동안 그렇게 어마어마한 규모로 성장할 수 있었는지 조사해보기로 했다. 아마존과 제프 베이조스가 과연 비즈니스 경쟁에서, 현대 사회에서, 그리고 우리의 지구에 좋은 존재인지 가려내기 위해 나는 다시 한번 더 비판적인 질문을 제기할 것이다.

이 책은 아마존, 〈워싱턴포스트〉, 블루오리진의 도움을 받아 완성할 수 있었는데, 많은 고위급 임원이 인터뷰를 수락해주었다. 그러나 거듭된 요청과 개인적인 간청에도 아마존은 끝내 베이조스를 직접 만날 수 있게 해주지 않았다. 그래도 나는 수백 명의 전현직 직원들과 파트너들, 경쟁자들, 그리고 베이조스와 연관되었거나 그의 여러 기업이나 개인적인 사건들이 몰아치는 광풍에 휘말린 많은 사람을 인터뷰했다.

이 책이 바로 그 결과물이다. 이 책은 규모가 엄청난데도 자신들의 관료주의를 끊임없이 탈피하며 새롭고 신나는 제품들을 만들어낼 정도로 비옥한 기업 문화를 창조해낸 강력한 추진력을 가진 CEO에 대한 이야기다. 그리고 테크놀로지 업계의 선두 기업이 어떻게 해서 단 10년 만에 그토록 전능한 존재가 되어, 많은 사람이 결국 그들도 중소기업을 상대로 운동장을 기울일까 봐 걱정하게 만들었는지에 대한 이야기다.

그리고 이 책은 세계에서 가장 유명한 기업인 중 한 명이 한때는 길을 잃은 것처럼 보였다가 어떻게 해서 재기하기 위해 노력하게 되었는지 보여준다. 더욱이 전 세계적으로 처참한 팬데믹의 와중에도 자신의 권력과 이윤을 어떻게 해서 더욱 확장할 수 있었는지를 말이다.

이 책은 세계 최고의 지배력을 가진 기업들에는 구식 법률이 더 이상 적용되지 않는 것처럼 보이는 비즈니스 역사의 한 시기를 설명하는 이야기다. 그리고 이 책은 한 사람과 그의 거대한 제국이 완전히 언바운드(거의 아무런 억압이나 구속도 받지 않는 자유로운 상태)가 될 뻔했을 때 무슨 일이 일어났는지 탐구할 것이다.

Part 01

발명

아마존, 2010년 12월 31일

연간 순 매출	342억 달러
정규직 및 비정규직 직원 수	3만 3,700명
연말 기준 시가총액	804억 6,000만 달러
제프 베이조스 연말 기준 순자산	158억 6,000만 달러

Amazon Unbound

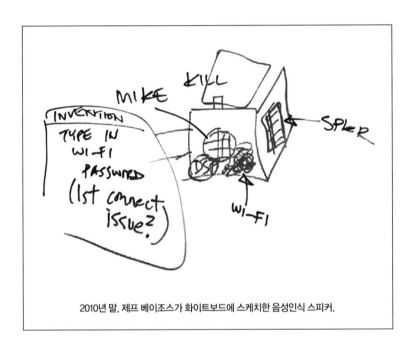

2010년 말, 제프 베이조스가 화이트보드에 스케치한 음성인식 스피커.

Chapter 01

초인적인 제품 관리자

알렉사를 탄생시킨 프로젝트 D

———

2010년에 아마존의 본사가 이전해 온 시애틀의 사우스 레이크 유니언 (South Lake Union) 지구는 빠르게 발전하긴 하지만, 아직은 십여 채의 저층 건물들만 들어서 있을 뿐 별다른 특징이 없는 지역이었다. 기존의 건물들은 평범한 편이었고, 아마존 CEO의 주장에 따르면 연매출이 거의 350억 달러에 달하는 대표적인 인터넷 기업이 이곳에 자리하고 있다는 사실을 가리키는 뚜렷한 표시는 그 어디에도 보이지 않았다. 제프 베이조스는 자신들과 거래하는 사람은 이미 회사가 어디 있는지 알고 있을 거라고 말하면서, 스스로를 그렇게 과대하게 드러내는 것은 아무런 이득이 없다고 동료들에게 이야기했다.

테리 애비뉴 노스(Terry Avenue North)와 해리슨 스트리트(Harrison Street) 의 교차로 근처에 모여 있는 사무실들에는 대체로 별다른 이름이 붙어 있지는 않았지만, 그 내부에 있는 사람들은 모두 독특하면서도 색다른 기업 문화의 영향을 받은 뚜렷한 특징이 있었다. 직원들은 회사에서의 연차를 나타내는 색상의 사원증을 목에 걸고 있었는데, 예를 들어 파란색은 5년 이하, 노란색은 10년 이하, 빨간색은 15년 이하를 의미했다. 그리고 사무실과 엘리베이터에는 베이조스의 절대적인 리더십 원칙 열네 가지를 설명하는 포스터들이 붙어 있었다.

그런 벽면에는 당시 46세이던 베이조스의 다양한 모습이 보였는데, 아마존의 독특한 경영 철학을 실제적인 예시로 보여주기 위해 언제나 그 자신의 이미지를 활용했다. 예를 들면, 그는 아마존의 10번 원칙인 '절약'을 설명하기 위해 최선을 다했다. 더 적은 것으로 더 많이 성취하라. 자원의 제약은 지략, 자급자족, 발명을 낳는다. 인력, 예산, 고정비용의 증가에 대한 별도의 언급은 없었다. 그의 아내 매켄지는 거의 매일 혼다 미니밴을 몰고 그를 일터까지 태워다주었다. 그리고 그가 동료들과 함께 전용기인 다쏘 팔콘(Dassault Falcon) 900EX를 타고 갈 때면, 그 비용은 회사인 아마존이 아니라 그가 개인적으로 지불한다고 말했다.

만약 그가 개인적으로 가장 중요하게 생각하는 리더십 원칙을 하나 고른다면, 그는 8번 원칙인 '크게 생각하라'를 골랐을 것이다. 그리고 이것은 향후 5년 동안의 아마존을 정의하는 신조가 된다. 작게 생각하는 것은 누구든 할 수 있는 것이다. 리더는 결과에 영감을 주는 대담한 방향을 설정하고 제시해야 한다. 그들은 다르게 생각하고, 고객에게 더 나은 서비스를 제공하기 위해 구석구석을 살펴본다. 2010년 당시에 아마존은 온라인에서 성공을 거두고 있는 리테일 업체였고, 이제 막 클라우드 서비스를 시작했으며, 전자책 리더 분야의 선구자였다.

그러나 베이조스는 그보다 훨씬 더 많은 것을 구상했다. 그해에 그가 주주들에게 보낸 편지는 아마존이 이제 막 탐구를 시작한 인공지능(AI)과 머신러닝(ML)이라는 컴퓨터 과학의 심오한 분야에 대한 일종의 찬가였다. 편지는 '나이브 베이즈 추정량(naïve Bayesian estimators)', '가십 프로토콜(gossip protocol)', '데이터 샤딩(data sharding)'처럼 이해하기 어려운 용어들을 언급하면서 시작한다. 베이조스는 편지에 이렇게 썼다.

발명은 우리의 DNA 안에 있는 것이고, 기술은 우리가 고객에게 제공하는 경험의 모든 측면을 개선하고 발전시키기 위해 활용해야 하는 필수적인 도구입니다.

베이조스는 이런 기술의 가능성을 단지 상상만 하지 않았다. 그는 아마존의 차세대 제품을 자신들이 도달할 수 있는 가장 멀리에 있는 경계까지 곧바로 배치하기 위해 시도하고 있었다. 이 무렵 그는 실리콘밸리에 있는 아마존의 부설 연구소 랩126(Lab126)의 엔지니어들과 함께 집중적으로 협업하기 시작했다. 이곳에서 개발한 대표적인 제품이 바로 이 회사의 첫 번째 단말기인 킨들(Kindle)이다. 고강도 브레인스토밍 회의가 이어졌고, 그는 킨들의 기존 제품과 출시 예정인 킨들 파이어(Kindle Fire) 태블릿을 보완하기 위한 몇 가지 프로젝트를 출발시켰다. 킨들 파이어 프로젝트는 그 당시에 내부에서 프로젝트 A(Project A)라고 알려져 있었다.

프로젝트 B(Project B)는 이후에 파이어폰(Fire Phone)이라는 불운한 운명을 맞이하게 되는데, 여기에서는 스마트폰에 전면 카메라와 적외선 센서를 장착해 디스플레이가 마치 3D처럼 보이는 마술을 선보일 예정이었다. '쉬머(Shimmer)'라고도 부르던 프로젝트 C(Project C)는 홀로그램처럼 보이는 디스플레이를 테이블이나 천장에 투사하게 만든 탁상용 스탠드처럼 생긴 장치였다. 이 제품은 실제로 만들기에는 너무 비싸 출시하지는 못했다.

베이조스는 고객들이 이러한 기기들을 어떻게 사용할지에 대해서 독특한 아이디어들을 갖고 있었다. 킨들의 세 번째 버전을 작업하고 있던 엔지니어들이 그의 이런 생각을 알아챈 것은, 원래 이 기기에 장착하려고 계획한 마이크를 없애려고 시도했을 때였다. 그들이 이 마이크를 없애려고 한 이유는 이 기능을 실제로 사용하는 시나리오가 없었기 때문인데, CEO는 마이크를 계속 놔둬야 한다고 주장했다. "제가 내린 결론은 뭐냐 하면, 제프가 언젠가는 우리가 만드는 기기와 대화하려고 생각한다는 것이었습니다. 현실이라기보다는 마치 〈스타트렉(Star Trek)〉 같다는 느낌이 들었습니다." 당시 킨들의 하드웨어 담당 책임자인 샘 보웬(Sam Bowen)의 말이다.

디자이너들도 킨들의 후속 버전에서 마이크를 없애야 한다고 베이조스를 설득했지만, 그는 대화형 인터페이스는 언젠가 반드시 모습을 드러낼 것이며, 인공지능이 그것을 가능하게 만들 잠재력을 갖고 있다는 믿음을 절대 버리지 않았다. 그것은 ("컴퓨터, 채널을 열어줘"라고 말하는) 〈스타트렉〉 같은 TV 프로그램에서부터 아서 C. 클라크(Arthur C. Clarke)나 아이작 아시모프(Isaac Asimov), 로버트 A. 하인라인(Robert A. Heinlein) 같은 작가들에 이르기까지, 그가 가장 좋아하는 SF 작품에 늘 등장하는 단골 소재였다.

참고로 베이조스의 시애틀 해안가 저택에는 하인라인의 작품 수백 권이 진열된 거의 하나의 도서관이 있을 정도였다. 다른 사람들이 이러한 고전 작품을 읽으면서 그저 다른 현실의 세상을 상상하기만 한 반면, 베이조스는 이런 책들을 흥미진진한 미래에 대한 청사진으로 여긴 것으로 보인다. 그것은 결국 아마존의 향후 10년을 규정하는 결정적인 제품을 만들어내게 된다. 원통형 스피커는 일대 파장을 일으키면서 수많은 모방품을 만들어냈고, 사생활에 관한 규정에 도전했으며, 사람들이 아마존에 대해 생각하는 방식을 바꾸어놓았다. 이제 아마존은 단지 이커머스(e-commerce) 분야의 거대한 기업일 뿐만 아니라, 컴퓨터 과학의 한계를 극한까지 밀어붙이는 창의적인 테크놀로지 기업으로 여기게 된 것이다.

이 계획은 원래 랩126 내부에서 프로젝트 D(Project D)라는 이름이 지정되어 있었다. 그러다 이후에는 아마존 에코(Amazon Echo)라는 이름으로 알려졌다가, 결국엔 가상 비서(virtual assistant)인 알렉사(Alexa)라는 이름을 갖게 된다.

코카콜라 캔 크기의 스마트한 비서

———

아마존의 다른 다수의 프로젝트와 마찬가지로, 프로젝트 D의 기원은 미래가 유망한 임원들 중에서 베이조스를 그림자처럼 따라다니는 역할로 선택된 '기술보좌역(TA, technical advisor)'과 베이조스가 나눈 논의로 거슬러 올라간다. TA의 업무 가운데는 1년 이상 베이조스와 함께 다니며 회의 중에는 메모를 하고, 주주들에게 보내는 연례 서신의 초안을 작성하고, 자신의 '사부'와 긴밀하게 의사소통을 하면서 많은 것을 배워야 하는 것이 있다.

2009년부터 2011년까지 아마존에서 이 역할을 맡은 임원은 그레그 하트(Greg Hart)인데, 그는 이 회사의 초창기 사업 분야인 도서, 음반, DVD, 비디오게임 등의 부문에서 일한 베테랑이다. 시애틀 출신인 그는 웨스턴 매사추세츠에 있는 윌리엄스칼리지(Williams College)를 다넀고, 광고업계에서 잠시 일하기도 했다. 그러다 시애틀에서 그런지(grunge)*의 시대가 저물어가던 황혼기에, 턱수염을 기르고 플란넬 셔츠에 대한 애정을 과시하며 고향으로 돌아왔다. 베이조스를 따라다니던 당시의 하트는 이미 얼굴의 수염을 깨끗이 다듬은 상태였으며, 이회사의 떠오르는 스타였다. 자신이 TA로 일하던 시절에 대해 하트는 이렇게 말했다. "그러니까 아마도 농구 역사상 가장 위대한 감독인 존 우든(John Wooden)을 바로 곁에서 지켜보던 코치가 그런 기분이었을 겁니다."

하트는 2010년 말 어느 날, 시애틀의 블루 문 버거스(Blue Moon Burgers)에서 베이조스에게 음성인식에 대해 이야기한 걸 기억하고 있었다. 하트는 그와 함께 점심을 먹으면서 구글의 음성검색에 대한 자신의 열정을 보여주었다. 그는 안드로이드 폰에 대고 "주변 피자집"이라고 말한 후에, 화면에 나타난 인근의 피자 가게 링크들을 베이조스에게 보여주었다. 당시의 상황을 하트는 이렇게 기억하고 있다. "제프는 전화기에서 음성인식을 사용하는 것에 약간 회의적이었습니다. 그는 그게 사회적으로 어색할 수도 있다고 생각했기 때문입니다." 그러나 그들은 기술이 어떻게 그토록 능숙하게 사람의 말을 인식해서 검색할 수 있게 되었는지 토론을 했다.

당시 베이조스는 아마존 내에서 성장하고 있는 클라우드(cloud) 비즈니스에 대해서도 흥분해 있었는데, 모든 경영진에게 "당신은 AWS를

---

* 1980년대 말부터 1990년대 중후반까지 시애틀을 중심으로 유행한 얼터너티브 록(alternative rock) 음악의 한 장르로, 대표적인 밴드로는 너바나(Nirvana), 펄 잼(Pearl Jam), 사운드가든(Soundgarden), 앨리스 인 체인스(Alice in Chains)가 있다.

돕기 위해 무엇을 하고 있나요?"라며 물을 정도였다. 음성인식에 대해 하트를 비롯한 여러 사람과 나눈 대화에서 영감을 받은 그는 2011년 1월 4일에 이러한 두 가지 주제를 연결하는 내용으로 하트를 비롯해 기기 부문 부사장인 이언 프리드(Ian Freed)와 수석 부사장인 스티브 케셀에게 이메일을 보냈다. "우리는 장치의 두뇌는 클라우드에 두고 사람의 음성으로만 제어되는 20달러짜리 기기를 만들어야 합니다." 그것은 절대 마르지 않는 아이디어의 원천을 가진 대표가 내놓은 또 하나의 아이디어였다.

베이조스를 비롯한 직원들은 그가 이메일로 보낸 아이디어를 두고 며칠 동안 이야기를 나누었지만, 추가적인 조치는 취하지 않았다. 그래서 그 아이디어는 그대로 묻혀버릴 수도 있었다. 그러던 몇 주 후, 하트는 아마존 본사인 데이원 노스(Day 1 North) 6층에 있는 회의실에서 베이조스를 만나, 자신의 향후 진로에 대해 이야기를 나누었다. TA로서 그의 임기가 끝나갔기 때문에, 그들은 그가 아마존의 동영상 스트리밍 및 광고 부문에서의 직위를 맡는 것을 포함해 회사에서 신규 프로젝트를 이끄는 것에 대한 다양한 가능성을 논의했다.

베이조스는 화이트보드에 그들이 함께 나눈 아이디어를 빠르게 적은 후에 자신의 아이디어를 몇 가지 덧붙였다. 그리고 늘 그랬듯이 자신의 기준으로 그러한 아이디어의 장점을 평가했다. 곧 '만약 이것이 효과가 있다면, 얼마나 커다란 비즈니스로 성장하게 될 것인가?', '만약 회사가 이걸 지금 공격적으로 추진하지 않는다면, 기회를 놓치는 것이 될까?' 등이었다. 베이조스와 하트는 목록에 있는 아이템에 전부 X 표시를 했다. 단 하나만 남겨두고 말이다. 그것은 바로 음성으로 작동되는 클라우드 컴퓨터를 만든다는 베이조스의 아이디어였다.

하트는 당시에 이렇게 말했다고 한다. "제프, 저는 하드웨어 분야에 대한 경험이 전혀 없어요. 그리고 소프트웨어도 거의 마찬가지인데, 제가 이끌어본 조직 중에서 규모가 가장 큰 것도 40명 정도밖에 안 됐다고요."

베이조스가 대답했다. "자네는 잘할 거야."

하트는 자신에게 자신감을 실어주는 그의 응원에 고마워하며 말했다. "좋아요. 그럼 혹시 일이 잘못 되더라도 제가 한 말은 기억하셔야 합니다."

그리고 그 자리에서 베이조스는 계속해서 화면은 없이 음성으로 작동하는 컴퓨터에 대한 아이디어를 화이트보드에 그림을 그려가면서 설명했다. 나중에 알렉사가 되는 그의 아이디어를 그린 최초의 그림에는 스피커, 마이크, 음소거(mute) 버튼만 있다. 그리고 이 기기를 무선 네트워크에 연결하기 위한 설정이 필요하다는 걸 깨달았다. 왜냐하면 이 기기는 상자 안에서 자체적으로 사람의 명령을 듣고 처리하지 않을 것이기 때문이다. 이는 더욱 심도 있게 생각해야 하는 문제였다. 하트는 그가 화이트보드에 그린 그림을 자신의 휴대폰으로 사진을 찍었다.

베이조스는 이 프로젝트에 수억 달러의 비용 투자를 승인하고 본격적으로 긴밀하게 관여했는데, 이틀에 한 번씩 팀원들과 회의를 하고, 제품과 관련한 세부사항들을 결정했다. 그렇게 해서 에코(Echo)의 최초 모델이 출시되었다. 직원들은 독일어의 최상급 표현을 사용해, 그를 두고 위버(über) 프러덕트 매니저, 곧 '초인적인 제품 관리자'라고 불렀다.

그러나 그 팀을 이끌던 사람은 그레그 하트였다. 그는 베이조스의 사무실에서 길 건너편에 있는 피오나(Fiona)*라는 건물에서 팀을 이끌었다.** 이곳에는 킨들 사업부가 입주해 있었다. 아무튼 이후 몇 달 동안 하트는 회사 안팎에서 사람들을 불러 모아 소규모 그룹을 만들었다. 그는 예비 명단에 있는 사람들에게 "저의 임무에 동참해주십시오"라는 제목의 이메일을 보냈고, 면접 자리에서는 "만약 맹인용으로 킨들을 만든다면 어떻게 디자인을 할 건가요?"라는 질문을 던졌다. 그러나 그는 면접 자리에서도 자신의 상사만큼이나 기밀을 지켜야 한다는 원칙을 철저히 지켰고, 지원자들이 어떤 일을 하게 될지는 구체적으로 밝히지 않았다. 당시 면접을 본 지원자 한 명은 이 프로젝트가 세간에서 소문이 돌고 있는 스마트폰을 만드는 것인지 물었다. 그러자 하트가 대답했다. "스마트폰을 만드는 팀은 따로 있습니다. 하지만 이게 더 흥미로울 겁니다."

이 프로젝트에 초기에 채용된 아마존의 직원 가운데는 알 린지(Al Lindsay)라는 엔지니어가 있는데, 그는 이전에 US웨스트(US West)라는 통신회사에서 음성인식 전화번호 안내 서비스의 오리지널 소스코드 작업에 참여한 경력이 있다. 린지는 이 프로젝트에 합류하자마자 3주 동안 캐나다에 있는 자신의 작은 시골집에서 휴가를 보냈는데, 그러면서 만약에 외부의 개발자들이 그 기기에서 실행될 수 있는 음성지원 앱을

---

* 피오나는 킨들이 정식 출시되기 전에 프로젝트 과정에서 갖고 있던 이름이다.

** 아마존의 본사 및 계열사를 비롯한 많은 사업부는 시애틀의 사우스 레이크 유니언 지역의 여러 곳에 나누어 입주해 있다. 흔히 데이원(Day 1)이나 도플러(Doppler)가 아마존의 본사 건물이라고 알려져 있는데, 제프 베이조스의 사무실은 그곳이 아니라 법인 주소지인 테리 애비뉴(Terry Ave.) 410번지 건물에 있다. 피오나 건물은 대각선 맞은편에 있다.

프로그래밍한다면 과연 어떻게 할지 자신이 생각하는 내용을 6페이지의 문서로 작성했다.

내부에서 채용된 또 다른 사례는 관리자였던 존 팀센(John Thimsen)으로, 그는 엔지니어링 담당 이사직을 맡았다. 그는 프로젝트 D에 합류한 이후 이 프로젝트에 도플러(Doppler)라는 정식 명칭을 붙인 사람이다. "솔직히 말해서, 처음에는 이 프로젝트가 실제로 성공할 거라고 생각한 사람은 아무도 없었을 겁니다. 하지만 그레그 덕분에 절반쯤 지나자 우리 모두 그걸 믿게 되었습니다." 팀센이 내게 해준 말이다.

알렉사의 초기에 참여한 직원들은 참을성 없는 대표 때문에 엄청난 긴박감 속에서 일했다. 베이조스는 6개월에서 12개월 안에 이 기기를 선보이고 싶어 했지만, 이는 비현실적인 일정이었다. 그가 이렇게 서두르는 데는 나름의 이유가 있었다. 도플러 팀이 결성된 지 얼마 지나지 않은 2011년 10월 4일, 애플이 아이폰 4S 모델에서 시리(Siri)라는 가상 비서를 선보였기 때문이다. 그런데 애플의 공동 창업자인 스티브 잡스(Steve Jobs)는 바로 그다음 날 지병인 암으로 세상을 떠났고, 결국 시리는 그가 마지막 열정을 불사른 프로젝트인 셈이다.

다시 부활한 애플이 자신들과 똑같이 음성으로 작동하는 개인 비서에 대한 아이디어를 갖고 있었다는 사실은 하트를 비롯한 그의 팀원들에게는 자신들의 생각이 옳았다는 걸 확인해주는 동시에 한편으로는 사기를 꺾는 것이기도 했다. 왜냐하면 다소 엇갈린 평가가 있긴 했지만, 어쨌든 시중에 처음으로 선을 보인 건 시리였기 때문이다. 아마존의 팀원들은 자신들의 제품은 특별하다며 스스로를 다독이려 노력했다. 자신들의 기기는 스마트폰과는 별도로 독립적으로 작동하기 때문이었다. 그러나 더욱 의미심장한 차이점이 있다면, 안타깝게도 시리는 더 이상 잡스의 적극적인 지원을 받을 수 없게 되었지만, 알렉사는 이후에도 베이조스의 후원은 물론이고 아마존 내부에서도 거의 광적인 관심을 받게 된다는 점이었다.

개발 속도를 높이고 베이조스가 원하는 목표를 충족시키기 위해 하트를 비롯한 그의 팀원들은 인수할 만한 스타트업을 찾아보았다. 이것은 쉽지 않은 도전과제였다. 애플이 시리를 선보이기 위해 라이선스를 구입할 정도로 기술력을 가진 보스턴 소재의 뉘앙스(Nuance)가 음성인식 분야에서 미국 내 최고 기업들을 먹어치우면서 지난 몇 년 동안 성장해왔기 때문이다. 도플러의 임원들은 아직 남아 있는 스타트업 중에서 유망한 곳을 알아내려 노력했다. 그들은 잠재적인 인수 대상 업체들에 킨들의 전자책 카탈로그를 음성으로 실행시켜달라고 요청한 후에, 그 결과와 그들이 사용한 기법을 연구했다. 이러한 조사와 연구 덕분에 이후 2년 동안 몇몇 업체를 속사포처럼 인수할 수 있었는데, 이는 결국 알렉사의 두뇌이자 그것의 목소리까지 만들게 된다.

아마존이 처음 인수한 기업은 노스캐롤라이나의 샬럿에 있는 직원 스무 명의 스타트업인 얍(Yap)으로, 이들은 저임금 국가의 인력들이 음성을 비밀리에 옮겨 적는 노동에 의존하지 않고도 음성 메일과 같은 사람의 말을 자동으로 텍스트 형태로 변환할 수 있었다. 비록 얍이 가진 기술의 상당수는 폐기되었지만, 엔지니어들은 이후에도 남아서 고객이 도플러에 대고 말하는 내용을 컴퓨터가 판독할 수 있는 포맷으로 변환하는 기술을 개발하는 데 일조하게 된다.

얍을 인수하기 위한 오랜 구애 기간 동안 아마존의 임원들은 자신들이 무엇을 하려는지 정확한 내용을 공개하지 않아서 얍 경영진의 마음을 안달 나게 했다. 심지어 인수 계약이 체결되고 일주일이 지났을 때 알 린지가 얍의 엔지니어들과 함께 이탈리아의 피렌체에서 열린 업계의 콘퍼런스에 참석했는데, 이곳에서 그는 얍의 엔지니어들에게 자신을 모르는 척해달라고 이야기했다. 아마존이 음성인식 기술에 새롭게 관심을 갖게 되었다는 사실을 아무도 모르게 하려는 것이었다.

아마존은 약 2,500만 달러의 금액으로 얍의 인수를 확정지은 후에 그 회사의 설립자들을 내보내긴 했지만, 매사추세츠주 케임브리지에 남아 있던 음성과학(speech science) 조직은 MIT 인근의 켄들스퀘어(Kendall Square)에 있는 사무실에서 새롭게 태어나는 R&D 팀의 씨앗이 되었다. 이러한 결정이 내려진 이후에 얍의 엔지니어들이 비행기를 타고 시애틀로 날아갔다. 그들은 피오나 건물 1층에 있는 회의실의 잠긴 문을 열고 들어간 후에 창문의 블라인드를 내렸다. 그제야 그레그 하트가 아마존의 계획을 설명했다. "코카콜라 캔 정도 되는 이 작은 기기는 테이블 위에 놓여 있을 겁니다. 그러면 사람들은 여기에 대고 자연어(natural language)*로 질문을 하고, 이 기기는 그들의 스마트한 비서가 되어줄 겁니다." 음성인식 산업에서 20년간 몸담은 베테랑이자 얍의 연구 부문 부사장이었던 제프 애덤스(Jeff Adams)는 당시를 이렇게 회상한다. "제 팀원들의 절반은 눈을 굴리면서 '이런 세상에, 우리가 대체 스스로 무슨 무덤을 판 거야?'라는 표정을 지어 보였습니다."

이 회의가 끝난 후, 애덤스는 하트와 린지에게 그들의 목표가 비현

---

* 기계가 사용하는 것이 아니라, 사람이 일상에서 사용하는 자연스러운 언어.

실적이라고 격식을 차려 말했다. 대부분의 전문가는 진정한 의미의 '원거리 음성인식(far-field speech recognition)'은 기존의 컴퓨터 과학으로는 불가능하다고 생각했다. 그 이유는 벽이나 천장 같은 표면에 소리가 부딪혀 튀기도 하고 울림이 발생해 컴퓨터를 혼란스럽게 만들기 때문이다. 참고로 원거리 음성인식이란 최대 10미터 정도 떨어진 곳에 있는 사람이 하는 말을 이해하는 것을 말하는데, 이 정도의 거리에서는 중간에 여러 잡음과 혼선이 생기는 경우가 대부분이다. 아마존의 임원들은 베이조스의 굳은 의지를 전하는 것으로 답변을 대신했다. 애덤스는 그 상황을 이렇게 회상했다. "그들이 제게 말하는 건 기본적으로 이런 식이었어요. '우린 그런 건 모르겠어. 필요하면 사람을 더 뽑아. 시간은 충분히 가져도 돼. 어쨌든 이 문제를 해결해.' 이런 식으로 그들은 요지부동이었습니다."

신뢰감, 공감, 따뜻함을 표현하는 목소리

———

앱을 사들이고 난 지 몇 달이 지난 후, 그레그 하트와 그의 동료들은 도 플러라는 퍼즐의 또 다른 조각 하나를 인수한다. 그 업체는 기술적으로는 음성을 텍스트로 변환하는 앱과는 정반대였다. 그 주인공은 바로 폴란드의 스타트업인 이보나(Ivona)인데, 그들은 인간의 목소리를 닮은 음성을 컴퓨터로 합성해 만들어냈다.

이보나는 2001년에 그단스크기술대학교(Gdańsk University of Technology)에서 컴퓨터 과학을 공부하던 학생 루카스 오소프스키(Lukasz Osowski)가 설립했다. 오소프스키는 '문자음성변환(TTS, text to speech)'이라는 기술을 이용해 디지털 텍스트를 사람의 목소리처럼 읽을 수 있으며, 이를 통해 폴란드의 시각장애인이 글자를 인식하도록 도와줄 수 있다는 생각을 했다. 후배 미할 카슈추크(Michal Kaszczuk)와 함께 그는 어떤 배우의 목소리를 녹음해 그것에서 다이폰(diphone)이라는 음성단위를 골라낸 다음, 그것들을 다양한 조합으로 섞거나 연결해 처음에 녹음한 배우가 실제로 말한 적 없는 단어나 문장을 아주 자연스럽게 들리도록 만들어냈다.

이들 이보나 창업자들은 자신들의 기술이 얼마나 강력할 수 있는지 일찌감치 간파했다. 비록 학생 신분이지만, 그들은 폴란드의 유명 배우 야체크 라비야크(Jacek Labijak)에게 비용을 지불하고 몇 시간 동안 그의 목소리를 녹음해 음성 데이터베이스를 만들었다. 그 결과로 나온 그들의 첫 번째 제품은 스피커(Spiker)인데, 이는 폴란드에서 금세 가장 많이 팔린 컴퓨터 음성이 되었다.

그 후 몇 년 동안 스피커는 지하철, 엘리베이터, 전화 여론조사 등의 분야에서 널리 사용되었다. 라비야크는 이후에 어디를 가든 자신의 목소리를 들을 수 있었으며, 어떤 경우에는 전화가 걸려와서 받아보면 수화기 건너편에서 자신의 목소리가 다가오는 선거에서 특정한 후보자에게 투표해달라고 부탁하는 경우도 종종 있었다. 때로는 누군가 장난삼아 그 소프트웨어를 조작해 부적절한 내용을 말하게 한 다음 그걸 담은 동영상을 온라인에 올리기도 했는데, 라비야크의 아이들이 그걸 발견하는 일도 있었다. 그러자 라비야크는 매우 화가 나서 그 소프트웨어에서 자신의 목소리를 없애려고 했고, 그래서 이보나 설립자들은 그 배우와 다시 협상해 계약해야만 했다.[7] (지금도 라비야크의 목소리는 AWS의 아마존 폴리(Amazon Polly)라는 컴퓨터 음성 서비스가 제공하는 폴란드 사람 목소리들 중 하나로 남아 있다.)

2006년부터 이보나는 가장 자연스러운 컴퓨터 목소리를 겨루기 위해 매년 카네기멜론대학교(Carnegie Mellon University)가 주최하는 블리자드 챌린지(Blizzard Challenge)에 참가해 연달아 우승을 차지했다. 2012년이 되자, 이보나가 서비스하는 언어는 스무 개로 늘어났고 목소리 종류도 마흔 개가 넘었다.

당시 인수 대상을 물색하기 위해 유럽을 돌아다니던 그레그 하트와 알 린지는 이 스타트업을 알게 된 후에 곧바로 그단스크로 방향을 돌렸다. "그들의 사무실로 발길을 들인 바로 그 순간부터, 그들이 우리에게 맞는다는 것을 알 수 있었습니다." 린지가 이 분야에서 이보나가 어떻게 발전해왔는지 가리키면서 말했다. 이 분야의 연구자들은 학문적 성과라는 고결한 목표에만 집중할 뿐, 그 이외에는 관심이 없는 경우가 많다고 했다. "그들은 산만한 덕분에 과학에만 맹목적이지 않았고, 순수학문 밖의 세상을 볼 수 있었습니다."

대략 3,000만 달러에 달하는 인수 협상은 2012년에 체결되었으나, 1년 동안 기밀로 유지되었다. 이보나의 개발팀을 비롯해 아마존이 신설한 그단스크 R&D 센터에서도 점점 더 많이 음성인식 엔지니어를 채용했고, 이들에게는 도플러의 목소리를 만드는 임무가 주어졌다. 이 프로그램은 베이조스가 직접 세세한 부분까지 관리했으며, 그의 일상적인 호기심과 변덕의 대상이 되었다.

처음에 베이조스는 이 기기에 뚜렷하게 구분되는 수십 개의 목소리가 있어서, 가령 음악을 듣거나 항공편을 예약하는 등 여러 다양한 활동이나 작업을 지시하면 각각 그것을 담당하는 목소리가 흘러나오는 걸 원했다. 그러나 그게 비현실적이라는 게 입증되자, 그들은 이번에는 하나의 목소리에서 신뢰감, 공감, 따뜻함 등 자신들이 원하는 특성을 표현할 수 있는지 살펴보았다. 그리고 그런 특성들이 일반적으로 여성의 목소리와 연관되어 있다고 판단했다.

이러한 음성을 만들고 또한 그 안에 지역적인 억양의 흔적을 남기지 않기 위해, 폴란드의 팀원들은 애틀랜타 소재의 보이스오버(voice-over, 음성지원) 관련 기업인 GM보이스(GM Voices)와 협업을 했다. GM보이스는 성우인 수전 베넷(Susan Bennett)의 목소리를 녹음해 애플의 가상 비서인 시리에게 입히는 작업을 도와주기도 한 업체다. 인공적인 개성을 만들기 위해 GM보이스는 여성 성우들에게 책 한 권 전체에서부터 무작위로 고른 글들에 이르기까지 모두 수백 시간 분량에 달하는 텍스트를 읽게 했다. 이는 이후 몇 달 동안 계속되는 너무나도 지루한 과정이었다.

그레그 하트를 비롯한 동료들은 GM보이스가 만들어낸 녹음 내용을 몇 달 동안 검토한 후, 그중에서 최고의 후보군을 모아 베이조스에게 제출했다. 그들은 그 목소리들에 순위를 매기고, 그 목소리에 추가 샘플을 요청했으며, 그리고 마침내 하나를 선택했다. 베이조스가 승인을 한 것이다.

비밀스러움이 특징인 아마존은 알렉사의 배후에 있는 성우의 이름을 절대로 공개하지 않았다. 나는 전문 성우들의 커뮤니티를 조사한 끝에 그녀의 신원을 알게 되었다. 그녀는 콜로라도주 볼더에서 가수이자 성우로 활동하는 니나 롤(Nina Rolle)이다. 그녀의 개인 웹사이트에는 자신이 예전에 참여한 라디오 광고의 링크가 포함되어 있었는데, 대표적으로는 모트(Mott)의 사과주스와 폭스바겐(Volkswagen)의 파사트(Passat) 등이 있다. 그녀의 목소리는 알렉사의 따뜻한 음색이 틀림없었다. 2021년 2월에 나는 전화로 그녀에게 연락했는데, 롤은 나와 이야기 해서는 안 된다고 말했다. 그래서 나는 아마존에 연락해 그녀와 이야기할 수 있게 해달라고 요청했지만, 이 역시 그들이 거절했다.

2년 동안 비밀리에 진행한 베타 테스트

───

도플러 팀이 엔지니어를 채용하고 스타트업을 인수하는 동안, 시애틀에 있는 아마존 본사와 실리콘밸리에 있는 랩126에서는 이 제품과 관련한 거의 모든 측면을 치열하게 논의했다. 도플러의 초창기에 회의하던 도중, 그레그 하트는 음성명령으로 음악을 재생하는 능력이 이 기기의 간판 기능이라는 것을 알게 되었다. 하트는 "베이조스도 그러한 프레임워크에는 동의했지만, 음악이 51퍼센트가 될 수는 있지만 나머지 49퍼센트도 정말로 중요해질 것이라고 강조했다"고 말한다.

그렇게 원만하게 합의했지만, 이후 몇 달 동안 그들 사이에서는 오랜 줄다리기가 이어졌다. 하트와 그의 엔지니어들은 음악을 재생하는 게 실용적이며 충분히 마케팅할 수 있는 기능이라고 생각했지만, 베이조스는 좀 더 웅장하게 생각하고 있었던 것이다. 베이조스는 '스타트렉 컴퓨터'에 대해 이야기했는데, 그것은 개인 비서로서 어떤 질문이든 처리해 도움을 주는 인공지능을 말하는 것이었다. 팀 내부에서는 그가 원하는 것을 '전권대사(plenipotentiary)'라는 단어로 설명했다. 곧 사용자를 대신해 택시 호출이나 식료품 주문 등을 하도록 모든 권한을 위임받은 비서를 말하는 것이다. 공상과학 작품에 집착한 베이조스는 팀원들이 좀 더 크게 생각하고 기존 기술의 한계까지 나아가도록 밀어붙였다. 그러나 그러한 제품을 실제로 내놓아야 하는 압박감에 시달리던 하트는 '마법적이면서도 일상적인' 기능들을 지지하면서, 사용자가 일기예보를 물어보거나 타이머나 알람을 설정하는 기본적이면서도 신뢰할 수 있는 기능을 강조해야 한다고 주장했다.

이러한 논쟁은 이 제품에 대한 'PR FAQ' 문서의 초안을 끝없이 반복해서 작성했다는 사실 자체에서도 드러난다. PR FAQ란 아마존이 신규 프로젝트를 시작하면서 그 제품이 출시되었을 때 시장에 미치는 영향이 어떤 모습인지 설명하기 위해 6페이지 분량의 보도자료(press release) 형태로 만드는 문건을 말한다. 혁신과 관련하여 아마존에는 성스러운 의식의 일부인 이 문건에서는 자신들이 고객을 위해 만든 혜택이 무엇인지 그 이야기를 시작하는 것이 관례적인 원칙이었다. 도플러에 대한 PR FAQ 초안은 수십 차례에 걸쳐 작성하고, 발표하고, 토론하고, 거의 집착에 가까운 수준으로 들여다보고, 다시 작성하고, 그리고 폐기하는 과정이 반복되었다. 초기의 제품 관리자 한 명은 그런 문건에서 음악 재생 부분이 강조될 때마다 "제프는 정말로 화를 냈고, 문건이 그런 방향으로 흘러가는 것을 전혀 마음에 들어하지 않았다"고 회상한다.

도플러에서 초기에 일한 또 다른 직원 한 명은 후에 추측하기를, 익히 잘 알려져 있듯이 베이조스는 음악 취향의 수준이 그리 높지 않았기 때문에 그렇게 반응한 측면도 있다고 말했다. 예를 들어 베이조스가 도플러에서 만든 초기 샘플 하나를 테스트할 때, 그는 자신이 가장 좋아하는 음악 가운데 하나를 틀어달라고 요청했다. 그 곡은 바로 고전 TV 드라마인 〈배틀스타 갤럭티카(Battlestar Galactica)〉의 주제가였다.[8] "제프는 이 제품이 단순한 음악 기기를 넘어서는 것으로 만들기 위해 정말로 강하게 밀어붙였습니다. 그는 그것이 좀 더 일반적인 컴퓨터가 되어야 한다는 생각을 버리지 않았습니다." 그레그 하트의 상사였던 이언 프리드의 말이다.

한편 소위 말하는 '웨이크 워드(wake word)'를 무엇으로 선택할지에 대한 논의도 펼쳐졌다. 웨이크 워드란 대기모드에 있는 도플러를 불러서 깨우는 단어를 가리킨다. 도플러는 대기모드에서 자신의 이름이 불리기만을 수동적으로 기다리다가 그 단어를 들으면 적극적인 청취모드로 전환되며, 사용자가 요청한 문구를 인터넷을 통해 아마존의 서버로 보낸 후에 응답을 되돌려주는 방식이다. 음성과학을 담당하는 팀에서는 이 웨이크 워드가 뚜렷하게 구분되는 음소(phoneme)로 조합되어야 하며 최소한 세 개의 음절(syllable)로 구성되어야 한다고 생각했다. 이 기기가 일상적인 대화를 듣다가 의도치 않게 깨어나는 경우가 없어야 하기 때문이다. 그리고 사람들에게 마케팅을 하기에도 좋은 '시리'처럼 상당히 독특한 이름이 필요했다. 하트를 비롯한 팀원들은 회의실의 테이블에 서로 다른 이름이 적힌 수백 가지 카드를 펼쳐놓고 베이조스에게 보여주었다. 끝없는 숙고 과정이 이어졌다.

베이조스는 웨이크 워드가 '감미로운' 느낌이기를 원했고, 자신의 어머니 이름인 재클린(Jacklyn)은 '너무 거슬린다'고 말했다. 그 자신이 제안했지만 금세 폐기된 단어 중에는 제프 밴더미어(Jeff VanderMeer)의 판타지 탐정소설 제목인 '핀치(Finch)', 소설 《로빈슨 크루소(Robinson Crusoe)》에서 개인 비서 역할을 한 '프라이데이(Friday)', TV 시트콤 〈아내는 요술쟁이(Bewitched)〉의 주인공으로 코를 찡긋하기만 하면 무슨 일이든 처리할 수 있는 마녀 '사만다(Samantha)' 등이 있었다. 한동안 그는 '아마존'이 웨이크 워드가 되어야 한다고 생각하기도 했는데, 그래야만 이 기기가 만들어내는 좋은 느낌의 분위기가 회사에도 좋은 영향으로 되돌아올 수 있다는 것이었다.

도플러의 임원들은 사람들이 집에서까지 회사의 이름을 말하고 싶지는 않을 것이라고 주장했다. 그래서 또 다른 의견대립이 야기되었다. 베이조스가 제안한 단어 중에는 '알렉사(Alexa)'도 있었는데, 이는 지식의 수도로 여겨지는 고대 알렉산드리아(Alexandria) 도서관에 대한 일종의 오마주(homage)였다. 알렉사라는 이름은 직접적으로 관련은 없지만 아마존이 1990년대에 인수한 스타트업의 이름이기도 한데, 이 업체는 웹 트래픽에 대한 데이터를 판매하면서 이후에도 계속해서 독립적으로 운영되고 있었다. 끝없이 이어지는 토론과 연구실에서의 테스트가 끝난 후에 최종 후보에 오른 웨이크 워드는 '알렉사'와 '아마존'이었다. 그리고 2013년 초, 이 기기는 아마존 직원들의 각 가정에 배치되어 일종의 베타 테스트를 거치게 된다.

직원들이 받은 기기의 외관은 약 2년 후에 아마존이 선보이게 되는 오리지널 버전의 에코(Echo)와 크게 다르지 않았다. 랩126의 디자이너들은 이것을 '프링글스(Pringles) 통'이라고 불렀다. 윗부분에 있는 일곱 개의 전방향 마이크(omnidirectional microphone)와 아랫부분에 있는 스피커의 위치를 멀리 떼어놓기 위해 가늘고 긴 원통형으로 만든 결과, 마치 프링글스 과자 통처럼 보였기 때문이다. 그리고 금속으로 된 원통의 옆면에는 환기구이자 소리를 밖으로 내보내기 위해 1,400개 정도의 구멍이 뚫려 있었다. 이 기기의 위쪽에는 원형의 LED 라이트가 있었는데, 이것 역시 베이조스의 아이디어였다. 이 LED는 말하는 사람의 방향을 향해 불빛이 들어왔기 때문에, 이 기기가 대화를 나누는 상대가 누구인지 알려주는 신호 역할을 했다. 이런 외관은 베이조스가 디자이너들에게 형태보다는 기능을 우선시하라고 지시했기 때문에 나온 것으로, 디자인이 우아한 장치라고는 할 수 없었다.

아마존 직원 수백 명의 가정에 설치된 실험용 도플러 기기는 그다지 스마트하지 않았다. 그건 어느 면으로 보나 느리고 멍청했다. 닐 애커먼(Neil Ackerman)이라는 아마존의 관리자 역시 사내 베타 테스트에 자원해 2013년 초에 가족들이 있는 집으로 이 기기를 하나 가져왔다. 그와 아내는 다수의 보안 관련 서류에 서명해야 했으며, 만약 집에 손님이 들르면 그것의 전원을 끄고 숨기겠다고 약속했다. 매주 그들은 자신들이 무슨 질문을 했고 그것이 어떻게 반응했는지에 대한 항목들이 나열된 스프레드시트에 관련 내용을 채워넣었다. 애커먼의 아내는 그 기기를 '그것'이라고 불렀다.

애커먼은 당시 상황을 이렇게 말했다. "우리 둘 다 상당히 회의적이었습니다. 저에게 제대로 된 대답을 들려주는 경우가 거의 없었고 흘러나오는 음악도 일관성이 없었기 때문에, 우리 가족이 좋아할 만한 제품은 분명 아니었습니다." 무슨 이유인지는 모르겠지만, 그 기기는 언어 장애가 있는 아들의 말을 가장 잘 이해하는 것처럼 보였다.

초기의 베타 테스트에 참가한 다른 직원들은 좀처럼 말을 꺼내지 않았다. 파이어TV(Fire TV) 프로젝트에 초기해 참여한 엔지니어인 파라그 가그(Parag Garg)도 그 기기를 집으로 가져왔다. "그건 도대체 쓸모가 없었고, 그게 없어졌을 때도 전혀 아쉽지 않았습니다. 저는 그게 망했다고 생각했습니다." 파이어폰 프로젝트에 참여한 어느 관리자는 그 기기의 하드웨어적인 외관은 마음에 들었다고 회상한다. "그렇지만 그게 무슨 용도로 쓰일지는 예측할 수 없었습니다. 저는 그게 바보 같은 제품이라고 생각했습니다."

도플러 프로젝트에서 일한 두 명의 엔지니어는 베이조스에게서 직접 들은 참혹한 평가를 기억하고 있다. 베이조스 역시 시애틀에 있는 자택에서 직접 기기 한 대를 테스트했다. 그는 그 기기가 이해력이 떨어지는 것에 짜증을 내면서, 알렉사를 향해 "네 머리에 총이나 쏴"라고 말하기도 했다. 테스트 기기를 평가하는 도중에 이런 발언을 들은 엔지니어들 중 한 명은 당시 상황을 이렇게 말했다. "우리 모두 그 프로젝트는 끝났다고 생각했습니다. 아니면 저희 중에서 몇 명은 이제 아마존에서 끝났다고 생각했습니다."

알렉사를 더욱 똑똑하게 만들기 위한 아마존의 노력

알렉사에게는 분명 일종의 두뇌 이식이 필요했다. 그 제품을 더욱 똑똑하게 만들기 위한 아마존의 계속되는 노력은 도플러 팀 내부에서 일종의 파벌 경쟁을 일으켰고, 이는 그들이 넘어야 할 최대 난관이 되었다.

　앞서 말한 문제를 해결하기 위한 첫 번째 조치는 영국 케임브리지에 있는 인공지능 기업 에비(Evi)를 인수해 그들의 기술을 통합하는 것이었다. 이 프로젝트와 관련해 벌써 세 번째 인수합병이었다. 이 스타트업은 영국의 기업가인 윌리엄 턴스톨-페도(William Tunstall-Pedoe)가 2005년 트루 날리지(True Knowledge)라는 질의응답 도구를 선보이면서 설립되었다. 턴스톨-페도가 대학생이던 시절에 만든 웹사이트로는 애너그램 지니어스(Anagram Genius)가 있는데, 이곳에서는 어떤 문자열을 입력하면 자동으로 글자들을 재배치해서 다른 단어나 문구를 만들어냈다. 이 사이트는 이후에 소설가 댄 브라운(Dan Brown)이《다빈치 코드(The Da Vinci Code)》를 쓰면서 퍼즐을 만드는 데 사용하기도 했다.

2012년에 시리(Siri)가 출시된 것에서 영감을 받은 턴스톨-페도는 방향을 전환해 에비를 앱으로 만들어 애플과 안드로이드의 앱스토어에 출시했다. 사용자들은 글자를 입력하거나 말을 해서 질문을 할 수 있었다. 에비는 시리처럼 인터넷을 검색해서 답을 찾는다거나 구글의 음성검색처럼 검색 결과를 링크로 보여주는 것이 아니라, 질문의 내용을 스스로 평가하고 즉시 답변해주려고 노력했다. 이 앱은 출시 첫 주에만 25만 회 이상 다운로드되었으며, 회사의 서버가 거의 부서질 지경이 되었다.[9] 애플은 이 앱이 자사의 시리와 "혼란스러울 정도로 비슷하다"며 iOS 앱스토어에서 퇴출시키려 했지만, 팬들의 반대에 부딪혀 자세를 낮추었다. 이처럼 커다란 관심 덕분에 에비에 인수를 제안한 곳만 해도 최소 두 군데이며, 여러 벤처캐피털에서 충분히 투자를 받을 수도 있었다. 이러한 치열한 각축전에서 승리를 거둔 곳은 결국 아마존인데, 2012년 그들이 합의한 인수 금액은 2,600만 달러에 달한다는 소문이 있었다.[10]

에비가 선보인 프로그래밍 기법은 지식 그래프(knowledge graph), 또는 대형 온톨로지 데이터베이스(large databases of ontologies)인데, 이는 서로 연관된 영역 안에서 다양한 개념과 범주를 연결해주는 기법이다. 예를 들어 사용자가 에비에게 "클리블랜드의 인구는 몇 명이야?"라고 묻는다면, 소프트웨어가 이 질문을 이해한 다음 이 질문을 인구통계 데이터를 찾을 수 있는 곳으로 보내야 한다는 것을 아는 것이다. 〈와이어드

⟨Wired⟩⟩ 매거진에서는 이 기술을 두고 유용한 사실들이 논리적으로 연결된 '거대한 나무 형태의 구조(giant treelike structure)'[1]라고 설명했다.

에비의 이러한 지식기반이 알렉사의 내부로 편입되자, 격의는 없지만 문화적으로 흔하게 이루어지는 의례적 발언(phatic speech)이라고 하는 수다 능력을 키우는 데 도움이 되었다. 예를 들어 사용자가 기기에 대고 "알렉사, 좋은 아침이야. 오늘 기분은 어때?"라고 물으면, 알렉사가 그 적절한 맥락을 파악해 반응할 수 있게 된 것이다. 그러나 정작 턴스톨-페도는 자신들이 과연 미국으로까지 날아가서 알렉사에게 그러한 사교 능력을 갖게 해야 하는지를 두고 동료들과 다투어야만 했다. 그는 당시를 이렇게 회상했다. "저희 동료들은 기계에 대고 '안녕하세요'라고 말하면 거기에 반응할 수 있는 프로그램을 만든다는 아이디어를 불편하게 생각했습니다."

에비의 기술을 통합한 덕분에 알렉사는 태양계에 있는 행성들의 이름을 알려달라는 등의 실제적인 질문에 대응할 수 있게 되었으며, 이로써 알렉사는 똑똑하다는 인상을 갖게 되었다. 하지만 알렉사는 실제로 똑똑했을까? 자연어를 이해하기 위한 또 다른 기법인 딥러닝(deep learning)을 지지하는 사람들은 에비의 지식 그래프가 알렉사에게 사용자와 대화할 수 있고 어떠한 질문에도 대답할 수 있는 다재다능한 비서를 만든다는 베이조스의 꿈을 충족시킬 만한 진정한 의미의 지식을 부여하지는 않을 것이라고 생각했다.

딥러닝 기법에서는 사람들이 대화하는 방법과 그에 대한 만족스러운 반응이 무엇인지 어마어마한 양의 데이터를 기계에 투입하고, 기계는 최적의 답안을 찾기 위해 스스로 훈련할 수 있게 프로그래밍되어 있다. 당시 이 분야의 대표적인 지지자는 인도 출신의 엔지니어 로히트 프라사드(Rohit Prasad)였다. "그는 상당이 중요한 인력이었습니다. 이 프로젝트가 거둔 성공의 상당 부분은 그가 조직한 팀과 원거리 음성인식에 대한 그들의 연구 덕분에 가능했습니다." 엔지니어링 담당 이사였던 존 팀센의 말이다.

프라사드는 인도 동부에 있는 자르칸드(Jharkhand)의 주도인 란치(Ranchi)에서 자랐다. 그는 엔지니어 집안 출신으로, 어린 시절에는 〈스타트렉〉에 푹 빠지기도 했다. 당시에는 인도에서 개인용 컴퓨터가 흔하지 않았지만, 그는 아버지가 근무하던 야금학 및 공학 컨설팅 회사에 있던 PC를 이용해 코딩하는 방법을 배웠다. 그리고 인도에서는 이동통신 인프라도 열악하고 장거리 요금이 비싸 통신을 한다는 것 자체에 어려움이 많았다. 그래서 프라사드는 무선 네트워크상에서 음성을 압축하는 기술을 배우기로 결심하고 미국에 있는 대학원으로 유학을 떠나게 되었다.

1990년대 말에 대학원을 졸업한 프라사드는 닷컴 붐이 한창이던 당시에 매사추세츠주 케임브리지에 있는 방위산업 기업 BBN테크놀로지(BBN Technologies, 이후 레이시언(Raytheon)으로 바뀜)에 들어가 처음으로 음성인식 및 자연어 시스템 분야에서 일하게 되었다. BBN에서 그는 차량 내 음성인식 시스템의 초기 형태와 전화 사업자들을 위한 전화번호 자동안내 서비스와 관련된 일을 했다. 2000년에는 법정의 진술 내용을 자동으로 기록하는 시스템을 만드는 일도 했다. 법정의 여러 곳에 설치된 다수의 마이크를 통해 들어오는 발언의 내용을 정확하게 기록하는 일을 하면서, 그는 원거리 음성인식이라는 것이 얼마나 어려운 도전과

제인지 처음 접하게 된다. 이 프로젝트를 처음 시작할 때만 해도, 그 시스템이 기록한 내용을 보면 100단어 중 80개 정도는 부정확했다고 한다. 그러나 1년도 채 지나지 않아 그들은 그 수를 33개로 줄였다.

몇 년 뒤 도플러 팀이 알렉사의 이해력을 개선하려고 노력할 때, 당시 아마존의 보스턴 사무실을 이끌던 빌 바튼(Bill Barton)이 프라사드를 그레그 하트에게 소개했다. 프라사드는 아마존을 잘 알지 못했기 때문에 정장에 넥타이를 매고 시애틀로 면접을 보러 갔으며(이는 작은 실례였고), 아마존의 열네 가지 리더십 원칙은 아예 들어본 적도 없었다(이는 좀 더 큰 실례였다). 그는 자신이 이렇게 거대하고 느리게 움직이는 것처럼 보이는 기술 회사에 입사하는 것에 의구심을 표명했지만, 그가 호텔로 돌아가는 도중에 하트는 이미 그에게 이메일로 추가 메시지를 보내 이렇게 약속했다. "우리는 기본적으로 스타트업입니다. 물론 큰 회사이기는 하지만, 우리는 대기업처럼 움직이지 않습니다."

이에 설득된 프라사드는 아마존에 합류해 원거리 음성인식 문제를 해결하기 위해 일하기도 했지만, 결국 그는 자신이 딥러닝 모델을 지지하는 사람이라는 것을 깨닫게 되었다. 에비의 지식 그래프는 규칙이 지나치게 엄격해서, 알렉사의 기본적인 반응 모델로 만들기에는 힘들었다. 프라사드가 나중에 설명하기를, 만약 어떤 사용자가 "스팅*의 노래를 틀어줘(Play music by Sting)"라고 말하면, 에비를 적용한 시스템은 '음악을 틀고, 스팅은 잘 가(Play music, bye Sting)'라는 의미로 생각해서 혼란스러워했을 수도 있다고 한다. 그러나 통계적인 훈련 기법을 활용한

---

* 영국 출신의 뮤지션.

딥러닝 시스템은 그 문장을 듣는 순간 그 의도를 빠르게 간파해 스팅의 대표곡인 〈Every Breath You Take〉를 틀어주면 되겠다고 판단할 수 있다는 것이다.

그러나 에비의 턴스톨-페도는 딥러닝의 접근법을 신뢰하지 않았고, 지식 그래프가 더욱 실용적인 해결책이라고 주장했다. 그는 딥러닝은 오류가 발생하기 쉬우며, 알렉사에게 적합한 학습 모델을 만들기 위해서는 훈련용 데이터를 끝도 없이 먹어치워야 할 것이라고 생각했다. 이에 대해 그는 이렇게 설명했다. "머신러닝을 연구하는 과학자들의 특징은 데이터를 더욱 늘리기만 하면 모든 문제를 해결할 수 있기 때문에 결코 자신들의 패배를 인정하지 않는다는 겁니다." 그의 이러한 반응에는 약간의 아쉬움이 섞여 있는데, 왜냐하면 초인적인 제품 관리자인 베이조스에게 당시의 대세가 머신러닝과 딥러닝의 심층 신경망(DNN)으로 기울고 있다는 사실에는 의심할 여지가 없었기 때문이다. 아마존은 AWS 비즈니스를 하면서 이미 방대하면서도 아주 복잡한 데이터 센터를 보유하고 있었기 때문에, 그들은 엄청난 수의 고성능 컴퓨터 프로세서를 활용해 자신들의 음성모델을 훈련시킬 수 있는 아주 특별한 위치를 점하고 있었다.[12] 이는 다른 경쟁자들은 쉽게 따라할 수 없었으며, 그처럼 대규모의 클라우드를 가진 기업만이 활용할 수 있는 방식이었다. 경쟁에서 패배한 턴스톨-페도는 결국 2016년에 아마존을 떠났다.

딥러닝의 접근법이 승리를 거두기는 했지만, 프라사드를 비롯한 그의 진영은 AI를 개발하는 기업이라면 누구나 직면하게 되는 모순을 해결해야만 했다. 곧 멍청한 소비자는 사용하지 못하는 시스템을 출시하고 싶지 않았던 것이다. 만약 그런 시스템을 만든다면 소비자들이 충분히 많은 데이터를 만들어내지 않을 것이고, 서비스를 개선하기도 힘들기 때문이다. 그러나 AI를 개발하는 기업이라면 자신들의 시스템을 더욱 똑똑하게 훈련시키기 위해 데이터가 필요하다.

구글과 애플은 뉘앙스(Nuance)의 기술에 대한 라이선스를 구입함으로써 이러한 모순을 일부 해결할 수 있었다. 처음에는 뉘앙스가 축적한 결과들을 활용해 자신들의 음성모델을 훈련시킨 다음, 나중에는 그 회사와 관계를 단절하는 방식이었다. 물론 구글도 자사의 무료 전화번호 안내 서비스인 'Goog-411'을 통해 몇 년 동안 음성 데이터를 수집했다. 그러나 아마존은 그러한 자원줄이 되는 서비스도 없었고, 외부의 기술을 라이선스로 구입하는 것은 그레그 하트가 반대하는 입장이었다. 그는 그렇게 하면 장기적으로 회사의 유연성을 제한하게 될 것이라고 생각했다. 그나마 직원들이 참여한 베타 테스트를 통해 얻는 소량의 데이터마저도 수백 명의 화이트칼라 노동자가 말하는 음성이었다. 그리고 조용한 사무실이 아니라 그들의 집에서 한창 시끄러울 시간인 아침이나 저녁에 알렉사가 놓인 곳과는 멀리 떨어진 곳에서 말하는 경우가 많았다. 그 데이터는 형편없었으며, 충분하지도 않았다.

그러는 동안 베이조스의 인내심도 바닥나기 시작했다. 2013년 초가 되자 그는 계속해서 이렇게 물었다. "이 제품이 언제쯤이면 좋아질지 알 수 있는 건가?" 하트와 프라사드를 비롯한 팀원들은 데이터 수집이 진행되면서 알렉사가 개선될 것으로 예상되는 과정을 그래프로 그렸다. 그들의 수치 분석에 따르면 데이터 수집에 드는 노력의 규모를 두 배씩 늘릴 때마다 알렉사의 정확도는 대략 3퍼센트씩 증가한다는 것을 보여주었다.

그해 봄, 로히트 프라사드가 회사에 합류한 지 몇 주가 지났을 때였다. 그들은 이러한 사실을 보여주는 6페이지 분량의 설명 자료를 베이조스에게 가져가, 음성과학 부서의 규모를 두 배로 늘리자고 제안했다. 그리고 예정된 출시 일정을 여름에서 가을로 연기하자고 말했다. 베이조스의 회의실에서 진행된 그 미팅은 원활하게 흘러가지 않았다.

지연 사유를 읽은 후, 베이조스는 이렇게 말했다. "당신은 이 문제를 나에게 잘못된 방식으로 말하고 있군. 먼저 이것이 어떤 마법 같은 제품이 되는지 말한 후에, 그것을 달성하기 위한 방법을 말했어야 해."

당시 베이조스의 기술보좌역(TA)인 딜리프 쿠마르(Dilip Kumar)는 회사에 데이터가 충분한지 물었다. 매사추세츠주 케임브리지에서 그 미팅을 위해 시애틀까지 불려온 프라사드는 수천 시간 분량의 복잡한 원거리 음성명령이 더 필요하다고 대답했다. 당시 회의실에 있던 어느 임원의 말에 따르면, 베이조스는 음성과학 과학자들의 수를 늘려달라는 요청을 고려하는 듯 보였는데 불과 몇 초 만에 머릿속에서 계산이 끝났다고 한다. "솔직하게 물어보겠네. 당신은 이 제품을 성공적으로 만들기 위해 나에게 엄청난 요청을 하고 있어. 그런데 그렇게 하면 원래는 40년 걸리는 일정이 20년으로 줄어든다는 건가?"

프라사드는 논점을 돌리려고 했다. "제프, 우리 생각은 그런 게 아닙니다."

"내 계산에서 뭐가 틀렸는지 지적해보게!" 베이조스가 말했다.

하트가 끼어들었다. "잠깐만요. 제프, 알겠어요. 이해했습니다."

프라사드는 이렇게 기억하고 있지만, 당시의 회의는 물론이고 알렉사 개발 과정에서 베이조스와 여러 험난한 논의 자리에 함께 있었던 아마존의 임원들은 다르게 기억하고 있었다. 그 자리에 참석한 어느 임원의 말에 따르면, 베이조스는 자리에서 일어나 "당신들은 이 제품 만드는 걸 진지하게 생각하지 않는군" 하고는 급하게 회의를 끝냈다고 한다.

거액의 베팅에서도 실패할 수 있다

———

도플러 팀이 시애틀과 캘리포니아주 서니베일에서 알렉사를 더욱 똑똑하게 만들기 위해 노력하고 있던 곳과 정확히 동일한 그 건물들 안에서, 아마존의 자체 스마트폰을 만들기 위한 작전은 재앙을 향해 치닫고 있었다.

몇 년 전만 하더라도 애플과 구글, 그리고 삼성이 초창기 스마트폰 시장에서 입지를 확고히 차지하고 있었지만, 혁신적인 신예들에게도 아직 기회가 있다는 인상을 남겼다. 일반적으로 제프 베이조스는 디지털 지형이 펼쳐지는 데 전략적으로 중요한 위치를 다른 기업에 넘겨주려 하지 않았는데, 특히 그 기반이 아직도 충분히 비옥해서 혁신적으로 접근해볼 만하다고 생각할 때는 더욱 그랬다.

어느 브레인스토밍 회의에서 그는 무심코 방치된 전화기를 수거해 그것을 무선 충전기 위에 올려놓는 로봇이라는 아이디어를 제안했다.
(일부 직원들은 그가 농담한다고 생각했지만, 이미 그 아이디어에 대한 특허를 출원해
놓았다.)[13] 또 다른 회의에서도 그는 스크린을 터치하기만 하는 것이 아
니라 허공에서의 몸짓에도 반응하는 고급 3D 디스플레이를 갖춘 전화
기라는 아이디어를 제안했다. 시중에는 그런 기능이 있는 제품은 없었
다. 베이조스는 이 아이디어에 매달렸는데, 이는 결국 파이어폰 프로젝
트의 도화선이 되었다.

이 프로젝트의 초기 디자이너들은 사용자의 시선을 추적하고 3D 이
미지처럼 보이는 착시효과를 만들기 위해 전화기의 각 모서리에 네 개
의 적외선 카메라를 달았고, 뒷면에도 다섯 번째 카메라를 추가했다.
(이 전화기가 앞뒤를 모두 볼 수 있기 때문에, 이 프로젝트의 코드명은 가면올뻬미의
이름을 따서 타이토(Tyto)라고 지었다.) 맞춤형으로 만든 일본산 카메라는 기
기당 5달러의 비용이 들 것으로 보였는데, 베이조스는 아마존의 스마
트폰이 최고급 부품들을 갖춘 프리미엄 제품이어야 한다고 생각했다.

베이조스는 3년 동안 며칠에 한 번씩 타이토 팀을 만났고, 동시에 알
렉사 팀과도 자주 만났다. 그는 새로운 기술과 신규 비즈니스 라인에 푹
빠져 있었고, 아이디어를 짜내고 각 팀의 진행상황을 검토하는 것을 좋
아했다. 그리고 아마존의 다른 사업 부문에서 들어오는 고객들의 피드
백에 지나칠 정도로 집중하긴 했지만, 그렇다고 해서 베이조스는 고객
들의 의견을 귀 기울여 듣는 것이 획기적인 제품 발명으로 이어진다고
생각하지는 않았다. 대신에 그는 창조적인 '방황(wandering)'이라는 것을
전파했는데, 그는 그러한 방황이 획기적인 돌파구로 가는 길이라고 생
각했다. 몇 년 후, 그는 주주들에게 보내는 편지에서 이런 글을 적었다.

진정으로 판도를 뒤흔들 수 있는 제품은 고객들 스스로가 원하지만 그 사실을 모르고 있습니다. 우리는 그들을 대신해 발명해야 합니다. 우리는 무엇이 가능한지 우리 내면의 상상력을 동원해야 합니다.[14]

그러나 타이토의 직원들은 상당수가 스마트폰에 대한 그의 비전에 회의적이었다. 그들은 3D 디스플레이가 단지 마케팅을 위한 술책에 지나지 않는다고 생각했다. 게다가 배터리 소모량도 심했다. 또한 스마트폰을 대하는 베이조스의 시각에는 여러 가지 맹점이 있었는데, 때로는 우려스러울 정도였다. "실제로 자기 전화기에 있는 캘린더(달력)를 사용하는 사람이 있나요?" 어느 회의 자리에서 그가 물었다. "네, 저희는 캘린더를 사용합니다." 개인 비서를 여러 명이나 두지 않은 사람들은 그렇게 대답했다.

도플러 프로젝트와 마찬가지로 베이조스가 부여한 마감 시한은 비현실적이었고, 그들은 어떻게든 그 일정을 맞추기 위해 더욱 많은 엔지니어를 채용했다. 그러나 실패하는 기술 프로젝트에 더욱 많은 엔지니어를 투입해봐야, 그 결과는 오직 더욱 극적인 실패를 낳을 뿐이다. 당시에 아마존에 전략적으로 중요한 제품은 킨들이었기 때문에, 타이토 프로젝트는 아마존의 내부에서 인력을 차출하지 않고 모토로라, 애플, 소니 등 외부 기업에서 하드웨어 엔지니어를 물색해야만 했다. 당연히 그들이 실제로 출근하기 전까지는 무슨 일을 하는지 전혀 말해주지 않았다. "기술 업계에서 평판이 좋은 사람이라면, 아마존이 먼저 연락을 했습니다." 파이어폰 프로젝트에서 일한 어느 관리자의 말이다.

출시 일정은 계속해서 6개월 뒤로 밀려났다. 3D 디스플레이를 작동시키려고 노력하다 보니 프로젝트가 지연된 것이다. 프로젝트 초기에만 해도 최고급 사양이던 부품들은 그새 구식이 되어버렸고, 그래서 그들은 업그레이드된 프로세서와 카메라로 프로젝트를 다시 시작하기로 결정했다. 이번에도 부엉이를 테마로 해서 듀크(Duke, 수리부엉이)라는 코드명이 주어졌다.[15] 이 팀에서는 또 다른 전화기 프로젝트를 시작했다가 취소했는데, 이는 HTC가 만들 예정이던 기본형의 저가 단말기로 오터스(Otus, 칡부엉이)라는 코드명이 붙어 있었다. 이 기기에 탑재할 운영체제는 아마존의 색깔을 더한 안드로이드 운영체제였으며, 이는 아마존의 신형 파이어 태블릿(Fire tablet)에서 실행되는 것과 동일한 운영체제였다. 참고로 파이어 태블릿은 애플의 아이패드에 대한 경제적인 대안으로 거론되었다.

오터스가 폐기되자 이 프로젝트에 참여한 직원들은 실망할 수밖에 없었는데, 그들은 아마존이 가진 기회는 화려한 3D 디스플레이가 아니라 무료 또는 저가 스마트폰으로 시장을 교란하는 것이라고 생각했기 때문이다. 팀의 사기가 떨어지기 시작했다. 전체적인 프로젝트에 대한 의구심이 너무나도 큰 어느 팀에서는 아마존의 리더십 원칙 13번인 '동의하지 않더라도 실행한다(disagree and commit)'는 문구가 적힌 군용 인식표를 은밀히 구입하기도 했다. 이 13번 원칙의 의미는 직원들이 어떤 결정에 동의하지 않더라도, 의구심은 제쳐두고 그것을 위해 일해야 한다는 것이었다.

2014년 4월에 공개한 주주들에게 보내는 연례 서신에서, 베이조스는 이렇게 썼다.

발명은 골치 아픈 것입니다. 그리고 시간이 지나다 보면, 우리는 다른 거액의 베팅에서도 실패하는 경우가 있을 것입니다.

그의 말은 묘한 예언처럼 실현되었다. 프로젝트팀은 그해 여름의 대형 행사에서 이 전화기를 선보이기 위해 준비했다. 베이조스의 아내인 매켄지도 준비 중인 그들을 찾아와 지지와 조언을 보탰다.

2014년 6월 18일, 베이조스는 시애틀의 프리몬트 스튜디오(Fremont Studios)라는 행사장에서 파이어폰을 공개했다. 이곳에서 그는 고(故) 스티브 잡스의 카리스마적인 마법을 일부 소환하려고 시도했고, 이 기기의 3D 디스플레이와 동작인식 기능에 대해 열변을 토했다. 당시 아마존의 PR 담당 부사장인 크레이그 버먼(Craig Berman)은 이렇게 말한다. "저는 그가 어느 정도는 맹목적이었다고 생각합니다. 정말 그렇게 생각합니다. 그렇지 않았다면, 프로젝트팀에 그런 신호를 보내지는 않았을 겁니다."

파이어폰에 대한 평가는 가차 없었다. 그들이 4년에 걸쳐 고통스럽게 파이어폰을 개발하는 동안에도 스마트폰 시장은 계속해서 변화했고 더욱 성숙해졌다. 그리고 처음에는 참신한 제품을 만든다는 시도로 시작한 프로젝트가 이제는 소비자의 기대와는 묘하게 동떨어진 것처럼 보였다. 그 이유는 이 기기가 구글의 공식 버전 안드로이드로 실행되지 않았으며, 지메일(Gmail)이나 유튜브(YouTube) 같은 인기 있는 앱도 없었기 때문이다. 출시될 예정인 아이폰 6보다는 저렴하긴 했지만, 아시아의 제조사들이 만드는 저가에 기본사양인 여러 스마트폰에 비하면 좀 더 비쌌다. 그리고 당시에 아시아 지역에서 생산하는 스마트폰들은 대부분 2년 약정을 대가로 통신사들이 거액의 보조금을 지급했다.

"수많은 차별점이 있었지만, 결국 소비자들은 신경 쓰지 않았습니다. 저도 실수를 했고, 제프도 실수를 했습니다. 우리는 파이어폰이 전달하는 가치를 아마존이라는 엄청난 가치를 지닌 브랜드와 일치시키지 못했습니다." 이 프로젝트를 책임지고 있던 이언 프리드 부사장의 말이다. 이후에 베이조스가 프리드에게 이렇게 말했다고 한다. "자네는 단 1분도 파이어폰에 대해 낙담해서는 안 되네. 그것 때문에 단 1분도 잠을 설치지 않겠다고 약속해주게."[16]

그해 늦여름, 애리조나의 피닉스에 있는 아마존의 주문처리 센터에서 일하던 노동자들은 거대한 목재 운반대에 전혀 손대지도 않은 수천 대의 파이어폰이 쌓여 있는 것을 발견했다. 10월이 되자 회사는 그것이 가장 값비싼 실패 중 하나임을 인정하며 1억 7,000만 달러에 달하는 재고를 손실 처리하고 프로젝트를 취소했다. "그것이 실패한 이유는, 우리가 실패할 거라고 말한 그 모든 이유 때문이었습니다. 그게 바로 미친 짓이었어요." 프로젝트의 초기부터 일하며 의구심을 표한 소프트웨어 엔지니어 중 한 명인 아이작 노블(Isaac Noble)의 말이다.

역설적이게도 파이어폰의 이런 처참한 결과는 도플러 프로젝트에는 좋은 징조였다. 스마트폰 시장에서는 더 이상 보호해야 할 점유율이 없었기 때문에, 아마존은 이제 거침없는 야망을 갖고 스마트 스피커라는 새로운 분야의 개척자로 나설 수 있게 되었다. 구글이나 애플에 채용되지 못하고 떠돌던 상당수의 엔지니어가 몇 주 동안의 절차를 거친 후에 아마존에서 새로운 일자리를 찾았다. 일부는 도플러 프로젝트로, 또 일부는 새로운 히트 상품인 파이어TV 쪽으로 갔다. 가장 중요한 것은 베이조스가 이언 프리드를 비롯해 파이어폰을 담당한 관리자들에게 불이익을 주지 않음으로써, 리스크를 감수하면 보상을 받는다는 강력한 메시지를 아마존 내부에 보낸 것이다. 특히 완전한 대실패의 책임이 주로 그 자신에게 있을 경우에는 더욱 그렇다는 선례를 남기게 되었다.

반면에 아마존 내부의 일상에 대해 우려스러운 사실 하나가 드러났다. 파이어폰에서 일한 많은 직원이 그 프로젝트에 의구심을 가졌지만, 그들의 고집 센 리더에게 맞설 만큼 용기를 가진 사람이나, 그와 논쟁해서 이길 수 있을 만큼 똑똑한 사람이 전혀 없었던 것이다.

오랫동안 기다려온 축하 파티

———

베이조스가 회의실을 박차고 나간 이후, 알렉사의 프로토타입을 만들고 있던 도플러 프로젝트의 임원들은 자존심에 상처를 입은 채 근처의 다른 회의실로 가서, 데이터에 대한 역설을 해결하기 위한 솔루션을 다시 생각해보았다. 그들의 상사가 옳았다. 아마존의 직원들을 대상으로 진행한 내부 테스트는 지나치게 제한적이기 때문에, 그들은 외부에는 여전히 기밀을 엄수하면서도 알렉사의 베타 테스트를 대규모로 확장할 필요가 있었다.

그래서 로히트 프라사드와 음성인식 과학자인 재닛 슬리프카(Janet Slifka)가 2013년 봄에 며칠 동안 프로그램을 구상했고, 이는 그레그 하트에게서 곧장 승인을 받았다. 이 프로그램은 도플러 프로그램에서 강력한 처방이 되었으며, 나중에 까다로운 음성인식 전문가들이 던지는 이런 질문에도 대답할 수 있게 되었다. "음성지원 가상 비서를 개발하는 경쟁에서, 아마존은 어떻게 아무것도 없는 상태에서 구글과 애플을 뛰어넘을 수 있었는가?"

내부에서는 이 프로그램을 앰프드(AMPED)라고 불렀다. 아마존은 오스트레일리아의 데이터 수집 전문 기업인 애픈(Appen)과 계약을 체결하고, 다른 모습으로 위장한 알렉사와 함께 길을 나섰다. 애픈은 우선 보스턴에서 주택과 아파트를 여러 채 빌렸고, 아마존은 스탠딩 마이크, 엑스박스(Xbox) 게임기, 텔레비전, 태블릿 등 온갖 종류의 '바람잡이(decoy)' 기기로 각각의 방을 어지럽혔다. 그리고 실내에는 다양한 높이에 알렉사 기기를 스무 대 정도 설치했는데, 각각의 기기에는 음향 효과가 있는 천을 덮어 눈에는 보이지 않지만 소리는 통과할 수 있게 설정했다.

그다음 애픈은 취업소개소 한 곳과 계약을 맺고, 그 시설에 계약직 노동자들을 불러들였다. 그들은 하루에 8시간씩 1주일에 6일 동안 아이패드에 저장된 대본을 소리 내어 읽었는데, 그 안에는 의례적인 인사말도 있었고, '당신이 가장 좋아하는 음악을 틀어달라고 요청하세요'나 '비서가 해주기를 바라는 일이 있으면 무엇이든 요청하세요'처럼 그 답안이 정해지지 않은 지시사항도 있었다.

알렉사의 스피커는 꺼져 있었기 때문에 아무 소리도 내지 않았지만, 각각의 기기에 달린 일곱 개의 마이크에서는 모든 소리를 포착해 그 오디오 파일을 아마존의 서버로 전송했다. 그러면 또 다른 일군의 노동자들이 일일이 그 녹음 파일을 점검하고, 텍스트로 정리해 주석을 달았으며, 기계를 당황하게 만드는 질문이 있으면 따로 분류했다.[17] 그런 질문으로는 제니퍼 로런스(Jennifer Lawrence)가 출연한 영화인 "〈헝거 게임(Hunger Games)〉을 틀어줘" 같은 것이 있었다. 그래서 다음에 똑같은 질문을 받으면 알렉사가 알아들을 수 있도록 조치했다.

보스턴에서의 테스트가 가능성을 보이자, 아마존은 이 프로그램의 규모를 늘려 진행했다. 그들은 시애틀을 비롯한 다른 열 개 도시에서도 주택과 아파트를 임대해 향후 여섯 달 동안 이전보다 더욱 많은 수천 명의 유급 지원자에게서 그들의 목소리와 음성패턴을 수집했다. 이로써 기기의 배치, 음향 환경, 배경의 잡음, 지역의 억양 등을 비롯해 날씨 정보를 요청하거나 저스틴 팀버레이크(Justin Timberlake)의 히트곡을 틀어달라는 것 같은 단순한 요청을 표현하는 어마어마하게 다양한 방식에 이르기까지, 그 모든 것에 대한 데이터가 폭발적으로 증가하게 되었다.

한편 이러한 주택과 아파트에 하루 종일 신원미상의 사람들이 들락거리자, 이를 수상하게 여긴 이웃들이 이곳을 경찰에 신고하는 일이 계속해서 벌어졌다. 한번은 보스턴의 어느 아파트 거주자가 옆집에서 마약 거래나 매춘이 벌어진다고 의심해 경찰에 신고했고, 이에 출동한 경찰이 아파트 내부로 들어가겠다고 요청했다. 당황한 직원이 경찰에게 이해하기 힘든 설명을 하면서 내부를 안내했고, 이후 이곳은 급히 폐쇄되었다.

때로는 임시직 노동자들이 이상한 대본을 포함해 전체적인 상황이 뭔가 좀 이상하다고 생각해 참여를 거절하는 경우도 있었다. 나중에 녹음 파일을 기록한 텍스트에 주석을 달던 아마존의 한 직원은 어떤 임시직 노동자가 실험을 중단하고는 자신의 이야기를 엿듣는다고 생각하는 누군가에게 이렇게 속삭이는 소리를 들었다. "이건 정말 바보 같은 짓이야. 이 실험의 배후에 있는 회사는 아마 당황스럽겠지!"

그러나 아마존은 전혀 당황하지 않았다. 그들은 2014년까지 음성인식 데이터의 양을 1만 배로 늘리면서 애플이나 구글 같은 경쟁사와의 데이터 격차를 크게 좁혔다. 베이조스는 짜릿함을 느꼈다. 하트는 그에게 앰프드 프로젝트에 대한 승인을 요청하지 않았지만, 프로그램이 시작되기 몇 주 전에 그 내용을 설명하는 6페이지 분량의 문서와 함께 수백만 달러의 비용이 든다고 보고했다. 그 문서를 읽는 베이조스의 얼굴에 함박웃음이 번졌다. 과거에 짜증내던 흔적은 모두 사라졌다. "이제야 이 프로젝트를 진지하게 대하는군! 다음에는 뭘 하게 되는 건가?"

그다음은 도플러가 오랫동안 기다려온 프로젝트의 개시였다. 직원들은 가정사는 모두 제쳐두고 매주 80~90시간씩 일했고, 베이조스도 고삐를 늦추지 않았다. 그는 모든 것을 보고 싶어 했고, 돌발적으로 새로운 것을 요구하기도 했다. 예를 들어 시애틀의 날씨치고는 이례적으로 맑은 어느 날, 그의 회의실 창문으로 저물어가는 햇빛이 들어오는 상황에서, 베이조스는 알렉사의 위쪽에 있는 원형 LED 라이트가 충분히 밝게 빛나지 않는다는 사실을 발견하고는 그걸 완전히 다시 만들라고 지시했다.

그는 혼자서만 보이스 캐스트(Voice Cast)라는 기능을 넣어야 한다고 주장했는데, 이는 알렉사를 파이어 태블릿 가까이에 가져가면 자동으로 거기에 연결되어 사람이 말하는 요청이 태블릿의 화면에 마치 플래카드처럼 표시되는 기능이었다. 엔지니어들이 이 기능을 조용히 빼려고 했지만, 베이조스가 그 사실을 알아채고는 그 기능 없이는 절대로 출시하지 않을 것이라고 말했다. (실제로 이 기능을 이용하는 고객은 거의 없었다.)

그러나 많은 부분에서는 그가 옳았다. 출시 일정이 다가오자 일부 직원들은 이 기기가 시끄러운 음악이 틀어져 있거나 여러 말이 한꺼번에 오가는 상황에서 명령을 잘 들을 정도로 기능이 뛰어나지 않다고 걱정해서, 파이어TV용으로 만든 것과 같은 리모컨을 여기에도 포함해야 한다고 압력을 가했다.[18] 베이조스는 이 의견에 반대했지만, 제품을 1차로 배송할 때 리모컨을 동봉해 고객들이 과연 그걸 사용하는지 지켜보자는 데는 동의했다. (고객들은 그걸 사용하지 않았고, 리모컨은 사라졌다.)

그는 또한 이 기기를 실제로 뭐라고 부를지에 대해서도 하마터면 재앙에 이를 뻔한 위기를 막기도 했다. 이 기기의 정식 명칭은 4년 동안 의견이 하나로 모이지 않았다. 프로젝트 내에서는 가상 비서인 소프트웨어와 스피커인 하드웨어를 하나로 부를지, 아니면 별개의 이름을 붙일지 끝없는 토론이 이어졌다. 별개로 부르기로 선택한 후, 그들은 스피커에 어떤 이름을 붙일지를 두고 여러 아이디어를 검토하다 결국 아마존 플래시(Amazon Flash)라는 이름으로 결정했다. 새로운 소식을 전하는 건 '플래시 브리핑(Flash briefings)'이라 부르고, 배송 준비가 완료되면 그 위에 플래시 브랜드가 찍혀 포장될 예정이었다.

그런데 정식 소개를 채 한 달도 남겨두지 않은 어느 회의 자리에서 베이조스는 이렇게 말했다. "나는 우리가 좀 더 나은 이름을 만들 수 있다고 생각합니다." 대체할 이름을 찾던 중, 그들은 알렉사의 기능 중 하나인 에코(Echo)라는 이름을 가져다 쓰기로 했다. 에코는 고객들이 알렉사에게 한 단어나 문구를 반복해달라고 요청하는 명령인데, 이는 나중에 '사이먼이 말하길(Simon says)'*로 바뀌었다. 그러나 포장박스나 사용 설명서를 새로 인쇄할 시간이 없었기 때문에, 가장 초기에 에코를 구매한 고객은 결국 평범한 검은 상자를 받았다. 그레그 하트가 이 제품을 출시하기 위해 채용한 토니 리드(Toni Reid) 이사는 이 제품의 이름을 적지 않은 채로 제품 설명서를 작성해야만 했다. "누구나 그 정도의 능력은 갖추고 있어야 하죠." 그녀의 말이다.

2014년 11월 6일에 열린 아마존 에코의 공개 행사는 그보다 불과 몇 달 전에 겪은 파이어폰의 실패로 많은 영향을 받았다. 베이조스가 직접 나서는 기자회견이나 거창한 연설은 없었다. 그는 엄청난 열정을 갖고 신제품을 공개하던 고(故) 스티브 잡스에 대해 냉담한 느낌을 갖고 있었기에, 앞으로도 영원히 그럴 일은 없어 보였다. 대신에 베이조스는 좀 더 새롭고 절제된 접근법으로 좀 더 편안한 모습을 보였다. 프로젝트팀에서 보도자료를 발표하고, 유튜브에는 어느 가족이 알렉사와 즐겁게 이야기하는 모습이 담긴 2분짜리 설명 영상을 제공하는 것으로 에코를 공개했다. 아마존의 임원들은 이 새로운 기기가 완전한 대화형 컴퓨터라고 홍보하지는 않았지만, 뉴스나 날씨를 알려주고, 알람 시각을 설정하고, 쇼핑 목록을 작성하고, 음악을 재생하는 등의 유용하다고 확신하는 몇몇 기능에 대해서는 조심스럽게 강조했다.

그리고 나서 그들은 고객에게 에코를 구입하려면 대기자 명단에 등록하도록 요청했고, 그 목록을 살펴보면서 신청자들이 아마존 뮤직의

---

* 영어권에서 아이들이 많이 하는 놀이로, 진행자를 사이먼(Simon)이라고 부른다. 놀이에 참여하는 아이들은 진행자의 말을 잘 듣다가 '사이먼이 말하길(Simon says)'이라는 표현으로 시작하는 말에만 반응해서 그 지시대로 행동해야 한다.

이용자이거나 킨들을 보유한 사람인지 등의 항목을 세심하게 점검했다. 30만 대 이상을 예비로 주문한 파이어폰과는 다르게, 그들은 이 분야가 아직 검증되지 않은 시장임을 감안해 처음에는 기기를 겨우 8만 대만 생산하도록 주문했고, 이후 몇 달에 걸쳐 그 보유분을 조금씩 유통했다. "파이어폰은 확실히 우리 모두를 조심스럽게 만들었습니다. 모든 것을 다시 살펴보게 만들었어요." 그레그 하트의 말이다.

4년에 걸친 개발이 끝나자, 도플러 팀 내부에서도 아마존 에코가 결국은 파이어폰처럼 폭발해서 컨슈머 테크놀로지(consumer technology)의 지형에 또 다른 분화구만을 남기게 될까 봐 의심하는 이들이 적지 않았다. 출시 당일이 되자 그들은 기존의 피오나(Fiona) 건물에서 도보로 몇 분 거리에 있는 프라임(Prime) 빌딩 안에 새롭게 마련된 사무실의 '워룸(war room, 전시 작전통제실)'에 모여 노트북으로 바쁘게 각자의 업무를 처리하면서, 자신들이 가장 낙관적으로 예상한 것보다도 더욱 빠르게 대기자 명단이 불어나는 것을 목격했다.

한창 밤샘 근무로 이어지던 도중에, 직원들 중 누군가 자신들이 상당히 중요한 성과를 이루었음에도 전혀 인정받지 못한 채 그 순간을 흘려보내고 있다는 사실을 깨달았다. "우리의 제품을 출시하던 순간이었지만, 우리는 전혀 준비가 되어 있지 않았습니다." 알 린지의 말이다. 그래서 백여 명의 직원은 근처 술집으로 가서 오랫동안 기다려온 축하 파티를 벌였고, 그간 프로젝트를 진행하며 지쳐 있던 임원들과 엔지니어들도 그날 밤만은 사무실 문을 닫았다.

더 빠르고 더 거대하게 움직여라

———

이후 몇 주 동안 10만 9,000명의 고객이 에코를 받기 위한 대기 명단에 등록했다. 당연히 일부 회의적인 반응도 있었지만, "나는 방금 미래의 기기에게 말을 걸었고, 그게 내 이야기를 들어줬다"[19]라거나 "아마존이 근래 몇 년 동안 만든 제품 가운데 가장 혁신적인 기기"[20] 같은 긍정적인 평가들이 쏟아졌다. 직원들은 알렉사의 임원인 토니 리드와 그레그 하트에게 이메일을 보내 가족과 친구들을 위한 기기를 달라고 요청했다.

에코가 발송되고 나면 프로젝트팀은 그 기기가 언제 켜지는지, 그리고 사람들이 그걸 실제로 사용하는지 알 수 있었다. 베이조스의 직관이 맞았다. 집에서 스마트폰의 유리로 된 화면을 건드리지 않고도 컴퓨터를 불러낼 수 있다는 것은 뭔가 마법 같았고, 음악을 틀어달라는 요청은 물론이고 "1쿼트(quart)*는 몇 컵(cup)이지?" 같은 실용적인 질문이나 "알렉사, 너는 결혼했어?" 같은 약간은 장난 섞인 농담에도 반응하는 스피커를 갖고 있다는 점에서는 뭔가 가치를 지닌 제품이기도 했다.

도플러의 많은 직원은 이제 한숨 돌리고 밀린 휴가를 모두 즐길 수 있으리라 생각했다. 그러나 그런 일은 없었다. 파도가 일렁이는 바닷가를 거닐면서 휴식을 취하는 대신, 또 다른 거대한 파도가 머리 위로 덮쳤기 때문이다. 베이조스는 계속해서 새로운 실험을 위한 플레이북 (playbook, 기업의 전략 및 전술 계획)을 개시했는데, 이는 직원들의 불붙은 민심에 불을 붙인 격이 되어 일촉즉발의 상황이 벌어졌다. "우리는 이제 막 성공가도를 달리기 시작했고, 그건 제 인생을 바꾼 순간이었습니다. 저는 알렉사와 에코를 출시하기 위한 플레이북을 알고 있었습니다. 그러나 이후의 5년에 대한 플레이북에 대해서는 알지 못했습니다." 로히트 프라사드의 말이다. 참고로 그는 이후에 부사장으로 승진했고, 결국엔 아마존의 자랑스러운 지도부 회의체인 S팀(S-team)에 합류하게 된다.

이후 몇 달 동안 아마존은 다른 기업들도 에코에서 음성이 실행되는 앱을 만들 수 있게 해주는 알렉사 스킬 키트(Alexa Skills Kit)와 전구나 알람시계 같은 제품의 제조사들이 알렉사를 자신들의 장치에 연동시키는 알렉사 보이스 서비스(Alexa Voice Service)를 출시하게 된다. 베이조스는 또한 그레그 하트에게 말해 프로젝트팀에서 주간 단위로 새로운 기능을 출시해야 하며, 이 기기로는 업데이트해야 한다는 신호를 알릴

---

* 쿼트는 부피의 단위로 1쿼트는 4컵이며, 약 1리터에 해당한다.

방법이 없기 때문에, 아마존이 고객들에게 매주 이메일을 보내 이 기기가 제공하는 새로운 기능들에 대한 내용을 알려야 한다고 했다.

베이조스가 원하는 목록이 제품에 대한 계획이 되었다. 그는 알렉사가 어디에든 있어서 모든 일을 한꺼번에 처리하기를 원했다. '알렉사로 쇼핑하기' 같은 서비스는 원래 출시 일정에서 옆으로 밀려나 있었는데, 이제는 그 우선순위가 급하게 높아졌다. 베이조스는 오리지널 버전의 에코보다 작고 저렴한 아이스하키 퍽(puck) 크기의 제품 에코닷(Echo Dot)과, 배터리를 장착한 휴대용 버전인 아마존 탭(Amazon Tap)도 만들라고 지시했다. 알렉사를 출시하고 난 이듬해, 매년 여름에 진행되는 사업평가 자리인 OP1에서 베이조스는 가상 비서와 스마트 스피커를 만드는 숨 가쁜 레이스에 대해 이렇게 말했다. "누군가 우리를 쫓아와서 추월한다고 해도, 우리 아마존은 무사할 겁니다. 하지만 우리가 이 분야에서 리더가 될 수 없다면 엄청나게 짜증나지 않겠습니까?"

알렉사 팀이 사용하는 공간은 이제 프라임 빌딩은 물론이고 사우스레이크 유니언 주변에서 점점 더 늘어났고, 그 내부에서의 일상도 더욱 바빠졌다. 수많은 새로운 기능이 서둘러 건물 밖으로 나갔고, 아마존은 이를 통해 고객들의 피드백을 수집할 수 있었다. 실리콘밸리의 스타트업들은 이런 스타일의 개발 방식을 '최소기능제품(minimum viable product)', 또는 줄여서 MVP라고 부른다. 아마존 내부에서는 제프 윌크가 이를 '최소선호제품(minimum lovable product)', 줄여서 MLP라는 말로 바꿔 유행시켰다. 이는 "우리가 자랑스럽게 시중에 선보일 만한 것이 무엇인가?"라고 묻는 것이었다. 처음부터 약간 어설펐으며 거의 사용되지도 않는 음성통화 같은 알렉사의 수많은 기능은 전혀 의식하지 않

는 듯했다. 아무튼 2015년 연말 시즌을 거치면서 아마존은 100만 대의 에코를 판매했다.[21]

알렉사 부문 전반의 모토는 아마존의 초기 몇 년간 사용된 것과 동일한 슬로건인 '빠르게 성장한다(Get Big Fast)'가 되었다. 알렉사 조직에서 아마존의 역사가 그대로 되풀이되었다. 직원 수가 수백 명이던 조직이 알렉사를 출시하고 난 1년 뒤에는 천 명으로 불어났고, 이후 5년 동안 만 명에 달하는 놀라운 규모로 성장한 것이다. 이러한 과정 내내 베이조스는 알렉사 홍보에 박차를 가하며 마치 미친 방화범이라도 되는 것처럼 그 인기의 불길에 기름을 들이부었다.

2016년 1월, 아마존으로서는 최초로 슈퍼볼(Super Bowl) 중계에서 광고를 했는데, 여기에는 알렉 볼드윈(Alec Baldwin)과 미시 엘리엇(Missy Elliott), 그리고 마이애미 돌핀스(Miami Dolphins) 미식축구팀의 쿼터백이었던 댄 마리노(Dan Marino)가 출연했으며, 이 광고에 투입된 비용은 약 1,000만 달러로 추정된다.

이렇게 폭발적인 관심을 받았는데도 아마존 내부에서는 알렉사 조직이 충분히 빠르게 움직이지 않는다는 인식이 있었다. 베이조스의 이메일과 화이트보드에 그린 그림 말고는 아무것도 없는 상태에서 이 기기를 만들어낸 그레그 하트가 프라임 비디오(Prime Video)의 운영을 돕기 위해 해당 부서를 떠난 것이다. 몇 년 후, 그는 약간 아쉬운 듯 이렇게 말했다. "제가 매일 눈을 뜰 때마다 좋아한 일은 알렉사를 만드는 것이었습니다." 그러나 알렉사 그룹이 빠르게 성장하자, 이제는 다른 사람이 지휘하는 게 더 낫겠다고 생각했다고 한다.

그가 있던 자리는 베이조스가 오랫동안 친애해온 마이크 조지(Mike

George)가 대신 맡았다. 그는 대머리에 카리스마가 넘치며, 페이스 페인 팅을 좋아하고 카우보이 부츠를 신는 아마존의 관리자였다. 그는 회의 실로 향할 때면 겨드랑이에 아마존 탭을 끼운 채로 신나는 음악을 트는 걸 좋아했다.

마이크 조지에게는 베이조스가 "무엇이든 해결할 수 있다"고 말하는 에너지가 있었다. 그 전까지 몇 년 동안 베이조스는 그를 마치 소방관처럼 활용했다. 곧 인사 부서, 시장 분석, 비용 처리는 물론이고 나중에는 베이조스의 개인적인 자선사업인 데이원 아카데미 펀드(Day 1 Academies Fund)에 이르기까지 수많은 분야에 그를 투입해 혼란한 불길을 잠재우고 가지런한 체계를 갖추게 만들었다. 많은 동료는 그를 애정 어린 의미로 '짐승'이라거나, '운동이라고는 전혀 하지 않은 고등학교 운동선수', '제프의 갈비뼈로 태어난 사람'이라고 불렀다.

마이크 조지가 알렉사 부문을 운영한 기간은 1년뿐이지만, 그의 영향은 여전히 많은 부분에서 느껴진다. 알렉사 부문에서 필요한 인력의 수요는 계속해서 늘어나는 데 비해 채용 속도는 그리 빠르지 않았기 때문에, 아마존은 일종의 전사적 드래프트(company-wide draft) 제도를 도입했다. 곧 AWS나 리테일 부문 같은 아마존의 다른 분야에 신규 직원이 채용될 때마다, 그들에게 알렉사 부문에 합류하면 어떻겠냐고 제안한 것이다. 덕분에 자신이 유능한 인재를 채용했다고 생각하던 아마존의 다른 부문 관리자들 중에서는 느닷없이 안타까운 소식을 들어야 하는 경우도 있었다.

조지는 또한 알렉사 그룹의 구조에 일대 변화를 일으켰다. 이곳은 원래 기술 개발과 제품 관리, 마케팅 부서 등이 모두 중앙 집중화된 기능성 위주의 조직이었다. 그러나 이 시스템은 베이조스의 취향에 맞출 수 있을 만큼 충분히 빠르고 기민하게 성장하지 못했다. 그래서 조지는 알렉사 조직 전체를 아마존의 빠르게 움직이는 문화에 적합한 '피자 2판 팀'으로 재편했다. 그래서 각 팀별로 음악, 날씨, 조명, 온도 조절, 동영상 기기 등과 같은 알렉사의 세부적인 영역들을 할당했다.

각 팀은 그들의 성공과 책임에 대해 완전한 통제력과 절대적인 책임을 지는 '싱글 스레드 리더(single-threaded leader)'라는 사람이 이끌었다. 참고로 '싱글 스레드(single-thread)'는 컴퓨터 과학에서 쓰는 용어로, 싱글 스레드 프로그램은 한 번에 하나의 명령만 실행할 수 있다. 알렉사는 이제 아마존 그 자체와 마찬가지로, 자율적인 운영 권한을 가진 수많은 CEO가 각자의 영지를 통치하는 하나의 제후국이 되었다. 이들을 모두 하나로 묶기 위해 조지는 '노스 스타(north star, 북극성)'라는 문서를 만들어 관리하면서, 세계적인 음성 기반 컴퓨팅 플랫폼을 지향한다는 전략을 확고히 했다.

한편 베이조스는 이러한 모든 변화를 승인하면서도, 여전히 긴밀하게 관여했다. 곧 제품을 검토하는 회의에 참석하거나, 수많은 피자 2판 팀에서 금요일 밤마다 올라오는 최신 보고내용을 읽고는 그에 대해 자세히 질문하거나 해당 팀에서 주말 동안 해결해야 하는 문제를 지적하는 등 구체적인 내용으로 답장을 보냈다. 아마존의 다른 분야에 있는 리더들과 마찬가지로, 알렉사의 임원들도 CEO가 보내는 문제제기 이메일을 수시로 받았다. 그는 고객들이 제기한 불만사항에 물음표 하나를 붙여 포워딩했고, 이걸 받은 당사자는 24시간 이내에 베이조스에게 답장을 해야만 했다. 그는 또한 회사 내에서 가장 열심히 알렉사를 전도하며 다니는 사람이었다. 그는 다른 임원들을 만나면 "당신은 알렉사를 위해 무엇을 하고 있나요?"라고 물었다. 그는 바로 몇 년 전에 AWS에 대해서도 이런 질문을 했다. 회사 내의 모든 사람이 S팀에 보내는 OP1 보고서를 작성할 때는 다음 연도의 계획을 설명하면서 알렉사에 대한 내용도 반드시 포함해야만 했다.

2016년 말 미국에서 에코 또는 에코닷을 구매한 가정이 800만을 돌파하자, 기기 부문 임원인 데이브 림프(Dave Limp)는 사내 공지를 통해 아마존이 세계에서 가장 많은 스피커를 판매한 회사가 되었다고 선언했다. 그간의 모든 노고에 걸맞은 성과였다. 그럼에도 베이조스는 세계 최고의 AI 기업에 등극하기를 원했다. 그런 측면에서 보면, 그는 상당히 치열한 경쟁을 앞두고 있었다.

그해 가을에 구글이 구글 홈(Google Home)이라는 스마트 스피커를 출시했다. 그건 상당히 세련되어 보였는데, 이를 두고 〈와이어드(Wired)〉 매거진에서는 "다육 식물을 심을 수 있을 것 같다"[22]고 표현했다. 이 제품 역시 산뜻한 음색에, 예상대로 인터넷을 검색해 침착하게 답을 찾아냈다. "그 전까지 알렉사 팀은 휴가 시즌만 되면 애플이나 구글이 뭔가를 발표하지는 않을까 기다렸습니다. 그러다 그들이 아무런 발표도 하지 않으면, 우리는 서로 하이파이브를 나누었습니다." 알렉사의 임원이었던 찰리 킨델(Charlie Kindel)의 말이다. 이들 기업은 모두 자신들이 카피캣(copycat, 모방품)을 만든다는 걸 극도로 싫어했지만, 스마트 스피커 시장이 빠르게 성장하는 것을 더 이상 가만히 지켜보고 있을 수는 없었다.

이 때문에 알렉사 팀에는 더욱 빨리 움직여 새로운 기능과 하드웨어에서의 다양함으로 앞서 나가야 한다는 압박감이 더해졌다. 2017년 초 스웨덴의 어느 고객이 베이조스에게 이메일을 보내, 아마존이 굳이 특정한 언어를 구사할 줄 아는 알렉사가 개발될 때까지 기다렸다가 유럽에 출시하는 이유를 물었다. 애초에 그냥 세계의 각 지역에 영어 버전을 팔면 안 되는 것이었을까? 사실 제품의 로드맵에서는 이런 방안도 물론 고려하기는 했지만, 우선사항이 아니었을 뿐이다. 어느 임원의 말에 따르면, 스웨덴의 고객이 보낸 저 메일을 베이조스가 받은 시간은 시애틀 기준으로 새벽 2시인데, 바로 그날 오전부터 80개국에 신규로 알렉사를 판매하기 위해 여섯 개의 별도 조직이 꾸려졌다고 한다.[23]

후에 알렉사 임원들이 말하길, 베이조스가 그렇게 긴밀하게 관여함으로써 자신들의 일상은 더욱 힘들었지만 그래도 헤아릴 수 없을 정도의 결과가 만들어졌다고 한다. "제프는 우리에게 각자가 더 빠르고 더 거대하게 움직이기 위해 필요한 일들을 할 수 있는 권한과 자격을 주었습니다. 우리는 각자 알아서 스스로를 관리할 수 있었고, 기존의 자원을 이용해 자신이 무엇을 할지도 판단할 수 있었습니다. 때로는 그 한계가 무엇인지 알 수 없는 경우도 있었습니다. 제프는 그저 우리가 속박에서 벗어나기를(unbound) 원했습니다." 토니 리드의 말이다.

아직도 가야 할 길

———

그러나 요란한 속도와 성장에도 단점은 있었다. 몇 년 동안이나 스마트폰용 알렉사 앱은 디자인을 배우는 학생이 밤샘 술자리에서 만들어낸 것처럼 보였다. 에코를 설치하거나 집안에 설치된 여러 대의 에코를 서로 연결하는 것은 필요 이상으로 복잡했다. 그리고 사용자들이 에코에 탑재된 다른 업체의 기술이나 특수한 기능을 실행하기 위한 명령어를 정확하게 말하는 것이 어렵고 혼란스러운 경우도 있었다.

조직을 수많은 단위로 나뉘어 각각의 팀을 싱글 스레드 리더가 이끄는 다소 혼란스러운 시스템은 이 제품의 지나치게 복잡한 구성에도 반영되었다. 2017년에 마이크 조지에게서 알렉사 부문의 수장 자리를 넘겨받은 냉소적이면서도 침착한 아마존의 임원 톰 테일러(Tom Taylor)조차 기기를 설치한다거나 다른 스마트 가전제품과 연결하는 기본적인 작업들이 '고객에게는 고통스러운, 매우 고통스러운 것'이라고 인정했다. 그는 '아마존의 조직 구조 때문에 고객이 고통받는 모든 부분을 찾아내는 작업'에 착수했다.

그러나 테일러를 비롯한 동료들이 미처 잠재울 수 없는 혼란스러운 문제도 상당히 많았다. 2018년 3월, 전 세계의 알렉사 기기에서 예기치 않게 미친 듯한 웃음소리가 갑자기 터져 나오는 버그가 발생했다.[24] 몇 달 뒤에는 오리건주 포틀랜드에 사는 어느 부부의 은밀한 대화가 의도치 않게 녹음됐고, 이 녹음 파일이 역시나 알 수 없는 이유로 시애틀에 있는 남편의 회사 직원 한 명에게 전송되는 사고가 벌어졌다. 이 직원의 전화번호는 주소록에 저장되어 있었다.

아마존은 이 기기가 웨이크 워드(wake word)를 들었다고 생각했고, 이후에도 대화 내용을 녹음해 전송하라는 명령을 들은 것으로 생각했다고 발표했다. 그리고 회사는 "이런 종류의 사고는 발생할 가능성이 지극히 드문 경우이며, 이런 일이 발생할 가능성을 줄이기 위한 방안을 검토하고 있다"[25]고 말했다.

이러한 사건들이 일어난 후에 직원들은 문제가 발생하면 '오류 수정(correction of error)' 보고서를 작성해야 했는데, 보고서에서는 '다섯 개의 왜(five whys)'*라는 일련의 질문에 대답하면서 사고를 자세히 분석하고 근본적인 발생 원인을 밝혀야 했다. 이렇게 작성한 문서는 베이조스에게까지 보고되었는데, 무슨 일이 있었는지 설명하는 것은 물론이고 애초에 그런 문제를 일으킨 부분을 개선할 방법까지 포함되어 있었다.

---

* 특정한 문제의 근본적인 인과관계를 파악하기 위한 기법으로 도요타에서 처음 사용했다.

그러나 때로는 되돌릴 수 없는 실수도 있었다. 가령 어린아이들의 마음속에서 산타클로스의 존재를 지워버리려 한 경우처럼 말이다. 이러한 사건은 다수가 참여하는 복잡한 대화를 수행할 수 있는 인공지능 챗봇(chatbot)*을 만들어 대학들끼리 겨루는 대회인 알렉사 프라이즈(Alexa Prize) 기간에 일어났다. 이 대회에서는 사용자들이 알렉사에게 "대화하자"고 말한 후 대회에 참가한 챗봇들 중 하나와 이야기를 나누고 그 성능에 점수를 주는 방식으로 진행되었다. 2017년에 열린 첫 번째 대회에서 워싱턴대학교에서 출품한 챗봇이 산타클로스가 실제로 있느냐는 질문을 받았다. 그러자 이 챗봇은 레딧(Reddit)이라는 온라인 토론 게시판에 있는 답변들 가운데 하나를 검색해, 질문한 아이에게 산타클로스는 허구라고 대답하는 일이 벌어졌다.[26] 그러자 부모가 항의했고, 이 챗봇은 대화 상대 목록에서 일시적으로 제외되었다. (그러나 나중에 그랑프리를 수상하며 상금 50만 달러를 받았다.)

이처럼 알렉사에게서 주기적으로 발생하는 문제들은 그것의 현실이 무엇인지, 그리고 아직도 가야 할 길이 얼마나 많이 남았는지 여실히 느끼게 해주었다.

아마존은 2019년까지 에코 기기를 1억 대 넘게 판매했다. 베이조스의 공상과학에 대한 애정과 발명에 대한 열정으로 탄생한 이 제품은 개발 기간까지 계산하면 어느덧 10년이 되었다. 그 기간을 거치면서 이 제품이 저지르는 실수와 전통적인 프라이버시 개념에 도전하는 내용들이 언론에서 광범위하게 보도될 정도로 세상에 널리 알려진 존재

---

* 스스로 사람과 대화할 수 있는 지능형 프로그램.

가 되었다.

　그러나 알렉사는 아직도 애초에 베이조스와 로히트 프라사드가 바라는 방식의 대화형 기기는 아니다. 그리고 그 때문에 음성지원 서비스와 기기에 희망을 걸고 있는 소규모 가내수공업 스타트업을 비롯한 여러 기업을 만들어내긴 했지만, 알렉사의 스킬(Skill)이라고 하는 일반 업체들의 추가기능을 사용하는 사람은 많지 않으며, 애플이나 구글의 앱스토어에 비해 개발자들이 벌어들이는 수익도 적은 편이다.

　베이조스는 그 모든 것이 향후 몇 년 안에 나타날 것이라고 열렬히 믿었다. 그가 알렉사를 머릿속으로 구상하고 그것을 만들어내려는 모습을 경외심을 갖고 지켜본 아마존의 직원들과 팬들은, 그가 실제로 미래를 내다볼 수 있다고 믿었다. 그러나 적어도 한 가지 면에서는 그렇지 않았다.

　2016년 그는 화면이 달린 최초의 알렉사 버전인 에코 쇼(Echo Show)를 점검했다. 이 프로젝트에 참여한 임원들은 이 제품의 프로토타입을 시연하는 여러 차례의 테스트 과정에서, 베이조스가 몇 분 동안이나 알렉사에게 미국 공화당의 특정한 대통령 후보를 조롱하는 동영상을 재생해달라고 요청하던 일을 기억하고 있다.

　그는 "알렉사, 〈도널드 트럼프가 '중국'이라고 말하다〉라는 동영상*을 보여줘"라거나, "알렉사, 어젯밤에 스티븐 콜베어(Stephen Colbert)**가

＊　https://youtu.be/RDrfE9I8_hs

＊＊　미국 방송인으로, 2015년부터 CBS 텔레비전 방송 대담 프로그램 〈레이트 쇼(The Late Show)〉를 진행하고 있다.

한 독백*을 틀어줘"라고 요청했다. "그 후에 그는 마치 내일이 없는 사람처럼 웃었을 겁니다." 시연 자리에 참석한 어느 부사장의 말이다.

베이조스는 무슨 일이 다가오는지 전혀 모르고 있었다.

---

* https://youtu.be/JpUxQyLCBbk

Chapter 02

너무 지루한 이름

캐피톨 힐의 비밀스러운 가게

2012년 11월, 도널드 트럼프가 아직 리얼리티 TV쇼의 진행자였고, 알렉사의 프로토타입은 이제 막 직원들의 가정에 배치되려던 시기였다. 제프 베이조스는 찰리 로즈(Charlie Rose)와 한 방송 인터뷰에서 어떤 질문을 받았는데, 이는 이후 언론인들이 자주 회상했다. 그의 질문은 이런 것이었다. 아마존이 오프라인 매장을 인수하거나 오픈할 것인가? 그는 이렇게 대답했다. "진정으로 차별화된 아이디어가 있다면 그럴수 있습니다. 우리는 뭔가 하나를 하더라도 아마존만의 독특한 방식으로 하고 싶습니다. (오프라인 매장과 관련해서는) 아직 특별한 아이디어가 없지만, 그런 걸 찾는다면 한번 해보고 싶습니다."27

그의 대답은 일부만 사실이었다. 왜냐하면 아마존 내부에서는 이미 베이조스가 직접 지휘하는 소규모 팀이 꾸려져 오프라인 매장 체인에 대한 참신한 콘셉트를 구상하고 있었기 때문이다. 그들은 이 회사의 역사에서 가장 무모하면서도 값비싼 도박 중 하나로 드러나게 될 무언가를 만들기 위해 준비하고 있었다.

당시 베이조스는 단지 프로세스 처리 능력 향상과 컴퓨팅 비용의 감소가 컴퓨터가 인간의 말을 이해하는 데 얼마나 도움이 되는지 지켜보기만 한 것이 아니었다. 그는 또한 카메라를 장착한 컴퓨터가 실제로 무언가를 볼 수 있는 능력, 다시 말해 이미지와 동영상을 인식하고 이해할 수 있는 가능성을 추적하고 있었다. 그해 초, 그는 아마존의 고위급 엔지니어들에게 구글의 슈퍼컴퓨터가 1,000만 개 이상의 이미지를 자세히 살펴보고 스스로 고양이를 인식하는 방법을 학습했다는 내용을 소개하는 〈뉴욕타임스〉 기사를 읽게 했다.[28] "제프는 그것이 바로 우리가 진정으로 관심을 기울여야 하는 중요한 트렌드라는 믿음을 갖고 있었습니다. 컴퓨터의 음성인식에 정말로 열광했듯이, 그는 컴퓨터 비전(computer vision)에도 정말로 흥분해 있었습니다." 당시 아마존의 리테일 사업 부문 최고기술책임자(CTO)인 조지프 시로시(Joseph Sirosh)의 말이다.

컴퓨터 비전의 매력은 클라우드 분야에서 아마존이 가진 우위를 인공지능(AI)의 한계까지 더욱 거세게 밀어붙이고자 하는 그의 관심과 더불어 아마존 창업자의 풍부한 상상력에 다시 한번 불꽃을 일으켰다. 미국인구조사국(U. S. Census Bureau)에 따르면, 소매 분야 거래 중 90퍼센트 이상이 오프라인 매장에서 이루어졌다. 이러한 방대한 매출의 원천을 활용하는 방법이 있을 것으로 보였는데, 그것은 바로 컴퓨터 비전과 로봇 공학 같은 첨단 기술을 활용하여 완전히 셀프서비스로 운영되는 오프라인 매장이었다.

2012년 베이조스는 회사 밖에서 S팀과 미팅하는 자리에서 이런 아이디어를 던졌다. 베이조스는 이 지도부 회의체의 구성원을 직접 뽑았는데, 이들은 새로운 아이디어를 짜내고 '크게 사고하기'의 중요성을 재확인하기 위해 보통은 인근에 있는 회사의 휴양시설에 모여 매년 이러한 브레인스토밍 회의를 했다. 이 회의의 구성원은 아마존의 비즈니스를 확장할 수 있는 창의적인 아이디어를 문서로 작성해 가져와야만 했다.

자신의 도전을 받쳐줄 수 있는 임원들로 선정한 이 회의체의 판단을 고려하여, 베이조스는 셀프서비스 매장을 통해 오프라인 리테일 사업에 진입할 수 있는 기회가 상당하다고 생각했다. 그는 이 프로젝트를 이끌 책임자로 거의 10년 전에 킨들 비즈니스를 시작한 스티브 케셀(Steve Kessel) 부사장을 지명했다. 1999년부터 아마존에서 근무해온 케셀은 다트머스대학교 출신으로 취미로 하키를 즐겼다. 그는 프랑스 남부에서 가족들과 함께 휴가를 보내던 중 이 프로젝트를 책임지라는 이야기를 처음 들었다. 그의 새로운 업무는, 아마존식 표현에 따르면 새로운 혁신적인 매장 체인을 만드는 일에 '싱글 스레드로 집중(single-threaded focus)'*하는 것이었다. 이 프로젝트를 관리하기 위해 케셀은 몇 년 동안 아마존의 홈페이지를 운영하며 추천 비즈니스를 이끌었던 지안나 푸에리니(Gianna Puerini) 전 부사장에게 다시 한번 유혹의 손길을 보냈다.

---

* 한 가지 업무에만 매진한다는 뜻.

S팀의 멤버인 브라이언 밸런타인(Brian Valentine)의 아내 푸에리니는 당시 회사를 퇴직한 후에 시애틀 지역의 주택들을 개조하고 리모델링하면서 행복하게 지내고 있었으며, 다시 회사로 돌아갈 계획은 물론이고 재정적인 어려움도 없었다. 그녀는 케셀의 제안이 설득력 있게 다가왔다고 말한다. "저는 '왜 저여야 하죠?'라고 물었는데, 그의 대답에서 핵심적인 부분은 우리 둘에게 서로 공통적인 점이 아주 많기는 하지만, 우리가 어떤 문제를 서로 다른 각도에서 접근하고 다른 방식으로 바라보기 때문이라는 것이었습니다. 저는 그가 관점이나 사고 프로세스의 다양성을 인정해주는 게 마음에 들었습니다. 그래서 그날 밤 바로 스티브에게 이메일을 보내 이렇게 대답했습니다. '할게요!'"

당시 그레그 하트의 뒤를 이어 누구나 탐내는 부관 역할인 베이조스의 기술보좌역을 맡고 있던 딜리프 쿠마르도 엔지니어링 부문을 이끌기 위해 2013년에 케셀과 푸에리니의 팀에 합류하게 된다. 베이조스는 전통적인 리테일 업체들이 기존에 정해진 역할을 잘 수행한다고 생각했기 때문에, 이 팀은 그보다 높은 기준을 만족시켜야만 프로젝트를 진행할 수 있었다. "제프는 그저 흔한 매장을 만들고 싶어 하지 않는다는 점에서 매우 까다로웠습니다. 그는 파괴적인(disruptive) 매장을 원했습니다. 곧 그 전에 누구도 시도하지 않은 것, 수백 년 동안 이어져온 매장 영업 방식을 바꿀 수 있는 무언가를 원했습니다." 수석 엔지니어링 이사로 합류한 발리 라그하반(Bali Raghavan)의 말이다.

이 프로젝트는 아마존의 다른 직원에게도 기밀로 유지하기로 했다. 그래서 이 팀은 웨스트레이크 애비뉴(Westlake Avenue)의 별 특징 없는 6층 건물에 있는 어느 스포츠 용품 매장 위쪽에 가게를 차렸다. 푸에리니가 처음으로 맡은 업무 중에는 너무 지루해서 그 누구도 관심을 갖지 않는 코드명을 고르는 것도 있었다. 이후 몇 년 동안 이 팀은 IHM이라는 이니셜로 운영되었는데, 이는 '재고 건강 관리(Inventory Health Management)'라는 표현을 줄인 것으로 실제로는 아무런 의미도 없는 이름이었다. 시간이 흘러 그들이 야심찬 목표를 향해 몇 년에 걸쳐 고군분투한 끝에, 이 프로젝트는 북아메리카의 주요 도시 거의 모든 곳에서 문을 열고 시험하게 될 다소 기이한 매장의 이름으로 불리게 된다. 그 이름은 바로 아마존 고(Amazon Go)였다.

초기에 브레인스토밍을 하는 몇 주 동안, IHM의 직원들은 아마존이 추구해야 하는 스타일이 메이시스(Macy's) 백화점인지, 전자제품 매장인지, 월마트(Walmart) 스타일의 초대형 슈퍼마켓인지를 두고 고민했다. 베이조스는 그곳에서 무엇을 팔지는 특별한 의견이 없었고, 다만 전통적인 소매업을 파괴하기를 원했다. 폐기된 아이디어들 가운데는 매장을 2층으로 구성하는데 위층에는 상품들이 가득 차 있고 그 위를 이동식 로봇이 분주히 오가게 한다는 의견도 있었다. 그러면 컨베이어 벨트와 다른 로봇들이 아래층에서 대기하는 고객의 장바구니에 상품을 전달하는 방식이었다.

아마존의 임원들은 고객의 필요성에서부터 시작해 '뒤쪽 방향으로 일한다(work backwards)'고 자주 말한다. 푸에리니가 이끄는 팀원들은 일반적인 매장에서 제품을 구입하는 행위에 대해 곰곰이 생각하면서 그런 매장이 가질 수 있는 장점의 목록을 작성했는데, 그중에는 원하는 물건을 들고 나가는 그 순간의 만족감이 있었다. 그들은 또한 그런 매장이 가진 단점의 목록도 작성했는데, 그중에서 가장 큰 단점은 계산대 앞에 길게 늘어선 줄에서 기다릴 때의 불만족이었다. "사람들은 바쁩니다. 그들은 줄 서기보다는 아마도 다른 일을 하고 싶을 겁니다." 푸에리니의 말이다.

경쟁심이 강한 혁신가들로 구성된 아마존의 이 최정예 팀은 고객이 원하는 것과 실현 가능한 기술을 몇 개월 동안 연구한 끝에, 손님이 줄 서서 기다리는 문제는 자신들이 기술을 이용해 해결할 수 있다고 생각했다. 당시 보도자료의 FAQ를 보면, 그리고 베이조스가 그에 대한 초안을 여백에 휘갈겨 쓴 내용을 본 사람들의 말에 따르면, 그들은 아직 존재하지도 않는 시스템에 대한 상표를 만들고 있었다. 그것은 바로 '저스트 워크 아웃(Just Walk Out)'이라는 기술이었다. 그러한 모습을 머릿속에 그리면서, 그들은 이제 쇼핑객이 선반에서 물건을 고르고 나면 줄을 서서 계산하지 않고 자동으로 결제되는 시스템을 발명하기 위해 노력한다.

흥분한 베이조스는 2013년에 이런 아이디어로 접근하는 걸 승인했다. 그러나 이러한 아이디어가 실제로 결실을 맺기까지는 그 후로도 5년 동안의 고된 노력과 많은 비용이 투입될 거라는 사실은 모르고 있었다. "처음에는 심지어 과학자들조차도 그들이 이런 걸 실제로 만들어낼 수 있을지 약간은 의심스러워했을 것입니다." 아마존의 북미 전자상거래 비즈니스를 책임지던 수석 부사장인 더그 헤링턴(Doug Herrington)의 말이다.

처음에 아마존 고의 엔지니어들은 제품의 포장 안에 전자태그(RFID) 칩을 넣어두고 어떤 제품이 선반에서 사라지면 그것을 추적하거나, 손님이 자신의 스마트폰을 이용해 그 제품의 바코드를 스캔하도록 하는 것을 고려했다. 그러나 베이조스는 그런 쉬운 길을 가는 걸 원치 않았다. 그는 그 프로젝트가 컴퓨터 비전 분야에서 혁신적인 것이 되기를 원했는데, 그것이 아마존의 미래에 중요하다고 생각했다. 그래서 그들은 가게의 천장에 카메라를 설치하고 그 이면에서는 고객이 제품을 고르면 그것을 식별해 가격을 매기는 알고리즘이 필요하다는 아이디어에 이르게 된다. 선반의 내부에 저울을 설치해두면 어떤 제품이 자리에서 없어졌는지 확인할 수 있는 믿을 만한 센서 역할을 할 것이며, 누가 어떤 물건을 구입했는지 파악하는 데도 도움을 줄 수 있다고 생각했다.

이후 몇 년 동안, 딜리프 쿠마르는 서던캘리포니아대학교(University of Southern California)의 저명한 컴퓨터 비전 과학자인 제라르 메디오니(Gérard Medioni) 같은 아마존의 외부 전문가를 스카우트하는 한편, 아마존의 가격 책정 알고리즘 같은 복잡한 기술 개발을 담당한 내부의 엔지니어들도 영입했다. 그들은 아마존 내부에서도 가장 까다로운 시련의 장에 들어가고 있었다. 그곳은 전에 없이 호기심과 요구사항이 더욱 커지던 대표의 관심이 쏟아지는 이른바 제프 프로젝트(Jeff project) 중 하나였다.

그들은 보통 일주일에 70~80시간을 일하면서, 임박한 마감 시한과 과학의 한계에 맞서 모든 노력을 쏟아부었다. 밤이건 주말이건, 그들은 이메일에 답장을 쓰고, 6페이지 분량의 내러티브 문서를 작성했으며, 함께 병행되던 알렉사나 파이어폰 프로젝트의 동료들과 마찬가지로 베이조스에게서 정기적으로 점검받기 위해 끊임없이 준비해야만 했다. "우리는 모두 동굴 안에 살고 있었습니다." 엔지니어링 이사인 발리

라그하반의 말이다.

　2013년이 끝나갈 무렵, 그들은 식료품 분야에 집중하기로 결정했다. 미국인이 1년에 의류나 전자제품을 구입하는 횟수는 겨우 몇 차례에 불과했다. 반면에 식품마케팅연구소(Food Marketing Institute)의 연구에 따르면, 미국인이 음식을 구입하는 횟수는 매주 평균 1.7회였다. 고(Go) 팀은 식료품 분야에서 경험이 풍부한 임원들을 영입하기 시작했다. 그리고 그렇게 영입한 사람들에게는 링크드인(LinkedIn)의 프로필을 아마존으로 바꾸지 말도록 요청했고, 아마존과는 전혀 연관이 없는 선불폰과 신용카드를 제공했다. "처음에는 마치 007 영화처럼 멋지고 중요한 임무를 맡은 것처럼 느껴졌습니다. 그렇지만 업무적으로는 외로운 방식이었습니다. 특히 수십 년 동안 쌓아온 인맥을 활용하지 못한다는 점에서 더욱 그랬습니다." 식료품 체인점 앨버슨스(Albertsons)와 슈퍼밸류(SuperValu) 출신의 베테랑인 스티브 라몬테인(Steve Lamontagne)의 말이다.

　고 팀은 몇 주마다 한 번씩 제프 베이조스에게 발표를 했다. 그중에서도 주목할 만한 일정은 2014년 6월 24일 오후 늦게 한 미팅이었다. 팀원들이 이날을 기억하는 이유는 그날이 바로 아마존의 분기 실적을 발표하는 날이었기 때문이다. 그리고 아마존의 주가는 10퍼센트 곤두박질쳤는데, 이는 아마존이 지난 1년 동안 파이어폰의 실패와 상당히 저조한 매출 신장세에 시달리면서 겪는 최대의 낙폭이었다. 그러나 베이조스는 동요하지 않았다. 한편에서 보면 그는 자신의 까다로운 기준을 만족시키지 못하는 직원들을 가차 없이 질책하는 무서운 수장일 수도 있지만, 발명이라는 어려운 과제에 도전하는 회사의 직원들에게는 이례적일 정도로 풍부한 인내심의 샘물을 간직한 것처럼 보였다. "그 당시는 그 사람도 충분히 동요할 만한 시기였습니다. 그런데 함께 있는 자리에서도 그는 절대로 '이걸 추진하는 데 얼마나 많은 비용이 들까?'라거나, '어느 정도의 시간이 지나면 우리가 수익을 낼 수 있을까?'라고 묻지 않았습니다. 오히려 우리를 보면 이런 식으로 말했습니다. '이 일이 정말로 힘들고, 뭔가 새로운 것을 만든다는 건 엄청나게 피곤하다는 걸 알고 있습니다. 여러분은 올바른 방향으로 가고 있습니다.'"라몬테인의 말이다.

고 팀의 임원들은 대략 2,800m²(약 850평) 규모의 대형 매장을 구상했는데, 이는 교외에 있는 슈퍼마켓과 비슷한 크기였다. 몇 달 뒤, 그들은 그런 대형 슈퍼마켓이 너무 크다고 판단해 그 규모를 절반으로 줄였다. 그렇게 정해진 중간 규모의 식료품점에서 그들은 단지 선반에 여러 상품을 진열하는 것만이 아니라, 신선한 치즈 코너, 바리스타가 내려주는 커피 판매대, 그리고 정육 코너까지 갖춘 다양한 서비스를 제공할 계획이었다. 직원들은 반갑고 따뜻하게 맞아주는 분위기를 구상했고, 따뜻한 식사와 커피를 판매한다는 아이디어에 애착을 갖게 되었다. 푸에리니의 팀은 회의실 한 곳에서 그런 매장에 대한 첫 번째 콘셉트를 디자인했는데, 그들은 아이들의 장난감 블록과 아마존 특유의 선반 및 문짝 책상을 이용해 그런 환경을 꾸며놓고 고객이 어떻게 행동할지 고민했다.

프로젝트가 목표로 하는 개점 일정인 2015년 중반이 다가오자, 아마존은 시애틀의 부유한 지역인 캐피톨 힐(Capitol Hill)에 있는 호화로운 신축 아파트 빌딩의 1층을 익명으로 임대했다. 시에 제출한 신청서류에는 대형 농산물 코너, 유제품 냉장시설, 그리고 신선식품 준비를 위한 주방시설 등에 대한 계획이 포함되어 있었다. 그런 다음 고 팀은 베이조스의 결재를 받으려 했다. 그 과정은 그들끼리 말하는 이른바 '제프 미팅(Jeff meeting)'이 될 예정이었다. 곧 끊임없이 수많은 문서를 다시 작성하고 가다듬으며, 당일이 되면 1인치의 오차도 허용되지 않게 군무를 맞춰야 하고, 모든 사람이 숨을 죽인 채로 일이 잘못되지 않기만을 바라는 것이다.

자신들의 구상안을 보여주기 위해 그들은 시애틀 남부의 스타벅스 본사 근처에 있는 창고를 하나 빌렸다. 그리고 1층의 일부를 1,400m²(약 420평) 규모의 모형 슈퍼마켓으로 개조했다. 합판으로 만든 가짜 벽으로 주변을 둘러쌌고, 선반은 모듈 형태로 만들어 이리저리 옮길 수 있게 했으며, 회전문에는 쇼핑객들이 그 아래를 걸어서 지나갈 때 그들의 스마트폰을 스캔하는 기술이 적용된 것처럼 꾸몄다. 베이조스와 S팀의 구성원들이 도착했고, 그들은 공수된 회의 테이블에 둘러앉아 6페이지짜리 문서를 정독했다.

베이조스는 보통 이런 자리에서 마치 모든 문장을 꼼꼼히 점검하며 읽는 것처럼 보일 정도로 가장 천천히 읽는 사람 중 하나였다. 그러나 이번에는 절반쯤 읽던 그가 문서를 내려놓더니 이렇게 말했다. "알겠으니까, 쇼핑하러 갑시다." 그러더니 S팀을 이끌고 모형 매장으로 걸어갔다. 그들은 식료품 카트를 끌고 모조 선반이 늘어선 통로를 따라가면서 통조림 식품과 모형 과일, 채소를 담았다. 바리스타, 정육업자, 치즈 판매원 등의 역할을 맡은 고 팀의 직원들이 주문을 받아 가상의 주문서에 물품을 추가했다.

그렇게 시연은 무사히 끝난 것 같았다. 그리고 베이조스는 간이 회의실에 직원들을 집결시켰다. 그는 팀원들이 모두 일을 훌륭히 잘 해냈지만, 쇼핑하는 경험이 너무 복잡했다고 말했다. 고객이 육류, 해산물, 과일의 무게를 달아 계산서를 출력하기 위해 줄을 서서 기다려야만 했는데, 이는 그 가게가 가장 크게 내세우는 장점인 줄 서서 기다리는 시간낭비가 없다는 주장과는 반대되는 것이었다. 그는 아마존 웹사이트의 그 유명한 '클릭 한 번에 주문하기'와 똑같이, 오프라인 매장에서도 전혀 기다리지 않고 걸어서 나가게 해야 마법이 일어나는 것이라고 생각했다. 그것을 구현하기 위한 노력에 더욱 집중하면서도, 쇼핑 경험 자체는 더욱 단순하고 간소화하기를 원했다. "아마존의 문화는 이런 겁니다. '우리는 이게 좋아. 모든 걸 바꿔버리자!'고 하는 거죠." 이 프로젝트에서 일한 브랜드 디자이너 크리스티 콜터(Kristi Coulter)의 말이다.

스티브 케셀이 고의 팀원들을 사무실로 불러 모았고, 긴급 뉴스를 전했다. 신선 농산물, 육류, 치즈를 버리고, 훨씬 더 작은 편의점 스타일로 전환한다는 소식이었다. 한편 그들이 중간 규모의 슈퍼마켓을 만들기 위해 시애틀에서도 가장 교통이 분주한 지역인 캐피톨 힐의 한가운데에 임대한 가게는 이후 5년 동안 그대로 방치되었다. 다만 가게의 창문은 갈색 종이로 비밀스럽게 가려져 있었다.

컴퓨터 비전과 인공지능에 대한 도박 같은 실험

———

2016년 초, 아마존 고 프로젝트는 중요한 시점에 도달했다. 앞으로 가야 할 길은 어렵고도 비용이 많이 소요될 예정이었다. 케셀은 고의 임원들을 불러 모았고, 그들에게 이 프로젝트를 계속 진행할지, 다시 R&D 구상 단계로 돌아가야 하는지, 아니면 취소해야 할지 의견을 물었다. 임원 몇 명이 회의적이기는 했지만, 대체적인 합의는 계속 추진한다는 것이었다.

일부 엔지니어들은 스테이크처럼 무게도 다양하고 그에 따른 가격도 달라지는 품목들을 제외하자 매장에서의 복잡한 요소들이 줄어들고 있다며 안심했다. 또 다른 엔지니어들은 2년 간 쉬지 않고 달려온 업무 때문에 지쳐 있었고, 이미 이 프로젝트가 격정적인 마라톤과 비슷해졌는데도 그 과정에서 끝없이 전력질주를 해야만 하는 수많은 단기 프로젝트를 만들어내면서 자신들을 가차 없이 몰아붙이는 거친 성격이 내면에 자리 잡은 느낌을 받았다. 놀랍게도 이번에는 아마존의 임원들이 성공하기 위해 필요한 트레이드마크 같은 특성을 선보인 이는 베이조스가 아니라 베이조스의 곁에서 일하던 베이조스의 전임 기술보좌역인 딜리프 쿠마르였다.

쿠마르는 인도 살렘 출신으로, 인도 육군 3성 장군의 아들이다. 어렸을 적 그의 가족은 자주 이사를 다녔고, '2년 동안 거의 모든 곳'에서 시간을 보냈다고 한다. 쿠마르는 명문 인도공과대학교(Indian Institute of Technology)를 다녔고, 1994년에는 미국으로 건너와 펜실베이니아주립대학교(Penn State University)에서 컴퓨터 과학 및 엔지니어링 석사, 그리고 와튼스쿨(Wharton School)에서 MBA 학위를 받았다. 그는 2003년에 아마존에 합류했는데, 당시는 닷컴 붕괴의 여파로 아직도 비틀거리던 때였다. 몇 년 동안 쿠마르는 스스로 회의실에 틀어박혀 혼자서 저글링을 배우고, 나중에는 지역의 야간업소 오픈마이크 무대에서 스탠드업 코미디를 선보이면서 스트레스를 해소했다.

쿠마르는 베이조스가 CEO로서 아직 젊고 훨씬 더 격정적이던 시절에 주조한 아마존 리더십의 전형 중에서도 몇 가지 측면을 지니고 있다. 곧 강한 추진력, 고객에 대한 광적인 집착, EQ보다 IQ를 중요시하는 것, 타고난 리더십 능력보다는 원초적인 의지력을 우선하는 것 등이다. 동료들은 쿠마르가 놀라운 기억력은 물론이고 기술적으로 복잡한 세부사항까지도 떠올리는 능력이 있다고 말한다. 그들은 또한 그가 다만 성공하는 것 외에 다른 선택의 여지가 없는 환경을 조성했다고 한다. 아마존의 다른 모든 리더와 마찬가지로, 그도 이 회사의 리더십 원칙 열네 가지를 쉽게 읊을 수 있었다. 그리고 그의 상사와 마찬가지로, 좋은 결정을 이끌어내는 유일한 방법은 어려운 주제를 열정적으로 토론하는 것이라고 생각했다.

베이조스는 종종 이렇게 말했다. "만약 합의와 의견 충돌 중에서 선택해야 한다면, 저는 매번 의견 충돌을 택하겠습니다. 그것이 언제나 더 나은 결과를 낳습니다."

그러나 동료들의 말에 따르면, 쿠마르는 베이조스와는 다르게 일터에서 불경스러운 말을 교묘하게 잘 구사했다고 한다. 한번은 그와 지안나 푸에리니 사이에 고성이 오가는 바람에 스티브 케셀이 중간에 개입해야 할 정도였다고 한다. 그런데 케셀은 그 분쟁을 말리기보다는, 오히려 좀 더 조용히 싸워달라고 요청했다. 이 프로젝트에 참여한 선임 과학자는 "만약 그가 누군가를 친절하게 대했다면, 그건 그 사람이 그다지 중요하지 않다는 의미였다"고 말한다. 발리 라그하반은 여기에 한마디 덧붙인다. "그는 함께 일하기에는 아주 힘든 사람이고, 저를 미치게 하는 경우도 많았습니다. 그러나 그는 또한 사람들에게서 최고를 이끌어냅니다." 물론 이런 평가는 베이조스에 대해서도 자주 들을 수 있는 말이다.

고 팀이 프로젝트를 계속 추진하기로 결정함으로써 쿠마르에게는 이제 자신이 가진 추진력과 독창성을 마지막 한 방울까지 쥐어 짜내야만 했다. 베이조스와 S팀 앞에서 시연을 했지만 불운하게 끝난 이후, 고 팀은 프로젝트의 규모를 세븐일레븐 스타일의 편의점 수준으로 축소해 기술적인 역량에만 집중했다. 쿠마르의 엔지니어들은 5번가(5th Avenue)와 벨스트리트(Bell Street)가 만나는 자리에 있는 오터(Otter)라는 아마존의 새로운 건물 1층에 비밀 실험실을 만들었다. 직원들도 굳게 잠긴 두 개의 출입문에 카드키를 대고 오직 내부를 통해서만 그곳에 들어갈 수 있었다. 선반에는 점토와 스티로폼으로 만든 가짜 음식들이 가득했고, 잘게 자른 녹색 판지가 상추를 대신했다.

쿠마르는 고 팀의 직원들에게 그곳을 방문해 상부에 장착된 카메라와 컴퓨터 비전의 알고리즘을 속여달라고 요청했다. 그들은 두꺼운 코트를 입거나 목발을 짚고 걸어가거나 휠체어를 밀고 갔다. 어떤 날은 카메라의 시야를 가리는지 확인하려고 모두에게 우산을 가져와달라는 요청이 전달되기도 했다. 그리고 어떤 날은 모든 직원에게 시애틀 시호크스(Seattle Seahawks) 미식축구팀의 유니폼을 입고 오라고 한 다음, 그들이 입은 옷의 색깔로 쇼핑객을 구분하는 알고리즘을 혼란스럽게 하기도 했다.

문제는 이곳의 기술 자체가 자주 속지는 않았지만, 만약 아마존이 이 기술을 널리 배치하면 골치 아픈 문제를 일으키기에는 충분할 정도로 그 빈도가 잦았다는 것이다. 그리고 조명을 변화시켜 그림자의 방향을 바꾸거나, 선반에 놓인 제품의 위치를 옮기거나, 제품에 붙은 맞춤형 스티커를 손이나 몸으로 가리면 시스템이 쉽게 혼란을 일으켰다. 아이들은 더욱 어려웠다. 체구가 작아 컴퓨터가 그들의 부모와 구분하기에는 어려웠고, 가게 안에서도 온갖 종류의 예상할 수 없는 장난을 치는 존재들이었다. 예를 들어 어른이 아이를 어깨에 올리거나, 두 팔로 안거나, 유모차에 태워서 밀고 다니면 누구에게 요금을 청구해야 하는지 판단하는 고객 인식 알고리즘이 더욱 혼란을 일으켰다.

쿠마르가 엔지니어들과 함께 이런 문제들을 해결하는 동안, 베이조스와 케셀은 점점 더 조급해졌다. 3년 동안 노력했지만 아마존은 단한 곳의 매장도 열지 못했다. 그래서 아마존의 특별한 발명 방식에 따라 그들은 이 회사에 실제 오프라인 매장이라는 원대한 영역으로 진출하는 단일한 목표를 추구하기 위한 별도의 팀을 만들었다. 베이조스는 아마존이 "비전에서는 완강하고, 디테일에서는 유연하다"고 말하는 걸 좋아했는데, 그 대표적인 사례가 바로 여기에 있었다. 곧 나란한 트랙에 여러 팀을 세운다는 것은 기본적으로 '저스트 워크 아웃(Just Walk Out)'이라는 이상을 충족시키고 계산대 없는 매장이라는 문제를 해결하기 위해 서로 경쟁하게 된다는 것이었다.

쿠마르의 팀은 천장과 선반에 미래형 컴퓨터 비전 기술이 내장된 매장의 개발을 계속해서 진행했다. 한편 보스턴에서 근무하는 아마존의 기술 이사 제러미 드 보네(Jeremy De Bonet)와 케셀은 컴퓨터 비전 과학자들과 엔지니어들로 구성된 사내 스타트업을 만들었다. 이들은 매장 전체를 기술로 감싸는 대신에, 그간의 문제를 이리저리 뒤집어서 결국 컴퓨터 비전 기술과 센서를 모두 쇼핑 카트 안으로 통합해 넣었다. 어떤 면에서 보면 이게 더욱 어려운 문제였다. 기존의 고 팀이 구상하던 가게는 매장에서 상품이 어디에 있는지를 기반으로 그것이 무엇인지 추론한 반면에, 소위 '스마트 카트'는 예를 들어 쇼핑객이 농산품 선반에서 오렌지 한 봉지를 골랐지만 그것을 스캔하는 곳은 매장 내의 다른 곳일 가능성을 고려해야만 했다.

그러나 이 팀의 노력도 개발까지는 몇 년이 걸렸는데, 그럼에도 여러 가지 기술로 발전해 고객이 슈퍼마켓 통로를 돌아다니면서 계산할 수 있는 컴퓨터 비전 스캐너와 터치스크린을 갖춘 아마존 대시 카트

(Amazon Dash Carts)와 함께 고 매장에 통합된다.

베이조스와 케셀은 그리 거창하지 않으면서도 즉시 결과를 낼 수 있는 목표를 추진하기 위해 제3의 팀을 꾸렸다. 곧 좀 더 전통적인 계산대가 있는 서점을 연다는 것이었다. 책은 음식과는 정반대의 상품이다. 책은 썩지 않고, 가격이 (무게에 따라 다르지 않고) 일정하며, 보관하기 쉽다. 그리고 무엇보다 아마존이 온라인을 개척할 수 있게 해준 대표적인 제품이었다. 고객은 음식만큼 책을 많이 구입하지는 않기 때문에, 계산하기 위해 줄을 서서 기다리는 일도 적었다. 그리고 책은 다시한번 미끼 상품이 되어 쇼핑객에게 파이어TV, 최신 킨들 제품, 그리고 신형 아마존 에코 등의 기기를 경험하게 만들 수 있었다.

2015년 가을, 회사가 시애틀의 고급 쇼핑몰 한 군데에 오프라인 서점 '아마존 북스(Amazon Books)'를 열기 위해 준비하고 있을 때, 그들이 마침내 어떤 모습으로 오프라인 소매업에 진출할지에 대한 추측이 너무나도 뜨거웠고, 그래서 지역의 기술 전문 블로그인 〈긱와이어(GeekWire)〉의 기자 한 명이 기다란 봉에 카메라를 달아 안쪽으로 들이미는 일까지 벌어졌다.[29] 비슷한 시기에 베이조스도 몰래 뒷문으로 들어왔는데, 처음으로 매장을 살펴본 그는 상당히 기뻐했다. 그는 아마존의 비즈니스가 마침내 완전한 모습을 갖추게 된 것 같다고 말했다.

이 서점은 몇 주 후인 2015년 11월 2일에 문을 열었다. 이 프로젝트에 참여한 직원들은 각자 좋아하는 책을 골라 '직원 선정 도서' 코너에 기증했다. 베이조스도 직접 책을 세 권 선정해서 기증했는데, 이는 어떤 면에서 보면 앞으로 닥칠 예상치 못한 사태의 전환을 예고하는 것이었다. 그가 고른 책은 아내인 매켄지 베이조스가 쓴 소설《덫(Traps)》,

게리 채프먼(Gary Chapman)이 낭만적인 관계를 유지하는 법에 대해 쓴 《5가지 사랑의 언어(The 5 Love Languages)》, 그리고 그의 친구이자 유명한 보안 컨설턴트 개빈 드 베커(Gavin de Becker)가 쓴 《서늘한 신호(The Gift of Fear)》였다.

고 프로젝트에서 오래 일해온 팀원들에게는, 이렇게 몇 달 만에 아마존 북스가 문을 여는 모습을 본다는 건 가슴 아픈 일이었다. 그러나 2016년 초, 이들도 마침내 최종적인 개점을 준비하게 되었다. 가게의 정식 이름을 정하기 위해, 푸에리니의 팀은 그 이름을 통해서 대중에게 어떤 의미를 전달해야 하는지 브레인스토밍과 작명 등 일련의 브랜딩 작업에 착수했다. 그리고 그들은 속도감을 전달할 수 있는 '아마존 고'라는 이름을 낙점했다. 이에 대해 푸에리니는 이렇게 말한다. "이름도 두 글자(Go)지만, 말 그대로 집어서 바로 나갈(go) 수 있었습니다."

실험실인 오터의 내부에서는 가짜 상품이 실제 음식으로 바뀌었고, 고의 직원들은 구체적인 시나리오에 따라 쇼핑하라는 요청을 받았다. 예를 들어 푸에리니의 설명에 따르면 "당신은 회의를 앞두고 있기 때문에, 점심으로 먹을 샐러드와 음료를 고르십시오"라거나 "유치원에 급히 아이를 데리러 가야 하기 때문에, 내일 아침에 먹을 우유, 스트로베리, 시리얼을 고르십시오"라는 것이었다고 한다. 아이들과 관련한 문제를 해결하기 위해 계속 고심했기 때문에, 그들은 부모들에게는 아이를 데려오라고 요청했다. 그러면 아이들은 가만히 있지를 못한 채 여기저기를 뛰어다니면서 이런저런 물건을 집어 들었고, 덕분에 시스템에 대한 스트레스 테스트(stress test)를 겸할 수 있었다.

직원들은 이러한 진행상황에 대해 다양한 기분을 느꼈다. 많은 직원이 이 편의점을 좋아했는데, 그들은 오터 실험실로 달려가 샌드위치를 집어서 돌아오는 걸 상당히 즐거워했으며, 한때는 PR 자료에서 가설로만 접하던 그냥 걸어 나가면 계산이 되는 마법을 경험할 수 있었다. 그러나 그러한 장면의 배후에 있는 기술은 완벽하지 않았고, 그 마술을 도와주기 위해서는 여전히 사람들이 필요했다. 그리고 시스템이 어떤 구매의 내용을 확신하지 못하는 '자신감이 낮은 이벤트(low-confidence event)'가 발생했을 때의 영상을 분석하기 위한 팀이 꾸려졌다. 알렉사의 반응을 평가하고 개선하기 위해 계약직 직원들이 수행하던 커튼 뒤의 마술사와 비슷한 이런 팀이 만들어지자, 일부 직원들 사이에서는 그러한 전체적인 노력에 대한 의구심이 생겨났다. "그건 참으로 까다로운 문제였습니다. 만약 영상을 확인하기 위해 일군의 사람들이 있어야 한다면, 그 규모가 과연 적절한 것일까요?" 디자이너인 크리스티 콜터의 말이다.

사람들이 해야 할 역할은 또 있었다. 곧 양고기 샌드위치나 카프레제 샐러드 같은 밀키트(meal-kit)의 레시피를 개발하고, 평상시의 점심 식사 메뉴를 준비해야 하는 것이다. 시애틀의 아마존 캠퍼스에 170m²(약 50평) 넓이의 시험용 매장을 열기 위해, 2016년 말에 회사는 기업체의 식당과 레스토랑 체인점 출신의 셰프와 직원을 채용했다. 그런 다음 시험용 매장 내부에 주방을 설치했고, 시애틀 남쪽에도 실제 영업용 수준의 취사 시설을 만들었다. 이 두 곳은 이제 회사가 전국에 대대적으로 오픈하려고 계획한 고 매장 주방 시설의 모델 역할을 하게 된다.[30]

이 주방들은 그들에게 예상치 못한 또 다른 문제들을 불러왔다. 매장의 주방에서 알 수 없는 냄새가 난 것이다. 그래서 아마존은 그 수수 께끼를 풀기 위해 냄새 전문가 두 명을 고용했다. (범인은 무절임이었다.) 음식은 무엇보다도 안전함이 가장 중요했기 때문에, 영업용 주방은 혹독할 정도로 춥게 유지되었다. 그리고 어느 직원의 기억에 따르면, 아마존은 처음에 이 시설의 차가운 콘크리트 바닥에 매트를 깔아달라는 시급 직원들의 요청을 거부했다고 한다. 본사의 고위급 매니저 한 명이 취사 시설의 운영 상황을 하루 동안 지켜보고 난 후에야 회사는 직원들에게 후드티를 비롯한 방한용품을 지급했고, 결국에는 매트를 설치해달라는 요구에도 응했다. 이런 경험을 통해 알게 된 것은 식품 서비스 산업에 종사하는 사람들이 딜리프 쿠마르의 알고리즘으로 관리하기에는 상당히 까다롭다는 점이었다.

그렇게 해서 2016년 12월에 최초의 아마존 고 매장이 전 직원을 대상으로 문을 열었다. 일반인을 대상으로 한 영업 개시일은 몇 주 뒤로 예정되어 있었지만, 이마저도 연이어 새로운 문제들이 불거지는 바람에 결국 1년 뒤로 연기된다.[31] 〈월스트리트저널〉에 따르면, 이곳의 시스템은 매장 안에 동시에 20명 이상의 손님이 있으면 멈춰버리는 경향이 있었으며, 쇼핑객이 물건을 집어 들었다가 다른 선반에 올려놓으면 그것을 더 이상 추적하지 못하는 문제가 있었다. 그러면 직원이 직접 출동해 해당 물품을 정확한 위치에 다시 놓아야만 했다. 그러나 아무리 좋은 환경을 갖추어놓아도 이 시스템은 완벽하게 정확하진 않았으며, 그래서 아마존의 임원들은 그것이 실수를 저지르고, 손님에게 요금을 잘못 부과하며, 그래서 고객의 신뢰를 잃을 수도 있는 리스크를 감수할 수 없었다.

쇼핑객들도 그들 나름대로 이런 새로운 방식을 혼란스러워하는 경향이 있었다. 나중에 푸에리니는 이렇게 말했다. "우리는 수많은 고객이 가게를 나가기 전에 머뭇거리면서 입구의 직원에게 정말로 그냥 나가도 되는지 물어본다는 사실을 발견했습니다. 그래서 시험 운영을 할 때, 저희는 '네, 정말로 그냥 나가셔도 됩니다!'라고 적힌 커다란 포스터를 붙여놨습니다." 당시의 이 포스터는 최초 매장에 아직도 붙어 있다.

2018년 1월, 최초의 아마존 고 매장이 마침내 일반인에게 문을 열었을 때, 그것은 마치 미래의 모습을 보는 것처럼 소개되었다. 〈씨넷(CNET)〉은 "전체적인 프로세스가 매우 빠르고 매끄러워서, 나는 그 물건들이 공짜가 아니라는 사실을 거의 잊을 뻔했다"[32]고 썼다. 그러나 가게의 규모가 작고, 판매하는 품목도 한정적이며, 인건비와 운영 비용에 들어간 지출이 엄청났기 때문에, 이 프로젝트를 실제 정산해본 재무 분야의 임원들은 거의 경악할 만한 수준이었다. 그중 한 명이 내게 들려주기를, 최초의 고 매장은 내부의 주방과 데이터 센터의 비용을 전부 포함해 1,000만 달러 이상이 들었다고 한다.

이 프로젝트의 의사결정에 조언을 해준 또 다른 어느 임원은 "만약 벤처투자가의 입장에서 본다면, 이 프로젝트는 도저히 말이 안 되는 것이었습니다"라고 말한다. 그러나 베이조스는 빠르게 추진하기를 원했다. 그 임원은 이렇게 말했다. "제프는 '오늘은 잘 안 되더라도, 내일은 잘 될 수 있다'는 생각의 달인이었습니다. 고객들이 좋아하기만 한다면, 그는 얼마든지 자금을 댈 수 있었습니다."

2017년에 아마존이 R&D에 지출한 금액은 226억 달러인데,[33] 참고로

(구글의 모기업인) 알파벳(Alphabet)은 166억 달러, 인텔은 131억 달러, 마이크로소프트는 123억 달러였다. 베이조스는 세금에 대해 잘 알고 있었기 때문에 고 매장이나 알렉사 프로젝트 같은 R&D 분야에 이렇게 엄청난 비용을 지출하는 것이 다만 아마존의 미래를 위한 투자만이 아니라, 세액 공제를 받거나 대손상각(손실 처리)을 함으로써 아마존의 과도한 세금 부담을 줄여준다는 사실을 아주 잘 알고 있었을 가능성이 크다.

이후 몇 년 동안, 아마존 고 매장은 시애틀, 샌프란시스코, 뉴욕, 시카고 등에서 문을 열었다. 아마존 고는 기존의 주방을 없애고, 대신에 스타벅스나 세븐일레븐에 적당한 품질의 샐러드와 샌드위치를 납품하는 업체들에서 음식을 구입했다. 원래의 매장에서 사용하지 않은 채로 놓여 있던 값비싼 독일제 오븐들은 물론이고 주방의 직원들도 모두 버려졌다.

해고당한 데 불만을 품은 직원들은 음식의 질이 형편없고, 팔리지 않고 남은 음식은 푸드뱅크와 노숙인 쉼터에 나눠주었다고 이야기했다. "유일하게 신선한 것이 있다면 채소들뿐이었습니다. 이 프로젝트가 엉망이 되는 모습을 지켜보는 게 가슴이 아팠습니다." 이곳에서 근무했던 어느 직원의 말이다.

베이조스는 미국 전역의 도시에 수천 개의 아마존 고 매장이 있는 모습을 상상했다.[34] 이 프로젝트를 7년이나 진행했지만 그 수는 스물여섯 개에 불과했고, 그가 처음에 이 개념을 구상했을 때 염두에 둔 재무적인 성과도 전혀 거두지 못했다. 이 매장들은 또한 계산원의 일자리를 없앤다는 이유로 아마존에 대한 정치적인 반발을 불러일으켰는데, 미국노동통계국(BLS)의 추산에 따르면 계산원은 이 나라에서 두 번째로 많은 사람이 종사하는 일자리였다. 그리고 이 매장들은 신용카드 기능이 연동된 스마트폰이 없는 저소득 계층이나 나이 든 손님을 소외시킬 위험이 있었다. 뉴욕, 필라델피아, 샌프란시스코 같은 도시들은 이런 가게들이 현금 결제를 의무화하는 법안을 통과시켰다.

나는 딜리프 쿠마르가 2019년에 모든 오프라인 매장을 운영할 수 있는 위치에 승진한 이후에 그와 이야기를 나누었다. 스티브 케셀과 지안나 푸에리니는 둘 다 사임하여 IHM의 초기 3인방 중에서 당시까지도 남아 있던 이는 쿠마르가 유일했다. 그는 고 프로젝트가 '여전히 초기 단계'라고 주장하며, 멈춰서 결제하지 않고 그냥 걸어 나가는 "그런 경험을 고객들이 좋아한다"고 언급했다. 쿠마르는 바로 그런 점이 이 프로젝트에 "다른 수많은 것을 시도해볼 수 있는 상당한 자유를 부여했다"고 말한다.

그러한 시도 가운데 하나는 바로 그렇게 발전시킨 기술을 도심에 있는 중간 규모의 식료품점으로 이전하는 것이었다. 2020년 코로나19 팬데믹이 본격적으로 유행하기 직전에, 아마존은 시애틀의 캐피톨 힐 지역에 오랫동안 잠들어 있던 매장에 '아마존 고 그로서리(Amazon Go Grocery)'라는 가게를 열었다. 치즈, 고기, 해산물이 다시 돌아왔고, 쿠마르는 무인 계산 시스템이 오히려 규모가 큰 매장에서도 잘 작동했다고 넌지시 말했다. 그는 〈월스트리트저널〉과 한 인터뷰에서 이렇게 말했다. "우리는 많은 점을 배웠습니다. 실질적인 한계는 없습니다. 다섯 배도 더 크게 만들 수 있었습니다. 열 배까지도 늘릴 수 있었습니다."[35]

아마존 고는 여전히 손실을 기록했다. 그러나 베이조스는 그것을 컴퓨터 비전과 인공지능에 대한 하나의 도박으로 여겼다. 거대한 기업에 의미 있는 결과를 만들어내기 위해서는 그처럼 장기적이면서도 판돈이 큰 실험이 필요했다. 관련해서 그는 2015년의 주주들에게 보내는 편지에서 다음과 같이 밝혔다.

야구에서 담장을 넘기기 위해 크게 스윙을 하면 물론 삼진을 많이 당하겠지만, 홈런도 몇 개 칠 수 있다는 사실을 우리 모두 알고 있습니다. 그러나 야구와 비즈니스의 차이점이라면, 야구는 그걸 통해 얻을 수 있는 점수가 제한되어 있다는 것입니다. 야구에서 스윙을 하면, 아무리 공을 잘 맞힌다고 해도, 한 번에 최대한 얻을 수 있는 점수는 4점입니다. 그러나 비즈니스에서는 어쩌다 한 번씩 한 방을 터트린다 해도, 일단 홈런을 치면 1,000점도 얻을 수 있습니다. 수익은 롱테일(long tail) 분포를 따르기 때문에, 과감해지는 것이 중요합니다.[36]

처음 구상을 시작한 이후로 거의 10년이 지났지만, 고 매장이 아마존을 위해 과연 1,000점짜리 대박을 터트릴지는 여전히 불투명했다. 그러나 그것은 흥미로우면서도 새로운 방향으로 전개되었다. 아마존이 편의점이나 공항의 키오스크(kiosk) 운영사 같은 다른 몇몇 리테일 업체에 '저스트 워크 아웃' 시스템의 라이선스를 주게 된 것이다. 아마존 북스의 매장들 가운데서 몇 군데는 별 4개짜리 가게로 거듭났다. 그래서 아마존은 이들 매장에서 사람들의 구매 습관을 수집한 귀중한 정보들을 활용해 각 매장에 맞게 판매 물품을 재구성했다. 그리고 2020년, 아마존은 아마존 프레시(Amazon Fresh)라는 대형 식료품점을 열기 시작했다. 이곳에서는 고 프로젝트의 기술이 아니라 오랫동안 실험해온 아마존 대시 카트가 적용되었는데, 쇼핑객들은 이 카트를 이용해 각 선반 사이를 오가며 상품을 스캔할 수 있었고, 계산대에 줄을 서지 않고도 그냥 지나갈 수 있었다.[37]

또 다른 중요한 결과는 2016년 초에 아마존이 만약 연간 7,000억 달러에 달하는 미국의 식료품점 산업에서 월마트나 크로거(Kroger) 같은 거대 기업들을 상대로 진지하게 경쟁하고 싶다면, 그들 스스로도 오프라인 매장에 대해 좀 더 똑똑해져야 한다는 사실을 깨달은 것이다. 그 무렵 스티브 케셀이 '아마존이 슈퍼마켓 체인을 인수해야 하는가'라는 질문에 답을 하기 위해 수석 부사장인 더그 헤링턴을 비롯해 고 팀과 M&A 팀의 구성원이 포함된 아마존 부족의 무리에 합류하게 된다.

그들은 현지 식료품점과 지역별 체인점을 비롯해 전국적인 업체들까지도 살펴보았다. 그 해에 그들이 전화를 건 업체들 가운데는 텍사스의 오스틴에 본사를 둔 유기농 식품 체인점 홀푸드마켓(Whole Foods Market)도 있는데, 이곳은 당시에 상품의 가격이 높다는 평판과 함께 동일매장매출(same-store sales)*이 급감했고, 회사의 주가도 5년 만에 최저를 기록하며 위기에 처해 있었다. 그러나 기존의 인습을 거부하는 이 회사의 창업자인 존 매키(John Mackey)는 상황을 반전시킬 수 있다는 자신의 계획에 자신감이 있었고, 회사를 매각할 생각은 전혀 없었다. 아직은 말이다.

---

* 소매점 체인에서 같은 매장에서 전년 대비 같은 기간 동안 거둔 실적과 비교한 매출액.

Chapter 03

카우보이와 킬러[38]

글로벌 확장에서 잊지 말아야 할 것들

———

제프 베이조스가 고 스토어, 알렉사, 파이어폰 같은 야심찬 기술 프로젝트를 지원하면서 아마존의 차세대 성장의 동력을 추구하는 동안, 그는 또한 여러 대도시권에서 스마트폰과 광대역 인터넷망이 빠르게 보급되던 인구 13억의 인도에서도 온라인 스토어를 열었다. 이후 아마존은 몇 년 동안 이 나라에 수십억 달러를 쏟아붓는다. 그는 인도에 아마존이 부활할 수 있는 확실한 운명이 기다릴 것이라고 자신했다. 그곳에서는 단지 모든 것을 파는 것만이 아니라, 인도의 모든 곳에서 물건을 팔 수 있다는 것이었다.

베이조스는 그 전에도 인도에 투자할 기회가 있었지만 붙잡지 못했다. 2004년, 아마존은 인도의 벵갈루루(Bangalore)에 있는 자동차 판매점 위층의 작은 사무실에 최초의 해외 소프트웨어 개발 센터 중 하나를 열었다. 오락가락하던 아마존의 검색 엔진 프로젝트인 A9과 아직 초창기 단계이던 아마존 웹 서비스(AWS)에서 일하던 직원들은 계속해서 현지에 온라인 스토어를 개시하려는 계획을 세웠다. 그러나 아마존이 닷컴 버블 붕괴의 여파에서 회복하고 중국으로의 사업 진출에 에너지를 집중하면서 인도는 사실상 뒷전이 되었다.

그 결과, 아마존의 인도 지사에서 초기에 근무했던 일부 직원들이 이곳을 떠나 직접 회사를 차리기 시작했다. 2007년, 성은 같지만 친구이자 뉴델리의 인도공과대학교(IIT) 동기인 사친 반살(Sachin Bansal)과 빈니 반살(Binny Bansal)이라는 두 명의 엔지니어가 아마존을 퇴사하고 플립카트(Flipkart)라는 회사를 만들어 온라인에서 책을 판매하는 베이조스의 원조 마법을 똑같이 모방하고자 했다. 만약 아마존이 점점 더 관계가 긴밀해지고 나날이 부유해지던 상류층에게 서비스를 제공하지 않을 예정이라면, 그들이 직접 그 역할을 하겠다는 것이었다.

벵갈루루의 개발 센터 개소와 운영을 도와준 이는 아미트 아가르왈(Amit Agarwal)이라는 아마존의 임원으로, 그는 베이조스의 수제자이자 열정적인 워커홀릭이며, 역시 IIT 출신이었다. 이후 시애틀로 복귀한 아가르왈은 그레그 하트와 딜리프 쿠마르의 뒤를 이어 2007년부터 2009년까지 베이조스의 기술보좌역(TA)을 맡아 CEO가 참석하는 모든 회의를 그림자처럼 따라다니며 중요한 역할을 수행했다. TA로서의 임기를 마치면서, 그는 베이조스와 함께 자신이 맡을 다음 역할을 진지하게 논의했다. 아가르왈은 국제 부문에 합류하겠다고 요청하면서, 마침내 자신의 고국에 아마존을 진출시키겠다는 사업계획안을 작성했다.

당시 아마존의 국제 소비자 부문 수석 부사장인 디에고 피아센티니(Diego Piacentini)는 인도로 사업을 확장한다는 생각에 복잡한 심정이었다. 비록 IBM이나 마이크로소프트 같은 기업이 인도에서 대규모로 성공적인 사업을 벌이고 있었지만, 인도는 전국에 걸쳐 거대하게 산재한 소규모 구멍가게들을 보호하기 위한 복잡한 법률이 존재했다. '해외직접투자(FDI)'를 규제하는 이러한 법률은 외국 기업이 소매업종의 사업체를 소유하거나 직접 운영하는 것을 금지했다.

이탈리아 사람으로 2000년 초에 애플을 떠나 아마존에 합류한 피아센티니는 국내총생산(GDP) 규모가 더 큰 나라들을 우선시해야 한다고 생각했다. 2010년 그는 아마존이 자신의 고국 이탈리아에 진출하는 것을 도와달라고 아가르왈에게 요청했다. 1년 뒤, 그들은 스페인에서도 그 나라의 언어로 웹사이트를 개설했다. 아가르왈은 이런 경험이 자신들에게 '글로벌 확장의 재점화'에 대한 자신감을 심어주었다고 말했다.

아마존이 마침내 인도 공습을 준비하던 2012년, 이 두 명의 임원은 중국에서 힘겹게 터득하고 있던 교훈들을 신중하게 고려했다. 아마존은 다른 곳에서 잘 통한 것과 동일한 접근법이 세계 최대의 인구를 가진 나라에서도 성공할 수 있다는 믿음으로, 약 7,500만 달러의 비용으로 조요닷컴(Joyo.com)이라는 서적 판매 스타트업을 인수하면서 2004년에 성대하게 중국으로 진출했다. 아마존은 폭넓은 선택권과 저렴한 가격, 그리고 신뢰할 수 있는 서비스로 고객을 확보하면서 끈기 있게 투자할 계획이었다.

그렇게 중국에서 몇 년 동안 꾸준한 진전을 이루었지만, 갑자기 모든 일이 잘못되기 시작했다. 엄청난 자본력을 갖춘 전자상거래 분야의 경쟁업체인 알리바바(Alibaba)가 유명 브랜드들을 위한 온라인 스토어 티몰(Tmall)을 개설한 것이다. 참고로 티몰은 알리바바가 만든 오픈마켓인 타오바오(Taobao)가 개설한 것으로, 타오바오는 이베이(eBay)와 비슷하다고 보면 된다. 몇 년 뒤에는 알리바바가 소비자들이 주문한 제품을 디지털로 결제할 수 있는 알리페이(Alipay) 서비스를 출시했는데, 반면에 아마존은 미국에서 현금으로 결제했다.

알리바바는 물론이고 세력이 커지던 또 다른 경쟁업체인 징동닷컴 (JD.com)은 모두 어수선하긴 했지만, 중국 인터넷 사용자들의 전반적인 취향에 잘 맞는 디자인을 갖춘 아주 매력적인 웹사이트였다. 반면에 아마존의 중국판 웹사이트인 중국 아마존(Amazon.cn)은 전 세계 다른 나라들의 홈페이지와 거의 비슷했다. 중국 아마존의 직원들은 기술적인 지원을 비롯해 시애틀 본사의 수많은 도움에 의존했고, 바로 그런 점 때문에 시장이 보내오는 이런저런 명백한 신호에도 느리게 대응했다.

그보다 1년 전인 2011년, 아마존은 전 세계적으로 효과가 있는 비장의 무기를 꺼내 중국 시장에도 도입했는데, 그것은 개별적인 업체들이 아마존의 사이트에서 자신들의 제품을 판매할 수 있게 하는 것이었다. 이는 예견된 조치들 중에서도 핵심적인 정책이었다. 곧 외부의 업체들이 더해짐으로써 아마존은 새로운 쇼핑객을 끌어들이는 동시에, 판매자들에게는 수수료를 부과할 수 있었기 때문이다. 이렇게 추가 매출이 발생하면 가격을 더욱 낮출 수 있었고, 이는 다시 더욱 많은 구매자를 끌어들이는 요소로 작용했다.

그러나 아마존은 이번에도 중국의 인터넷이 가진 특이한 속성에 적응하지 못했다. 중국의 판매자들은 자신들의 상품을 더욱 잘 보이게 해주는 광고비 이외에도, 알리바바에 판매액의 2~5%를 지불하는 관행에 익숙했다. 그러나 아마존의 임원들은 광고 방식의 모델에 회의적이었기 때문에 광고비 대신 판매액의 10~15%를 수수료로 부과했는데, 이것이 중국의 판매자들에게는 이례적으로 높게 여겨졌다. 그 결과 알리바바는 더욱 앞서 나가게 된다.

그리고 당시 중국 국영 텔레비전인 CCTV에서 아마존의 일반 마켓에서 판매되는 가짜 브랜드 화장품 같은 위조 상품들을 주목한 보도가 악영향을 끼치면서,[39] 이 나라에서 그나마 거두고 있던 진전의 징후가 순식간에 사라지고 말았다. 당시 중국 아마존의 임원들은 베이조스가 중국 정부 내부의 술책을 이해한다거나, 중국 지도자들과 유대관계를 형성한다거나, 또는 몇 년 후에 일론 머스크(Elon Musk)가 상하이에서 테슬라(Tesla)의 기가팩토리(Gigafactory)를 만들면서 한 것처럼 당시 떠오르고 있던 베이조스 자신의 명성을 중국에서 아마존이 사업하는 데 도움이 되는 방향으로 활용한다거나 하는 데 전혀 관심이 없었다고 말한다.

중국 공산당과 긴밀한 관계가 없었던 아마존은 결국 그나마 존재하던 기반마저 모두 잃게 된다. 2014년 아마존의 국제 부문에서는 중국 비즈니스의 어려움에 대한 분석 보고서를 S팀에 제출하는데, 이 보고서에서 그들은 아마존이 조요닷컴을 인수한 이후로 10년 동안 10억 달러의 손실을 보았다고 추정했다. 베이조스는 이러한 적자를 경계하며 중국에 대한 아마존의 투자 규모를 축소하는 한편 추가 손실을 감당하지 않고도 수익이 될 만한 사업 계획을 수립하는데, 이 나라에서의 경쟁력을 유지하기 위해서는 그런 계획이 요구된다고 생각했다.

후에 아마존의 재무 분야 임원 한 명은 이러한 결정을 두고 '그 사업의 머리에 총을 쏘는 것'과 같았다고 설명했다. 2011년부터 2016년 사이에 아마존의 중국 내 점유율은 15퍼센트나 하락해 1퍼센트 미만으로 떨어졌다.[40] 몇 년 뒤, 피아센티니는 당시의 상황을 이렇게 설명했다. "만약 중국에 엄청나게 투자를 하더라도, 어쨌든 손실을 입고 그 많은 돈을 낭비하게 될 것이라는 두려움이 늘 있었습니다. 우리는 정면으로 부딪쳐 경쟁할 만큼 대담하지 못했습니다. 우리는 언제나 소심한 2인자 역할만 했을 뿐입니다."

아마존이 오랫동안 고대해온 인도 공습을 하루 앞둔 전날 밤, 베이조스는 이렇게 힘들게 얻은 교훈들을 일부 고려할 수도 있었다. 곧 회사가 중국에서 과감하게 투자나 혁신을 하지 않았고, 정부와도 유대관계를 맺지 않았으며, 시애틀의 본사에서 충분히 독립적인 운영조직을 만들지도 않은 점에 대해서 말이다. 그의 그림자인 아미트 아가르왈은 조국으로 아마존을 너무나도 진출시키고 싶어 했기 때문에, 그는 같은 실수를 다시는 저지르지 않아야 했다.

인도에서 필요한 사람은
컴퓨터 과학자가 아니라 카우보이

———

아마존이 인도에서 처음으로 취한 행보 중 하나는 전직 직원 두 명에게 접근하는 것이었다. 4년 전에 아마존을 그만두고 플립카트를 만든 빈니 반살과 사친 반살은 이제 그곳을 단지 책만 파는 곳이 아니라 휴대전화, CD, DVD까지 판매하는 전국적으로 유명한 브랜드로 만들었다. 아미트 아가르왈은 델리 중심부에 있는 고급 호텔 ITC 마우리아(ITC Maurya)에서 전직 직원들을 만나 인수 문제를 논의했다. 자신들의 성과에 자신감을 갖고 있던 그들은 10억 달러를 요구했다.[41] 아가르왈은 그 액수에 코웃음을 쳤고, 인수는 무산되었다.

이렇게 두 사람이 아마존을 농락하고 난 뒤, 아가르왈은 그들을 상대로 경쟁하기 위해 팀을 꾸리기 시작했다. 그는 사우스 레이크 유니언에 있는 본사의 여러 건물을 부지런히 돌아다니면서 아마존에 파급력이 있을 뿐만 아니라 인도 민주주의의 '궤적을 바꾸는' 사업일 수도 있는 '일생일대의 기회'에 대해 열변을 토했다. 그가 설득하려는 이들은 아마존이라는 기업은 물론이고 방대한 인도 시장의 문화적 특수성과 다양한 언어까지도 이해하고 있는 인도 출신의 직원이었다.

2012년이 되자, 수십 명의 엔지니어로 구성된 아마존 인도 팀이 벵갈루루 북부의 '세계 무역 센터'라는 거창한 이름이 붙은, 곡면이 유리로 된 고층 건물의 8층에 있는 사무실 한 곳에 자리를 잡았다. 그들도 처음에는 무슨 일을 어떻게 진행해야 할지 몰랐다. 인도의 해외직접투자와 관련한 법률에 따르면 아마존이 인도에서 아마존닷컴과 동일한 웹스토어를 개설하는 것은 금지된 듯 보였다. 곧 아마존이 제조업체들에서 도매가격으로 제품을 구입한 후에 그것을 온라인 쇼핑객에게 판매하는 것이 막혀 있었다.

그래서 그들은 아마존 특유의 방식으로 기지를 발휘해 2012년 2월에 정글리(Junglee)라는 비교 쇼핑 웹사이트를 열었다. 인터넷상의 정보를 검색하여 다른 웹사이트에서 판매하는 제품과 가격을 모두 보여줌으로써, 아마존은 실제 거래를 중개하거나 법률을 위반하지 않고도 관련된 데이터를 수집하는 한편 소개 수수료도 벌 수 있었다. 그러나 플립카트가 이러한 움직임을 자신들의 구역에 위험한 거인이 발을 담그는 것으로 인식하고, 정글리의 저인망 그물이 자신들의 사이트에서 정보를 수집하는 걸 허용하지 않았다. 정글리는 초기에만 해도 커다란 관심을 받았지만, 그 후에는 전혀 탄력을 받지 못했다.

2013년이 되자 아가르왈을 비롯한 팀원들은 또 다른 방식으로 접근했다. 이들은 회사의 교과서적인 접근방식에서 벗어나 아마존 인도 조직을 순수하게 별도의 마켓처럼 운영하기로 했다. 이렇게 하면 외부의 업체들은 새로운 이름으로 거듭난 인도 아마존(Amazon.in)에서 자신들의 제품을 판매할 수 있었다. 이곳에서 아마존은 거래를 중개하고 수수료를 받지만, 실물 재고는 결코 보유하지 않는 방식이었다. 가장 눈에 띄는 약점이라면, 그러는 동안에는 아마존이 가장 인기가 많은 제품의 가격을 정하거나 재고 유무 및 품질을 보증할 수 없다는 것이다.

수차례 연기를 거듭하던 인도 아마존은 2013년 6월 5일에 마침내 정식으로 서비스를 개시했다. 손으로 찍어 이리저리 흔들리는 유튜브 영상에서는 이 사실에 들뜬 인도의 젊은 남성들로 들어찬 회의실 풍경을 보여주었다.[42] 새벽 2시에 정식으로 개시하면서, 그들은 열광적인 박수를 터트렸다. 이 신규 사이트는 '자신 있게 쇼핑하세요!'라고 외쳤다.

불과 몇 주 만에 인도 아마존은 책이나 DVD 같은 콘텐츠 상품부터 스마트폰이나 디지털카메라까지 카테고리를 확장했다. 얼마 지나지 않아 뷰티 제품, 주방용품, 아마존의 킨들 파이어 태블릿도 뒤를 이었다. 아가르왈은 매주 새로운 카테고리를 선보이고 싶어 했다. 그리고 시애틀에 있는 자신의 상사와 마찬가지로, 그도 기대치를 높게 설정하는 걸 좋아했다. 그는 나중에 이렇게 회상했다. "만약 새로운 카테고리를 선보이지 않고 건너뛰는 주가 있으면, 우리는 모두 자리에 앉아 매우 실망스러운 한 주였다고 말했습니다."

아마존의 새로운 비즈니스가 선보인 곳은 본사에서 1만 킬로미터도 넘게 떨어진 곳이지만, 아가르왈은 아마존 문화의 핵심적인 요소들을 어렵사리 함께 들여올 수 있었다. 그는 이사업체에 자신이 신입 직원이던 1999년에 직접 만든 문짝 책상을 인도까지 옮겨달라고 부탁했다. 이 사실을 그가 설명하는 이유는, 그의 가족들이 인도까지 부칠 가구가 충분하지 않아 속상해한 것도 일부 있었다고 한다. 그는 '6페이지 내러티브' 보고서를 작성하거나 'COE'라고 부르는 오류 수정(correction of error) 보고서 같은 아마존의 관행을 인도에도 도입했는데, COE를 들여온 이유는 몬순 시즌에 배송이 지연되는 것과 같은 문제들을 체계적으로 조치하기 위해서였다. 베이조스와 마찬가지로, 아가르왈도 고객의 이메일을 자신의 직원들에게 물음표 하나만 달아 주기적으로 포워딩했다. 베이조스가 그걸 '제프 B.의 문제제기'라고 부르듯이, 그는 그런 이메일을 '아미트 A.의 문제제기'라고 불렀다. 그런 식으로 그는 문제들이 즉시 해결되어야 한다는 사실을 더욱 강조했다.

서비스 개시 후 몇 달이 지난 2013년 가을, 아가르왈과 그의 부하직원들은 시애틀로 복귀해 회사의 연례 OP1 기획 프로그램의 일환으로 베이조스를 비롯한 S팀에 자신들의 연간 로드맵을 발표했다. 그들이 준비한 6페이지 내러티브 보고서에서는 인도에서 사업을 어떻게 확장하여 이제 6년 된 플립카트의 매출액을 비롯한 다양한 중요한 벤치마킹 요소들을 따라잡을지에 대해 공격적이기보다는 좀 더 보수적인 투자 방안들을 제시했다. 그리고 회사가 인도의 소비자에게 어떤 반향을 불러일으킬지 테스트해볼 수 있는 실험적인 광고 전략과 그 전망을 요약해서 설명했다.

당시 아마존의 중국에 대한 도박이 어려움을 겪고 있었기 때문에, 베이조스는 세계 제2의 기회로 여겨지는 시장에 대해서는 그 시도가 빗나가는 것을 원치 않았다. OP1 프로그램이 개최되면, 그는 일반적으로 자신의 가공할 만한 의견으로 좌중을 압도하지 않고 주로 마지막에 발언하는 편이었다. 그러나 이번에는 아가르왈이 아직 발표하는 도중인데도 말을 끊고 끼어들었다. 그는 인도의 직원들에게 직설적으로 이렇게 말했다. "당신들 팀은 실패할 겁니다. 제가 인도에서 필요한 사람은 컴퓨터 과학자가 아닙니다. 저는 카우보이가 필요합니다."[43]

당시 그 자리에 참석한 임원 두 명이 기억하기를, 베이조스는 이렇게 말을 이어갔다고 한다. "제가 오직 투자의 규모만 결정해야 하는 계획안을 갖고 오지 마십시오. 어떻게 이길지를 말해주십시오. 그 비용이 얼마가 될지를 말해주십시오." 당시 회의에 참석한 또 한 명의 인도계 임원인 아미트 데쉬판데(Amit Deshpande)는 그의 메시지가 "일을 크게 벌이고 리스크를 감당하라, 직접 실행하라, 당신들의 뒤는 우리가 책임진다"는 것이었다고 말한다.

인도공과대학교와 스탠퍼드대학교에서 학위를 받은 컴퓨터 과학자인 아미트 아가르왈은 카우보이가 필요하다는 말에 순간적으로 충격을 받았다. 그러나 그는 인도로 복귀하자마자, 그러한 지시사항을 실천적인 강령으로 바꾸었다. 베이조스의 명령은 인도 아마존의 핵심적인 교리가 되어, 임원들은 전 직원이 모이는 회의 자리에 가끔 카우보이 복장을 하고 나타났다. 그들은 OP1에서 제시한 얌전한 마케팅 계획을 중단시키고, 〈타임스오브인디아(Times of India)〉 같은 신문의 1면에 인도 아마존(Amazon.in)의 광고를 게재하고 〈인도 프리미어 리그(Indian Premier League)〉 크리켓 중계방송 도중에 눈길을 끄는 광고를 내보내는 등, 인도 최대의 광고주들 가운데 하나로 거듭났다. 인도 아마존의 임원들이 설명하기를, 그들이 새롭게 설정한 목표들 가운데 하나는 사업을 빠르게 성장시켜 베이조스를 실제로 인도까지 오게 만든다는 것이었다.

이후 몇 달 동안은 정신없이 흘러갔다. 팀원들은 쉬는 날도 없이 매일, 하루 종일 일했고, 출장도 자주 다녔는데, 아침 첫 비행기를 타고 갔다가 야간 마지막 비행기를 타고 돌아왔다. 전국을 비행기로 누비지 않을 때면, 인도와 유사한 경쟁 환경이 형성된 중국으로 넘어가 중국 아마존, 알리바바, 징동닷컴의 전략을 관찰했다. "저는 집에도 여행가방이 있었고, 사무실에도 여행가방이 있었습니다. 직원들 몇 명은 '이봐, 우리는 지금 강제 수용소에서 일하는 거야'라고 종종 농담을 했습니다." 인도 전역에서 아마존의 창고를 개설하는 작업을 한 운영 매니저 비노스 푸발린감(Vinoth Poovalingam)의 말이다.

아마존은 인도에서 다른 방식으로 운영해야만 했다. 서양에서는 쉽게 누릴 수 있는 차선이 많은 고속도로나 신용카드 네트워크 같은 중요한 인프라가 없었기 때문에, 임원들은 자전거 배달원을 고용하고 상품 대금을 착불로 받는 등 이 나라에서만 볼 수 있는 독특한 물류 시스템과 결제 방식을 고안해야만 했다. 아마존은 일반적으로 사업을 운영하는 모든 곳에서 단일한 코드베이스(codebase)*를 기반으로 웹사이트를 개설했지만, 인도 아마존의 엔지니어들은 웹사이트의 코드를 새로 작성하고 메모리 소모량이 적은 스마트폰 앱을 개발해야만 했다. 왜냐하면 인도의 고객은 대부분 속도가 느린 무선 네트워크를 통해 휴대전화로 아마존에 접속했기 때문이다. 좀 더 민첩하게 움직일 수 있도록, 모든 부서에서는 시애틀에 있는 동료들이 아니라 아가르왈에게 보고를 했다. 아마존의 어느 임원은 이렇게 말했다. "우리는 근본적인 차원

---

* 어떤 프로그램이나 애플리케이션을 구축하기 위해 개발자들이 작성하는 소스코드 전체.

에서 모든 것에 의문을 품었고, '이것이 과연 인도에서 올바른가?'라고 물었습니다."

아미트 아가르왈과 국제 부문 수장인 디에고 피아센티니, 그리고 아마존의 기업 발전 부문 수장인 피터 크라비에츠(Peter Krawiec) 역시 가격을 책정하고 제품의 재고를 확보할 수 있는 별도의 리테일 계열사를 만들지 않고도 순수한 별개의 마켓처럼 운영할 수 있는 솔루션을 발견했다. 2014년 중반, 인도의 아웃소싱 관련 거대 기업인 인포시스(Infosys)의 공동 창업자이자 억만장자인 나라야나 무르티(Narayana Murthy)와 함께 아마존은 프리온비즈니스서비스(Prione Business Services)라는 합작회사를 설립했다. 이곳에서 아마존의 지분은 49퍼센트였다. 그리고 프리온은 최신형 스마트폰이나 소비자 가전 같은 인기 있는 물품을 판매하는 클라우드테일(Cloudtail)이라는 업체를 운영한다. 클라우드테일은 순식간에 인도 아마존 전체 매출의 약 40퍼센트를 책임지는 최대 공급업체가 되었다.[44]

프리온은 뭔가 분명치 않은 인도의 해외직접투자 규정을 교묘하게 빠져나가는 수법이었다. (훗날 〈로이터(Reuters)〉는 당시 아마존의 내부 발표 자료에서 이러한 시도를 두고 '법률이 허용하는 한계에 대한 테스트'[45]라고 표현했다.) 이러한 합작투자로 아마존은 삼성이나 인도의 원플러스(OnePlus) 같은 업체들이 만드는 최신형 인기 스마트폰을 소비자에게 독점으로 공급할 수 있었다. 사실 이 분야는 해외의 벤처투자가들에게서 지원을 받고 있던 플립카트가 'WS리테일'이라는 이름의 자체 판매 대행업체를 설립해 모토로라, 샤오미, 화웨이 등의 휴대전화를 독점으로 공급하며 개척해왔다. 그렇게 두 기업은 몇 년 동안 경쟁을 벌이게 된다. 할인 및 독점 공급 등으로 치열하게 사투를 벌였는데, 이는 전국에 퍼져 있던 수많은 구멍가게는 도저히 따라갈 수 없는 시합이었다.

2014년 중반, 아마존과 플립카트의 사이트에 유입되는 트래픽이 모두 폭발해, 가장 낙관적으로 예측한 수치마저 초과했다. 플립카트가 패션 업계의 경쟁업체인 민트라(Myntra)를 인수하고 몇 달이 지난 7월 29일, 그들은 벤처캐피털에서 10억 달러의 새로운 자금을 투자받았다고 발표했다.[46] 이 벤처캐피털은 플립카트의 기업가치를 70억 달러로 평가했는데, 이는 인도의 다른 모든 인터넷 스타트업의 기업가치를 전부 합친 것보다도 많은 수준이었다.

하루 뒤 아마존은 당시 이 나라에서 본격적으로 사업을 시작한 지 채 1년도 되지 않아 총 매출액이 10억 달러에 육박했는데, 그들은 플립카트를 견제하는 보도자료를 통해 인도 아마존에 20억 달러의 자금을 투입한다고 대대적으로 발표했다. 인도에서 전자상거래 사업에 대한 이러한 도박은 이전에 중국에서 벌인 전투를 연상시켰는데, 베이조스도 이번만은 패배하지 않기로 결심했다.

그해 9월, 베이조스는 아가르왈에게 한 약속을 이행했다. 곧 이제 막 꽃봉오리를 피우기 시작한 신규 비즈니스에도 도움을 주고, 아마존의 세계적인 명성도 더욱 드높이기 위해 인도를 전격 방문한 것이다. 플립카트에서는 벵갈루루 공항 외부와 아마존 사무실의 주변에 있는 옥외 게시판에 다가오는 디왈리(Diwali) 축제를 기념하기 위해 플립카트가 새롭게 만든 온라인 휴일 이벤트인 '빅 빌리언 데이(Big Billion Day)'를 대대적으로 홍보하는 광고를 게재함으로써 그의 방문을 성대하게 맞이했다.

베이조스는 플립카트의 투자자들까지도 자신의 목소리를 충분히 들을 수 있을 만큼 대대적인 메시지를 전달하기를 바라면서 공개적인 자리에 모습을 드러낼 계획이었다. 그는 코끼리를 타고 가면서 아가르왈에게 커다란 크기로 제작한 20억 달러짜리 수표를 건네주고 싶어 했다. 인도인에게 코끼리는 지혜와 강인함을 의미하는 상징이었다. 그러나 당시에는 종교 축제에 모든 코끼리가 동원된 상태였기 때문에, 직원들을 끈질기게 압박했지만 원하는 코끼리를 찾을 수 없었다. 그래서할 수 없이 그는 화려하게 장식한 타타(Tata)의 트레일러 트럭 위에서 시끌벅적한 홍보 활동을 벌이기로 했다. 인도식 정장인 크림색 반드갈라(bandhgala)와 밤색 두파타(dupatta) 스카프를 자랑스럽게 착용한 베이조스는 옆에 있는 아가르왈에게 대형 가짜 수표를 증정했다.

현지의 언론들은 이 화려한 행사는 물론이고 아마존과 플립카트가도시 전역에서 펼치는 경쟁 관계에 대한 이야기로 도배되었다. 베이조스는 그런 구도를 크게 의식하지 않으려 했지만, 실제로는 그 전투에서 플립카트를 물리치기 위해 노력했다. 그는 인도판 〈비즈니스투데이(Business Today)〉와 한 인터뷰에서 이렇게 말했다. "대부분의 기업들이 경쟁을 너무 오랫동안 생각한다는 것이 저의 견해입니다. 그들은 경쟁이 아니라 고객을 생각해야 합니다."[47]

한편 빅 빌리언 데이 행사에 대응하여 베이조스는 인도가 발사한 우주탐사선이 화성 궤도에 성공적으로 진입한 것을 축하하는 경쟁 이벤트 일정을 구상하기 시작했는데, 이는 우주에 대한 그의 개인적인 열정에도 아주 잘 부합하는 것이었다. 아마존은 이러한 프로모션 행사를 광고하기 위한 새로운 마케팅 공세를 준비했고, 인도 아마존과 플립카트에는 모두 트래픽이 급증했다.

인도를 방문해 일정이 조금 한가할 때면, 그는 인근 호텔에서 현지 임원들과 대화를 나눴다. 그는 인도를 전자상거래 분야의 서부 개척지라고 여기고 그들 스스로를 카우보이로 생각하기를 원한다는 말을 되풀이했다. 당시 자리에 있던 세 명의 임원에 따르면, 그는 이렇게 말했다고 한다. "비즈니스를 구축하는 방식에는 두 가지가 있습니다. 대부분의 사람들은 조준하고, 조준하고, 조준한 다음에 총을 쏩니다. 아니면 쏘고, 쏘고, 쏜 다음에야 조준을 바꾸는 방식도 있습니다. 이것이 바로 여러분이 이곳에서 하기를 바라는 방식입니다. 분석이나 정확도를 높이기 위해 너무 많은 시간을 허비하지 마십시오. 계속해서 시도하십시오."

베이조스와 피아센티니, 아가르왈은 또한 새로운 사업 파트너이자 인포시스의 공동 창업자인 68세의 나라야나 무르티와 점심을 함께 했다. 무르티는 겨우 대학을 졸업한 빈털터리 시절에 유럽을 배낭여행하면서 돌아다닌 이야기와, 대학을 갓 졸업한 신입 직원들에게 실무기술 능력을 교육하는 대규모 사내 프로그램인 인포시스대학교(Infosys University) 등에 대한 이야기로 그들을 즐겁게 해주었다. 베이조스는 그의 이야기를 귀 기울여 들었다. 피아센티니는 베이조스와 연장자인 무르티가 '즉각적인 화학반응'을 일으켰다고 회상했다.

이후 베이조스와 아가르왈은 델리로 날아가 인도에서 아마존의 전망을 좌우할 수 있는 진정한 거물인 나렌드라 모디(Narendra Modi) 총리를 만났다. 접견 전에 한 인터뷰에서 베이조스는 인도의 기업가 정신을 높이 평가하고, AWS의 데이터센터를 인도에 설치할 수 있다는 가능성을 내비치면서, 당시에 새로 당선된 총리에 대해서는 이렇게 말했다. "저는 전적으로 그의 처분을 따를 것입니다. 그는 국제적으로 환상적인 명성을 갖고 있습니다."[48]

그러나 모디 총리는 이에 대해 공개적인 대응을 거의 하지 않았다. 그가 구성한 연립정부의 핵심 세력인 현지의 상인들이 의심스러운 눈빛으로 아마존을 예의주시했기 때문이다. 만약 모디 총리가 혹시라도 해외직접투자와 관련한 규제를 더욱 단단히 함으로써 그들에 대한 지지를 강화해야 할 필요성을 느꼈다면, 아마존이 가장 야심차게 투자한 해외의 경제기반 자체가 순식간에 날아갈 수도 있었다.

멕시코 전자상거래 시장에서
선두 업체가 되기까지

———

다시 시애틀로 돌아가보면, 인도에서의 진전 덕분에 아마존은 더욱 대
담해졌다. 베이조스를 비롯한 S팀은 인도에서 그렇게 전자상거래 비
즈니스가 이륙할 수 있다면, 다른 개발도상국에서도 아직 아무도 손대
지 않은 기회가 있을 것이라고 판단했다. 해외 확장을 위한 그다음의
중요한 기회는 2014년에 프랑스계 캐나다 출신의 아마존 임원인 알렉
상드르 가뇽(Alexandre Gagnon)을 통해 찾아왔다. S팀의 일원인 디에고 피
아센티니의 기술보좌역으로 근무했으며 아마존이 이탈리아와 스페인
으로 진출하는 일을 도운 가뇽은 아마존이 북쪽의 캐나다로 진출하는
일을 책임지고 있었다. 그는 캐나다로의 확장에서 커다란 장점 중 하
나가 바로 그 지역이 미국의 창고 시설에서 가깝다는 것이며, 그렇기
때문에 만약 캐나다에서 수요가 많지 않아 현지에 재고가 없는 제품이

있다면 미국의 주문처리 센터(FC)에서 직접 배송할 수 있었다. 그리고 북미 대륙에 걸쳐 단일한 유통망 네트워크를 구축한다면, 당시 세계 15위의 GDP 수준을 유지하고 있던 멕시코에서도 사업을 벌일 수 있었다. 이듬해 내내 전개되는 이야기를 살펴보면, 아마존의 해외 확장에서 가장 특이한 실험이자 그들의 역사에서 가장 악명 높은 사건으로 기록될 에피소드가 펼쳐지게 된다.

당시 멕시코 최대의 오프라인 유통업체이자 온라인에서의 최강자는 월마트였다. 아르헨티나의 스타트업인 메르카도리브레(MercadoLibre) 역시 멕시코에서 사업을 벌이고 있었지만, 이 나라에서 거두는 매출액은 라틴아메리카 전체의 매출액 중 7퍼센트도 되지 않았다.[49] 멕시코에서는 인도에서의 사업을 방해한 것과 동일한 요소 때문에 전자상거래 업종으로 사업을 하기는 쉽지 않았다. 곧 인터넷 보급률이 낮았고, 무선 네트워크는 뚝뚝 끊겼으며, 신용카드 사용률도 저조했다. 그러나 이제 아마존은 그런 문제들을 해결한 경험이 있었다.

가뇽은 멕시코에 대한 자신의 계획안을 2014년 3월에 S팀에 제출했다. 그가 작성한 6페이지 분량의 제안서는 인도에서 벌인 비즈니스와 그 내용이 유사했다. 그리고 멕시코의 부유층들 다수가 국경을 넘어야 하는 추가 배송료를 지불하면서까지 이미 미국의 웹사이트에서 직접 상품을 구입한다는 점도 지적했다. 훗날 가뇽의 동료 한 명이 말하기를, 그들은 베이조스가 그날따라 특히 기분이 좋지 않다는 이야기를 듣고는 회의에 들어가는 걸 불안해했다고 한다. 그러나 90분으로 예정된 그 회의는 불과 45분 만에 끝났다. 그것은 좋은 신호였다. "그의 반응은 우리가 빠르지는 않았지만, 너무 늦지도 않았다는 것이었습니다.

그는 우리의 계획안이 좋았고, 최대한 빨리 사업을 개시해야 한다고 생각했습니다." 가뇽의 말이다.

인도에 수십억 달러의 자금이 흘러들어간 것에 비하면, 멕시코에 투자된 금액은 극히 일부에 불과했다. 그리고 인도의 투자 규모에 대한 중대한 결정들은 대부분 베이조스가 직접 내리면서 그 나라에 대해 그가 얼마나 중요하게 생각하는지 보여준 반면, 가뇽은 글로벌 컨슈머 비즈니스 부문의 수장인 제프 월크에게 보고했다. 월크는 'I-5에 닿아 있는 모든 것'을 책임지는 인물이었다. I-5는 아마존 본사가 있는 시애틀을 포함해 미국의 서부 해안을 따라 길게 이어진 주간(interstate) 고속도로다.

멕시코에서의 비즈니스에 대한 첫 번째 지시사항 가운데 하나는 이 사업을 본격적으로 전개할 수 있고 이 나라에서 아마존의 얼굴 역할을 할 수 있는 현지의 CEO를 찾는 것이었다. 몇 개월에 걸친 수소문 끝에, 아마존의 인사 담당 책임자인 수전 하커(Susan Harker)는 멕시코 월마트의 전자상거래 부문 임원인 후안 카를로스 가르시아(Juan Carlos Garcia)에게 접근했다. 그는 멕시코에서 일어난 악명 높은 뇌물수수 사건의 여파로 그의 동료 몇 명이 사임하고 월마트의 기세가 꺾이면서 얼마든지 영입이 가능한 인물이었다. 가르시아는 이전에도 전자상거래 관련 스타트업을 여러 개 설립해 매각한 경험이 있었다.

그해 10월, 가르시아는 아마존 본사를 방문해 연이어 이틀 동안 면접을 진행했다. 그는 '자신이 해낸 일 중에 가장 혁신적인 것'과 '자신의 커리어에서 해낸 일 중에 고객의 입장에서 가장 중요한 것'을 6페이지 분량의 문서로 설명하라는 요청을 받았다. 힘겨운 면접이 모두 끝난 후, 그는 원래 예정에 없던 깜짝 최종 면접을 보게 되었다. 베이조스를 직접 만난 것이다. 베이조스는 '기업가들에 대한 모든 약점'을 잘 알고 있다고 즐겨 말했는데,[50] 당시 10분으로 예정된 그 대화는 한 시간으로 늘어났다. 베이조스는 아직 아무도 가르시아에게 분명하게 말하지 않은 내용을 공개했다. 그것은 아마존이 멕시코에서 비즈니스를 개시한다는 것이었다.

가르시아는 그 직위를 차지했고, 아직 소규모였던 멕시코 아마존 팀을 넘겨받았다. 그들은 멕시코시티 인근의 부유한 도시인 폴랑코(Polanco)에 있는 리저스(Regus)의 공유 오피스 건물의 사무실로 이사했다. 그리고 계획을 짜기 시작했다. 멕시코 출신의 유명 화가인 디에고 리베라(Diego Rivera)의 이름을 따서 프로젝트 디에고(Project Diego)라고 명명한 프로젝트에 대해 그가 작성한 6페이지 분량의 최초 제안서는 지나치게 보수적이라는 이유로 베이조스가 부결했다. 가르시아는 그 접근법을 이탈리아와 스페인에서 이뤄진 체계적인 기법을 모델로 삼았는데, 이들 두 나라에서는 처음에는 몇 가지 제품 카테고리로만 사업을 시작한 다음 나중에 제3업체들이 참여하는 마켓을 선보이면서 다른 물품들을 추가했다. 그러나 베이조스는 중국과 인도에서 배운 교훈을 기반으로 월마트와 메르카도리브레를 단숨에 따라잡고 싶어 했다. 가르시아는 계획안을 새로 작성하면서 "모든 것을 쏟아부었다"고 말했다.

이듬해 3월 멕시코 아마존의 사업 개시 일정이 다가오는 가운데, 밴쿠버 북쪽의 휘슬러산(Whistler Mountain)에서 스키를 즐기던 가르시아는 시애틀에서 급하게 일정이 잡힌 긴급회의에 소집되었다. 제프 월크는 구글의 단조로운 검색 결과에 자신들의 상품을 상단에 노출시키는 검색 광고 비용으로 구글에 연간 30~40억 달러를 지불해야 한다는 사실에 피곤함을 느끼고 있었다.[51] 구글 또한 당시에 구글 익스프레스(Google Express)라는 쇼핑 서비스를 더욱 많은 도시로 확대하고 다수의 전자상거래 스타트업에 투자하면서 전 세계에서 아마존의 아성에 도전하고 있었다. 윌크는 검색 광고를 전혀 하지 않고도 외국에서 아마존 서비스를 개시할 수 있을지 알고 싶어 했다. 일종의 테스트로, 그는 아마존이 본격적으로 경쟁을 선언한 구글에 대한 위험한 의존성을 떨쳐버릴 수 있을지 보고 싶어 했다. 윌크는 멕시코를 실험용 쥐로 삼아보자고 제안했다.

급하게 회의에 참석한 가르시아는 그러한 계획안을 보여주는 문서를 자세히 살펴보았다. 그는 베이조스가 한 시간 뒤에 회의실에 들어와서는 그러한 계획에 반대하는 사람이 있으면 손을 들어보라고 말했다고 기억한다. 후에 가르시아가 필자에게 말하기로는, 그 자리에서 손을 든 사람은 자신이 유일했다고 한다. 구글은 멕시코에서 매달 2,400만 명이라는 엄청난 방문객이 들르는 독보적인 검색 엔진이었다. 나중에 필자가 입수한 그 문서의 분석에 따르면, 아마존은 만약 구글에 유료 광고를 하지 않으면 멕시코 아마존의 잠재적인 트래픽에서 20퍼센트를 잃게 될 것이라고 추정했다. 또한 이 문서에서는 만약 구글 광고를 중단하면 일반적인 무료 검색 링크를 클릭해 들어오는 방문자의 전체 비율이 14퍼센트에서 11퍼센트로 줄어들 것으로 추정했다.

이렇게 잃어버린 트래픽을 회복하려면, 이 문서에서는 그들이 할인 정책을 적극적으로 활용하고, 무료 배송 서비스를 제공하며, 고객이 구글 대신 아마존에서 쇼핑을 검색할 수 있도록 대대적인 브랜드 광고 전략을 실행해야 한다고 결론지었다. 후에 제프 윌크는 이런 움직임을 지지했다고 설명하면서 이렇게 말했다. "우리가 서비스를 하는 나라들마다 구글에 대한 의존도가 상당히 다릅니다. 그래서 저는 언제나 이렇게 묻고 싶었습니다. '구글에 광고하는 게 그만한 가치가 있을까?'"

그 회의에서 베이조스는 상당히 신중했다고 가르시아는 회상했다. 그는 가르시아와 마찬가지로 그 계획에 반대하는 것처럼 보였다. 그러나 그때 윌크가 그 계획안이 '양방향 도어(two-way door)'라고 그를 설득했다. 이는 베이조스가 사용하는 표현으로 한번 결정하면 고착화되는 '일방향 도어(one-way door)'가 아니라 나중에 언제라도 뒤집을 수 있는 결정을 의미하는 것이었다. 그는 일단 시도해보자는 데 동의했다. 가르시아는 '동의하지 않더라도 실행한다(disagree and commit)'를 해야만 했는데, 이는 자신은 비록 반대하더라도 조직이 결정한 행동 방침은 최선을 다해 수행해야 한다는 아마존의 원칙이다.

멕시코 아마존(Amazon.com.mx)은 2015년 6월 30일에 서비스를 개시하면서, 이 회사가 라틴아메리카에서 처음으로 개설하여 종합적인 서비스를 제공하는 온라인 스토어가 되었다. 이 사이트는 "millones de productos en nuestra tienda en línea(저희 온라인 스토어에는 수백만 개의 상품이 있습니다)"라고 공언하는 등, 전부 스페인어로 되어 있었다.

멕시코 아마존 팀은 서비스 개시를 기념하며 시애틀로 날아갔는데, 현지의 리저스 사무실에 있는 와이파이가 뚝뚝 끊겼기 때문이다. 그들은 그날 밤 데이원 노스 건물의 1층에 있는 라운지에서 작은 파티를 열었는데, 그곳에서 제프 윌크는 멕시코의 CEO인 후안 카를로스 가르시아를 국제 부문 수장인 디에고 피아센티니에게 소개했다. 피아센티니는 가르시아에게 "이런 유명세는 잠시뿐이지만, 그래도 즐기세요"라고 말했다. 몇 주 뒤, 멕시코 아마존의 임원들은 멕시코시티의 세인트 레지스 호텔(St. Regis Hotel)에서 더욱 화려한 행사를 개최했는데, 이곳에서 가르시아는 멕시코의 유명 밴드인 모데라토(Moderatto)를 불러 연주하게 했다.

이후 몇 분기 동안, 아마존은 멕시코에서 구글 광고를 사는 대신 옥외 광고, 라디오와 TV 광고, 배송료 할인 등의 정책으로 그것을 만회하려 노력했다. 가르시아가 우려한 대로, 사이트는 순항하지 못했다. 오프라인 광고는 가격은 더욱 비쌌지만 효과는 떨어졌다. 구글이 매년 광고 매출로 700억 달러를 거두는 이유는, 검색 광고가 효과가 있으며 여러 웹사이트에 비교적 저렴한 가격으로 방문객을 유인할 수 있는 방식이기 때문이다. "저는 구글의 도움을 받지 않고도 서비스를 개시한 나라에서 관심을 끌 수 있는지 보고 싶었습니다. 그리고 그 결과는 그렇지 않다는 것으로 밝혀졌습니다. 우리는 고객을 충분히 끌어모으지 못했습니다." 후에 월크가 한 말이다.

가르시아를 비롯한 동료들은 결국 그 실험을 중단하고, 아마존이 구글로부터 거액의 광고 구입 업무를 관리하기 위해 자체적으로 사용하는 시스템인 히드라(Hydra) 프로그램을 개시했다. (히드라는 머리가 여럿 달린 바다 생물인데, 아마존 직원들은 그게 마블 코믹스(Marvel Comics)의 만화에 등장하는 테러리스트 조직의 이름을 따서 붙인 것이라며 농담처럼 말했다.) 1년 뒤인 2016년, 멕시코 아마존의 손익계산서 성적이 회복하면서 장래성을 보여주기 시작했다.

그럼에도 시애틀에서 가르시아의 평판은 떨어지고 있었다. 여러 사람에게서 듣기로, 일부 임원은 그가 "아마존의 문화를 이해하지 못했다"고 불평했고, 그는 제프 윌크나 직속상관인 알렉상드르 가뇽과도 사이가 좋지 않았다고 한다. 한편 멕시코 아마존의 몇몇 직원은 후안 카를로스 가르시아를 밤늦게까지 일하는 경우도 많았고 언론을 상대로도 회사를 잘 대변한, 다가가기 쉬운 리더로 기억했는데, 다만 어느 동료 한 명은 가르시아가 2015년의 블랙 프라이데이(Black Friday)를 앞두고 우려스러운 기질을 내비친 순간을 기억하고 있었다.

당시 규모가 작은 어느 웹사이트에서 60인치 텔레비전을 대폭 할인한 가격으로 판매했는데, 그는 이와 보조를 맞추기 위해 해당 카테고리의 관리자와 논쟁을 했다. 카테고리 관리자는 그 경쟁업체의 가격 책정에 뭔가 실수가 있는 것이 분명하며, 만약 아마존이 그런 가격에 맞춰 판매하면 엄청난 손해를 보게 될 것이라고 주장했다. 논쟁이 격렬해지자 가르시아는 테이블을 손으로 내리치며 이렇게 말했다. "내가 CEO야! 그냥 해!" 아마존은 그 가격에 맞추었고, 순식간에 수천 대의 TV를 팔았으며, 실제로 엄청난 손해를 보았다.

이후 가르시아의 회상에 따르면, 시애틀에 있는 상사들과의 긴장 관계가 폭발 직전에 이른 2016년 말, 아마존의 이사회 임원 한 명이 푼타미타(Punta Mita)에 있는 자신의 휴양용 별장에서 신발 몇 켤레를 주문했는데 그중에서 일부만 도착했다. 이 소식이 제프 윌크에게도 전달됐고, 그는 여기에 혹시 다른 더 큰 문제가 있는지 조사하기로 했다. 윌크는 이 문제를 가르시아에게도 알린 후, 어느 회의에서 그에게 이 문제에 대해 물어봤다. 이에 대한 논의가 과열되었고, 후에 가르시아가 말하길, 그는 자신이 멸시를 받는다고 느꼈다. 얼마 뒤인 2017년 2월에 그는 결국 회사에서 해고되었다.

2019년 9월에 가르시아가 내게 연락을 해왔고, 그는 샌프란시스코의 어느 카페와 중심가를 걸어 다니면서 자신이 아마존에서 경험한 이야기를 오랫동안 들려주었다. 그는 그 이사회 임원의 신발 구매를 조사했는데, 그 사람이 멕시코 아마존이 아니라 미국 아마존의 웹사이트에서 실수로 주문한 것이라고 결론을 내렸다고 말했다. 그는 해고되기 전에 그 사실을 윌크에게 알렸지만, 윌크는 아무런 대응도 하지 않았다고 한다.

가르시아가 떠난 뒤에는 알렉상드르 가뇽이 멕시코에서 더욱 많은 시간을 보내며, 결국 그 역할을 미국에 있는 부하직원들 중 한 명에게 넘겼다. 구글 광고를 충분히 활용하고 그들이 직접 관리하면서, 멕시코 아마존은 나날이 발전했다. 그해 말, 그들은 70억 달러에 달하는 멕시코 전자상거래 시장에서 메르카도리브레와 월마트를 간발의 차로 제치고 선두 업체가 되었다.[52]

그러나 이러한 이야기에는 놀라운 후기가 기다리고 있었다. 대화를 마친 가르시아와 나는 계속해서 연락하기로 했다. 나는 이메일을 몇 차례나 더 보냈지만, 그에게서 몇 주 동안 아무런 소식을 듣지 못했다. 그러다 2019년 11월, 뉴스 보도 하나가 내 눈을 사로잡았다. 멕시코 아마존의 전직 CEO인 후안 카를로스 가르시아가 아내 아브릴 페레스 사가온(Abril Pérez Sagaón)을 살해한 혐의로 수배되었다는 소식이었다.[53]

이 섬뜩한 이야기는 내가 가르시아를 만나기 8개월 전인 그해 1월부터 시작되었다. 그는 아내와 다툰 후에 야구 배트로 그녀를 구타한 다음, 칼로 그녀의 얼굴을 벤 것으로 알려졌다. 그들의 열다섯 살짜리 아들이 이 사고를 목격했고, 십대 딸이 엄마가 다친 끔찍한 광경을 사진으로 기록했다. 페레스는 회복했고 가르시아의 접근금지 명령을 받아냈으며, 가르시아는 이후 열 달 동안 미결 구금(pretrial detention)을 선고받았다. 그가 실제로 언제 구금되었는지는 뉴스 보도마다 조금씩 달랐지만, 그는 당시에 어찌어찌하여 샌프란시스코로 여행하는 것이 허가되었다. 나는 그러한 사건에 대해서는 알지 못했는데, 뉴스에 보도되지 않았기 때문이다.

그러다 몇 주 뒤인 2019년 11월 25일, 페레스는 아이들 세 명에 대한 양육권 심사를 받기 위해 멕시코시티로 날아갔다. 심사 이후 공항으로 돌아가던 도중, 그녀는 자신의 변호사가 운전하는 자동차 보조석에 앉아 있었고, 아이들 중 두 명은 뒷좌석에 탑승해 있었다. 바로 그때, 암살범 한 명이 오토바이를 타고 그 차를 따라와서는, 차량의 창문을 통해 그녀에게 두 차례 총을 쐈다. 그녀는 그날 밤 숨을 거뒀다.

이 살해 사건은 멕시코는 물론이고 외국에서도 분노를 일으켰다. 한 신문에서는 '멕시코 아마존의 전직 CEO, 아내가 의문의 살해를 당한 이후 미국으로 도주'라는 제목으로 그 소식을 크게 보도했다. 멕시코 전역에서 시위가 벌어졌고, 활동가들은 정부가 학대받는 여성을 보호하지 못했으며, 여성 살해 범죄를 심각하게 받아들이지 않는다며 비난했다. 지독한 아이러니이기는 하지만, 멕시코 아마존 직원들의 말에 따르면 당시 회사는 구글의 광고 집행 프로그램을 일시적으로 중단해야만 했다고 한다. 그래야만 사용자들이 그 범죄 내용을 검색할 때 아마존의 광고가 부적절하게 노출되지 않았기 때문이다.

2020년 3월, 그 살인과 관련하여 남성 두 명이 체포되어 기소되었다. 그러나 경찰은 물론이고 그의 아이들도 후안 카를로스 가르시아가 그 암살범들을 고용했다고 확신했고, 그는 여전히 유력 용의선상에 올라 있었다. 멕시코 경찰에 따르면, 그는 살해 사건 발생 며칠 후에 티후아나(Tijuana) 인근에서 도보로 미국에 입국했으며, 이 글을 쓰는 지금 현재까지도 목격되지 않고 있다.

단지 한 곳의 시장을 훨씬 넘어선 곳, 인도

———

다시 2015년의 인도로 돌아가서, 아마존과 플립카트는 마치 상금을 두고 싸우는 헤비급 파이터처럼 서로 공격했다. 그들은 스마트폰 제조사들과 독점 계약을 맺기 위해 경쟁을 벌였으며, 휴가철 성수기에는 대폭 할인한 가격을 제시했고, 전국에 걸쳐 빠른 속도로 창고 시설을 지었다. "아우르 디카오(Aur Dikhao)"라고 말하는 아마존의 인상적인 TV 광고가 전파를 탔다. ('아우르 디카오'는 '좀 더 보여주세요'라는 뜻으로, 인도의 소비자들이 작은 가게에 가서 직원에게 흔히 하는 말이다.) 인도의 소규모 업체들이 온라인에서 물건을 사고파는 방법을 가르치기 위해, 아마존은 차이카트(Chai Cart)[54]라는 세 발 달린 수레로 구성된 선단을 조직했다. 그리고 이것을 인도의 다채로운 현지 시장에 끌고 가서 무료 차, 물, 레몬주스 등을 제공했다. 직원들은 판매자들에게 이메일이나 앱 같은 도구를 소개하고, 인도 아마존에 가입하는 방법과 상품을 업로드하는 방법 등을 보여주었다.

그해 가을, 아가르왈을 비롯한 임원들은 연례 OP1 계획 및 평가 프로그램을 논의하기 위해 시애틀로 복귀했다. 2년 전 그들은 보수적인 전망치를 수정하라는 요구를 받았는데, 이제 아가르왈은 베이조스의 그러한 지시사항을 스스로 내면에 체화해 조심하는 태도는 물론이고 영업이익 같은 귀찮은 개념들도 제쳐두었다. 다음 연도 계획에서 그들은 어마어마한 투자, 매출 증가, 그리고 적자를 예상했다.

인도에서 목격한 기업가적인 에너지가 여전히 귓가에 맴돌던 베이조스는 뭔가 영감을 받았다. 베이조스는 "미래는 미국, 중국, 그리고 인도가 될 것입니다"라고 선언했다. 베이조스가 여러 차례 이렇게 말하는 걸 들었다는 어느 동료가 전하기를, 그는 이렇게 말을 이었다. "아마존이 진정한 세계적 기업이 되려면, 우리는 이러한 세 곳의 시장 중 최소 두 군데에서는 영향력을 가져야 합니다." 이 토론이 끝날 무렵, 아가르왈과 인도의 임원들은 S팀의 기립박수를 받았는데, 보통은 엄숙하면서도 위협적인 환경에서 진행되는 이러한 행사에서는 이례적인 칭찬이었다.

인도 현지에서는 그러한 박수갈채는 거의 없었고, 다만 풀어야 할 복잡한 문제들만 산재해 있었다. 아가르왈은 인도 연방의 우편 서비스인 인디아포스트(India Post) 같은 물류 파트너에만 의존해서는 안 된다는 사실을 일찌감치 파악했다. 그래서 플립카트와 마찬가지로 아마존은 승합차, 오토바이, 자전거, 심지어 보트로 구성된 자체적인 배송 네트워크를 만들어 이 나라의 가장 머나먼 지역까지도 손길을 뻗었다.

인도인들이 디지털 결제에 좀 더 익숙해지도록 하려고 아마존은 현금 결제 과정에서 발생한 잔돈을 고객의 아마존 계좌에 입금할 수 있는 방안을 도입했다.

이러한 모든 움직임은 가능성을 보여주었다. 2016년 여름이 되자, 아마존은 이 나라에서 이틀 안에 배송을 보장하는 프라임(Prime) 서비스 개시를 준비했다. 그리고 시장의 주도권을 움켜쥘 수 있는 중대한 전환기로 접어들면서, 그들은 매출액에서 플립카트를 넘어설 것으로 예상되었다. 이에 힘을 얻은 베이조스는 그해 6월 워싱턴 D. C.에서 개최된 미국인도기업인협의회(US-India Business Council)에서 다시 한번 인도의 모디 총리를 만나 자신들이 인도 아마존에 30억 달러를 추가로 투자할 것이라고 발표했다. 외국인 투자자를 모집하기 위해 친선 방문 중이던 모디 총리는 이번에는 베이조스의 간청에 좀 더 수용적인 태도를 보였다. 그는 비즈니스 리더들과 함께 사진을 찍고, 인도를 '단지 한 곳의 시장을 훨씬 넘어선 곳'[55]이며 나라 안에서의 비즈니스를 좀 더 쉽게 할 수 있도록 계속해서 노력하는 '신뢰할 수 있는 파트너'[56]라고 불렀다.

아마존이 진전을 거듭하자, 그들의 경쟁사는 휘청거리기 시작했다. 플립카트의 CEO인 당시 33세의 사친 반살은 구글의 인터넷 지배력과 씨름하고 있었는데, 그것은 아마존이 멕시코에서 검색 광고를 중단하기로 한 이유와 비슷한 상황이었다. 반살은 구글의 광고 수수료와 인도의 비교적 낮은 PC 보급률을 연구했다. 그리고 그는 플립카트를 비롯해 자신들이 인수한 패션 사이트 민트라가 가진 에너지와 투자액을 스마트폰 앱에 집중시킬 것이며, 데스크톱과 모바일 웹사이트를 전부 폐기할 것이라고 선언했다. 그 후 그는 그러한 행보에 완강하게 반대하는 관리팀의 대부분을 해고했다.

이 전략은 역효과를 일으켰다. 앱을 다운로드해야 하는 불편함 때문에 고객들이 소외된 것이다. 반면에 아마존은 인도 아마존을 이 나라에서 가장 많은 사람이 방문한 전자상거래 사이트로 만들어준 데 대해 인도인들에게 감사함을 전하는 제프 베이조스의 편지로 여러 신문에 전면 광고를 실었다.[57] 플립카트는 매출액이 주춤하자 노동자들을 해고했다. 그럼에도 개인 투자자들은 여전히 그들의 매력에 푹 빠져 있었다. 이듬해, 플립카트는 중국의 기술 대기업인 텐센트(Tencent), 그리고 이베이와 마이크로소프트가 포함된 컨소시엄으로부터 14억 달러를 추가로 투자받았다. 그러나 이전의 투자 라운드에 비해 기업가치가 116억 달러로 깎이는 수모를 감당해야만 했다. "누군가 우리에게 문제를 망치는 방법에 대한 모델을 제시하기라도 한 것처럼, 우리는 그런 과정을 따르고 있었습니다." 플립카트의 이사회 임원 한 명의 말이다. 곧이어 CEO가 사친 반살에서 공동 창업자인 빈니 반살로 바뀌었지만 사친 반살은 여전히 이사회 의장직은 유지했는데, 이는 플립카트에서 대체로 의례적인 직위였다.

이 회사가 휘청한 데는 2017년에 베이조스가 조사하던 전략적으로 복잡한 지형이 한 가지 요인이었다. 투자자들은 플립카트의 기업가치를 높이 평가했지만, 인도 아마존과 플립카트는 모두 매년 수십억 달러를 손해 보고 있었다. 리테일 대기업인 월마트는 더그 맥밀런(Doug McMillon) CEO 체제하에서 글로벌 전자상거래 분야를 새롭게 바라보면서 아마존의 전 세계 진출을 방해하려 노력했으며, 그 전에는 플립카트에 대한 투자 전망을 살펴본 적도 있다.

한편 재선 출마를 준비하던 모디 총리는 이전의 약속과는 다르게 인도에서의 비즈니스를 더 쉽게 하는 것이 아니라 더 어렵게 만들었다. 집권당인 바라티야자나타당(Bharatiya Janata Party)은 인도 아마존 같은 외국계가 소유한 온라인 마켓에서 단일한 판매자가 그 사이트 전체 매출의 25퍼센트 이상을 중개하는 걸 금지하는 새로운 규정들을 도입하겠다고 제시했다.[58] 이는 아마존과 플립카트의 긴밀한 계열사인 클라우드테일과 WS리테일을 직접 겨냥한 조치였으며, 모디 총리에게는 그의 강력한 지지 기반인 소규모 소매업자들을 달래기 위한 방법이기도 했다. 인도의 소매업자들은 전자상거래 열풍 때문에 점점 더 불안함을 느끼고 있었다.

이처럼 상황이 흥미진진하게 전개되는 와중에, 사친 반살은 엔터테인먼트 및 미디어 에이전시인 인데버(Endeavor)의 CEO 아리 이매뉴얼(Ari Emanuel)과 구글 회장 에릭 슈미트(Eric Schmidt)가 콜로라도주 애스펀(Aspen)에서 주최한 엘리트 콘퍼런스 위켄드(The Weekend)에서 제프 베이조스를 만났다. 그는 두 기업이 자본 소모적인 갈등을 종식하고 두 개의 웹사이트를 독립적으로 유지한다는 인수 방안을 제시했다. 인도 아마존은 식료품이나 서적 같은 모든 일상 제품을 판매하고, 플립카트는 고부가가치 제품을 판매함으로써 스마트폰 제조사들 같은 공급업체와 더욱 유리한 협상을 이끌어낼 수 있는 추가적인 영향력을 갖춘다는 것이었다. 모바일에만 집중한다는 시도로 참담한 실패를 맛본 이후 일선에서 물러나 있던 반살은 이러한 인수 제안을 플립카트의 경영권으로 복귀하기 위한 경로로 활용하려 했을 것이다.

이 자신만만한 젊은 기업가에게 언제나 '유약한' 태도를 보이던 베이조스는 이 제안에 흥미를 느꼈다. 그는 M&A 담당 수장인 피터 크라비에츠에게 협상을 시작하라고 부탁했다.

크라비에츠는 인도 아마존이 플립카트보다 더 크게 성장했다는 것을 보여주는 수치를 근거로 들면서 인수 가격을 낮게 제시했다. 플립카트는 그러한 시장 분석에 동의하지 않았다. 공개적으로는 경쟁에 신경 쓰지 않는다고 공언한 양측은 굳이 따지자면 자신들이 우세했다고 강하게 주장했다. 그들은 일반적인 사실에도 동의하지 않았기 때문에, 이후 몇 달 동안 이 협상은 천천히 진행되었다.

그해 10월, 월마트 경영진의 일부는 골드만삭스(Goldman Sachs) 은행으로부터 그 논의에 대한 이야기를 들었다. 인도의 잠재력에 심취해 있었고 성장하고 있는 중요한 시장에서 아마존에 뒤처지는 것을 두려워하던 그들은 이 싸움에 뛰어들었다. 같은 달 플립카트의 임원들은 아칸소의 벤턴빌에 있는 월마트 본사로 순례를 떠났다. 아마존은 그 이후에 이런 논의에 대해 들었고, 그들도 역시 더욱 진지하게 논의에 임했다.

플립카트의 투자자들과 이사회 임원들은 각각 아마존에 매각, 월마트에 매각, 독자 유지라는 세 가지 의견을 지지하는 부류로 나뉘었다. 사친 반살은 자신이 회사의 경영권에 복귀할 수 있는 시나리오인 아마존과의 협상을 지지했다.

그러나 플립카트의 투자자들 대부분은 인도의 독점 금지 당국이 과연 전자상거래 시장에서 약 80퍼센트의 점유율을 차지하는 업체가 탄생할 수도 있는 아마존과의 합병을 허가할지에 회의적이었다. 베이조스는 이제 막 싹을 틔우기 시작한 나렌드라 모디 총리와의 관계를 신뢰하는 것으로 보였고, 자신은 그 협상을 성사시킬 수 있다는 자신감을 내비쳤다. 다수의 동료에 따르면, 그는 만약 인수가 성사되면 두 개의 이질적인 브랜드와 손실을 내고 있던 두 회사의 거대한 유통망을 하나로 통합해야 하는 막중한 책임을 지게 될 아미트 아가르왈에 대해 우려하는 점들이 있었는데도 그 인수 협상을 진심을 다해 추진했다고 한다.

2018년 3월, 베이조스는 자택 뒤에 있는 워싱턴호의 보트하우스에서 사친 반살 및 플립카트의 CEO인 칼리안 크리슈나무르티(Kalyan Krishnamurthy)와 만나는 자리를 만들었다. 몇 주 뒤, 그는 플립카트에 가장 커다란 영향력을 발휘하는 후원자 두 명과 전화로 이야기를 나누었다. 한 명은 타이거 글로벌(Tiger Global)의 파트너인 리 픽셀(Lee Fixel)이었고, 다른 한 명은 '마사(Masa)'라는 이름으로도 불리는 소프트뱅크(SoftBank)의 손정의 회장이었다. 손정의는 특히 월마트보다는 아마존과의 협상을 선호했으며, 베이조스를 장기적인 차원에서 아군으로 영입하는 것이 좋겠다고 판단한 것으로 보인다.

아마존과 플립카트의 논의를 방해하는 걸림돌은 협상이 무산될 경우의 위약금에 대한 부분이었다. 플립카트의 투자자들은 규제당국의 검토 프로세스가 불확실하다고 우려했으며, 협상에 참여했다가 중간에 철회하거나 아니면 좀 더 열렬하게 인수를 원하는 경쟁자를 의식해 인수 가격만 더 높이는 행태를 보이는 아마존의 악명 높은 평판도 잘 알고 있었다. 그래서 플립카트는 위약금으로 40억 달러를 그것도 현금으로 선불 지급하도록 요구했는데, 만약 인수에 대해 당국이 18개월 동안 검토한 후에 거부되더라도 아마존이 경쟁업체의 발목을 붙잡아 두는 혜택을 누리지 못하게 하려는 것이었다. 아마존은 경쟁사에 그런 거액을 지불하는 협상안에 대해 주저했다. 손정의 회장이 끝까지 희망을 걸었는데도, 플립카트 이사회는 아마존과의 협상을 기각했다.

반면에 월마트의 일처리는 능숙했다. CEO인 더그 맥밀런과 월마트 인터내셔널(Walmart International)의 CEO인 주디스 매케나(Judith McKenna), 그리고 이사회 임원인 그레그 페너(Greg Penner)는 플립카트 경영진과 긴밀한 관계를 구축하고, 논의 과정에서 독점 조항을 절대 강요하지 않았으며(곧 손정의 회장이 베이조스와의 브로맨스 관계를 맺는 꿈을 포기하는 것을 협상의 전제조건으로 요구하지 않았다), 협상이 성사되더라도 플립카트가 계속해서 독자적으로 운영할 수 있다는 가능성을 내비쳤다.

협상은 6개월 동안 진행되었고 이 과정에 참여한 모든 사람의 달력을 끝없는 콘퍼런스 콜(conference call) 일정으로 도배하게 만든 끝에, 플립카트의 까다로운 이사회는 마침내 월마트에 지분을 매각한다는 데 동의했다. 애초에는 이 협상이 성사되더라도 월마트는 지분을 적게 가져갈 예정이었는데, 협상이 마무리되는 시점이 되자 그간의 과정에 지친 플립카트의 투자자들 대부분이 자신들의 지분을 팔고 투자액을 회수하고 싶어 했다. 이러한 마지막 순간에도, 드라마 같은 일이 플립카트를 괴롭혔다. 사친 반살이 플립카트의 경영에 자신이 향후에도 영향력을 가질 수 있게 보장해달라고 월마트 측에 주장하여 이 협상을 거의 무산시킬 뻔했기 때문이다. 이에 몹시 화가 난 플립카트 이사회는 결국 그가 영원히 회사를 떠나야 한다고 주장했다.

2018년 5월, 두 기업은 월마트가 160억 달러를 지불하고 플립카트의 지분 77퍼센트를 인수한다고 발표했다. 협상 체결을 발표한 후, 월마트의 CEO 더그 맥밀런은 인도를 방문해 플립카트 직원들에게 이렇게 말했다. "우리의 의도는 단지 여러분에게 힘을 실어주고, 여러분이 달릴 수 있게 하는 것입니다. 속도가 중요합니다. 결단력이 중요합니다."

지난 몇 달 동안 폭풍 같은 시간을 보내고, 사친 반살과 빈니 반살은 이제 억만장자가 되었고 인도 역사에서 가장 성공한 기업가 두 명으로 널리 칭송을 받았다. 그러나 이제 중년에 접어드는 엄청나게 부유하고 유명한 이 남자들의 판단을 위협하는 것이 있으리라는 사실을 누가 알았을까? 빈니 반살은 전직 직원과 합의하에 혼외 관계를 맺은 뒤 이를 은폐하려고 시도했다는 혐의에 대해 월마트가 조사를 벌인 직후인 2018년 말에 플립카트 그룹의 최고경영자 자리에서 전격 해임되었다.[59] 그리고 2020년에는 사친 반살과 그의 아내의 이혼 소송에 대한 추악한 내용들이 세상에 쏟아져 나왔다.[60]

힘겹게 시도한 협상에서 승리를 놓친 인도 아마존의 내부에서는 임원들이 좀 더 재미없는 문제에 시달리고 있었다. 인도에서 어마어마한 새로운 경쟁자를 갖게 되었지만, 월마트도 앞으로의 경로가 마치 인도의 거친 고속도로를 운행하듯 어렵다는 것을 깨달으리라고 확신했다. "우리 모두가 알고 있던 것 한 가지는, 자신들이 인수한 사업의 정체를 월마트가 잘 모른다는 것입니다. 이러한 혼란이 얼마나 복잡한지 제대로 이해하려면 실제 이곳에서 7~8년은 살면서 일해봐야 합니다." 인도 아마존에서 오랫동안 근무한 어느 임원의 말이다.

인도에서 펼친 아마존의 모험

2018년 가을의 어느 토요일 정오, 벵갈루루의 사다르파트라파가(Sadar Patrappa Rd)에 있는 전자제품 도매 시장은 적막함이 감돌고 있었다. 길을 따라 늘어선 작고 대부분 텅 빈 가게 안에서는 점원들이 상품을 이리저리 정리하고 있었다. 아마존과 플립카트에서 스마트폰과 컴퓨터의 매출이 급등하자, 이곳은 그야말로 침체기에 빠져 있었다.

선라이즈텔레콤(Sunrise Telecom)이라는 간판을 내건 매장의 주인 자그디쉬 라지 푸로히트(Jagdish Raj Purohit)도 이런 불황의 물결에 휩쓸린 사람 중 한 명이었다. 성냥갑 같은 가게 안에서, 푸로히트는 입구의 계산대 뒤편에 앉아 있었다. 한쪽에는 상상할 수 있는 거의 모든 스마트폰 모델에 맞는 수백 가지 케이스가 있었다. 다른 쪽에는 중저가의 다양한 전화기들부터 2만 6,000루피(약 40만 원)에 판매되는 중국산 중상급

모델인 비보(Vivo)의 V11 같은 제품도 있었다.

푸로히트는 자신이 전화기를 많이 팔 거라고 예상하지 않았다. 현지에서 흔히 물어보듯이 "단다 카이사 하이(장사는 좀 어떠세요)?"라고 물었다. 그러자 그는 "모든 휴대기기 판매는 온라인에서 이뤄집니다"라며 불평했다. "플립카트와 아마존에서 쉴 새 없이 이런 전화기들을 할인된 가격으로 광고하는데, 누가 여기에 오겠어요?" 그는 액세서리를 팔아서라도 그러한 침체를 만회하려 노력했다.

거리 아래쪽에 있는 라지슈리컴퓨텍(Raj Shree Computech)이라는 가게에서는 마헨드라 쿠마르(Mahendra Kumar)와 그의 두 형제들이 10여 년 동안 컴퓨터를 비롯한 부품들을 판매해왔다. 지난 몇 년 동안 그들의 사업은 '토다 탄다(thoda thanda)', 다시 말해 조금 추웠다고 한다. 그 이유는 간단했다. "여기에 오는 사람들은 우리가 미처 말을 꺼내기도 전에 곧장 플립카트와 아마존에서 본 노트북의 가격을 말합니다. 아니면 여기에 와서 많은 헤드폰의 소리를 직접 들어보고는 나중에 다시 오겠다고 말하며 나가버립니다. 그들이 다시 오지 않으리라는 걸 저희도 압니다." 쿠마르의 말이다. 같은 거리에 있는 다른 가게의 주인과 마찬가지로 쿠마르도 아마존이나 플립카트의 판매자가 되는 걸 주저했는데, 그 이유는 이윤이 너무 적고 반품이 생기면 골치 아프기 때문이었다.

인도의 경쟁 규정은 이러한 종류의 유혈사태를 막기 위해 만들어진 것이다. 아마존과 월마트는 의류와 신선식품과 식료품의 배송을 확장하면서 출혈 경쟁을 했는데, 이들은 각자 매년 10억 달러 넘게 손해 보고 있었다. 그것은 마치 글로벌 자본주의의 올가미가 인도의 수백만 소규모 사업체의 목을 점점 더 조여오는 것처럼 보였다.

인도에서는 몇 년 만에 경제적으로 가장 심각한 침체기를 겪던 와중에 모디 총리가 2019년 재선에 성공했고, 이후 시장의 균형추는 해외리테일 대기업의 이익과는 반대방향으로 급격하게 흔들렸다. 모디 행정부는 이미 경고했듯이, 해외직접투자 관련 법률을 더욱 강화했다.[61] 아마존과 플립카트는 자신들의 계열사에 관련 지분을 매각해야만 했고, 제조업체들과 독점 계약을 맺거나 엄청난 할인 혜택을 제공하는 게 금지되었다.

국가를 끌어들여 미국의 대기업들로부터 자신들을 보호하려고 시도한 것은 소규모 소매업체들이나 관련 협회만이 아니었다. 인도 최대의 부호인 무케시 암바니(Mukesh Ambani) 또한 정부를 상대로 로비를 벌여 해외직접투자 규정을 자신에게 유리한 방향으로 강화하도록 요청했다. 2019년 그의 회사이며 인도 최대의 식료품 가게 체인을 소유한 릴라이언스인더스트리(Reliance Industries) 역시 전자상거래 싸움판에 뛰어들었다. 그들의 사이트인 지오마트(JioMart)는 아마존이나 플립카트 같은 규제 대상이 아니었다. 모디 총리의 정치적 동맹군인 암바니는 점점 커지던 일종의 힌두 민족주의를 적극적으로 이용하면서, 자신의 동포 국민에게 "데이터 식민지화에 반대하는 새로운 운동을 집단적으로 개시하자"[62]고 요구했다.

이러한 새로운 장애물에 대한 대응으로, 베이조스는 디지털 결제 서비스에 투자하고, 킨들과 알렉사를 홍보하며, 현지의 아마존 프라임 비디오 서비스에는 발리우드 영화를 비롯하여 인도 언어로 제작한 다양한 TV 프로그램으로 구성된 카테고리를 추가함으로써 인도에서의 투자를 다각화하고 자신의 야심을 더욱 확장했다. 아미트 아가르왈은 인도에서 펼친 아마존의 그러한 모험이 경로를 변경한 것이라는 데에는 동의하지 않았다. 그는 내게 이렇게 말했다. "제프라면 '지금도 여전히 첫날이다'라고 말했을 텐데, 저는 우리가 인도에서 첫날의 1분조차 안 됐을 거라고 생각합니다."

여러 측면에서 보면, 아마존은 인도에서 놀라운 진전을 이뤄냈다. 단지 대도시의 시민들만이 아니라 인도 전역의 국민이 현금 대신 디지털로 결제하고 제프 베이조스가 그들을 위해 구상한 미래의 기술에 의지하여 온라인에서 구매하고 있었다. 소규모 업체들은 온라인에서 물건을 판매하는 방법은 물론이고, 한 세기 동안 본질적인 특성이 전혀 바뀌지 않은 노천 시장이 아니라 그 외부에서 구매자를 찾는 방법을 배우고 있었다. 그러나 아마존은 가시적인 미래에도 인도에서는 수익성이 극도로 저조한 상태에 머무르게 되고, 플립카트와의 치열한 경쟁은 그 본질에서 벗어나 사회적, 경제적으로 혼란스러운 상황을 초래하여 오히려 민족주의와 분열적인 포퓰리즘(populism)의 망령을 소환하는 데 일조하게 된다. 이러한 모든 이야기는 다시 베이조스의 고국에서 그를 기다리는 정치적 골칫거리의 예고편에 불과했다.

Chapter 04

굴욕적인 한 해

시가총액 1조 달러 고지를 향한 아마존의 등정

2014년 10월, 제프 베이조스가 처음으로 인도에 다녀온 지 몇 주가 지났다. 마이크로소프트의 전직 CEO인 스티브 발머(Steve Ballmer)는 찰리 로즈(Charlie Rose)가 진행하는 토크쇼에 출연해, 맞은편 도시에 있는 경쟁 기업*을 향해 진지하게 농담을 던졌다. "아마존에 대해 뭐라고 말해야 할지 모르겠습니다. 저는 아마존을 좋아합니다. 좋은 회사죠. (그러나) 찰리, 그들은 돈을 벌지 못하고 있습니다! 이 세상에서는 돈을 벌기 전까지는 진짜 비즈니스라고 할 수 없습니다."[63]

당시 아마존의 실적을 보면 발머에게 그런 평가를 받을 만했다. 회

---

* 마이크로소프트의 본사는 워싱턴주 레드먼드에 있으며, 아마존의 본사가 있는 시애틀의 동쪽에 인접해 있다.

사는 그해 2억 4,100만 달러의 손실을 입었으며, 연말 시즌에는 닷컴 붕괴 당시의 끔찍했던 나날들 이후로 가장 저조한 매출 성장을 기록했다. 아마존의 시가총액은 직전의 열두 달 동안 20퍼센트 감소하여 2014년 12월 31일에는 1,430억 달러라는 초라한 수준에 불과했다.

그래서 2015년은 회사는 물론이고 CEO에게도 매우 중요한 해였다. 시가총액 1조 달러라는 엄청난 고지를 향한 아마존의 등정이 본격적으로 시작된 순간이기도 했다.

발머를 비롯해 아마존을 자신의 '거품 주식 바구니(bubble basket of stocks)'에 넣은 헤지펀드 투자자 데이비드 아인혼(David Einhorn)처럼 아마존에 회의적인 사람들은 아마존이 기록한 손실액과 신규 사업에 거액의 자금을 투자했다는 사실에 주목했다. 그들은 또한 회사가 기밀로 감춰둔 오래된 비즈니스 부문에서의 실제 성과도 평가절하했다. 아마존은 물론 수익을 내고 있었다. 특히 미국과 영국에서 도서나 전자제품 같은 성숙한 소매업 카테고리에서는 그랬다. 그러나 마이크로소프트나 애플 같은 기업이 당시에 하는 것처럼 기록적인 액수의 현금을 축적하고 손익계산서에 차곡차곡 기재하는 대신에, 아마존은 벌어들인 돈을 마치 라스베이거스의 게임 테이블에 있는 발광한 도박꾼처럼 베팅하고 있었다.

몇 년 전, 베이조스는 리테일 부문에서는 미래를 보장받을 수 없다는 사실을 배웠다. 고객들은 변덕스러웠고, 다른 곳에서 더 나은 조건을 제시한다면 얼마든지 마음을 바꿀 수 있었다. 계속해서 새로운 기술을 개발하고 서비스 수준을 개선한다면, 아마존은 다른 경쟁업체들에 비해 앞서나갈 수 있을 것이다. 지금까지 살펴봤듯이, 베이조스는 알렉사, 파이어폰, 아마존 고 같은 프로젝트는 물론이고 인도나 멕시코 시장에서의 향후 지배력을 위해, 그리고 대중적으로는 전혀 알려지지 않은 다른 많은 비밀 프로그램 등에 수십억 달러를 쏟아부으면서 그런 목표를 열정적으로 추구해왔다.

이러한 도박 가운데 아직까지 그 어느 것도 결실을 맺지 못했다. 그러나 2015년, 이전의 도박 가운데 하나가 마침내 빛을 보기 시작했다. 아마존은 그해 4월의 실적보고서에서 어느덧 10년이 된 클라우드 비즈니스인 아마존 웹 서비스(Amazon Web Services)의 재무상태가 아주 건강하다는 사실을 최초로 공개했는데, 이는 이 부문의 매출 성장세와 수익성을 저평가하던 월스트리트를 충격에 빠트렸다.

그러던 6월, 아마존은 중국의 경쟁업체를 모방해 최초의 프라임 데이(Prime Day)를 선보였는데, 이는 그들이 10년 동안 꾸준히 성장시킨 이틀배송 프로그램을 적극 활용한 것이었다. 월스트리트와 언론계는 모두 아마존에 새로운 관심을 보이기 시작했고, 아마존은 창립 20주년 직후에 사업 규모가 점점 더 커지는 것에 상응하여 새로운 종류의 비판을 받게 된다.

그해 8월, 〈뉴욕타임스〉에 논쟁을 촉발하는 기사가 한 편 실리는데 이는 아마존의 전투적인 기업 문화를 전국적인 관심의 대상으로 만들었다.

2015년이라는 다사다난한 한 해를 지나면서, 아마존의 주가는 두 배 이상 뛰었다. 베이조스는 회사 주식의 약 18퍼센트를 보유했기 때문에, 블룸버그(Bloomberg)의 억만장자 색인(Billionaire's Index)에 따르면 그는 세계 5대 부자의 반열에 올랐다. 아마존에 대한 스티브 발머의 비판은 완벽한 반대 지표(contrarian indicator)*로 드러났다. 그의 비판은 오히려 자본주의 전체의 역사에서 기업의 가치와 개인의 자산이 가장 극적으로 증가하는 사건의 시작을 거의 정확하게 선언하는 것이기도 했다.

---

* 증시 등에서 현실의 장세와 정반대로 움직이는 지표.

아마존의 아이비리그(Ivy League)가 된
아마존 웹 서비스(AWS)

———

물론 발머는 아마존이 거두는 수익의 궁극적인 동력인 아마존 웹 서비스(AWS)의 실적에 대해 거의 알지 못했다. 그리고 바로 그 점이 제프 베이조스가 원하던 것이다. 최초의 10년 동안 AWS의 매출과 수익은 철저히 비밀에 가려져 있었다. 이 부문은 2014년에 46억 달러의 매출을 창출했으며, 연간 50퍼센트 속도로 성장했다. 그러나 아마존은 이러한 수치를 손익계산서상에서는 당시 초기이던 광고 부문의 매출액과 함께 여러 잡다한 분야가 뒤섞인 '기타' 항목으로 위장함으로써, 마이크로소프트나 구글 같은 잠재적인 경쟁자들이 클라우드 컴퓨팅 분야가 실제로는 얼마나 매력적인 비즈니스인지 알아차리지 못하도록 했다. 이를 지켜보는 이들과 애널리스트들은 온라인 소매업을 주력으로 하는 기업으로서는 이례적인 기업용 컴퓨팅 비즈니스라는 독특한 분야의 재무적인 성과를 그저 추측만 할 뿐이었다.

AWS는 2006년에 첫 상품을 선보인 후 몇 년 동안은 주로 추가적인 처리 능력이 필요한 스타트업이나 대학 연구소들이 이용했으며, 이들은 신용카드로 결제한 다음 아마존이 제공하는 서버를 기반으로 인터넷에서 자신들의 소프트웨어를 실행했다. 기업체나 정부기관 내부의 엔지니어들이 AWS를 통해 컴퓨팅 관련 실험을 수행하고자 할 때면, 그들은 조직 자체의 엄격한 조달 프로세스를 조용히 처리하는 경우가 많았다. 다른 수많은 기술적인 혁명과 마찬가지로, 클라우드 컴퓨팅도 처음에는 괴짜들이 만들어낸 다음에 외부로 퍼져나간 경우에 해당한다.

초기에 AWS를 도입한 기업들은 일종의 베타 테스터이자 전도사가 되었다. 우버(Uber), 에어비앤비(Airbnb), 드롭박스(Dropbox) 같은 실리콘밸리의 스타트업은 물론이고 사진 공유 사이트인 스머그머그(SmugMug)가 자신들의 서비스를 AWS 기반으로 실행했는데, 그들은 비즈니스가 전례 없는 속도로 성장할 때도 더욱 많은 서버를 빠르게 주문할 수 있었다. AWS는 닷컴 붕괴 이후의 기술 호황을 가능하게 해준 대표적인 조력자 중 하나였으며, 외부인들은 거의 알지 못했지만 심지어 아이폰보다도 더욱 중요한 역할을 했다고 단언할 수 있다.

캘리포니아주 패서디나(Pasadena)에 있는 나사(NASA)의 제트추진연구소(JPL, Jet Propulsion Lab)는 2009년에 계약을 하고, 화성 표면에 있는 탐사 차량인 큐리오시티 로버(Curiosity Rover)가 보내오는 이미지를 저장하고 스트리밍하기 위해 AWS를 활용했다. "저는 제가 예전에 동료들에게 발표한 자료를 아직도 갖고 있습니다. 그들은 제가 지구과학에 대해 이야기한다고 생각했습니다. 말 그대로 클라우드(cloud, 구름)를 이용한다는 계획이었으니까요." JPL의 최고기술책임자(CTO)인 톰 소더스트롬(Tom Soderstrom)의 말이다.

심지어 AWS의 초창기 임원들 중에서도 일부는 클라우드 컴퓨팅의 어마어마한 잠재력을 거의 알지 못했다. "이 비즈니스는 언젠가는 정말 커질 텐데, 아마도 매출액이 10억 달러 정도는 될 거야." 아마존의 제품관리자인 매트 가먼(Matt Garman)이 2006년의 언젠가 아마존에 새로 입사한 동료이자 경영대학원 동기인 매트 피터슨(Matt Peterson)과 함께 점심을 먹으면서 한 말이다. 이에 피터슨은 이렇게 대답했다. "농담하는 거야? 이게 10억 달러가 된다는 건 말도 안 돼. 이 사업이 그 정도로 커질 거라고 생각하는 거야?" 가먼은 현재 AWS의 부사장이자 S팀의 일원이다. 피터슨은 현재 아마존의 기업 발전 부문 이사다. 그리고 AWS는 2020년 현재 454억 달러의 매출을 기록했다.

아마존 최초의 클라우드 상품은 제프 베이조스가 2004년부터 2006년 사이에 기술 부문의 리더들과 협력하여 고안해낸 것이다. 그들이 만든 심플 스토리지 서비스(S3, Simple Storage Service)와 엘라스틱 컴퓨트 클라우드(EC2, Elastic Compute Cloud)는 사무실 뒤편의 전산실에서 필요한 대부분의 기능을 제공했다. 그런데 이러한 서비스는 원격으로 접속할 수 있었고, 그 실제 하드웨어는 아마존이 미국 전역에 구축하게 되는 거대한 규모에 에어컨 공조 시스템을 갖춘 데이터 센터의 내부에 있었다. 이는 21세기에 폭발적으로 성장하는 인터넷 서비스의 신호탄이었다. 2007년 아마존은 또한 심플DB(SimpleDB)라는 원시적인 형태의 데이터베이스를 출시했는데, 고객들은 체계화되거나 '구조화된' 데이터 세트를 이곳에 저장하고 검색할 수 있었다.

겉으로 보기에는 따분해 보였지만 실제로는 연간 460억 달러에 달하는 엄청난 성장 가능성과 경쟁력을 지닌 산업인 데이터베이스 비즈니스 분야에 진입한 것은, AWS가 성공을 거두는 데 가장 중요한 선택이었다. 아마존은 자체적으로 오라클(Oracle)의 관계형 데이터베이스(relational database)*를 이용해 아마존닷컴(Amazon.com)을 관리해왔다. 그런데 계속해서 증가하는 아마존의 트래픽이 서비스에 부담을 주었고, 사이트 자체의 안정성도 주기적으로 위협을 가함으로써 베이조스를 불만스럽게 만들었다. 아마존의 주문처리 센터와 온라인 스토어 전반에 걸쳐 베이조스는 언제나 아마존이 다른 기업에 대한 종속성을 최소화하기를 원했다. 하지만 그들이 직접 만든 원시적인 데이터베이스의 기능들은 그러한 작업들을 처리하기 위한 것이 아니었다. 그리고 심플DB가 사용하기에는 너무 투박하고 복잡한 것으로 밝혀지자, AWS의 엔지니어들은 자신들의 인터넷 서비스에서 고질적인 문제인 거대한 양의 트래픽을 처리하기 위해 좀 더 빠르고 유연한 버전의 다이나모DB(DynamoDB)를 만들기 시작했다.[64]

그런데 심플DB는 AWS의 초창기 고객들 중 한 곳에서 엔터테인먼트 콘텐츠의 타이틀과 섬네일(thumbnail) 이미지를 저장하는 용도로 아주 많이 사용했다. 바로 넷플릭스(Netflix)였다. 리드 헤이스팅스(Reed Hastings)가 우편으로 DVD를 대여하는 서비스로 시작한 스타트업이었던 넷플릭스는 스스로를 점차 스트리밍 서비스를 주력으로 하는 기

---

* 데이터베이스의 기본 요소라고 할 수 있는 키(key)와 값(value)의 관계를 마치 표(table)처럼 연결하는 데이터베이스.

업으로 변신해감에 따라 자신들이 가진 기술의 다른 부분들도 아마존의 클라우드에서 실행시키고 싶어 했다. 이를 지원하기 위해 아마존은 관계형 데이터베이스의 클라우드 버전과 데이터 웨어하우스(data warehouse, 데이터 창고)라고 부르는 도구를 만들어야만 했다. 2010년, AWS 부문을 이끌던 앤디 재시(Andy Jassy)와 라주 굴라바니(Raju Gulabani) 부사장은 그 프로젝트에 착수했고 진행상황을 S팀에 주기적으로 보고했다.

그들의 회의에 참석한 어떤 사람의 말에 따르면, 굴라바니는 아마존이 관계형 데이터베이스를 성공적으로 만들어내려면 10년은 걸릴 것으로 내다봤다고 한다. 베이조스는 "나는 여러분이 그걸 완수하려면 10년 이상이 걸릴 거라고 장담한다"고 말했고, 그 자리에 모여 있던 AWS 직원들 사이에서는 순간적으로 실망감이 퍼졌다. "그러니 지금 당장 시작하는 게 좋겠군요." 클라우드 컴퓨팅 분야에서는 강력한 데이터베이스가 가장 거대한 기회요인들 가운데 하나가 될 거라는 사실을 이해하고 있던 베이조스는 재시가 요청하는 것보다 예산을 상당히 많이 올려주었다.

굴라바니는 오라클 출신으로 또 다른 인도 태생 임원인 아누라그 굽타(Anurag Gupta)를 영입하고, 그들은 실리콘밸리에 사무실을 열었다. 이후 몇 년 동안 굽타는 팀을 꾸려 마이에스큐엘(MySQL)이나 포스트그레스(Postgres)*처럼 무료인 데다 점점 더 인기를 얻고 있는 오픈소스 소프트웨어 도구를 기반으로 다수의 AWS 데이터베이스를 만들게 된다.

---

* 정식 명칭은 포스트그레SQL(PostgreSQL)인데, 처음에는 인그레스(Ingres)를 계승한 SQL이라는 의미로 포스트그레스(Postgres)라고 불렸다.

2012년, AWS는 레드시프트(Redshift)라는 이름의 소위 말하는 데이터 웨어하우스를 선보이는데, 이는 기업들이 아마존의 클라우드에 저장된 데이터를 분석할 수 있게 해주는 서비스다. 2015년에는 관계형 데이터베이스인 오로라(Aurora)를 출시했다. 이러한 서비스들은 다소 기이하고 모호하며 전형적으로 아마존스러운 이름인데, AWS 내부에서도 끝없는 논의를 거쳐 결정된 것이다. AWS의 초창기 임원의 말에 따르면, 그렇게 치열하게 논의한 이유는 베이조스가 언젠가 이렇게 조용히 말했기 때문이라고 한다. "아시겠지만, 이름은 그 중요도가 3퍼센트 정도입니다. 그러나 때로는 바로 그 3퍼센트가 성공과 실패를 좌우하는 경우도 있습니다."

'레드시프트'라는 이름은 예전에 보잉(Boeing)에서 근무하며 나사의 우주왕복선을 만들었으며 AWS 운영을 책임지는 수석 부사장이던 찰리 벨(Charlie Bell)이 제안한 것이다. 레드시프트는 '적색편이'라는 뜻인데, 이는 별과 같은 천체들이 관측자로부터 멀어지면서 방출하는 빛의 파장이 길어지는 현상을 가리키는 천문학 용어다. 그리고 빛은 가장 빠른 것이다. 그렇지만 우연히도 로고가 빨간색이던 오라클(Oracle)의 당시 CEO 래리 엘리슨(Larry Ellison)은 그러한 이름이 기업 간에 벌이는 일종의 트래시 토크(trash talk)*라고 여기고 그들이 말하는 빨간색이 오라클이라고 생각했다.** "저희는 절대 그런 생각을 하지 않았습니다. 나

---

* 스포츠 경기 등에서 상대방을 도발하기 위해 던지는 자극적인 말.

** 레드시프트(redshift)라는 단어를 풀어서 살펴보면, 빨간색(red)을 교체하다(shift)는 뜻으로 해석할 수도 있다. 곧 오라클에 대한 공격적인 이름으로 본 것이다.

중에 오라클이 그런 생각을 했다는 이야기를 들었을 때, 우리는 그냥 재미있는 발상이라고 생각했습니다." 재시의 말이다. 아마존이 데이터 베이스 분야로 진입하면서 이미 불이 붙은 오라클과 아마존의 격렬한 경쟁 구도가 좀 더 격화된 것이다.

S3나 EC2 같은 전형적인 서비스 외에도 클라우드 기반의 데이터베이스를 제품군으로 구축함으로써 아마존은 크고 작은 기업들을 클라우드 컴퓨팅 분야로 끌어들였고, 더 나아가서는 아마존의 품으로 받아들이게 된다. 기업들이 일단 자사의 데이터를 아마존의 서버에 옮기고 나면, 그들은 그러한 데이터를 다시 다른 곳으로 이전해야 하는 불편을 감수할 이유가 거의 없었다. 그들은 또한 아마존이 소개하는 다른 유료 애플리케이션에 이끌릴 가능성도 더욱 커졌다. 이후 몇 년 동안 AWS의 매출액과 영업이익이 급격히 치솟았다. "우리가 추가한 모든 서비스 가운데에서도 AWS의 매력을 가장 크게 확장시킨 것은 데이터베이스 서비스였습니다." AWS의 전직 관리자인 타이무르 라시드(Taimur Rashid)의 말이다.

2010년대 초반에 걸쳐 AWS 부문이 뛰어난 수익성을 가진 비즈니스로 진화한 것만큼이나 주목할 만한 것은 그들 자체가 아마존의 거대한 빙하로부터 풍화되고 깎이는 과정을 거치며 독특한 조직으로 거듭났다는 사실이다. AWS 부문은 2011년에 사우스 레이크 유니언에 있는 메인 캠퍼스를 떠나 800미터 정도 떨어진 곳에 있으며 유리로 뒤덮인 150미터 높이의 초고층 건물인 1918 에잇스 애비뉴(1918 Eighth Avenue)로 옮겨갔다. 아마존은 이 건물을 블랙풋(Blackfoot)이라고 불렀다. 베이조스의 수제자인 재시는 자신들을 칭송하는 내용이 아니라 비판적인 기사들을 벽에 걸어두었다. 그중에는 2006년 〈비즈니스위크 (Businessweek)〉에 실린 기사[65]도 있었는데, 이런 내용이었다. "아마존의 CEO는 아마존 웹사이트 이면의 기술을 활용해 여러분의 기업을 움직이고자 한다. 그러나 월스트리트는 그가 온라인 스토어나 신경 쓰기를 원한다."

AWS의 문화는 강인하고, 가차 없고, 불가능할 정도로 높은 기준에 초점을 맞추었는데, 이는 아마존의 축소판이었다. 재시를 비롯한 동료 관리자들은 부하직원들에게 혹독한 질문 세례를 퍼부었고, 적절하게 대답하지 못하거나 자신들의 권한 내에 있는 문제에 책임을 지지 않는 사람을 거세게 공격했다. 일상적인 업무는 데이터로 가득한 6페이지 분량의 내러티브 문서와 고객의 필요에 대한 강박적인 관념이 주도했다. 직원들이 강력한 결과를 내놓아도, 그들의 관심은 언제나 더 나은 결과를 얻어낼 수 있는 다른 방식으로 집중되었다. 어느 전직 임원은 이러한 사고방식을 이렇게 설명했다. "우리는 시상대에서 금메달을 받았다 하더라도 그 메달이 충분히 반짝이지 않는다며 불평하는 일에 익숙한 사람이었습니다."

시스템이 중단되기라도 하면 언제든지 즉시 조치할 수 있도록 엔지니어들에게는 호출기가 지급되었고 돌아가면서 당직근무를 했다. AWS에서는 만약 기술적으로 심각한 문제가 발생하면, 회의하기 위해 호출기를 무음으로 해놓더라도 아마존의 자체 호출기 관리 프로그램이 자동으로 '무음 모드'를 우회할 수 있었다. 그리고 그 회의실에서는 마치 오케스트라처럼 전자 알림음이 여기저기서 울려퍼졌다.

많은 측면에서 재시의 비즈니스 철학은 베이조스 사상의 정수라고 할 수 있었다. 앤디 재시는 1997년에 하버드 경영대학원을 졸업하고 아마존에 합류했다. 그로부터 몇 년 후, 아마존의 마케팅 부서에서는 때 이른 숙청 바람이 불었는데, 그는 가까스로 해고되는 것을 면할 수 있었다. S팀에 속해 있던 디에고 피아센티니의 말에 따르면, 베이조스는 그를 "우리 중에 가장 잠재력이 높은 사람 가운데 한 명"이라고 말하며 구제해주었다. 이후 18개월 동안 그는 베이조스의 첫 번째 상시 그림자, 정식 명칭으로는 기술보좌역(TA)이었다. 이러한 완전히 새로운 역할은 CEO를 거의 노예처럼 따라다니는 것인데, 동료들은 그런 재시를 가볍게 놀려대기도 했다.

재시는 절약이나 겸손 같은 아마존의 가치를 완전히 체화하고 있었다. 그는 일반적으로 저가의 캐주얼 재킷을 입었고, 뉴욕의 스포츠팀들이나 버팔로 윙, 데이브 매슈스 밴드(Dave Matthews Band) 등에 대한 열정을 크게 자랑하고 다녔다. AWS의 주가가 급등하자 그가 가진 순자산 역시 치솟았지만(그는 2016년에만 3,500만 달러 상당의 주식을 받았다), 그는 개인 전용기로 여행을 다니지도 않는 등 자신의 성공을 호사스러운 방식으로 과시하지 않았다. 재시는 시애틀에 있는 자택의 지하 공간 내부를 자신이 직접 스포츠 술집처럼 꾸며 매년 슈퍼볼(Super Bowl) 파티를 열었다. 베이조스도 2019년까지는 매년 이 파티에 참석했다. 당시에는 또 하나의 극적인 변화의 조짐이 언뜻 보였는데, 베이조스는 실제 슈퍼볼이 열리는 경기장을 찾아가 주최측이 마련한 자리에 앉아 있었던 것이다.

베이조스는 "선의는 통하지 않지만, 메커니즘은 통한다"[66]고 말하는 걸 좋아했다. AWS의 내부에서 재시는 이러한 격언을 열렬하게 적용했다. AWS에서의 일주일은 다수의 공식적인 '메커니즘'과 잘 다듬어진 프로세스나 의식 등을 중심으로 리듬감 있게 움직였다. 신규 서비스에 대한 아이디어, 이름, 가격 변경, 마케팅 계획 등은 6페이지 분량의 문서로 꼼꼼하게 작성된 다음, 20층에 있는 재시의 회의실로 전달되었다. 이 회의실은 '더 찹(The Chop)'이라고 불렸는데, 이 이름은 그가 하버드대학교에 다닐 때 살던 기숙사의 방을 룸메이트와 함께 부르던 명칭이며, 그 이름도 사실은 스탕달(Stendhal)의 소설 《파르마의 수도원(The Charterhouse of Parma)》을 줄여서 붙인 것이다. 회의실에서는 임원들이 기술적으로 까다로운 질문들을 던졌고, 재시는 일반적으로 마지막에 발언을 했다. 동료들은 그가 하루에 10시간 동안 회의에 참석하고 내용이 빽빽하면서도 어려운 문서들을 전혀 힘들어하지 않고 소화하는 등 초인적인 수준의 능력을 발휘했다고 말한다.

AWS의 일주일에서 하이라이트는 수요일 오전에 열리는 두 차례의 회의였다. 재시는 정오까지 90분 동안 열리는 비즈니스 검토 회의를 진행했는데, 여기에서 상위 200명의 관리자는 고객, 경쟁 환경, 각 제품 단위의 재무 건전성 등에 대한 세세한 항목들까지 논의했다. 그러나 일주일의 진정한 정점은 바로 그 회의 전에 열리는 토론이었다. 두 시간 동안 운영 현황을 검토하는 이 회의에서는 각각의 웹 서비스가 보여주는 기술적인 성과를 평가했다. 3층에 있는 대형 회의실에서 열리는 이 토론은 우주왕복선 엔지니어 출신으로 위압적이며 직설적인 찰리 벨이 진행했다.

AWS의 임원들과 엔지니어들은 이처럼 놀라운 회의를 설명하면서 약간의 경외심을 보이기도 했고 때로는 외상 후 스트레스 장애(PTSD)

를 일으킬 정도였다고 말한다. 중앙의 커다란 테이블에는 부사장과 임원들이 40명 넘게 앉아 있었고, (대부분이 남자인) 수백 명의 사람이 끝에 서 있거나, 아니면 세계 곳곳에서 전화기로 회의 내용을 들었다. 실내의 한쪽에는 EC2, 레드시프트, 오로라 같은 다양한 웹 서비스의 이름이 원을 그리며 적혀 있는 다채로운 색상의 룰렛 휠(roulette wheel)이 있었다. 이 휠은 매주 목표가 정해진 곳으로 회전했다. (2014년까지만 그랬는데, 그 이후로는 비슷비슷한 기능의 서비스와 소프트웨어가 지나치게 많아졌기 때문이다.) 재시는 관리자들에게 이렇게 말했다. "자신이 맡고 있는 서비스에 대한 핵심적인 지표들을 언제나 자세히 파악하고 있어야 합니다. 언제든지 그 내용을 자세히 말해야 하는 순간이 올 수 있기 때문입니다."

선택받는다는 것은 AWS에서는 커리어가 바뀌는 순간일 수도 있었다. 관리자들은 완벽하면서도 자신감 있는 발표로 그러한 가능성을 높일 수 있었다. 그러나 만약 그들이 모호한 발언을 하거나 데이터에서 실수를 범하거나 심지어 헛소리를 내뱉는다면, 곧바로 찰리 벨이 덤벼들었는데 때로는 무시무시하게 위압적인 재능을 선보이기도 했다. 관리자들에게 자신이 담당하는 서비스를 심도 있게 파악하지 못하거나 운영 현황을 제대로 설명하지 못한다는 것은 커리어가 끝날 수도 있는 상황이었다.

그럼에도 어느덧 설립 10주년을 향해가던 AWS는 매출이 증가하고 수익이 쌓여가면서, 아마존의 기술 분야 엘리트들이 가장 선망하는 사업부가 되었고, 모든 비즈니스 부문을 통틀어 일종의 아이비리그(Ivy League)가 되었다. 천재들과 함께 일을 하고 그들의 악마적인 의식 속에서 성장한다는 것은 마치 명예 훈장을 받는 것과 같았다.

2,000억 달러의 문턱을 넘게 해준
아마존 웹 서비스

AWS의 초창기에 베이조스는 스스로 그 사업의 세부적인 부분을 파고 들었는데, 때로는 처음 출시되는 제품들의 웹페이지를 편집하기도 했고, EC2의 수익 보고서를 검토하면서 가끔은 웃는 얼굴로 화답하기도 했다. 시간이 지나고 그가 알렉사나 아마존 고 매장 같은 좀 더 새로운 사업에 집중하면서, 그는 재시에게 AWS 운영에 대한 전권을 부여했다. 그는 정기적인 회의에서 빠지는 대신에 중요한 투자 결정을 검토했고, 연례 OP1과 OP2 행사를 주관했다. 이곳에서 그는 주로 AWS를 아마존의 다른 사업 부문과 연결할 방법을 강구하라고 압박했다. "제프는 거의 AWS의 투자자처럼 매우 긴밀하게 관여했습니다. 그는 질문을 던지고, 여기저기 찔러보고, 검토를 했습니다. 그러나 일상적으로는 앤디가 그 부문을 독립적으로 운영했습니다." AWS의 임원이었던 조

드팔로(Joe DePalo)의 말이다.

베이조스는 또한 재시를 비롯한 그곳의 경영진에게는 일종의 전략적 스승 같은 역할을 했다. 구글과 마이크로소프트가 클라우드 컴퓨팅 분야의 잠재력을 깨닫고 자체적인 경쟁력을 키우기 위해 막대한 투자를 시작하자, 그는 재시에게 아마존의 이권을 보호할 수 있는 방법을 생각해보라고 요청했다. AWS의 전직 임원 한 명은 베이조스가 이렇게 말하는 걸 직접 들었다고 한다. "여러분은 마침내 이렇게 멋진 성채를 구축했습니다. 이제는 모든 야만인이 말을 타고 몰려와 이 성을 공격할 것입니다. 여러분은 해자(moat)*가 필요합니다. 우리 성의 주위에는 어떤 해자가 있나요?" (아마존 측은 베이조스가 이렇게 말했다는 사실을 부인했다.)

2015년 1월, 재시는 한 가지 답안을 제시했다. 아마존이 4억 달러의 비용으로 이스라엘의 반도체 칩 제조사인 안나푸르나랩스(Annapurna Labs)를 인수해 아마존의 서버에서 사용할 저가의 고성능 마이크로프로세서를 만들고, 아마존의 데이터센터가 다른 경쟁업체들은 따라올 수 없는 수준으로 비용 우위를 갖도록 한다는 것이었다.

베이조스도 AWS에 다른 한 가지 영향을 끼쳤다. 2014년에 회사는 물론이고 주가를 옥죄어올 정도로 AWS에 대한 회의적인 시각이 만연했는데도, 베이조스와 재시가 모두 이 부문의 재무적인 세부사항을 대중의 시선으로부터 숨기라고 압력을 가한 것이다. 그러나 2015년이 되자, 아마존의 재무부서는 이 부문의 매출액이 아마존 전체 매출의 10

---

* 성 주변의 땅을 파고 물을 채워서 외부의 적이 침입하지 못하게 막아놓는 일종의 연못.

퍼센트에 근접하고 있으며, 따라서 연방법에 의거하여 어쩔 수 없이 공시 요건을 갖추게 될 것이라고 판단했다. 이에 대해 재시는 이렇게 인정했다. "저는 우리의 재무사항을 자세히 공개하는 걸 좋아하지 않았습니다. 왜냐하면 경쟁력 있는 유용한 정보들이 포함되어 있었기 때문입니다."

그럼에도 그해 1월 아마존은 사상 처음으로 자신들의 분기 실적 보고에서 AWS의 재무성과를 공개할 것이라고 예고했고, 투자자들 사이에서는 기대감이 고조되었다. 많은 애널리스트는 AWS가 아마존의 다른 '과학 프로젝트'들과 마찬가지일 거라고 예상했다. 곧 회사가 가장 많은 노력을 들이는 리테일 부문에서 얻은 에너지를 잃게 만드는, 수익도 없고 형편없는 비즈니스일 거라고 말이다.

그러나 실제로는 그 정반대였다. 그해에 AWS는 70퍼센트의 성장률과 19.2퍼센트의 영업이익률을 기록했다.[67] 참고로 아마존 북아메리카 부문의 성장률은 25퍼센트에 영업이익률은 2.2퍼센트였다. AWS는 이들의 서버에 기반을 두고 있는 스냅챗(Snapchat) 같은 인터넷 기업의 빠른 성장세에 보조를 맞추고 컴퓨팅 용량을 더욱 늘리기 위해 자신들이 거두는 수익의 대부분을 재투입했는데도 현금을 쏟아내고 있었다.

이러한 보고는 아마존을 모니터링하고 면밀히 조사하던 애널리스트와 투자자들에게는 매우 놀라운 것이었다. 뿐만 아니라 그들보다 더 큰 기업인 마이크로소프트나 구글은 물론이고, 기업용 컴퓨팅 업계의 다른 모든 업체도 마찬가지였다. 애널리스트인 벤 톰슨(Ben Thompson)은 2015년 4월의 실적보고를 "기술 업계에서 최대 규모이자 기업공개 (IPO)에서도 가장 중요한 사건 중의 하나"[68]라며 익살스럽게 표현했다.* 이러한 공개 이후, 아마존의 기업가치는 단 하루 만에 거의 15퍼센트가 뛰면서 사상 처음으로 2,000억 달러의 문턱을 넘었으며, AWS가 아마존의 돈을 영원히 축내기만 하는 사업이라는 세간의 믿음을 일축했다.

---

* 주식 상장을 위한 IPO가 아닌데도 유명 기술 기업의 IPO에 버금가는 놀라운 공개였다는 의미다.

블랙프라이데이를 뛰어넘는 행사

––––

이러한 실적 발표가 있기 몇 달 전, S팀은 중국에서 자신들의 경쟁력이 약화되고 있는 상황과 알리바바의 연례 쇼핑 축제인 싱글스 데이(Singles Day)＊가 성공한 원인을 분석하고 있었다. 직전의 5년 동안 마윈(Jack Ma)이 만든 전자상거래 거대 기업인 알리바바는 11월 11일이라는 날을 블랙프라이데이(Black Friday)와 발렌타인데이(Valentine's Day)가 혼합된 날로 만들었다. 2014년에는 하루에만 90억 달러 이상의 매출을 올릴 정도로[69] 거래량이 미친 듯이 폭증했고, 이에 대한 믿을 만한 보도 내용들이 물밀듯이 쏟아져 나왔다.

국제 부문 수장인 디에고 피아센티니는 중국에 대한 보고를 통해,

––––––––––

＊ 11월 11일의 광군제(光棍節). 숫자 1이 네 개가 모인 날이어서 싱글들의 날이라고 부른다.

아마존도 이러한 자체 쇼핑 축제를 만들 수 있다고 제안했다. 제프 베이조스는 좋은 아이디어라고 생각했지만, 당시에 그는 모든 것을 아마존의 매력적인 프라임 서비스에 연결하는 데 몰두해 있었다. 그는 회사가 이러한 축제를 전 세계적으로 전개하면서 프라임 서비스의 신규 회원을 늘리는 데 활용하라고 지시했다.

이 업무는 프라임 서비스를 담당하는 그레그 그릴리(Greg Greeley) 부사장에게 맡겨졌는데, 그는 다시 이것을 자신의 부하직원이자 아마존에서 오래 근무해온 임원인 크리스 러프(Chris Rupp)에게 전달했다. 러프는 아마존의 고객들이 블랙프라이데이와 그다음에 곧바로 이어지는 사이버먼데이(Cyber Monday)에 마음껏 소비하는 데 익숙하다는 사실을 알고 있었고, 이후 몇 주만 지나면 진행되는 크리스마스 쇼핑 이벤트가 시작되면 그들의 재량소비(discretionary spending) 패턴이 바뀔 것이라는 사실도 잘 알고 있었다. 그녀는 또한 노드스트롬(Nordstrom)의 기념일 세일(Anniversary Sale)처럼 유통업계에서는 의례적인 행사라고 할 수 있으며 '신학기(back to school)' 특수를 노린 여름철 쇼핑 시즌에 보조를 맞추는 데는 아마존이 그다지 능숙하지 않다는 것도 알고 있었다.

그래서 러프가 내놓은 제안은 한여름에 세일 이벤트를 열자는 것이었는데, 이는 아마존 내부에서 격렬한 논쟁을 촉발했다. 그녀는 고객들에게는 여름 내내 지출할 수 있는 돈이 있으며, 아마존은 성수기를 위해 지어놓은 여분의 창고 공간을 활용할 수 있을 것이라고 주장했다. 본격적인 연말의 연휴 시즌이 시작되기 전에 비교적 평온한 여름을 보내고 있던 아마존의 유통 부문 임원들은 연중의 매출을 늘리는 데는 거의 관심이 없었다. "이 아이디어는 수많은 반대를 받았지만, 저는 그걸 반드시 해야만 했습니다." 러프의 말이다.

그릴리와 러프는 2015년 1월에 S팀에 제안서를 제출했고, 베이조스에게서 결재를 받아냈다. 그는 그들에게 이렇게 말했다. "이 일을 너무 난해하게 만들지 마세요. 프라임 데이(Prime Day)는 한 가지를 의미해야 하며, 우리는 그걸 정말로 잘 해내야 합니다."[70] 그는 제안서의 부록에서 프라임 데이에 1만 건의 거래를 목표로 삼은 섹션 하나를 강조했는데,[71] 이는 블랙프라이데이보다도 큰 규모였다. 그걸 달성하려면 그들은 아마존의 MD(merchandiser, 상품 기획자)들을 설득해 그 목표의 이면에서 모두가 힘을 모으고, 협력업체들에는 말을 잘 해서 할인된 가격에 상품을 공급하게 만들어야만 했다.

3월 초가 되자, 이 행사는 러프의 팀원들 중 한 명으로 서른 살의 제품 관리자인 메건 울프(Meghan Wulff)가 담당하게 되었다. 울프는 프라임 데이의 '싱글 스레드 리더(single-threaded leader)'였는데, 이는 그녀가 오직 그 행사에만 집중하게 된다는 것이었다. (그리고 일을 그르치면 언제든 해고될 수 있다는 아마존 직원들 특유의 피해망상은 잠시 잊어두어야 한다는 의미이기도 했다.) 이것은 전 세계에서 진행하는 이벤트이며 놀라운 일들로 가득 차 있어야 하기 때문에, 울프와 동료들은 이 행사에 '프로젝트 피냐타(Project Piñata)'라는 암호명을 붙였다. 덕분에 문서나 이메일을 작성할 때 프로젝트의 이름을 입력하려면 그때마다 매번 키보드를 상당히 번거롭게 조작해야만 했다. "다시는 프로젝트 이름에 에녜(ñ)를 쓰지 않을 겁니다." 울프가 농담하듯 말했다.

울프는 이제 도저히 불가능한 일정 내에 완전히 새로운 쇼핑 축제일을 창조해내야만 했다. 회사는 아마존닷컴(Amazon.com) 최초 영업 개시일 20주년을 기념하여 7월 15일에 행사를 개최하기를 원했다. 5월이 되자 그녀는 도쿄, 런던, 파리, 뮌헨 등 전 세계를 정신없이 돌아다니며 아마존의 MD, 마케터, 유통 부문 임원을 모두 하나의 연합으로 결집시켜 거의 모든 사람이 의심하는 그 프로젝트에 대한 막후의 지원을 이끌어내고자 했다. 프라임 데이는 기존에 없던 일정이기 때문에, 아마존의 유통 및 광고 부문의 직원들은 굳이 지금껏 하던 모든 일을 내팽개치고 나서서 공급업체들에게 그 행사를 지원하라고 설득해야 할 이유가 없었다. "저는 마치 다단계 사기를 치는 느낌이 들 정도였습니다." 울프의 말이다. 그리고 아마존의 다른 임원들은 그 행사가 베이조스의 결재를 받았기 때문에 모른 체하지 않고 보조를 맞춰주었다.

일정이 다가오자 울프와 러프는 자신들이 예상한 것보다 프라임 데이가 잘 될 수도 있다는 걸 느끼기 시작했다. 베이조스는 세부적인 부분에도 개입하면서 홍보자료까지 검토하기를 원했다. 〈굿 모닝 아메리카(Good Morning America)〉 프로그램에서도 이 행사의 내용을 미리 보고 싶어 했다. 이에 대해 러프는 이렇게 말했다. "처음에 우리는 '환상적이야'라고 생각했습니다. 그러나 곧바로 '아, 잠깐만, 이거 우리 생각보다 일이 더 커질 수도 있겠어'라는 생각이 들었습니다."

2015년, 아마존은 아마도 그 임원들조차 인식하지 못한 방식으로 자이트가이스트(zeitgeist, 시대정신)의 한가운데로 들어갔다. 이 행사는 일본에서 가장 먼저 시작되었는데, 이곳에서는 엄청난 관심이 폭발하여 현지의 웹사이트가 금방 다운되기도 했다. 이후 그 여파는 유럽으로 밀려갔고, 마지막에는 미국에서도 시작되었다. 미국에서는 곧바로 소셜 미디어에서 반응이 일어났다. 다만 잔인할 정도로 부정적이었다. 방구석 쇼핑객들은 아마존이 제안한 해시태그(#HappyPrimeDay)를 무시하고 트위터에 몰려가서는 상품이 매진된 것에 대해, 주방 세제 같은 사소한 상품만 주로 할인되는 것에 대해, 그리고 아무런 감흥이 없는 행사 상품들이 넘쳐나는 것에 대해 불평을 토해냈다.

당시 트위터에서 흔히 볼 수 있는 글 중에는 이런 것이 있었다. "나는 내 친구처럼 아마존 프라임 데이 세일을 다시 들어가보았는데, 안타깝게도 그 친구는 이게 나아질 거라고 생각하고 있다." 또 다른 글은 이랬다. "지금까지 내가 본 최고의 행사 상품은 팝타르트(Pop-Tarts) 과자 한 상자를 15% 싸게 파는 거였다."

러프와 울프를 비롯한 팀원들은 시애틀에 있는 아마존의 애리조나(Arizona) 건물을 쓰고 있었는데, 그들은 여기에 있는 회의실 하나를 전시 작전실로 바꾸었다. 그들은 이틀 동안 밤낮으로 트래픽을 모니터링하고, 자신들이 할 수 있는 모든 행사 상품을 홍보했다. 울프는 집에 가서 겨우 몇 시간 잠들었다가 사무실로 복귀했다고 회상했다. 이런 대혼란의 와중에 제프 윌크가 잠시 이곳에 들러 격려 인사를 건넸다. 이 행사는 아마존 역사상 가장 커다란 쇼핑 일정이었지만, 울프가 행사 첫해에 아마존 MD들을 그 프로젝트에 참여시키기 위해 엄청나게 고생한 것을 고려하면, 소셜미디어상에서 그러한 부정적인 반응이 나오더라도 그녀에게는 크게 놀라운 것은 아니었다.

그러나 아마존의 PR 부문 수석 부사장인 크레이그 버먼의 말에 따르면, 배후에서 온라인의 이러한 부정적인 반응을 지켜보던 "제프는 이성을 잃어버렸다"고 한다. 당시 버먼은 아들이 참가한 수영대회를 지켜보기 위해 오리건주에 있었는데, 바로 그때 이 모든 사단이 벌어졌다. "제프는 저와 제 팀원들이 이 행사가 엉터리가 아니라는 걸 분명히 밝혀야 한다며 소리를 질렀습니다. 그는 거의 미친 듯한 상태가 되어 '이걸 해결해! 이게 성공적이라는 걸 보여주란 말이야!'라고 말했습니다."

버먼과 PR 부서의 동료인 줄리 로(Julie Law)는 매출 관련 수치를 살펴보았다. 그런 후에 현재 할인 판매되는 상품이 무엇이며, 그런 제품들이 얼마나 빠르게 판매되는지 최대한 많은 데이터를 찾아 공개했다. 그렇다고 해서 소셜미디어의 무리를 만족시키진 못했지만, 그래도 프라임 데이의 첫째 날에 대한 언론 보도는 대체로 균형을 맞출 수 있었다. 버먼은 이렇게 말한다. "제프는 첫인상을 좋게 만들 기회는 딱 한 번뿐이라고 했습니다. 그에게는 그것이 기정사실이었습니다."

며칠 후, 프라임 데이 팀원들이 애리조나 건물에 있는 휴게실에 모여 자신들의 고단한 여정이 끝났음을 알리고 차례로 돌아가면서 진짜 피냐타(piñata)*를 때리며 놀았다. 그러나 축하할 시간은 별로 없었다. 러프와 울프는 프라임 데이의 종합적인 결과를 6페이지의 내러티브 문서로 요약하라는 요청을 받았다. 내부 문서에 따르면, 그 결과는 인스턴트팟(Instant Pot) 세븐-인-원 프로그램 압력 쿠커(Programmable Pressure Cookers) 2만 4,000대를 포함해 총 3,440만 개의 상품이 판매되었고, 전 세계에서 프라임 서비스 신규 가입자는 120만 명을 기록했다. 그리고 이런 점을 강조했다. "우리 회원들의 일부와 언론이 특히 미국에서 상

---

* 과자나 장난감 등을 넣어서 만든 커다란 종이 인형으로, 사람들이 눈을 가린 채로 이것을 막대기로 터트린다.

당히 많은 목소리를 냈는데, 그들은 행사 상품이 무작위적이고, 쇼핑 경험이 투박했으며, 행사가 실망스러웠다고 주장했다."

몇 년 뒤, 울프는 그 일을 가만히 생각해보았다. 그러고는 자신이 그렇게 작성한 이유를 아마존의 리더십 원칙에서 리더라면 반드시 '자기 스스로 비판할 수 있어야 한다'고 규정했기 때문이라고 생각했다. "아마존 역사상 하루 최대의 매출을 올렸다는 사실과는 관계없이, 보고서의 첫 문장은 무조건 '제가 망쳤습니다'라고 써야 한다는 걸 배웠습니다."

프라임 데이 성공의 이면

———

프라임 데이에 대한 평가까지 마친 후, 크리스 러프는 완전히 지쳤다. 그녀는 이 프로젝트 때문에 늦어진 안식년 휴가를 신청했다. 그리고 휴가 기간 동안, 그녀는 마이크로소프트의 엑스박스(Xbox) 팀에 합류하라는 제안을 수락했다. 처음의 프라임 데이 행사에 대해 그녀는 이렇게 말한다. "힘들었고, 힘들었고, 힘들었습니다."

'싱글 스레드 리더'로 세계를 누비며 일한 메건 울프도 마찬가지로 지쳐 있었다. "저는 정서적으로나 육체적으로 완전히 약해져 있었습니다. 그래서 몇 주 동안 휴가를 내서 재충전하고 성찰하는 시간을 보냈습니다." 그녀의 말이다. 그레그 그릴리를 비롯한 프라임 팀이 이듬해의 행사에 착수했지만, 울프는 그 프로젝트를 다시 이끌기를 거부하고 회사 내에서 다른 일자리를 찾았다. 이후 몇 년 동안 그녀는 아마존 내에서 다양한 직책을 거쳤는데, 그중에는 인사 담당 신임 수석 부사장인 베스 갈레티(Beth Galetti)의 기술보좌역도 있다.

2019년 울프는 회사에서 안식년 휴가를 받았고, 노스캐롤라이나에 있는 가족을 방문했다. 그녀는 재정적으로 곤궁한 집안에서 오빠 4명과 함께 자랐다. 그녀는 가끔 전혀 의식하지 못한 채, 자신이 사랑하는 어머니에게 아마존 스타일로 비판적인 평가를 내렸다. 그러면 그녀의 어머니는 이렇게 조용히 대답했다. "우리 사이에서는 리더십 원칙은 사용하지 말아주렴."

그러자 갑자기 짙은 안개가 걷히듯, 울프는 자신이 아마존에서 보낸 시간을 새로운 시각에서 생각하기 시작했다. 그녀는 그곳에서의 경험을 감사하게 여겼지만, 다소 충돌되는 부분이 있었다. 그녀는 '아름다운 협업 체계'를 좋아했고, 경영 원칙에 대해 자신이 배운 것들과 지속적인 친분관계를 쌓은 것도 마음에 들었다. 동시에 또한 그녀는 자신이 '스스로 받은 것 이상을 쏟아부었다'는 느낌이 들었고, 자신이 리더나 그 조직 안의 어떤 사람이 되어가는 모습이 마음에 들지 않았다.

울프는 스스로에게 물어보았다. 지역의 기업이나 그들의 문화, 창고 노동자들보다도 고객을 가장 중요시하는 아마존의 전반적인 영향력이 과연 그만한 가치가 있는가? S팀에는 왜 여성이나 소수자가 더 많이 없는가? 업무 환경은 왜 그리도 가혹하며, 그녀 자신은 왜 그것을 영구화하는 데 일조하는가? 아마존에서 일하면서 그녀는 매일 동료들이나 상사들에게서 신뢰를 얻어야만 했다. 그런데 그녀는 문득 궁금했다. 그렇다면 베이조스는 그녀에게서 신뢰를 얻었는가?

현재 울프는 많은 사람의 무리에 합류했다. 그녀는 이제 아마존에

환멸을 느낀 전직 직원들 가운데 한 명이다. "그곳에서 근무하면서 처음에는 그들의 사명이 존경스럽다는 마음이었는데, 어느 순간부터 저는 제프 베이조스가 존경할 만한 선택을 하지 않을 때가 너무나도 많다는 불편한 깨달음을 얻게 되었습니다. 그는 계속해서 터무니없을 정도로 많은 돈을 축적하지만, 그 많은 돈으로 정작 사회를 위해 좋은 일은 거의 하지 않습니다." 그녀의 말이다.

그녀는 심지어 자신이 일조해서 만들어낸 연례 할인 행사에 의문을 제기하기도 했다. 〈패스트컴퍼니(Fast Company)〉의 기사에서 프라임 데이는 쇼핑객을 냉소적으로 만들어 원하지도 않는 걸 사게 만든다는 내용[72]이 실렸을 때, 그녀도 여기에 공감했다. "그것은 쇼핑 축제였어요. 우리는 사람들에게 인스타팟을 사고 로열티 프로그램에 가입하라고 권유했습니다. 그런 프로그램은 그들이 아마존에서 더 많은 돈을 쓰도록 고안된 것입니다." 울프는 단호하게 말했다.

울프는 2019년에 회사를 떠나 시애틀에 있는 온라인 부동산 기업인 질로우(Zillow)에 합류했다. 그녀는 곧바로 아마존 프라임 서비스를 탈퇴했다. 그리고 가지고 있던 아마존 에코를 재활용품으로 처리했고, 자신의 아마존 계정을 영원히 해지했다.

아마존의 성과 평가 시스템

―

최초의 프라임 데이가 끝나고 불과 일주일이 지난 2015년 7월 23일, 아마존은 AWS를 주요한 동력원으로 활용해 또 한 번의 폭발적인 수익을 기록하면서 2분기 연속으로 엄청난 실적을 발표했다. 주가는 하룻밤 사이에 18퍼센트 치솟으면서, 비즈니스 업계의 지형에 상당한 변화를 일으켰다. 아마존의 시가총액이 사상 처음으로 월마트를 뛰어넘은 것이다.[73] 아마존은 이제 지구상에서 가장 기업가치가 높은 유통기업이었다. 최초 영업 개시 20주년과 의심할 여지 없는 이러한 새로운 성공을 모두 기념하기 위해, 실적 발표 다음 날 아마존의 직원들은 시애틀의 센추리링크 필드(CenturyLink Field)*에 거대하게 몰려들어 지역의 힙합 듀오인 맥클모어 앤 라이언 루이스(Macklemore and Ryan Lewis)의 특별 공연을 즐겼다.[74]

그러나 파티는 오래가지 않았다. AWS의 급부상과 프라임 데이의 신속한 실행이 아마존의 발 빠르고 창의적인 문화에 대한 증거라면, 그들의 부정적인 영향 역시 나타나고 있었다. 곧 많은 직원을 지치게 만들어 이 회사의 높은 이직률에도 기여하는 가차 없는 속도와 자아비판에 대한 반발이 서서히 드러났다. 그해 8월, 이러한 불만이 전면에 터져 나왔다. 〈뉴욕타임스〉가 5,800단어 분량의 기사로 크게 한 방을 먹인 것이다.[75] 기사의 제목은 '아마존 내부: 상처 주는 일터에서 거대한 아이디어와 씨름하는 곳'이었다.

이 기사를 쓴 조디 칸토어(Jodi Kantor)와 데이비드 스트라이트펠드(David Streitfeld) 기자는 전투적인 회의 분위기, 불합리할 정도로 높은 기준, 주당 80시간에 이르는 근무 시간, 그리고 책상에서 자주 눈물을 흘리는 직원들을 묘사했다. 그들은 위중한 질병이나 유산 등 개인적인 어려움으로 고통을 겪은 일부 노동자들이 인사상 불이익을 받았다고 보도했다. 그리고 성과가 저조한 노동자를 주기적으로 해고하는 '스택 랭킹(stack ranking)'**이라는 관행이 공포스러운 환경을 조성하는 '고의적인 다윈주의(purposeful Darwinism)'와 다름없다고 보도했다.

이 기사에 대응해 아마존의 정책 및 커뮤니케이션 담당 신임 수석 부사장으로 전투적인 성격의 제이 카니(Jay Carney)는 자신들을 비판하는 사람들과의 싸움을 회피하는 회사의 관행을 깨고 〈미디엄(Medium)〉

---

* 시애틀의 다목적 스타디움으로, NFL의 시애틀 시호크스(Seattle Seahawks)가 홈구장으로 사용한다. 스타디움의 소유주인 센추리링크의 이름을 따서 이렇게 불렸으나, 센추리링크가 사명을 루멘 테크놀로지(Lumen Technologies)로 바꾸어 현재의 정식 명칭은 루멘 필드(Lumen Field)다.

** 직원들의 성과를 점수로 평가해 등급을 매기는 제도.

에 그 기사가 "아마존을 잘못 설명했다"[76]고 주장하는 글을 올렸다. 그해 초에 영입된 고위급 인사인 카니는 백악관에서 버락 오바마 대통령의 대변인을 지냈으며, 그전에는 조 바이든 부통령의 공보담당 책임자였다. 그는 두 명의 기자가 저널리즘의 원칙을 위반했다고 비판했고, 〈뉴욕타임스〉의 주요 취재원에 대한 개인적인 근태 기록을 근거로 제시하면서 해당 직원을 공격했다. 그 기록이란 해당 직원이 부적절한 행동으로 해고되었으며, 회사에 다른 속셈을 품고 있었다는 내용이었다. 그 시점 이후로, 아마존은 언론에서 자신을 보호해야 할 때가 되면 훨씬 더 적극적으로 나섰으며, 대립도 서슴지 않게 되었다. 임원들은 자신들이 "오해받는다"고 말하면서 넘어가는 것에 더 이상 만족하지 않게 되었다.

카니의 글은 제프 베이조스가 23만 명에 달하는 정규직 직원 전원에게 내부적으로 이메일을 보낸 이후에 공개된 것이었다. 이메일에서 그는 직원들에게 〈뉴욕타임스〉의 기사를 읽으라고 권유하면서도, 그 기사가 "나 자신이 알고 있는 아마존에 대해, 또는 매일 나와 함께 일하고 있는 자상한 아마존 사람들에 대해서는 묘사하지 않았다"[77]고 주장했다. 베이조스는 직원들에게 그 기사에서 말하는 것과 비슷한 몰인정한 관리 방식에 대한 사례가 있다면 인사 담당 부서 또는 자신의 이메일 주소(Jeff@amazon.com)로 직접 보내달라고 부탁했다. 그러자 수백 명의 직원이 제보를 했는데, 그들이 보낸 이러한 반응은 아마존에서 가장 오랫동안 근무해온 인사 담당 임원들 중 한 명인 데이비드 니커크(David Niekerk)에게 전달되었다.

니커크는 웨스트포인트(West Point)*를 졸업한 미국 육군 출신으로 함부로 발설할 수 없는 전투 경력을 가진 인물이다. 〈뉴욕타임스〉의 기사가 실렸을 당시에 그는 브라질에서 아마존 서비스를 개시하기 위해 현지에 출장을 간 상태였다. 그는 아마존의 다른 많은 직원과 마찬가지로 방어적인 태도를 보였다. 그는 그 기사가 선정적이며 부정적인 사례들을 이용해 부당한 결론을 내렸다고 생각했다. 몇 년 뒤, 니커크는 내게 이렇게 말했다. "아마존에서 일하는 건 올림픽 선수촌에 있는 것과 같습니다. 도달해야 하는 수준도 아주 높고, 모든 것을 언제나 끝까지 해내야 합니다." 동시에 그 역시 잘못된 관리 사례를 많이 보아왔기 때문에, 〈뉴욕타임스〉의 기사와 비슷한 일이 있다는 것을 인정할 수밖에 없었다.

베이조스는 바로 그러한 아마존의 문화를 만든 설계자였고, 수많은 기업에서 인사 문제를 창의적이지 않은 방식으로 운용하는 것에 회의적이었다. 실리콘밸리의 다른 CEO들은 정도는 다르지만 대체로 인사 문제나 기업 문화를 제대로 구축하는 것에는 그다지 관심이 없었다. 예를 들어 스티브 잡스는 1997년에 애플의 CEO로 복귀하면서 쿠퍼티노에 있는 회사의 인사 담당 직원들을 대상으로 연설을 했는데, 그는 당시에 이렇게 직설적으로 말했다. "나는 당신들이 그냥 한 움큼의 따개비(barnacle)로 보입니다."[78]

반면에 베이조스는 인사 문제에서 아주 세세한 부분까지 파고들어 선한 의도를 대체할 수 있는 메커니즘을 만들기 위해 노력했다. 그는 조직, 문화, 혁신에 관심이 아주 많은 사람이었다. 초기에 그는 언제나

---

* 미국육군사관학교.

최고의 리더보다는 가장 똑똑한 사람을 고용하기를 원했고, 니커크 같은 인사 담당 임원들에게는 그렇게 뽑은 똑똑한 사람들을 훌륭한 관리자로 훈련시키는 것이 자신들의 책임이라고 말했다.

베이조스는 또한 관리자들이 업무 성과를 기반으로 평가한 후에 성적이 가장 저조한 직원을 내보내는 제도인 스택 랭킹을 지지하는 사람이었다. 니커크는 베이조스가 《탑그레이딩(Topgrading)》이라는 책을 참고해 이러한 관행을 받아들였다고 회고했다. 이 책을 쓴 브래드퍼드 스마트(Bradford Smart)는 전설적인 CEO인 잭 웰치(Jack Welch)를 도와 제너럴일렉트릭(General Electric)에서 구직자들을 A급 선수, B급 선수, C급 선수로 등급을 분류하는 채용 시스템을 만든 사람이다. 베이조스는 이러한 원칙을 단지 채용만이 아니라 내부의 운영 시스템에도 적용하기를 원했다.

언젠가 그는 니커크에게 이렇게 말했다. "리더들은 자신의 조직 안에서 빈자리가 있는 것을 아주 고통스럽게 생각합니다. 그래서 리더들은 누군가를 내보내는 걸 매우 주저하는 것입니다." 베이조스는 관리자들이 추가 채용의 번거로움을 자진해서 감수하지 않을 것이라고 의심했고, 성과가 저조한 직원에게 관대한 문화가 회사 전반에 퍼지게되어 '첫날(Day 1) 사고방식'을 약화하는 상황을 우려했다. "사람들은 그것이 잔인한 프로세스라고 생각하는데, 어느 정도는 그런 측면도 있습니다. 그러나 큰 그림에서 보면, 그것은 아마존을 생동감 있고 혁신적인 곳으로 만들어주는 제도입니다." 니커크의 말이다.

그러나 아마존의 규모가 커지면서, 성과가 저조한 직원을 내보내는 것만으로는 충분하지 않았다. 베이조스는 지나치게 편안하거나 과도

할 정도로 부유한 노동력도 아마존을 파멸에 빠트릴 수 있다고 생각하는 것처럼 보였다. 직원들이 여전히 자신의 일자리에 열정을 가지고 있었을까? 아니면 그들은 전례 없이 거대한 보상금을 받아 부자가 되어 퇴직하기만을 기다리면서 회사의 에너지를 소진시키고 있었을까? 베이조스는 보상 주식(stock grant)을 꾸준히 늘리는 것과 같은 금전적 유인책은 웬만하면 피했는데, 이런 제도는 더 이상 업무에 관여하지 않는 사람도 회사에 붙잡아둘 수 있기 때문이다.

아마존의 일반적인 보상 체계는 이러한 특성이 중요하게 반영되어 있다. 그들의 보상 체계는 기본급 약 15만 달러, 계약 보너스, 그리고 4년마다 보상 주식을 5, 15, 20, 40퍼센트씩 나눠 지급하게 되어 있었다. 급여와 주식에 대한 권리가 직원에게 주어지는 보상 체계의 전부였다.

만약 직원들이 아마존에서의 성과가 좋지 못하고 몇 년 내에 일자리를 잃게 된다면, 그들은 보상 주식을 전혀 받을 수 없고, 매년 비례해서 지급되는 계약 보너스 중에서 남은 액수도 수령할 수 없게 된다. 그리고 만약 아마존의 주가가 1년에 15퍼센트 이상 상승해서 직원들이 받게 되는 연간 총 보상금이 원래의 목표를 초과하면, 매년 나눠서 주어지는 보상 주식은 그런 부분을 반영해 비율이 낮춰지거나, 지급 일정이 미래로 늦춰지거나, 아니면 아예 사라질 수도 있었다.

곧 아마존의 주가가 15퍼센트 이상 상승한 다음 연도가 되면, 많은 직원은 보상의 완전한 '절벽'이라고 부르는 상황을 마주한다는 것을 의미했다. 그들은 업무에서는 목표를 초과해 잘 수행하더라도, 그들이 받게 되는 보상 주식의 양은 급격하게 줄어들었다. 이는 크리스 러프

같은 유능하고 경험 많은 아마존의 임원들이 다른 곳에서 기회를 찾아 회사를 떠나는 또 하나의 이유이기도 했다. (베이조스는 자신의 기본 급여로 1년에 8만 2,000달러를 받았고, 창업 초기부터 소유하고 있던 거액의 지분 이외에는 별도의 주식 관련 보상은 받지 않았다. 그의 막대한 부는 순전히 아마존의 주가가 꾸준히 상승했기 때문이다.)

베이조스는 어떤 측면에서는 이 모든 것이 아마존을 인기 없는 직장으로 만들 수도 있다는 것을 이해하고 있었다. 그러나 그는 또한 사람들이 많은 관심을 갖는 '가장 일하고 싶은 직장' 같은 언론의 설문조사에서 주로 고려하는 호화로운 보상, 무제한 휴가 일정, 무료 식사 및 마사지 제공 같은 특혜가 직원들이 일터에 쏟아붓는 열정이나 열심히 일하는 목표와는 거의 관계가 없다고 생각했다. 이에 대해 니커크는 이렇게 말했다. "그가 언젠가 제게 이렇게 말했습니다. '만약 우리 회사의 이름이 〈미국에서 가장 일하기 좋은 직장 100곳〉에 오른다면, 당신이 이곳을 망친 겁니다'라고 말입니다." (안타깝게도 아마존은 이제 곧 이런 리스트의 주역이 된다.)[79]

니커크가 2015년에 은퇴할 준비를 하고 있었는데도, 아마존은 이 노병에게 한 가지 임무를 더 맡겼다. 〈뉴욕타임스〉에 문제의 기사가 실리고 베이조스가 회사 전 직원에게 이메일을 보낸 이후에 250명 정도의 직원이 CEO와 인사 부서에 자신들이 겪은 끔찍한 이야기를 직접 보냈는데, 이러한 제보 내용을 모두 니커크에게 전달한 것이다. 이후 4개월 동안, 그는 이러한 이야기들을 한자리에 모아 검토한 후에, 이렇게 제기된 문제들을 시정하기 위해 회사가 조치할 수 있는 10가지 방안을 제안했다. 예를 들면 그는 모든 리더는 개인적인 문제 때문에 업무에 지장이 있을 수도 있는 직원을 세심하게 관리하는 방법을 배우기 위해 '좋지 않은 일이 일어났을 때(As Life Happens)'라고 부르는 강좌를 들어야 한다고 했다.

니커크는 이 문서를 읽은 동료들이 20주년을 맞이한 이 회사를 괴롭히는 기업 문화와 관련한 어려움을 분석한 내용 가운데 최고라고 말했다고 회상한다.

그러나 이 문서는 더 이상 발전하지 못했고, 아마존의 변호사들이 그것을 사장시켰다. 그들은 베이조스의 요청을 받아 직원들이 자발적으로 작성해서 제보한 그 이야기들이 일방적이며 검증되지 않은 내용이라고 주장했다. 변호사들은 그 권고안이 '독이 든 나무에서 열린 과일'이라고 말했다. 니커크는 얼마 지나지 않아 은퇴했고, 그의 보고서는 결코 S팀까지 전달되지 않았다.

그럼에도 〈뉴욕타임스〉의 보도 이후, 아마존은 몇 가지 변화에 착수했는데, (조금 미심쩍기는 하지만) 그들은 기사와는 관계없이 이미 예전부터 그러한 변화를 추진해왔다고 말했다. 베이조스는 그 기사에 대해 공개적으로 방어적인 태도를 보였지만, 그는 그러한 비판에 귀 기울일 만한 측면이 있으며, 스타트업의 미친 듯한 속도를 지원하기 위해 만들어진 문화가 23만 명의 직원을 거느린 거대한 조직에 걸맞은 형태로 발전해야 한다는 점에 대해서는 개인적으로 인정하는 것처럼 보였다.

예를 들어 스택 랭킹 관행이나 각 팀에 인력 감원 목표를 설정하는 제도는 대부분 폐기되었다. 관리자들은 더 이상 누구를 해고할지 고민하는 골치 아픈 시간을 갖지 않아도 되었다. 직원들에게는 심지어 갓입사한 신입에게도 원하면 언제든지 업무를 바꿀 기회가 주어졌는데,

덕분에 그들은 원하지 않는 상사와 함께 일하는 것을 피할 수 있었다. 이 때문에 관리자들은 자신의 직원들을 더욱 세심히 배려해야만 했다. 아마존은 또한 직원들이 성과 개선 프로그램의 대상이나 해고 위기에 처했을 때 이를 다시 판단할 수 있는 내부적인 항소 절차를 마련했다.[80]

회사는 또한 독특한 육아 휴직 프로그램을 도입했는데, 이에 따르면 직원들은 육아 휴직 기간을 12개월 동안 여러 차례 나누어 사용하거나, 배우자의 직업에서 그런 혜택을 제공하지 않는다면 육아 휴직을 양도할 수도 있었다. 그들은 또한 산모들이 출장을 갔을 때 모유를 냉장해 집으로 보내주는 서비스인 밀크 스토크(Milk Stork)의 비용을 지원하는 등 소규모 변화들도 시행되었다. 〈뉴욕타임스〉의 보도 이후, 어느 여성 임원은 이렇게 말했다. "우리는 인간적인 결정을 내릴 수 있는 훨씬 더 많은 자유를 얻었습니다."

가장 커다란 변화는 아마도 아마존의 10년 된 성과 평가 시스템이었다. 이전의 시스템에서는 노동자 한 명에 대해 모든 동료가 장문의 평가서를 작성해 그 직원의 직속 관리자에게 보내야 했고, 그 관리자는 다시 그것을 그 직원과의 일대일 대화를 위한 하나의 평가 자료로 정리했다. 그러나 그 대화는 노동자의 단점을 둘러싼 지루한 말싸움으로 끝나는 경우가 많았다. "아마존 직원들을 대상으로 설문조사를 한 결과 우리는 90퍼센트의 직원이 성과 평가 이전보다 이후에 업무에 대한 의욕이 저하된다는 사실을 발견했는데, 심지어 최고의 직원들도 마찬가지였습니다." 인사 담당 수석 부사장인 베스 갈레티의 말이다. 그녀는 〈뉴욕타임스〉에 기사가 실리고 몇 달이 지난 후에 인사 부문의 책임을 맡았는데, 이후에 그녀는 직원 평가 프로세스를 "급진적으로 간소화하라"는 요구를 받았다.

이렇게 개선된 성과 평가 시스템에서는, 동료들과 관리자들은 직원이 가진 '초인적인 능력'을 60개의 단어로 설명하고, 다음 연도를 위한 '성장 아이디어'에 대해서도 60개의 단어로 기술해야 했다. "그러한 변화의 취지는 모두 앞을 내다보고 동기를 유발하기 위해서였습니다." 갈레티의 말이다.

베이조스 또한 과거의 프로세스가 지나치게 부정적으로 변질됐다는 점을 인정했는데, 아마존의 굵직한 투자자들과 비공개로 만난 자리에서 그것의 결함을 문득 알게 되었다며 이렇게 설명했다. "여러분이 1년에 한 번 아내와 자리에 앉아 이야기한다고 상상해보십시오. 여러분은 그녀가 가진 온갖 매력에 대해 말을 하고, 마지막에 이렇게 한마디를 덧붙입니다. '그런데 당신은 조금 뚱뚱해.' 그러나 그 대화 전체를 통틀어 그녀의 머릿속에 남는 건 오직 그 한마디뿐입니다."

그 자리에 있던 투자자 한 명에 따르면, 베이조스는 그 핵심을 다음과 같이 말하면서 웃음을 터트렸다고 한다. "우리는 직원들에게 그들이 뚱뚱하다는 사실을 말하지 않는 성과 평가 시스템을 원했습니다."

기업 문화는 과거의 성공과
실패 사례로 만들어진다

———

2015년 말이 되자, 아마존의 상승세에 대해서는 의심할 여지가 전혀 없었다. 회사는 앤디 재시가 이끄는 성공적인 AWS 부문의 매출이 69퍼센트 상승하면서 3분기 연속으로 이익을 기록했다는 사실을 공시했다. 아마존의 시가총액은 1년 사이에 두 배나 증가하여 3,150억 달러에 달했다. 스티브 발머를 비롯해 그들을 회의적인 시각으로 바라보던 사람들에게는 굴욕적인 한 해였다. 동시에 아마존은 역사상 가장 빠른 속도로 연간 매출액 1,000억 달러를 돌파한 기업이 되었다. 이는 베이조스를 비롯한 S팀이 오랫동안 추구해온 목표를 달성한 것이었다.

이듬해 4월에 투자자들에게 보내는 연례 서신에서, 베이조스는 이러한 기록들을 자랑스럽게 알리며 아마존의 기업 문화에 대한 논쟁을 결론 내리고자 했다. 그는 이렇게 썼다.

사람들은 기업의 문화에 대해서 글을 쓸 수는 있습니다. 그러나 그렇게 한다는 건, 그 문화를 공개하고 적발하는 것이지, 그것을 창조하는 것은 아닙니다. 기업 문화라는 것은 구성원들에 의해, 그리고 여러 일을 거치면서 천천히 만들어지는 것입니다. 그리고 기업의 전통에서 심층적인 부분을 이루는 과거의 성공과 실패 사례들로 만들어지는 것입니다.

2015년에 일어난 일련의 사건들은 이미 풍부한 그들의 이야기에 더해질 것이다. 12개월이라는 중요한 시간을 거치면서 세상의 시선에 비친 아마존의 이러한 극적인 변신은 창업자 자신에 대한 이미지의 변화와도 일치하는 것이었다. 그는 이제 효율성이라는 측면에서는 의심할 여지가 없는 문화를 구축한 기업의 주인이었다. 그는 킨들과 알렉사를 창조한 천재적인 발명가이며, 거대한 수익을 창출하는 기업용 컴퓨팅 플랫폼을 만든 다재다능한 CEO이기도 했다. 그는 아마존을 다루는 대부분의 언론 보도에 계속 의심을 품었다. 그러나 동시에 예상 밖에 발생한 일련의 사건들을 거치면서, 제프 베이조스는 이제 언론의 자유에 대한 열렬한 수호자로 알려지고 있었다.

Chapter 05

민주주의는 어둠 속에서 죽는다

트럼프와 베이조스의 트위터 설전

———

도널드 트럼프가 〈워싱턴포스트〉에 맞서 장광설을 늘어놓게 만든 것
은 도대체 무엇이었을까? 그것은 아마도 미국 3위의 신문사인 〈워싱턴
포스트〉가 트럼프의 대통령 선거운동을 몇 개월 동안이나 비판적으로
보도해왔기 때문일 수도 있다. 아니면 〈워싱턴포스트〉의 글렌 케슬러
(Glenn Kessler) 기자가 2015년 12월 7일에 '팩트 체커(Fact Checker)'라는 코
너에 게재한 칼럼 때문일 수도 있다. 이날 조간에서 기자는 당시 공화
당 후보인 트럼프가 9·11 이전에 이미 오사마 빈 라덴(Osama bin Laden)
이 가하는 위협을 예견했다는 터무니없는 주장을 면밀하게 검토했다.
트럼프는 테네시의 녹스빌(Knoxville)에서 진행된 선거 유세에서 이렇
게 선언했다. "저는 오사마 빈 라덴을 예측했습니다. 저는 테러 공격
을 예측했습니다. 저는 그걸 느낄 수 있습니다. 부동산 중개업에서 좋

은 입지가 어디인지 알 수 있는 것처럼 말입니다."[81] 이러한 주장에 대해 케슬러는 트럼프에게 최고의 허위에 해당하는 '피노키오 4개(four Pinocchios)' 등급을 부여했다.

미국 동부 시간 기준으로 오전 7시가 조금 지난 시각, 트럼프는 다음처럼 연달아 트윗을 날렸다. 그 대상은 아마존닷컴과 〈워싱턴포스트〉, 그리고 그 소유주인 제프 베이조스였다.

도널드 트럼프 @realDonaldTrump

재산을 탕진한 〈워싱턴포스트〉(@washingtonpost)는 제프 베이조스(@JeffBezos)가 수익도 제대로 내지 못하는 회사인 아마존(@amazon)의 세금을 낮추기 위한 목적으로 소유하고 있다.

🐦 오전 7:08

도널드 트럼프 @realDonaldTrump

〈워싱턴포스트〉(@washingtonpost)는 (추정상) 돈을 탕진해서 소유주인 제프 베이조스(@JeffBezos)에게 아마존(@Amazon)의 세금을 아껴 대중을 조작할 수 있는 힘을 주었다! 그곳은 거대한 조세 피난처다.

🐦 오전 7:18

도널드 트럼프 @realDonaldTrump

만약 아마존(@amazon)이 적정한 세금을 냈다면, 그들의 주가는 곤두박질쳐서 주식은 휴지조각이 될 것이다. 〈워싱턴포스트〉(@washingtonpost)라는 사기꾼들이 그들을 지켜주고 있다!

🐦 오전 7:22

트럼프의 주장은 빈 라덴에 대한 허풍만큼이나 근거가 빈약했다.

〈워싱턴포스트〉의 재무 성과는 아마존의 법인세에는 아무런 영향을 주지 못했다. 베이조스는 위기에 처한 이 신문사를 2013년 8월에 2억 5,000만 달러의 비용을 들여 개인적으로 인수했으며, 아마존과는 별개로 유지하려고 노력했다. 그러나 공화당의 기회주의적인 후보가 그 둘 사이의 독립성을 유지하려는 베이조스의 신중한 태도를 짓밟았다.

그날 오전, 나라 맞은편의 시애틀에서* 베이조스는 글로벌 법인 업무 담당 수석 부사장인 제이 카니에게 이메일을 보냈다. 그의 반응에서는 제프 베이조스가 이모티콘을 좋아한다는 놀라운 사실이 드러났을 뿐만 아니라 흥미로운 언쟁의 출발점이 되었다. 그 이메일은 몇 년 뒤에 나에게도 포워딩되었다.

✉ 보낸 사람: **제프 베이조스**
✉ 받는 사람: **제이 카니**
✉ 제목:　　**트럼프의 트래시 토크**

트럼프가 방금 아마존/나/〈워싱턴포스트〉에 대해 트래시 토크를 했어. 내가 재치 있게 응수해야 할 것 같아. 그냥 넘어가고 싶지 않아. 무서운 대통령이 될 수도 있는 이 남자의 기를 꺾기 위해 (애국자로서의 의무이자) 나의 역할을 할 수 있는 유익한 기회야. 나는 트래시 토크에는 재능이 없지만 배워보고 싶어. :) 괜찮은 아이디어 있어?

그리고 마침 오래전부터 일정이 잡혀 있던 독일 언론들과 인터뷰를 해야 하는데, 그들이 아마 그것에 대해 물어볼 거야.

---

* 워싱턴 D.C.는 미국 동부에, 시애틀은 서부에 있다.

회사로서는 마음에 들지 않는 (예를 들면 그들 중 대부분이 좋아하지 않는) 아마존에 대한 기사를 쓰는 언론을 상대하는 카니의 스타일은 상당히 전투적이었다. 베이조스는 언론의 비판에 섣불리 대응했다가는 오히려 공세의 불씨만 더욱 키울 뿐이라고 생각했지만, 카니는 그를 설득해서 〈뉴욕타임스〉에 실린 아마존의 기업 문화에 대한 폭로기사 같은 보도에 적극적으로 도전하게 만들었다. 그러나 도널드 트럼프와 관련한 문제가 닥치자, 정치에 정통한 카니는 이것이 실리 없는 게임이라는 점을 인식하고 베이조스에게 거리를 두라고 조언했다.

> ✉ 보낸 사람: **제이 카니**
> ✉ 받는 사람: **제프 베이조스**
> ✉ re: 제목: **트럼프의 트래시 토크**

우리는 많은 논의를 했고, 〈워싱턴포스트〉와 아마존이 서로 연관이 없다는 점을 기자들에게 확실히 알리기로 결정했습니다. 그는 한 번의 트윗으로 언론사와 대기업을 맹비난함으로써 불만을 가진 유권자 기반을 공략하고 있습니다. 정치적으로 그에게는 자신이 말하는 것이 전부 거짓이라는 점은 중요하지 않습니다. 저 역시 당신이 그를 때려눕히기를 바라지만, 개인적으로는 당신이 그에게 트래시 토크로 응수하는 것은 오히려 그를 도와주는 형세가 될 거라고 생각합니다. 그와 관련한 싸움이 벌어질 때마다, 그것은 그의 선거운동에 더욱 활력을 불어넣을 뿐입니다.

만약 독일 언론이 당신에게 (그것을) 물어보면, 이렇게 말하는 것이 좋겠습니다. '아마존과 〈워싱턴포스트〉가 완전히 별개의 회사라는 것을 당신도 알 것입니다. 저는 그가 무슨 말을 하는지 모르겠습니다.'

지난 몇 년 동안이라면, 베이조스는 카니의 조언에 적극 동의하며 침묵을 지켰을 것이다. 그러나 이번에는 그들의 입장이 뒤바뀌었다. 당시 트럼프의 공격 대상에는 공화당의 대통령 경선에 나선 경쟁 후보들과 유명한 언론인들, 그리고 배리 딜러(Barry Diller) 같은 주요 기업인들까지 망라되어 있었다. 베이조스는 그처럼 특별한 클럽에 합류하고 싶은 것처럼 보였고, 트럼프의 부정확한 주장에 맞서 자신의 신문사를 지켜내고 싶어 했다.

📧 **보낸 사람:** **제프 베이조스**

📧 **받는 사람:** **제이 카니**

📧 **re: 제목:** **트럼프의 트래시 토크**

정말로 좋은 충고지만, 이번에는 내가 그걸 무시해도 좋겠어! :) 자네들이 몇 가지 좋은 생각을 떠올려보고, 구체적으로 어떻게 하면 좋을지 살펴보자고.

이후 몇 시간 동안 카니는 아마존의 PR 부문 부하직원인 드루 허드너(Drew Herdener), 크레이그 버먼, 타이 로저스(Ty Rogers)와 이메일을 교환하고 전화통화를 하면서 브레인스토밍을 했다. 그들은 아마존과 〈워싱턴포스트〉가 "트럼프의 가르마처럼 서로 갈라져 있다"고 선언하는 것을 고려했다가 폐기했다. 버먼은 베이조스가 설립한 우주 개발 기업인 블루오리진(Blue Origin)이 만드는 우주선에 트럼프를 위한 자리를 예약해놓자는 아이디어를 제안했는데, 이는 제3의 기업을 끌어들여 간접적으로 비판한다는 기발한 발상이었다. 카니는 이 아이디어가 마음에 들었고, 베이조스에게 의견을 전달했다. 베이조스는 트럼프의 거친 비난에 '무시당했다'고 느끼는 자신의 기분을 포함해달라고 요청했다.

그날 오후 내내 정확한 단어 선택을 위한 논쟁이 벌어졌고, 블루오리진의 우주선 발사 영상을 링크시킨다는 결정이 내려졌다. 그리고 마침내 타이 로저스는 베이조스의 트위터 계정에서 다음과 같은 대응을 내놓았다.

제프 베이조스 @JeffBezos

드디어 도널드 트럼프(@realDonaldTrump)에게서 트래시 토크를 받았다. 그래도 블루오리진의 로켓에 그를 위한 자리를 예약해둘 것이다.
#sendDonaldtospace(트럼프를 우주로 보내자)
http://bit.ly/1OpyW5N

🐦 오후 3:30

당연하게도 혼란스러운 설전이 벌어졌다. 트럼프는 격앙된 반응을 보였는데, 한 텔레비전과 한 인터뷰에서 그는 베이조스가 정치적인 영향력을 이유로 〈워싱턴포스트〉를 인수했다는 혐의를 제기했으며, 만약 자신이 당선되면 아마존은 "상당한 문제에 직면할 것"[82]이라고 공언했다. 이후에도 그는 〈워싱턴포스트〉의 정당성을 깎아내리려는 노력에 공을 들였는데, #AmazonWashingtonPost라는 해시태그를 만들었다.

제프 베이조스도 이제 이러한 정치적 싸움에 본격적으로 뛰어들었다.

〈워싱턴포스트〉의 저널리즘에 대한
책무를 지켜줄 사람

"제가 왜 〈워싱턴포스트〉를 인수할 후보가 되어야 합니까? 저는 신문 산업에 대해 아무것도 모릅니다."

〈워싱턴포스트〉를 대신하여 찾아온 투자은행들을 만난 자리에서 제프 베이조스는 이런 무관심한 표현으로 자신의 경력에서 가장 빛나는 페이지의 한 장을 시작했다. 〈워싱턴포스트〉는 당대에 가장 성공한 기업인이자 조직에 관한 이론가로서 베이조스의 명성을 더욱 넓혀주고 강화해주었다.[83] 그의 경영 관행은 단지 빠르게 성장하는 기술 기업만이 아니라 그 외의 조직에도 충분히 잘 적용될 수 있기 때문이었다.

당시 〈워싱턴포스트〉는 존경받는 그레이엄 가문의 소유였으며, 이 신문의 전설적인 발행인인 캐서린 그레이엄(Katharine Graham)의 아들 도널드 그레이엄(Donald Graham)이 경영하고 있었다. 그러나 이미 오랫동안 재정적인 기반이 불안정한 상태였다. 그들은 국내 정치에 특화된 워싱턴 D. C.의 지역 신문 수준에 머물러 있었다. 그리고 지역 광고는 인터넷으로 옮겨가고 있었고, 안내 광고 분야는 크레이그리스트(Craigslist) 같은 웹사이트에 잠식되고 있었다. 2008년의 금융위기는 그러한 기반을 더욱 약화시킬 뿐이었다. 매출액은 7년 연속 하락했기에, 도널드 그레이엄이 즐겨 말하듯 '정신을 집중해야'[84] 하는 상황이었다.

그레이엄은 도널드라는 이름으로 불리며 직원들과 친하게 지냈고, 저널리즘의 책무에 대한 열정으로 〈워싱턴포스트〉의 편집국 내부에서 많은 사랑을 받았다. 그러나 그의 이러한 세심한 시선 아래에서, 〈워싱턴포스트〉는 교착상태에 빠져 있었다. 그레이엄은 2005년에 당시만 해도 초기 단계인 페이스북(Facebook)에 투자하기로 마크 저커버그(Mark Zuckerberg)와 합의했는데, 이후 그는 저커버그가 그러한 합의를 철회하고 실리콘밸리의 벤처캐피털인 액셀(Accel)에서 기업가치를 더욱 높게 평가받아 투자받도록 양해해주었다. 회사가 돈벼락을 맞을 수도 있는 역사적인 기회를 몰수당했지만, 그레이엄은 페이스북의 이사회에 참여해 이후 몇 년 동안 저커버그에게서 인터넷의 콘텐츠는 무료여야 한다는 설교를 주의 깊게 들었다. 경쟁지인 〈뉴욕타임스〉같은 주요 언론사들이 2011년부터 페이월(paywall)*을 도입했지만, 〈워싱턴포스트〉는 이러한 트렌드에 뒤늦게 합류했다. 그러나 〈워싱턴포스트〉의 페이월에는 허점이 많았고, 독자들은 얼마든지 그것을 피해 갈 수 있었다.

---

* 콘텐츠의 일부만 무료로 공개하는 정책.

2013년이 되자, 워싱턴의 한복판인 15번가 NW 1150번지에 있는 20세기 중반에 콘크리트로 지은 네모반듯한 〈워싱턴포스트〉 본사는 온통 음울한 분위기에 휩싸여 있었다. 한때는 수익성이 좋았던 캐플런(Kaplan)이라는 교육 부문도 사기가 횡횡하던 영리 교육산업에 대한 과도한 규제로 거의 사멸 직전이었다. 한때는 천여 명의 기자로 북적이던 편집국에는 정리해고의 칼바람이 몰아쳐 600명 규모로 감축되었다. 회사와 편집국 사이에는 불신이 깊어지면서 사기도 저하되었다. 회사는 미국 전역과 해외 뉴스에 투자하거나 전국적으로 배포할 만한 자원이 없었기에, 어쩔 수 없이 지역 신문이라는 굴레를 쓰고 있었다. 나날이 악화하는 미국의 경제 상황에서도 자유로울 수 없었다. 그래서 그레이엄은 신문사를 매각한다는 데 동의했다.

〈워싱턴포스트〉의 임원들은 이 신문의 저널리즘에 대한 책무를 지켜줄 수 있고, 부유하면서도 기술 분야에 대한 지식이 풍부한 사람을 물색했다. 제프 베이조스는 이베이 설립자인 피에르 오미다이어(Pierre Omidyar) 같은 인터넷 분야의 다른 자산가들과 함께 후보 명단의 최상위에 있었다. 베이조스가 〈워싱턴포스트〉를 대신해 찾아온 투자은행에 보인 초기의 반응, 그리고 오랜 친구이기도 한 그레이엄과 가끔씩 나누는 대화의 분위기는 냉담했다.

2013년 7월, 앨런앤컴퍼니(Allen & Company)가 주최하는 연례 선밸리 콘퍼런스(Sun Valley Conference)에서 베이조스가 그레이엄에게 따로 개인적으로 만나자고 요청했다. 그제야 그레이엄은 베이조스가 자신에게 다가온 기회를 면밀히 조사했으며, 이전에 대화를 나누었을 때보다 더욱 큰 관심을 갖게 되었다는 사실을 깨달았다. 두 사람은 짤막하게 회담을 했고, 베이조스는 그레이엄이 초기에 인수 가격으로 제시한 2억 5,000만 달러의 금액과 현금 지불 등의 조건을 수락했다. 아마존의 설립자인 그는 회사를 통해서가 아니라 개인적으로 이 신문사를 인수했다.

베이조스는 〈워싱턴포스트〉의 소유주로서 플라토닉한 이상형이었다. 무한한 자원을 가진 리더였고, 디지털 혁신가로서는 이미 명성이 자자했으며, 그리고 자신이 한번 관여한 것이라면 무엇이든 책임지는 신뢰의 상징이었다. 그는 신문의 편집권은 독립적이라는 사실을 확고하게 천명했고, 다른 어떠한 정치적인 의도로 활용하는 것에는 거의 관심을 보이지 않았다. 그해 가을, 논설실장인 프레드 하이아트(Fred Hiatt)가 "언론사주가 신문의 논설을 통해 자신의 세계관을 반영하는 것은 완벽하게 합법적"[85]이라고 설명하면서 사의를 표명했지만,[86] 베이조스가 이를 거절했다.

베이조스는 미디어 산업에 전통주의적인 견해를 갖고 있었다. 그해 9월 15번가의 사옥에서 〈워싱턴포스트〉의 직원들에게 한 첫 연설에서, 그는 뉴스, 문화, 연예 기사가 모두 하나로 모인 '한 묶음(the bundle)'을 신문이라고 생각한다고 말했다. 그는 또한 다른 언론들이 힘들게 만든 뉴스를 요약해서 보여주는 〈허핑턴포스트(Huffington Post)〉 같은 애그리게이터(aggregator)* 서비스가 인기를 얻는 실태를 한탄했다.[87] 그러나 그는 이 신문이 워싱턴이라는 지역에 대한 야심을 떨쳐버려야 하며, 인쇄판의 우선순위를 낮추고 온라인에서 더욱 야심찬 미래를 추구해야

---

* 정보 취합 서비스.

한다는 주장을 펼치는 데는 거리낌이 없었다. 그는 새로운 임직원들에게 이렇게 말했다. "여러분은 오프라인 인쇄 산업이 구조적인 하락세라는 사실을 인정해야 합니다. 여러분은 그 사실을 받아들이고 앞으로 나아가야 합니다. 어떤 기업이든 종말이 임박했음을 알리는 징후가 있다면, 그것은 바로 과거의 영광을 미화하는 것입니다. 예전에 얼마나 화려했는지는 관계없습니다. 특히 〈워싱턴포스트〉 같은 기관은 더욱 그렇습니다."[88]

그들의 새로운 주인은 과거의 규율에서 벗어날 준비가 되어 있었다. 그리고 베이조스가 그해 가을에 시애틀에서 자신과 함께 주말을 보내자며 〈워싱턴포스트〉의 경영진을 초청했을 때, 그는 지적인 면모의 편집장인 마티 배런(Marty Baron)도 함께 오기를 원했다. 배런은 〈보스턴글로브(Boston Globe)〉 편집장을 지냈으며, 영화 〈스포트라이트(Spotlight)〉의 실제 주인공이기도 하다. 베이조스는 "만약 레스토랑을 바꾸려면, 그곳의 셰프와 이야기를 나누어야 한다"는 걸 이유로 들었다.

배런은 발행인이자 CEO인 캐서린 웨이머스(Katharine Weymouth), 회장인 스티브 힐스(Steve Hills), 최고정보책임자(CIO)인 샤일리시 프라카시(Shailesh Prakash)와 함께 미국을 가로지르는 이 여정에 합류했다. 첫날 밤, 그들은 레이크 유니언이 내려다보이는 화려한 전망의 고급 레스토랑 캔리스(Canlis)에서 베이조스와 함께 식사를 했다. 식사 도중 그들은 호수 위로 완벽한 쌍무지개가 뜨는 것을 보았다. (훗날 〈워싱턴포스트〉에서는 모바일 매거진 형식의 전국판 서비스를 출시하는데, 그 이름이 바로 레인보우(Rainbow)라는 앱이다.)

다음 날 아침, 그들은 워싱턴호의 호숫가에 있는 2,700m²(약 820평)에 달하는 베이조스의 자택에서 매켄지를 비롯해 아이들 네 명을 만났다. 베이조스가 모두에게 아침식사로 팬케이크를 만들어주었다. (이후 〈워싱턴포스트〉의 경영진 그룹은 자신들을 '팬케이크 그룹'이라고 불렀다.) 〈워싱턴포스트〉의 편집 및 비즈니스 전략을 하루 종일 검토하는 동안, 베이조스는 휴대전화를 단 한 번도 들여다보지 않았다. 만약 그의 마음속에 다른 것이 있었다면, 그는 그것을 완전히 다른 곳에 넣어두었을 것이다.

이후 몇 년 동안, 그의 친구들은 〈워싱턴포스트〉를 인수한 것을 두고 가끔 놀리는 경우가 있었다. 그의 고등학교 친구인 조슈아 와인스타인 (Joshua Weinstein)은 이렇게 말했다. "이런 농담을 했습니다. '제프, 매켄지가 신문을 갖고 오라고 말했을 때는 신문 1부를 말한 거야'라고 말이죠." 그리고 그와 인터뷰를 하는 이들이나 동료들도 늘 이런 질문을 던졌다. 그는 도대체 왜 디지털 시대에 뒤처지는 유물인 신문사를 인수했을까?

아마도 아마존의 주가와 함께 그의 자산도 치솟으면서, 베이조스는 자신이 가진 자원을 강력한 독립 언론을 수호하는 것과 같은 뭔가 가치 있는 일에 쓸 수 있다는 점을 깨달았을 수도 있다. 〈워싱턴포스트〉를 구하는 것은 단지 친구인 도널드 그레이엄을 돕는 것만이 아니었다. 그것은 미국의 언론계에는 상당히 의미 있는 일이 될 것이며 미국이라는 나라와 민주주의에도 상징적으로 공헌하는 일이 될 것이다. 그러나 이러한 질문에 대한 그의 공개적인 답변은 생각보다 상당히 단순하면서도 솔직했다. 베이조스는 몇 년 후에 개최된 어느 무대 행사에서 악셀스프링거(Axel Springer)의 CEO인 마티아스 되프너(Mathias Döpfner)와 대담을 나누었다. 이 자리에서 그는 이렇게 말했다. "서양 세계에서도 가장 중요한 수도에서 발행되는 가장 중요한 신문입니다. 구해주지 않으면 미칠 것 같았습니다. 만약 제가 여든 살이 되어 그 결정을 돌이켜보더라도, 저는 아주 행복할 것입니다."[89]

인수 1년 후, 정치 뉴스 사이트인 폴리티코(Politico)의 공동 설립자 프레드 라이언(Fred Ryan)이 아마존의 데이원 노스 건물에서 함께 아침식사를 하던 도중에 베이조스에게 같은 질문을 던졌다. 이 대화를 통해서 베이조스는 〈워싱턴포스트〉의 CEO 겸 발행인 캐서린 웨이머스를 대신해 라이언을 고용하게 된다. 로널드 레이건 전 대통령의 보좌관이었던 라이언은 베이조스에게 〈워싱턴포스트〉를 찬사하는 내용의 이메일을 자진해서 보낸 이후에 시애틀로 초청받았다. 그는 이후에 회상하길, 당시에는 이런 생각이 들었다고 한다. "부유한 사람들이라면 열정적으로 장난감을 수집할 수도 있고, 때로는 자체 언론을 소유해 영향력을 행사하고 싶을 수도 있겠다고 말입니다."

베이조스는 의외의 대답으로 그를 놀라게 했다. "제가 그의 대답을 기억하는 이유는, 그가 지금까지도 그러한 믿음을 간직한 채 살아왔기 때문입니다. 그는 우리 사회와 민주주의가 건강하기 위해서는 강력하면서도 독립적인 언론을 갖는 것이 필수적이라고 생각한다고 말했습니다." 라이언의 말이다.

아마존 스타일의 〈워싱턴포스트〉

———

만약 팬케이크 그룹의 구성원들이 제프 베이조스가 걷잡을 수 없을 만큼의 거액을 지출함으로써 〈워싱턴포스트〉를 구해줄 거라는 공상을 하고 있었다면, 베이조스는 그들의 기대를 빠르게 저버린 셈이었다. 2015년 초, 그들은 다시 시애틀로 출장을 가서 베이조스에게 이 신문사를 위해 앞으로 4년 동안 1억 달러 이상의 손해를 감수하도록 요청하는 다년간의 운영 계획안을 제시했다. 베이조스는 이 계획안을 즉시 묵살했다. "네, 저는 거기에 관심 없습니다." 그 자리에 참석한 한 명이 기억하는 그의 절제된 반응이었다.

　이 회의 이후, 베이조스는 프레드 라이언과 마주 앉아 이 신문사를 무한한 자원을 가진 누군가의 취미 활동이 아니라, 제대로 기틀을 갖춘 독립적인 사업체로 운영하기 위한 계획에 대해 열띤 토론을 했다.

이후 몇 년 동안, 이 신문사에서는 인쇄 광고 부문을 겨냥한 일련의 조용한 정리해고가 진행된다. 그리고 그렇게 감축된 인력은 비록 소규모지만 무시할 수 없는 숫자의 디지털 미디어 전문가들을 채용함으로써 일부 상쇄되었다.

〈워싱턴포스트〉가 스스로의 능력으로 운영되기를 바라는 것 이외에도, 베이조스는 자신의 체계적인 비즈니스 철학의 요소들을 신문사에 적용했다. 그는 기술의 전면적인 수용, 신속한 실험, 비관적인 절망이 아니라 인터넷이 가진 기회라는 낙관론을 설파했다. "여러분은 인터넷 때문에 이 모든 고통을 겪고 있지만, 아직 그것이 가진 선물을 제대로 즐기지 못하고 있습니다. (인터넷에서는) 배포가 무료이며, 어마어마한 수의 잠재 독자가 있습니다." 베이조스가 새롭게 자신의 직원이 된 이들에게 한 말이다.

그의 첫 번째 아이디어들 중 하나는 다른 신문을 구독하는 사람에게 〈워싱턴포스트〉의 온라인 서비스를 무료로 접속할 수 있게 한다는 것이었다.[90] 〈톨레도블레이드(Toledo Blade)〉나 〈댈러스모닝뉴스(Dallas Morning News)〉 같은 250개 정도의 신문사가 〈워싱턴포스트〉와 새롭게 제휴 프로그램을 체결했다. 이것만으로 신규 구독자가 급증하지는 않았지만, 이 프로그램과 함께 디지털을 애호하는 베이조스 특유의 기질이 더해져 〈워싱턴포스트〉에 대한 새로운 이야기들이 신선한 파도처럼 양산되었다.

베이조스의 또 다른 원칙은 좀 더 가시적인 결과를 낳았다. 그는 언제나 자신의 다양한 비즈니스 부문들 사이를 긴밀하게 '밧줄로 엮을 수 있는' 방법을 찾고 있었다. 공개적으로 밀어붙이지 않도록 조심하면서, 그는 〈워싱턴포스트〉의 임원들을 아마존에서 같은 일을 하는 직원들에게 소개하고, 그들이 서로 이야기하는 게 좋을 것이라고 제안했다. 2014년 가을, 아마존의 파이어 태블릿을 가진 사람들은 이 기기에 미리 설치된 앱을 통해 〈워싱턴포스트〉의 디지털 전국판을 6개월 동안 무료로 구독할 수 있게 되었다. 1년 뒤, 수천 만 명의 프라임 회원도 동일한 혜택을 받게 되었다.

2014년부터 2015년 사이에, 〈워싱턴포스트〉 웹사이트와 앱의 순 방문자(unique visitor)는 56퍼센트 증가했다. 2015년 10월, 〈워싱턴포스트〉는 월간 순 방문자 수치에서 〈뉴욕타임스〉를 잠시나마 앞서기도 했다. 경쟁자를 폭격하고 아군을 결집시킬 수 있는 기회를 잡은 베이조스는 CBS의 〈디스 모닝(This Morning)〉에서 〈워싱턴포스트〉가 "새로운 기록의 신문(new paper of record)*이 되기 위해 노력하고 있다"[91]고 선언했다. 이후 신문은 광고를 통해 이렇게 선언했다. "〈워싱턴포스트〉를 미국의 새로운 기록 매체로 만들어주셔서 감사드립니다."[92]

광고 부문의 인력은 줄였지만, 베이조스는 편집국과 기술 부서의 인력은 체계적으로 늘린다는 데 동의했다. 인수 후 2년 동안, 마티 배런 편집장은 정규직 기자를 140명 충원하여 편집국 인력을 700명 정도까지 늘렸다. 참고로 〈뉴욕타임스〉의 기자 및 편집자 규모는 1,300명 수준이다. 이러한 추가 인력은 주로 전국 뉴스, 정치, 탐사 보도 부문에 집

---

* 언론계에는 '기록의 신문(Newspapers of record)'이라는 표현이 있는데, 이는 독립적인 편집권과 저널리즘에 대한 아주 높은 기준을 갖추고 있으며, 전 세계적으로도 권위와 명성이 있는 신문을 가리킨다. 가장 대표적인 신문이 바로 〈뉴욕타임스〉인데, 제프 베이조스는 이를 어느 정도 의식한 듯 절묘한 언어유희로 '새로운 기록의 신문(new paper of record)'을 만들겠다며, 〈뉴욕타임스〉를 앞지르겠다는 의지를 우회적으로 드러낸 것이라고 할 수 있다.

중되었으며, 비즈니스와 기술 분야의 취재 인력도 충원되었다. 〈워싱턴포스트〉의 이전 체제에서 수익성 저하의 주범이던 지역 뉴스에 할당된 자원은 대체로 제자리걸음 수준이었다.

베이조스는 또한 저널리즘의 프로세스를 간소화할 수 있는 방안에 대해 다소 특이한 생각을 갖고 있었다. 그는 신문사가 뛰어난 필진을 직접 고용할 수 있다면, 굳이 그렇게 많은 편집인이 필요한지 공개적으로 의구심을 가졌다. 배런은 오히려 자신들의 신문사에 더욱 많은 편집인이 필요하다고 응답했다. 베이조스가 그런 질문을 하도 많이 반복하는 바람에, 몇몇 편집인은 유명한 기자들이 작성한 기사의 초고를 베이조스에게 보내기까지 했다. 아마존은 베이조스가 그런 종류의 이메일을 받아보거나 읽은 적도 없다고 말했지만, 그는 결국 배런의 견해에 동의하게 된다.

마티 배런은 베이조스가 언제나 자신의 예상을 저버렸다고 회상했다. 예를 들면 그는 베이조스가 〈워싱턴포스트〉의 홈페이지를 모든 독자에게 개인화하고 싶을 것이라고 추정했다. 그러나 베이조스는 독자들이 이 신문의 웹사이트에 찾아오는 이유에는 그들이 편집국의 판단을 신뢰하는 것도 일부 있다고 말했다. 배런은 베이조스에 대해 이렇게 말했다. "그는 이 신문을 재창조하려고 시도하지 않았습니다. 그는 우리 신문을 특별하게 만들 수 있는 것이 무엇인지 포착하려고 노력했습니다."

그러나 실제로 베이조스는 그 신문의 이면에 있는 시스템을 아마존 스타일의 의식으로 넘쳐나도록 재창조하려고 시도했다. 팬케이크 그룹은 때로는 재무부서와 구독자 배가 부문의 임원들까지 확대되어 운영되었는데, 그들은 동부시간(EST) 기준으로 매주 수요일 오후 1시에 한 시간 동안 베이조스와 통화를 했다. 베이조스는 〈워싱턴포스트〉의 경영진에게 "새로운 것을 가져오라"고 요청했다. 그는 가격 책정의 변화나 신문의 독자 확대 및 매출 신장을 위한 방법을 포함해 모든 것을 보고 싶어 했는데, 이러한 내용은 아마존 스타일의 6페이지짜리 내러티브 문서로 작성되었다. 그러면 베이조스가 세심하게 읽은 다음에 그 내용에 대해 상세한 부분까지 질문을 던졌다.

이는 자신의 팀원들을 창의적이며 혁신적으로 사고하도록 밀어붙이기 위해 설계된 베이조스 스타일의 반복적인 프로세스, 또는 강제 기능(forcing function)이었다. 〈워싱턴포스트〉의 임원들은 베이조스가 단 한 차례를 제외하고는 모든 문서를 사전에 읽었는데, 그 한 차례의 예외적인 상황에서 그는 미리 읽어보지 못한 것을 사과하고는 회의를 시작할 때 조용히 그걸 읽었다고 말했다. 그는 또한 그들에게 일방향 도어와 양방향 도어에 대한 제프의 철학(Jeffism)을 꾸준히 노출시켰다. 곧 실험을 두 배로 늘리면 어떻게 해서 혁신이 두 배가 되는지, 어떻게 해서 '데이터가 위계질서를 무효화'할 수 있는지, 그리고 '정답에 이르는 길은 다양하다'는 것을 보여주었다. 그리고 새로운 아이디어를 가졌지만 자신의 상사가 부정적인 반응을 보이는 직원들은 유망한 아이디어가 초기에 사장되지 않도록 반드시 그것을 다른 상사에게 일러바쳐야 한다는 아마존 사람들의 관념도 소개했다.

〈워싱턴포스트〉의 수많은 전현직 직원이 보기에 베이조스가 눈에 띄게 실수한 것은 단 한 차례였다. 2014년 말, 이 신문사를 인수하기 전의 실사 작업 과정에서 그 자신이 표출한 우려에 대한 대응으로, 그는 장기근속 직원의 퇴직연금을 삭감하고 신규 직원의 퇴직연금은 사측의 부담금이 비교적 적은 직장가입 퇴직연금[401(k)]으로 전환하는 등 〈워싱턴포스트〉의 퇴직연금 제도를 바꾸었다.[93]

기존의 퇴직연금은 완벽하게 안정된 기반을 유지하고 있었는데, 일부는 해당 기금이 워런 버핏(Warren Buffett)의 버크셔해서웨이(Berkshire Hathaway)에 지분을 가지고 있는 덕분이기도 했다. 그럼에도 이렇게 제도를 바꿈으로써 〈워싱턴포스트〉는 장기근속 직원에 대한 의무가 줄어들었고, 현재 근무하는 직원에게는 이 신문사를 평생직장으로 여기며 일해야 할 금전적인 인센티브도 적어지게 만들었다. 베이조스가 기존의 연기금에 손을 대고 〈워싱턴포스트〉 직원조합(Washington Post Guild)에 이중의 적대감을 드러낸 것은, 그가 아마존을 운영하는 방식은 물론이고 호사스런 특혜로 직원을 후하게 대접하는 것이나 노동조합에 대해 그가 오랫동안 품어온 반감과 같은 선상에 있는 것이었다. "우리가 들은 유일한 설명은 베이조스는 자신의 직원들이 일단 문 밖으로 걸어 나가면 회사는 어떠한 책임도 지지 않는다고 생각한다는 것이었습니다." 〈워싱턴포스트〉 필진 한 명의 말이다. (아마존은 이것이 베이조스의 견해를 정확하게 대변하는 것이 아니라고 말했다.)

이러한 조치로 베이조스와 직원조합 사이에 냉랭한 관계가 시작되었다. 몇 년에 한 번씩 험난한 협상을 할 때마다 직원 몇 명이 〈워싱턴포스트〉 사무실 밖에 피켓을 들고 서서 고용계약 변경에 반대하는 시위를 벌였다. 그러나 그들은 여전히 소수의 목소리에 머물러 있었다. 〈워싱턴포스트〉의 직원 상당수는 신문이 다시 살아나게 된 것과 자신들이 베이조스 교파의 정식 구성원으로 남게 된 것을 감사히 여겼다.

오직 도널드 트럼프만이 저 멀리에서 트위터에 수류탄을 던지고 그들의 불협화음에 주의를 기울이며 갈등을 더욱 부추겼다.

도널드 트럼프 @realDonaldTrump

〈워싱턴포스트〉의 직원들은 베이조스가 급여를 충분히 주지 않아 파업을 벌이고 싶어 한다. 내가 보기에는 아주 오랫동안 파업을 벌이는 게 좋은 생각 같다. 직원들은 더욱 많은 돈을 받을 것이고, 우리는 그만큼 더 오랫동안 가짜뉴스를 없앨 수 있을 것이다! 〈워싱턴포스트〉(@WaPo)가 로비스트로 등록이 되어 있던가?

제프 베이조스라는 마법

———

예상대로 베이조스는 〈워싱턴포스트〉의 제품과 기술에 가장 많은 관심을 보였다. 그는 〈워싱턴포스트〉의 최고정보책임자(CIO)로 인도공과대학교 봄베이(IIT Bombay)를 졸업한 샤일리시 프라카시와 협업 관계를 구축하고 이 신문이 실리콘밸리의 다른 수많은 스타트업보다 기술력이 뛰어나다고 추켜세웠다.[94] 그는 웹페이지와 복잡한 그래픽들이 로딩되는 데 걸리는 시간을 몇 밀리초(ms)라도 줄이는 데 집착했다. 그는 또한 독자들이 신문에 실린 이야기에 진심으로 보이는 관심을 측정할 수 있는지, 그리고 어떤 기사가 정말로 '관심을 사로잡는지'[95] 평가할 수 있는 맞춤형 계량분석 기법을 만들어달라고 요청했다.

베이조스가 이 신문을 인수할 당시, 프라카시는 〈워싱턴포스트〉가 온라인 콘텐츠 발행과 블로그, 팟캐스트, 광고 등을 관리할 수 있는 아크 퍼블리싱(Arc Publishing)이라는 콘텐츠 관리 시스템을 개발하고 있었다. 당연히 베이조스는 이러한 기술을 다른 신문사들에 공급한다는 아이디어를 좋아했으며, 프라카시에게 콘텐츠 발행 소프트웨어가 필요한 방송국이나 여느 기업에든 그 제품을 라이선스로 판매하라고 독려했다. 2021년까지 아크 퍼블리싱은 1,400개의 웹사이트에 힘을 실어주었으며, 연간 1억 달러의 매출액을 창출할 정도로 성장하게 되었다.[96]

베이조스와 프라카시의 팀은 또한 8개월 동안 시간을 들여 태블릿용 매거진 형식의 레인보우(Rainbow)라는 앱을 만들었다. 레인보우는 이 신문의 디지털 버전으로, 하루에 두 차례 업데이트되었으며 홈페이지는 따로 없었다. 여기에서는 매거진 형식의 레이아웃으로 기사를 보여주었고, 사용자들은 하나에 2개의 기사가 있는 페이지들을 스크롤하다가 관심 있는 스토리가 있으면 확대해서 들어갈 수 있었다. 프라카시는 베이조스를 이 앱의 '최고제품책임자'라고 설명했다. 프라카시는 베이조스가 '뉴스의 인지 과부하(cognitive news overload)'라는 문제를 해결하는 데 대단히 중요한 목표를 설명했다고 회상했는데, 그것은 마치 하늘을 높이 날아오른 글라이더처럼 독자들이 그날의 주요 사건들을 높은 곳에서 내려다보며 선회하게 한다는 것이었다. 〈워싱턴포스트〉는 2015년 7월에 이 앱을 출시했고, 아마존의 파이어 태블릿에 기본으로 탑재했다.

베이조스는 프라카시에게서 자신과 비슷한 영혼을 발견했다. 그들은 거의 모든 것에 의견이 일치했다. (아마존의 라이벌인) 애플이 〈워싱턴포스트〉에 애플 뉴스플러스(Apple News+)라는 새로운 서비스의 출간 콘텐츠 제공업체로 참여하라고 요청했을 때, 프라카시를 비롯한 팬케이크 그룹의 구성원들은 15억 대에 달하는 아이폰과 아이패드가 가진 엄청난 잠재력을 알아보고는 여기에 합류하는 것의 장점과 단점을 6페이지 분량의 문서로 정리했다. 그러나 베이조스는 이것이 〈워싱턴포스트〉가 자체적으로 제공하는 동일한 가격대의 구독 모델의 기반을 약화할 것이라는 이유로 격렬하게 반대했다. 그래서 〈워싱턴포스트〉는 그 기회를 넘겨버렸다.

〈월스트리트저널〉이 2017년 초에 프라카시를 CTO로 데려가려 했을 때는 베이조스가 그를 설득해 잔류시켰는데, 이 과정에서 그에게 베이조스가 만든 민간 우주 개발 기업인 블루오리진의 자문단에서 별도의 역할을 맡기기도 했다. 토요일이 되면 이따금 프라카시는 비행기를 타고 나라를 가로질러 워싱턴주 켄트로 날아가서는 블루오리진의 공급망 시스템과 관련해서 일을 도왔다. "제프가 가져온 가장 중요한 요소는 실험의 문화입니다. 저희들 중 그 누구도 대형 프로젝트에 돈을 들였다가 망치더라도 감사팀의 조사를 받을 거라는 생각을 하지 않습니다. 우리는 실패를 두려워하지 않습니다." 프라카시의 말이다.

베이조스가 부여한 이러한 재량권은 〈워싱턴포스트〉에는 단지 더 큰 리스크를 감수하는 것 이상의 역할을 했다. 광고 부문을 보면, 세계에서 가장 유명한 비즈니스맨과 단지 가까이에서 일한다는 것만으로도 활기찬 빛을 발하는 것처럼 보였다. 광고팀이 만든 영업용 프레젠테이션에서 대머리의 기획단장이 웃고 있는 얼굴 사진을 표지에서 보여주면, 그다음 페이지부터는 '베이조스 효과'가 거대하게 울려 퍼졌다. 이곳의 광고 담당 임원들은 〈워싱턴포스트〉는 아마존이 소유한 신문사가 아니라는 사실을 거듭 설명했는데도 광고주들이 그 신문에 몰린 이유는 베이조스와 관련이 되었기 때문이라고 말했다. "그런 배경이 다른 무엇보다도 우리에게 더욱 많은 도움이 되었습니다. 그것은 제프 베이조스라는 마법의 일부입니다. 그 사람이 제프 베이조스라는 사실 말입니다." 비즈니스를 담당하는 어느 임원의 말이다.

〈워싱턴포스트〉는 이제 개인 소유의 기업이기 때문에, 재무 관련 정보를 더 이상 공개하지 않았다. 그러나 그 수치에 대한 접근 권한을 갖고 있던 어느 임원에 따르면, 2015년부터 2018년 사이에 광고 매출이 4,000만 달러에서 1억 4,000만 달러로 뛰었으며, 디지털 구독자는 300퍼센트 이상 증가해 사상 최초로 150만 명을 넘어섰다고 한다.[97] (2021년 1월에 마티 배런이 퇴임할 당시에는 그 수치가 300만 명에 이른다.) 이 신문이 2015년에는 약 1,000만 달러의 손실을 냈지만, 그로부터 3년 후에는 1억 달러 이상을 벌어들였는데, 이는 〈워싱턴포스트〉의 경영진이 처음에 제시한 적자 감수 방안을 베이조스가 거절한 것에 비하면 그야말로 놀라운 반전이라고 할 수 있다. 그는 이러한 엄청난 반전을 목격한 후에 팬케이크 그룹에 이렇게 말했다. "이런 일이 이렇게 빨리 일어났다는 것을 믿을 수 없습니다."

분명히 행운도 어느 정도 작용했다. 도널드 트럼프가 대통령으로 집권하는 혼란스러운 시기 동안 정치 뉴스에 대한 관심이 기록적인 수준으로 커졌기 때문이다. 그러나 베이조스 자신과 그의 경영 기법, 그리고 뉴스 산업이 변화하는 현실을 존중하는 그의 태도는 140년 된 이 언론사에 전략적으로 확실한 선명성을 가져다주었다.

〈워싱턴포스트〉를 구하고 나서야
세계 최고의 지도자가 된 베이조스

베이조스가 〈워싱턴포스트〉를 인수한 지 1년 후, 이 신문의 테헤란 주재 기자인 제이슨 레자이언(Jason Rezaian)이 이란 정부에 스파이 혐의로 기소되어 수감되었다. 레자이언은 이후 18개월을 구치소에서 보냈으며 독방에 자주 갇혔는데, 2019년에 펴낸 회고록《수감자(Prisoner)》에서 그는 테헤란을 두고 '내가 고향이라고 불렀던 도시'라고 말했다. 체포 직후만 하더라도 〈워싱턴포스트〉의 임원들은 그의 구금이 단기적인 괴롭힘에 불과할 것이라고 생각했다. 몇 주가 몇 달로 길어졌고, 그들은 이 상황이 생각보다 심각하며 레자이언이 정식 재판에 회부되어 이 나라의 강경파 종교 지도자들에게 처벌받을 수도 있음을 깨달았다.

미국에서는 레자이언의 가족들이 마티 배런과 프레드 라이언 등을 비롯한 〈워싱턴포스트〉의 수많은 대표단과 함께 미국 정부의 각급 공무원들에게 최대한 많이 연락을 취했다. 외국의 정상들이 워싱턴을 방문하면, 라이언이 개인적인 면담을 요청해 이란 정부에 레자이언을 대신해 그들이 가진 영향력을 행사해달라고 부탁했다. 시애틀에서는 베이조스가 관련 상황을 자주 보고해달라고 요청했고, 한번은 2015년 슈퍼볼 중계에서 '제이슨 석방'을 위한 광고를 트는 걸 잠시 고민하기도 했다. 그해 말, 미국 정부가 레자이언을 비롯한 다른 세 명의 수감자를 풀어주는 것을 포함해 이란 정부와 복잡하면서도 이후에 논란이 되는 금융 관련 협상에 합의하는데,* 베이조스는 개인적으로 직접 그곳에 날아가 그를 집으로 데려오고 싶어 했다.

그래서 2016년 1월 21일, 베이조스는 6,500만 달러를 주고 새로 구입한 걸프스트림(Gulfstream) G650ER 전용기[98]를 타고 날아가 독일에 있는 미 육군의 란트슈틀 의료 센터(Landstuhl Medical Center)에서 회복 중이던 레자이언과 그의 가족들을 만났다.[99] 그는 '#FreeJason(제이슨 석방)'이라는 글자가 적힌 그 비행기에 부리토와 맥주를 채워놓았는데, 그것은 억류되기 전부터 레자이언이 TV 진행자인 앤서니 보데인(Anthony Bourdain)에게 자신이 가장 그리워하는 음식이라고 말했기 때문이다. 그들은 미국에서도 항공 교통량이 적고 접근하기도 쉬운 입국 경로인 메인(Maine)주의 뱅고어(Bangor)로 날아갔고, 레자이언과 그의 아내가 그 힘든 시련을 겪는 동안 여권을 비롯한 다른 신분증을 분실했는데도 미국의 이민세관집행국(ICE)의 공무원은 이란 사람들이 '우리 중의 한 명을 괴롭힌다는 것은 우리 모두를 괴롭힌다는 것'을 알아야 한다고 말

---

* 미국 정부는 석방 대가로 이란의 해외 동결자산 17억 달러를 해제해주었다.

하며 그들을 따뜻하게 맞이해주었다. 베이조스는 이후에 개인적으로 레자이언과 그의 아내를 플로리다로 데려가 키웨스트에서 잠시 휴식을 취하게 했다.

며칠 후, 그들은 모두 워싱턴으로 돌아와 〈워싱턴포스트〉의 임원들과 저녁식사를 함께 했다. 그리고 1월 28일, 그들은 케이스트리트(K Street)에 들어서서 역사적인 프랭클린 스퀘어(Franklin Square)가 내려다보이는 〈워싱턴포스트〉의 화려한 신사옥 개소 기념식에 참석했다. 새로운 사옥은 최신식으로 새로운 기자들이 일하는 사무 공간과 이제는 그들과 나란히 앉아서 일하는 개발자 및 디자이너들을 위한 업무 공간도 있었으며, 방송 스튜디오까지 갖추어 기자들이 케이블 TV에 쉽게 출연할 수 있도록 해주었다.

이 기념식에서 레자이언은 가슴 뭉클한 발언을 했으며, 그다음에는 옷깃에 '#FreeJason'이라고 적힌 핀을 달고 나온 베이조스가 직원들에게 연설을 했다. "〈워싱턴포스트〉 같은 중요한 언론사는 본질을 갖고 있고, 심장이 있으며, 핵심이 있습니다. (편집장인) 마티는 이걸 영혼이라고 부릅니다. 그리고 만약 여러분이 그런 속성이 바뀔 바란다면, 그건 미친 짓이 될 겁니다. 그것은 이 공간의 일부입니다. 그것은 이곳을 이토록 특별하게 만들어주는 일부분입니다."

베이조스는 〈워싱턴포스트〉를 구했다. 그러나 어떤 식으로 보면 그역시 저널리즘이라는 고결한 사명에서 퍼져 나온 불빛에 혜택을 보고 있었다. 2016년 〈포천(Fortune)〉은 독일의 앙겔라 메르켈(Angela Merkel) 총리, 프란치스코 교황, 애플의 팀 쿡(Tim Cook)을 제치고 베이조스를 세계 50대 지도자 명단에서 가장 위에 올려놓았다. 관련 기사에서 그들은 아마존의 성장 동력에 대해 다루었을 때만큼이나 많은 분량을 〈워싱턴포스트〉의 반전에 할애했다. 〈워싱턴포스트〉의 전직 임원 한 명은 이와 관련해 내게 이렇게 말했다. "우리는 이렇게 농담을 했습니다. 제프는 유통업을 완전히 바꾸었고, 만 년 시계(10,000-year clock)*를 만들었으며, 우주로 로켓을 보냈지만, 신문사 하나를 도와주고 나서야 세계 최고의 지도자로 불리게 되었다고 말입니다."

워싱턴 D.C.는 베이조스에게 감사하는 것처럼 보였고, 그는 그 감정에 화답했다. 그해 가을, 그는 그 도시에서 가장 거대한 저택을 2,300만 달러를 들여 구입했다. 그곳은 그전에 직물 박물관(Textile Museum)이었으며, 부유한 칼로라마 지역과도 인접한 대저택이었다. 그의 새로운 이웃들로는 버락 오바마와 미셸 오바마, 그리고 그 적수의 딸인 이방카 트럼프(Ivanka Trump)와 그녀의 남편 재러드 쿠슈너(Jared Kushner)가 있었다. 베이조스는 이후 3년 동안 1,200만 달러를 들여 2,500m²(약 750평)에 달하는 이 건물을 침실 11개와 화장실 25개가 있는 공간으로 개조했다.[100] 그는 이 도시에서 더욱 많은 시간을 보내며 이 저택을 그전의 소유주이자 〈워싱턴포스트〉의 발행인 캐서린 그레이엄의 한때 상징과도 같았던 부유층, 권력자들, 흥미로운 인사들을 위한 고급 파티 공간으로 사용할 계획이었다.

"이제 저는 알겠습니다." 〈워싱턴포스트〉의 유명한 전직 편집장 벤 브래들리(Ben Bradlee)의 장례식에서, 베이조스가 남편을 잃은 샐리 퀸 (Sally Quinn)에게 말했다. 〈워싱턴포스트〉는 단지 아마존의 원칙들로 재

---

* 미래를 내다보는 장기적인 사고를 강조하기 위해 제프 베이조스가 자금을 후원해서 만든 시계.

창조되어서 킨들 기기와 프라임 회원제로 통합되어야 하는 하나의 비즈니스에 불과한 것이 아니었다. 그것은 또한 보호받아야 하는 사명이었고 그가 환영을 받으며 심지어 존경받기까지 하는 공동체였다. 그리고 만약 그 언론사의 적이 그들을 공격한다면, 그러니까 예를 들어 미국 대통령 후보가 그랬듯이, 베이조스는 마음을 단단히 먹고 대응할 계획이었다.

대통령 선거운동 기간 도중, 베이조스는 팬케이크 그룹에 〈워싱턴포스트〉의 사명을 깔끔하게 요약할 수 있으며 자신들의 브랜드를 전국에 알릴 수 있는 독특한 문구를 고안해달라고 요청했다. 프레드 라이언은 베이조스가 원하는 슬로건을 다음과 같이 설명했다고 회상했다. "만약 우리가 클럽이라면, 사람들이 그 문구를 보고 우리 클럽에 가입하고 싶을까요? 만약에 그것이 티셔츠에 찍혀 있다면, 사람들이 그 문구가 적힌 티셔츠를 입고 싶을까요?" 베이조스 자신도 한 가지를 제안했다. 워터게이트 사건을 취재한 밥 우드워드(Bob Woodward) 기자의 연설에서 들은 문구인데, 우드워드 기자는 오래전 어느 항소심 재판의 판결에서 다음과 같은 구절을 들었다고 한다. "민주주의는 어둠 속에서 죽는다."

〈워싱턴포스트〉의 임원들은 1년 동안 뭔가 더 나은 표현을 찾아내려고 노력했지만, 결국 실패하고 만다. 그들은 외부의 브랜딩 전문 기업에 의뢰했지만, 만족하지 못하고 계약을 해지했다. 마침내 그들은 테이블 주위에 모여, 몇 시간 동안 브레인스토밍을 했다. 그들은 뭔가 낙관적이고 희망적인 것을 원했다. 그러나 "자유는 밝은 빛 속에서 움직인다" 같은 수백 개의 아이디어 중에서 그 어느 것도 시적이지 않았고 울림을 주지도 않았다. 특히나 당시는 도널드 트럼프가 충격적인 승리를 거둔 직후였기에 더욱 그랬다. 그래서 그들은 결국 베이조스가 처음에 제안한 것을 따르기로 결정했고, 이후에 그들은 그것을 티셔츠로 제작해 그에게 우편으로 보내주었다.

이후 몇 년 동안, 자신의 요란스러운 행정부에 대해 〈워싱턴포스트〉가 날카로운 보도를 이어가는 것에 짜증이 난 트럼프는 트위터에서 베이조스와 신문사를 향해 보복 공세의 수위를 더욱 높인다. 그는 아주 부담스러운 새로운 규제로 아마존을 위협했고, 아마존과 미국연방우체국(USPS)의 관계를 공격했다. 인권 침해에 대한 이 신문의 보도는 또한 러시아에서부터 사우디아라비아에 이르기까지 전 세계의 권위주의적인 정부들에 적대감을 불러일으키게 된다. 그러한 보도에 대한 대응으로 그들은 아마존과 그들의 유명한 CEO에 대한 분노를 표출하려고 노력한다. 점점 더 성장하던 그의 비즈니스 제국 내의 다양한 단위에서는 수많은 우려사항이 휘몰아쳤고, 그러한 각 부문을 단순히 구분하는 것만으로는 그러한 공세를 전부 방어해내는 것은 어렵다는 것이 금세 입증되었다.

베이조스와 그의 독특한 경영 방식, 그리고 기술에 대한 낙관주의는 〈워싱턴포스트〉에는 확실히 좋은 것이었다. 그러나 결국 〈워싱턴포스트〉를 소유한 것 때문에 아마존과 베이조스는 그가 상상할 수 있는 것보다 훨씬 더 커다란 손해를 입게 된다.

Chapter 06

할리우드 공습

할리우드에 진출한 아마존 스튜디오

―――

〈워싱턴포스트〉의 기자들과 편집자들이 2016년 말 도널드 트럼프의 깜짝 당선으로 고심하고 있을 때, 아마존의 텔레비전 및 영화 부문 홍보 담당자들은 상당히 다른 도전과제에 열중하고 있었다. 아카데미상에 노미네이트된 영화 〈맨체스터 바이 더 씨(Manchester by the Sea)〉*를 어떻게 하면 화제를 불러일으키며 홍보할 것인가 하는 점이었다. 홍보 담당자들끼리 브레인스토밍을 하던 중 CEO가 직접 로스앤젤레스에서 이 영화를 위한 축하 파티를 개최하면 좋겠다는 아이디어가 나왔고, 대표에게 직접 물어보기로 했다. 그래서 그들은 그에게 이메일을 보냈는데, 이례적일 정도로 빠른 답장을 받았다고 회상했다. "좋아요!

―――――――――

* 이 영화는 아마존 스튜디오가 배급을 맡았다.

저희 집에서 합시다."

구름 한 점 없고 기온이 쌀쌀한 12월 3일 토요일 저녁, 베이조스가 베벌리힐스(Beverly Hills)에 구입한 스페인 양식의 1,100m²(약 340평) 넓이의 사유지에 유명인들이 몰려들었다. 베이조스는 이곳을 9년 전에 2,400만 달러를 주고 구입했다. 뒷마당의 수영장 근처에 타일로 장식한 옥외 테라스에 화려한 텐트 같은 구조물이 설치되었다. 이 영화의 제작자 중 한 명인 맷 데이먼(Matt Damon)과 주인공인 케이시 애플렉(Casey Affleck)은 사람들과 즐겁게 환담을 나누었고, 이 자리에 초대받은 다른 배우들과 감독들, 에이전트들은 먹을거리가 풍부한 오픈 바에 줄을 서 있었다.

여기에는 할리우드의 A급 인사들 중에서 상당수가 모여 있었는데,[101] 그들은 아마존의 프로덕션 계열사인 아마존 스튜디오(Amazon Studios)와 함께 일한 경력이 있거나 아카데미상을 주관하는 영화예술과학아카데미(Academy of Motion Picture Arts and Sciences)의 회원 자격으로 초대를 받았다. 그렇게 초대받은 배우로는 이 영화에도 출연한 미셸 윌리엄스(Michelle Williams), 가엘 가르시아 베르날(Gael García Bernal)*, 조지프 고든 레빗(Joseph Gordon-Levitt), 앤디 가르시아(Andy Garcia), 메건 멀러리(Megan Mullally) 등이 있었다. 그리고 영화감독 중에는 조엘 코엔(Joel Coen)** 과 〈맨체스터 바이 더 씨〉의 각본을 쓰고 감독을 맡은 케네스 로너건(Kenneth Lonergan) 등이 있었다. 또한 할리우드의 원로 중에서는 페이 더

---

* 〈모터사이클 다이어리〉에서 주인공 체 게바라 역할을 맡은 배우.

** 〈파고〉, 〈노인을 위한 나라는 없다〉 등을 만든 감독.

너웨이(Faye Dunaway), 다이앤 키튼(Diane Keaton), 존 리스고(John Lithgow),
벤 킹슬리(Ben Kingsley) 등이 참석했고, T 본 버넷(T Bone Burnett)이나 벡
(Beck) 같은 뮤지션도 있었다. 그 외에도 마리아 슈라이버(Maria Shriver)*
와 그녀의 딸들을 비롯해 많은 사람이 자리에 함께 했다.

그 모두의 중심에는 짙은 회색의 평범한 정장과 편안한 셔츠를 입은
베이조스가 있었다. 당시에도 이런 차림은 변화를 시도하던 기술 업계
의 괴짜로서는 상당히 신중하게 고른 것이었다. 아내인 매켄지는 참석
하지 않았다. "제프는 저와 정반대예요. 그는 사람들을 만나는 걸 좋아
해요. 매우 사교적인 사람이죠."[102] 좀처럼 공개석상에 모습을 드러내
지 않는 그녀가 〈보그(Vogue)〉 인터뷰에서 한 말이다.

실제로 베이조스는 그 자리에서 즐겁게 웃으며 행사를 즐겼다. 연회
장에는 그 자체로 빛을 발산하는 스타들이 가득했지만, 행사를 기록하
기 위해 고용된 사진작가들은 파티의 주최자이자 회사의 CEO인 그에
게 관심을 집중했다. 그날 저녁에는 수많은 사진을 찍었는데, 그중에서
도 특별히 사진 한 장이 나중에 많은 관심을 받으며 다시 인화되었다.
그것은 바로 베이조스가 엔터테인먼트 및 미디어 에이전시인 인데버
(Endeavor)의 이사회 의장이자 막강한 영향력을 가진 패트릭 화이트셀
(Patrick Whitesell)과 함께 찍은 사진이다. 그리고 그들 사이에는 화이트셀
의 아내이자 전직 텔레비전 뉴스 앵커 로런 산체스(Lauren Sanchez)가 편
안하게 서 있었다.

---

* 영화배우 출신으로 캘리포니아 주지사를 지낸 아놀드 슈워제네거의 아내였으나, 2017년에 이
혼했다. 존 F. 케네디 전 대통령의 조카이기도 하다.

베이조스의 경호원들은 그가 최대한 많은 손님과 이야기를 나누게 하려고 노력했다. 한번은 경호원들이 그가 여배우 케이트 베킨세일 (Kate Beckinsale)과 그녀의 일행인 스키 선수 린지 본(Lindsey Vonn)과 대화를 나누는 걸 중단시키기도 했는데, 린지 본은 상당히 눈에 띄는 크림색 점프슈트를 입고 있었다.

그리고 오랫동안 그의 부하직원으로 일해온 제프 블랙번(Jeff Blackburn)이 가끔 그들을 위에서 내려다보았다. 블랙번은 193센티미터의 장신으로 대학에서 미식축구 선수로 활동한 경력이 있으며, 아마존의 동영상 스트리밍 서비스인 프라임 비디오(Prime Video) 비즈니스를 관장하고 있었다.

또한 일찍 자리를 뜨긴 했지만 베이조스의 곁에는 아마존 스튜디오의 대표인 로이 프라이스(Roy Price)가 있었는데, 그는 청바지와 함께 흰색 브이넥 티셔츠 위에 검은색 모터사이클 재킷을 자랑스럽게 입고 있었다.

이 행사는 아마존이 할리우드에 진출한 것을 기념하며 널리 알리기 위해 계획된 것이기 때문에, 파티는 성대하게 진행되었다. 관련 분야의 언론에는 다양한 사진이 실렸으며, 이 행사를 마치 옛날 상류사회의 연회처럼 보도했다. 〈데드라인(Deadline)〉의 연예 칼럼니스트인 피터 바트(Peter Bart)는 "이번 주말 행사에서 드러난 베이조스의 의도는 분명했다. 그는 자기 자신과 회사 모두를 위해 이 지역에서의 영향력을 더욱 키우고 싶어 한다"[103]고 썼다.

이후 몇 주 동안, 할리우드의 어디를 가더라도 베이조스가 있는 것 같았다. 그는 골든글로브(Golden Globes) 시상식의 오프닝 무대에서 지미 펄론(Jimmy Fallon)이 꺼낸 농담의 타깃이 되었다. "사실 그는 이곳에 어제 도착했는데, 주변에서 그 누구도 그에게 사인을 해달라고 하질 않더군요." 그날 밤, 그는 베벌리 힐튼(Beverly Hilton) 호텔의 스타더스트 볼룸(Stardust Ballroom)에서 시끌벅적한 애프터파티를 개최했다.* 케이시 애플렉이 〈맨체스터 바이 더 씨〉로 골든글로브 시상식에서 남우주연상을 거머쥐었다. 이전에 함께 일한 동료들이 그가 과거에 성희롱을 저질렀다는 혐의를 제기하여 거센 논란에 휘말렸는데도, 그는 다음 달 열린 아카데미상 시상식에서도 남우주연상을 수상했다.

아마존은 이제 엔터테인먼트 업계에서 급진적인 미래를 열어젖히던 할리우드의 겁 없는 신생 기업인 넷플릭스(Netflix)와 동급으로 언급되었다. 그러나 아마존 스튜디오의 내부에서는 그러한 화려함과는 거리가 먼 긴장감이 고조되었다. 그들이 관여한 〈맨체스터 바이 더 씨〉 같은 독립영화나 LA에 사는 유대인 가족을 통해 성 정체성을 이야기하는 〈트랜스페어런트〉 같은 독특한 인기 드라마들은 평단의 찬사와 환호를 동시에 받았다. 그러나 이런 작품들은 전 세계에서 거대한 관객들을 끌어 모을 수 있는 주류 장르가 아니었으며, 베이조스가 이끄는 전자상거래 제국의 다른 분야에 더욱 힘을 실어줄 수 있는 것도 아니었다.

그래서 베이조스는 로이 프라이스를 비롯해 이미 궁지에 몰려 있던 아마존 스튜디오의 임원들에게 칙령을 선포했다. 그것은 마치 다모클레스의 검(Sword of Damocles)처럼 그들 주위를 맴돌면서 뜻하지 않았던

---

* 2017년 골든글로브 시상식 애프터파티의 공식 후원사가 아마존이었다.

일련의 사건들을 야기하게 되는데, 그것은 결국 할리우드에 진출하려는 아마존의 화려한 노력을 허탈하게 만들고, 일시적으로 논란에 휘말리게 만든다. 그는 이렇게 말했다. "나는 나만의 〈왕좌의 게임(Game of Thrones)〉을 원합니다."

넷플릭스와 결투를 벌이다

─

이 모든 것은 아마존에서는 보통 그러하듯이 그의 동료들을 어리둥절하게 만들고 오직 시간이 흐른 다음에야 현명한 결정으로 여겨지는 베이조스의 직관에 반하는 판단으로 시작되었다. 2010년 말 당시만 하더라도 아마존은 다양한 영화와 TV 프로그램을 온라인에서 서비스할 수 있는 다수의 업체 가운데 하나였다. 고객은 몇 달러의 비용을 내고 인터넷에서 콘텐츠 한 편을 스트리밍으로 시청하거나, 조금 더 많은 비용을 내면 그것을 '다운로드'해서 몇 번이고 돌려볼 수 있었다.

한편 원래 우편으로 DVD를 대여하는 서비스로 시작한 넷플릭스는 그것과는 완전히 별개로 한 달에 8달러짜리 구독 서비스를 출시했다. 이 서비스의 이용자는 이 회사가 구축해놓은 디지털 카탈로그에서 예전의 TV 프로그램과 영화를 언제든 스트리밍으로 볼 수 있었다. 비록 넷플릭스가 보유한 자료에는 신작이 많이 포함되지는 않았으며 아직까지는 자체 콘텐츠를 만들지 않았지만, 그들의 투자자는 물론이고 고객까지도 서비스에 대한 제약이 덜하면서도 사용자에게 더욱 친화적인 미래의 홈 엔터테인먼트를 구축하려는 그들의 시도에 호의적인 반응을 보였다.

아마존의 임원들은 몇 년 동안 주기적으로 넷플릭스를 인수하는 방안을 검토했지만, 제시된 가격이 너무 높았기에 실제로 그것을 적극적으로 추진한 적은 없다. 그러나 이제는 그 기회가 아예 사라져버린 것 같았다. 캘리포니아주 로스가토스(Los Gatos)에 있는 넷플릭스는 오히려 강력한 경쟁자로 부상하고 있었다. 베이조스는 기질적으로 자신의 경쟁자에게 중요한 기회를 양보하려 하지 않았다. 그는 디지털 음원 및 동영상 부문을 책임지고 있던 부사장인 빌 카(Bill Carr)에게 당시 유망하게 떠오르던 구독 기반 주문형 비디오(SVOD) 비즈니스에서 경쟁할 수 있는 방안을 마련해달라고 요청했다. 그들은 이후 몇 달 동안 자주 만났는데, 그러던 어느 날 베이조스가 직접 답안을 제시했다. 그것은 바로 아마존 프라임의 회원에게 동영상 서비스를 무료로 제공한다는 것이었다.

카를 비롯한 다른 임원들은 이러한 아이디어에 상당히 당황스러워했다. 당시 연간 이용료가 79달러인 프라임 서비스에 가입하면 아마존의 고객은 추가 배송료를 지불하지 않아도 이틀 내에 주문한 물건을 받아볼 수 있었다. 베이조스는 이제 그러한 프라임 서비스를 통상적인 거래의 개념이 아닌 뭔가 색다른 것으로 정의하려 했다. 곧 디지털 콘텐츠로 가득한 자료실에 들어갈 수 있는 무제한 이용권이라는 것이었다. "처음에는 저도 이해하지 못했습니다. 그러나 그때까지 커리어를 쌓아오면서 개인적으로 배운 것이 있습니다. 그것은 바로 제프가 뭔가 참신한 아이디어를 제시하면, 그것을 주의 깊게 듣고, 그것을 어떻게 생각해야 하는지 정확하게 파악하기 위해 수많은 질문을 던져야 한다는 것입니다. 그런 다음에는 그에게 세부적인 계획안을 가져가야 했습니다." 빌 카의 말이다.

돌이켜보면 그가 제시한 아이디어는 상당히 기발한 것이었다. 아마존의 고객은 넷플릭스가 이미 제공하는 것보다 수준이 떨어지는 서비스에 추가로 요금을 내려 하지 않았을 것이다. 스트리밍 서비스를 '무료' 혜택으로 만든다면, 사람들은 공짜에 끌리는 경향이 있으며, 프라임 회원 중 일부는 아마존 웹사이트에서 1년에 겨우 몇 차례만 주문하더라도 연간 이용료를 충분히 만회할 거라 생각할 수 있었다. (이후 아마존은 프라임 서비스 이용료를 2014년에는 99달러로, 2018년에는 119달러로 두 차례 인상했다.)

카는 프라임 비디오(Prime Video)라는 서비스를 출시하기 위한 예산으로 3,000만 달러를 받았는데, 당시에 아마존은 여전히 힘든 시기였기에 그는 이것이 상당히 많은 금액이라고 생각했다. 그는 당시에 몰랐을 것이다. 4년 후에 아마존의 임원들이 한자리에 모여 20세기 폭스(20th Century Fox)에 〈24〉 같은 히트작들을 포함하는 다양한 콘텐츠의 라이선스 비용으로 2억 4,000만 달러를 지불해야 하는가를 두고 고민하게 되리라는 것을 말이다. 이 회의 자리에서 그들은 당시에 사우스 레이크 유니언에서 한 블록 떨어진 데니트라이앵글(Denny Triangle) 지역에 짓고 있던 새로운 본사 사옥을 포함해 그들의 20년 역사를 통틀어 그처럼 많은 비용을 지출한 적이 있는지를 두고 토론을 벌였다.

그들은 그 거래를 받아들였지만, 거기에서 멈추지 않았다. 아마존은 소니픽처스(Sony Pictures)와 1편당 한 시간 분량인 드라마 〈저스티파이드(Justified)〉를, PBS와 〈다운튼 애비(Downton Abbey)〉를, BBC아메리카(BBC America)와는 〈오펀 블랙(Orphan Black)〉에 대한 협약을 맺는 등 인기 있는 프로그램들의 라이선스를 확보했다. 한편 넷플릭스는 디즈니(Disney)와 마블(Marvel) 및 픽사(Pixar)의 영화와 고전 애니메이션과 라이선스 계약을 맺은 건 물론이고,* ABC와는 〈스캔들(Scandal)〉 같은 드라마를, 그리고 CW와는 〈가십 걸(Gossip Girl)〉의 라이선스를 확보하는 등 광범위한 규모로 협약을 체결했다. 2014년 기준으로 아마존은 비디오 카탈로그에 4만 편의 작품을 보유하고 있었고, 넷플릭스는 6만 편을 확보하고 있었다. 리드 헤이스팅스가 이끄는 넷플릭스가 언제나 아마존보다 앞서 있었다. "넷플릭스가 저희의 전략을 상당히 많이 이끌었습니다. 우리가 그들에게서 배웠다고 해도 과언이 아닙니다." 카의 말이다.

당시 제프 윌크는 디지털 비디오 부문에 대한 관리 권한을 좀 더 예술적인 분야에 관심이 많은 S팀의 동료 제프 블랙번에게 넘긴 상태였다. 운동선수 출신으로 부드러운 목소리를 가진 블랙번은 이제 회사의 두뇌이자 M&A 및 비즈니스 개발을 책임지는 사람이 되었다. 콘텐츠에 대한 라이선스를 확보하느라 거액을 뿌리는 업무 이외에도, 블랙번은 아마존 프라임 비디오 앱을 셋톱박스, 비디오 게임 콘솔, 스마트

---

* 마블과 픽사는 모두 월트디즈니컴퍼니(The Walt Disney Company)의 계열사다.

TV 등을 포함해 다양한 많은 기기에서 사용할 수 있게 만드는 노력을 관장했다. 2015년 말, 그가 이끄는 팀은 신형 엑스피니티(Xfinity) X1 셋톱박스에 프라임 비디오 서비스를 미리 설치하는 방안에 대해 케이블 업계의 대기업인 컴캐스트(Comcast)와 협상을 시작했다. 만약 그렇게 된다면 미국 내 수천만의 가정까지 쉽게 다가갈 수 있었다. 그러나 오랫동안 질질 끌던 이 협상에 관여한 다수의 임원에 따르면, 블랙번의 부하직원 중 한 명으로 신경질적인 성격의 짐 프리먼(Jim Freeman)이 프라임 비디오 앱이 컴캐스트의 홈 화면에 보이는 것을 불편해하며 이렇게 선언했다고 한다. "넷플릭스라면 절대로 이런 협상을 하지 않을 겁니다!"

협상은 결렬되었다. 몇 주 뒤에 컴캐스트는 아마존 대신 넷플릭스와 계약을 체결했는데,[104] 재미있는 사실은 2014년에 컴캐스트가 타임워너 케이블(Time Warner Cable)을 인수하려 했을 때 넷플릭스의 리드 헤이스팅스가 그러한 시도를 두고 경쟁을 저해하는 행위라고 비판하여[105] 컴캐스트로부터 곱지 않은 시선을 받았다는 것이다. 어쨌든 컴캐스트는 모든 마케팅에서 넷플릭스를 내세워 홍보를 하게 된다. 그리고 아마존으로서는 일종의 굴욕을 당한 셈이었고, 몇 년이 지나서 그들도 결국 컴캐스트와 계약을 체결하게 된다.[106]

프리미엄 콘텐츠 확보와 배급을 두고 넷플릭스와 벌이는 이러한 결투는 비용도 많이 들었고, 그들 모두를 지치게 만들었다. 그렇다고 해서 경쟁적인 세력 균형이 거의 바뀌지도 않았다. 두 회사는 모두 한 세대 전에 HBO나 쇼타임(Showtime) 같은 프리미엄 TV 채널이 벌인 일전에서 나름의 교훈을 터득했다. 당시 그들은 다양한 영화와 TV 프로그램의 라이선스를 확보하기 위해 서로 거액을 제시하면서 경쟁을 벌였는데, 덕분에 할리우드의 영화 제작사들을 비롯해 엔터테인먼트 업계의 종사자들을 부유하게 만들었지만, 결국 채널들 사이에 거의 차이가 없이 돈만 잡아먹는 서비스가 만들어졌다.

만약 그들이 진정으로 특별한 동영상을 제공함으로써 시청자를 유혹하고 싶다면, 인기 있는 TV 프로그램이나 영화를 그들 스스로 만드는 게 훨씬 더 합리적이었다.

스트리밍 전용 콘텐츠로
골든글로브상을 수상하다

아마존과 넷플릭스는 모두 동영상 스트리밍 서비스를 개발하기 위한 레이스 초기에 일찌감치 이러한 결론에 도달했다. 아마존에서는 빌 카가 자신의 부하직원 중 한 사람인 로이 프라이스를 파견해 로스앤젤레스에 전초기지를 세우고 자체 프로그램을 만드는 아이디어를 모색하게 만들었다.

베벌리힐스에서 자란 프라이스는 말 그대로 할리우드라는 왕가의 후손이었다. 그의 외할아버지인 로이 허긴스(Roy Huggins)는 유명한 영화 및 방송 작가인데, 1950년대에 공산주의자로 낙인찍히는 바람에 '하원 비미 활동 위원회(House Un-American Activities Committee)'에 출석해 증언을 해야만 했다. 그는 이후 〈도망자(The Fugitive)〉와 〈락퍼드 파일스(The Rockford Files)〉 같은 히트작을 만들었다.

그의 아버지인 프랭크 프라이스(Frank Price)는 이 반짝거리는 도시(할리우드)의 거물이었다. 그는 1970년대 말부터 1980년대 초까지 컬럼비아픽처스(Columbia Pictures)를 운영하면서 〈간디(Gandhi)〉나 〈고스트버스터즈(Ghostbusters)〉 같은 대표작을 선보였으며, 또한 유니버설픽처스(Universal Pictures)에서 사장으로 재직할 당시에는 〈조찬 클럽(The Breakfast Club)〉과 〈백 투 더 퓨처(Back to the Future)〉, 그리고 악명이 자자한 〈하워드 덕(Howard the Duck)〉 등을 만들었다.

아들 프라이스는 유명인사들 사이에서 자랐다. 그는 바하마에서 시드니 포이티어(Sidney Poitier)와 함께 휴가를 즐겼고, 〈6백만 달러의 사나이(The Six Million Dollar Man)〉의 주인공인 리 메이저스(Lee Majors)에게서 수영을 배웠다.

그전에 디즈니(Disney)와 맥킨지앤컴퍼니(McKinsey & Company)에서 일한 프라이스는 2004년에 디지털 비디오와 관련한 전략을 만들기 위해 아마존에 합류했다. 그는 아마존이 자체적으로 차별화된 동영상 콘텐츠를 만들어야 한다고 오랫동안 주장해왔다. 아마존의 화법으로 말하면 그는 '크게 생각하라'는 리더십 원칙에 강했으며, 자신의 생각을 6페이지 문서로 설득력 있게 설명하는 능력도 뛰어났다. 베이조스 역시 그런 아이디어에 끌리긴 했지만, 대체로 할리우드와 관련한 비즈니스를 개발하는 걸 전반적으로 다시 생각해보고 싶어 했다. 그는 주관적인 판단으로 다른 사람이 무엇을 보고 읽을지 결정하는 '게이트키퍼' 역할을 떨떠름하게 생각했다. 그러한 주관적인 판단이 성공하는 경우는 많지 않은데, 객관적인 근거가 빈약한 콘셉트로 제작한 수많은 콘텐츠가 완전히 실패하는 것이 그 증거였다.

베이조스는 그 스스로가 '과학적인 스튜디오'라고 부르는 완전히 새로운 접근법을 제안했다. 이곳으로는 단지 LA나 뉴욕의 전문 작가들만이 아니라 어느 누구든 자신이 쓴 시나리오를 보낼 수 있었다. 그러면 고객들과 독립적인 심사위원들이 그 원고는 물론이고 함께 첨부된 스토리보드를 평가하게 된다. 그들이 내린 평가들은 객관적인 데이터의 형태로 만들어 아마존이 실제로 어떤 작품을 만들어야 하는지 판단하는 데 활용할 수 있다. "그것은 거의 전적으로 제프의 아이디어였습니다. 10퍼센트의 흥행 성공률이 아니라, 그 수치를 40퍼센트까지 높일 수 있는 충분한 데이터를 확보한다는 것이었습니다." 아마존 스튜디오에 대한 최초의 아이디어에 대해 프라이스가 나중에 한 말이다.

2010년이 시작되자 아마존은 어느 누구든 시나리오를 제출할 수 있게 독려했고,[107] 그중에서 최고의 대본에는 수십만 달러를 상금으로 제공했다. 물론 의도대로 흘러가진 않았다. 능력 있는 작가들은 그들과 거리를 두었고, 응모된 작품의 수준은 전반적으로 별로였다. 아마존은 이 시스템을 8년 동안 유지하다 결국 폐기했다. 이 시스템을 통해 만든 작품은 아동용 프로그램인 〈노멀 스트리트에 사는 고티머 기번의 삶(Gortimer Gibbon's, Life on Normal Street)〉 한 편과 〈할 수 없는 사람들(Those Who Can't)〉이라는 파일럿 프로그램이 전부였다. 〈할 수 없는 사람들〉은 나중에 워너미디어(WarnerMedia) 소유의 케이블 채널인 트루TV(truTV)에서 시리즈물로 제작되었다. 아무튼 베이조스 역시 가능성 있는 콘셉트를 알아보고 그걸 발전시키기 위해서는 결국엔 전문가들이 필요하다는 사실을 순순히 인정했다.

2012년, 프라이스는 시애틀과 LA를 수시로 오가며 코미디 및 아동용 프로그램의 개발과 전략을 책임질 콘텐츠 개발 담당 임원을 채용하기 시작했다. 당시에 아마존은 여전히 캘리포니아주에서 판매세를 회피하고 있었기 때문에, 그래서 이들은 피플스프로덕션컴퍼니(People's Production Company)라는 별도의 자회사를 만들고, 명함도 따로 제작해 갖고 다녔으며, 이메일도 아마존의 도메인을 사용하지 않았다.* 그들은 초기에는 영화 및 TV 프로그램의 평점 데이터베이스를 운영하는 아마존의 계열사 IMDb와 사무실을 함께 사용했는데, 위치는 LA의 셔먼오크스(Sherman Oaks)에 있는 퍼드러커스(Fuddruckers) 레스토랑 위층이었다. 이후에는 샌타모니카에 있는 워터가든(Water Garden)이라는 좀 더 고급스럽지만 단조로운 업무 복합시설로 이전했다.

그 해에 프라이스와 베이조스는 기존의 전제를 수정했다. (고객들이나 별도의 심사위원들이 아니라) 아마존 스튜디오의 임원들이 에이전트 및 작가들을 만나고, 대본을 검토하며, 파일럿 작품의 가능성을 파악한다는 것이었다. 그러나 그다음에는 파일럿 작품을 본 시청자들에게 투표하게 하고, 어떤 프로그램을 정식 시리즈로 만들어야 하는지 도움을 받고자 했다. 한편 넷플릭스는 미디어라이츠캐피털(Media Rights Capital)이

---

* 미국에서는 부가가치세(VAT)에 해당하는 판매세(sales tax)를 각 주별로 부과한다. 우리나라에서는 국세인 부가가치세가 미국에서는 주세이기 때문에, 각 주별로 세율도 다르고 적용 대상에 대한 해석도 다르다. 아마존 같은 온라인 유통업체들이 이러한 세법에서 문제가 되는데, 미국의 법원에서는 특정한 주 내에 사무실이나 점포 등 물리적인 과세 대상이 있는 업체에만 해당 주에서 판매세를 부과할 수 있다고 판단해왔기 때문이다. 그런데 2011년부터 캘리포니아주가 관할지역 내에 물리적인 과세 대상이 존재하지 않는 온라인 업체에도 판매세를 부과하는 법안이 시행되었고, 아마존은 당연히 이에 반발했다. 그런데 만약 아마존이 캘리포니아에 지사나 사무실을 개소하면 이러한 주장을 지속할 근거가 사라지기 때문에, 콘텐츠 제작사를 아마존과는 관계없는 별도의 회사처럼 보이게 만든 것이다.

라는 프로덕션에서 정치 드라마 〈하우스 오브 카드(House of Cards)〉를 처음으로 자체 제작하여 공개했고, 이 작품은 순식간에 히트를 기록했다. 그리고 두 달이 지난 2013년 4월, 아마존은 소위 말하는 '파일럿 시즌'을 최초로 선보였다.

당시에 고객들은 14편의 파일럿을 미리 맛볼 수 있었다. 그중에서 (HBO의 작품으로 좀 더 웃긴 〈부통령이 필요해(Veep)〉와 비슷한 설정의) 정치 코미디 〈알파 하우스(Alpha House)〉와 (역시나 HBO의 〈실리콘밸리(Silicon Valley)〉와 비슷한 설정으로) 닷컴 기업을 풍자하는 〈베타스(Betas)〉가 이러한 검증을 통과했다. 그러나 하반기에 정식 시즌으로 편성해 선보였을 때 언론에서는 흥미를 보였지만, 정작 시청자에게서는 거의 관심을 끌지 못했다. 이들 프로그램의 작가들은 아마존에서 긍정적인 피드백을 받았지만, 이후 그들은 닐슨(Nielsen) 시청률 집계에 온라인 콘텐츠가 포함되지 않은 것이나, 홍보 차원에서 적극적으로 지원받지 못한 것에 실망감을 드러냈다.

프라이스는 드라마, 코미디, 아동용 프로그램을 담당하는 업무는 부하직원들에게 맡기고, 자신은 아마존 스튜디오를 위한 특별한 감수성을 키우고 있었다. 그러한 감수성을 통해 그들은 여러 회차가 거듭되면서 완결되는 작품보다는 시리즈 형태의 영화에 더욱 가까운 시즌제의 고급 드라마를 만들게 된다. 고급 독립영화를 영감의 소재로 삼는 한편, 고객들이 시청할 수 있는 작품은 이미 엄청나게 많다는 사실을 진지하게 받아들이면서, 그들은 사람들의 흥미를 끌 만한 독특하면서도 수준 높은 TV 프로그램을 만들기 시작했다. 이러한 프로그램들은 시청자들에게 낯선 생활방식과 새로운 세계를 접할 수 있는 다양한 창구 역할을 해야 했다. 그들은 〈NCIS〉 같은 대표 프로그램들을 버전만 바꾸어 쏟아내는 데 집착하는 주요 케이블 채널들이라면 절대로 손댈 수 없는 프로그램들을 추구하게 된다. "아마존은 유통업체로서의 확고한 브랜드를 갖고 있었습니다. 우리는 사람들에게 놀라움을 선사하며, 언제나 품질을 가장 중요시했습니다." 프라이스의 말이다.

이러한 접근법은 금세 성과가 나타났다. 2014년 초에 프라임 회원들이 볼 수 있는 파일럿 프로그램으로는 뉴욕 심포니(New York Symphony)라는 가상의 오케스트라 내에서 벌어지는 소동을 그린 〈모차르트 인더 정글(Mozart in the Jungle)〉, LA 경찰의 강력반 형사 이야기인 〈보슈(Bosch)〉, 모우라 페퍼만(Maura Pfefferman)이라는 이름의 트랜스젠더 여성 가장이 등장하는 〈트랜스페어런트(Transparent)〉 등이 있다.

베이조스는 그해 3월에 아마존 스튜디오 팀을 시애틀로 불러들여 어떤 파일럿 작품을 선택할지 논의했다. 〈트랜스페어런트〉의 파일럿은 과감한 주제 선정과 열린 결말의 마지막 장면을 칭찬하는 리뷰들이 줄을 이었지만, 신규 프로그램 중에서 시청 횟수가 가장 많은 작품은 아니었다. 그럼에도 베이조스는 회의실로 들어가면서 이렇게 선언하는 것으로 미팅을 시작했다. "자, 우리는 〈트랜스페어런트〉를 선정하게 될 것 같습니다."

그들은 실제로 그렇게 했고, 이 프로그램은 아마존 스튜디오에 선견지명을 가진 창작자이자 역사적으로 간과된 소재의 후원자라는 명성을 안겨주었다. 2015년 1월, 〈트랜스페어런트〉는 스트리밍 전용 콘텐츠 중에서는 최초로 골든글로브 시상식에서 수상[108]을 했는데, 베스트 뮤지컬/코미디 TV 시리즈 부문과 제프리 탬버(Jeffrey Tambor)가 남우주

연상을 받았다.

만약 프라이스가 이러한 성공을 이끈 주역으로 평가받는다는 상상을 즐겼다면, 그것은 순간적인 백일몽으로 끝나고 말았다. 베이조스도 그 시상식에 참석하기를 원했기 때문이다. 그는 아내인 매켄지를 그곳에 데려가, 골든글로브 시상식 내내 프라이스, 코미디 부문 리더인 조 루이스(Joe Lewis), 〈트랜스페어런트〉를 만든 조이 솔로웨이(Joey Soloway), 그리고 주연 배우들과 함께 자리에 앉아 있었다.

이후 그들은 HBO와 넷플릭스가 공동으로 주최하는 애프터파티에 참석했다. 아내와 자리를 함께 한 베이조스는 할리우드 관계자들의 칭찬 세례를 마음껏 즐겼다. 아마존 스튜디오의 임원 한 명은 할리우드의 여러 행사에 참석하며 다니는 그 부부에 대해 이렇게 회상했다. "그녀는 언제나 즐거운 시간을 보내는 것처럼 보였습니다. 반면에 그는 아주 훌륭한 시간을 즐기는 것처럼 보였습니다."

몇 주 뒤 베이조스는 탬버, 솔로웨이와 함께 CBS의 〈디스 모닝〉 프로그램에 출연해 〈트랜스페어런트〉의 성공에 대해 더욱 융숭한 대접을 받았다. 그는 아마존이 그 드라마를 지원한 이유는 그것이 놀라운 이야기를 가진 작품이기 때문이라고 말했다. "우리는 뭔가를 할 때는, 남들이 다 하는 걸 하고 싶지는 않습니다. 우리는 기존의 관행을 비틀고, 그것을 개선하고, 고객들의 반응을 이끌어낼 수 있는 걸 하고 싶습니다. 〈트랜스페어런트〉가 바로 그런 작품입니다." 베이조스의 말이다.

승승장구하는 아마존 스튜디오의 이면

영화 애호가인 베이조스는 이제 오리지널 콘텐츠를 만든다는 생각에 전율했다. 그것은 알렉사, 아마존 고 스토어, 인도 및 멕시코 진출, 아마존 웹 서비스와 함께 또 하나의 중요한 장기 프로젝트로 발전하고 있었다. 아마존 스튜디오의 임원들에게는 놀랍게도, 베이조스는 그들을 주기적으로 시애틀로 불러 어떤 작품을 진행할지 논의했는데, 그래서인지 그들은 1,000억 달러 가치를 가진 기업의 수장이 혹시 할 일이 없어 한가한가 하고 의구심을 갖기도 했다. "이번 파일럿의 가장 좋은 점은 그 분량이 겨우 30분밖에 안 된다는 것입니다." 2015년 초, 미디어 기업 컨데나스트(Condé Nast)가 발행하는 대표 잡지인 〈뉴요커(The New Yorker)〉가 만드는 다큐멘터리 시리즈 〈뉴요커가 진행하다(New Yorker Presents)〉를 정식으로 제작할지를 두고 벌인 토론 자리에서 그가 불평하듯 한 말이다.

베이조스는 정곡을 찌르는 질문들을 던졌는데, 그 자신은 동의하지 않았지만 프라이스의 판단에 따랐다. "당신이 하고 싶은 대로 하세요. 그렇지만 만약 저라면, 하룻밤 정도는 고민할 겁니다." 그 다큐멘터리에 대해 그가 한 말이다. 다음 주, 프라이스와 드라마 부문 리더인 모건 원들(Morgan Wandell)은 비교적 제작비가 저렴한 〈뉴요커가 진행하다〉를 포함해 필립 K. 딕(Philip K. Dick)의 소설이 원작인 〈더 맨 인 더 하이 캐슬(The Man in the High Castle)〉과 함께 몇 개의 시리즈를 낙점했다. 그 회의에 참석한 아마존 스튜디오의 어느 임원은 베이조스가 내린 지시를 당시에 프라이스가 무시하는 것은 아닌지 궁금했다고 말했다.

당시 프라이스는 LA에 상근하며 일했고, 스스로를 새로운 할리우드의 라이프스타일에 맞춰가고 있었다. 그는 아내와 별거한 뒤 시내의 아파트로 이사를 한 상태였다. 아마존 스튜디오의 직원들도 그의 변화를 알아차리게 되었다. 시애틀에 있을 당시에 그는 스포티한 상의와 카키색 바지를 즐겨 입었고, 가끔은 나비넥타이를 착용하기도 했다. LA에서 그는 살을 뺐고, 발렌티노(Valentino)의 신발과 가죽 재킷을 착용했으며, 오른쪽 어깨에는 LA의 유명한 펑크 밴드인 블랙 플래그(Black Flag)의 문신을 새겼고, 닷지 챌린저(Dodge Challenger)라는 고성능 자동차를 구입했다. "그는 마치 중년의 위기를 겪는 사람처럼 보였습니다." 어느 직원의 말이다.

그러나 아마존은 승승장구했다. 〈모차르트 인 더 정글〉이 좋은 평가를 받으면서 아마존 스튜디오를 오랜만에 골든글로브의 베스트 코미디 부문을 2년 연속으로 수상하는 온라인 제작사로 만들어주었다. 베이조스와 프라이스의 전략이 어느 정도 성공적인 것으로 검증되자, 프라이스가 더욱 크게 투자하고 더 빠르게 움직일 수 있게 힘을 실어주었다. 그는 친구이자 〈서바이버(Survivor)〉의 프로듀서인 마크 버넷(Mark Burnett)의 전임 파트너 콘래드 릭스(Conrad Riggs)를 영입해 아마존을 위한 리얼리티 TV 쇼를 만들도록 했다.

2015년 6월에 런던으로 출장을 간 릭스는 BBC의 자동차 관련 리얼리티 TV 쇼 〈탑 기어(Top Gear)〉의 진행자였던 제러미 클락슨(Jeremy Clarkson)과 함께 영국의 록 밴드 더 후(The Who)의 콘서트를 관람했다. 클락슨은 BBC의 프로듀서 한 명을 언어적으로 그리고 신체적으로도 공격한 일 때문에 해당 프로그램에서 퇴출되었다. 릭스는 자신들이 공연을 보러 온 전설적인 록 밴드의 멤버들보다도 클락슨이 더욱 위대한 스타라고 설명했다.

이후 아마존은 애플과 넷플릭스보다 더 높은 금액을 제시하여 그를 비롯한 공동 진행자들과 3년 동안 2억 5,000만 달러의 조건으로 계약했고,[109] 비슷한 종류의 프로그램인 〈그랜드 투어(The Grand Tour)〉를 만들기로 했다. 이는 대본 없이 진행하는 텔레비전 프로그램 중에서는 역대 최고 수준의 계약이었다. 릭스는 베이조스가 이메일로 '대략 15초 만에' 그러한 계약 조건을 승인했다고 회상했다.

로이 프라이스는 모든 일을 순조롭게 진행하는 듯 보였다. 다음 달, 그는 샌디에이고에서 개최된 코믹콘(Comic-Con) 행사에 참석했는데, SF 및 판타지 광들이 모이는 연례 행사장인 이곳에서 아마존은 〈더 맨 인 더 하이 캐슬〉의 초반 에피소드 두 편을 상영했다. 아마존 스튜디오에 이 드라마는 점점 더 늘어나는 블록버스터 장르의 관객들에게 다가갈 수 있는지 시험할 수 있는 기회였다. 그리고 코믹콘 행사에서 처음으로 공개된 이 작품은 팬들에게서 열광적인 반응을 얻었다. 아마존 스튜디오의 임원들은 잔뜩 고무되었다.

그날 밤, 프라이스는 동료들을 비롯해 드라마를 만든 제작진과 축하하는 의미로 다 함께 회식을 즐겼는데, 이 자리에서는 샴페인을 따르며 건배가 끝없이 이어졌다. 이후 프라이스는 아마존의 동료인 마이클 폴(Michael Paull), 그리고 이날 처음 만난 이사 해킷(Isa Hackett)과 함께 우버(Uber)를 불러 애프터파티에 갔다.[110] 이사 해킷은 이 드라마의 제작 책임자이자 전설적인 SF 작가인 필립 K. 딕의 딸이다.

당시 우버 차량 안에서, 그리고 애프터파티에서 일어난 일에 대해서는 다양한 이야기들이 전해지는데, 몇 가지 실제 사실에 대해 각자의 설명이 달랐다. 그럼에도 모두가 동의하는 것은 격의 없으며 때로는 선을 넘기도 하는 농담을 즐기던 프라이스가 이미 그전에 술을 몇 잔 마셨고, 상스러운 농담을 몇 차례 던졌으며, 해킷이 동성애자이며 결혼한 상태라는 것을 알고는 그녀에게 성적인 발언을 했다는 것이다. 해킷은 그의 발언이 설명할 수 없을 정도로 저속하며 부적절하다고 생각했다.

우버 차량에서 내린 프라이스는 해킷에게 셀카를 함께 찍자고 했는데, 만약 다른 사람들이 그 두 명이 데이트한다고 생각한다면 드라마를 홍보하는 데 도움이 될 거라고 설명했다. 해킷은 상당히 실망했다. 파티에서 그녀는 프라이스와 다시 마주쳤는데, 그는 계속해서 노골적인 성적 발언을 내뱉은 것으로 알려졌다.

천진했는지는 알 수 없지만, 프라이스는 자신이 해킷을 불쾌하게 만든다는 사실을 깨닫지 못했으며, 다음 날 그녀에게 페이스북으로 친구 신청을 했다. 그러나 그녀는 극도로 화가 나 있었다. 그녀는 그 사실을 아마존 스튜디오의 임원 한 명에게 보고했고, 그 임원은 그 사안을 아마존 법무팀에 알렸다. 이후 아마존은 그 사건의 진상을 규명하기 위해 직장 내에서의 위법 행위를 밝혀내는 일을 전문으로 하는 LA의 업체와 계약을 맺었다. 그곳의 선임 조사관 중 한 명이 할리우드에 있는 아마존 직원들과 면담하면서 그들의 대표에 대해 탐문했다. 그 업체는 해킷과도 이야기를 나눴는데, 해킷은 그들에게 이러한 개탄스러운 사건이 아마존 스튜디오에서 중요한 변화의 촉매제가 되기를 바란다고 밝혔다.

그렇게 해서 드러난 전반적인 그림은 그리 아름답지 않았다. 특히 프라이스와 함께 일하는 다수의 여성 직원의 불만이 심했는데, 그가 직장 내에서도 부적절한 농담을 하는 일정한 패턴이 있다고 말했다. 그들은 그의 비호감스러운 습관 몇 가지를 설명했다. 예를 들면 회의 중에 두 발을 모으고 쪼그려 앉아 있는 것이나, 두 눈을 감고 앞뒤로 몸을 흔드는 것이었다. 그들은 또한 그를 형편없는 관리자라고 비판했는데, 그가 스스로 책임져야 할 일은 전부 다른 사람에게 위임하고 정작 자신은 유명인들과 식사를 하면서 그걸 인스타그램에 올리는 걸 더 좋아하는 것 같다고 말했다.

아마존은 조용히 프라이스를 직위 해제하고 이후의 재앙을 피할 수 있는 기회가 있었다. 그러나 그들은 그러지 않았다. 그는 아마존 스튜디오를 구상하고 체계를 구축해왔으며, 현재 이 사업은 유망한 가능성을 보이고 있었다. 그러한 공로를 세운 사람을 좋아하는 베이조스의 유약한 태도는 제프 블랙번을 포함해 아마존의 다른 사람들에게도 마찬가지였던 것으로 보인다. 프라이스 역시 이 사건을 후회했으며, 아마존의 자문 변호사들이 해킷과 더 이상 접촉하지 말라고 요청했는데도 그녀에게 사과하고 싶어 했다. 그들은 그에게 회사의 회식 자리에서 술을 마시지 말라고 했고, 직장에서의 올바른 행동과 더 나은 관리자가 되는 방법을 추가로 교육받으라고 했다. 이후 회사는 입장문을 내서 이렇게 밝혔다. "외부의 조사관들을 고용한 것을 포함해 본사는 해당 사건에 적절하게 대응했습니다."

아마존 스튜디오의 여성 직원 한 명이 회사의 법무팀에 있는 친구에게 연락해 조사 결과가 어떻게 되었으며, 왜 명백한 징계 조치를 내리지 않았는지 물었는데, 친구인 그 직원은 그녀에게 회사가 그 사건을 이렇게 결론 내렸다고 말했다. "그때의 로이는 우리가 알고 있는 로이가 아니었다."

아마존 프라임과 만난 미디어 비즈니스

로이 프라이스의 직위는 유지되었지만, 그는 이제 더욱 불길한 위협을
마주하게 되었다. 제프 베이조스가 영화 및 방송 비즈니스를 성공적으
로 만들어주는 기회요인과 도전과제들에 완벽하게 익숙해진 것이다.
그리고 아마존의 CEO인 그가 무언가에 일단 세심한 주의를 기울이면,
그는 일반적으로 모든 것을 더욱 크게, 더욱 대담하게, 더욱 야심차게
만들기를 원했다. 회사는 프라임 비디오 사업 부문에 2016년에만 약 32
억 달러를,[111] 2017년에는 거의 45억 달러를 쏟아부었다.[112] 대체로 웬만
하면 동의해주는 이사회 임원들조차 지출 규모가 계속해서 증가하는
것을 걱정하면서 그런 점에 대해 날카로운 질문들을 던졌다. "제프는
콘텐츠와 프라임 서비스의 관계를 생각하는 데서 우리보다 앞서 있었
습니다." 전직 이사회 구성원이자 벤처투자가인 빙 고든(Bing Gordon)의

말이다.

베이조스는 미디어 비즈니스가 아마존 프라임의 매력과 '끈끈함'을 더욱 강화해 이에 자극받은 사람들이 아마존에서 더욱 많은 돈을 지출하게 만들어야 한다고 주장했다. 그는 2016년에 어느 기술 콘퍼런스의 연단에서 이렇게 말했다. "우리가 골든글로브를 수상하면, 우리가 신발을 더 많이 파는 데에도 도움이 됩니다."[113] 그러나 적어도 할리우드에 있는 직원들의 일부는 그런 식의 설명에 의구심을 가졌다. 물론 수익성이 좋은 아마존의 전자상거래 부문이 자신들의 창의적이지만 리스크가 있는 사업에 보조금을 대주며 지원해준다는 사실은 모두가 잘 알고 있었지만, 그들은 스스로를 신발 판매원이라고 생각하지 않았다. 그들은 각각의 프로그램을 추적하여 얼마나 많은 사람이 시청했는지 분석한 다음, 그것을 통해 프라임 서비스의 무료 이용 기간을 조정하거나 기존의 멤버십을 늘리는 데 활용했다. 그러나 시청 습관과 구매 행위 사이에 어떠한 연관성이 있다는 증거는 별로 없었으며, 특히 동영상 분야에 그렇게 막대한 비용을 투입하는 것을 확실하게 설명하기는 힘들었다. 어쨌든 프라임 서비스가 그 자체로 빠르게 성장한다는 사실 때문에 그러한 상관관계가 다소 무의미하게 보였다.

분명한 사실은 베이조스가 아마존에서 TV 프로그램과 영화를 만들기를 원했다는 것이다. 그는 TV 프로그램과 영화를 제작하고 배급하는 수십 년 된 방식이 변화하고 있다는 사실을 간파했고, 향후에는 그 분야에서 아마존이 중요한 역할을 할 수 있기를 원했다. 알렉사, 아마존 고 스토어, 인도 아마존 등의 초창기 시절처럼, 그러한 사업의 경제적인 명분은 현재로서는 미약하지만 돈을 벌 수 있는 기회는 언제나 나중에 나타났다.

당시에 회사는 242개국에서 프라임 비디오를 출시하고 그 서비스에 별도의 비용을 청구하기 위해 준비하고 있었다. 마젤란(Magellan)이라는 코드명이 붙은 이 프로젝트는 아마존이 아직 온라인 비즈니스를 운영하지 않는 세계의 많은 지역에도 그들이 진출하는 계기가 될 계획이었다. 동영상은 한때 책이 그랬듯이 새로운 시장에서 그들을 알리기 위한 상품이었다. 그러나 〈트랜스페어런트〉의 세 번째 시즌에서는 주인공이 성전환 수술을 조사하는데, 이는 쿠웨이트나 네팔, 벨라루스 같은 나라에서는 베이조스가 생각하는 첫인사의 의도에는 맞지 않는 내용이었다.

그리하여 2016년 하반기부터 2017년 내내 베이조스와 아마존 스튜디오 팀원들 사이에 긴장감 넘치는 만남이 이어졌다. 이제 그들은 HBO의 블록버스터 드라마인 〈왕좌의 게임〉에 필적하는 대형 프로그램을 찾아야 한다는 거센 압박감을 받고 있었다. 그러나 프라이스는 여전히 〈원 미시시피(One Mississippi)〉나 〈굿 걸스 리볼트(Good Girls Revolt)〉, 〈매드 독스(Mad Dogs)〉 같은 중간 정도의 작품들을 만들어냈다. 프라이스의 주도로 〈맨체스터 바이 더 씨〉의 배급권을 따내면서 주요 영화제에서 수상을 하고 LA에 있는 베이조스의 저택에서 기념 파티까지 열었지만, 주인공인 케이시 애플렉에게 성추행 혐의가 제기되자 아마존도 그 사안에서 결코 자유로울 수 없게 되었다.

프라이스는 또한 우디 앨런이 최초로 제작하는 TV 시리즈 〈크라이시스 인 식스 신(Crisis in Six Scenes)〉에 8,000만 달러라는 어마어마한 돈을 풀었지만, 성적은 형편없었다. (프라이스가 우디 앨런의 엄청난 팬이라, 그는 앨런 감독의 오랜 에이전트인 존 버넘(John Burnham)과 오랫동안 관계를 유지해왔다. 그리고 동료들은 이 시리즈가 프라이스의 '드림 프로젝트'였다고 말한다.)

프라이스는 베이조스가 갑작스럽게 방향을 바꿔 프라임 비디오를 매우 매력적인 글로벌 비즈니스로 만들고자 한 바로 그때, 나중에 논란에 휩싸이게 되는 작품을 만든 영화 제작자와 비즈니스를 하고 있었을 뿐만 아니라, '다수의 시상식에서 수상하는 것을 목표로 하는 고품격 미국산 콘텐츠를 계속해서 만들었다.

프라이스는 베이조스의 지시사항을 충분히 이해했지만, 그런 종류의 드라마를 만들려면 몇 년은 걸린다고 주장했다. 2017년 1월, 그는 이스라엘 태생의 방송 관련 전문가인 샤론 탈 이구아도(Sharon Tal Yguado)를 영입했는데, 그녀는 인기 있는 좀비물 드라마인 〈워킹 데드(The Walking Dead)〉를 전 세계에 배급하는 일을 도운 경험이 있다. 프라이스는 그녀의 영입 사실을 공개적으로 발표하기 전까지는 동료들에게조차 알리지 않았는데, 이 때문에 아마존 스튜디오에서는 일련의 내부 마찰이 빚어진다. 그럼에도 탈 이구아도는 《컬쳐(Culture)》 시리즈나 《링월드(Ringworld)》 같은 SF 장르의 문학을 좋아했기에 베이조스와는 쉽게 유대감을 형성할 수 있었다. 그해 말, 아마존은 톨킨(J. R. R. Tolkien)이 쓴 《반지의 제왕(Lord of the Rings)》 가운데 아직 개발되지 않은 소재에 대한 전 세계 판권을 획득하기 위해 2억 5,000만 달러 규모의 계약을 체결하는데,[114] 이 과정에서 탈 이구아도가 큰 도움을 준다.

그러나 베이조스가 보기에 변화는 충분히 빠르게 진행되지 않았다. 마치 전투와도 같은 일련의 회의들을 진행하면서, 그는 〈왕좌의 게임〉 같은 작품을 줄기차게 요구했다. 프라이스는 그를 논리적으로 설득하

려 노력했다. HBO의 판타지 블록버스터인 〈왕좌의 게임〉 같은 히트
작을 만들기는 쉽지 않으며, 그런 작품을 만들려면 그에 필적할 만큼
신선하면서도 대담하게 느껴지는 것이어야 한다고 말했다. 그는 좀 더
시간을 달라고 요청했고, 톰 클랜시(Tom Clancy)가 창조한 캐릭터인 잭
라이언(Jack Ryan)에 기반을 둔 시리즈처럼 기대되는 후보작들을 만드
는 중이라고 말했다.

참고로 아마존은 프라임 비디오의 초기 시청자 중에서 온라인 포커
스 그룹(focus group)을 만들었는데, 이들은 '시사회 집단(preview tool)'이라
는 이름으로 불렸다. 그래서 베이조스는 프라이스에게 새로운 작품과
콘셉트에 대해 그들과 함께 충분히 검증하고 있는지 물었다. 이들 시
사회 집단이 아마존에 기여한 대표적인 사례를 들면, 빌리 밥 손튼(Billy
Bob Thornton)이 출연하는 시리즈의 제목을 〈골리앗(Goliath)〉으로 바꾼
것이 있는데, 원래의 제목은 〈세기의 재판(Trial of the Century)〉이었다. 그
러나 프라이스는 그 집단을 신뢰할 수 없다고 말했다. 그런 크라우드
소싱(crowd sourcing) 기법으로는 거의 무한한 온라인 스토어의 주방용품
코너에 진열된 상품을 평가할 때 사용할 수는 있지만, 어떤 스토리를
만들기 위한 아이디어의 가치를 평가할 수는 없다는 것이었다.

콘텐츠 개발 담당 임원들은 유능한 TV 프로듀서들이나 영화 제작자
들과 계약을 체결하기 위한 경쟁에서 재빠르게 움직여야 하는 경우가
많았으며, 때로는 데이터를 무시하고 직감에 의지해야 할 때도 있었
다. 프라이스는 또한 크라우드 소싱에 의한 창작이라는 개념이 의심스
럽다고 생각했다. 〈사인필드(Seinfeld)〉나 〈브레이킹 배드(Breaking Bad)〉
같은 작품들도 처음에는 인기가 없었기 때문이다. 스토리를 만드는 사

람을 신뢰할 것인가, 아니면 데이터를 신뢰할 것인가? 예술가의 독창성을 신뢰할 것인가, 아니면 집단 지성을 신뢰할 것인가?

베이조스 역시 〈워싱턴포스트〉에 대해 동일한 질문을 마주한 적이 있다. 그는 기사의 인기를 측정할 수 있는 다양한 방법이 있어야 한다며 압박했지만, 결국 편집국 전문가들의 판단에 따르게 되었다. 아마존은 컴퓨터 과학과 실험, 어마어마한 양의 데이터를 활용해 산업 전체를 무자비하게 재창조할 수 있는 그 자신만의 캔버스였기 때문에, 그는 더욱 안달이 나 있었다. 그는 창의적인 의사결정에서 과학적인 접근 방식을 사용하기를 원했고, 그 결과를 빠르게 확인하고 싶어 했다. 그리고 바로 그 지점에서 베이조스와 로이 프라이스는 점점 더 어긋나기 시작했다.

아마존 스튜디오의 어두운 행보

2017년 초, 아마존은 색조 유리로 뒤덮인 37층의 신축 오피스 건물 '데이원'으로 본사를 이전했는데, 이는 800미터 떨어진 곳에 있는 기존의 사옥과 같은 이름이었다. 베이조스는 기업의 익명성을 중요하게 생각하는 사람이지만, 아마존 같은 유명한 회사에는 더 이상 불가능한 일이었다. 새로운 본사 건물에는 아마존 고의 첫 매장이 들어섰고, 건물의 외벽에는 컴퓨터 과학계에서 많이 볼 수 있는 문구인 '헬로 월드(Hello World)'*가 표시된 거대한 노란색 전광판이 설치되어 동쪽에 있는 주차장을 내려다보았다.

---

* 프로그래밍 언어를 배울 때, 가장 먼저 실습 삼아 해보는 것이 'Hello World'라는 글자를 화면에 떠우는 것이다.

베이조스의 새 사무실과 회의실들은 구사옥과 마찬가지로 6층에 있었기 때문에, 그는 계단을 오르내리면서 틈틈이 운동을 할 수 있었다. 그해 3월, 아마존 스튜디오의 임원들이 시애틀로 찾아와 그를 만났다. 당시에는 길 건너편에 또 하나의 초고층 빌딩과 세 개의 건물들이 서로 연결된 아마존 스피어즈(Amazon Spheres)를 짓는 공사 소음으로 부산스러웠다. 참고로 아마존 스피어즈는 완공되면 회사의 미팅 장소이자 자연 온실의 역할을 할 예정이었다.

회의실 한 곳에서 베이조스는 불만에 가득 차 〈더 맨 인 더 하이 캐슬〉의 미적지근한 이야기 전개를 혹독하게 비판했다. "솜씨가 아주 형편없군요. 당신들은 왜 막지 않았죠? 왜 재촬영을 하지 않은 겁니까?" 그의 불평이었다.

베이조스는 이어서 프라이스를 책망했다. "당신과 나는 의견이 일치하지 않네요. 이 드라마의 콘셉트를 테스트할 수 있는 방법이 있어야 합니다. 당신은 나에게 우리가 1억 달러짜리의 의사결정을 하는 거라고 말하는데, 그 판단이 과연 옳은지 평가할 수 있는 시간도 없다는 말입니까? 무엇이 효과가 있고 그렇지 않은지 확인하기 위한 방법이 있어야 합니다. 그래야만 아무것도 없는 상태에서 이 모든 걸 결정하는 실수를 범하지 않을 것입니다."

토론이 좀 더 이어졌고, 베이조스가 그 핵심을 이렇게 요약했다. "이 봐요, 훌륭한 방송 프로그램을 만들기 위해 무엇이 필요한지는 나도 압니다. 그건 그렇게 어려운 게 아니에요. 그런 대표적인 프로그램들은 전부 기본적인 것들을 공통으로 갖고 있습니다." 그리고 하루에도 몇 번씩이나 다양한 분야를 오가면서 아무리 복잡한 사안이라도 그 안에서 가장 핵심적인 본질들을 간추리는 특유의 능력을 보여주면서, 그는 거대한 서사극의 요소들을 머릿속에서 떠오르는 대로 줄줄 말하기 시작했다.

- 성장과 변화를 경험하는 영웅적인 주인공
- 강력한 적수
- 원하는 것을 성취 (예를 들면 주인공에게 초능력이나 마법 같은 숨겨진 능력이 있다)
- 도덕적인 선택
- 다양한 세계관 (지리적으로 다채로운 풍경)
- 다음 에피소드를 보고 싶게 만드는 긴박함 (손에 땀을 쥐는 상황)
- 문명에 대한 중대한 사안 (외계인의 침공이나 끔찍한 팬데믹 등 인류를 위협하는 거대한 위협)
- 유머
- 배신
- 긍정적인 감정 (사랑, 기쁨, 희망)
- 부정적인 감정 (상실, 슬픔)
- 폭력

프라이스는 그러한 목록의 작성을 도왔고, 그 모든 걸 마치 의무처럼 받아 적었다. 이후 아마존 스튜디오의 임원들은 각 작품이 위에서 말한 스토리텔링의 요소들 가운데 어떤 것이 포함되어 있는지 그 내용과 함께 제작 중인 프로젝트의 진행상황을 베이조스에게 주기적으로 보고했다. 그리고 그중에서 한 가지 요소라도 빠진 게 있다면, 그 이유를 설명해야만 했다. 그리고 프라이스는 동료들에게 이러한 체크리스트가 외부에 유출되지 않게 하라고 말했다. 좋은 스토리가 갖추어야 할 이러한 요소들에 대해 아마존이 작품을 연출하는 저명한 감독들에게 말해서는 안 되기 때문이었다. 그러나 훌륭한 작품이란 그러한 규칙들을 따르는 것이 아니라 파괴하는 것이어야 한다.

그러는 한편, 프라이스가 리스크를 감수하고 내린 결정들도 상황을 악화시켰다. 그는 세계 최고의 남자 테니스 선수인 세르비아의 노박 조코비치(Novak Djokovic)에 관한 다큐멘터리 시리즈의 제작을 승인했다. 그래서 수백 시간 분량의 영상을 촬영했는데, 조코비치가 부상을 당하면서 프로젝트에서 이탈하게 되었다.[115] 그는 또한 덴마크의 영화감독인 니콜라스 윈딩 레픈(Nicolas Winding Refn)과 폭력을 소재로 한 범죄물 시리즈 〈투 올드 투 다이 영(Too Old to Die Young)〉을 만들기로 계약을 체결했는데, 이 작품은 지루할 정도로 이야기가 느리게 진행되었다. 그리고 매튜 웨이너(Matthew Weiner)가 만든 드라마 〈로마노프스(The Romanoffs)〉도 있는데, 이야기에 좀처럼 두서가 없었다.

영화감독인 데이비드 O. 러셀(David O. Russell)과는 스타 배우인 로버트 드 니로(Robert De Niro)와 줄리안 무어(Julianne Moore)를 출연시켜 뉴욕 북부에서 와인 양조장을 운영하는 가족 이야기를 만들려고 했지만 무산되었다.

〈투 올드 투 다이 영〉과 〈로마노프스〉는 첫 시즌만 공개되었고, 후속 시리즈는 취소되었다. 와인 양조장에 대한 작품은 와인스타인컴퍼니(Weinstein Company)가 제작하고 있었는데, 이 회사의 프로듀서인 하비 와

인스타인(Harvey Weinstein)이 그간에 저지른 엽기적인 성착취 행각들이 어마어마하게 폭로되어 본격적으로 제작을 시작하기도 전에 공중분해되었다.

다수의 전직 직원에 따르면, 와인스타인은 베이조스, 제프 블랙번, 로이 프라이스와 우호적인 관계였으며, 그는 시애틀을 자주 왕래하며 아마존이 할리우드 진출 초기에 겪는 어려움을 헤쳐나갈 수 있게 도왔다고 한다. 이러한 관계에 대해서는 이후에 그들 중 누구도 특별히 언급하려 하지 않았다. 그러나 프라임 비디오의 직원들은 이 악명 높은 제작자가 한때 프라임 무비(Prime Movies)라고 부르는 서비스를 개발하기 위해 아마존과 함께 작업했다고 말한다. 이 서비스는 프라임 회원들에게 몇몇 영화를 극장에서 볼 수 있는 무료 티켓을 몇 장 제공하려고 했다. 그러나 이 프로그램은 개시조차 하지 못했으며, 이후 비슷한 서비스로 사업을 시작한 무비패스(MoviePass)라는 스타트업의 불운한 운명을 예고하는 것 같았다.

프라이스가 우디 앨런이나 하비 와인스타인과 맺은 계약은 이후 그에 대한 평가에 좋지 않은 영향을 미치게 된다. 그 외에도 그는 다른 의심스러운 행보를 보여주었다. 2017년, 프라이스는 배우이자 작가인 라일라 파인버그(Lila Feinberg)와 약혼했는데, 그는 직원들에게 그녀가 만든 '열두 번의 파티(12 Parties)'라는 아이디어를 구입해 TV 시리즈로 만들어야 한다고 설득하려 했다. 동료들은 이것이 이해관계에서 비롯되었다고 지적했다. 그래서 이 아이디어는 와인스타인컴퍼니가 선택했다. 직원들은 또한 프라이스가 〈상하이 스노(Shanghai Snow)〉라는 대본을 직접 쓰고 있었다고 불평했는데, 인종에 대한 틀에 박힌 묘사와 불필요한 섹스 및 폭력이 나오고, 그걸 읽어본 그 누구에게도 좋은 평가를 받지 못했다.

2017년이 되어도 아마존 스튜디오의 많은 여성 직원 사이에서는 이 회사의 대표나 근무 환경에 대한 불만이 끊이지 않았다. 한 직원은 아마존 스튜디오의 사옥에 있는 대회의실의 벽면이 제프리 탬버, 우디 앨런, 그리고 (아마존이 참여한 영화인 〈엘비스와 대통령(Elvis & Nixon)〉의 주인공인) 케빈 스페이시(Kevin Spacey)의 초상화로 덮여 있었다고 설명했다. 이들 세 명은 모두 성폭력을 고발하는 미투(#MeToo) 운동의 역풍을 맞아 추락한다. 미투 운동은 이제 로이 프라이스도 올가미에 엮으려 했으며, 회사의 임원들이 그 배후에 있다는 의심을 받으며 아마존도 여기에 휘말리기 직전이었다.

성추문으로 얼룩진 캠프파이어 행사

———

그러던 2017년 10월, 흥행 분야에서 일하는 리더, 작가, 뮤지션, 배우, 프로듀서, 그리고 그들의 가족들이라고 생각되는 수백 명의 사람이 LA의 밴 나이스 공항(Van Nuys Airport)에서 여러 대의 개인용 제트기에 나눠 타고 샌타바버라로 날아갔다.

그곳에서 그들은 다시 검은색 세단들로 구성된 호송 차량에 옮겨 타고 근처의 포 시즌스 리조트(Four Seasons Resort)로 이동했다. 5성급 호텔인 이곳은 그들이 머무는 주말 동안 외부에 공개되지 않았고, 길 건너편에 있는 코랄 카지노 비치 & 카바나 클럽(Coral Casino Beach & Cabana Club)도 마찬가지였다.

가족마다 한 명씩, 그리고 아이 한 명당 한 명씩 배정된 카운슬러가 그들을 맞이했다. 호텔의 객실에서는 수천 달러 상당의 무료 선물이 손님들을 기다렸으며, 그건 모두 손님들의 자택까지 무료로 배송해준다고 되어 있었다.

이것은 아마존이 문인 및 유명인을 위해 비공개로 제공하는 휴가인 캠프파이어(Campfire)라는 행사였다. 아마존은 이 연례행사를 2010년에 뉴멕시코주 샌타페이에서 작가들과 그 가족들을 위한 주말 살롱(salon)* 으로 처음 시작했다.

2016년, 기존의 개최지에서 진행하기에는 행사 규모가 너무 커지자 아마존은 개최 장소를 샌타바버라로 옮겼다. 베이조스는 이 행사를 '올해 나의 하이라이트'라고 즐겨 말했고, 다른 사람들이 똑같이 말하면 상당히 좋아했다. 캘리포니아의 남쪽으로 행사 장소를 옮긴 결정은 우연히도 아마존의 야망이 기존의 도서 비즈니스에서 더 넓은 엔터테인먼트 업계로 커진 것과 동시에 내려진 것이었다.

모든 비용을 아마존이 부담하는 이 주말 행사는 대담, 호화로운 만찬, 친밀한 대화, 하이킹 등으로 구성되었다. 베이조스는 세계에서 가장 흥미로운 사람들을 불러 모았고, 그들과 함께 어울리는 걸 즐겼다. 그는 모든 대담에서 언제나 맨 앞줄에 앉아 있었고, 그의 팔과 어깨에는 아내를 비롯해 네 명의 아이들이 매달려서 그 누구보다도 크게 웃었기 때문에 베이조스는 모든 관심의 중심에 있을 수밖에 없었다. 손님들은 기밀유지협약서에 서명을 했고, 캠프파이어 행사와 관련해서는 절대로 언론에 언급하거나 이야기하지 않았다.

그 해에 찾아온 손님들의 면면을 보면 오프라 윈프리(Oprah Winfrey),

---

* 주로 근대 시기에 작가 및 예술가들이 모이는 장소나 그러한 사교 모임.

숀다 라임스(Shonda Rhimes)*, 베트 미들러(Bette Midler)**, 브라이언 그레이저(Brian Grazer)***, 줄리안 무어를 비롯해 인디 뮤지션이자 배우인 캐리 브라운스틴(Carrie Brownstein), 소설가 마이클 커닝햄(Michael Cunningham), 〈워싱턴포스트〉의 편집장 마티 배런, 뮤지션 제프 트위디(Jeff Tweedy)가 있었다. 뉘른베르크 전범 재판****을 담당한 검사들 중 최후의 생존자인 벤자민 베렐 페렌츠(Benjamin Berell Ferencz)가 대담을 진행했다. 그리고 약혼녀인 라일라 파인버그를 데려온 프라이스를 포함해 아마존 스튜디오의 임원들도 이 행사에 초대되었다.

캠프파이어가 시작될 당시, 회사 내에서 프라이스의 입지는 위태로운 상태였다. 바로 전 달에 개최된 에미상 시상식(Primetime Emmys)에서 훌루(Hulu)와 HBO가 다수의 부문에서 수상한 반면, 아마존은 거의 완패를 당했다. 〈월스트리트저널〉에서는 이렇게 수상 실적이 저조한 이유를 비평하는 기사에서, 아마존 스튜디오가 〈핸드메이즈 테일(The Handmaid's Tale)〉(훌루)이나 〈빅 리틀 라이즈(Big Little Lies)〉(HBO) 같은 히트작들을 놓쳐버렸다고 보도했다. 〈빅 리틀 라이즈〉와 〈골리앗〉의 제작자인 데이비드 E. 켈리(David E. Kelley)는 이 기사를 인용하면서 아마존의 전체적인 작전이 '엉망진창'이며,[116] 아마존을 두고는 "그들은 스스로 감당할 수 없는 걸 하고 있다"[117]고 말했다.

---

* 방송 작가이며 대표작으로는 〈그레이 아나토미(Grey's Anatomy)〉가 있다.

** 영화배우.

*** 영화 및 방송 제작자.

**** 제2차 세계대전 후 나치 독일의 전쟁범죄를 심판하기 위해 진행된 군사 재판으로, 독일 뉘른베르크에서 열렸기 때문에 이런 명칭으로 부른다.

그러나 이것은 프라이스의 모든 문제에 비하면 가장 약한 축에 속하는 것이었다. 지난 몇 개월 동안, LA의 진취적인 저널리스트인 킴 마스터스(Kim Masters)는 2015년의 코믹콘 행사가 끝난 뒤 프라이스가 이사 해킷에게 부적절한 발언을 한 것과 이후에 진행된 아마존의 내부 조사를 추적해왔다. 〈뉴욕타임스〉와 〈버즈피드뉴스(BuzzFeed News)〉, 그리고 미투 운동의 보도를 외면하지 않은 〈할리우드리포터(Hollywood Reporter)〉 등을 비롯한 수많은 언론사에서 관련 내용을 보도했다. 프라이스는 개인적으로 하비 와인스타인을 대변한 변호인들 중에서 몇 명을 고용했다. 그러던 그해 8월, 온라인 테크놀로지 뉴스 사이트인 〈인포메이션(The Information)〉이 마스터스가 작업한 내용을 짧게 간추린 버전을 발행했다. 해당 내용을 보면 해킷은 프라이스와의 만남을 '문제적인 사건'이라고 말한 것 이외에 다른 답변은 거절한 것으로 보도되었다.

캠프파이어의 주말이 시작되자, 미투 운동이 탄력을 받기 시작했다. 로난 패로(Ronan Farrow)*가 하비 와인스타인의 행적에 대한 비판적인 조사 내용을 〈뉴요커〉에 막 게재한 시점이었다. (와인스타인 자신도 이전의 캠프파이어 행사에 몇 차례 참석해 발언했지만, 이제는 이곳에 초대받지 못하는 존재가 되었다.) 행사 시작 전날 오후에 배우이자 와인스타인의 피해자인 로즈 맥고완(Rose McGowan)이 제프 베이조스(@JeffBezos)에게 트위터로 메시지를 보냈다. 그녀가 예전에도 로이 프라이스에게 와인스타인의 범

---

* 미국의 저널리스트로 배우 미아 패로와 우디 앨런의 아들이다. 어머니의 성을 따르는 것에서 알 수 있듯이, 각종 성추문에 휩싸인 친부 우디 앨런을 상당히 싫어한다. 우디 앨런도 미투 운동 당시에 과거의 행적이 다시금 조명받으며 명예가 크게 실추되었다.

죄에 대해 말했으며, 아마존 스튜디오에 "강간범이자 성도착자이자 성희롱 가해자에 대한 자금 지원을 중단하라"고 요청했다는 내용이었다. 그러나 프라이스는 그녀에게 그 범죄를 경찰에 신고하라고 말했다고 한다. 그리고 정작 아마존은 와인스타인컴퍼니를 비롯해 성희롱을 포함한 다른 불법 행위에 연루된 수많은 할리우드의 인사와 엄청나게 많은 비즈니스를 함께 진행해왔다. 그것은 의혹의 시선이 가득한 사회의 분위기에서 볼 때 심각하게 지탄받아야 하는 사실이었고, 아마존이 주최하는 주말의 대형 행사가 시작되는 시점에서는 특히나 당황스러운 소식이었다.

그러자 킴 마스터스가 총괄 편집자로 일하고 있던 〈할리우드리포터〉가 기존 입장을 바꾸고 그녀가 취재한 내용을 전부 공개했다.[118] 이번에는 이사 해킷의 발언 내용이 전부 실렸는데, 그녀는 2년여 전 코믹콘 행사가 끝난 뒤 우버 차량 안에서 프라이스가 자신에게 한 말들은 '충격적이고 비현실적인' 경험이자 부적절한 행동이었다고 확인해주었다. 아마존 스튜디오의 임원들은 캠프파이어 행사의 공식적인 개시일보다 하루 일찍 행사장에 와달라는 요청을 받았는데, 그래서 이 기사가 크게 화제가 되었을 때 프라이스는 호텔의 스위트룸에 있었다. 그의 약혼녀인 파인버그는 아마존 스튜디오의 다른 임원들과 아래층에 있었는데, 휴대전화로 해당 기사를 읽고는 울음을 터트렸다.

그것은 엄청나게 어색한 순간이었다. 프라이스와 파인버그는 즉시 LA로 돌아가달라는 요청을 받았다. 훗날 프라이스는 이렇게 말했다. "그것은 완전히 속이 상하면서도 굴욕적이었습니다." 아마존 스튜디오의 다른 임원들은 제프 블랙번과 전화로 비상 회의에 돌입했는데, 그 회의는 블랙번이 소집한 것이었다.

그러한 상황에서 아마존은 무엇을 해야 할지 또다시 고심했다. 블랙번은 아마존이 오리지널 콘텐츠를 만드는 일을 이끌었던 베이조스에 대한 프라이스의 충성심을 재확인하면서 그에게 임시로 휴직하게 했다. 그리고 여러 권위 있는 시상식에서 많은 상을 받은 사람들로 팀을 구성해 직접 관리했다. 로이 프라이스는 제프 베이조스가 할리우드에 진출할 수 있는 길을 개척했다. 그들이 신성시하는 리더십 원칙에 따르면, 리더는 '아주 많이 옳은 사람'이었다.

베이조스로서는 그것만으로도 충분할 수 있었지만, 갑자기 모든 것이 그렇지 않게 되었다. 그들에게는 여전히 〈왕좌의 게임〉 같은 작품이 없었다. 프라이스 역시 이미 많은 구성원에게서 신뢰를 잃었다. 사람들과의 어색한 관계와 가끔 보여주는 부적절한 처신은 받아들이기 힘들었는데, 특히 해킷과 얽힌 상황에서는 그런 부분이 더욱 극명하게 드러났다. 아마존의 임원들은 그의 그런 행동들을 알고 있었지만, 해결되었다고 생각했다. 문화적으로 광범위하게 비판이 커지는 상황에서 그들이 과연 궁지에 몰린 임원 한 명을 지지할 수 있었을까? 화요일이 되었고, 프라이스는 사임하기로 했다.

이런 일들이 일어나는 가운데, 블랙번은 이사 해킷에게 전화를 걸어 피해 보상을 시도했다. 이쯤 되자 남성들이 압도적인 다수를 차지하고 있는 S팀을 비롯한 아마존의 경영진이 그녀가 제기하는 혐의를 충분히 심각하게 받아들이지 않는다는 점이 아주 명확해졌다. 아마존의 조사관들에게 자신이 겪은 트라우마를 비공개로 전달하려고 노력하는 과정에서 이미 기진맥진한 상태였는데, 언론에 자세한 내용이 보도되면서 결국 그러한 노력이 물거품이 되자 그녀는 격정적인 감정에 휩싸였다. 그녀는 전화로 통화하면서 울음을 터트렸다. "제가 당신에게 말하려고 했잖아요. 그리고 당신들은 그 문제에 대해 뭔가 조치를 취할 수 있는 수십 개월의 시간이 있었어요! 당신은 저를 이런 처지에 몰아넣었고, 지금의 상황은 저와 가족들에게 엄청난 고통을 가하고 있습니다." 블랙번은 귀를 기울여 이야기를 들었다. 그리고 아마존이 가진 풍부한 자원을 활용해 할리우드를 비롯한 미국의 재계에 만연한 성차별 문제를 해결하기 위해 노력해달라는 그녀의 간청에 동의했다.

머칠 뒤, 블랙번은 샌타모니카에서 아마존 스튜디오의 임원들과 단체로 이야기하고 있었다. 일부는 프라이스가 2015년에 해고되지 않은 이유를 해명하라고 요구했다. 어떤 이들은 아마존이 프라이스를 해고하는 것이 미투 진영에서 고소하는 하비 와인스타인 같은 대표적인 인사들과의 연관성을 지우려는 것인지 궁금해했다. 소수이긴 하지만 프라이스를 옹호하는 이들은 그가 희생양이 되었다고 생각했으며, 그의 지휘 아래에서 아마존은 다른 어떤 제작사들보다도 더욱 많은 여성 창작자를 지원했다는 점을 언급했다. 그 자리에 있던 여러 관계자에 따르면, 블랙번은 현재의 상황이 좀 더 일찍 해결되었어야 한다는 점은 인정했지만, 새로운 정보가 드러났다고 말했다. 그의 설명은 적어도 일부 직원에게는 공허하게 들렸다.

그 주가 끝날 무렵, 블랙번은 부적절한 모든 이야기를 종식시키려고 노력했다. 그는 아마존 스튜디오의 직원들에게 보낸 내부의 이메일에서 이렇게 썼다. "아마존 스튜디오가 최근에 잘못된 일로 뉴스에 오르내리고 있습니다. 우리는 고객들을 위해 제작 중인 아주 멋진 프로그램들과 내년에 계획하고 있는 새로운 작품들에 대해 화제를 일으켜야만 합니다."

프라이스는 나중에 공개적으로 사과하고 할리우드의 불신임 명단에서 자신의 이름을 지우고자 했지만, 아무런 성과가 없었다. 그는 내게 보낸 이메일에서 이렇게 썼다. "2015년에 제가 이사 해킷에게 저지른 결례로 불편함을 느낀 모든 분에게 진심으로 사과드립니다. 저는 당시에 제가 그녀에게 직접 사과할 수 있도록 아마존이 허가해주길 원했습니다. 그 정도로 저는 진심이었지만, 결국 허가를 받지 못했습니다. 사실을 말하자면, 저는 한 군데의 파티에서 몇 블록 떨어진 다른 파티 장소까지 모두 함께 우버 차량을 타고 이동하면서 진심으로 사람들을 즐겁게 하고 싶은 생각뿐이었습니다."

이 사건 이후 프라이스의 약혼녀는 예정된 결혼식을 몇 주 앞두고 그를 떠났다. 그리고 그는 엔터테인먼트 산업에서 축출되었고, 그의 이름은 와인스타인, 레스 문베스(Les Moonves),* 맷 라우어(Matt Lauer)** 같은 성폭력 가해자들과 함께 동일한 카테고리로 격하되었다. 수십 년 전 그의 조부가 공산주의자에 대한 악명 높은 마녀사냥 기간에 당한 고초를 생각하면, 프라이스는 역사적으로 쓰라린 평행선을 달리고 있었던 셈이다.

그는 베이조스에게서 뭔가 전언을 들을 거라고 기대하지 않았고, 실제로도 그랬다. 결국 이곳은 아마존이었다. 직원들이 그곳에서 일하는

---

* CBS의 전 회장이자 CEO.

** 뉴스 앵커.

이유는 개인적인 유대관계를 형성하기 위해서가 아니라 결과물을 만들어내기 위해서였다. 프라이스가 쫓겨난 후, 아마존은 그의 부하직원인 아마존 스튜디오의 COO 알버트 쳉(Albert Cheng)에게 임시로 회사의 책임을 맡겼다. 그러자 그는 〈트랜스페어런트〉와 〈마블러스 미세스 메이즐〉 같은 획기적인 작품의 제작을 도운 조 루이스를 포함해 기존의 임원들을 상당수 정리하기 시작했다. (루이스는 별도로 2년 동안 작품을 제작해달라는 제안을 받아 〈플리백(Fleabag)〉이라는 드라마를 만드는데, 이 작품은 아마존에 또 한 번 수상 실적을 안겨준다.) 곧이어 아마존은 NBC의 중역이었던 제니퍼 살케(Jennifer Salke)를 영입해 아마존 스튜디오의 대표 자리를 맡겼으며, 샌타모니카의 밋밋한 업무 단지를 마침내 벗어나 컬버시티(Culver City)에 있는 영화 역사에서 역사적인 의미를 가진 복합시설로 이전하겠다는 계획을 발표했다. 그들이 이전할 장소는 영화 〈바람과 함께 사라지다〉에 등장하는 대저택이었다.

새로운 체제가 아마존 스튜디오를 장악하고 있었다. 아이러니하게도, 스캔들로 얼룩진 창립 멤버들이 제작해서 내놓은 〈더 보이즈(The Boys)〉나 〈잭 라이언〉 같은 작품들의 상당수가 전 세계적으로 히트를 치게 되었다. 베이조스는 계속해서 영상 부문에 거액을 투자했다. 프라임 비디오는 2018년에 50억 달러, 2019년에 70억 달러를 소비했다. 아마존의 이사회나 투자자들이 크게 반대하지는 않았지만, 이러한 투자로 거두는 실제 수익이 무엇인지는 논란이 계속되었다. 월마트나 타깃(Target) 같은 경쟁사들이 아마존의 자랑이던 이틀배송 서비스를 따라잡으면서, 이제 무료 콘텐츠는 프라임이 제공하는 특전 혜택들 가운데에서도 점점 더 중요한 부분을 차지하게 되었다. 그들이 제작한 오리지널 드라마와 영화들 덕분에, 미래의 홈 엔터테인먼트 시장을 차지하기 위한 경쟁에서 아마존은 디즈니, 애플, 파라마운트(Paramount), HBO 등과 함께 넷플릭스를 바짝 뒤쫓을 수 있게 해주었다.

그러나 프라임 비디오는 뛰어난 결실을 거두고 있던 2010년대의 제프 베이조스에게는 또 하나의 거대한 도박이었다. 직원들에게 그들이 나아가야 할 길을 끊임없이 가리켜주고, 그들이 노력하는 걸 가까이에서 지켜보며, 이제 본격적으로 꽃피우고 있던 자신의 명성을 활용해 그러한 시도들을 더욱 키워주면서 베이조스는 유망한 신기술과 새로운 산업으로 가는 길을 개척했다. 알렉사, 아마존 고, 인도 아마존, 프라임 비디오 등을 비롯한 시도들은 그곳에 들인 막대한 투자액에 비하면 여전히 실망스러운 것으로 여겨질 수도 있었다. 또는 아마존이 뜻밖의 가능성을 가진 성과를 얻게 해줄 수도 있었다.

그러나 베이조스가 그러한 새로운 발명 과정에 몰입한 결과, 그는 상품의 매입, 판매, 재고관리, 유통 등 아마존의 다른 부분에 대해서는 그다지 면밀하게 관리하지 못했다. 물론 이것은 아마존이 최초로 시작한 사업이자 규모도 가장 큰 분야였다. 그리고 회사를 비롯해 그 대표자의 대중적인 인지도가 계속해서 상승함에 따라, 그들의 그칠 줄 모르는 기계장치의 기어들이 더욱 빠르게 회전하기 시작했다.

Part 02

레버리지

아마존, 2016년 12월 31일

연간 순 매출	1,359억 8,700만 달러
정규직 및 비정규직 직원 수	34만 1,400명
연말 기준 시가총액	3,554억 4,000만 달러

제프 베이조스 연말 기준 순자산	654억 달러

Amazon Unbound

Chapter 07

셀렉션 시스템

지구를 보호하는 대담한 계획

———

2016년 10월의 비 내리는 어느 일요일 아침, 마이애미의 형사 사건 전문 변호사인 빅터 베드메드(Victor Vedmed)는 자택의 차고에서 작업을 하고 있었는데, 현관에서 예상치 못하게 노크 소리가 들렸다. 베드메드의 아내와 두 아이들은 파자마를 입은 채로 거실에서 텔레비전을 시청하고 있었다. 그래서 그는 두 손을 깨끗이 닦고는, 집 안을 가로질러 걸어가 누가 문을 두드렸는지 확인했다. 부슬부슬 비가 내리는 가운데, 중년 남성 두 명과 십대 소년 한 명이 서 있었다. 집 앞에 주차된 차는 없었다. 중년 남성 중 한 명이 자신을 전에 이 동네에 살았던 조슈아 와인스타인(Joshua Weinstein)이라고 소개했다. 그리고 옆 사람을 막 소개하려던 순간, 베드메드가 순식간에 그를 알아보고는 이렇게 내뱉었다. "당신이 누군지 알아요!"

제프 베이조스가 베드메드에게 인사를 건네며 사람들이 종종 자신을 알아본다고 말했다. 그는 자신이 35년여 전에 팔메토베이(Palmetto Bay)에 있는 이곳 베드메드의 집에서 고등학교 시절을 보냈다고 설명했다. 당시에 베이조스와 그의 둘째 아들 조지(George)는 베이조스의 어린 시절 친구인 와인스타인이 부친상을 당해 위로차 그의 가족을 찾아와서 며칠 동안 머물렀고, 그러던 와중에 빗속을 걸어온 것이다. 그는 집 안으로 들어가 구경해도 되겠냐고 물어봤다.

베드메드는 엄청난 충격을 받았다. 면적이 300m²(약 90평)인 자신의 평범한 단층집에서 세계 최고의 부자가 예전에 살았으리라고는 상상도 못했기 때문이다. 그가 2009년에 이 집을 구입할 때, 전 주인에게서 "이 집은 기운이 좋다"는 말을 한 번 들은 것이 전부였다. 그의 아내 에리카(Erica)는 거실의 소파에 그대로 앉은 채였고, 손님들이 누구인지는 전혀 모르는 눈치였다. 베이조스는 비즈니스나 미디어 관련 뉴스를 열심히 찾아보는 이들에게는 익숙했을지 몰라도, 일반 대중에게까지 그렇게 널리 알려진 사람은 아니었던 모양이다. 그녀는 남편이 지방선거에 출마한 후보자를 집 안으로 들인다고 생각하면서 그들을 노려보았다. 예상치 못한 상황에 당황한 베드메드는 아내와 아이들에게 손님들이 누구인지 소개한다거나, 지금 이게 어떤 상황인지 제대로 설명하지도 못했다.

이제 그들은 모두 로비에 서 있었다. 오른쪽에는 부엌과 차량 두 대가 들어가는 높은 천장의 차고가 있었다. 바로 그 차고에서 언젠가 베이조스는 친구들과 함께 학교의 홈커밍 퍼레이드에서 사용할 과학반의 수레를 만든 적이 있다. 왼쪽으로 복도를 따라가면 침실이 네 개 있는데, 그곳에서 베이조스는 부모님과 두 동생 마크(Mark), 크리스티나(Christina)와 함께 어린 시절을 보냈다. 복도의 맨 끝에는 욕실이 있고, 그곳에서 문을 열면 뒤뜰이 나왔다.

그의 새아버지 마이크와 어머니 재키가 말싸움을 한 어느 날 밤, 당시 십대인 베이조스는 바로 그 문을 열고 몰래 뒤뜰로 나온 적이 있다. 침실들 중에서 집의 정면 쪽으로 향해 있는 게 베이조스의 방이었는데, 이곳에서 그는 고등학교 졸업생 대표 연설문을 작성했다. 연설문에서 그는 지상에서 오염을 일으키는 공장들을 모두 우주로 떠워 올려 지구 궤도를 도는 정거장처럼 만들고, 지구는 자연보호 구역으로 만든다는 대담한 계획을 그려나갔다.

베이조스는 계속 둘러보았고, 예전과 비교해 바뀐 것과 그대로 남아 있는 것을 보면서 감격스러워했다. 뒤뜰을 향해 열려 있던 미닫이 유리문을 통해 밖을 내다보던 그는 플로리다 남부의 많은 주택에서 수영장에 설치해놓던 방충망 하우스가 사라진 걸 발견했다. 베드메드는 자신들이 이사해 왔을 때도 이미 그런 건 없었다고 말했다.

몇 분 뒤, 방문객들이 떠날 준비를 했다. 에리카가 마침내 자리에 일어섰는데, 그녀는 여전히 어리둥절한 표정이었다. 그녀는 베이조스의 아들 조지에게 마이애미의 팔레토고등학교에 다니냐고 물었다. 참고로 그곳은 베이조스의 모교다. 조지는 정중하게 아니라고 말했다. 그리고 자기네들은 시애틀에 살고 있고, 자신은 그곳에서 학교를 다닌다고 말했다.

그들은 이날의 만남을 기념하기 위해 함께 사진을 찍었고, 서로 작별인사를 했다. 훗날 베드메드는 베이조스가 무척 친근했으며 사교적이었다고 회상했다. 그는 전혀 뜻밖에 일어난 당시의 15분을 다시금 떠올리며, 그들의 방문을 좀 더 기품 있게 맞이했으면 좋았을 것이라고 생각했다.

몇 년 뒤에 베드메드는 당시의 상황을 이렇게 말했다. "그러니까 그렇게 차원이 다른 사람과 함께 있을 때는 제대로 의사소통을 하기가 어렵습니다. 차라리 그가 누구인지 몰랐다면, 아마 더 나았을지도 모르겠습니다." 그는 많은 유명인의 주변에는 감히 범접하기 어려운 분위기가 둘러싸고 있으며, 그것이 그들 주위에 있는 사람들의 행동을 이상하게 만든다고 설명했다. 제프 베이조스는 나날이 더욱 부유해지면서, 그런 상황은 더욱 악화될 뿐이었다.

판매자와 함께 성장하는
아마존 마켓플레이스

———

1조 달러에 달하는 베이조스 제국의 성장과 그것에 동반하여 그의 자산이 불어난 현상을 정확하게 파악하려면, 시간을 거꾸로 돌려 아마존의 전자상거래 비즈니스가 속도를 내온 것과 그로부터 의도치 않게 파생된 결과들을 이해해야 한다.

2015년, 아마존의 내수 리테일 부문의 매출은 25퍼센트라는 상당히 괜찮은 속도로 성장하고 있었다.[119] 2017년이 되자, 그 기세는 더욱 빨라져 33퍼센트의 속도로 증가하게 되었다. 아마존은 창립 이래 그 어느 때보다도 더욱 많은 매출을 올렸고, 수익성도 훨씬 좋아졌다. 북미 지역의 리테일 부문만 따로 떼어놓고 살펴봐도 연간 매출액이 1,000억 달러를 뛰어넘었기 때문에, 이 기업의 정맥에는 훨씬 젊은 어떤 회사의 호르몬이라도 흐르는 것 같았다.

아마존의 임원들은 이를 자신들의 플라이휠(flywheel)*이 거둔 승리라고 설명했는데, 이것이 자신들의 비즈니스를 이끌어준 선순환이었다고 말한다. 다시 설명하면 플라이휠의 작동원리는 이렇다. 아마존의 저렴한 가격과 프라임 회원들의 충성도가 더욱 많은 고객의 방문으로 이어졌다. 그리고 이는 다시 제3의 판매자들이 자신들의 상품을 아마존의 마켓에 올리도록 동기를 부여했다. 더 많은 상품이 더 많은 고객을 끌어들였다. 그리고 마켓의 판매자들이 아마존에 지불하는 수수료 덕분에 이들은 가격을 더욱 낮출 수 있었으며, 이를 통해 빠른 배송 서비스를 더욱 많은 품목에 적용할 수 있었고, 이는 또다시 프라임 멤버십을 더욱 매력적으로 만들었다. 이런 식으로 그들의 전설적인 플라이휠은 자체적으로 동력을 공급했고, 훨씬 더 속도를 낼 수 있었다.

대기업임에도 아마존이 이렇게 성장세가 뜨거웠다는 사실을 이해하기 위한 또 다른 방법은 이들이 성공적으로 활용한 영업 레버리지(operating leverage)를 살펴보는 것이다. 다른 말로 하면 이들은 지출이 늘어나는 것보다 더욱 빠른 속도로 매출을 성장시켰다. 영업 레버리지는 요트가 속도를 올릴 때 바람의 저항을 줄이기 위해 돛을 트림(trim)**하는 것과 비슷하다고 할 수 있다. 베이조스를 비롯해 S팀의 부관들은 아마존에서 오래되고 더욱 성숙한 비즈니스 부문들에 이런 질문을 했다. 매출 성장세는 유지한 채로 운영비용을 줄일 수는 없을까? 직원들에게서 얻어내는 시간당 생산성을 어떻게 하면 극대화할 수 있을까? 자

---

* 처음에 가동하려면 힘이 많이 들지만, 계속 돌리다 보면 관성에 따라 저절로 돌아가는 시스템.

** 요트 등에서 속도를 조절하기 위해 돛의 방향을 조절하는 것.

동화와 알고리즘을 활용해 인력의 증가를 막거나 사람을 완전히 대체할 수 있는 분야는 어디일까?

해마다 회사는 비즈니스의 효율성을 높이고 아무리 적은 이윤이라도 레버리지를 더욱 개선하기 위해 노력했다. 그 결과로 나타난 변화가 직원들의 업무를 더욱 힘들게 할 수도 있었다. 그러한 프로젝트 중 하나가 2013년 여름 애니메이션 영화 〈슈퍼배드 2(Despicable Me 2)〉가 개봉된 직후에 탄력을 받기 시작했다. 아마존의 장난감 부문 직원 한 명이 이 작품을 너무도 좋아한 나머지, 영화의 공식 굿즈를 대량으로 구매했다. 당시에는 리테일 부문의 입고 관리자들이 제품을 수동으로 주문하던 시절이었다. 이 직원의 주문 내역에는 나중에 영화 〈미니언즈(Minions)〉에 등장하는 바나나 과자처럼 생긴 캐릭터들을 본떠서 만든 인형들도 포함되어 있었다.

영화의 흥행 성적은 상당히 괜찮았지만, 아마존으로서는 불행하게도 장난감은 웬일인지 잘 팔리지 않았고, 결국엔 아마존의 주문처리센터에 있는 선반에서 먼지를 뒤집어쓴 채 앉아 있었다. 장난감 부문에서 일한 전직 입고 관리자 제이슨 윌키(Jason Wilkie)는 당시를 이렇게 회상했다. "발에 차이는 게 굿즈였습니다. 수량을 셀 수조차 없었어요. 아무도 그걸 원하지 않았습니다." 아마존의 임원들은 그러한 실패 원인을 분석했고, 변덕스러운 인간의 감정이 데이터에 대한 냉철한 평가를 방해했으며, 이후에는 상품을 좀 더 보수적으로 주문해야 한다고 결론을 내렸다.

그렇게 해서 '핸들에서 손 떼기(Hands Off the Wheel)'라는 이름의 프로젝트가 만들어졌다. 이후 몇 년 동안 리테일 부문 전반에 걸쳐 입고 관리자들의 보직이 변경되거나 회사에서 쫓겨났고, 그 빈자리는 자동화 시스템으로 대체되었다. 곧 사람이 아니라 소프트웨어가 수량을 파악해 주문하게 된 것이다. 알고리즘이 영화의 굿즈 장난감 수요를 완벽하게 판단할 수는 없지만, 그래도 사람들의 관심사가 증가하리라는 것을 예상할 수 있었다. 예를 들면, (미국의 독립기념일인) 7월 4일 불꽃놀이 행사가 시작되기 며칠 전에 강아지들을 안심시키기 위한 재킷*을 찾는다거나, 겨울에 미국 중서부 지역에 폭풍이 예보되었을 때 눈 치우는 삽의 수요가 증가하리라는 것은 충분히 예상할 수 있다.

베이조스와 직원들은 알고리즘이 사람보다 일을 더 빠르게 잘 처리할 수 있다고 믿었다. 알고리즘은 심지어 예상 수요를 충족시키기 위해 아마존의 주문처리 센터 네트워크 안에서 해당 상품을 어느 곳에 배치해야 하는지도 판단할 수 있었다. 아마존은 또한 직원들의 도움 없이도 공급업체들과 납품조건을 자동으로 협상하고, 다양한 브랜드들이 자체적으로 프로모션을 개시할 수 있게 하는 시스템을 개발했다.

그러한 시스템을 구축하기 위해서는 상당한 초기 투자가 필요했고, 때문에 아마존에는 고정비용(fixed cost)이 추가되었다. 그러나 이후의 몇 년에 걸쳐 훨씬 더 큰 금액이 발생할 수도 있는 변동비용(variable cost)을 대체함으로써 그러한 지출은 전부 회수되었다. 이것이 바로 궁극의 레버리지였다. 곧 아마존의 리테일 비즈니스를 대부분 셀프서비스 테크놀로지 플랫폼으로 변환함으로써 최소한의 인적 개입만으로도 수

---

* 강아지는 폭죽이 터지는 소리에 민감하게 반응해서 매우 놀라는데, 몸통을 포근하게 감싸서 이러한 불안감을 줄여주는 기능성 의류.

익을 창출하게 된 것이다.

그렇게 해서 제3의 판매자를 위한 아마존의 마켓과 거기에 수반되는 서비스인 아마존의 주문처리(FBA, Fulfillment by Amazon)에서 레버리지를 찾기 위한 노력이 탄력을 받게 되었다. FBA의 이면에 있는 발상은 직관에 반하는 것이었는데, 그것은 판매자가 자신의 상품을 아마존의 창고에 보낼 수 있게 하고, 그러면 아마존이 그것을 보관했다가 고객에게 배송하는 것이었다. 이들 판매자는 자체 재고를 보유하고 가격도 직접 책정했지만, 그들의 상품도 아마존의 프라임 회원들에게는 이틀 안에 배송해야만 했기 때문이다. 독립적인 판매자를 아마존의 사이트에 불러들이고 아마존의 주문처리 센터를 이용하게 함으로써, 아마존은 자사의 물류 시스템을 통해 처리되는 상품의 물량을 늘렸고 비용은 고정해놓은 상태에서 매출액은 더욱 증가시킬 수 있었다.

2002년에 아마존이 '셀프서비스 주문처리(Self-Service Order Fulfillment)'라는 이름으로 이 서비스를 처음 선보였을 때, 판매자들은 고객의 주문에 대한 통제력을 잃을까 봐 경계했다. 그러나 결국 상품을 창고에 보관했다가 고객의 집까지 배송하는 것이 자신들의 강점이 아니라는 것을 많은 판매자가 깨달았다. 그러는 한편 FBA는 고객에게 뛰어난 구매 경험을 보장했고, 주문처리 및 배송 정보를 아마존의 웹사이트에서 확인할 수 있었다. 몇 년이 지나자, 볼링공이나 화이트보드처럼 보관하기 어려운 품목을 포함해 온갖 규격의 상품이 아마존의 물류창고로 밀려들어왔다. "그건 저에게는 악몽이었어요. 판매자들이 다락방에 있던 것까지 탈탈 털어서 저한테 넘기고 있었거든요. 그렇지만 물론 저는 알고 있었습니다. 우리가 이걸 처리해야 한다는 걸 말이죠." GE의 임원 출신으로 2006년부터 2013년까지 아마존의 전 세계 사업부 수석 부사장이었던 마르크 오네토(Marc Onetto)의 말이다.

베이조스는 2000년대 말에 FBA를 면밀하게 관리하면서 판매자에 대한 요율표 등 세부사항을 점검했고, 설령 금전적으로 손해가 나더라도 서비스가 특정한 수준으로 성장할 때까지는 아마존이 그 서비스를 심플하게 유지해야 한다고 선언했다. FBA의 임원들이 수익성을 높이기 위해 특정 재고 상품의 요율을 올리려고 할 때마다 그는 이렇게 말했다. "아직 때가 됐는지는 잘 모르겠습니다."

"이게 뭔가요?" 2008년 10월에 열린 어느 인상적인 점검 회의에서 베이조스는 FBA의 해외 비즈니스 내용을 다룬 6페이지 내러티브 보고서에 첨부된 엑셀 자료의 통계 하나를 가리키면서 FBA 담당 임원에게 설명을 요구했다. 당시는 베이조스가 CEO로서의 능력이 아직은 원숙해지던 시절이었고, 성미 급한 관리 스타일과 직접적인 피드백으로 부하직원들을 가차 없이 비판하는 나쁜 버릇을 어떻게든 억누를 수 있기 이전이었다. 이 문서를 준비한 재무 담당 이사 신시아 윌리엄스(Cynthia Williams)도 자신의 분석에 뭔가 문제가 있다는 생각을 했지만, 회의 전까지 그 문제가 무엇인지 정확히 파악할 수 없었다. 몇 년 후에 그녀는 이렇게 말했다. "저는 문서를 내려다보았고, 그제야 뭐가 문제인지 명확히 알 수 있었습니다. 정말이지 바닥으로 숨어버리고 싶은 심정이었어요."

그러자 베이조스가 말했다. "이 수치가 틀렸다면, 여기에 있는 다른 수치들을 어떻게 믿을 수 있는지 잘 모르겠습니다. 당신은 제 인생의 한 시간을 망쳤습니다." 그는 그 문서를 반으로 찢어서는 윌리엄스 앞쪽의 테이블에 던졌다. 그러더니 문밖으로 걸어 나갔고, 회의실에는 쥐 죽은 듯한 정적만 남았다.

"저기, 일이 계획대로 잘 되지 않았죠?" FBA를 처음 10년 동안 이끌 었던 임원인 톰 테일러(Tom Taylor)가 베이조스의 뒤를 쫓아 회의실을 나가면서 갈라진 목소리로 말했다.

그날 오후, 윌리엄스는 사과의 말과 함께 데이터를 수정해 베이조스에게 이메일을 보냈다. 그리고 집에 가서 와인 한 병을 땄다. 베이조스는 그날 저녁 8시에 답장을 보냈다. 그는 자신이 화낸 것은 전혀 언급하지 않은 채 내용을 수정한 것에 감사를 표했으며, 그렇게 부지런히 일하면서 그런 유형의 실수를 저지르지 않는 사람은 없다고 썼다. 윌리엄스는 이후에도 10년 동안 아마존에 머무르며 나중에는 수석 부사장으로 승진했고, 결국엔 마이크로소프트로 떠났다. 그녀는 베이조스가 보낸 그 답장에 기분이 좋았으며, 몇 주 뒤에 다시 한번 그에게 수정된 계획안을 보여주었다고 말했다.

이 이야기는 향후 몇 년 동안 아마존 내부에서 회자되며 유명해졌다. 리더의 변덕스러움에 대한 사례로서가 아니라, 이 회사의 리더가 되기 위해 갖추어야 하는 높은 기준, 그리고 직원들의 용기와 회복탄력성의 사례로서 말이다. FBA 같은 복잡한 서비스를 운영하기 위해서는 그러한 능력들이 필요한 것이다.

베이조스는 FBA가 성공할 수 있을 뿐만 아니라 회사에 미치는 영향력도 상당하다고 생각했다. 톰 테일러에 따르면, 그는 FBA 팀원들에게 이렇게 말했다고 한다. "저는 당신들이 이 일을 제대로 해내서, 우리가 회사 안에서 어마어마한 잠재력을 지닌 다른 비즈니스 부문에도 지금을 지원할 수 있도록 해주기를 바랍니다." 그러면서 그는 FBA 조직이 아마존의 다른 팀들보다 세 배는 더 빨리 움직여달라고 요구했다.

베이조스가 직접 참석하는 연례 OP1 점검 행사에서 FBA 팀이 기록한 다른 '제프의 철학(Jeffism)'들도 그들의 시각을 더욱 넓혀주었다. 메모 형태로 기록된 그의 명언들은 나중에 나에게도 전달되었는데, 대표적인 것을 소개하면 다음과 같다.

- 비용 구조를 낮추는 데 초점을 맞추십시오. 비용을 만회하려고 가격을 높이기보다는, 일단 비용을 낮추고 그에 합당한 가격을 설정함으로써 가치를 극대화하는 것이 좋습니다.
- 요율이 엉터리라는 것은 일이 엉터리로 이뤄진다는 것과 같습니다. 요율은 그것이 가진 가치와 동등해야만 합니다.
- 우리는 비용을 낮출 방법을 찾지 못하겠다고 해서 가격을 높이진 않을 것입니다. 그렇다면 우리는 비용을 낮출 방법을 발명해낼 것입니다.
- 우리는 제3업체들의 주문을 100% 처리할 수 있어야 합니다. 그러기 위해 구체적으로 무슨 논의를 해야 할지는 모르겠지만, 우리의 의무는 저가의 상품을 제공하는 것이며, 그것이 중요합니다.
- 평균은 좋지 않은 데이터입니다. 저는 평균이 아니라 실체가 무엇인지, 최고와 최저 수치는 무엇인지, 이유가 무엇인지 알고 싶습니다. 평균은 참으로 한가한 수치입니다.

그처럼 단호한 지침은 10년 이상 이어졌고, 2014년이 되자 이 서비스는 사상 처음으로 수익을 기록하게 되었고, FBA를 이용하는 판매자의 수도 급격하게 늘어났다. FBA의 전직 임원인 닐 애커먼(Neil Ackerman)은 당시 상황을 이렇게 말했다. "이 프로젝트에 참여한 그 누구도 자신이 천재라고 생각하지 않았습니다. 그게 사실이 아니었기 때문이죠. 모든 사람이 비용을 낮출 수 있게 노력하고, 단지 수익에만 치중하는 것이 아니라 판매자를 추가하고 상품의 셀렉션을 더욱 늘리는 것에 노력을 집중할 수 있게 한 사람은 바로 제프였습니다. 그는 그것이 우리가 비즈니스를 확장하고 수익을 창출하는 방법이라는 것을 알고 있었습니다. 제프는 언제나 우리가 비즈니스의 인풋(input)에 초점을 맞춘다면 매출이나 수익 같은 아웃풋(output)은 저절로 알아서 잘 될 거라고 말했습니다."

베이조스는 이렇게 FBA의 틀을 만들어가면서, 동시에 그것의 쌍둥이라고 할 수 있는 아마존 마켓플레이스(Amazon Marketplace)도 키우고 있었는데, 이 마켓에서는 제3의 판매자들이 아마존의 웹사이트에 등록한 후에 신상품이나 중고상품을 올려놓을 수 있었다. 2007년은 아마존의 마켓플레이스가 선을 보인 지 이미 몇 년이 지난 시점이었지만, 아마존 웹사이트의 전체에서 마켓플레이스가 차지하는 판매량은 겨우 13퍼센트에 불과할 정도로 이곳은 기본적으로 중고서적을 위한 먼지 쌓인 헌책방이라고 할 수 있었다. 베이조스는 마켓플레이스가 진전이 거의 없는 것에 불만을 느꼈고, OP1 행사에서 담당 부서가 제출한 문서를 찢어버리며 좀 더 야심차게 재작성하도록 요구했다. 그는 해당 사업부를 이끌 책임자를 선정하기 위해 여러 명의 임원과 면접을 진행하면서 이렇게 물었다. "당신이라면 어떻게 해서 이 마켓플레이스에 백만 명의 판매자를 들어오게 할 수 있습니까?"

마침내 그는 적임자를 찾았다. 피터 패리시(Peter Faricy)는 프라임 비디오가 선을 보이기 몇 년 전에 아마존에서 음악 및 영화 비즈니스를 이끌면서 한창 성장시키고 있었다. 그리고 2009년 초에 시애틀 중심가의 베나로야 홀(Benaroya Hall)에서 이 부문의 임직원 전체가 모이는 회의를 개최했는데, 그는 이 자리에 배우 톰 크루즈(Tom Cruise)를 초청해서 연설을 하게 했다. 무대 뒤편에서 베이조스와 크루즈는 비행기와 우주여행에 대한 대화에 너무도 심취한 나머지, 패리시는 직원들과 Q&A 시간을 가져야 하는 베이조스를 제시간에 맞춰 무대에 오르게 하지 못했을 정도였다. 행사가 끝난 뒤, 음악 및 영화 부문의 성공에 대한 감사 표시로 베이조스는 패리시를 S팀의 모임에 초청해 점심식사를 함께 했다. 한 달 뒤, 그는 패리시에게 회사에서 가장 성적이 저조한 사업부 하나를 맡아 운영해달라고 요청했다.

패리시는 위에서 소개한 베이조스의 질문에 대한 대답은 오직 하나뿐이라는 사실을 알고 있었다. 백만 명의 판매자를 한 명씩 만나서 일일이 설득할 수는 없었다. 그는 셀프서비스로 원하는 작업을 수행할 수 있는 기계를 만들어야만 했고, 아마존이 그들에게 다가가는 것이 아니라 판매자들이 스스로 아마존에 찾아오도록 만들어야만 했다.

이후 몇 년 동안 패리시를 비롯한 그의 팀원들은 제3의 판매자를 위한 웹사이트인 셀러 센트럴(Seller Central)을 다시 만들어, 판매자들이 좀 더 쉽게 아마존닷컴에 자신들의 상품을 등록하고, 스스로 가격을 책정하며, 프로모션을 진행할 수 있게 했다. 그리고 이러한 모든 과정에서 아마존 직원들이 개입하는 일을 최소한으로 줄였다. 베이조스는 FBA를 다룰 때와 마찬가지로 초기에는 이 프로젝트를 면밀하게 감독했다.

패리시는 당시의 상황을 이렇게 회상했다. "처음 2주 동안 저는 제프에게서 물음표가 달린 이메일을 7통 정도 받았습니다. 그 일을 맡는 그 순간부터 저는 불구덩이에 던져진 것 같았고, 덕분에 일생일대의 경험을 배울 수 있었습니다."

아마존이 제3의 판매자를 끌어들이는 데 도움을 준 것은 그들의 경쟁자인 이베이였다. 당시 이베이는 수수료를 올리고 대형 판매자들에게 조건을 유리하게 해줌으로써, 가뜩이나 다루기 힘든 판매자 커뮤니티를 소외시켰다. 2010년, 시애틀 터코마 국제공항(Seattle-Tacoma International Airport) 근처의 메리어트(Marriott) 호텔에서 아마존의 첫 번째 판매자 콘퍼런스가 개최되었고, 이 자리에서 패리시는 '주로 이베이에서 판매하는 청중 여러분'을 상대로 연설을 했다. 그는 아마존이 모든 판매자에게 균등한 기회를 보장하는 공정한 마켓을 만들기 위해 최선을 다하고 있으며, 판매자들이 각자의 비즈니스에 더욱 노력을 기울일 수 있도록 아마존과 함께 하자고 말했다. 청중은 그에게 기립박수로 화답했다. 그러나 그러한 긍정적인 반응은 그리 오래가지 못했다.

아마존의 다른 임원들과 마찬가지로, 패리시는 베이조스가 회사 안에서 대중화한 엄격한 매니지먼트 원칙들 가운데에서 몇 가지를 채택한 것으로 보였다. 디트로이트 출신인 그는 맥킨지앤컴퍼니(McKinsey & Company)와 서적 유통업체 보더스(Borders)에서 경력을 쌓은 후에 아마존에 합류했는데, 새로운 일터인 이곳에 금세 적응했다. 예를 들어 만약에 직원들이 주간 통계 보고서를 늦게 보내기라도 하면, 패리시는 그들이 너무 많은 급여를 받거나 그 일에 어울리지 않는다고 무심결에 말했다. 그는 또한 리테일 부문의 담당자들과도 싸웠는데, 그들에게 중요한 것은 고객에게 뛰어난 경험을 보장할 수 있는 프리미엄 상품이었다. 반면에 누구든 가입해 저렴하면서도 품질이 낮은 상품을 판매할 수 있는 판매자 플랫폼은 무슨 사태가 일어날지 모르는 난장판이라고 할 수 있었다.

아마존의 내부에서는 상품의 품질이냐 아니면 수량이냐를 두고 논쟁이 계속되었다. 이러한 싸움은 패리시의 상사인 서배스천 거닝햄 (Sebastian Gunningham) 수석 부사장이나 베이조스가 직접 나서서 중재해야 하는 경우도 많았다. 그런데 두 명 모두 선택의 폭을 최대한 빠르게 확대하는 쪽으로 크게 기울어 있었다. 아마존 마켓플레이스에서 오랫동안 임원으로 일한 에이드리언 아고스티니(Adrian Agostini)는 당시의 상황을 이렇게 말했다. "제프와 서배스천의 견해는 모든 것에 대한 선택권이 있어야 좋은 셀렉션이라는 것이었습니다. 그들은 범죄, 살인, 독살만 아니면 된다는 원칙을 적용하고 싶어 했습니다. 그 외에는 판매자가 무엇이든 선택해서 올릴 수 있고, 결정은 고객이 내리게 한다는 것이었습니다."

2010년대 초반의 몇 년 동안, 아마존의 초창기 마켓플레이스에 입점해 있던 미국과 유럽의 눈치 빠른 사업가들은 이것이 수익성 좋은 새로운 기회라는 사실을 간파했다. 그들은 독특한 제품을 개발해 제조업체를 (주로 중국에서) 찾은 다음, 그것을 수백만 명의 온라인 쇼핑객에게 판매할 수 있었다. 패리시와 그의 팀원들은 판매자들을 자신들의 고객으로 인식하고, 그들에게 특별한 상품을 강조해서 보여줄 수 있는 아마존 익스클루시브(Amazon Exclusives)나 그들이 성장할 수 있게 자금을 지원해주는 아마존 렌딩(Amazon Lending) 같은 프로그램으로 판매자들을 육성했으며, 그 외에도 FBA를 통해 그들이 보관한 재고를 활용할 수 있게 해주었다. 그들은 판매자들로 구성된 포커스 그룹(focus group)을 주기적으로 소집해 고쳐야 하는 문제나 새롭게 만들어져야 하는 시스템 등이 있는지 물어보았다.

"당시에 아마존은 정말로 브랜드가 성장할 수 있게 신경을 써주었습니다." 아마존에서 많은 인기를 끌었던 스탠드업 패들보드(stand-up paddleboard) 제품군을 팔았으며, 비즈니스 리얼리티 프로그램인 〈샤크 탱크(Shark Tank)〉에도 출연한 기업가 스테판 아르스톨(Stephan Aarstol)의 말이다. 2015년에 아르스톨은 샌디에이고에서 직원 열 명을 고용했고, 연간 400만 달러가 넘는 수익을 올렸다. 그는 빠르게 성장하는 아마존이라는 플랫폼에서 많은 돈을 벌어들인 수많은 기업가 중 한 명이었다. 그러나 아마존 마켓플레이스에 대한 그의 이러한 견해는 서서히 발전한 것이었다.

베이조스는 이러한 진전을 기뻐했다. 그해에는 사상 처음으로 마켓플레이스를 통해 판매된 상품의 가치가 아마존 리테일 부문의 매출액을 뛰어넘었다. 무엇보다도 마켓플레이스의 비즈니스는 대체로 셀프서비스였기 때문에, 이곳의 매출액은 여기에 투입된 인력의 숫자보다도 훨씬 더 빠르게 증가했다. 그해 OP1 행사에서 베이조스가 마켓플레이스 부문이 제출한 6페이지 내러티브 보고서를 가슴에 안은 채 그들의 성공을 크게 치켜세웠다. "성공적인 비즈니스가 된 이후에도 마침내 어느 정도의 레버리지를 얻어낼 수 있게 되었군요. 저는 이 문서를 집에 가져가서, 가슴에 품고 잠들 생각입니다."

이어서 베이조스는 패리시에게 이제는 연간 OP1 행사에서 마켓플레이스에 대해서는 자신이 직접 검토하지 않을 것이며, 아마존 렌딩 같은 새로운 프로그램에만 좀 더 시간을 투자하고 싶다고 말했다. 베이조스는 회사의 신규 서비스나 상품에 대해 더 많은 관심을 쏟고 있었고, 패리시가 담당하는 비즈니스의 세부 사항들은 지나치게 복잡했기 때문에 자신이 그 모든 것에 일일이 지침을 내릴 수 없다는 사실을 알게 된 것이다.

그는 FBA 팀에도 같은 말을 했다. 앞으로도 이 부문의 비즈니스에 대한 감사는 계속할 것이며, 갈등이 있을 때는 조정에 나서고, 문제가 있다는 걸 알게 되면 물음표가 붙은 이메일을 보내겠다는 것이었다. 그러나 이제는 더 이상 기획 단계에 예전처럼 그렇게 긴밀하게 관여하지는 않을 생각이었다.

이로써 베이조스는 다가오는 혼란으로부터 어느 정도 거리를 둘 수 있게 된다.

고객이 원하는 것은 무엇일까?

아마존의 마켓플레이스와 FBA가 이렇게 성장하는 와중에도, 해당 임원들은 잠재적으로 위협적인 경쟁자들을 눈여겨보았다. 2010년, 폴란드계 캐나다인으로 구글에서 근무한 경험이 있는 피터 슐체프스키 (Peter Szulczewski)는 온라인 광고 스타트업인 콘텍스트로직(ContextLogic)을 공동으로 창업했다.[120] 사업이 별다른 주목을 받지 못하자, 그는 회사의 주력 사업을 기발한 방식의 전자상거래로 전환했다. 그것은 바로 일종의 '지리적 차익거래(geographic arbitrage)'였다. 대부분의 인터넷 판매자는 중국에 있는 제조업체에 생산을 맡겼고, 선박에 실어서 서양까지 대량으로 운송한 다음, 도시에 사는 비교적 부유한 온라인 쇼핑객에게 웃돈을 얹어 빠르게 배송했다. 그런데 만약에 고객이 주문한 제품이 자신의 집 앞으로 배송되기까지 몇 주가 걸려도 크게 개의치 않는다

면, 중국에 있는 상인이 브랜드가 없는 저렴한 상품을 서양에 있는 고객에게 직접 판매할 수도 있지 않을까?

슐체프스키는 회사 이름을 위시(Wish.com)로 바꾸었고, 2012년 말에는 판매자를 모집하고 고객 서비스를 처리하기 위해 중국 직원을 고용했다.[121] 완벽한 타이밍이었다. 당시 알리바바(Alibaba)는 중국의 인터넷 유통 기업들이 외국에서 신규 고객층을 찾는 일을 돕고 있었다. 그리고 알리바바 역시 슐체프스키와 똑같은 생각으로 알리익스프레스(AliExpress)라는 국제 상거래 사이트를 개발했는데, 아직 초기 단계이긴 했지만 멕시코와 유럽에서 어느 정도 주목받고 있었다.

위시와 알리익스프레스의 웹사이트에는 수많은 제품으로 넘쳐났지만, 온라인 쇼핑에 익숙하지 않은 초보자가 이용하기에는 어려웠다. 그럼에도 당시에는 일회용 패션의 붐이 일었고, 고객들은 12달러짜리 모조가죽 운동화처럼 저렴한 상품을 찾는 일종의 보물찾기를 즐기는 것 같았다. 2014년에 위시는 벤처투자자들에게서 6,900만 달러를 투자받았고,[122] 〈월스트리트저널〉에도 소개되었다. 이 신생업체와 한 차례 대화를 나눈 이후, 베이조스는 거닝햄을 바라보며 이렇게 말했다. "우리도 이런 일을 하고 있는 거죠?" 훗날 거닝햄은 이렇게 말한다. "위시가 저희에게 영감을 주었습니다. 그들이 우리 신경을 건드린 거죠."

이런 혁신적인 스타트업을 대하는 아마존의 전략은 일반적으로 그들과 관계를 맺고 그들에게서 무엇을 할 수 있는지 배우는 것이었으며, 때로는 인수합병이라는 카드를 만지작거리기도 했다. 그해 슐체프스키와 공동 창업자인 대니 장(Danny Zhang)은 시애틀로 초대받았다. 그곳에서 그들은 하루를 보내며 십여 명의 마켓플레이스 임원과 대화를

나눴다. 그들은 아마존의 임원들이 위시의 비즈니스 모델을 회의적으로 생각한다는 인상을 받았다.[123]

이후 2년 동안, 위시는 자본금을 증자하며 계속해서 성장했다. 2016년에 아마존에서 다시 연락이 왔고, 슐체프스키는 베이조스를 만났다. 당시 위시의 CEO인 그는 아마존의 의도를 의심했고, 베이조스와 일대일로만 만나겠다고 했다. 그러나 그는 나중에 아마존의 다른 임원들이 캘린더 초대장 명단에 있는 걸 발견하고는 약속을 취소하며 절대 가지 않겠다고 말했다.[124]

그러자 아마존은 변화하는 전자상거래 지형에 맞게 서둘러 적응해야만 했다. 인터넷에 중국의 판매자들이 넘쳐난다는 것은 저가의 새로운 상품들이 마치 캄브리아기 대폭발(Cambrian explosion)처럼 폭발할 가능성이 있음을 의미했다. 그처럼 브랜드가 없는 상품이 모든 사람에게 어필하지는 않겠지만, 젊은 층이나 저소득층 구매자를 온라인 쇼핑으로 끌어들일 가능성은 있었다. 그리고 나중에는 좀 더 비싼 상품을 구입할 수도 있고, 심지어는 아마존 프라임 서비스에 가입할 수도 있었다.

사실 아마존은 중국 내에서 중국의 판매자들을 위한 온라인 마켓을 만드는 비즈니스에서 참패한 경험이 있다. 따라서 이것은 세계 최대의 인구 대국에서 비즈니스를 할 수 있는 또 한 차례의 기회가 될 수 있었다. 그들은 13세기 이탈리아 탐험가의 이름을 따서 마르코 폴로(Marco Polo)라는 프로젝트를 만들었다. 이러한 프로젝트의 일환으로 그들은 현지의 판매자를 모집하고, 셀러 센트럴 웹사이트를 중국어로 번역하고, 현지의 상인을 위한 실시간 고객 서비스를 제공하기 위하여 베이징에서 팀을 꾸렸다. 그리고 운송비용을 낮추고 해외 배송 절차를 간소화하기 위해 회사는 드래곤 보트(Dragon Boat)라는 프로젝트도 개시했다. 이 프로젝트는 상하이나 선전 같은 해안에 위치한 허브에서 상품을 전부 모아 대량으로 통관 절차를 거친 후에, 머스크(Maersk) 같은 운송회사를 통해 아마존이 저렴한 요율로 예약해놓은 컨테이너에 선적한다는 계획이었다.[125]

새로운 글로벌 영업 부서에 합류한 신입 직원들은 빠르게 성장하기 위해 신속히 움직여야 한다는 압박을 받았다. 전직 직원 한 명이 필자에게 공유해준 내부 문서에는 당시 이 팀의 목표가 포함되어 있는데, 예를 들면 현지의 판매자를 모집하고 그들에게 FBA 활용법을 교육하기 위하여 중국에서 신속하게 인력을 충원한다는 것이 있었다.

한편 알리익스프레스가 미국에서 크게 주목받지는 못했지만, 아마존의 임원들은 알리바바의 수수료가 아마존보다 이미 낮은 수준이라는 사실을 지적했고, 알리바바의 막강한 CEO 마윈이라면 서양 국가들에서 입지를 다지기 위해 그러한 수수료를 완전히 유예할 수도 있다는 점을 우려했다. 아마존의 어느 문서는 이렇게 물었다. "중국의 판매자를 포섭하기 위해 우리는 과연 충분히 노력하고 있는가? 상품의 규모를 확대하기 위해 등록 기준을 완화하는 등 중국 소재의 판매자들이 온보딩(onboarding)*하는 과정을 좀 더 수월하게 해야 하지 않을까?"

아마존이 실제로 그러한 기준을 완화했는지는 확실치 않지만, 분명한 것은 아마존의 기준 자체가 처음에도 그다지 높지는 않았다는 것이

---

* 사용자가 새로운 제품의 사용법 등을 익히고 적응하는 과정.

다. 2015년과 2016년을 거치면서, 중국에서는 매일 수천 명의 판매자가 아마존의 마켓플레이스에 가입했다. "그 숫자가 천문학적이었습니다. 그런 규모는 그 누구도 본 적이 없습니다." 서배스천 거닝햄의 말이다. 그러나 예상했다시피 그들이 판매하는 상품의 품질은 천차만별이었다. "미국에서 잘 팔리는 코트가 있으면, 불과 몇 시간 만에 중국의 판매자가 그것과 똑같은 상품을 사이트에 등록했습니다. 그런데 실제로 그 코트를 돈을 주고 구매했더니, 몸에 걸치자마자 소매가 떨어져 나갔다는 리뷰가 올라오기도 했습니다." 거닝햄의 말이다.

S팀의 일원인 거닝햄은 FBA와 마켓플레이스를 포함해 글로벌 영업을 책임지고 있었다. 그는 아르헨티나에 있는 어느 목장에서 성장했으며, 스탠퍼드대학교에서 수리과학 학위를 취득했다. 그리고 오라클에서는 래리 엘리슨(Larry Ellison)과 일했고, 애플에서는 스티브 잡스와 일한 경험이 있으며, 이제는 아마존에서 제프 베이조스와 함께 일하게 되었으니 하이테크 업계에서 일종의 해트트릭을 기록한 셈이었다. 동료들은 그가 창의적이며 공감 능력이 뛰어나다고 말했다. 그리고 아마존 식으로 표현하면, 그는 '크게 생각하는 사람(big thinker)'이었다.

거닝햄은 중국산 제품이 범람할 경우 그러한 저렴한 가격을 상대할 수 없는 서양의 판매자들 사이에 논란이 일어날 거라는 사실을 금세 알아차렸다. 처음에 내놓은 한 가지 해결책은 그러한 변화에 대해 공개적으로는 아무것도 모르는 척 무시하는 것이었다. 그는 S팀의 동료들에게 보낸 이메일에서 이렇게 썼다. "이 방법이 가진 위험한 점이라면, 중국 소재 판매자들이 폭발하는 이 사태를 미국 및 유럽연합의 판매자들이 그리 달가워하지 않는다는 것이다." 이 내용은 나중에 의회의 독점 금지 청문회에 증거로 제출되면서 공개되었다. "나는 중국에서는 판매자들을 상대로 공격적인 마케팅을 하라고 팀원들을 지휘했지만, 그것을 수입하는 나라들에서는 모르쇠 전략을 취했다."[126]

그러나 이러한 저가 상품이 아마존 내부에서도 분열을 조장했기 때문에, 거닝햄은 이것이 기회이자 도전이 될 수도 있다고 설명하는 방법을 고안했다. 어느 날부터 그는 스테인리스 스틸로 만들었으며 부엉이 펜던트가 달린 80센트짜리 싸구려 목걸이를 차고 다녔다. 아마존에서는 이 제품이 한 달에 수만 개씩 팔렸고, 이걸 파는 중국의 판매자들은 운송비용을 회수하는 걸 넘어 적게나마 수익도 내고 있었다. 그는 아마존이 그러한 저가 아이템을 무시해서는 안 된다고 지적했다. "모든 사람이 우리 사이트가 엄청난 쓰레기들로 가득하다고 생각했지만, 쓰레기도 그것을 보는 관점에 따라 달라질 수 있습니다. 실제로 그런 쓰레기들의 상당수가 많은 사람에게는 패션 아이템이었습니다." 거닝햄의 말이다.

거닝햄은 또한 마켓플레이스에서 검은색 칵테일 드레스를 다양한 사이즈와 스타일로 수십 벌이나 구입한 다음, 자신의 회의실에 있는 선반에 진열해두었다. 아마존에서는 그런 의류 제품을 수천 종류나 판매했는데, 중국에서 만든 아무 브랜드도 없는 옷들의 품질은 천차만별이었다. 어떤 건 길었고, 어떤 건 짧았다. 어떤 옷의 가격은 수백 달러였고, 어떤 옷은 20달러 정도로 저렴했다. 어떤 건 튼튼해 보였지만, 어떤 옷에 달린 지퍼는 처음 착용하는 순간부터 저절로 떨어져나갔다. 동료들은 거닝햄의 옷장이 몇 달 동안 그곳에 있었다고 회상한다. 그는 자신의 팀원들이 다양한 드레스의 종류를 구분할 수 있는 안목을 키워야 하며, 고객에게도 개인적으로 제품을 평가할 수 있는 권한을 부여해야 한다고 주장했다. 그렇게 해야만 아마존의 리뷰 시스템이 제대로 검증을 거쳐, 품질이 떨어지는 제품을 공급하는 판매자들에게 페널티를 줄 수 있다고 생각했다. 그는 당시의 그 드레스들이 "중국에서 들여온 제품들에서 주로 기인하는 광범위한 딜레마들을 보여주는 것이었다"고 설명했다.

이러한 설명에도 그들의 마켓플레이스에 중국산 제품이 쏟아져 들어온다는 것은 아마존 내부는 물론이고 그들과 협력업체들 사이에서도 논쟁을 불러일으켰다. 그것은 미국과 중국의 판매자들 사이의 갈등, 그리고 아마존의 직접관계자(1P)인 리테일 부문과 제3자(3P)들로 구성된 마켓플레이스 사이에서 이미 뜨겁게 불붙고 있던 갈등에 기름을 붓는 것이었다. 물량이 우선이냐 품질이 먼저냐를 두고 다시 논쟁이 벌어졌다. 아마존은 유명하고 신뢰할 수 있는 브랜드만 입점해 있는 차분하고 질서정연한 매장을 원한 것일까? 아니면 훨씬 더 폭넓은 상품과 다양한 가격대가 있는 좀 더 혼란스러운 마켓을 원한 것일까?

임원들은 고객이 어떤 걸 좋아할지 군이 고민할 필요가 없었다. 수많은 테스트와 실험을 통해 이미 그들이 무엇을 선택했는지 명백하게 알 수 있었기 때문이다. 예를 들면 독일 아마존 웹사이트에서는 제3의 판매자들이 브랜드 신발은 물론이고 상표가 붙지 않은 신발도 등록해서 다양한 제품을 판매할 수 있게 허용했다. 반면에 영국 아마존 웹사이트에서는 좀 더 고가의 유명 브랜드 제품으로만 꾸민 신발 매장을 선보였다. 선택권도 훨씬 넓고 가격도 저렴했기 때문에, 독일 아마존의 판매실적이 훨씬 더 뛰어났다.

이러한 결과는 아마존이라는 기업이 나아가야 할 방향과 고객이 원하는 것이 무엇인지 가리켜주는 것이기에 상당히 의미심장했다. 그리고 그 신발을 오래 사용할 수 없다는 사실을 잘 알면서도 수많은 사람이 인터넷에서 아주 저렴한 운동화를 구입하는 것으로 드러났다.

그럼에도 아마존 리테일 부문의 임원들은 품질이 낮은 중국산 제품들이 넘쳐나는 것에 계속해서 반대했고, S팀에서도 이러한 사안이 주기적으로 논의되었다. 어느 회의 자리에서 제프 베이조스는 의류 부문에 대한 아마존의 전체적인 전략을 두고 벌어지는 논쟁에 대한 해답을 내려달라는 요청을 받았다. 아마존은 세심하게 큐레이팅을 하는 전문적인 웹사이트를 통해 주로 서양의 프리미엄 브랜드로 구성된 최고급 의류의 판매를 우선시해야 하는가? 아니면 마켓플레이스는 물론이고 아마존닷컴에서도 상표 없는 저가 의류나 아마존 자체의 브랜드 상품을 대대적으로 판매하는 것에 중점을 둬야 하는가?

회의실이 조용해졌고, 모든 사람이 베이조스의 확고한 답변을 기다렸다.

마침내 그가 큰 소리로 웃으며 말했다. "저는 우리가 옷을 입어야 하는 모든 사람을 겨냥해야 한다고 생각합니다. 그런데 지난 며칠 동안 살펴보니, 나체로 돌아다니는 사람은 볼 수 없었습니다. 그래서 저는 사람들이 당분간은 옷을 입을 거라고 믿습니다."

양질이든 짝퉁이든
제품 선택은 소비자가 하는 것

———

그것은 베이조스가 대답해서는 안 된다고 여겨지던 질문들 가운데 하나였다. 그는 아마존이 모든 걸 하기를 원했다. 그는 확실한 대답을 하지는 않았지만, 아마존의 마켓에서는 저가 상품을 자유롭게 등록할 수 있어야 한다는 방안에 한 표를 던진 것이다. 그것은 어마어마한 파급력을 가진 선택이 될 예정이었다.

그러자 중국에서는 아마존닷컴에서 물건을 판매하기 위한 스타트업이 우후죽순처럼 생겨났는데, 그중에는 상당히 막강한 업체도 있었다. 2011년 스티븐 양(Steven Yang)이라는 소프트웨어 엔지니어가 실리콘밸리에서도 최고로 평가받는 구글에서의 번듯한 일자리를 그만두고, 중국의 선전에서 교체용 노트북 배터리 같은 액세서리를 판매하는 전자회사 앤커(Anker)를 창업했다.[127] 이후 몇 년 동안 이 회사가 내놓는 제품군은 케이블, 충전기, 배터리 등 상상할 수 있는 거의 모든 것을 망라할 정도로 확장되었는데, 이들 중 상당수는 아마존의 베스트셀러 순위에서도 최상위권에 들 정도로 큰 인기를 얻었다.

스티븐 양은 현지의 공장들과 긴밀한 관계를 구축했고, 덕분에 앤커는 시장의 동향과 고객의 피드백을 기반으로 제품을 빠르게 개선하여 품질을 향상시킬 수 있었다. 그들이 직원들에게 지급하는 임금은 서양의 판매자들이 제공하는 급여의 몇 분의 일에 불과했고, 회사도 중국에 있기 때문에 미국이나 유럽의 경쟁업체들처럼 법인세나 부가가치세 같은 세금을 내지 않아도 되었다. 또한 중국우정(中國郵政)과 미국연방우체국(USPS)이 체결한 협약 덕분에 서양으로 물건을 보낼 때도 많은 지원 혜택을 누렸는데, 심지어 미국 내에서 물건을 보내는 것보다 중국에서 미국으로 상품을 배송하는 비용이 더 저렴할 정도였다.[128]

다시 말해 앤커를 비롯한 중국의 판매자들은 아마존 같은 경쟁이 치열한 마켓에서 실질적인 차이를 만들 수 있을 만큼 상당한 우위를 갖고 있었다는 것이다. 스티븐 양은 시애틀 인근에 있는 플러거블테크놀로지(Plugable Technologies)의 창업자 버니 톰슨(Bernie Thompson)과 친하게 지냈는데, 이 회사도 그들과 비슷하게 컴퓨터 액세서리를 판매했다. 두 사람 모두 전 세계 고객을 대상으로 물건을 판매하는 중국계 브랜드가 전자상거래의 판도를 급진적으로 바꾸게 되리라는 사실을 알고 있었다. "버니, 미안하지만 내가 너에게 한 방 먹일 거야." 언젠가 업계의 어느 콘퍼런스에서 스티븐 양이 자신에게 이렇게 말했다고 버니 톰슨은 기억했다. (스티븐 양은 이렇게 말한 사실을 기억하지 못했다.)

앤커 같은 중국의 많은 판매자는 품질이 뛰어난 제품을 매력적인 가격에 판매했다. 그러나 중국이라는 자본주의의 까다로운 변방에서는 말썽꾼도 상당히 많았다. 알리바바나 징둥닷컴 같은 현지의 전자상거래 기업들은 웹사이트의 보호장치를 마련하고 사기행위에 대응하기 위해 신규 판매자에게는 예치금을 요구했고, 때로는 상품 판매 대금이 판매자에게 전달되기까지 몇 달이 걸리기도 했다. 그들은 또한 웹사이트에서 문제를 일으키는 악질적인 판매자를 주기적으로 숙청했다. 아마존은 처음에 거의 아무런 보호장치 없이 미국의 마켓플레이스 시스템을 중국으로 그대로 포팅(porting)*했는데, 당연히 좋은 판매자와 악질적인 업자를 구분할 능력이 없었다. 그 결과 아마존은 중국에서 사기와 짝퉁의 온상이 되었고, 엉터리 제품을 판매하는 이들에게는 좋은 먹잇감이 되었다.

베이조스는 품질에 대해서는 결코 타협할 생각이 없었다. 아마존에서 절충안이라는 것은 허용되지 않았다. 그는 물량과 품질을 모두 원했고, 아마존의 엔지니어들이 위험한 제품과 짝퉁 상품을 차단할 수 있는 새로운 도구를 만들어낼 거라고 기대했다. 그러나 변화의 수레바퀴는 아마존이 자신들의 사이트에서 치안을 유지하는 시스템을 만드는 것보다 더욱 빠른 속도로 회전했다.

그들의 '모든 것을 파는 가게(everything store)'에는 가짜 비타민이나 위험한 크리스마스 트리용 전구 등 안전하지 않은 제품은 물론이고 오탈자가 가득한 엉터리 책까지 판매대에 전시되었다. 2015년의 연말 시즌에는 호버보드(hoverboard)라는 상품이 크게 인기를 끌었다. 그런데 다

---

* 어떤 시스템을 다른 환경으로 이식하는 작업.

수의 중국산 모델에서 불길이 터지면서 집을 여러 채 태워버리는 불행한 사건이 일어났다. 그해 12월 12일에 아마존은 자신들의 사이트에서 문제가 된 호버보드 제품들을 끌어내렸고, 구매자들에게는 '안전 문제와 관련한 뉴스 보도'를 언급하며 환불해주겠다는 내용의 이메일을 보냈다. 〈월스트리트저널〉은 이후의 탐사보도에서 해당 호버보드 제품에 포함된 리튬이온 배터리의 결함으로 57건의 화재가 발생했으며 230만 달러 상당의 주택 피해로 이어졌다고 결론을 내렸다. 문제가 된 제품의 절반 정도는 아마존에서 구입한 것으로, 이는 다른 어떤 소매업체들보다도 많은 숫자였으며, 이 때문에 회사를 상대로 집단 소송이 제기되었다.[129]

이후 몇 달 동안, 아마존에서 구입한 휴대전화, 노트북, 전자담배 등의 배터리 결함으로 부상이 발생했고, 이는 다시 더 많은 소송과 더 많은 뉴스 보도로 이어졌다.[130] 베이조스는 이러한 상황에 어느 정도는 자신의 책임이 있는데도, 동료들의 증언에 따르면 그는 이처럼 문제가 발생하고 매스컴에서 악평을 받는 것에 거의 미칠 지경이 되었다고 한다. 마켓플레이스의 부사장이던 에이드리언 아고스티니는 당시의 상황을 이렇게 말한다. "제프는 '당신들은 어떻게 이런 상황을 예측하지 못한 겁니까?'라고 말했습니다. 저희로서는 혹독한 교훈을 배운 셈이었습니다." 이에 대한 대응으로 아마존의 임원들은 서둘러 신뢰성 및 안전성 점검을 위한 인력의 규모를 늘렸고, 이들은 사이트를 스캔하면서 사기 및 정책위반 사례를 식별할 수 있는 도구를 개발했다. 그러나 해당 프로그램도 초기에는 그다지 효과가 없었다. 사기행위가 감지되고 고객에게 피해가 발생하고 나서야 가해자들이 사이트에서 퇴출되는 경우가 많았기 때문이다.

서양의 판매자들은 혹시라도 선을 넘어서 아마존과 문제가 생기는 것을 두려워했다. 그러나 중국의 판매자들은 선이 어디에 있는지도 몰랐고, 설령 그것이 존재한다 하더라도 크게 신경 쓰지 않았다. 중국의 허접스러운 판매자들은 아마존의 웹사이트에 돈을 주고 좋은 리뷰를 작성하게 하는 등의 기만적인 전술을 채택했다. 당시에는 아마존이 검색 결과 내에서 광고를 도입하기 전이었고, 자신들의 제품을 검색 결과의 최상단에 노출하기 위해서는 리뷰를 좋게 관리하는 것이 거의 유일한 전략이었다. 만약 그러한 행위가 적발되어 계정이 정지당하면, 새로운 계정을 만들면 그만이었다.

아마존의 임원들도 이러한 상황을 알고 있었지만, 혼란을 수습하는 일에서는 어려움을 겪었다. 그리고 마켓플레이스 판매자들도 결국 아마존의 고객이며, 유죄가 입증되기 전까지는 무죄추정의 원칙을 적용해야만 했다. 베이징에서 근무한 경험이 있는 아마존의 전직 임원은 당시의 상황을 이렇게 말했다. "우리는 모두 이상적인 상황만 생각했습니다. 저는 더욱 빨리 더욱 공격적으로 움직여야 했습니다. 저는 모든 판매자는 선량하다는 이야기를 믿었습니다."

2016년 피터 패리시는 현지 판매자들의 복잡한 역학관계를 더욱 잘 이해하기 위해 직원들과 함께 중국으로 향했다. 그들은 홍콩과 상하이에도 들렀고, 그다음에는 전자제품과 의류 분야를 중점적으로 살펴보기 위해 일행을 두 그룹으로 나누었다. 중국 내의 다른 여러 도시 가운데 전자제품 그룹은 선전으로 갔고, 의류 그룹은 광저우, 쩡청(增城), 베이징을 방문했다. 그 후에는 다시 전부 상하이에 모여 각자가 작성한 내용을 비교했다.

당시 출장에 동행한 임원들은 자신들이 목격한 것을 대단히 놀라워했다. 패션 담당 그룹은 아베크롬비(Abercrombie & Fitch)에 납품하는 9달러짜리 스포츠 코트를 만드는 의류 공장을 방문했는데, 이 제품의 실제 소매가는 500달러였다. 이 공장에서는 또한 동일한 코트지만 단추 위치만 다른 제품을 만들어 온라인에서 90달러에 직접 판매하고 있었다. 상당히 저렴하지만, 그래도 엄청난 이윤이 발생하는 구조였다.

그들은 또한 유통 체인점인 자라(Zara)에 납품하는 여성용 상의를 만드는 공장도 방문했다. 아마존의 임원들은 발코니에 서서 공장의 바닥을 내려다보았는데, 한 무리의 노동자들이 다른 직원들과 따로 떨어져 일하는 걸 볼 수 있었다. 그런데 그들이 만드는 제품이 다른 직원들이 만드는 것과 크게 다르지 않았다. 아마존의 임원 한 명은 그게 어떤 상황인지 공장 관계자에게 질문했다. 그 관계자는 이렇게 말했다. 그 직원들은 자라에 납품하는 것과 동일한 제품에 공장의 자체 라벨을 붙이는 작업을 하는 것이고, 그 제품은 알리바바에서 판매한다고 말이다.

전자제품 담당 그룹의 임원들도 비슷한 장면을 목격했다. 중국 전역의 공장들이 기존의 전통적인 매장을 거치지 않고 온라인을 통해 쇼핑객에게 직접 다가가면서, 고객에게 엄청난 가치를 제공하고 있었다. 다시 말해 사기, 짝퉁, 저질 상품과 관련한 문제가 있는데도, 리테일 분야에서는 어마어마한 혼란이 찾아오고 있었던 것이다. 패리시는 당시의 경험을 이렇게 말했다. "우리가 본 것을 믿을 수 없었습니다. 우리는 단지 브랜드의 이름에 기대서 실제 제조비용보다 10배에서 50배나 비싼 가격을 책정하는 사람은 오래가지 않을 것이며, 결국엔 소비자들이 승리할 거라는 사실을 깨달았습니다."

무법천지가 된 마켓플레이스를 살려낸
프로젝트 제로

———

2016년 5월의 마지막 날, 아마존이 최초로 개최하는 패션 판매자 콘퍼런스(Fashion Seller Conference)에 참석하기 위해 의류 판매자 백여 명이 시애틀에 모였다. 새로운 데이원 타워에서 한 블록 떨어진 7번가에 새롭게 마련한 회사의 미팅 센터에서 개최한 이 행사는 업계의 주요 인사들이 모여 연설, 세미나, 회의 등을 진행하는 일정으로 구성되었으며, 기간은 하루 반나절 동안 예정되어 있었다. 서배스천 거닝햄이 노변한담(fireside chat)으로 행사의 시작을 알렸다.

거닝햄은 중국 판매자들의 '산사태'가 미국의 소매상인들을 소외시킬 거라고 예측해왔다. 이제 그는 뿌린 대로 거둘 차례였다. 이어진 Q&A 세션에서 판매자들이 하나둘씩 자리에서 일어서더니, 연달아 마이크를 잡고 그를 향해 날카로운 질문과 매서운 비판을 퍼부었다. 아마존은 자신들이 중국의 판매자들과 어떻게 경쟁할 수 있을 거라고 예상했는가? 그들은 규칙을 지키지 않는다! 아마존은 왜 적법한 권리를 가진 자들과 공인 리셀러(reseller)들을 보호하지 않고, 권리 침해자들을 내쫓지 않는가? 검색 결과가 언제나 경쟁자들에게 유리한 이유는 무엇인가?

이 자리에 참석한 이들은 어떤 여성이 무려 15분 동안이나 마이크를 독차지했다고 회상했다. 그녀는 중서부 지역에서 티셔츠를 판매하는 사람이라고 자신을 소개했는데, 그녀가 아주 멋진 디자인을 내놓을 때마다 중국의 판매자 한 명이 그걸 재빠르게 카피해서 훨씬 낮은 가격에 판매하여 그녀의 수익을 갉아먹는다고 말했다. 그녀는 자신과 같은 문제를 겪는 사람이 얼마나 있는지 동료들에게 물었다. 그러자 사람들이 집단적으로 웅성거렸고, 다들 이 문제로 적잖이 화가 나 있음을 알 수 있었다.

거닝햄은 참을성 있게 무대에 서서 이러한 불만사항들을 시정할 것이며, 자신이 할 수 있는 건 바로잡겠다고 약속했다. 그러나 이 문제에는 국경을 넘나드는 무역과 세계화라는 거스를 수 없는 위력이 작용했고, 그도 이러한 흐름을 어찌할 수는 없었다. 온라인 소매업체인 트렌드네이션(Trend Nation)의 CEO이며 당시 회의장에 있었던 브래드 하워드(Brad Howard)는 이날의 분위기를 이렇게 말했다. "매우 격앙된 분위기였습니다. 그것은 그들의 건물에서 일어난 반란이라고 할 수 있는데, 그들이 우리에게 질문하라고 해서 자초한 것입니다." 그 패션 콘퍼런스에 참석한 사람들과 아마존의 임원들은 몇 년이 흐른 뒤에도 여전히 그날의 반란을 이야기한다.

수많은 의류 브랜드 사이에서도 비슷한 불만들이 가득 울려 퍼졌다. 2016년 7월, 샌들 제조업체인 버켄스탁(Birkenstock)은 아마존에서 자사의 상품을 전부 내린다고 대대적으로 발표하면서, 다른 모든 제3의 공인 리셀러들도 아마존에서 버켄스탁의 제품을 판매하는 걸 금지했다.[131] 나이키(Nike)나 이케아(Ikea) 같은 기업도 이러한 흐름에 동참했는데, 그들은 아마존이 짝퉁 제품의 판매를 막지 못함으로써 자신들과의 관계를 훼손시킨다고 말했다.

아마존은 기성 브랜드에서 도매로 상품을 구입했는데, 패션 리테일 비즈니스를 담당하던 직원들은 성난 공급업체들과 거침없이 성장하는 마켓플레이스 사이에 갇혀 아주 난처한 입장이 되었다. 2009년으로 시간을 되돌려보면, 당시에 제프 윌크는 갭(The Gap)의 고위급 임원이었던 캐시 보두안(Cathy Beaudoin)을 전격 영입하여, 그때만 해도 옷을 구매하는 곳이라고는 도저히 생각할 수 없었던 아마존의 웹사이트에 최고급 패션 브랜드를 입점시키는 임무를 맡겼다. 보두안은 브루클린의 윌리엄스버그(Williamsburg)에 3,700m²(약 1,100평) 넓이의 작업실을 차렸는데, 이곳에서는 포토그래퍼와 모델이 모여 아마존에서 사용할 고품질 이미지를 만들어냈다. 그녀는 2012년의 멧 갈라(Met Gala) 패션 행사의 참석자 명단에 제프 베이조스와 매켄지 베이조스의 이름도 올렸는데, 이로써 부부는 최고의 유명인들과 처음으로 공개석상에서 만났다. 행사장에서 그들은 많은 유명인과 어울렸는데, 같은 테이블에는 믹 재거(Mick Jagger)*와 스칼렛 요한슨(Scarlett Johansson)이 앉아 있었다.

---

* 롤링스톤스(The Rolling Stones)의 보컬.

PART 02 레버리지

그러나 이제 무법천지가 된 마켓플레이스 때문에 그간 공들여 쌓아온 그들의 관계가 모두 해체되고 있었다. 유명 업체의 제품 및 스타일과 불편할 정도로 비슷한 저가의 핸드백, 청바지, 이브닝 가운 때문에 이들 사이에서는 낯선 대화가 끝없이 이어졌다. 동료들은 보두안이 회의 자리에서 마켓플레이스의 형편없는 퀄리티를 매섭게 비판했다고 회상했다. 그녀는 제3업체들의 상품이 아마존 사이트의 품격을 떨어트리며 협력사들을 소외시킨다고 생각했다. 아마존은 광범위한 저가 상품을 기반으로 미국을 대표하는 의류 소매업체가 되었으며,[132] 그와 동시에 그녀는 2017년에 회사를 떠났다.

이러한 성공에도 아마존은 여전히 심각한 문제를 안고 있었다. 짝퉁 제품, 안전하지 않으며 유통기한이 지난 물품, 조잡한 상품이 그들의 평판을 더럽혔고, 고객들과 쌓아온 신뢰를 무너트릴 위험이 있었다.

아마존은 2017년에 각 업체들이 자신들의 로고와 디자인을 등록하고, 잠재적인 위반행위를 아마존에 신고할 수 있는 브랜드 레지스트리(Brand Registry)라는 시스템을 도입했다.[133] 아마존의 임원들은 패션 콘퍼런스에서 판매자들이 반란을 일으키기 전부터 이미 그 프로젝트가 진행되었다고 주장했다. 그러나 이러한 반란이 있고 몇 달 뒤에, 그들은 이러한 노력을 전담할 고위급 관리자를 영입했고, 불만사항을 검토하는 인력의 규모를 늘렸으며, 사기행위를 포착하기 위한 도구를 개발하는 데는 아낌없는 비용을 투입했다. 이후 몇 년 동안, 35만 개의 브랜드가 이 시스템에 등록했다.[134]

진짜 문제는 이제부터 시작이었다. 브랜드 레지스트리는 제기되는 문제를 처리하는 데 아주 오랜 시간이 걸려 전혀 새로운 불만사항들이 제기되었으며, 물의를 일으켜서 계정이 폐쇄된 중국 판매자들이 다시 새로운 계정을 만드는 문제는 여전히 해결되지 않았다. 아마존의 전직 임원이며, 디지털 리테일 부문의 여러 브랜드가 이러한 문제를 처리하는 걸 돕기 위한 컨설팅을 시작한 래리 플루이머(Larry Pluimer)는 당시의 상황을 이렇게 말했다. "브랜드 레지스트리가 상황을 개선하긴 했지만, 그것조차도 여전히 많이 미흡했습니다."

그 무렵 S팀 내에서는 마켓플레이스 부문의 입지가 흔들리고 있었다. 2016년에 아마존에서는 대대적으로 조직개편이 단행되었는데, 이 과정에서 서배스천 거닝햄과 같은 직급의 동료인 제프 윌크는 리테일 부문의 CEO가 되었고, 역시 동료인 앤디 재시는 AWS 부문의 CEO로 승진했다. 그리고 베이조스에게 몇 년 동안 직접 보고를 올린 거닝햄은 제프 윌크의 밑으로 보직이 이동되었다. 테크 업계에서 선견지명을 가진 리더들과 함께 일해온 거닝햄은 2018년에 자신의 경력에 오점을 남기면서 아마존을 떠났고, 오피스 공유 스타트업으로 비극을 맞을 운명인 위워크(WeWork)로 향했다.

제3업체 판매자들의 옹호자이자 베이조스와 윌크에게 직접 보고하던 거닝햄이 회사를 떠나자, 피터 패리시를 비롯한 팀원들은 더그 헤링턴이 이끄는 리테일 부문으로 자리를 이동했다. 그럼에도 직접 관계자와 제3업체들 사이에서, 그리고 품질과 물량을 두고 벌이는 끝없는 논쟁에서 그들은 어쩔 도리가 없었다. 베이조스는 리테일 부문과 마켓플레이스 부문을 10년 이상 별도로 인큐베이팅 해왔다. 그러다 결국 그 둘을 합쳤는데, 결과적으로 리테일 부문의 승리를 선언한 것이라고 할 수 있었다.

그해 가을, 거닝햄의 밑에서 오랫동안 근무해온 다른 수많은 직원과 함께 패리시 역시 아마존을 떠났다. 그들은 당시의 근무 환경에서는 더 이상 재미를 느낄 수 없었다고 설명했다. 그들은 마켓플레이스를 키우기보다는 자정작업을 하는 데 들이는 시간이 훨씬 많았으며, 이 서비스의 거침없는 성장에 대한 한 가지 유산이라고 할 수 있는 각종 소송에서 증언을 하느라 바빴다. 팀원들은 또한 베이조스가 마켓플레이스의 문제를 부각하고 즉각적인 답변을 요구하며 쉴 새 없이 보내는 이메일 공세의 대상이 되었다. 판매자들의 위법 행위를 처리하는 일을 하는 팀의 총괄 관리자 엘라 어윈(Ella Irwin)은 "제프에게서 거의 매주 물음표가 붙은 이메일을 받았다"고 말했다.

아마존의 임원들은 이제 난처한 입장이 되었다. 그들은 마켓플레이스가 거둔 성공과 아마존이 수십만 명의 독립적인 기업가를 후원해온 방식을 자랑하고 싶어 했다. 2019년 4월에 공개된 주주들에게 보내는 편지에서, 제프 베이조스는 독립적인 상인들이 아마존의 사이트에서 판매되는 모든 물량의 58퍼센트를 책임진다고 적었다. "제3의 판매자들이 우리 직접 관계자들의 엉덩이를 걷어차고 있습니다."[135]

그러는 한편 임원들은 또한 마켓플레이스를 줄기차게 방어해야만 했다. 제프 윌크는 나에게 이렇게 말했다. "물론 압도적인 다수의 판매자가 훌륭한 것은 사실입니다. 그러나 소수의 판매자가 시스템을 속이거나 어떤 식으로든 사기를 저지르는 것도 사실입니다. 우리의 임무는 고객을 보호하고 최대한 신속하고 완전하게 사기행위를 근절하는 것입니다. 아시다시피 우리의 평판은 고객의 신뢰를 기반으로 구축되는 것이고, 그것은 언제든 쉽게 잃어버릴 수 있기 때문에 매일매일 끊임없이 노력해야 합니다."

2019년에 아마존은 사기행위 방지에 5억 달러를 투자했다. 이를 통해 그들은 악질 업체들이 개설하려던 250만 개의 계정을 막았다고 말했다.[136] 그들은 또한 짝퉁 제품을 방지하기 위한 프로젝트 제로(Project Zero)라는 새로운 장치를 도입했는데, 이는 아마존의 검증을 받은 브랜드들이 승인 과정을 거치지 않은 의심스러운 업체를 자동으로 처리하게 하는 것이었다. 그리고 영상통화로 판매자를 하나하나 검증하는 시스템을 테스트했다.[137] 그전까지만 하더라도 그곳은 누구나 쉽게 이용할 수 있는 셀프서비스 판매 플랫폼이었지만, 이제 아마존은 그런 발상에서 조용히 퇴각하고 있었다.

아마존 사이트를 모니터링하는 리서치 기업인 마켓플레이스펄스(Marketplace Pulse)에 따르면, 당시는 미중의 교역 관계가 차질을 빚으면서 특히나 정치적으로 민감한 시기였기에 아마존의 임원들이 선뜻 인정하고자 하지 않는 사실이 있었다. 그것은 바로 아마존의 상위 판매자 1만 곳 중 49퍼센트는 중국에 있다는 것이었다.[138]

2020년 4월, 미국무역대표부(USTR)는 짝퉁 제품 및 불법 상품의 거래량이 위험한 수준이라며 5개국의 아마존 사이트를 '악명 높은 마켓(notorious market)' 목록에 포함했다. 아마존은 이러한 조치를 '순전히 정치적인 행위'라고 부르며, 도널드 트럼프 행정부가 행하는 복수의 일환이라고 주장했다.[139]

이러한 온갖 시련에도 이들이 만든 셀렉션 시스템은 제프 베이조스의 드높은 목표를 충족시켰으며, 급격한 세계화가 진행되던 리테일 분야의 지형에서 아마존을 최선두에 올려놓을 수 있었다. 제3업체들이 참여하는 마켓플레이스에서 거두어들이던 높은 이윤의 수익금은 아마존의 자체 리테일 비즈니스에서 거두는 이익보다 적어도 두 배는 많았는데, 이는 베이조스가 늘 희망해온 대로 프라임 비디오나 신규 주문처리 센터 확충 같은 그의 비즈니스 제국 내의 다른 영역들에 자양분을 공급해주게 된다.

그리고 아마존이 연간 7,000억 달러를 날리면서 수익성도 없는 미국 내 식료품 시장에 진출하려는 노력을 다년간 할 수 있던 것도 마켓플레이스에서 벌어들인 현금 덕분이었다. 이 모든 일은 결국 레버리지가 있었기에 가능한 것이었다. 비록 그것을 확보하기 위한 여정이 험난하며, 그에 따르는 사회적인 비용이 상상할 수 없이 높을지라도 말이다.

Chapter 08

아마존의 미래는 쓰레기다

기업사냥꾼에게 쫓기는
유기농 식품매장 홀푸드마켓

———

존 매키(John Mackey)는 곤경에 처해 있었다. 2017년 봄, 그가 창업한 홀
푸드마켓 460개 점포의 동일매장매출(same-store sales)이 2년 동안 꾸준
히 하락했고, 그러면서 회사의 주가는 2013년에 비해 반토막이 났다.
사람들은 자신이 먹는 것을 좀 더 신경 써야 한다는 명확한 생각을 널
리 퍼트린 이 기업가에게는 상황이 좋지 않게 돌아가고 있었다.

예전만 해도 사람들의 통념을 깨트린 매키를 몇 년 전에 만났는데, 그
때 그는 나를 텍사스주 오스틴에 있는 홀푸드마켓 본사 인근에 만들어
놓은 7,400m²(약 2,200평) 규모의 플래그십 스토어(flagship store)로 데리고 갔
다. 그는 늘 헝클어진 머리 스타일의 비건(vegan)인데, 설립자이자 CEO
로서 그는 당시의 회사 상황에 불만족스러워했다. 특히 홀푸드마켓에서
파는 상품이 너무 비싼 나머지, 세간에서는 '홀 페이체크(Whole Paycheck)'

라고 부른다고 말하자 더욱 민감한 반응을 보였다. 그는 매장 내부를 걸으며 이렇게 말했다. "우리 매장에는 2.99달러짜리 와인도 있는데, 기자들은 언제나 한 병에 400달러인 와인의 사진만 찍습니다." 그는 다리를 약간 절었는데, 오랫동안 조깅과 농구를 즐기느라 얻게 된 골관절염 때문이었다.[140] "저희는 모든 가격대의 제품을 제공하고 있지만, 그들이 저희에 대해 보도하고 싶은 이야기는 가격이 비싸다는 것뿐입니다. 그게 우리의 일반적인 이미지가 되어 홀푸드마켓이 무너졌습니다."

지난 40년 동안 매키는 (주류나 정제설탕이 판매되는 것을 참을 수 없는) 천연식품 순수주의자(natural food purist)와 (일단 씹어서 넘기면 유기농 제품이라는 사실도 모른다는) 슈퍼마켓 산업계의 실용주의자 사이에서 아슬아슬한 줄타기를 해왔다. 그는 가끔 CEO로서 예의에 어긋나는 모습을 보이기도 했다. 예를 들면 그는 인터넷 게시판에서 몇 년 동안이나 가명을 사용해 경쟁업체나 자신들을 비판하는 사람을 공격하는 글을 수백 건이나 작성하기도 했다.[141] 그렇지만 그는 언제나 자신만의 원칙을 고수했다. 곧 홀푸드에서는 다이어트 콜라(Diet Coke), 오레오(Oreos), 도리토스(Cool Ranch Doritos) 등 인기는 많지만 건강에는 좋지 않은 식품을 절대로 판매하지 않는다는 것이다. 그러던 도중 그는 건강한 먹을거리를 대중에게 판매한다는 한때 비주류에 불과하던 개념을 기반으로 회사를 세웠고, 이 회사의 기업가치는 한창 절정기에 210억 달러에 이르기도 했다.

그러나 존 매키가 2013년에 펴낸《의식 있는 자본주의(Conscious Capitalism)》*에서 말하듯이, 월스트리트는 주주들을 위한 가치창출보다

---

* 한국어판은《돈, 착하게 벌 수는 없는가》(흐름출판, 2014)로 출간되었다.

윤리적인 시스템을 중시하면서 실적은 부진한 상장기업은 용서하지 않는 곳이었다.[142] 한 가지 문제는 홀푸드의 시스템이 더 이상 특별하지 않다는 것이었다. 월마트, 코스트코(Costco), 크로거(Kroger)에서도 유기농 및 천연식품 전용 코너를 계속 확장했다. 또 다른 문제는 회사가 지난 몇 년 동안 지역의 유통업체들을 인수하면서 성장해왔다는 것인데, 각 업체들의 기본적인 기술과 시스템이 제각각이라서 그것들을 통합하려면 어마어마한 작업을 해야만 했다. 그리고 매키가 시행을 거부하여 단골 고객을 위한 프로그램도 없었기 때문에, 그들은 가장 충성도가 높은 고객에 대해서조차 거의 아무것도 알지 못했다. 또한 전체적인 운영 시스템도 따로따로 분산되어 있었기 때문에, 변화하는 고객들의 취향을 충족시키고 배송 서비스 및 새로운 결제 방식을 도입하는 등의 변화가 절실하게 필요한 시점인데도 회사가 움직일 수 있는 운신의 폭에 제약이 있을 수밖에 없었다.

이례적인 합의에 따라 매키는 당시에 회사를 공동 CEO인 월터 롭(Walter Robb)과 함께 경영했는데, 롭은 조직의 일상적인 업무를 관리했다. 그들은 어려운 상황이 다가오고 있음을 인식했고, 오스틴에서 데이터 과학자들을 영입하여 팀을 구성했으며, 샌프란시스코 소재의 식료품 배송 스타트업인 인스타카트(Instacart)와도 제휴했다. 그러나 진전은 더디게 진행되었다. 그리고 시간은 점점 사라져갔다.

2016년, 뉴욕의 투자회사인 누버거버먼(Neuberger Berman)은 홀푸드의 경영진을 비롯해 다른 주주들에게도 편지를 보냈는데, 그 내용은 자기만족적인 경영, 관습에 얽매이지 않는 CEO의 스타일, 그리고 투자에 대한 보상 프로그램이 부족하다는 것을 강조하며 주로 회사를 비판하는 것이었다. 이렇게 편지를 보내는 전략은 처음에는 그다지 주목을 끌지 못했다. 그러다 11월에 매키는 단독으로 CEO 자리를 차지함으로써 그러한 압력에 대응했는데, 이는 회사가 원하던 것과는 정반대였다.

이러한 대응은 헤지펀드인 자나파트너스(Jana Partners)를 자극했다. 자나파트너스는 소위 말하는 '기업사냥꾼'으로, 이곳의 총괄 파트너인 배리 로젠스타인(Barry Rosenstein)은 홀푸드가 "길을 잃고 망가졌다"고 생각했다. 자나파트너스는 경영난에 시달리는 회사들의 주식을 사들였고, 변화를 요구했으며, 일반적으로는 기업에 비용 절감을 강요하거나 다른 인수자에게 프리미엄을 요구하여 돈을 벌어들였다.

자나파트너스는 그해 겨울 홀푸드의 주식을 조용히 모으기 시작했고, 2017년 4월에는 자신들이 홀푸드의 2대 주주가 되었다고 밝혔다. 그리고 경영진과 이사회 구성의 변화를 요구했다. 이후 로젠스타인은 자신들이 홀푸드를 인수해 '직접 개선할' 준비가 되었다고 말했다. 그러나 홀푸드의 임원들은 유기농 식품업체인 홀푸드를 자나파트너스와 이해관계에 있던 식품업계의 또 다른 대기업 앨버트슨컴퍼니(Albertsons Companies)와 합병하기 위해 계획하는 것이라며 우려했다. 사실 그전에 앨버트슨컴퍼니는 이미 세이프웨이(Safeway)나 본스(Vons) 같은 전통적인 슈퍼마켓 체인을 인수하기도 했다. 그런 시나리오대로라면, 앨버트슨컴퍼니라는 대기업은 홀푸드의 멋진 브랜드 이름은 물론이고 차입금이 적어 비교적 건전한 대차대조표를 가져갈 것이다. 그리고 다루기 힘든 존 매키를 쫓아내고, 코카콜라나 도리토스를 비롯해 대중의 환심을 살 수 있는 상품들을 들여올 것이다.

매키를 비롯한 경영진은 이에 깜짝 놀랐고, 서둘러 회사를 지켜낼 준비를 했다. 그들은 평균 근속연수가 15년이 넘는 오래된 이사회 임원들을 다섯 명의 새로운 사외이사로 대체했다.[143] 전직 이사회 임원의 증언에 따르면, 그들은 또한 억만장자인 워런 버핏을 비롯해 사모펀드 기업들과 접촉하면서 자신들을 도와줄 백기사(white knight)를 수소문했다. 그러나 수익이 제자리걸음을 했고 이 회사의 수익 규모로는 충분한 금액을 빌릴 수 없었기 때문에, 아무리 관심 있는 투자자라도 차입매수(leveraged buyout)*를 사용할 수는 없었다.

한 가지 방법이 남아 있었는데, 홀푸드마켓의 거의 모든 구성원은 그저 상상 속에서나 가능하다고 생각했다. 지난 몇 년 동안, 그들은 아마존과 여러 차례 대화를 나누었지만 아무런 결실을 거두지 못하고 있었다. 그럼에도 존 매키는 아마존을 찬미했으며, 직전 연도에는 자신의 회사가 전자상거래 대기업인 그들에게 인수되는 상상을 생생하게 그려보기도 했다. (당시 그의 아내인 데보라는 "그건 미친 짓이야"라고 말했다.) 그때 마침 〈블룸버그뉴스〉에서 아마존의 임원들이 최근에 홀푸드의 인수를 논의했다는 보도가 나왔다.[144] 그러자 매키는 자신의 자문위원 중 한 명에게 전화를 걸었고, 회사를 구하기 위해 마지막으로 한 번만 더 그들과 대화를 시도해달라고 요청했다.

---

* 인수 대상 기업의 자본이나 수익 가능성 등을 담보로 금융기관에서 대금을 차입하여 기업을 인수하는 방법.

아마존 프레시가 안겨준 숙제

제프 베이조스는 유망한 비즈니스 기회가 있으면, 그걸 두 가지 바구니 중 하나에 담았다. 그중 하나는 '선점(land rush)'인데, 시기가 적절히 무르익고 다른 경쟁자들도 주변을 어슬렁거려 만약에 아마존이 빠르게 움직이지 않는다면 사라져버리는 기회를 말하는 것이다. 그리고 나머지 하나는 모두 기타 항목으로 분류되었는데, 회사가 충분히 시간을 갖고 끈기 있게 실험하는 프로젝트가 여기에 속했다.

제3업체들이 참여하는 마켓플레이스, 그리고 킨들이나 알렉사 같은 프로젝트에서 보여준 아마존의 태도가 바로 선점 전략이다. 이런 프로젝트에서 베이조스는 직원들에게 신속하게 움직이라고 밀어붙였고, 그들은 그것을 증명하듯 전투를 치르느라 수많은 상처를 입었다. 그러나 가정에 식료품을 배달하는 서비스에는 몇 년 동안이나 비교적 소극적인 접근법을 취했다. 곧 가공할 만한 경쟁자가 나타나 그의 생각을 갑자기 바꾸게 만들기 전까지는 말이다. 그렇게 해서 바뀐 전략은 거대한 식료품 시장 자체에 어마어마한 영향을 미친 것은 물론이고, 고객이나 경쟁자들, 그리고 규제당국이 전자상거래 대기업인 그들을 바라보는 시선까지도 영원히 바뀌게 될 예정이었다.

아마존의 임원 중에서 식료품 비즈니스를 가장 오랫동안 곰곰이 생각해왔으며, 더욱 공격적으로 접근해야 한다고 강하게 주장하던 사람은 아마존의 소비재 부문 수석 부사장인 더그 헤링턴이었다. 헤링턴은 사무실에서 종종 체크무늬 셔츠와 파타고니아 조끼(Patagonia vest)를 입었으며, 회의 중에는 아주 낮은 목소리로 이야기했기 때문에 직원들이 그의 말을 들으려면 몸을 앞으로 기울여야 하는 경우가 많았다. 그는 사회생활 초기에 식료품 배송 분야의 1세대 인터넷 기업이었지만 망해버린 웹밴(Webvan)에서 일한 경험이 있다. 웹밴은 닷컴 호황 시기에 민간 투자자와 공공부문에서 10억 달러에 가까운 자금을 조성했지만, 2001년에 결국 폐업하고 말았다.

인터넷의 발전과정을 지켜봐온 사람들은 웹밴을 사람들이 원하지도 않는 미래를 만들어내려고 서두르다가 실패한 실리콘밸리의 대표적인 사례로 여겼다. 그러나 프린스턴대학교와 하버드경영대학원을 졸업했으며, 웹밴에서 제품 개발과 마케팅 부분을 이끌었던 헤링턴의 말에 따르면, 실제 이야기는 좀 더 복잡했다고 한다. 보더스(Borders)라는 서적 체인의 공동 창업자이자 웹밴의 CEO였던 루이스 보더스(Louis Borders)를 비롯한 그의 팀원들은 많은 창고로 이루어진 네트워크를 구성하느라 막대한 비용을 지출하는 실수를 저질렀는데, 이 때문에 주문이 들어올 때마다 그들은 손해를 보는 구조가 되었다. 그들이 그러한 실수를 바로잡거나 이미 운영 기반을 구축해놓은 수많은 도시에서 본격적으로 사업을 시작하기 전인 2000년 초에 닷컴 불황이 닥치자, 월스트리트는 수익을 내지 못하는 이 스타트업에 자금지원을 중단했다. 회사의 매출액과 고객 기반은 증가했지만, 재무적인 성과를 충분히 빠르게 보여주지 못하여 이들은 끝내 파산을 선언하고 말았다. 헤링턴은 당시의 상황을 이렇게 말했다. "저는 '비즈니스 모델은 이론적으로 가능성이 있다'고 말하면서 그 회사를 떠났습니다. 우리는 잘못된 선택을 했고, 비효율적인 결정을 내렸지만, 고객들은 그걸 좋아했습니다."

2005년에 아마존에 합류해 (세제나 식료품처럼 비교적 빠르게 소비되는 상품인) 소비재 부문을 이끌어온 헤링턴은 야심찬 프로젝트에 대해서는 해당 팀의 직원들과 만나는 일정을 야간으로 정할 때가 많았는데, 그 회의의 임무는 조금 특별했다. 그 임무란 아마존이 미국 전역에서 식료품 서비스를 개시하기 위한 계획안을 만드는 것이었다. 그는 고객의 가정까지 식료품을 원활하게 배달하기를 원했고, 결과적으로는 웹밴의 파산으로 겪은 쓰라린 경험을 없애버리고 싶었다.

1년여 시간이 흐른 2006년 말, 당시만 해도 아마존 본사가 아직 구퍼시픽 메디컬 센터(Pacific Medical Center)에 있을 때인데, 제프 베이조스는 6,000만 달러의 초기 투자를 요청한 그들의 계획안을 검토했지만 거절했다. "그의 평가는 '비전은 마음에 들지만, 숫자는 마음에 들지 않는다'는 것이었다"고 헤링턴은 회상했다. 대신에 그는 시애틀에서 제한된 서비스로 베타 테스트를 할 수 있게 700만 달러를 받았다. 당시 아마존의 CFO인 톰 츠쿠탁(Tom Szkutak)은 그에게 그 프로젝트 때문에 회사의 나머지 부문이 신경 쓰는 일이 없게 해달라고 부탁했다.

그렇게 해서 2007년 8월에 아마존 프레시(Amazon Fresh) 서비스가 출시되었다. 헤링턴이 이끄는 팀은 시애틀 동쪽의 벨뷰(Bellevue)에 있는 세이프웨이(Safeway)의 옛 유통센터를 임대했다. 이 시설은 지역의 부동산 시장이 붕괴하면서 버려진 채 방치되어 있었는데, 프레시의 첫 총괄 매니저인 이언 클락슨(Ian Clarkson)의 말에 따르면 '공포영화처럼 무서운 곳'이었다고 한다. 이 신규 서비스에서는 모든 것이 아마존 내부의 다른 것들과 달라야만 했다. 창고 내부의 각 방에는 사람이 걸어 들어갈 수 있는 낡은 대형 냉장고들이 있었다. 그리고 웹사이트에서는 한 페이지에 하나의 제품이 아니라 여러 개의 제품을 보여주었고, 고객은 자신이 원하는 배송 시간대를 직접 선택할 수 있었다. 베이조스는 프레시의 진행 상황을 자주 점검했는데, 한번은 배송 비용이 계속 늘어나는 원인을 자세히 분석한 후에 아마존이 새벽배송을 하면 어떻겠냐고 제안했다. 쓰레기 수거 차량처럼 이른 아침에 교통이 한산한 시간대를 활용하는 것이 좋겠다는 생각이었다.

시애틀의 고객은 아침에 일어났을 때 현관 앞에 식료품이 배송되어 있는 걸 좋아했다. 그러나 프레시의 다른 도전과제들은 절대로 만만치 않은 것이었다. 출시 이후 즉시 미국 전역 또는 전 세계적으로 영향력을 뻗어나간 아마존의 다른 서비스들과는 달리, 프레시는 운전기사가 배송할 수 있는 지역의 범위가 한정되었기 때문이다. 프레시의 직원들은 또한 유통기한이 지난 식료품을 어떻게 할지, 바나나의 복잡한 숙성 과정을 어떻게 처리할지, 고객이 저녁 먹을거리에서 이상한 것을 발견해 불만을 제기했을 때 어떻게 대응할지 등 여러 가지 골치 아픈 문제를 해결해야만 했다. 그래도 이후 6년 동안, 그들은 느리지만 꾸준히 수익을 창출하는 방향으로 나아갔다.

그러한 과정에서 헤링턴은 다른 도시들에서도 프레시 서비스를 그대로 따라해야 한다며 S팀에 주기적으로 그 계획안을 발표했다. 그러나 아마존은 당시만 해도 지금처럼 거대한 조직이 아니었으며, 중국 시장 진출이나 파이어폰 프로젝트처럼 선점 전략의 일환으로 섣불리 뛰어들었다가 대참사로 이어진 선례들도 있었다. 베이조스는 각 가정까지 식료품을 배달하는 서비스에 소비자들이 익숙해지려면 시간이 걸릴 것이라고 생각했다. 자신이 주장하는 계획이 끊임없이 보류되면서 한 지역에만 머물러야 했던 헤링턴은 좌절을 느낄 수밖에 없었다.

그러던 2012년 4월, 베이조스는 시애틀에서 북동쪽으로 한 시간 반 정도 떨어진 워싱턴주 우딘빌(Woodinville)에 있으며, 그들이 매년 회사 밖에서 칩거하며 시간을 보내는 장소인 윌로우스 로지(Willows Lodge)에서 S팀의 회의를 소집했다. 각 임원은 아마존에 새롭고도 중대한 기회가 될 수 있는 것에 대해 한두 페이지 분량의 메모로 작성해서 가져오라는 요청을 받았다. 헤링턴은 이미 1년 전에 이 자랑스러운 지도부 회의체에 합류했는데, 그가 이 자리에서 제출한 메모는 S팀 내부에서도 이후 몇 년 동안 계속해서 회자되었다. 그 메모의 제목조차 상당히 자극적이었다. '아마존의 미래는 쓰레기다(Amazon's Future is CRaP)'.

아마존 내부에서 크랩(CRaP)이라는 단어는 '수익 실현이 불가능함(can't realize a profit)'을 뜻하는 표현의 약자인데, 실제로는 다양한 의미가 있다. 일단 CRaP은 상자에 포장하기도 어렵고 고객에게 배송하기도 쉽지 않은 접이식 사다리나 화이트보드 같은 상품을 의미했다. 그러나 헤링턴이 작성한 메모에서 그것은 대체로 병에 든 생수나 다이어트 콜라, 심지어는 묶음으로 포장된 사과처럼 가격이 비싸지도 않으면서 슈퍼마켓에서는 자리를 많이 차지하는 상품을 의미했다. 웹밴이 망하는 것을 지켜본 대부분의 온라인 소매업체들은, 이런 유형의 상품을 경제적 늪(economic quicksand)이라고 여기게 되었다. 그런 제품으로 발생하는 재무적인 악영향을 최소한으로 줄이면서 가능한 모든 물품을 판매하기 위해, 아마존 웹사이트에서는 이미 '애드 온(add-on)' 프로그램을 개발해놓았다. 그래서 고객은 책이나 전자제품 등을 함께 구매할 때만 이러한 크랩 상품을 해당 주문에 더할 수 있었다.

헤링턴의 메모에서는 당시 소매업 부문에서 세계 5대 유통업체가 월마트, 까르푸(Carrefour), 테스코(Tesco), 메트로 AG(Metro AG), 크로거라는 점을 지적했다. "이들은 모두 식료품을 통해 고객들과 군건한 관계를 유지하고 있다"고 그는 썼다. 만약 아마존의 리테일 비즈니스를 총매출액 기준 4,000억 달러 수준으로 성장시키려면, 그들은 비교적 고가의 상품을 가끔 쇼핑하는 패턴에 기반을 둔 비즈니스 모델을 저가의 필수품을 더욱 주기적으로 쇼핑하게 만드는 모델로 전환해야 했다. 다시 말해 회사가 세계 최대의 유통업체 반열에 들고 싶다면, S팀은 슈퍼마켓에서 취급하는 상품을 판매하여 수익을 내는 방법을 찾아내야만 한다는 뜻이었다. 만약 그러지 않는다면, 아마존은 이미 식료품 모델을 기반으로 비용 면에서 장점을 누리고 있으며 고객들이 자주 쇼핑하는 다른 업체들과의 경쟁에서 취약할 수밖에 없었다.

그는 스스로를 완강하다고 생각하는 베이조스를 포함해 동료들을 은근하게 압박하면서, 자신의 메모를 다음과 같은 문장으로 마무리했다. "우리는 미래에 투자하는 데 소심한 태도를 취해서는 안 된다. 우리에게는 의지만 있다면 이 논의 테이블에 있는 훨씬 더 막중한 내기에도 투자할 수 있는 능력을 갖고 있다."

베이조스는 이러한 유형의 자기성찰적 비판에는 일반적으로 호의적인 반응을 보였는데, 특히 공격적인 확장과 결부된 제안일 때는 더욱 그러했다. 그러한 유형의 생각은 그 자신의 사고방식을 반영하는 것이었다. S팀은 그 자리에 앉아 몇 시간 동안 조용히 다른 문서들도 전부 검토했다. 그러고 나서 베이조스는 헤링턴의 메모를 집어 들면서 이렇게 말했다. "이게 정말로 저에게 생각하게 만들었습니다." 몇 달 뒤, 헤링턴은 프레시 서비스를 제한적이기는 하지만 로스앤젤레스와 샌프란시스코로 확장해도 좋다는 승인을 받았다.

그는 이 전투에서 이겼다. 문제는 앞으로 전쟁을 어떻게 치러야 할지 알지 못했다는 점이다. 2013년 6월 캘리포니아에서 개시된 아마존의 식료품 서비스는 초기에만 하더라도 언론의 환호를 받았다. 그러나 별다른 반응은 없었는데, 헤링턴이 기대한 규모 측면에서만 그런 것이 아니었다. 아마존은 배송 비용을 마련하기 위해 프레시 서비스의 고객에게 연간 이용요금을 무려 299달러나 부과했다.

상하기 쉬운 식료품을 신선하게 보관하기 위한 새로운 공급망을 만드느라, 그들은 로스앤젤레스와 샌프란시스코에서 각각 동쪽으로 1시간 정도 떨어진 캘리포니아주 샌버너디노(San Bernardino)와 트레이시(Tracy)에 있는 기존의 아마존 주문처리 센터 내부에 냉장실을 만들었다. 그런 다음 아마존은 트레일러 트럭들을 하루에 두 차례 로스앤젤레스와 샌프란시스코에 있는 집결 지역으로 보냈고, 그곳에서는 밝

은 초록색 승합차들이 주문받은 식료품들을 넘겨받아 최종적으로 고객의 집까지 배송했다.[145]

캘리포니아의 서비스 부문에서 일했던 물류 직원들은 이러한 허브 앤드스포크(hub-and-spoke)* 모델이 결국엔 비효율적이고 신뢰성이 떨어졌다고 말했다. 어떤 직원은 "주문이 한 건 들어올 때마다 아마존이 거기에 10달러나 20달러짜리 지폐를 붙이는 격이다"라고 말했다. 프레시 팀은 또한 '완벽배송'이라는 수치를 만들어 추적했는데, 이는 주문이 들어오면 모든 상품을 최대한 빨리 담아 신속하게 배송하는 걸 의미했다. 그러나 목표로 설정된 시간을 맞추는 경우가 실제로는 70퍼센트도 되지 않았다.

식료품 업계의 베테랑들은 그러한 노력을 상당 부분 평가절하했다. 2014년에 대화를 나누던 존 매키는 나에게 이렇게 말했다. "아마존 프레시는 대실패였습니다. 사람들이 원하는 건 뭘까요? 편리함입니다. 배송 센터와 트럭으로는 그러한 편리함을 제공할 수 없습니다."

1년 뒤에 브루클린의 일부 지역에서도 이 서비스가 조용히 개시되었지만, 캘리포니아로 확장한 이후로는 프레시 서비스가 새로운 시장으로 진출하는 속도는 상당히 둔화되었다. 온라인 식료품 배송 사업이 성공하려면 물류체계를 정확하게 조직하고 충분한 수요를 일으켜 운전기사가 지역의 주민에게까지 물건을 배송하는 사업의 채산성이 맞아야 한다. 아마존은 고객이 거주하는 곳에서부터 너무 멀리 떨어진 곳에 배송 창고를 설치했고, 서비스 가입 비용을 너무 높게 설정했

---

* 자전거 바퀴의 중심축인 허브(hub)와 바퀴살(spoke)처럼 구성된 현대식 물류 시스템.

으며, 매번 배송이 끝나면 고객에게 커다란 봉투와 드라이아이스 팩을 떠넘겼다. 베이조스는 아마존의 리테일 비즈니스를 쇄신해야 한다는 더그 헤링턴의 의견에 결국 동의했다. 그러나 그들은 그러기 위한 다른 방안을 모색해야 했다.

초고속 배송 서비스
프라임 나우

———

그 후에는 아마존의 역사에서 종종 그랬듯이, 변화하는 환경에 새로운 경쟁자들이 나타나 베이조스를 비롯한 S팀의 계산에 어느 정도 결의를 불어넣어주었다. 식료품을 온라인으로 주문하고 빠르게 배송하는 사업을 둘러싼 싸움은 이제 그들이 모든 관심을 기울이며 거액을 투자하게 되는 한 가지 경쟁으로 전환되려 했다. 그것은 바로 선점이었다.

아마존과 비슷한 비즈니스 모델을 사용해 당일배송 서비스를 도입한 경쟁자도 두 곳이나 등장했다. 샌프란시스코의 스타트업인 인스타카트의 창업자 아푸르바 메흐타(Apoorva Mehta)는 아마존 물류 부문의 5레벨 엔지니어였다. 참고로 아마존의 창고에서 일하는 신입직원은 1레벨이고 베이조스는 12레벨이기 때문에, 그는 비교적 낮은 레벨의 직원이었던 셈이다.

인스타카트는 웹밴의 초기 후원자인 세쿼이아(Sequoia)를 포함하는 여러 벤처캐피털 기업에서 수백만 달러를 조성했으며, 홀푸드마켓, 코스트코, 세이프웨이 등의 유통체인 업체들과 협약을 체결했다. 그런 다음에는 스마트폰을 손에 들고 오프라인 매장의 선반에서 주문받은 상품을 골라 담는 수집인(picker)들과 계약했고, 그 상품들을 자신의 차량으로 고객의 집까지 배송해줄 기사들과도 계약했다. 이런 시스템에서는 재고관리로 인한 리스크가 없었고, 일하는 사람도 모두 독자적으로 계약한 개인이기 때문에 직접 고용으로 발생하는 인건비 부담도 없었다. 웹밴을 침몰하게 만든 고정비가 사라지면서, 인스타카트는 어마어마한 레버리지를 갖게 되었다.

2012년에 이렇게 인스타카트가 업계에 신성처럼 등장하여 여러 도시로 맹렬하게 확장을 시작하자, 아마존의 M&A 팀에서는 이 회사에 대해 좀 더 알아보려고 연락을 시도했다. 그러나 아마존의 수법을 잘 알고 있던 아푸르바 메흐타는 전화를 받지 않았다.

당시에 나타난 두 번째 도전자는 훨씬 더 위험해 보였다. 아마존의 최대 라이벌인 구글이 구글 쇼핑 익스프레스(Google Shopping Express)라는 서비스를 선보였는데,[146] 나중에는 구글 익스프레스로 이름이 바뀌었다. 이들은 고객에게 연간 95달러의 이용료만 내면 코스트코, 타깃, 스마트앤파이널(Smart & Final) 같은 소매점들에서 무제한으로 당일배송해주는 서비스를 제공했다. 2014년에 이 서비스는 시카고, 보스턴, 워싱턴 D. C.로 확대되었고, 곧이어 베이조스의 안마당인 시애틀에도 상륙하게 된다.

검색 업계의 절대강자인 그들의 의중이 무엇인지 혼란이 발생하는 것에 대비하여, 당시 구글의 회장인 에릭 슈미트는 그해 가을 베를린에서 한 어느 연설에서 다음과 같은 발언으로 그 내용을 정리했다. "많은 사람이 우리의 주요 경쟁자가 빙(Bing)이나 야후(Yahoo)라고 생각합니다. 그러나 검색에서 우리의 최대 경쟁자는 아마존입니다. 사람들은 아마존이 검색과는 관계없다고 생각합니다. 그러나 정작 뭔가를 사려고 할 때면, 아마존에서 찾아보는 경우가 생각보다 많습니다."[147]

아마존의 임직원들은 어떤 경쟁자가 더욱 커다란 위협이 되는지 다양한 의견을 내비쳤다. 제프 윌크는 일반 매장 및 슈퍼마켓에 진열된 광범위한 종류의 상품을 제공하는 구글 익스프레스가 "고객은 더 빠른 배송 서비스를 선호한다는 사실을 보여주는 것"이라고 인정했다. 그러나 둘 다 위험했다. 과거에 아마존은 한정된 카테고리의 뛰어난 제품들만 선별해 빠른 배송 서비스를 제공하는 재포스와 다이퍼스닷컴의 운영사인 쿼드시 같은 경쟁업체를 손쉽게 인수했다. 인스타카트와 구글은 아마존이 인수할 수 있는 기업이 아니었고, 그렇다고 경쟁력이 없는 도전자도 아니었다.

베이조스는 알렉사 같은 신규 프로젝트에 많은 시간을 투자했고, 아마존의 소비재 비즈니스 영역의 일상적인 업무는 리테일 부문의 리더에게 맡겨두고 있었다. 구글 익스프레스가 한창 확장을 시도하던 그해 9월, 윌크는 아마존 프라임의 팀원들과 분기 실적 보고서를 검토하면서 최고위급 부관들에게 구글이 제기하는 위협에 대한 대응방안을 제시해달라고 요청했다. 그의 부하직원들은 프라임 회원들이 추가 요금을 내고 당일배송으로 받아볼 수 있는 제품의 범위를 확대해야 한다고 주장했다. 윌크는 그 정도로는 새로운 제안이라고 할 수 없다고 생각했기에, 그러한 아이디어를 기각했다. 그리고 나중에 자신이 직접 말했듯이 "엄청나게 화를 내며 회의를 끝냈다"고 한다.

월크는 이 문제를 완전히 다른 각도에서 접근하고 싶다고 선언했다. 그들은 아마존 웹사이트와는 별개로 운영되며 오직 초고속 배송 업무만 담당하는 서비스를 구축할 독립적인 팀을 구성하기로 했다. 그는 이 팀의 목표가 100일 안에 원하는 서비스를 개시하는 것이라고 선언했다. 그리고 아마존의 사업 부문 책임자인 데이브 클라크(Dave Clark)가 헤링턴과 함께 이 프로젝트를 관장하게 된다.

당시 회의에서 월크의 옆자리에는 아마존에서만 10년을 근무한 베테랑이자 그의 기술보좌역인 스테퍼니 랜드리(Stephenie Landry)가 앉아 회의 내용을 기록했다. 의무적으로 타이핑을 하던 중, 그녀의 노트북 화면에 채팅창이 하나 떴다. 회의실의 맞은편에 앉아 있던 데이브 클라크였다. 그녀가 그 신규 프로젝트를 이끌고 싶어 했을까? 사실, 그녀는 그러고 싶었다.

랜드리는 세부사항까지 꼼꼼하게 챙기고, 투지가 확고하며, 부하직원을 매몰차게 이끄는 추진력 등 베이조스 리더십의 전형이라고 할 수 있는 경영 능력을 보이면서 급부상하는 스타였다. 그녀는 뉴욕 출신으로, 웰즐리칼리지(Wellesley College)를 다니며 여성학을 전공했다. 졸업 후에는 학교에서 보조금을 받아 1년 동안 이것저것 만들었는데, 그중에는 나무 보트도 있었다. 그 후에는 닷컴 버블이 터지던 시기에 어려움을 겪고 있던 인터넷 기업에서 일했고, 미시간대학교에서 MBA를 취득했다. 그리고 2003년에 아마존의 사업 부문에 입사했고, 아마존의 창고에 도서, DVD, 소형 가전제품 이외의 다른 상품을 수용할 수 있게 변환하는 방법을 연구했다. 처음 만든 사원증 사진의 그녀는 거의 모호크족(Mohawk)처럼 보였다.

그렇게 랜드리는 시애틀에 있는 프레시 팀에 합류했다. 그리고 헤링턴이 크랩(CRaP)과 관련된 문제를 해결하기 위해 만들었지만 궁지에 몰려 있던 서비스인 프라임 팬트리(Prime Pantry)를 지휘했다. 이 서비스는 고객이 시리얼, 파스타, 생수병 등 무거운 박스 단위로 포장된 가정용 필수 식료품을 대폭 할인된 가격에 구입할 수 있게 하는 것인데, 좀처럼 수익을 내지 못했다.

새로운 직책을 맡은 랜드리의 첫 업무는 사전 보도자료인 PR FAQ를 작성하는 것이었는데, 그 내용을 보면 윌크가 원하는 유형의 서비스가 마법처럼 펼쳐졌다. 이 문서의 초안 및 이후의 수정 버전들에서는 스마트폰 앱 기반의 서비스를 설명했다. 랜드리가 처음에 지은 이 앱의 이름은 아마존 매직(Amazon Magic)인데, 이후에 아마존 ASAP(Amazon ASAP)로 바뀌었다. 그녀는 각각 마술을 테마로 한 이름을 가진 세 개의 팀을 꾸려서, 이들 팀이 초고속 배송이라는 동일한 목표를 향해 각자 다른 시도를 하도록 만들었다.

리테일 서비스 개발을 담당하는 후디니(Houdini)*라는 암호명을 가진 팀은 아마존에서 가장 인기 있는 일부의 선별된 상품을 전략적으로 도심 지역에 배치한 창고에 입고하고 판매하는 일을 하게 된다. 그럼으로써 아마존은 자주 구매하는 상품을 고객에게 몇 시간 안에 배송할 수 있게 된다.

---

* 탈출 마술로 유명한 마술사인 해리 후디니(Harry Houdini).

두 번째 팀은 제3의 판매자들이 참여하는 오픈마켓 전략을 취하는데, 암호명은 카퍼필드(Copperfield)*였다. 이 팀은 소매점 및 식료품점들과 제휴를 맺고, 구글 익스프레스나 인스타카트처럼 아마존의 신규 스마트폰 앱에 그 매장들이 보유한 상품을 진열해 보여주는 방식을 시도한다.

마지막으로 세 번째 팀은 프레스토(Presto)**라는 이름의 아이디어를 추진한다. 이들은 가장 많이 팔리는 제품들을 아무리 작은 주문 단위라도 빠르게 골라 담아서 트럭이나 승합차에 싣고 인근 지역까지 10분 안에 배송하는 것이 목표였다. 그러나 이 접근법은 지나치게 복잡한 데다 다른 방식들과도 겹칠 위험성이 있어 즉시 보류되었다.

베이조스는 이러한 계획들을 승인했지만, 그 진행과정에서는 알렉사 같은 신규 기술 프로젝트에서 한 것만큼 깊이 몰두하지는 않았다. 그는 랜드리가 S팀에 이메일로 매주 보내오는 진행상황 보고 내용을 확인했고, 가끔은 답장으로 질문을 보내기도 했다. 그럼에도 그는 여기에 한 가지 중대한 기여를 했다. 2014년에 열린 어느 회의에서, 그는 기존 아마존 ASAP라는 명칭을 폐기하고 프라임 나우(Prime Now)로 서비스의 이름을 바꾸었다. 그럼으로써 이를 아마존이 점차 확대하고 있던 구독 서비스와 더욱 긴밀하게 연결했다. 랜드리를 비롯한 팀원들은 마지막 순간이 되어서야 이름이 바뀌는 바람에 전반적인 브랜딩 전략을 수정하느라 안간힘을 써야 했다.

---

* 유명 마술사인 데이비드 카퍼필드(David Copperfield).

** 마술사들이 마술을 할 때 사용하는 '짜잔'이나 '얍' 같은 감탄사.

당시 그들은 모두 100일 안에 서비스를 개시한다는 목표를 달성하기 위해 쉬는 날도 없이 하루에 18시간씩 일했다. 시애틀에서는 엔지니어들이 새로운 프라임 나우 앱을 만들고, 그것과 한 쌍을 이루며 운전기사에게 배송 경로를 안내해주는 래빗(Rabbit)이라는 스마트폰 앱도 개발했다. 회사는 우선 정규직 배송기사를 채용해 서비스를 시작하고, 그다음에는 우버나 인스타카트 때문에 대중화된 프리랜서 계약직 모델로 전환할 계획이었다.

아마존이 프라임 나우의 후디니 프로젝트를 개시하기로 결정한 맨해튼의 미드타운(Midtown)에서는 엠파이어 스테이트 빌딩 건너편의 오피스 타워에 있는 4,600㎡(약 1,400평) 넓이의 창고에 직원들이 비츠(Beats) 이어폰이나 커피 그라인더, 화장지, 탄산수 같은 인기 상품들을 채워넣었다. 12월의 초반 몇 주 동안, 그들은 모두 흩어져서 초기 서비스 대상 지역에서 테스트로 주문을 하며 돌아다녔다. 파트너는 물론이고 두 살 된 아들까지 데리고 브루클린에 있는 에어비앤비의 숙소로 사실상 이사를 한 랜드리는 페디큐어를 받으면서 하바이아나스(Havaianas) 슬리퍼 한 켤레를 주문했다. 그리고 주문한 제품은 페디큐어가 끝나기도 전에 도착했다.

그들은 원래 엠파이어 스테이트 빌딩 전체를 선물용 포장지로 감싸 서비스 출시를 대대적으로 홍보한다는 마케팅 계획을 세워두었는데, 결국 아마존은 이 거창한 계획을 포기하고 2014년 12월 18일에 프라임 나우 서비스를 정식으로 개시했다. 마지막 순간에 몇 가지 문제가 발생하는 바람에 랜드리를 비롯한 팀원들은 정해진 일정을 11일이나 넘겼는데, 그들이 그동안 고생한 걸 감안하면 이 정도의 일정 초과는 막중한 질책이 아니라 가벼운 놀림 정도로 끝나도 될 만큼 사소한 수준이었다. 월크는 만족했다.

이 서비스는 맨해튼의 일부 지역에서 프라임 회원에게 2시간 이내의 무료 배송을 보장했고, 7.99달러의 추가 비용을 지불하면 1시간 이내에 배송을 해주었다. 그 뒤에는 대상 지역을 점차 늘려나갔다. 서비스 개시 이후, 베이조스가 센트럴파크웨스트(Central Park West)에 있는 자신의 아파트 외부에서 갈색의 프라임 나우 종이백을 들고 있는 모습이 사진에 찍혔는데, 곁에 있는 배송 직원은 그가 누구인지 모르는 것 같았다.

그러나 후디니 프로젝트는 비교적 쉬운 편이었다. 제휴를 맺은 식료품점들이 각자의 제품을 온라인에서 판매할 수 있게 한다는 계획인 카퍼필드가 확실히 더욱 중요한 프로젝트였다. 사람들은 비츠 이어폰이나 슬리퍼 한 켤레가 배송되기까지 며칠이 걸리는 건 그다지 신경 쓰지 않았지만, 일반적으로 식료품은 즉시 받아보기를 원했다. 제휴 관계를 모색하던 프라임 나우의 임원들과 아마존의 비즈니스 개발 부서 직원들은 신시내티에 있는 크로거, 캘리포니아주 플레젠튼(Pleasanton)에 있는 세이프웨이, 로스앤젤레스에 있는 겔슨스마켓(Gelson's Markets)의 본사를 찾아갔다. 이들 식료품 업체는 아마존을 두려워했고, 프라임 나우에는 별로 관심이 없었으며, 아마존 프레시가 몇몇 도시에서만 영업한다고 생각했는데도 그 사업을 걱정했다.

베이조스는 특별히 유통업체의 또 다른 체인과 계약하기 위해 열중했다. 트레이더스조스(Trader Joe's)였다. 동료들은 이 업체가 독특하면서도 품질이 뛰어난 자체 브랜드의 폭넓고 다양한 상품을 판매한다는 사실에 그가 완전히 푹 빠져 있었다고 말한다. 아마존 독일 법인의 책임자인 랄프 클레버(Ralf Kleber)가 독일 서쪽에 있는 도시 에센(Essen)으로 파견되어 이 유통 체인의 소유주를 만났다. 그 소유주는 유럽의 슈퍼마켓 대기업인 알디노르트(Aldi Nord)를 소유한 알브레히트(Albrecht) 가문인데, 그들은 세상에 좀처럼 모습을 드러내지 않는 이들이었다. 그는 그것이 아주 짧은 만남이었다고 보고했는데, 알브레히트 가문은 아마존과 협업하는 걸 원하지 않았다고 말했다.

마지막으로 카퍼필드의 임원들은 오스틴으로 날아가 홀푸드마켓에 프라임 나우를 설명했다. 존 매키는 그 자리에 참석하지 않았고, 그의 부하직원들이 단칼에 거절했다. 홀푸드는 이미 인스타카트와 독점 계약을 맺고 있었다. 또한 그들은 아마존 프레시에 대해 더 많은 정보를 요구했는데, 프레시의 배송 트럭들이 홀푸드의 주차장에서 대기하고 있다는 이야기를 듣자 상당히 불쾌해했다. 그들은 그러한 행위를 저급한 홍보활동이라고 보았다. 아마존의 임원들은 아무런 성과 없이 자리를 떠났다. 그들은 도대체 왜 그토록 많은 기업이 아마존을 치명적인 위협으로 여기는지 전혀 이해하지 못했다. 실제로 그들은 진출하는 모든 분야에서 치열하게 경쟁을 벌였다. 그러나 그 만남에서 전혀 소득이 없는 것은 아니었다. 그 회의를 준비하면서 아마존의 비즈니스 개발 부서 직원들은 홀푸드의 부동산 포트폴리오를 검토했는데, 그 매장들의 위치가 프라임 회원들의 지리적 분포와 딱 맞아떨어지게 일치한다는 사실을 발견한 것이다.

카퍼필드는 원래 2015년 3월에 뉴욕시에서 서비스를 개시하여 후디니 프로젝트를 보강할 예정이었다. 그러나 대형 협력업체들과 손을 잡지 못했고, 매장의 선반에서 주문한 품목을 골라 담아야 하는 어려움이 더해져 서비스 개시 일정이 몇 달 연기되었다. 결국 그들은 몇몇 지역 상점과 함께 서비스를 출시할 수밖에 없었다. 전국적인 브랜드는 홀푸드의 경쟁업체인 스프라우츠파머스마켓(Sprouts Farmers Market) 하나뿐이었다. 그럼에도 프라임 나우는 뉴욕시 전체로 퍼져나갔고, 이후에도 런던, 로스앤젤레스, 샌프란시스코, 애틀랜타, 댈러스, 마이애미로 확장해나갔다.

프라임 나우의 직원들이 나중에 시인하기를, 그들은 그 서비스를 너무 서둘렀다고 한다. 초기에는 기본적인 핵심 기능들도 결여되었는데, 심지어 고객은 반품을 할 수도 없었다. 만약 고객에게 문제가 발생하면, 아마존은 아무것도 묻지 않고 환불해주었다. 그냥 책임을 떠안은 것이다. 빠른 배송에 드는 비용도 상당했는데, 부동산 가격이 높은 대도시 권역에서 창고를 임대해 운영해야 했기 때문이다. 그 결과 프라임 나우는 몇 년 동안이나 금전적으로 엄청난 손해를 보았다.

그러나 이 프로그램은 아마존의 취약점을 보강해주었고, 인스타카트와 구글 익스프레스가 제기하는 경쟁적인 위협을 해결해주었다. 아마존 내부에서는 이러한 프라임 나우의 모든 노력이 험난한 여건에서도 성공할 수 있다는 하나의 예고로 여겨졌다. 그리고 스테퍼니 랜드리는 시애틀의 키아레나(KeyArena)*에서 개최된 아마존의 격년 행사에

---

* 시애틀의 다목적 실내 행사장으로 현재의 명칭은 '클라이밋 플레지 아레나(Climate Pledge Arena)'로 이름이 바뀌었다. 이곳은 2020년에 아마존이 명칭 사용권을 취득했는데, 그들은 기후변화에 대한 경각심을 불러일으키기 위해 '기후를 지키기 위한 약속'이라는 의미를 담은 이름으로 바꾸었다. 클라이밋 플레지(Climate Pledge)는 아마존이 기후변화에 대응하기 위해 발표한 정책의 이름이다.

서 전 직원을 상대로 연설을 해달라는 요청을 받았다. 적대적인 소매 업체들과 협의가 무산되었다는 사실 역시 공개되었다. 협업할 기회가 제한되었기 때문에, 경쟁이 치열한 이 분야에서 아마존이 성공을 거두 고자 한다면 그들은 일상적인 생활용품과 식료품을 위한 유통망을 확 보하기 위해 훨씬 더 노력을 투입해야만 했다.

자체 브랜드 개발 프로젝트

———

프라임 나우가 새로운 도시들로 대대적인 공세를 펼치고 있을 때, 더그 헤링턴은 제프 베이조스에게 자신이 진행하고 있던 식료품 분야의 또 다른 작전을 하나 더 펼쳐 보였다. 2015년 가을, 데이원 노스의 회의실에서 헤링턴이 부하직원들을 대동하여 베이조스를 만났고, 그곳에서 세 블록 떨어진 록산느(Roxanne) 빌딩에 있는 사무실에서는 프로젝트에 참여하고 있는 나머지 직원들이 전화기를 통해 그들의 이야기를 듣고 있었다. 그들이 논의하던 내용은 블룸 스트리트(Bloom Street)에 관한 것이었다. 블룸 스트리트는 커피, 과자, 와인, 면도기 등 광범위한 식료품 및 필수 가정용품에 초점을 맞춰 출시할 예정인 아마존의 자체 주력 브랜드였다. 그들의 목표는 코스트코가 대대적으로 출시한 브랜드인 커클랜드 시그니처(Kirkland Signature)에 버금가는 브랜드를 만드는 것이었다. 당시 커클랜드 시그니처의 연간 매출액은 무려 300억 달러에 육박했다.

아마존에서 베이조스가 직접 검토하는 많은 경우에서는 으레 그렇듯이, 헤링턴의 팀에서는 이 순간을 위해 몇 달 동안이나 준비를 해왔다. 그들은 제품을 구상하고, 그것을 제조할 공장 부지를 찾아보고, 가격을 협상하고, 라벨을 디자인했다. 헤링턴은 심지어 블룸 스트리트 커피의 시제품을 만들어 베이조스에게 샘플을 가져왔다. 당시 회의에 참석한 두 명의 직원에 따르면, 베이조스는 그것을 직접 시음한 다음 회의실로 걸어가 그 커피가 상당히 마음에 든다고 밝혔다. 그러나 그 브랜드의 콘셉트는 전혀 마음에 들지 않는다고 말했다.

아마존은 이후에 입장문에서 이렇게 밝혔다. "제프는 그저 우리가 블룸 스트리트로는 원하는 목표를 달성할 수 없을 거라고 생각했을 뿐이고, 우리가 뭔가 더 흥미롭고 창의적인 걸 찾을 수 있다고 생각한 것입니다." 그러나 이 프로젝트에서 일한 여러 직원은 뭔가 좀 더 미묘한 설명을 전해 들었다. 블룸 스트리트는 제품 포장에서 아마존 특유의 스마일 로고를 비롯해 회사의 여러 상표를 사용함으로써 아마존이라는 회사와의 관계를 노골적으로 드러냈다. 이들 직원은 베이조스가 그다지 창의적이지도 않은 식료품 브랜드 하나만을 위해 아마존의 명성과 평판을 걸고 싶어 하지 않는다는 이야기를 들었다. 그는 프로젝트팀에 전면적인 수정을 요구했고, 브랜드 이름에서 아마존을 명시하지 않는 것을 포함해 다양한 버전으로 자체 브랜드를 테스트 해달라고 요청했다. 이 프로젝트는 그들의 혁신적인 면모를 시각적으로 아주 잘 보여줄 수 있는 영역이기 때문에, 베이조스는 그때부터 그들의 후속 작업을 면밀하게 살펴보기를 원했다. 이 프로젝트에 참여한 직원인 JT 멩(JT Meng)은 "제프가 브레이크를 급하게 밟은 것"이라고 회상했다.

이 회의로 아마존의 자체 라벨을 부착한 소비재 제품군의 출시가 6개월 연기되었다. 그러나 그들에게는 이 프로젝트를 계속 추진해야 할 충분한 이유가 있었다. 미국의 소매업종 전체에서 자체 브랜드 상품이 차지하는 비중은 약 20퍼센트였고, 영국이나 독일, 스페인, 스위스 같은 유럽 국가에서는 40퍼센트를 상회했다.[148] 제조사들과 직접 협업함으로써 소매업체들은 가격을 낮추었고, 이윤을 늘렸으며, 독점 공급 상품으로 쇼핑객들 사이에서 충성도를 높였다. "우리는 게임에 조금 늦게 참여한 편이었습니다. 공급업체들과 이야기를 나눠보면 그들은 언제나 제게 이렇게 물었습니다. '당신들은 대체 언제 이 사업을 할 건가요? 다른 기업들은 사실상 전부 이걸 하고 있단 말입니다.'" 헤링턴의 말이다.

아마존에도 이미 자체 브랜드가 있긴 했지만, 그것은 대부분 하드웨어나 소프트웨어에 국한되었다. 그중에서도 상당히 성공을 거둔 것도 있는데, 대표적으로는 아마존 베이직(Amazon Basics)이라는 상표를 달고 아마존이 직업 판매한 배터리나 HDMI 케이블 등을 비롯한 전자기기의 주변제품들이 호조를 보였다.

그러나 물론 처참하게 실패한 것도 있다. 아마존의 핀존(Pinzon)이라는 브랜드 부문에서 일한 어느 직원에 따르면, 아마존이 이 브랜드로 판매한 침대 시트가 라벨 표기규정을 위반했다는 이유로 리콜 대상이 된 적이 있다고 한다. 그들이 만든 실외용 가구 라인 중 하나는 품질 문제로 단종되었는데, 많은 제품이 반품되어 폐기되어야 했기 때문이다.

그중에서도 가장 유명한 사례는 아마존이 2014년 12월에 아마존 엘리먼트(Amazon Elements)라는 브랜드로 기저귀와 아기 물티슈를 출시한 일일 것이다. 기저귀의 착용감이 좋지 않은 데다 용변이 새는 바람에, 이에 불만을 품은 부모들이 별점 1개의 리뷰를 잔뜩 쏟아냈다. 몇 주 뒤 아마존은 이 기저귀를 시장에서 철수한다는 굴욕적인 결정을 내렸다.

일부 직원들은 아마존의 대중적인 평판에 먹칠을 한 이러한 경험 때문에, 단일 품목의 유명한 소비재 브랜드를 만든다는 생각을 베이조스가 내켜하지 않게 된 것이라고 생각했다.

블룸 스트리트에 대해 베이조스와 회의를 한 이후, 헤링턴을 비롯한 팀원들은 자체 브랜드 개발 전략을 재정비했다. 그래서 아마존과 직접적으로 연관성이 없는 몇 가지 시안을 포함해 여러 가지 브랜드를 만들었다. 다소 특이한 이름들이 추려졌고, 2016년 여름에 웹사이트에서 그 명칭들이 보이기 시작했다.[149] 예를 들면 커피, 과자류, 향신료 등을 위한 해피 벨리(Happy Belly)라는 브랜드가 있었다. 그리고 가정용 청소용품 브랜드의 이름은 프레스토!(Presto!)였다. 또한 새로 부모가 된 사람들에게 여러 가지 용품을 제공해줄 마마 베어(Mama Bear)라는 브랜드도 있었다. 여기에서는 기저귀를 다시 출시했는데, 이번에는 소비재 분야의 대기업인 킴벌리클라크(Kimberly-Clark)가 만든 것이었다.

베이조스가 헤링턴과 그의 부하직원인 서니 제인(Sunny Jain)과 함께 2016년에 출시한 위키들리 프라임(Wickedly Prime)은 코코넛 물엿을 입힌 구운 캐슈(cashew), 플랜테인(plantain) 칩, 매콤한 망고 혼합 스낵 등 다소 특이한 과자류였다. 몇 달 뒤 아마존 엘리먼트가 다시 선을 보였는데, 제품의 성분을 투명하게 공개하기 위한 참신한 방식은 그대로 유지되었다. 비타민, 보충제, 단백질 파우더의 포장에는 '진실성 코드 (authenticity code)'가 있어서, 사용자들이 스마트폰 앱으로 스캔하면 제품 성분이 무엇인지, 어디에서 만들었는지 등에 대한 정보를 확인할 수 있었다. 그러나 정작 그걸 이용하는 고객은 별로 없었다.

그럼에도 베이조스를 비롯한 아마존의 임원들은 이러한 모든 노력이 더욱 빠르게 진행되길 원했다. 그들은 나름대로 'S팀의 목표'를 설정했는데, 예를 들면 선택할 수 있는 제품의 범위를 특정한 수준까지 높이도록 프로젝트팀에 요청한다는 것이 있었다. 아마존의 내부에는 그런 목표가 500개 정도는 있었는데, 그것은 매년 연말에 지도부 회의체에서 승인을 받는 것으로, 회사의 각 비즈니스 부문들의 성과를 측정하기 위한 가장 중요한 평가 체계를 형성했다. 이러한 목표들이 주어진 팀들은 각자의 진행상황을 자주 보고하고, 만약 정해진 일정보다 뒤처질 경우에는 그 이유를 해명해야만 했다. 이것은 S팀이 수많은 분야에서 느슨하게 관계를 맺고 있는 회사의 방대한 조직을 관리하는 데 핵심적인 경영방식이었다.

새롭고도 공격적인 목표가 제시되자, 자체 브랜드 개발팀은 이제 막중한 책임을 맡게 되었다. 그들은 품질이 뛰어난 신제품을 꾸준히 공급해 아마존의 카탈로그에서 빠져 있는 빈틈을 채워야 했고, 그러면서 회사의 평판에는 어떠한 악영향도 끼쳐서는 안 되었다. 그 프로젝트에서 일한 직원들은 다양한 브랜드 팀들이 서로 치열하게 경쟁하고 모든 사람이 각자가 담당하는 제품의 손익에 책임을 져야 할 정도로 당시의 상황은 압박이 거센 환경이었다고 설명한다. 한편 베이조스는 신제품에 들어갈 아트워크에 이르기까지 모든 것을 점검했고, 더욱 빨리 진행하라며 끊임없이 지시를 내렸다.

자체 브랜드 개발 프로젝트에서 일한 여러 직원이 훗날 말하길, 그들은 이러한 곤경에서 벗어날 수 있는 지름길을 찾아냈다고 한다. 그것은 바로 아마존이 기존에 수집해놓은 방대한 양의 데이터를 활용하는 것이었다. 참고로 몇 년 뒤에 이런 사실은 미국과 유럽의 규제당국에 초미의 관심 대상이 된다. 그들은 다음과 같은 부분에서 사실관계를 알려달라고 요구했다. 회사가 소매업체로서의 특별한 도구와 자신들이 보유한 정보를 마음껏 활용해 자체 브랜드에 불공정한 우위를 부여했는가? 아마존이 공급업체 및 판매자들과 직접적으로 경쟁하는 상황에서 사실상 속임수를 쓴 것인가?

아마존의 데이터베이스 중 하나인 하트비트(Heartbeat)는 웹사이트 전체에서 고객이 남긴 리뷰를 전부 보관한다. 이것을 잘 활용한다면 직원들은 기존의 상품을 개선할 수 있는 어떤 패턴을 발견할 수도 있었다. 예를 들면 강아지 분변 처리 봉투를 취급하는 대표적인 카테고리에 자주 올라오는 리뷰 중에는 봉투의 어떤 쪽을 열어야 하는지 혼란스럽다는 내용이 있었다. 그래서 아마존 베이직에서 만든 봉투에는 파란색 화살표와 '이쪽 끝을 여세요'라는 문구를 넣었다. 아마존의 바인(Vine)이라는 프로그램도 상당히 많은 도움이 되었는데,[150] 바인은 영향력 있는 고객이 제품에 대한 평가를 작성하면 그에 대한 대가로 무료 샘플을 보내주는 프로그램이었다. 그러면 고객이 더욱 활발하게 평가를 남기는 경향이 있었다.

자체 브랜드 개발에 참여한 여러 관리자가 익명을 조건으로 이야기했는데, 그들은 제품에 대한 리뷰보다 훨씬 더 귀중한 자원을 활용했다는 사실을 인정했다. 그것은 바로 아마존 웹사이트 검색 결과에서 자사 제품을 두드러져 보이게 하는 기법이었다. 마마 베어의 기저귀 같은 새로운 브랜드를 출시할 때면 그들은 '검색 씨 뿌리기(search seeding)'라는 기술을 이용했다. 이것은 해당 브랜드의 관리자들이 신제품이 출시되면 그 상품의 적합도 점수(relevancy score)를 적어도 초기의 며칠 동안에는 팸퍼스(Pampers) 같은 기존의 대표적인 제품들이 기록하는 점수에 맞게 고정해놓을 수 있는 기술이었다. 다른 신규 브랜드의 제품들은 일반적으로 잘 보이지도 않는 마지막 페이지에 노출되지만, 그렇게 해놓으면 검색 결과에서 아마존의 제품들이 맨 위에 나타났다.

나는 더그 헤링턴에게 아마존이 자체 브랜드에 유리한 검색 결과 노출 방식을 변경했는지 물었는데, 그는 그런 관행이 있었다는 사실을 단호하게 부정했다. 그는 "저희는 검색 결과를 전혀 조작하지 않는다"고 말했다. 덧붙여 그는 아마존 브랜드의 제품들이 '고객을 위한 최고의 선택'이라고 여겨질 때는 검색 결과의 광고 영역에서 좋은 자리에 배정되는 경우는 가끔 있지만, 만약 고객들이 아무런 반응을 보이지 않는다면 아마존의 제품들은 금세 모습을 감춘다고 말했다. 그는 또한 아마존의 전략을 자신들과 경쟁하는 오프라인 소매업체들과 비교했는데, 오프라인 매장에서는 진열대의 공간이 한정되어 있는데도 일반적으로 타이레놀(Tylenol)이나 애드빌(Advil)의 바로 옆에 자체 생산한 제너릭(generic)* 제품을 나란히 진열하는 경우가 많다. 반면에 아마존은

---

* 인기가 많은 의약품의 성분을 비슷하게 복제해 판매하는 상품.

'무한한 진열대'를 갖고 있으며, 고객은 수많은 제품 중에서 하나를 선택할 수 있다고 헤링턴은 말한다.

그러나 아마존에서 브랜드를 관리한 이들은 그러한 관행이 실제로 존재했으며, 그 영향력은 상당했다고 말한다. 자체 브랜드 개발 프로젝트에서 일한 JT 멩은 아마존 이센셜(Amazon Essential)의 아기 물티슈를 위한 검색 씨 뿌리기 작업을 중단해야 했다고 회상했는데, 이 제품의 판매수량이 해당 카테고리 전체 판매량의 20퍼센트를 넘어서자 프록터앤드갬블(P&G, Procter & Gamble)이나 킴벌리클라크와의 관계를 해칠 위험이 있었기 때문이다. 자체 브랜드 개발 부서와 함께 일한 아마존의 경제학자 한 명은 이렇게 덧붙였다. "브랜드 관리자들에게는 막중한 목표가 주어졌고, 그들은 마치 불도그 같았습니다. 그들은 그 목표를 달성하기 위해 할 수 있는 모든 것을 했습니다. 그것이 바로 아마존의 방식입니다."

아마존을 비판하는 사람들과 일부 판매자들은 그들이 또 하나의 중요한 이점을 활용한다며 비난했다. 제3의 판매자들이 참여하는 마켓플레이스의 매출 데이터를 들여다봄으로써, 아마존의 자체 브랜드 관리자들은 새로운 소비 트렌드를 읽을 수 있었고, 어떤 제품이 잘 팔리며 무엇을 모방해야 하는지 파악할 수 있었다. 아마존의 임원들은 이러한 데이터 염탐을 방지하기 위한 안전장치가 마련되어 있다고 주장했다. 제프 윌크는 내게 이렇게 말했다. "저희는 자체 브랜드에서 어떤 상품을 판매할지 판단하기 위해 개별 판매자들의 데이터를 사용하지 않습니다." 회사는 또한 2019년의 의회 청문회에서 이렇게 증언했다. "저희는 경쟁하기 위해 개별 판매자들의 데이터를 절대 사용하지 않습니다." 아마존의 변호사인 네이트 서튼(Nate Sutton)이 증언한 내용이다.

그러나 자체 브랜드 개발 프로젝트를 추진한 관리자 세 명은 이 증언이 사실과 다르다고 말했다.

솔리모(Solimo)라는 신규 라이프스타일 브랜드에서 일한 한 관계자는 자신이 2016년 아마존에 입사했을 때만 하더라도 제3업체의 데이터는 원래 접근이 금지된 것으로 생각했다고 말했다. 일을 시작한 지 1년이 되었을 무렵, 그녀의 상사가 매출 데이터에 접근하는 방법을 보여주었고, 만약 필요하다면 아마존의 데이터 분석가에게 도움을 요청해도 된다고 말했다. 자신의 이름을 밝히지 말아달라고 요청한 이 직원은, 그 뒤로 가장 많이 판매되는 비타민 보충제가 무엇인지, 판매량이 얼마나 되는지, 평균 판매가격은 어느 정도이며, 판매당 수익은 얼마나 되는지 판단하기 위해 제3업체의 매출 자료를 조사했다.

이러한 사실을 증명하기 위해 그녀는 자신이 아마존에서 일할 당시에 수집한 제3업체 판매자들의 프로바이오틱스 매출 자료를 정리한 스프레드시트를 내게 공유해주었다. 그 문서는 마켓플레이스의 개별 판매자들과 그들의 상품에 대한 데이터를 보여주었는데, 12개월간 매출 현황을 추적하면서 각 제품의 평균 가격 변동 추이도 포함되어 있었다. "우리는 다른 경쟁업체들이 무엇을 하는지 볼 수 있었고, 때로는 그것을 똑같이 모방하거나, 아니면 그것을 절반 정도의 완제품으로 주문제작해서 거기에 라벨만 붙였습니다. 처음에 저는 방화벽이 있다는 말을 들었지만, 이후에는 일종의 '눈속임 기술'이 있다는 것을 배웠습니다." 그녀의 말이다.

2020년 〈월스트리트저널〉에 실린 기사에서는 자체 브랜드 개발 프로젝트에서 일한 전직 직원들이 비슷한 취지로 문제를 제기하는 내용을 보도했는데, 그들은 그러한 관행을 '담장 넘어가기'라고 불렀다.[151] 기사에서는 브루클린에서 접이식 자동차 트렁크 정리함을 판매하는 임직원 4명의 판매업체인 포템(Fortem)이 겪은 시련을 들려주었다. 아마존은 그 제품이 성공하는 걸 눈여겨보고, 아마존 베이직의 산하에서 경쟁 제품을 준비했다. "저희는 당사의 직원들이 자체 브랜드에서 어떤 상품을 출시할지 판단하기 위해 판매자들만 확인할 수 있는 비공개 데이터를 활용하는 걸 엄격하게 금지합니다." 아마존이 〈월스트리트 저널〉에 밝힌 입장이다. 이러한 폭로는 미국과 유럽의 반독점 관련 조사에 더욱 박차를 가하게 만들었다.

규제당국 입장에서 결국 문제는 이러한 모든 행위가 아마존에 불공정한 우위로 작용했는가 여부였다. 더그 헤링턴이 자체 브랜드를 확대하기 위해 전력을 다하던 2017년 당시로 돌아가보면, 해당 부서가 더욱 많은 노력을 기울이고 S팀이 설정한 야심찬 목표를 달성하는 데 그러한 데이터와 내부적인 도구들이 유용한 역할을 한 것은 거의 확실해 보인다. 그러나 그들이 수집한 데이터의 상당 부분은 아마존의 웹사이트를 열심히 헤집고 다니거나, 또는 닐슨(Nielsen)처럼 소비자 트렌드에 관한 데이터를 수집하는 리서치 기업들을 이용한다면 다른 경쟁자들도 얼마든지 활용할 수 있는 것이었다. 해피 벨리의 땅콩 그래놀라 에너지바(energy bar)에서부터 위키들리 프라임의 구운 아몬드에 이르기까지 당시에 자체 브랜드 상품의 상당수를 차지하던 소비재 분야에서는 적어도 경쟁 관계의 브랜드에 타격을 입히는 것으로 보이지 않았다. 그리고 다른 대형 소매업체들이 벌이는 비슷한 행위보다 과도해 보이지도 않았다. 아마존은 입장문을 통해 이렇게 덧붙였다. "모든 소매업체는 자신들의 매장에서 인기 있는 브랜드와 제품에 대한 정보를 갖고 있고, 고객들이 자주 묻는 질문이 무엇인지도 알고 있으며, 그러한 정보를 활용해 어떤 상품을 자체 브랜드로 제공할지 판단합니다."

그렇다고 해서 이러한 신제품들이 당시에 골치를 앓고 있던 가정용 식료품 배송 서비스인 프라임 나우나 아마존 프레시의 인지도와 수익성을 높이는 데 도움이 된 것도 아니었다. 아마존이 만든 브랜드에는 홀푸드마켓 같은 주요 식료품 체인점들의 자체 브랜드가 가진 매력이나 금전적인 혜택이 거의 없었다. 홀푸드마켓의 365 에브리데이 밸류(365 Everyday Value)는 우유에서부터 육류와 메이플 시럽에 이르기까지 거의 모든 것을 판매했는데, 소비자들에게는 경제적이면서도 건강하다는 인식을 전달하면서 회사의 매출에서도 상당한 부분을 차지했다. 주요 구성원들이 대부분 엔지니어나 MBA 소지자이고, 심지어 CEO는 스스로를 액션 활극을 펼치는 발명가라고 생각하는 아마존은 이러한 마법을 어떻게 펼치는지 여전히 알지 못했다.

아마존의 역사상 가장 이상한 프로젝트
'보물 트럭'과 '소 한 마리 버거'

———

그러나 베이조스는 계속 노력하려고 생각했다. 그는 식료품을 구매하는 고객들과 관계를 구축하고 크랩(CRaP)이 야기하는 어려운 문제를 해결할 수 있는 두 가지 아이디어가 더 있었다. 그 아이디어들은 지금도 아마존의 역사상 가장 이상한 프로젝트 중 하나로 남아 있으며, 이들의 기이한 기업 문화의 단면을 또 한 번 보여준다.

첫 번째는 베이조스가 2014년의 자유로운 브레인스토밍 회의에서 제안한 '스테이크 트럭(the steak truck)'이라는 개념에서 시작된 것이다. 더그 헤링턴이 기억하기를 '성인을 위한 아이스크림 트럭'을 상상하면서 제안된 최초의 버전은 승합차나 트럭에 스테이크를 실은 다음, 불빛을 반짝이고 경적을 울리며 여러 지역으로 들어가 주민들에게 판매한다는 것이었다. 이 방식은 일단 편리했을 뿐만 아니라, 고기를 대량으로 판매할 수 있기 때문에 고객에게 저렴한 가격으로 제공할 수 있을 것으로 생각되었다. 더욱 중요한 건 회사가 수요를 예측할 수 있고, 비효율성을 줄일 수 있으며, 슈퍼마켓에서 낭비되는 음식을 없앨 수도 있다고 생각했다.

이 아이디어는 그 자체만으로도 충분히 정신 나간 생각으로 보였는데, 회사는 임원 한 명에게 PR FAQ를 작성하는 임무를 맡기기까지 했다. PR FAQ란 아마존이 새로운 프로젝트를 개시할 때 실제 홍보자료를 발표한다고 상상하면서 작성하는 문서다. 그렇게 작성한 문서에서는 이 아이디어에 보물 트럭(Treasure Truck)이라는 정식 명칭을 부여했다. 버블 머신이 비누거품을 쏟아내고 디지털 디스플레이를 장착함으로써 마치 축제 차량 같은 분위기를 만들고, 트럭에서는 그날 판매하는 상품에 대한 정보를 인근에 거주하는 고객의 스마트폰으로 전송할 예정이었다.

당시 프라임 나우와 자체 브랜드 개발을 추진하던 헤링턴은 이 프로젝트를 담당할 피자 2판 팀을 구성했다. 이 프로젝트는 아이디어도 엉뚱했지만, 기술적으로 해결해야 하는 문제들도 존재했다. 예를 들면 트럭이 왔다는 사실을 인근에 사는 고객에게만 알리는 방법과, 육류 및 해산물을 적절한 온도로 냉장 보관하는 방법을 찾아야 했다.

프로젝트팀은 2015년 봄까지 두 건의 특허를 출원했지만, 아직까지도 사업을 본격적으로 개시하지 못하고 있었다. 직원들은 밤낮으로 쉴 새 없이 일했다. 그들은 프로토타입 트럭을 디자인해서 시카고에 있는 전문업체에 주문제작을 맡겼다. 트럭은 마치 거대한 종이박스로 만든 트랜스포머(Transformer) 차량이 로봇으로 변신한 것처럼 보였는데, 거대한 스크린이 모습을 드러내고, 불빛이 번쩍이며, 플라스틱 연어로 장식한 바퀴가 회전했다. 이 프로젝트에서 일한 직원들은 이 프로토타입 차량을 제작하는 데만 25만 달러(약 3억 원) 정도가 들었다고 말한다. 그들은 이 차량을 사우스 레이크 유니언의 어느 차고에 숨겼고, 그해 6월부터 스테이크보다는 부패가 잘 되지 않는 상품을 파는 서비스를 개시하기 위해 준비했다. 그들이 판매하기로 한 것은 음식이 아니라 스탠드업 패들보드였다.

그들은 이 트럭의 공개 일정을 언론에 알렸다. 그리고 본격적으로 서비스를 개시하기 전날 밤에 시행한 내부 테스트 결과, 제품을 구매한 고객들에게 그것이 품절되었다는 잘못된 정보가 전송되는 소프트웨어 버그가 발견되었다. 서비스 개시는 연기되었다. 그리고 궁지에 몰린 프로젝트 구성원들은 토요일인데도 이 문제를 분석하기 위해 모여야만 했다. 아마존 본사에서는 '최고 엔지니어(principal engineer)' 팀을 파견했다. 최고 엔지니어 팀이란 회사 내의 최고급 기술자 십여 명으로 구성된 엘리트 조직으로, 그들은 어떤 프로젝트에서 문제가 발생하면 낙하산을 타고 침투해 원인을 파악하는 임무를 담당했다.

최고 엔지니어들은 2주 동안 보물 트럭의 직원들을 조사한 다음, COE 보고서를 작성했다. COE는 오류 수정(correction of error)을 뜻하는 용어로, 아마존 내부에서 뭔가 문제가 발생했을 때 작성하는 극비 문서다. 이러한 원인 파악 과정만으로도 고통스러운데, 그사이에 또다시 참사가 발생했다. 신참 직원 한 명이 보물 트럭 서비스에 가입한 모든 고객에게 실수로 문자메시지를 발송한 것이다. 그리고 그 내용은 99달러의 패들보드 판매 일정이 임박했다는 잘못된 내용이었다. 이러한 모든 사건을 대대적으로 취재한 시애틀의 기술 전문 블로그인 〈긱와이어〉는 이 프로젝트가 "아마존의 역사상 가장 엉망인 출시 과정으로 기록될 것"[152]이라고 보도했다.

기존의 프로젝트 매니저들은 모두 자리를 비우고 새로운 담당자들이 배정되었다. 그리고 7개월 뒤, 보물 트럭이 마침내 시애틀의 언덕들을 돌아다니며 고프로(GoPro) 카메라를 64퍼센트 할인된 가격으로 팔기 시작했다. 이후 몇 달 동안 이 트럭에서는 시고쿠(Shigoku)의 생굴, 자연산 왕연어, 추수감사절 칠면조, 아마존 에코의 새로운 모델, 《해리 포터와 저주받은 아이》 소설책 등을 팔게 된다. 프로젝트팀은 처음의 트럭만큼 화려하거나 비싸지 않은 새로운 차량을 주문제작해 미국 내 25개 주요 도시로 이 서비스를 확대했다.

그러나 이 서비스는 제프 베이조스나 더그 헤링턴이 기대한 것만큼 온 도시를 장악하지도 못했고, 그다지 사랑을 받지도 못했다. 인터넷에서 활동하는 비평가들은 이 프로젝트를 어이없다고 생각했고, 더욱 이해할 수 없는 가격에 대해서는 조롱을 보내기도 했다. ("비데 샤워기가 33% 할인해서 무려 19.99달러입니다!")* 그리고 웨스트 필라델피아(West Philadelphia)의 어느 주차장에 텅 빈 보물 트럭 하나를 세워두었는데, 새벽 1시 30분에 갑자기 폭발해 불길에 휩싸이는 사건이 일어났다.[153] 베이조스는 2017년에 주주들에게 보내는 편지에서 이 프로젝트를 짤막하게 홍보하긴 했지만, 재무팀의 임원 한 명이 내게 들려준 말에 따르면 이 실험이 특별히 좋은 성적을 거두지도 않았으며, 그렇다고 수익

---

* 이베이 등에서 비데 샤워기를 찾아보면 10달러 이하의 제품도 아주 많다.

을 기대할 만한 수준도 아니었다고 한다. 만약 아마존이 이제 막 뛰어든 식료품 서비스에서 사람들의 기대감과 고객들의 충성도를 높이고 싶었다면, 완전히 다른 무언가가 필요했다. 예를 들면 고객이 열광할 수 있는 독특한 제품이 요구된 것이다.

아무튼 베이조스는 그런 아이디어를 내놓았고, 그건 정말 기이한 제안이었다. 2015년 8월, 〈워싱턴포스트〉는 햄버거에 들어가는 패티 한 장에는 최대 100마리의 소에서 나온 육류가 섞여 있다는 상당히 입맛이 떨어지는 기사를 게재했다. 최고급 품질의 패티를 만들려면 이론적으로는 단 한 마리의 소에서 나온 고기로 만드는 것이 맞지만, 육류 유통업체 관계자 한 명은 〈워싱턴포스트〉와 한 인터뷰에서 "그러면 너무 힘들고 비싸진다"[154]고 말했다.

이 기사는 베이조스의 눈길을 사로잡았다. 그는 점점 더 이색적인 입맛에 도전하는 것 같았다. 예를 들면 그는 나중에 뉴욕시의 익스플로러 클럽(Explorers Club)에서 진행된 어느 모임 자리에서 이구아나를 시식하기도 했다.[155] 아무튼 헤링턴과의 어느 브레인스토밍 회의 자리에서, 그는 목장 한 군데를 찾아보자고 제안했다. 그곳에서 '소 한 마리 버거(single cow burger)'를 만들고, 그것을 오직 아마존에서만 구입할 수 있는 특별한 아이템으로 만들자고 제안했다. 베이조스는 헤링턴에게 이렇게 말했다. "이걸 시도해봐야 한다고 생각해요." 헤링턴은 처음에는 그 말이 농담인 줄 알았다고 한다. 그러나 베이조스가 재차 물었다. "이 일이 얼마나 어려울까요?"

이 프로젝트는 아마존 프레시 내부에서 새로운 요리를 개발하는 팀에 배정되었고, 그 즉시 S팀에서도 목표가 설정되었다. 이 말은 베이조스를 비롯한 지도부 회의체가 면밀하게 모니터링할 정도로 우선순위가 높은 프로젝트라는 의미였다. 그리고 메건 로세터(Megan Rosseter)라는 프로젝트 매니저가 실제로 그런 햄버거를 만드는 방안을 마련하는 책임을 맡았다. 그녀가 초기에 접촉한 육류 공급업체들은 그녀에게 그런 햄버거를 만든다는 것은 완전히 비현실적이며 그들의 영업에도 엄청난 지장을 초래할 것이라고 말했다. 그녀는 당시의 심경을 이렇게 전했다. "거의 불가능해 보이는 미친 듯이 벅찬 목표를 떠안았다는 생각이 들었어요."

아무튼 로세터를 비롯한 동료들은 멕시코 국경에서 가까운 샌디에이고 카운티에서 그런 햄버거를 만들 수 있는 목장을 하나 발견했다. 그들은 그해 봄에 그 목장과 함께 일하면서 고기를 냉동하는 방법을 고안했고, 햄버거를 해동했을 때 내용물이 새지 않는 포장을 디자인했다. 2016년 6월, 아마존은 프레시의 웹사이트와 스마트폰 앱에서 대대적으로 '소 한 마리 버거'를 공개했다. 그들은 이 제품이 80퍼센트의 살코기와 20퍼센트의 지방이 함유된 하프파운드(half-pound)*의 와규 소고기 버거라고 광고했다. 회사는 또한 사람들이 알렉사에게 그 버거의 뜻을 물어보는 경우에 대비하여 들려줄 답변도 다음과 같이 준비했다. '소 한 마리 버거 : 소 한 마리에서만 나온 고기로 만든 소고기 버거.'

고객들의 초기 피드백은 상당히 긍정적이었다. 어떤 고객은 아마존 웹사이트에 이런 리뷰를 남겼다. "이 버거는 엄청 크고, 육즙이 풍부하고, 아주 맛있다!" 그러나 몇 달 뒤, 베이조스는 프레시의 임원들에게

---

* 햄버거 패티의 무게를 나타내는 단위 중 하나로, 반 파운드(약 230그램).

이메일을 한 통 보냈다. 그는 햄버거의 포장을 개봉하기가 너무 어렵고, 기름기가 너무 많아서 그릴에 구울 때는 기름이 흘러내려 불이 붙었다고 불평했다.

로세터는 프리미엄 와규 소고기는 그릴이 아니라 무쇠 팬에서 익히는 게 좋다고 생각하는 사람이었다. 하지만 그녀는 베이조스에게 조리에 대한 팁을 알려줘야 한다고 생각하지 않았다. 오히려 그녀는 베이조스가 그 정도로 세심하게 관심을 가지고 있다는 느낌을 받아서 깜짝 놀랐다. "내 인생에서 '이런 일이 실제로 일어난다는 걸 믿을 수 없다'고 느껴지는 순간이었습니다." 그녀의 말이다.

그래서 로세터는 다시 그 공급업체를 찾아갔다. 그들은 그 작업을 조지아에 있는 또 다른 목장에 하청을 주었는데, 그곳에서는 헤리티지 애버딘 앵거스(Heritage Aberdeen Angus)* 소고기를 이용해 살코기는 91퍼센트이고 지방은 겨우 9퍼센트에 불과한 소고기 버거를 만들 수 있었다. 그곳을 계속해서 방문하며 다양한 조합을 시식한 끝에, 로세터는 두 번째의 '소 한 마리 버거'를 만들 수 있었다. 그리고 포장도 더욱 쉽게 벗기도록 만들어 2017년 1월에 출시할 수 있게 모든 준비를 마쳤다. 프레시 팀은 시제품을 만들어 베이조스의 사무실로 보냈다. 그리고 며칠 뒤에 그가 만족스러워했다는 말을 전해들었다.

이 프로젝트는 아마존 내부에 존재하는 또 하나의 혁신 스타일을 다시 한번 보여주었다. 직원들은 고객에서 출발해 '뒤쪽 방향으로 일하기(work backwards)'를 하지 않았다. 애초에 그런 걸 만들어달라고 요청하

---

* 소고기 브랜드.

는 고객은 존재하지도 않았다. 그들은 베이조스의 직관에서 출발해 뒤쪽 방향으로 일하기를 했으며, 때로는 (말 그대로) 그의 알 수 없는 취향에 맞추어야만 했다. 베이조스의 의견이 옳은 경우가 많았는데, 특히 첨단기술과 관련된 사안일 경우에는 더욱 그랬다. 그러나 결국 소 한 마리 버거를 비롯하여 아마존 프레시에서 자체적으로 선보인 다양한 시도들은 그다지 화제를 불러일으키지 못했고, 그렇다고 비즈니스에 도움이 되지도 않았다.

로세터는 몇 달 동안이나 끈질기게 버텼지만, 자신의 노력이 인정받지 못한다는 느낌을 받았다. 그녀는 자신의 근무 환경이 "스트레스가 많고 우울했다"고 회상했다. 그래서 그녀는 아마존 프레시를 떠날 준비를 했는데, 바로 그 타이밍에 그들의 머리에 폭탄이 하나 떨어졌다.

세상을 놀라게 한 홀푸드마켓 인수

2017년 4월 21일, 기업사냥꾼들에게 공격받던 홀푸드에 자문을 해주던 기업들 가운데 하나인 터스크벤처스(Tusk Ventures)에서 규제준수 및 인허가(RA) 부문을 이끌던 맷 예일(Matt Yale)은 오바마 행정부 출신으로 아마존에서 일하고 있던 지인인 제이 카니에게 전화를 걸었다. 그는 이렇게 물었다. 혹시 아마존은 유기농 식료품 업체인 홀푸드를 만나 전략적인 거래를 논의하는 것에 관심이 있는가? 카니는 이 소식을 베이조스와 제프 윌크에게 전했고, 그들은 이것을 다시 아마존에서 전 세계적인 기업 발전을 책임지고 있던 부사장인 피터 크라비에츠에게 전달했다. 두 기업은 엄격한 기밀유지협약(NDA)을 작성했고, 4월 27일부터 협상에 돌입했다.

아마존은 이번 협상에 호의적으로 나서기로 결정하면서 그다지 머못거리는 태도를 취하지 않았다. 그들은 확장을 거듭해왔다. 프라임 나우는 미국의 33개 도시를 비롯해 외국에서도 몇몇 지역에서 서비스를 하고 있었다.[156] 아마존 프레시는 런던과 독일을 비롯해 세계의 주요 대도시에 진출해 있었다. 그러나 아직까지 수익은 내지 못했으며, 레버리지 역할을 하는 것도 아니었고, 규모 면에서도 별다른 성과를 내지 못했다. 상품의 가격은 높았고, 제품의 구성도 그다지 두드러지지 않았다. 아마존의 전자제품 부문과 패션 부문에서는 (직원들이 독특하면서도 논란이 많은 검색 노출 방식과 데이터를 활용한 데 힘입어) 자체 브랜드 상품들이 큰 인기를 끈 반면, 소비재 부문에서 만든 이상한 이름의 브랜드들은 그러지 못했다. 위키들리 프라임에서 만드는 입이 얼얼해지는 망고 혼합 스낵을 찾는 고객은 거의 없었다. 보물 트럭이나 소 한 마리 버거 역시 별다른 영향을 미치지 못했다.

인스타카트와 구글 익스프레스 외에도 그들이 우려해야 할 만한 또 다른 경쟁자도 등장했다. 2016년, 월마트는 전자상거래 스타트업인 제트닷컴(Jet.com)을 33억 달러에 인수했다. 제트닷컴의 창업자인 마크 로어(Marc Lore)는 당시에 월마트의 국내 전자상거래 부문을 이끌었고, 그가 설립했으며 다이퍼스닷컴이라는 웹사이트의 운영사인 퀴드시를 인수한 것을 포함해 아마존이 보여온 행보에 여전히 원한을 품고 있었다. 그는 온라인 식료품 비즈니스가 가진 잠재성에 현명한 방식으로 초점을 맞추었다. 그는 리테일 부문의 최강자인 월마트가 미국 내에 보유한 4,500여 개 점포를 배송 서비스의 허브이자 고객들의 픽업 장소로 활용해 아마존은 해내지 못하는 분야에서 실질적인 진전을 이뤄내고 있었다.

그러한 상황에서 2017년 4월 30일 일요일에 (홀푸드마켓의) 존 매키는 직원 세 명과 함께 오스틴에서 시애틀로 날아갔다. 워싱턴호에 있는 베이조스 자택의 보트하우스에서 그들은 베이조스, 크라비에츠, 스티브 케셀, 더그 헤링턴을 만났다. 매키는 홀푸드마켓의 자랑스러운 오랜 역사를 이야기하면서, 자신이 거의 혼자 힘으로 케일이라는 채소의 소비를 대중화했다는 점을 언급했다. 그러나 이제 그의 문 앞에는 탐욕스러운 기업사냥꾼들이 진을 치고 있었다. 더그 헤링턴의 기억에 따르면, 그 자리에서 매키는 이렇게 말했다고 한다. "저는 이 회사를 사랑합니다. 저는 우리 회사가 독립적이길 원하지만, 상황을 보아하니 그렇게 될 것 같지 않습니다. 만약 우리가 어딘가에 인수되어야 한다면, 그곳은 제가 존경하며 존중할 수 있는 기업이어야 합니다. 그리고 그런 기업이 바로 아마존입니다."

매키는 나중에 그들의 대화를 이렇게 설명했다. "그것은 마치 사랑에 빠지는 과정 같았습니다. 우리는 그 첫 번째 만남이 끝나기도 전에, 각자가 원하는 것을 이미 말하고 있었습니다."[157] 베이조스는 물론 기업가들을 좋아했다. 그와 매키는 여러 가지 면에서 닮았다. 세부사항까지 꼼꼼하게 챙기고, 자신들의 비전에 완강한 태도를 보이며, 대중의 비판에는 맞서 싸우기를 좋아했다. 그러나 매키는 베이조스처럼 끝없이 창조할 수 있는 기술적인 지식이나 재능을 갖고 있지 못했다. 홀푸드의 매장은 수십 년 동안 그다지 변한 것이 없었고, 그 결과 기업의 일관성과 이상주의를 추구하는 그의 신념이 위험에 처하게 되었다.

앨버트슨컴퍼니에서 인수 제안이 계속해서 쇄도하는 상황은 그 나름대로 즐기면서, 홀푸드는 5월 내내 아마존과 비밀리에 협상을 진행했다. 아마존은 계속해서 추가적인 정보를 요청했고, 홀푸드는 그에 성의껏 응대했다. 5월 23일 아마존은 주당 41달러에 홀푸드를 인수하겠다고 제안했는데, 이는 당시의 주가보다 약 27퍼센트의 프리미엄을 붙인 평가액이었다. 이러한 제안에 더해서 아마존은 더 이상의 협상은 없을 것이며, 만약 그 내용이 외부로 유출되면 논의 테이블에서 철수하겠다고 협박했다. 홀푸드는 45달러를 요구하는 것으로 대답했다. 아마존은 주당 42달러로 처음보다 약간 오른 금액을 제시했고, 이것이 마지막 제안이라고 말했다.

두 회사는 결국 2017년 6월 16일에 모두 137억 달러 규모의 합의 내용을 발표하여 세상을 놀라게 했다. 가장 유명한 전자상거래 기업이 가장 상징적인 식료품 체인점 가운데 하나를 인수하는 것이었다. 그날 아침 제프 윌크는 오스틴으로 날아갔고, 홀푸드의 임원들과 함께 회사의 본사 강당에서 개최된 전 직원 회의에 참석했다. 매키는 아마존과 결혼하더라도 '죽음이 우리를 갈라놓기 전까지는' 자신이 CEO직을 유지할 것이라며 의기양양하게 발표했다. 그는 또한 윌크가 곡물인 퀴노아(quinoa)를 채소라고 말했다며 놀렸다.

베이조스가 보이는 일거수일투족을 월스트리트가 신뢰하고 있다는 표시라도 되듯, 이들이 인수협약을 체결했다는 소식이 전해지자 아마존의 주가는 그날 바로 급등했다. 덕분에 이들의 시가총액은 156억 달러가 불어나 4,750억 달러를 돌파했다. (또한 식료품 업계에서 경쟁하는 다른 기업들의 주가는 일시적으로 급락하게 만들었는데, 여러 업체가 온라인으로 진출해서 아마존의 위협에 맞서 허둥대며 다투는 상황이 인스타카트에는 호재로 작용했다.) 누버거버먼(Neuberger Berman)의 전무이사이자 홀푸드마켓의 주주들에게 편지쓰기 캠페인을 벌여 이러한 모든 일련의 사건을 촉발한 것으로 알려진 찰스 칸토어(Charles Kantor)는 로이터 통신과 한 인터뷰에서, 그들의 주식가치 평가가 너무 낮아서 "아마존이 홀푸드를 공짜로 인수한 것이라는 주장이 있다"[158]고 말했다.

그러나 비록 외부인에게는 거의 보이진 않지만, 거기에도 분명 치러야 할 대가가 있었을 것이다. 아마존은 이제 10년 동안 추진해온 식료품 프로젝트들이 홀푸드와 겹치는 부분이 많다는 것을 인정해야 했고, 그들의 사업 부문을 465개의 오프라인 매장은 물론이고 그와 맞물린 공급망이나 연계된 기술 시스템과도 모두 결합해야만 했다. 베이조스와 윌크는 그러한 험난한 노력을 책임지는 것은 물론이고 존 매키를 비롯한 홀푸드 조직을 감독해야 하는 작업을 어느 임원이 맡아야 하는지 논의했다. 그리고 그들은 아마존 고와 서적 부문을 이끌었으며 운영하는 조직의 규모도 가장 작은 스티브 케셀에게 그러한 막중한 책임을 부여했다.

미국의 연방거래위원회(FTC)는 두 회사가 서로 심각한 경쟁 관계가 아니었고 이러한 인수로 시장에서의 경쟁 요인이 크게 완화되지는 않는다고 판단하며, 그해 8월에 이들의 인수합병을 승인했다. 이후 케셀은 몇 가지 신속한 변화를 시행했다. 홀푸드에서 프라임 회원에게 할인 혜택을 제공했고, 아마존 라커(Amazon Lockers)를 비롯하여 킨들과 알렉사 등 아마존이 판매하는 기기들이 전부 홀푸드 매장에 들어왔다. 아마존의 웹사이트와 스마트폰 앱에서는, 아직까지도 고전을 면치 못하고 있던 기존의 자체 브랜드 상품들을 모두 홀푸드가 보유했으며 훨씬 폭넓은 종류를 자랑하는 365 에브리데이 밸류의 제품들로 빠르게 교체되었다. 그전까지만 하더라도 존 매키는 가격 할인을 극도로 두려워했는데, 아마도 사상 처음으로 가격을 낮춘 결정으로 홀푸드도 적절하게 혜택을 보았다. 그리고 아마존은 홀푸드의 공급업체에 모두 단일한 기준과 재무적으로 더욱 엄격해진 조건을 부과했다.[159]

아마존이 변화를 시도하지 않은 것이 하나 있다면, 홀푸드의 경영진을 교체하는 일이었다. 경영권 탈취를 노리던 기업사냥꾼들은 베이조스가 과연 며칠 만에 존 매키를 해고할지를 두고 음울한 농담을 했다. 그러나 베이조스는 기업을 인수한 이후에도 그곳의 개성 있는 CEO들이 자율적으로 운영할 수 있게 허용하는 경우가 많았다.[160] 그들이 몇 년 전에 재포스를 인수했을 때 그곳의 CEO 토니 셰이(Tony Hsieh)에게 한 것처럼 말이다. 그는 그들의 경험을 배우는 걸 좋아했고, 새롭게 나타난 데이터와 비즈니스적인 교훈들을 수집하는 걸 즐겼다.

식료품 비즈니스는 지금까지 아마존이 접한 업종 중에서도 가장 까다로운 카테고리였고, 베이조스는 이제 그 안에 존재하는 다양한 접근 방식들을 일관성 있는 전략으로 일치시켜야 했다. 그래서 그는 스티브 케셀에게 프라임 나우와 아마존 프레시를 자율적으로 운영할 수 있는 권한을 주었다.[161] 이후 몇 년 동안 케셀은 두 개의 서비스를 결합해 상당히 특이한 프로젝트로 만들었다. 웹사이트와 스마트폰 앱, 그리고 브랜드 이름 등은 모두 프라임 나우 대신에 아마존 프레시로 통일되었다. (비록 일부이지만 팬들을 위해 프라임 나우 앱은 보존되었다.) 이렇게 새로워진 프레시 서비스는 이제 주로 도심 지역에 있는 창고와 계약직 배송 기사들의 유연한 조직으로 구성된 프라임 나우의 공급망에 그대로 덮어 씌워졌다. 그리고 홀푸드 매장과 창고에 있는 상품들이 프레시 서비스에도 추가되었는데, 사실 이것은 몇 년 전에 아마존이 카퍼필드 프로젝트를 진행하면서 추진한 목표 가운데 하나였다. 이로써 아마존 같은 규모와 가공할 명성을 가진 기업과는 협업이 아니라 인수합병이 훨씬 더 현실적인 방식이라는 점이 다시 한번 입증되었다. 케셀은 또한 프라임 나우 프로젝트를 성공적으로 이끈 매니저 스테퍼니 랜드리의 엄호하에 힘겹게 전쟁을 벌이고 있던 식료품 조직도 자신의 산하로 통합했다.

다시 2012년으로 돌아가, 당시에 더그 헤링턴은 아마존의 미래가 사람들이 매일 구매하는 가격이 낮고 수익성은 거의 없는 아이템들에 달려 있다고 예측했다. 그는 자신이 작성한 문서에서 다음과 같이 엄숙하게 경고했다. "우리는 현재의 비즈니스 모델로는 4,000억 달러라는 야심찬 목표를 달성할 수 없으며, 우리에게 필요한 변화를 이뤄내지 못할 것이라는 우려도 상당히 타당한 측면이 있다." 그러나 그러한 우려는 근거가 없는 것으로 드러났다. 그로부터 5년 뒤, 아마존은 어마어마한 종류의 크랩(CRaP)을 팔게 되었다. 그것은 정말로 힘든 작업을 만들어냈다. 그러한 모든 상품을 보관하고 그것을 다시 고객의 현관에까지 배송해야 했기 때문이다. 그리고 그 모든 일은 지금껏 세상에서 볼 수 없었던 저임금 노동자들과 배송기사들로 구성된 거대한 조직이 수행하게 된다.

Chapter 09

마지막 구간

캠벨스빌의 주문처리 센터에서
험난한 도전을 헤쳐나간 사람들

———

아마존이 어떻게 해서 가장 거대하면서도 복잡한 물류 시스템과 어디에나 연결되는 운송 네트워크를 운영하게 되었는지 이해하려면 우리는 다시 예전으로 돌아가야 하는데, 이번에는 그보다 훨씬 더 앞으로 가서 닷컴 호황과 그것이 붕괴되던 시기에 이 회사가 죽기 살기로 싸우던 그 시절로 되돌아가야만 한다. 안경을 썼으며 26세의 중학교 밴드 교사였던 데이브 클라크가 1999년에 아마존에 입사했을 당시에만 하더라도 이 회사가 운영하던 물류창고는 미국에서 겨우 일곱 군데와 유럽에서 세 군데에 불과했으며, 이는 연말 시즌이 되면 정신없이 밀려드는 엄청난 물량을 아주 간신히 처리해내는 수준이었다. 그리고 그가 2012년에 글로벌 사업 부문의 대표직을 맡았을 때, 아마존은 미국에서만 약 40개의 주문처리 센터와 해외에서는 24군데 정도의 시설을 운영하고 있었다.[162] 그러나 그 시설들은 규모 자체가 엄청나게 컸기 때문에 대부분 외딴 지역에 있는 경우가 많았는데, 이는 고객에게 최적의 서비스를 제공하기 위해서라기보다는 아마존이 인건비와 세금 부담을 줄이려는 의도와 맞물린 전략이었다. 그들은 또한 고객이 주문한 정확한 물품을 선반에서 찾아 고르는 일을 하느라 하루에 평균 19킬로미터를 걸어 다니는 저임금 직원들에게 의존하고 있었다.

2017년 8월은 아마존이 미국 내 대부분의 주에서 소비자에게 판매세를 부과한다는 데 합의했으며 홀푸드마켓 인수를 마무리지은 상태였다. 그때쯤이 되자 아마존의 공급망은 이제 예전과는 완전히 달라졌다. 그들의 공급망은 미국 내 약 140개의 주문처리 센터를 비롯해 해외에서 운영하는 수십여 개의 시설로 구성되어 있었다. 그들 중 상당수는 도심 지역에 있었으며, 직원들 사이를 윙하고 지나다니면서 상품들이 잔뜩 쌓인 노란색 선반 더미들을 나르는 땅딸막한 오렌지색 로봇들로 붐비고 있었다. 아마존은 또한 좀 더 작은 새로운 건물들도 수백 개 보유하고 있었다. 이런 건물들은 주로 우편번호로 꾸러미들을 정리하는 분류 센터, 프라임 나우의 식료품 센터, 계약직 배송기사들이 고객의 집까지 배송할 꾸러미를 인계받는 배송 거점, 그리고 측면에 푸른색 '프라임 에어(Prime Air)'라는 로고를 달고 눈부시게 빛나는 흰색 화물기 편대를 위한 공항 허브 등의 용도로 사용되었다.

운영하는 시설의 숫자가 급증하는 것과 맞물려, 물류창고의 노동자들에 대한 아마존의 처우 역시 엄격한 비판 대상이 되었다. 언론매체들은 아마존이 안전보다는 수익을 우선시하는 냉담한 고용주이며, 배송 과정에서 발생하는 부상과 심지어 사망 사고에도 책임을 회피한다고 설명했다. 당시에 아마존을 비판하는 사람들과 농담을 주고받기도 했고 온라인에서의 비난 여론에 맞서 도전한 S팀의 몇몇 임원 가운데 한 명인 클라크는 자신들에게 제기되는 혐의에 공격적으로 대응하면서 안전은 아마존의 최고 우선사항이라고 주장했다. 코네티컷의 리처드 블루먼솔(Richard Blumenthal) 상원의원이 이 회사가 공공의 안전에 '비정'하고 '도덕적으로 파탄난' 접근방식을 취한다며 비난했는데, 그러자 클라크는 2019년 9월 그에게 "상원의원님, 당신은 오해하고 있습니다."[163]라는 트윗을 날렸다.

데이브 클라크는 조지아주 달튼(Dalton)이라는 작은 마을에서 자랐는데, 이곳은 러그(rug) 공장들이 밀집해 있어 스스로를 '세계 카펫의 수도'라고 불렀다. 클라크의 말에 따르면 그의 아버지는 기술자이자 이곳저곳을 돌아다니는 사업가였는데, 전파기술 분야에서도 일했고, 9홀 규모의 골프장을 비롯해 주택을 여러 채 지었다고 한다. 그리고 때로는 유일한 자식인 그를 데려다가 건물의 기초 벽을 쌓기 위한 기반을 다지는 일을 시키는 경우도 많았다고 한다. 그가 아홉 살 때, 그의 부모는 16미터 길이의 트럭에 카펫을 잔뜩 실은 다음 플로리다주 잭슨빌(Jacksonville) 교외로 이사를 갔고, 그곳에서 러그 가게를 열었다.

그가 고등학교에 다닐 때는 어머니가 희망이 보이지 않는 암 투병을 하게 되었고, 그는 가족의 부담을 조금이라도 줄이기 위해 퍼블릭스(Publix) 슈퍼마켓에서 계산대 포장 직원으로 일했으며, 지금은 사라진 서비스머천다이즈(Service Merchandise) 체인점에서도 일했다. 지나고 보니 이러한 경험은 클라크가 훗날 또 다른 오프라인 소매업체인 홀푸드마켓을 관리할 때 좋은 훈련이 되었다고 할 수 있다. 그는 오번대학교

(Auburn University) 음악학과에서 장비 관리자로 일하면서 어렵사리 공부를 했고, 음악교육 학위를 취득해 졸업했다. 그리고 중학교에서 1년 동안 초보자들로 구성된 마칭 밴드(marching band)를 가르쳤다. 그는 나중에 내게 이렇게 말했다. "전에 악기라고는 연주해본 적이 없는 중학교 1학년 아이들 250명을 가르쳐보면, 인생에서 수많은 어려움이 있더라도 충분히 대비할 수 있습니다."

클라크가 녹스빌(Knoxville)에 있는 테네시대학교(University of Tennessee)의 경영대학원을 다니던 시절, 그는 월마트의 전직 임원으로 카리스마 넘치는 인물인 지미 라이트(Jimmy Wright)를 만났는데, 그는 제프 베이조스가 1990년대 말에 새로운 차원의 아마존 물류센터를 구축하기 위해 잠시 고용한 사람이기도 하다. 라이트의 권유를 받아 클라크와 동료 학생 몇 명은 시애틀로 가서 면접을 봤다. 당시에도 아마존의 직원들은 회사를 MBA 소지자가 아니라 엔지니어들의 안식처로 여겼다. 로비에서 대기하던 클라크에게 채용 담당자가 이렇게 말했다. "우리는 당신이 여기에 왜 왔는지 알고 있습니다. 우리는 그런 걸 좋아하지 않아요. 그러니까 그리 큰 기대는 하지 마십시오."

그럼에도 클라크는 졸업 이후 아마존의 사업 부문에서 초보 분석가 일자리를 맡게 된다. 그가 맡은 첫 임무들 중 하나는 시간제 근로자들에 대한 보상 비율을 연구하는 일이었다. 그다음에는 일본으로 파견되어, 그 나라에서 아마존의 첫 번째 물류창고를 구축하는 일을 도왔다. 일본으로 건너가기 위해 그는 생애 처음으로 여권을 만들어야 했다. 그 이후 클라크는 켄터키주 캠벨스빌(Campbellsville)에 있는 주문처리 센터에 파견되었는데, 이는 그에게 더욱 커다란 영향을 미치게 된다. 그곳에서 그가 형성한 촘촘한 인간관계가 결국엔 그의 사생활은 물론이고 아마존의 미래 구상에도 기틀을 만들어주었기 때문이다.

이 시설의 총괄 매니저는 아서 발데즈(Arthur Valdez)인데, 그의 어머니는 베이조스의 아버지인 마이크 베이조스(Mike Bezos)와 마찬가지로 피터 팬 작전(Operation Pedro Pan)*이라는 대규모 이주 행렬에 가담하여 쿠바에서 미국으로 건너왔다. 콜로라도스프링스(Colorado Springs)에서 성장한 그는 물류 업계와 깊은 인연이 있었다. 그의 부모는 모두 UPS의 배송기사로 일했으며, 가족은 부업으로 의약품 배송 사업을 운영했다.

하지만 그러한 인연과 경험이 있는데도, 발데즈는 매년 연말 시즌이 되면 아마존의 물류창고로 엄청나게 밀려들어오는 미친 듯한 주문량은 도저히 대비를 할 수 없었다. 발데즈는 기간제 근로자를 공급해주던 인력 업체에 비용을 지불하는 업무를 처리할 여유조차 없었던 나머지, 베이조스가 자신의 개인 계좌에 돈을 송금해놓고 해당 업체들에 수표를 써주었다고 한다. 이곳의 주문처리 센터가 고객의 주문을 늦게 배송할 때마다, 그는 베이조스와 윌크에게 이메일을 써서 경위를 해명하고 어떻게 해결할지 설명해야만 했다. 그러다 결국 발데즈는 더는 감당하지 못할 지경이 되었고, 시애틀 본사에 간단한 제목으로 이메일을 하나 보냈다. 그 이메일의 제목은 '항복'이었다.

이에 대한 대응으로 윌크는 지원군을 보냈다. 데이브 클라크가 캠벨스빌의 주문처리 센터에서 밖으로 나가는 꾸러미들의 흐름을 감독했

---

* 1960~1962년에 쿠바에서 공산당 정부의 압제를 우려한 부모들이 6~18세의 아이들 14,000명 이상을 은밀하게 미국으로 탈출시킨 사건.

다. 그리고 공급업체들에서 안으로 들어오는 물품의 흐름을 처리하기 위해 윌크는 아마존의 라이프치히 지사에서 일했던 독일 출신의 물류 부문 임원 마이크 로스(Mike Roth)를 보냈다.

이 세 명은 함께 힘을 합쳐 험난한 도전을 헤쳐나갔다. 2000년에 아마존은 장난감 소매업체인 토이저러스(Toys "R" Us)의 온라인 주문을 자신들이 대행한다는 데 합의하면서 부실한 대차대조표를 개선했다. 그리고 고객이 주문한 토이저러스의 상품은 모두 캠벨스빌로 보내졌다. 이듬해에는 타깃(Target)과도 동일한 계약을 체결했다. 그렇게 해서 창고에는 재고들이 넘쳐났고, 7만m²(약 2만 평) 넓이의 건물은 터질 지경이 되었다. 이러한 추세를 따라잡기 위하여 발데즈, 클라크, 로스는 600여 대의 견인 트레일러를 빌린 다음, 트레일러로 초과 물량을 담은 컨테이너를 끌고 가서 마을 인근에 주차해놓았다. (그곳은 인구가 9,000명에 불과한 작은 마을이었다.) "순전히 살아남기 위한 조치였습니다." 발데즈의 말이다.

2002년, 크리스마스를 며칠 앞둔 중요한 시기에 눈보라가 몰아쳐 미국의 중서부를 강타했다. 아마존은 캠벨스빌의 주문처리 센터에서 145킬로미터 떨어진 루이빌(Louisville)에 있는 UPS의 물류 허브까지 물건을 실어 나르기 위해 간선 트럭운송 업체 한 곳과 계약을 맺고 있었다. 폭풍이 다가오자 불안감을 느낀 그 업체의 운전기사가 일찍 출발했다. 그러나 그는 상당한 물량의 박스를 남겨놓고 떠났다. 아마존의 노동자들은 라이더(Ryder)에서 빌린 승합차에 남은 박스들을 실었다. 운전은 클라크가 맡았다. 그가 빙판길에서 길을 찾는 동안, 보조석에는 발데즈가 앉아 있었다. 그렇게 운전해 가는 도중에 그들은 버거킹(Burger King)

의 드라이브 스루 서비스에 잠깐 들렀다.

루이빌에 도착했지만, UPS의 정문이 닫혀 있었다. 이 건물은 국제트럭운전사형제단(International Brotherhood of Teamsters)이라는 노동조합이 운영했는데, 오직 조합원만이 짐을 내려놓을 수 있었다. 아마존은 노동조합에 적대적이었는데, 그들은 노동조합이 회사와 노동자들 사이에 개입해 신성한 고객들에게 서비스를 제공하는 일을 더욱 어렵게 만든다고 생각했다. 크리스마스 전에 배송하기 위해 자신이 가져온 화물을 내리는 것이 유일한 목표인 발데즈는 해당 시설의 관리자에게 전화를 걸어 자신들을 들어가게 해달라고 설득했다.

그러나 그곳의 관리자는 손수 트럭까지 몰고 온 아마존의 임원들에게 좀 더 빨리 움직였어야 한다며 충고했다. 그러자 클라크는 라이더의 승합차를 후진시켜서 건물의 반입구(loading dock)에 갖다 댔고, 노조원이 아닌 UPS의 관리자들이 차에서 박스를 내렸다. 그 모습을 보고 격분한 형제단의 노조원들이 급하게 뛰어왔다. 그들은 승합차 위로 뛰어올라 창문과 차량의 윗부분을 쿵쿵거리며 클라크와 발데즈에게 그곳을 떠나라고 소리쳤다. 클라크는 나중에 그 이야기를 직원들에게 들려주었다. 그것은 아마존의 '고객 제일주의'를 보여주는 하나의 사례였지만, 다른 한편으로는 아마존이 조직화된 노동력에 깊은 반감을 갖게 된 이유를 전달하기 위한 것이기도 했다. 그들은 아마존이 고객에게 약속한 것을 이행하기 위해 임시로 어떤 조치를 취해야 할 때도 노조원들은 그저 반사적으로 반대하는 경우가 많다고 생각했다.

캠벨스빌의 주문처리 센터에서 근무한 경험은 발데즈, 클라크, 로스에게 모두 상당한 영향을 미치게 된다. 베이조스와 윌크는 오래전부터 아마존의 모든 물류창고를 순회하며 방문하고 있었는데, 그들이 매년 가을에 그곳을 방문할 때면 위의 세 명은 그들과 함께 오랜 시간을 보냈다. 언젠가는 그들이 베이조스에게 시가(cigar)와 버번(bourbon)을 내어주었다.* 클라크는 또한 이 마을에서 미래에 자신의 아내가 되는 리 앤(Leigh Anne)을 만났다. 그녀는 지역의 골프 클럽에 있는 레스토랑을 운영하는 집안의 딸이었다.

캠벨스빌에서의 근무를 마친 발데즈, 클라크, 로스는 모두 아마존 내부에서 여러 보직을 거쳤는데, 그러면서 그들은 점점 더 중요한 직책을 맡았다. 그들이 고위직에까지 오르는 과정은 아마존이라는 조직 그 자체의 이야기이기도 했다. 그들은 어려운 문제를 해결할 수 있는 독창적인 해결책을 풍부하게 갖고 있으며, 자신의 조직과 사회에 많은 영향을 끼치게 되는 상당한 경험과 정통파의 교리를 깊이 간직한 지극히 인간적인 존재들이었다. 그 중심에는 15년 이상 지속되는 우정이 자리하고 있었다. 2008년 5월에 데이브 클라크와 리 앤이 시애틀의 중심가에 있는 페어몬트 올림픽 호텔(Fairmont Olympic Hotel)에서 결혼식을 올렸을 때, 마이크 로스는 신랑의 들러리였고, 아서 발데즈는 신랑의 베스트맨(best man)**이었다.

---

* 시가는 베이조스의 부계 혈통인 쿠바의 대표적인 상품이며, 위스키의 일종인 버번의 이름은 캠벨스빌이 있는 켄터키주의 버번(Bourbon) 지역에서 유래했다는 설이 있다.

** 결혼식에서 신랑을 가장 가까이에서 수행하는 사람으로, 신랑이 자신과 가장 친하며 믿을 수 있는 사람을 지명한다.

아마존 물류창고의 열악한 노동환경

———

캠벨스빌에서 복무 기간을 마친 후, 로스는 영국으로 건너가 그곳의 주문처리 네트워크가 가진 문제를 해결했다. 한편 발데즈는 댈러스로 이동해 가구나 평면 TV처럼 너무 커서 보관하거나 배송하기 어려운 비분류 제품을 처리하기 위한 물류 네트워크를 감독했다. 발데즈의 따스한 지원을 받아 데이브 클라크는 필라델피아 남쪽으로 45분 정도 떨어진 델라웨어주 뉴캐슬(New Castle)에 있는 주문처리 센터의 총괄 매니저로 승진했다.

동료들은 클라크의 관리 능력이 거칠었으며, 직원들이 자신의 지시를 따르지 않을 때면 불같이 화를 내는 기질이 있었다고 말한다. 그는 옆에서 조용히 숨어 있다가 게으른 직원을 발견하면 무차별 속사포를 퍼붓는 성향 때문에 '스나이퍼'라는 별명을 얻었다. 그는 또한 자신의 직원들을 무심하게 대하기도 했다. 전 직원이 모이는 자리에서 질문을 받으면 "그 점에 대해서는 나중에 대답을 들려주겠다"며 즉답을 피했지만, 실제로 그러는 경우는 드물었다. 결국 어느 회의 자리에서는, 그런 태도에 신물이 난 노동자들이 "그 점에 대해서는 나중에 대답을 들려주겠다"는 문구가 적힌 티셔츠를 입고, 객석 맨 앞자리를 가득 메웠다. 클라크는 나중에 직원들의 그런 반응에 고마움을 표시했으며, 심지어 그 티셔츠를 하나 가지고 있다고 주장했다.

그럼에도 델라웨어 주문처리 센터의 결과는 좋았고, 클라크는 당시에 회사에서 가장 중요한 인물인 사업 부문의 수장 제프 윌크에게 깊은 인상을 주고 있었다. "그는 내게 진정한 리더십을 발휘한다면 아주 오래 근무한 사람이나 자기주장이 강한 직원들을 포함하여 많은 사람이 자신을 따르게 만들 수 있다는 점을 입증해 보였습니다." 윌크의 말이다.

클라크의 관할 범위는 원래 아마존의 동부 해안 지역이지만 이후 몇 년 동안 조금씩 확장되더니, 결국엔 2008년에 시애틀의 본사로 승진 발령이 났고, 아마존 고객 탁월 시스템(ACES)이라는 프로그램을 담당하는 이사 자리에 올랐다. 여기에서 그는 도요타(Toyota) 자동차가 자사의 공장에서 낭비를 최소화하고, 생산성을 극대화하며, 직원들에게 힘을 실어주기 위해 개발하여 유명해진 기법인 린 생산(Lean manufacturing)의 원칙들을 대변하는 인물이 되어야 했다. 이 직책은 그에게 경영 철학을 둘러싼 논쟁에서 맨 앞줄에 나서게 했으며, 이러한 논쟁이 결국에는 급속도로 규모가 커지던 아마존의 주문처리 네트워크 내부에서 중요한 생명력을 갖게 된다.

클라크의 새로운 상사이며 이러한 린 기법의 대표적인 전도사는 프랑스 출신의 활기 넘치는 임원인 마르크 오네토였다. 그는 제너럴일렉트릭에서 일한 경력이 있으며, 제프 베이조스가 제프 윌크를 국내 리테일 부문 전체를 운영하는 직책으로 승진시켰을 때 그 자리를 이어받아 사업 부문을 이끌게 되었다. 오네토는 린 기법의 광신도였다. 그래서 린 기법에서 사용한 직책들을 아마존에도 도입했다. 예를 들면 '물거미(water spider)'라는 역할이 있는데, 이는 아마존의 주문처리 센터에서 포장용 테이프가 필요하다든가 하는 경우에 근무자들에게 필요한 것이라면 무엇이든 가져다주는 보조원을 말하는 것이다. 그리고 인간의 실수를 방지하기 위한 개념이자 디자인을 말하는 '포카요케(poka-yoke, ポカヨケ)'라는 콘셉트도 도입했는데, 가령 구내식당의 식기 수거함 입구를 작게 만들어 직원들이 아무렇게나 던져 넣지 않게 하는 것이 있었다.

오네토의 목표 중 하나는 아마존의 사업 부문에서 공감 능력과 팀워크를 기르는 것인데, 시애틀 본사의 관리자들은 사업 부문의 분위기가 비인간적이고 가혹하다며 우려했다. 당시 회사는 가능한 한 매주 노동자들의 생산성을 측정했으며, 그들의 인사평가 시스템인 '스택 랭킹'을 공격적으로 밀어붙였고, 성과가 최하위에 속하는 노동자들을 매년 해고했다. 반면에 도요타의 린 기법에서는 평생직장으로서의 기업이라는 모델을 제시했다. 그러나 제프 베이조스는 그러한 접근법을 격렬하게 거부했다. 이렇듯 베이조스와 오네토는 경영 철학과 스타일이 뚜렷하게 달랐기 때문에, 이후에도 여러 차례 심각한 갈등을 빚게 된다.

2009년, 오네토의 부서에서 인사 분야를 담당하는 직원인 데이비드 니커크는 '사람을 존중하라'는 제목의 문서를 작성했고, S팀의 회의에서 그 내용을 발표했다. 이 문서는 도요타에서 이미 입증된 린 철학을 빌려와 '사람들을 공정하게 처우하라'고 요구했다. 그리고 '관리자와 동료들 사이에 상호간의 신뢰'를 구축하고, 리더들은 규율의 집행관이 아니라 직원들에게 영감을 불어넣을 수 있게 자율권을 가져야 한다고 주장했다.

베이조스는 그것이 마음에 들지 않았다. 그는 그 회의 자리에서 그러한 제안을 맹비난했을 뿐만 아니라, 다음 날 아침에는 니커크에게 전화를 걸어서까지 비판을 이어갔다. 그는 아마존이 운영되는 방식의 근간에 사람들을 존중하는 의식이 결여되어 있다는 암시를 주어서는 안 된다고 말했다. 베이조스는 또한 회사에 가장 커다란 위협 중 하나는, 부담스러운 조건을 요구하거나 파업을 벌이면서 미국의 자동차 회사들에 지장을 준 노조원들처럼, 조직 내에서 견고하게 자리를 잡고 있으며 늘 불만을 품고 있는 시간제 인력들이라고 진지한 어조로 설명했다. (훗날 아마존은 베이조스가 그런 말을 했다는 사실을 부인했다.) 그는 니커크와 오네토에게 주문처리 센터의 노동자들이 아마존 내부에서 진급하지 않고도 근무할 수 있는 기간을 최대 3년으로 제한하는 데 주력해 달라고 요구했다.

그러자 아마존은 이러한 과제를 해결하기 위해 물류창고에서 몇 가지 변화를 주었다. 그전까지는 노동자들이 5년 동안 근무하면서 6개월마다 시급을 조금씩 올릴 수 있었지만, 이제는 승진을 하거나 아마존의 시설 전체에 대한 보상 체계가 상향조정되지 않는 한 직원들은 3년이 지나면 임금 인상이 중단되었다. 아마존은 또한 전별금(Pay to Quit)이라는 프로그램을 도입했다. 이 제도는 그들이 얼마 전에 인수한 재포스에서 시행한 것과 유사한데, 자신의 일자리를 더 이상 고수하지 않고 회사를 떠나고자 하는 노동자들에게 수천 달러의 금액을 제공하는 것이다.

베이조스는 이처럼 엄중한 가부장주의를 다른 방식으로도 표현했다. 오네토와 니커크가 주문처리 센터의 노동자들이 4년제 대학 학위를 취득할 수 있도록 매년 최대 5,500달러의 학비를 지원해주는 광범위한 직원 교육 프로그램을 제안했을 때, 베이조스는 이렇게 대답했다. "나는 당신들이 왜 그토록 직원들을 실패로 몰아가는지 이해할 수 없습니다." 그는 대부분의 미국인이 예술이나 문학 같은 전공으로 대학에서 정규 학위를 받는다고 하더라도, 그것이 물류창고 이외의 직장에서 더 높은 임금을 받을 기회가 커지는 것은 아니라고 설명했다. 그 결과로 커리어 초이스(Career Choice)라는 프로그램이 만들어졌다. 이에 따라 직장 내 수업을 개설했고, IT, 의료, 운송처럼 수요가 많은 직업과 직접적으로 연관된 교육을 받는 경우에는 학비를 지원해주었다.

이러한 일련의 전투를 거치면서, 회사 내에서 마르크 오네토의 입지는 점점 더 불안해졌다. S팀의 회의에서 그는 제너럴일렉트릭의 전설적인 CEO 잭 웰치와 일했던 시절을 이야기하는 걸 좋아했다. 그러나 아마존에서 지도부 회의에 참석한다는 것은 과거 자신의 경험이나 자존심은 모두 문 앞에 놓아두고 들어가야 한다는 걸 의미했다. 결국 오네토에 대한 베이조스의 평판이 지나치게 악화되었고, 심지어 그의 팀원들은 자신들이 발표할 때는 그에게 침묵을 유지하거나 아예 참석하지 말아달라고 요구했다.

오네토에게 마지막 결정타는 2011년 9월 펜실베이니아주 앨런타운(Allentown)에 사무실이 있는 〈모닝콜(Morning Call)〉이라는 신문에 실린 이야기였다. 신문은 펜실베이니아주 리하이 밸리(Lehigh Valley)에 있는 아마존의 물류창고가 푹푹 찔 정도로 무더운 나머지 노동자들이 기절했으며, 아마존이 외부에 대기시켜둔 구급차를 타고 인근의 병원으로 후송되었다고 보도했다.[164] 당시 응급실에 있던 의사 한 명은 연방의 규제당국에 전화를 걸어 그곳의 위험한 노동조건을 신고했다.

그것은 회사로서는 피했어야 할 참사였다. 사고가 일어나기 전 오네토는 S팀에 백서를 제출했는데, 거기에는 아마존이 운영하는 물류 시설들의 옥상에 에어컨 실외기를 설치해야 한다는 내용이 포함되어 있었다. 그러나 니커크의 말에 따르면, 베이조스가 설치 비용을 언급하면서 그러한 요청을 매몰차게 묵살했다고 한다. 〈모닝콜〉의 보도로 비난 여론이 확산되었고 언론매체에서도 비판적인 내용이 실리자, 베이조스는 그제야 5,200만 달러의 지출을 승인했다. 그러나 그는 그러한 사태를 예측하지 못했다며 오네토를 질책했다.

이에 화가 잔뜩 난 오네토는 베이조스에게 자신이 제출한 원래의 제안 내용을 상기시킬 준비를 했다. 동료들은 그냥 잊어버리라고 했지만, 그는 그럴 수 없었다. 그들이 예상한 대로, 회의는 제대로 진행되지 않았다. 베이조스는 사실대로 말하면 그 문서가 기억난다고 했지만, 그 내용이 너무나도 형편없고 모호했기 때문에 오네토가 제안하는 것이 구체적으로 어떠한 조치인지는 아무도 이해하지 못했다고 말했다. S팀의 다른 구성원들이 머뭇거리는 태도를 보이자, 베이조스는 그 모든 사고가 회사에서 자신의 아이디어를 명쾌하게 설명하지도 못하고 그것을 데이터로 입증할 수도 없는 사람을 고위층에 올려놓았을 때 무슨 일이 일어나는지 보여주는 증거라고 주장했다.

오네토는 언제나 예의 바른 사람인데, 몇 년이 지나 베이조스와의 그러한 긴장 관계를 떠올릴 때도 너그러운 태도를 보이면서 자신이 아마존에서 근무했던 시절에 자부심을 드러냈다. 오네토는 결국 2012년에 사의를 밝혔다. 당시의 상황을 그는 이렇게 말했다. "비즈니스를 운영하다 보면, 비용만 발생시키고 언제나 일을 그르치면서 누구에게나 힘든 시기가 찾아옵니다. 제가 베이조스에게 뭔가를 제안하면, 그가 그다지 좋아하지 않던 순간들이 있었습니다. 그렇지만 저는 비난하고 싶지 않습니다. 대부분의 경우 그가 옳았기 때문입니다."

그 무렵 데이브 클라크는 북미 지역의 모든 주문처리 센터를 감독하는 부사장으로 승진했고, 이후에 그를 오네트의 후임자로 올려놓게 되는 한 가지 베팅을 시작하려 했다. 그리고 한편으로는 아마존이 운영하는 물류창고 내부의 작업 속성에도 가차 없이 변화를 일으키고 있었다.

불굴의 집행관

———

베이조스는 아마존의 사업 부문을 이끌 후임자를 물색하면서, 오네토 같은 공감형 비즈니스 철학을 가진 사람을 원하지 않았다. 그는 아마존의 판매량이 치솟는다 하더라도 주문처리 센터의 비용 증가세를 늦춤으로써 영업 레버리지를 확보할 수 있는 불굴의 집행관을 원했다. 주문처리 센터의 운영비용은 2011년에는 58퍼센트, 2012년에는 40퍼센트가 급증했다. 아마존은 2012년의 연말 시즌에만 미국 내의 주문처리 센터에서 5만 명의 임시직 노동자를 채용했다. 판매량이 꾸준히 증가했기 때문에, 그것을 제대로 처리하려면 그 수치는 계속해서 늘어날 것이 분명했다. 사업 부문을 이끌 새로운 리더는 전체적인 공급망을 냉철하게 운영해야 하고, 효율성을 더욱 개선하기 위해 기술을 활용하는 방법도 파악할 수 있는 인물이어야 했다.

클라크는 이 자리에 가장 유력한 후보였다. 그가 이 자리에 지원한 주된 이유 가운데 하나는 매사추세츠주 노스리딩(North Reading)에 사무실이 있으며 룸바(Roomba) 같은 이동식 로봇을 만드는 로봇공학 스타트업인 키바시스템즈(Kiva Systems)의 인수전에 뛰어들기 위해서였다. 수많은 노동자가 방대한 물류창고 내부를 하루에 십여 킬로미터나 걸어 다니며 거대하게 펼쳐진 선반들에서 주문한 물건을 고르는 대신에, 키바의 로봇들이 건물 내부를 돌아다니며 컨테이너에 상품을 수집한 다음에 지정된 곳으로 나르게 한다는 구상이었다. 그것은 소프트웨어라는 보이지 않는 손이 지휘하는 오케스트라의 교향곡과도 같을 것이다.

키바의 창립 배경에 있는 아이디어는 더그 헤링턴이 아마존 프레시 서비스를 제안하도록 영감을 준 것과 동일한 참사에서 비롯되었다. 웹밴(Webvan)이 파산한 이후, 그곳의 임원이었던 믹 마운츠(Mick Mountz)는 전자상거래 기업들이 노동자에게 지급하는 돈 중 3분의 2는 기본적으로 그들이 걸어 다니는 일에 쓰인다는 사실을 깨달았다. 그는 사람이 아닌 로봇으로 구성된 시스템이 노동자들에게 상품이 적재된 선반을 운반하여 사람들의 생산성을 높이고 창고의 통로에서 발생할 수 있는 정체 현상을 제거하는 아이디어를 고안했다. 그는 디스로봇시스템즈(Disrobot Systems)라는 스타트업을 설립했고, 몇 년 후에는 북미의 호피(Hopi) 원주민 부족에서 개미의 군락을 뜻하는 말로 쓰이는 키바(Kiva)라는 단어로 회사의 이름을 바꾸었다.

이후 몇 년 동안, 마운츠를 비롯한 동료들은 프로토타입을 개발하고, 벤처캐피털을 통해 자금을 조성했으며, 자신들이 만든 로봇을 스테이플스(Staples), 델(Dell), 월그린스(Walgreens) 등에 판매했다. 그들은 아마존에도 몇 차례 자신들의 제품을 제안하여, 헤링턴이 이끄는 아마존 프레시 부문에 시연을 해 보이기도 했다. 이후 아마존은 키바의 고객사인 재포스와 쿼드시를 각각 2009년과 2010년에 인수했지만, 그들이 사용하던 로봇은 사용할 계획이 없어 보였다. 마운츠는 아마존이 기술 산업계에서 자신이 설립한 스타트업에 대한 회의론을 조장하려 한다고 믿었다. 2011년 봄, 아마존은 저평가된 가격에 키바를 인수하겠다는 의사를 전달한다. 마운츠는 이 제안을 거절했다.

그와 동시에 아마존은 조용하게 다른 로봇 회사들을 평가하면서, 그들에게 물류창고에서 사용할 이동식 로봇을 만들어달라고 요청했다. 그러나 이러한 시도는 실패했고, 아마존은 키바에 제안 금액을 올렸다. 키바 측 대표단인 투자은행의 직원 한 명은 "지금껏 참여한 모든 협상 가운데 가장 고통스러웠다"라고 말했는데, 이는 모든 면에서 아마존의 특징을 잘 보여주는 것이었다. 2012년 초에 7억 7,500만 달러의 계약이 체결되었고, 키바의 임원들은 시애틀을 방문해 아마존이 만들다 실패한 로봇의 프로토타입이 회의실에 놓여 있는 걸 목격했다.

키바시스템즈의 인수 협상은 데이브 클라크의 작품이었다. 그는 키바를 인수한다면 아마존의 주문처리 센터들을 완전히 바꿀 수 있고, 사람을 고용하느라 급증하던 변동비용을 로봇과 소프트웨어에 대한 좀 더 예측 가능한 고정비용으로 전환할 수 있다는 점을 확실히 이해하고 있었다. 몇 년 뒤 블룸버그가 작성한 데이브 클라크의 프로필을 보면, 당시의 인수 협상 논의과정에서 그는 회의실 테이블에 가상의 칩을 올려놓고 밀어붙이며 이렇게 말했다고 한다. "저는 포커를 하는 방법을 단 한 가지만 알고 있습니다. 그건 바로 올인입니다."[165]

아마존과의 협상이 체결되기 전에도, 마운츠는 키바의 비즈니스를 계속 키워서 다른 리테일 업체들에도 로봇을 판매한다는 계획에는 전혀 변함이 없었다. 클라크는 그 점은 걱정하지 않아도 된다며 마운츠에게 다음과 같이 말했다. "당신이 원한다면 월마트에 판매한다 하더라도 저는 전혀 신경 쓰지 않을 겁니다. 오히려 그것은 우리의 성장 자금을 대주는 형태가 될 것입니다." 마운츠는 키바의 고객사들에 그런 발언을 전달했지만, 클라크의 약속을 서면으로 받아두지는 않았다. 인수하고 2년이 지나자, 클라크와 월크는 로봇의 도입으로 얻은 전술적인 우위가 너무나도 크다고 생각했고, 다른 기업들에 키바의 로봇을 공급하는 일을 차례차례 중단했다.

마운츠는 상심했다. "제가 이 업계에서 몇 년 동안 공들여 구축해온 관계가 망가지고 있었습니다. 그런 모든 일이 저는 상당히 불쾌했습니다." 그는 베이조스에게 직접 호소해보려 했지만, 아무런 소용이 없었다.

마운츠가 기억하기에 베이조스는 그보다 주문처리 센터에서 로봇팔이 보여주는 잠재력에 훨씬 더 관심을 보였다. 베이조스의 관심을 독차지하고 현장에서의 연구를 자극하기 위한 방안으로 키바의 공동창업자인 피터 워먼(Peter Wurman)은 여러 대학에서 아마존 피킹 챌린지(Amazon Picking Challenge)라는 경진대회를 개최하자고 제안했는데, 이는 선반에서 물건을 집어 올리는 일을 사람보다 더 잘하는 로봇을 찾기 위한 시도 중 하나였다.[166] 우승 상금이 2만 달러에 불과한 이 대회는 3년 동안 진행되었는데, 언론매체에서는 로봇공학의 실질적인 발전보다는 로봇이 인간의 일자리를 뺏어갈지도 모른다는 우려가 더욱 큰 것으로 보았다.

이후 몇 년 동안, 아마존은 키바의 로봇들을 체계적으로 다시 설계했고, 키바의 소프트웨어를 AWS로 이전했다. 그렇게 만든 기계들을 새로 건설한 주문처리 센터에 도입했는데, 그 결과가 엄청났다. 클라크가 희망한 대로, 이 새로운 시스템은 노동자들의 생산성을 높여주었으며, 시즌별 판매량에 따라서 요동치는 인력 수요의 변동률을 낮춰주었다. 또한 자기가 알아서 물건을 운반하는 로봇들이 시설의 지상층은 물론이고 구조물로 지은 중간층들까지도 떼를 지어 돌아다닐 수 있었기 때문에, 아마존은 내부의 밀도가 더욱 촘촘한 주문처리 센터를 건설할 수 있었다. 2014년에 진행된 어느 TV의 인터뷰에서, 클라크는 이전의 건물들에 비해 새로 지은 주문처리 센터에서는 단위 면적당 50퍼센트 이상의 상품을 더 적재할 수 있을 것이라고 추정했다.[167]

로봇들은 또한 끊임없이 걸어 다니면서 일하다 보니 물리적으로 지칠 수밖에 없는 육체노동을, 직원들이 제자리에 선 채로 똑같은 동작을 단조롭게 반복하면서 정신적으로 긴장해야 하는 업무로 바꾸었다.[168] 탐사보도센터(Center for Investigative Reporting)가 발행하는 〈리빌(Reveal)〉 매거진이 2020년에 보도한 기사를 보면 미국의 직업안전및건강관리국(OSHA)이 아마존에 보낸 공문이 언급되어 있는데, 여기에서 당국은 그러한 로봇들이 반복적인 움직임과 하루에 최대 10시간까지 서서 일하는 자세 때문에 생기는 스트레스를 포함하여 직원들에게 '인체공학적인 리스크 요인'을 발생시킨다고 말했다. 눈에 보이지 않는 소프트웨어의 압제적 권력이 로봇들의 무리를 지휘하는 것과 마찬가지로, 이 시스템은 노동자들의 성과를 모니터링했다. 곧 생산성이 수치적으로 떨어지는 부분이 어디인지 표시하고, 성과 개선이 필요하거나 해고해야 할 수도 있는 직원을 가려낸 것이다.

베이조스는 사업 부문을 운영할 수 있는 탁월한 리더를 원했는데, 키바를 인수하면서 클라크에 대한 그의 신임은 확고해졌다. 클라크는 2012년에 마르크 오네토의 자리를 물려받았고, 이듬해에는 수석 부사장으로 승진했다. 클라크는 이제 S팀의 일원이 되었고, 캠벨스빌에서 함께 일한 오랜 친구들인 마이크 로스와 아서 발데즈는 시애틀 본사에서 그의 부관으로 든든히 지원을 해주었다. 그들은 클라크가 제프 베이조스의 가장 대담한 비전을 실현하는 일을 도와줄 준비가 되어 있었다.

크리스마스 참사

———

베이조스의 리더십 스타일에 아주 잘 맞는 아마존의 다른 많은 관리자처럼, 클라크는 감성보다는 지능이 압도하는 인물이었다. 그는 자신의 가족이나 오번대학교의 미식축구팀에 대해 이야기하는 걸 좋아했고, 고객에게 봉사하기 위한 아마존의 미션에 대해서는 화려한 수사와 낭만적인 어조로 발언할 수도 있었다. 그러나 사업 부문에서 일하는 직원 수십여 명은 그의 성향이 약간은 공격적이라고 설명했는데, 그는 복도에서 다른 사람을 마주쳐도 좀처럼 아는 척을 하지 않았으며, 자신의 조직이 점점 성장하자 부사장 이하의 직급과는 만나기를 꺼렸다고 말한다.

오네토에게서 사업 부문의 수장직을 넘겨받은 이후에 자신의 직속 부하직원들과 가진 첫 번째 콘퍼런스 콜(conference call)에서, 클라크는 동부 해안의 주문처리 센터들에서 일하며 얻은 자신의 오래된 별명이 스나이퍼라고 무심하게 말하여 직원들을 깜짝 놀라게 했다.[169] 많은 직원은 나중에 그가 한 악명 높은 발언들을 떠올리며 치를 떨었는데, 예를 들면 "이곳에서 예술 학위는 필요 없습니다" 같은 말이 있었다. (참고로 그는 음악교육을 전공했다.) 어느 회의에서는 아마존의 화물 운반대와 꾸러미들에 RFID 칩을 넣어 주문처리 센터 내에서의 움직임을 훨씬 더 잘 추적하자는 주목할 만한 제안이 나왔는데, 그러던 와중에 클라크가 회의실에 들어왔다. 그는 그러한 제안이 그다지 대단하지 않다는 표정으로 이렇게 말했다. "제가 지금 당장 여러분 모두를 해고해서는 안 되는 이유를 말해주세요."

그러나 이런 모든 특성은 클라크가 가진 강점에 쉽게 가려졌다. 그는 날카로우면서도 분석적인 마인드의 소유자로, 부정적인 현상이나 문제를 파악하기 위해 가장 복잡하면서도 세부적인 층위까지 파고드는 뛰어난 능력이 있었다. 그는 아마존에서 아주 중요한 기술을 보유하고 있었는데, 그것은 이제 아주 유용하다는 점이 입증될 예정이었다. 그는 베이조스의 야심찬 비전을 가져와 그것을 현실에 가까운 것으로 구체화할 수 있었고, 그다음에는 그것을 아마존의 어마어마한 규모 내에서도 무너지지 않는 시스템으로 성장시킬 수 있었다.

2013년의 크리스마스 시즌에는 악천후가 덮친 데다 온라인 쇼핑의 인기가 급증하여 아마존의 주요 배송 협력업체인 UPS는 마지막 순간에 엄청난 주문량이 쇄도하자 어찌할 줄 몰랐다. UPS가 운영하는 루이빌에 있는 48만m²(약 15만 평) 규모의 월드포트(Worldport) 센터는 세계 최대의 화물 처리 시설 중 하나인데, 그런 곳조차도 이러한 공세에 꼼짝 못하고 수십만 개에 달하는 아마존의 패키지를 연휴 일정에 맞춰 제대로 배송하지 못했다.[170] 동료들은 클라크가 극도로 화를 냈다고 회상했다. 그는 UPS의 임원들에게 전화를 걸어 강하게 항의했고, 늦은 배송에 실망한 고객들에게 아마존이 20달러 상당의 상품권을 제공하고 배송료를 환불해주려고 하는데 그들도 돈을 보태야 한다며 협박했다.[171]

아마존의 사업 부문 직원들은 이 사건을 '크리스마스 참사'라고 불렀다. 그러나 이 참사는 전적으로 배송업체의 귀책 사유가 아니었으며, 어찌 보면 불가피한 사건일 수도 있었다. 오히려 잠시 차분하게 그 원인을 들여다보아야 했다. 당시에 프라임 서비스의 회원 규모는 매년 연말 시즌마다 수백만 명씩 늘어나고 제3의 판매자들이 발송하는 상품들이 아마존의 주문처리 센터에 물밀듯이 들어오면서, 아마존이 자랑하는 그 유명한 플라이휠(관성바퀴)은 더욱 빠르게 돌아갔다.

아마존의 웹사이트에서는 24시간 내내 고객의 주문이 쏟아져 그들의 주문처리 센터들은 휴일도 없이 운영되었다. 그러나 UPS는 물론이고 또 하나의 배송 파트너인 페덱스(FedEx)도 일요일이나 공휴일에는 가동되지 않았다. 이러한 차이가 연중 대부분의 시기에는 그다지 중요하지 않았지만, 블랙프라이데이 쇼핑 행사를 포함하여 추수감사절 이후 이어지는 연말 시즌에는 배송업체들의 네트워크가 비참할 정도로 정체되었다.

아마존은 UPS와 페덱스 측에 연말 시즌이 되면 주말에도 배송을 하고, 아마존의 급증하는 주문량을 따라잡기 위해 처리 규모를 더욱 늘려야 한다며 일장연설을 늘어놓았다. 그러나 그들은 조심스러운 입장이었다. 아마존 한 군데만 상대하기에도 회사의 직원들이 한계에 달할 지경이었으며, 처리 능력을 아마존에 전부 쏟아붓는다면 다른 고객들을 위한 여지가 남지 않기 때문이었다. 아마존은 또한 더욱 할인된 요율을 얻어내기 위해 그들과 몇 년마다 엄청난 힘겨루기를 했다. 배송업체들은 두 자릿수의 넉넉한 이윤율을 유지하면서 투자자들을 기쁘게 하고 주가를 상승시킬 수 있었지만, 아마존이라는 온라인 소매업체가 등장하면서 매출은 늘어났지만 그간에 즐기고 있던 이윤율을 깎아먹고 있었다.

UPS와 페덱스는 추가 요금을 부과하고 연말 시즌에는 화물기 네트워크 사용량에 제한을 두어, 아마존 때문에 피해 보는 부분을 완화하려고 시도했다. 아마존의 임원들은 그러한 조치를 환영하지 않았다. 당시에 근무한 직원 네 명이 내게 말하길, 그들은 클라크를 비롯한 아마존의 고위직 임원들이 페덱스에 대해 불평하는 소리를 들었으며, 페덱스의 창업자인 프레드 스미스(Fred Smith)에 대해서는, 그가 "아첨꾼들에게 둘러싸여 있으며, 완전히 정도를 넘어서는 오만함을 갖고 있다"고 말했다고 한다. 클라크의 밑에서 일하는 직원들이 보기에 아이러니한 점은, 그런 표현이 아마존의 고위직 리더들에게도 똑같이 적용될 수 있었다는 것이다.

2013년 연말 시즌에 UPS가 눈에 띌 정도로 배송에 차질을 빚자, 이러한 긴장 관계가 더욱 고조되었다. 아마존의 임원들은 더 이상 못 참겠다는 입장이었다. 만약 배송업체들이 자신들의 성장을 지원해줄 수 있으리라는 점을 신뢰할 수 없었다면, 아마존은 자체적인 물류 네트워크를 구축해야만 했을 것이다. 공급업체들의 창고에서부터 자신들의 주문처리 센터까지 물건을 옮기고, 그것을 다시 고객의 문 앞까지 배송하는 업무를 전부 직접 처리하는 것이다.

2013년 연말의 대참사가 발생한 다음 날, 클라크는 페덱스에서 임원으로 근무했으며 당시에는 아마존에서 배송 책임자 역할을 맡고 있던 마이클 인드레사노(Michael Indresano)를 호출했다. 그리고 만약 자신들이 '분류 센터(sortation center)'를 짓는다면, 다음 해의 연말 성수기 전까지 몇 군데나 만들 수 있을지 물었다. 이러한 시설들은 상품 꾸러미들을 우편번호에 따라 분류해서 모으고, 그것을 미국연방우체국(USPS)에 넘기는 곳이었다. 그리고 고객의 집까지 도달하는 마지막 구간은 미국연방우체국이 맡는 형태였다.

인드레사노는 2014년 말까지 열여섯 군데를 오픈할 수 있을 거라고 추산했다. "전부 지어요!" 클라크가 대답했다. 그리하여 애틀랜타, 마이애미, 내슈빌 같은 도시에 이러한 분류 센터를 빠르게 조성하기 시작했는데, 아마존의 내부에서는 이들을 '스위트 식스틴(Sweet sixteen)'*이라고 불렀다.

시설을 건축하는 동안, 아마존의 패키지들이 일요일에도 고객의 집까지 배송되기 시작했다. 베이조스는 사업 부문의 어느 임원에게 UPS와 페덱스가 주말 배송을 거부한 것이 불만스럽다고 말했다. 클라크와 그의 동료들은 기발한 해결책을 찾아냈다.[172] 성서에도 안식일이라고 나오는 일요일 배송을 위해 미국연방우체국과 계약을 하는 것이었다. 이러한 협약으로 미국연방우체국은 규모 면에서 아마존의 최대 배송

---

* 주로 미국이나 캐나다에서 열여섯 살 생일을 축하하며 부르는 용어.

업체로 빠르게 거듭났고, 아마존으로서는 UPS나 페덱스를 활용해 지출하던 것보다 전체적인 배송 단가를 낮출 수 있었다.

일요일 배송과 아마존의 분류 센터가 결합하자, 프라임 회원들의 일상이 바뀌었다. 그동안에는 주말이 되었을 때 뭔가 급하게 필요하면 온라인 스토어가 아니라 오프라인 매장에 들러 직접 물건을 구매해야 했지만, 이제는 더 이상 그럴 필요가 없었다. 이러한 성과를 자랑스럽게 느낀 베이조스는 아마존의 이사회 임원들을 캘리포니아주 샌버너디노에 새로 지은 시설로 데려가 견학을 했다.

그러나 분류 센터와 일요일 배송은 자체적인 물류 네트워크 구축이라는 목표로 다가가기 위한 첫걸음에 불과했다. 아마존은 UPS와 페덱스를 불신했듯이, 미국연방우체국에 의지하는 것을 결코 편안하게 생각하지 않았다. 미국연방우체국은 예측할 수 없는 정치적인 영향력을 받을 수도 있었고, 그들이 제공하는 서비스를 그다지 신뢰할 수 없다는 대중적인 인식도 여전했다. 그래서 클라크를 비롯한 동료들은 이제껏 가장 야심찬 행보를 보이기 시작한다. 그것은 바로 고객의 집까지 도달하는 최종 단계를 의미하는 '마지막 구간(last mile)'이라는 네트워크였다. 만약 아마존의 성장세를 대형 배송업체들이 감당할 수 없다면, 그러한 배송 업무를 자신들이 직접 처리하면 되는 것이었다.

그것을 위한 회의 자리에 참석한 여러 임원의 말에 따르면, 그처럼 복잡한 네트워크를 아마존이 과연 효율적으로 구축할 수 있느냐 하는 점은 그다지 관심사항이 아니었다고 한다. 그들이 우려한 것은 만약에 운송 비즈니스에 뛰어들 경우 아마존이 노동조합들과 더 많이 부딪히게 될 수도 있다는 점이었다. 배송 기지들은 아마존의 고객 대부분이 살고 있는 뉴욕이나 뉴저지 같은 도심 지역에 있어야 하는데, 그러한 지역은 조직화된 노동운동의 중심지이기도 했다.

클라크와 동료들은 노조에 가입한 배송 인력들을 활용하는 UPS와 경쟁하는 페덱스 그라운드(FedEx Ground)나 DHL을 비롯하여 거의 모든 육상운송 업체들이 비노조 인력을 활용하고 있다며 스스로를 안심시켰다. 아마존 역시 그들의 새로운 운송 부문인 아마존 로지스틱스(Amazon Logistics)를 만들면서 정확히 동일한 모델을 사용할 생각이었다. 곧 그 누구도 직접 고용하지 않고, 대신에 비노조 운전기사들을 고용한 별도의 배송 서비스 파트너(DSP, delivery service partner) 업체들과 관계를 맺는 것이었다. 그러면 UPS보다 인건비를 적게 줄 수 있고, 운전기사들이 임금 인상을 요구하며 단체교섭을 벌이는 악몽 같은 상황을 피할 수 있다고 생각했다. 만약 그런 일이 벌어진다면, 그렇지 않아도 수익성이 취약한 배송 부문의 기반을 무너트릴 수도 있었다.

이런 식으로 운전기사들과 거리를 둔다면, 배송 사고나 운전기사의 과실, 또는 최악의 경우에는 자동차 사고나 사망에 이르기까지 운송업을 운영하다 보면 어쩔 수 없이 발생할 수 있는 모든 부적절한 상황에서 아마존을 면책시킬 수도 있었다.

경제학자들은 기업이 전문화된 형태의 업무를 하청업체에 아웃소싱하는 방식을 '균열 일터(the fissured workplace)'라고 부른다.[173] 그리고 이런 방식이 노동조건을 저하하고 불평등을 심화하는 합법적인 형태의 임금 차별을 조장한다며 비판한다. 이것은 수십 년 전부터 이어져 온 오랜 추세이며, 단지 페덱스나 우버 같은 운송 서비스 업체만이 아니라 호텔, 케이블 서비스 업체, 그리고 애플 같은 기술 기업에서도 사용하는 방식이었다. 당연히 아마존 같은 규모에서는 그것이 더욱 널리 확산될 것이고, 노동자를 보호해야 하는 정책 입안자들은 속수무책이었다.

절대적인 배반행위

———

아마존이 가정배달 서비스를 중심으로 두 팔을 벌리자, 클라크를 비롯한 동료들은 공급망에서 또 하나의 중요한 단계를 차지하기 위해 움직였다. 그전까지 회사는 공급업체에서 아마존의 주문처리 센터까지, 그리고 주문처리 센터에서 분류 센터까지 상품을 옮기기 위해 대형 화물운송 업체에 의존해왔다. 아마존은 신규 분류 센터를 구축하고 여러 도시에서 아마존 로지스틱스 부문을 개시해나갔고, 2015년 12월 그들은 옆면에 아마존 프라임 로고가 박힌 수천 대의 화물 트레일러를 구입했다고 밝혔다.[174] 이는 마이크 로스가 실행하고 있던 모자이크(Mosaic)라는 프로그램의 일환이었다. 그러나 이번에도 아마존은 이 트레일러를 운행할 기사를 직접 고용하지 않았다. 회사는 간선 운송 서비스를 제공하는 업체들로 구성된 거대한 모자이크에 의존할 예정이었고, 이 업체들이 보유한 견인 트럭이 프라임의 로고가 달린 화물 트레일러를 끌게 된다.

동료들은 나이 많은 로스가 능숙한 전략가라고 생각했는데, 그가 바둑을 두는 반면에 다른 사람들은 모두 체커(checker) 게임이나 체스를 하는 격이라고 말했다. 그들은 또한 그가 회의에서 질책을 당한 직원들이 괜찮은지 확인한다거나, 직원들의 장기적인 커리어 진로를 함께 논의하기도 하는 등 공감 능력을 가진 리더라고 보았다. "데이브 클라크의 수많은 결점을 마이크 로스가 가려줬습니다. 그는 사람들과 잘 어울렸고, 데이브 클라크가 직원들을 갈기갈기 찢어놓으면 어깨에 손을 얹고 토닥여주는 사람이었습니다." 아마존 로지스틱스에서 오래 일한 어느 임원의 말이다.

하지만 그가 공감할 수 있는 것에도 한계는 있었다. 모자이크의 운전기사 한 명이 어느 공급업체의 시설에 술에 취한 듯한 상태로 나타나자, 이를 항의하는 내용의 이메일이 베이조스의 공적인 이메일 주소로 보내졌다. 베이조스는 그것을 아마존의 임원 한 명에게 포워딩했다. (그는 이름을 밝히지 말아달라고 요청했다.) 그런데 베이조스가 이메일을 포워딩할 때면 일반적으로 물음표를 덧붙였는데, 이번에는 상당히 불쾌한 세 글자인 'WTF'*를 덧붙였다.

그 임원은 그 이메일을 마이크 로스에게 보여줬다. 그러자 그는 아무나 흉내 낼 수 없는 독일어 억양으로 이렇게 말했다. "오오, 뭔가 왔군요! 오, 제프에게서 온 거예요. 'WTF'이라고 적혀 있어요. 오, 이건

---

* 'What the fuck!'의 약자.

제프예요, 바로 그 제프라고요. 제발 행운이 있기를."

오래전 캠벨스빌에서 로스의 상사였던 아서 발데즈는 당시에 더욱 힘든 시기를 보내고 있었다. 발데즈는 아마존의 신규 부문인 로지스틱스를 책임지기 위하여 영국에서 미국으로 돌아와 있었다. 2013년, 그는 페덱스의 유럽 법인에서 임원으로 일했을 정도로 물류 부문에서 능력이 뛰어난 베스 갈레티(Beth Galetti)를 영입해 페덱스 그라운드와 비슷한 배송 역량을 구축하는 사업을 돕게 할 생각이었다. 그러나 클라크는 갈레티를 면접하는 과정에서, 그녀가 아마존의 인사 담당 책임자로 재직하다 은퇴한 데이비드 니커크의 완벽한 대체자가 될 수 있다고 판단했다.

클라크의 직감이 맞았고, 갈레티는 결국 나중에 아마존 조직 전체에서 인사 부문을 책임지는 수장 자격으로 S팀에 합류하게 된다. 그러나 발데즈는 불쾌함을 느꼈고, 자신의 독립성이 훼손되었다고 생각했다. 그와 클라크는 시애틀의 동부 교외에서 서로 1마일(약 1.6km) 떨어진 거리에 살았고, 가족들끼리도 가깝게 지냈다. 그러나 이 일이 있고 나서 그들의 관계는 악화되기 시작했다.

발데즈가 관리를 맡은 아마존 로지스틱스의 출발은 순탄하지 못했다. 회사는 택배 물품을 정리하고 배송 서비스 제공업체에 그것을 인계하기 위해 예정대로 도심 지역에 배송 기지라고 부르는 완전히 새로운 형태의 소형 시설을 구축하고 있었다. 그러나 초기에는 시스템이 체계적이지 못했으며 비용 지출도 상당했다. 그러는 한편 배송기사들은 고객과 싸우거나 택배 물품을 멀리에서 현관으로 던지는 등 여러 무례한 행동을 하는 것이 주기적으로 적발되어 그다지 신뢰할 수 없다고 여겨졌다. 이러한 신고 내용을 베이조스가 물음표를 달아 포워딩하는 사례가 어찌나 많았던지, 그들은 그 내용을 일일이 다 추적할 수도 없을 지경이었다.

베이조스 역시 최종 배송 단계에 대한 초기의 지표들이 왜 그토록 형편없는지 이해할 수 없었다. 그는 신문 배달부와 피자 배달원이 한 건당 5달러를 받고 고객의 집을 방문했다는 사실을 언급했다. 사실 아마존 프레시가 처음 개시했을 때, 가끔은 건당 배송 비용이 그것보다 몇 배나 많을 때도 있기는 했다. 그러나 사업 부문의 어느 임원에 따르면, 베이조스는 아마존 로지스틱스의 성과를 검토하는 자리에서 이렇게 말했다고 한다. "당신 혼자라면 이렇게 정교하게 준비된 실수를 해도 괜찮지만, 이건 우리 모두를 그냥 바보로 만드는 겁니다."

그것이 정당하든 그렇지 못하든, 발데즈는 배송 네트워크의 당혹스러운 출발에 대한 비판을 고스란히 감당했다. 2015년 초 클라크는 그의 보직을 변경했는데, 그를 마이크 로스 밑에서 브라질이나 멕시코 같은 신흥 시장에서의 사업을 담당하게 만들었다. 그것은 본질적으로 좌천이었고, 캠벨스빌에서 클라크와 로스의 상사로 재직한 임원인 그의 위신도 상당히 실추시키는 조치였다. 아마존에서 그의 커리어는 이제 명백하게 어긋나고 있었다.

1년 뒤, 타깃의 최고운영책임자(COO)인 존 멀리건(John Mulligan)이 발데즈에게 접근해 자신들의 공급망을 책임지는 총괄 부사장 자리를 제안했다. 발데즈는 처음에만 하더라도 자신이 '죽을 때까지 아마존 사람'으로 남으려고 생각한다고 대답했지만, 자신이 최근에 차질을 빚은 상황을 고려해보았다. 그리고 결국 그는 그 제안을 수락한다.

타깃은 원래 CEO인 브라이언 코넬(Brian Cornell)이 업계의 콘퍼런스에서 연설하는 일정과 맞물려 2월의 마지막 날에 그의 영입 사실을 발표할 계획이었다. 발데즈는 이 소식을 듣고는 차마 로스와 직접 대면할 용기가 나지 않았다. 그래서 그는 클라크에게 전화를 걸어 그의 사무실에서 개인적으로 면담할 수 있는지 물어봤다. 그러나 클라크는 연차를 내고 아이의 학교에서 열린 행사에 참석한 상태였다. 발데즈는 전화기에 대고 자신이 회사를 떠난다는 소식을 전했다. 그러자 클라크가 친절한 목소리로 이렇게 물었다. "어디로 가는 건가요?"

발데즈는 타깃이라고 알려줬다. 그러자 클라크가 발끈했다. 이것은 아마존에 존재하는 또 하나의 적나라한 위선을 보여준 것이다. 그들은 경쟁업체의 직원을 공격적으로 빼내왔지만, 자사의 임원이 라이벌 기업으로 이직하는 것은 절대적인 배반행위라고 여겼다. 몇 년 후에 발데즈는 그때의 상황을 떠올리며 고통스러워했다. "그는 내가 만약 그런 결정을 내린다면, 아마존이 나를 쫓아올 거라고 말했습니다." 그러더니 클라크는 전화를 끊었다.

몇 분 뒤 베스 갈레티가 발데즈에게 전화를 걸어왔고, 만약 그가 회사를 떠나 타깃으로 이직한다면 커다란 문제를 겪을 것이라고 말했다. 이에 발데즈는 이렇게 답변했다. "베스, 그곳에서 제가 맡을 역할은 1,800개의 매장에 상품을 공급하는 일과 아주 조그만 전자상거래 비즈니스입니다." 갈레티는 아마존의 입장에서 생각해보면 그렇지 않을 것이라고 말했다. 그러자 발데즈는 제프 윌크에게 "대화를 나눌 기회가 있으면 좋겠다"고 문자를 보냈지만, 결코 답장을 받지 못했다.

아서 발데즈가 타깃에서 새출발을 하기 일주일 전에, 아마존은 그가 경쟁금지 조항을 위반했고 회사의 정보를 경쟁업체에 넘겨줬다며 킹 카운티(King County) 소재의 상급법원에 그를 고소했다.[175] 이 소송에서 그들은 재판부에 발데즈가 18개월 동안 타깃에서 일할 수 없게 해달라고 요청했다. 아마존의 이러한 송사가 대부분 그렇듯, 이 사건 역시 비공개로 합의가 되었다. 타깃이 발데즈의 계약 조건에서 사소한 내용을 수정한다는 데 동의한 이후였다.

그러나 15년간 쌓아온 개인적인 우정은 파탄 나고 말았다. 그렇게 논쟁을 벌이며 전화를 끊은 직후, 데이브 클라크는 자신의 결혼식에서 베스트맨을 맡을 정도로 친했던 발데즈와 다시는 말을 하지 않았다.

아마존의 장점을 스스로 증폭시킨
항공 배송 서비스 아마존 에어

클라크는 독자적인 공급망 구축이라는 베이조스의 비전을 추구하는 한편, 개인적인 친분보다 회사에 대한 충성심을 우선시하면서 스스로가 진정한 아마존 사람이라는 것을 입증했다. 그러나 그러한 명령을 진정한 형태로 완수하기 위해서는, 도로 위에 차량과 트레일러를 운행하는 것보다 더한 일을 해야 했다. 그는 하늘에도 비행기를 띄워야만 했다.

UPS 넥스트 데이 에어(UPS Next Day Air)나 페덱스 익스프레스(FedEx Express)는 아마존의 배송 네트워크에서 핵심적인 연결고리인데, 구매 빈도가 높지 않은 상품을 인근에 있는 주문처리 센터에 입고하지 않고 육상으로 운송함으로써 프라임 고객에게 빠르게 배송해주는 수단이 었다. 그러나 이들 배송업체가 아마존을 경계하는 시선으로 바라보자,

아마존은 더 이상 그들을 신뢰할 수 없다는 것을 깨닫게 되었다.

월드포트 센터에서 대참사가 일어난 지 1년 후인 2014년 말에, UPS가 다시 한번 자신들의 네트워크 이용에 할당량을 정하고, 다른 어느 지역보다도 특히 시애틀로 향하는 항공편에서 아마존의 화물을 제한하자 이러한 불신이 명백한 것으로 입증되었다. 회사가 그해 연말에 마지막으로 진행한 오늘의 특별 행사에서는 킨들 제품을 다음 날까지 무료로 배송해주는 서비스를 제공했는데, 이 서비스를 시애틀 주민들은 이용할 수 없었다. 그것은 도저히 용인할 수 없는 결과였기에, 클라크는 아마존 로지스틱스의 부사장인 마이클 인드레사노에게 전화해 그에게 비행기를 한 대 구할 수 있는지 물었다.

그러자 인드레사노는 이렇게 되물었다. "비행기라니, 어떤 걸 말씀하시는 겁니까? 항공권을 발매하고 머리 위에 수하물 칸이 있는 진짜 비행기를 말하는 건가요?"

"그냥 비행기 한 대면 됩니다." 클라크가 대답했다.

인드레사노는 클라크가 진심으로 말하는지 마이크 로스에게 물어보기까지 했다. 그리고 자신이 이끄는 분류 센터 조직의 팀원인 스코트 러핀(Scott Ruffin)을 불러들였다. 러핀은 전세기 서비스를 운영하는 오래된 친구에게 전화를 걸었고, 보잉 727기를 두 대 빌렸다. 아마존은 이 비행기들에 캘리포니아 남부와 북부의 주문처리 센터 여러 곳에 발이 묶여 있던 상품들을 싣고 시애틀 터코마 공항으로 날아갔다. 인드레사노는 장난삼아 캘리포니아주 온타리오에 보관되어 있는 산타 모자를 하나 구입했다. 그리고 아마존의 주문처리 센터에서는 이 제품을 포장해 크리스마스 인사말과 함께 클라크의 집까지 배송해주었다.

이것이 바로 아마존의 항공 배송 서비스가 탄생하던 비공식적인 순간이다. 이 서비스는 처음에 프라임 에어(Prime Air)라고 알려졌다가, 이후에는 아마존 프라임 에어(Amazon Prime Air)로 바뀌었고, 최종적으로는 아마존 에어(Amazon Air)가 되었다. 이렇게 이름이 자주 바뀐 이유는 베이조스가 2013년에 CBS의 〈식스티 미닛츠(60 Minutes)〉에 출연해 나눈 악명 높은 인터뷰에서, 아마존이 택배 물품을 사람들의 집 안마당까지 나를 수 있는 항공 드론을 개발하고 있다고 발표하면서 '프라임 에어'라는 이름을 사용한 적이 있기 때문이다. 사업 부문의 여러 임원은 비공개 테스트로만 진행되었을 뿐 아무런 진전도 없는 그 프로젝트를 무려 7년이나 지나서 시연하는 모습을 보고 적잖이 당황했다고 말했다. 그들은 이것을 마이크로소프트의 내부에서 예전에 사용하던 용어인 '침 발라놓기(cookie licking)'[176]라고 설명했다. 이것은 무언가를 실제로 추진하기 전에 그것을 진행하고 있다고 선언함으로써, 일종의 기회를 선점하고 다른 이들이 따라하는 걸 방지하는 행위를 말한다.

드론 프로그램과는 달리, 비행기를 임대하는 시도는 즉각적인 결과를 만들어냈다. 2014년에 처음으로 전세기 두 대를 빌린 이후, 러핀은 화물기 네트워크를 구축하는 비즈니스 개발을 담당하게 되었다. 그는 동료 여섯 명을 모아 사우스 레이크 유니언에 있는 루비-도슨(Ruby-Dawson) 빌딩의 창문도 없는 회의실 한 곳으로 숨어들었다. 그곳에서 그들은 주기적으로 클라크와 만났다.

그 결과로 나온 백서에서, 그들은 항공 운송 능력을 갖추면 아마존이 배송 시간을 단축할 수 있고, UPS나 페덱스 익스프레스가 부과하는 정규 요금이 아니라 실제 항공으로 운송하는 화물 요금만 지불하면 된다고 주장했다. 베이조스는 그렇게 노골적으로 비행기를 구매한다는 생각에 쉽게 수긍하지 못했고, 만약 아마존이 직접 화물기를 운행한다면 다른 물류 기업들과 어떤 식으로 다르게 운영할 수 있는지 궁금해했다. 다른 임원들도 비행기를 실제로 운행하기 위해서는 수많은 어려움이 있으리라는 사실을 잘 알고 있었다. 그렇게 한다면 호전적인 파일럿 노조를 상대해야 하고, 과다한 규제를 준수해야 하며, 속도와 혁신을 중시하는 실리콘밸리 스타일에 대해서는 잘 모르는 연방항공국 (FAA)의 규제와 감시를 받게 될 것이다.

그들이 도출해낸 해결책은 클라크가 S팀에 설득력 있게 제시한 것으로, 아마존이 그러한 어려움을 회피할 수 있는 것이었다. 아마존이 병행해서 추진하고 있던 육상 수송 프로젝트와 마찬가지로, 그것은 굳이 비행기를 소유한다거나 항공 산업의 위험한 혼란에 회사를 노출하지 않고도 항공 화물을 통제할 수 있는 방안이었다. 그 세부적인 내용을 보면 아마존의 규모와 영향력 면에서 그들의 장점을 어떻게 스스로 증폭시키는지 대단히 흥미로운 관점을 파악할 수 있다.

2016년 봄에 아마존은 두 곳의 항공사에서 보잉 767 화물기 40대를 임대한다고 발표했다. 그 두 곳은 각각 오하이오주 윌밍턴(Wilmington)에 소재를 둔 ATSG, 그리고 뉴욕주 웨스트체스터카운티(Westchester County)에 소재한 아틀라스에어(Atlas Air)였다. 이 항공사들은 자신들이 보유한 항공기들을 계속해서 유지관리하고 직접 운행까지 하지만, 그 비행기들은 프라임 에어의 로고로 재단장을 하고 5년에서 10년의 기간 동안 아마존의 서비스에 투입될 예정이었다.

그러한 협상의 일환으로, 아마존은 ATSG의 주식 19.9퍼센트를 주당

9.73달러에 인수할 수 있으며, 그리고 아틀라스에어 모기업의 주식 20 퍼센트를 주당 37.50달러에 인수할 수 있는 신주인수권을 매입했다. 아마존은 두 회사의 투자자들이 전자상거래 대기업인 자신들과 파트너십을 체결하는 것에 흥분할 것이며, 그러한 밝은 미래에 기꺼이 참여하고 싶어 하리라는 사실을 알고 있었다.

충분히 예상한 대로, 두 회사가 각각 그 소식을 발표한 이후에 그들의 주가가 치솟았다. 이러한 협약이 발표되고 한 달 동안, 각각 44퍼센트와 14퍼센트가 상승했다. "환상적입니다. 일은 이렇게 하는 거라고요!" 베이조스는 클라크가 S팀에 전달한 상황보고에 답장을 보내면서 환호성을 질렀다. 이로써 독점적인 항공 노선을 확보한다는 목표를 달성한 것은 물론이고, 협약 체결 2주년을 맞이한 시점에서 각 항공사의 공시자료를 근거로 계산해보면 아마존은 이 투자 덕분에 거의 5억 달러의 투자수익을 거두었다.

동체의 측면에는 프라임 에어 로고를 달았으며 꼬리날개에는 아마존의 스마일 로고가 새겨진 이 비행기들은 2016년의 여름에 시애틀에서 개최된 어느 에어쇼에서 처음 모습을 선보였다. 언론은 그것이 암시하는 것에 흥분했다. 과연 아마존이 국내 전자상거래 배송 비즈니스에서 페덱스, UPS, 그리고 미국연방우체국이 가진 지배력을 뒤흔들 수 있을까? 그런 상황에서 페덱스의 CEO인 프레드 스미스는 투자자들과 어닝스 콜(earnings call)*을 진행했는데, 그는 당시의 그런 논의가 '환상적'이었다고 말했고, 그 단어도 신중하게 선택한 것이라고 밝혔다.[17]

---

* 상장기업이 수익 실적에 대해 주주들과 전화상으로 진행하는 회의.

그 프로젝트와 관련한 질문에 클라크의 공개적인 답변은 페덱스와 UPS는 '훌륭한 파트너들'이며 프라임 에어는 보조 역할이라는 것이었다.[178] 그러나 두 기업의 긴장 관계 때문에 클라크는 프레드 스미스에게 적대감을 갖고 있었으며, 그러한 반감은 잘 감춰지지 않았다. 클라크는 나중에 크리스마스트리 앞에 프라임 에어의 모형 비행기를 놓은 사진과 함께, 이런 내용을 적어서 트위터에 올렸다. "호! 호! 호! 모두 환상적인 연휴 보내세요!!!"

아마존은 자신들의 비행단에 2018년에는 10대, 2019년에는 20대, 2020년에는 12대, 그리고 2021년 1월에는 또다시 11대의 비행기를 추가했다. 프라임 에어의 비행단 덕분에 아마존은 판매량을 더욱 늘릴 수 있었고, 기존의 항공사를 이용했다면 더욱 비쌀 수도 있는 덩치는 크지만 무게는 가벼운 물품들을 가득 실어 나를 수 있었다.[179] 또한 아마존이 그들 특유의 24시간 사이클을 운영할 수 있게 해주었는데, 예를 들면 일요일 새벽 2시에 분류 센터에서 출발하는 항공편도 있었다. 다른 수천 개의 기업에 서비스를 제공하는 UPS나 페덱스 익스프레스는 한 고객만을 위해 그처럼 유연하게 대응할 수 없었다.

이제 비행기까지 갖게 되자, 클라크는 다른 것도 필요해졌다. 그것은 바로 비행 전후에 화물을 적재하고 내릴 수 있는 항공 허브였다. 2017년 1월, 아마존은 DHL의 국제 특송 허브가 있는 신시내티 북켄터키 국제공항(Cincinnati/Northern Kentucky International Airport)에 프라임 에어의 허브를 구축한다고 발표했다.[180] 신규 시설을 조성하는 동안에는 DHL의 허브를 유료로 사용할 예정이었다. 14억 9,000만 달러 규모의 그 합의는 아마존의 경제개발 담당 이사인 홀리 설리번(Holly Sullivan)이 협상을 진행했다. 그는 또한 현지 및 주정부에서 4,000만 달러의 세금 감면 혜택을 얻어냈다.

그러나 혹여 클라크가 베이조스에게서 또 한 번의 포상을 받을 거라고 생각했다면, 그건 잘못된 판단이었다. 아마존의 새로운 항공 허브는 대략 2,000개의 새로운 일자리를 창출할 예정이었다.[181] 반면에 민간 우주산업 및 대중적으로 찬사를 받는 일에서 베이조스의 최대 라이벌인 일론 머스크가 이끄는 전기자동차 제조사 테슬라는 그보다 몇 년 전에 네바다에 기가팩토리(Gigafactory)라는 이름의 배터리 공장을 만들기로 하면서 13억 달러의 세금 감면 혜택을 얻어냈다. 테슬라는 그 시설이 6,500개의 일자리를 창출할 것으로 예상했다. 그들은 일자리 하나당 아마존보다 10배나 많은 세금 감면 혜택을 받은 것이다.

베이조스는 당연히 그러한 차이를 알아챘다. 켄터키에 시설을 조성하기로 합의했다는 소식을 접한 그의 반응을 직원 세 명이 기억하고 있었다. 그 직원들은 그것이 약 2년 뒤에 대중의 거센 비판을 받게 되는[182] HQ2(제2본사)라는 악명 높은 프로젝트의 불길한 전조였다고 생각했다. 베이조스는 이런 내용으로 이메일을 보냈다고 한다. "일론 머스크는 정부에서 막대한 인센티브를 챙길 수 있는 초능력을 가진 반면에, 도대체 왜 우리는 그렇지 못한가?"

준비-사격-조준

아마존 로지스틱스 부문이 한창 확장하던 와중에, 베이조스가 정부에 추가적인 지원을 요구한다는 것은 상당히 역설적인 일이었다. 아마존은 이미 상당한 비용을 공공 부문에 떠넘기고 있었다. 그들은 배송기사에게 건강보험 혜택을 제공하지 않았고, 주문처리 센터와 분류 센터로 오가는 도로들을 혼잡하게 만들었으며, 주문처리 센터에서 연말 시즌에 임시직 일자리를 얻은 직원들의 고용상태를 다음 해 초까지 유지했다가 해고함으로써 나머지 1년 동안에 누릴 수 있는 공적인 혜택을 전부 받았다. 상당히 빠른 속도로 운송 네트워크를 구축하는 과정에서, 아마존은 물건을 한 지역에서 다른 곳으로 옮기는 그다지 매력적이지 않은 비즈니스를 운영할 때 발생할 수 있는 리스크는 대부분 회피해왔다.

그러나 그러한 어려움이 사라진 것은 아니었다. 그리고 적어도 언론 매체와 대중적인 여론에서는 아마존과 그러한 문제들을 완전히 분리할 수는 없었다.

2016년 12월 22일, 시카고에 사는 84세 여성 텔레스포라 에스카밀라(Telesfora Escamilla)가 뒷문에 아마존의 로고를 부착한 닛산 NV1500 흰색 승합차에 치어 사망했다. 해당 차량은 인팩스시핑솔루션스(Inpax Shipping Solutions)라는 회사가 운행했는데, 그들은 거의 전적으로 아마존의 택배를 배송하기 위해서만 존재하는 별도의 배송업체 가운데 하나였다.

사건 이후의 언론 보도에 따르면 인팩스에는 뭔가 수상한 기록이 있었다. 나중에 미국노동부는 이 회사에서 급여를 제대로 받지 못하는 직원이 수십 명에 달하며, 초과근무 수당을 지급하지 않아 노동법을 위반했다는 사실을 확인했다. 사고 차량의 운전기사인 29세의 발디마르 그레이(Valdimar Gray)는 이전에도 아마존의 또 다른 배송 협력업체에서 일하다 사고를 내어 해고되었는데, 법원의 기록에 따르면 '방지할 수 있는 뺑소니 사고'라고 적혀 있었다. 그는 영업용 운전면허가 없는데도 인팩스에 채용되었으며, 그곳에서 두 달 동안 일하다 그 비극적인 사고를 냈다.

그레이는 과실치사 혐의로 기소되었다가 무죄로 풀려났다.[183] 시카고의 판사는 그것이 사고라는 변호인의 주장에 동의했다. 그러나 에스카밀라의 가족은 아마존이 기사들에게 정시에 배송하도록 과도한 압력을 가하는 바람에 그녀를 죽음에 이르게 했다며 아마존과 인팩스를 상대로 민사소송을 제기했다. 그에 앞서 일주일 전, 아마존은 인팩스를 비롯한 그 지역의 DSP 업체에 "지난 며칠 동안 배송 범위와 배송 실적에서 일부 어려움을 겪고 있습니다"라는 내용의 이메일을 발송했다.[184] 그리고 이렇게 선언했다. "우리의 최우선 사항은 모든 택배 물품을 고객에게 정시에 전달하는 것입니다." 아마존과 인팩스는 2020년 3월 유족들이 제기한 민사소송에 조용히 합의했고, 에스카밀라의 가족에게 1,400만 달러를 지급하기로 했다.

유사한 비극들은 더 있었다. 2019년에만 하더라도 그런 사고들이 〈프로퍼블리카(ProPublica)〉와 〈버즈피드뉴스(BuzzFeed News)〉의 탐사보도로 많이 드러났다.[185] 이러한 보도들은 아마존의 택배를 배송하는 운전기사들이 60차례 이상의 심각한 사고에 연루되어 있으며, 그중에서 사망자가 나온 경우는 최소한 13건이라고 밝혔다. 2018년, 법률비서로 일하던 61세의 스테이시 헤이즈 커리(Stacey Hayes Curry)가 자신의 사무실이 있는 건물의 주차장에서 레터라이드(Letter Ride)라는 회사의 소속으로 아마존의 택배를 배송하는 운전기사의 차에 치어 사망했다.[186] 해당 운전기사는 경찰 조사에서 자신은 커리를 전혀 보지 못했으며, 과속 방지턱을 들이받은 것으로 생각했다고 말했다. 〈프로퍼블리카〉에 따르면 그녀의 아들은 제프 베이조스에게 다음과 같은 내용의 편지를 작성했다고 한다. "이처럼 무모한 속도에 대한 태도는 최고위층에서 유래된 것이며, 그것이 아래까지 흘러내린 것 같습니다." 그러나 이 편지가 실제로 발송되지는 않았다.

아마존의 임원들은 내게 자신들의 최우선 사항은 안전이며 회사는 공공의 안전과 관련한 모든 법률을 준수하거나 오히려 그것을 초과한다고 밝혔다. 어느 인터뷰에서 제프 윌크는 아마존의 배송 협력업체들이 2019년에 모두 합쳐 11억 킬로미터를 움직였으며, 아마존은 국가에서 정한 안전기준보다 더 높은 수치를 기록했다고 주장했다. 이런 주장은 아마존의 사고율에 대한 구체적인 데이터가 없어 확인할 수 없었는데, 회사는 그러한 자료의 제공을 거절했다. 월크는 이렇게 말했다. "저는 안전의식이 약화된 것을 보지 못했습니다. 오히려 제가 목격한 것은 정반대입니다. 저희가 배송 능력을 확보하기 위해 안전을 등한시했다는 것은 전혀 사실이 아니라고 생각합니다."

사업 부문에서 일한 전직 직원 중 상당수는 아마존이 자사의 안전기준을 의도적으로 낮추지는 않았다는 데 동의하면서, 택배 배송은 어떤 기업에든 본질적으로 위험할 수밖에 없다고 말했다. 그러나 그들은 아마존이 배송업체를 인수하거나 운전기사를 직접 고용하지 않고, 배송 업무 제공업체와 계약했기 때문에 도로에서 벌어지는 일들을 완전히 통제할 수는 없었다고 덧붙였다.

세계 다른 나라들의 주문처리 센터에서는 아마존이 거의 폭압적인 권한을 행사하는 데 익숙했고, 사고를 방지하기 위해 권력을 발휘할 수도 있었다. 예를 들면 노동자들은 하루 일과를 시작하기 전에 안전교육을 받고 스트레칭 같은 준비운동을 했다. 그러나 운전기사들은 아마존의 직원으로 인정받지 않는 한 아마존에서는 그러한 지원을 받을 수 없었다. "현장에는 이처럼 이상한 이분법이 존재했습니다. 아마존의 주문처리 센터와 마지막 구간의 배송을 책임진 협력업체 사이에서는 안전이라는 것의 의미가 달랐습니다." 아마존의 사업 부문에서 3년 동안 고위 관리자로 일한 윌 고든(Will Gordon)의 말이다.

배송 협력업체에 안전과 효율성 면에서 자신들과 동일한 문화를 강요할 수 없었던 아마존은 기술을 활용해 그들을 지휘하려 노력했다. 회사는 앱을 만들어 배송기사들에게 배포했는데, 내부에서는 이를 래빗(Rabbit)이라고 불렀다. 이 앱은 택배를 스캔하고, 주소를 보여주고, 알고리즘으로 택배 물품을 가장 빠르게 배송할 수 있는 경로를 제시했다.

래빗은 원래 우버와 비슷한 아마존 플렉스(Amazon Flex)라는 배송 서비스를 위해 별도로 개발한 앱이다.[187] 아마존 플렉스는 운전기사 개인이 온라인으로 이 서비스에 등록한 다음에 아마존의 택배를 배송하면 시간당 18달러에서 25달러를 지급한다고 광고했다. 운전기사는 스스로 스케줄을 조정할 수 있지만, 차량이나 주유비, 보험, 스마트폰 등은 자체적으로 마련해야만 했다. 플렉스는 프라임 나우의 주문을 배달할 예정이었다. 래빗(토끼)이라는 이름이 나온 것도 마술을 선호하는 스테퍼니 랜드리 특유의 작명법 때문이었다. 그러나 그것은 금세 아마존의 택배를 배송하는 사실상 모든 운전기사를 위한 도구가 되었다.

이 앱을 제작하는 일을 한 전직 직원들은 래빗의 개발이 체계적이지 않았고 너무 서둘렀다고 말한다. 처음에는 운전기사에게 휴식을 취해야 한다는 사실을 알려준다거나, 통계적으로 교통사고 발생률이 높은 좌회전을 최소화하는 방식으로 경로를 설정할 수도 없었다. 이러한 기능들은 UPS나 페덱스에서는 안전과 관련하여 핵심적인 사항이라고 오래전부터 알려져왔다. 래빗의 설계팀장으로 일한 트립 오델(Trip O'Dell)은 당시의 상황을 이렇게 말했다. "아마존의 수많은 일과 마찬가지로, 그것 역시 준비-사격-조준(ready, fire, aim)이었습니다. 그들은 그저 급하게 확장했고, 나중에 고치면 된다고 생각했습니다."

오델은 자신을 비롯한 팀원들이 그 앱 때문에 도심의 위험한 거리에서 운전기사의 주의가 분산될까 봐 우려했으며, 그러한 불만사항을 상급자들에게 전달했다고 말했다. 그들은 앱에서 보여주는 정보량이 너무 많고 햇빛이 비치면 읽기가 어려웠으며, 도로의 전방을 주시해야 하는 상황에서도 새로운 배달 업무가 끊임없이 알림이 뜨는 바람에 운전기사의 시선을 빼앗는다는 점을 지적했다.

오델은 이 앱의 문제점들이 폭포처럼 쏟아졌다고 말한다. 경로 설정이 형편없었고, 운전기사는 배송을 하나 끝내고 다음 차례로 진행하는 데 어려움을 느꼈다. 사기행위도 팽배했는데, 운전기사가 하지도 않은 일에 대해 돈을 받을 수 있는 허점들을 찾아낸 것이다. 대표적인 문제는 시애틀과 오스틴의 피자 2판 팀들이 래빗의 iOS 버전과 안드로이드 버전으로 동시에 대결을 벌임으로써 배송업체들 사이에 혼란을 증폭시켰다는 점이다. "그것과 관련한 잘못된 일들이 모두 동시에 벌어졌습니다. 그건 좋은 앱이 아니었습니다." 오델의 말이다.

그러나 직원들은 클라크가 트럭 한 대당 적재량을 최대화하고 운전기사에게 적정한 비용을 지불하는 것과 같은 아마존 로지스틱스의 경제적인 난제를 해결하는 데 더욱 관심이 많았다고 말한다. 그는 확고하고 객관적인 데이터를 기반으로 판단한 반면에, 직원들이 초기에 제기한 안전과 관련한 우려사항은 객관적인 근거가 입증되지 않은 것이었다. 직원들은 가끔 운전기사들을 관찰했다. 그러면서 그들이 식사를 거르고, 정지 신호를 무시하며, 휴대폰의 화면을 쉽게 내려다볼 수 있도록 전화기를 바지에 테이프로 감는다는 사실을 목격했다. 그 모든 건 까다로운 배송 시간을 맞추기 위해서였다.

그처럼 안전에 대한 우려가 널리 퍼졌는데도 수치로 제시된 근거가 없었기 때문에, 클라크를 비롯한 임원들은 그러한 문제제기를 대부분 묵살했다. "저는 안전이 최우선 과제나 우선사항이라고 생각하지 않습니다. 그들의 최우선 사항은 생산성과 비용효율성이었습니다." 고위 관리자였던 윌 고든의 말이다.

〈프로퍼블리카〉와 〈버즈피드뉴스〉에서 폭로 기사가 난 이후, 아마존은 인팩스 및 사고와 관련된 회사들을 포함하여 다수의 배송업체와 관계를 끊었다. 당시 아마존의 대변인은 이렇게 말했다. "아마존은 협력업체들이 안전 및 근로조건 같은 사항에서 저희가 설정한 높은 기준을 준수하도록 해야 하는 책임이 있습니다." 얼핏 보면 아마존이 자신의 탓이라고 인정하는 듯한 이런 설명을 잘 따져보면, 자신들과 협업을 위해 선택한 일부 업체들이 자신들의 안전기준을 충족하지 못했다는 의미를 담고 있다.

비슷한 상황이 발생했지만, 아마존 에어에 대해서는 그러한 입장조차 나오지 않았다. 2019년 2월 23일, 아마존과 미국연방우체국의 택배 물품을 싣고 마이애미를 출발한 아틀라스에어의 화물기 한 대가 휴스턴의 조지 부시 인터컨티넨털 공항(George Bush Intercontinental Airport)으로 접근하던 도중에 진흙투성이 습지에 추락해 조종사 2명과 탑승객 1명이 사망했다. 아틀라스에어는 그전까지 3년 동안 빠르게 성장해왔는데, 대부분은 아마존과 계약을 체결한 덕분이었다. 협업을 시작할 때만 하더라도 그들은 조종사 1,185명을 고용하고 있었는데, 사고 발생 시점에서는 그 수가 1,890명으로 늘어나 있었다. 이는 해당 항공사의 공시 자료에 드러난 내용이며, 불과 3년도 지나지 않아 조종사 수가 59퍼센트나 증가한 것이다.

사고가 일어나기 몇 주 전에 뉴스 웹사이트인 〈비즈니스인사이더 (Business Insider)〉는 아마존의 협력 항공사들에서 일한 조종사 13명과 이 야기를 나누었다.[188] 이들은 모두 자신들의 급여 및 혜택이 업계의 평균 보다 낮았다고 말했고, 12명은 그곳의 조종사들이 다른 항공사에서 근 무하는 이들에 비해 전반적으로 경험이 적었다고 말했다. 그 조종사 들 중 한 명은 아틀라스에어가 조종사들을 혹사했으며, 당시의 상황이 '째깍거리는 시한폭탄'이라고 말했다.

복잡한 걸 단순하게 만드는 거대한 사상가

———

리서치 기업인 라쿠텐인텔리전스(Rakuten Intelligence)에 따르면, 2017년 가을 당시에 아마존의 택배 물량 중에서 아마존 로지스틱스는 약 20퍼센트를 배송했는데, 이는 페덱스보다 높은 비율이며 UPS마저도 넘어서기 직전이었다. 몇 년에 걸친 노력 끝에 그들은 수백 개의 소규모 배송업체를 새롭게 만들어냈고, 그러면서 상당한 혼란과 부정적인 기사도 많이 양산해냈다. 그들은 또한 임원들이 설정한 높은 수준의 목표들 가운데 일부를 이제 막 달성하기 시작했다.

그러나 아마존은 아직도 더 많은 운전기사가 필요했는데, 특히 연말 성수기에는 더욱 그랬다. 그래서 클라크는 더 많은 배송업체를 끌어모으기 위해 두 가지 추가적인 행보를 보였다. 2018년 6월, 그는 40대 미만의 승합차를 보유한 배송업체를 만들기 위한 신규 프로그램을 도입했다. 이는 아마존 브랜드의 차량과 유니폼을 제공하고 연료나 보험도 할인된 가격으로 공급하지만, 여전히 아마존과는 별개로 운영되며 의료비나 초과근무 수당은 업체가 알아서 제공하도록 요구했다. 각 도시마다 여러 개의 소규모 회사가 더해진다면 아마존은 협력업체를 더욱 풍부하게 보유할 수 있으며, 또 다른 종류의 레버리지를 확보할 수도 있었다. 그리고 고객에 대한 서비스 수준을 떨어트리지 않기 위해, 배송을 제대로 하지 못하거나 실적이 저조한 업체와는 언제든 관계를 끊을 수 있는 특별한 조항을 요구할 수 있었다.

몇 달 뒤, 클라크는 메르세데스 벤츠(Mercedes-Benz)에서 짙은 푸른색 스프린터(Sprinter) 승합차 2만 대를 구입해,[189] 신생 배송업체에 할인된 요율로 리스해주는 계획안을 승인했다. 그들은 또한 파란색과 검은색으로 제작한 아마존의 유니폼과 모자도 제공했다.

이러한 시도는 효과가 있었고, 천 개가 넘는 신생 배송업체가 사업을 개시하는 데 도움을 주었다. 그리고 2019년 초, 아마존은 UPS와 미국연방우체국을 모두 제치고 미국 최대의 택배 회사가 되었다.[190] 비록 그 과정에서 상당한 비용이 들기는 했지만, 이것은 중대한 성과였다.

클라크가 10년 동안 공을 들여 아마존의 주문처리 센터들을 개조하고 배송단계의 마지막 구간까지 확보함으로써, 아마존의 리테일 비즈니스는 크게 바뀌었다. 아마존은 자신들의 상품을 인구 밀집 지역에 좀 더 가까이 가져다놓을 수 있고, 더 이상 대형 택배 회사에 비싼 요금을 지불하지 않아도 되기 때문에 배송 비용을 낮출 수 있었다. 이렇게 관련 부문이 성장하는 것에 맞춰 아마존은 배송 관련 지출도 줄어들었다. 아마존 프라임을 비롯해 식료품 배송 서비스인 프라임 나우와 아마존 프레시에 더 많은 고객이 가입할수록, 그 지역으로 운전기사를 보내는 것이 더욱 효율이 높아지고 단가도 저렴해지기 때문이었다.

마지막 구간 네트워크는 또한 UPS나 페덱스에서 긴급 사태가 터지거나, 미국연방우체국에 정치적인 영향력이 미친다 하더라도 아마존을 보호해주었다. 도널드 트럼프가 아마존이 미국연방우체국의 일감을 빼앗고 있으며 배송료를 올리지 못하게 한다며 비난했을 때도,[191] 회사는 그러한 주장에 동의하지 않았으며 그러한 질책이 그들에게는 별다른 문제가 되지 않았다. 아마존은 이제 자체 네트워크와 또 다른 배송 파트너인 UPS 사이에서 자신들의 물량을 두고 저울질할 수 있는 레버리지를 갖게 되었다.

UPS는 아마존이 업계의 역학관계를 변화시켰다는 사실을 인지했다. 2019년 UPS는 자신들도 마침내 일요일 배송을 실시한다고 발표했다. 이는 고객의 기대에 부응하기 위한 것이지만, 한편으로는 아마존의 24시간 영업 사이클을 전자상거래 분야의 다른 경쟁자들도 따라하면서 가해지는 압박 때문에 어쩔 수 없는 선택이었다. 미국연방우체국이 이미 몇 년 전에 그랬듯이, UPS 역시 적은 임금으로 주말에 교대로 일하는 새로운 유형의 운전기사를 만들기 위하여 국제트럭운전사형제단(IBT)과의 계약을 다시 협상해야만 했다.[192]

아마존의 배송 물량에서 한 자릿수 퍼센트만 담당하는 역할로 밀려난 페덱스 역시 일요일에도 일하기 시작했는데, 그러면서 아마존의 물품 배송은 전면 중단했다. 데이브 클라크와 프레드 스미스 사이의 냉전은 계속되었는데,[193] 그 기세는 조금도 수그러들지 않았으며 흥미로울 정도였다. 페덱스는 아마존과의 육상 및 항공 운송 계약을 종료한다고 대대적으로 선언하며, 월마트와 타깃을 비롯한 다른 고객사에 더욱 전념하겠다고 말했다. 스미스는 아마존이 페덱스에는 치명적인 위협이 아니라는 자신의 견해를 반복했는데, 〈월스트리트저널〉과 한 인터뷰에서는 자신들의 전망에 대해 다시 한번 '환상적'이라는 표현을 사용했다.[194] 클라크는 제3의 판매자들이 페덱스 그라운드의 서비스를 이용하는 걸 일시적으로 금지했다.[195] 그는 시애틀에 있는 자신의 사무실에 '환상적'이라는 글자가 인쇄된 골프공들을 놓아두었다.

한편 아마존 로지스틱스는 아마존의 관계자들이 가장 갈망하는 목표인 레버리지를 제공해주었다. 베이조스는 이러한 레버리지를 그 즉시 고객 혜택과 경쟁력을 위한 해자(moat)로 전환시켰다. 2019년 4월, 아마존은 프라임 서비스의 이틀배송을 하루배송으로 전환한다고 발표했다.[196] 이는 비용이 많이 들기는 했지만 그래도 감당할 수 있는 수준이었는데, 그 대부분은 클라크가 이미 주문처리 센터들과 운송 네트워크로 기반을 다져놓았기 때문이다. 그해 말 아마존은 또한 식료품 배송을 위해 사용하던 월 15달러의 구독료를 회수할 수 있게 되자, 프라임 회원에게 아마존 프레시와 홀푸드의 제품을 무료로 배송해주는 특혜를 추가로 제공했다.[197] 이러한 변화는 1년이 지나서 탁월한 선택이었음이 입증되었다. 코로나19 팬데믹이 발생하여 자가격리를 하게 된 수백만 명의 쇼핑객이 온라인으로 식료품을 주문하기 시작했기 때문이다.

클라크는 공급망에서의 자유를 얻는다는 베이조스의 비전을 실현해주었고, 아마존에서 원하는 진정한 리더로서의 모습을 스스로 구현해 보였다. 그는 좀 더 단기적인 성과에 집착하는 다른 기업의 참을성 없는 임원들이나 좀 더 신중하며 사회적인 분위기를 의식하는 비즈니스 리더들로서는 받아들이기 힘든 체계적이면서도 장기적인 베팅을 하는 거대한 사상가였다. 나는 그에게 캠벨스빌의 주문처리 센터에서부터 꾸준히 승진하여 최상위 계층인 S팀의 일원이 될 수 있었던 비결이 무엇인지 물었는데, 그는 이렇게 대답했다. "저는 복잡한 걸 단순하게 만드는 사람입니다. 저는 복잡한 사안을 대하면 그것을 진정으로 크게 만들기 위해 우리가 해야 할 핵심적인 일들이 무엇인지 파악할 수 있습니다."

그러한 과정에서 전직 중학교 밴드 교사였던 그는 온갖 종류의 장애물을 돌파했고, 중요한 친구와의 우정도 깨트렸으며, 생산성을 높이기 위하여 낮은 임금을 받으며 일하는 아마존의 노동자들을 쥐어짰고, 상당한 비용의 대부분을 사회에 떠넘겼다. 그러는 과정에서 아마존의 평판은 살짝 찰과상 정도만 입었다.

다시 말해 데이브 클라크는 거의 모든 면에서 제프 베이조스만큼 창의적이며 거침없다는 것을 스스로 입증해 보인 것이다.

Chapter 10

뒤뜰에서 발견한 금광

정체-쇠퇴-죽음

2017년 가을, 아마존에서 오래 근무한 많은 직원은 중요한 OP1 기획회의를 앞두고 겉으로 드러내진 않았지만 무언의 두려움을 느꼈다. 그들이 존경하는 리더가 회사에서 멀어지고 있었기 때문이다. 베이조스는 알렉사, 아마존 스튜디오, 아마존 고 매장처럼 자신의 아이디어를 제시해 지원을 하면 상당한 차이를 만들어낼 수 있다고 생각하는 신규 프로젝트에는 여전히 깊게 관여했다. 그러나 사무실에 모습을 드러내는 경우는 전보다 줄어들었고, 점점 더 복잡해지던 회사의 주요 사업인 리테일 부문과 AWS는 그의 부관이자 공동 CEO인 제프 윌크와 앤디 재시에게 대부분의 권한을 넘겨주었다.

또한 베이조스는 〈워싱턴포스트〉와 민간 우주 기업인 블루오리진에 더욱 많은 시간을 할애했다. 베이조스의 삶에서 눈에 띄는 변화라면,

그의 부와 명성이 꾸준히 높아지자 그 영향 때문에 골머리를 앓게 되었다는 것이다. 그해 5월, 그는 아내인 매켄지, 자신의 부모, 남동생 마크 부부, 여동생 크리스티나 부부와 함께 이탈리아로 휴가를 갔는데,[198] 그곳에서 파파라치들이 그를 따라다녔다. 그리고 그의 재산을 기부하라는 미디어의 압력이 시작되었는데, 6월 15일에는 시급한 사회문제들을 해결하기 위한 '아이디어를 요청'한다는 트윗을 올려 자선사업 전략을 세울 시간을 벌었다.[199] 7월에는 아이다호주 선밸리에서 개최된 앨런앤컴퍼니의 연례 콘퍼런스에서 검은색 폴로 셔츠와 솜털 조끼 사이로 이두박근을 드러낸 모습으로 사진이 찍혔는데,[200] 이 사진은 인터넷상에서 수많은 밈(meme, 패러디 이미지)을 양산한 것은 물론이고 '불룩한 베이조스(swole Bezos)'라는 표현도 만들어냈다. 스티로폼 충전재를 뒤집어쓴 채로 〈타임〉지에서 '올해의 인물'로 선정되어 표지를 장식한 그는 이러한 자리에 오르기까지 참으로 먼 길을 걸어왔다.

아마존의 설립자인 그에게는 이제 휴식을 취하고, 몸을 만들며, 자신이 만든 회사의 일상적인 업무에서는 뒤로 물러나도 될 정도의 여유가 생겼다. 직전의 2년 동안 회사의 주가는 세 배나 뛰어올랐고, 그해 여름에는 시가총액이 5,000억 달러를 넘어설 정도로 치솟았다. 아마존의 플라이휠은 활발히 돌아갔고, 그 결과 베이조스의 자산은 890억 달러로 불어나면서 그는 세계에서 두 번째로 부유한 사람이 되었다.

베이조스는 또한 자신의 일상적인 스케줄과 대중적인 이미지를 관리하는 비서, PR 전문가, 보안 컨설턴트의 숫자도 늘렸다. 그들은 마치 한 국가의 지도자를 대하는 것과 동일한 수준으로 그의 일상적인 움직임을 정확하게 관리했고, 공개적인 발언이나 소셜미디어의 게시물에서는 그 내용이 언제나 무해하며 건전한지 확인했다. 그해 10월 그는 텍사스에서 아마존이 건설한 새로운 풍력발전 단지의 개소식에 참석했는데, 그는 풍력 터빈의 위에 올라가서는 그곳에 샴페인 병을 내리쳐 깨트렸다. 그리고 이 장면을 공중에서 촬영한 동영상을 트위터에 올렸다. 다음 달, 그는 써밋LA(Summit LA)라는 행사에서 인터뷰를 했는데, 진행자는 그의 남동생이자 온화한 성격의 마크였다. 마크는 투자가이자 블루오리진의 고문이고, 의용소방대원이 되는 것을 주제로 테드(TED) 강연을 한 적도 있다. 그들은 수제 칵테일, 우주 탐험, 자신들의 조부모 등에 대해 이야기를 나누었다. 그리고 제프와 매켄지가 뉴욕을 떠나 대륙을 가로질러 시애틀까지 자동차를 몰고 와서 아마존을 창업한 이야기도 들려주었다.

아마존의 고위급들은 절대 공개적으로 인정하지는 않을 테지만, 창업주가 불가능할 정도로 깊이 파고드는 질문을 던진다거나 상당히 부담스러운 야심을 제기하는 일이 적어졌고, 그들 스스로 좀 더 독립적으로 운영할 수 있게 된 것을 기쁘게 여겼다. 베이조스와 회의를 한다는 건 여전히 잔뜩 긴장해야 하는 일이었으며, 프로젝트를 전면 수정한다거나 직원들의 사기를 크게 저하시킬 수도 있었다. 때로는 현명하신 최고경영자께서 무심결에 던진 한 마디 말이 회사 내부에 일대 광풍을 일으켜 결국에는 보고서를 작성해야 하는 경우도 있었다. 상당수의 임원이 베이조스와 만나는 횟수가 적어진 것에 안도감을 느꼈지만, 공개적으로는 아마존에 대한 그의 관심이 식은 것은 아닌지를 궁금해했다. 그렇게 된다면 그들은 마침내 한숨을 내쉴 수도 있을 것이다.

그런 상황에서 아마존은 여름이 끝날 무렵에 개최되는 OP1이라고 알려진 연례 기획회의 일정으로 돌입하고 있었다. 그들이 간절하게 바라는 고압적인 CEO가 일선에서 물러날 기미는 전혀 보이지 않았다. 적어도 당분간은 그랬다.

가장 두드러지면서도 불길한 징조는 북미 소비재 부문의 연간 실적을 검토하는 과정에서 나타났다. 그 회의는 데이원 타워의 6층에서 진행되었는데, 서쪽으로 전망이 내려다보이는 거대한 콘퍼런스 룸에는 테이블을 여러 개 이어 붙여 커다란 사각형 형태로 둘러져 있었다. 베이조스는 테이블 하나를 골라 그 가운데에 앉았다. 그의 왼쪽에는 최고재무책임자(CFO)인 브라이언 올사브스키(Brian Olsavsky)가, 그의 오른쪽에는 당시 그의 기술보좌역인 제프리 헬블링(Jeffrey Helbling)이 앉아 있었다.

더그 헤링턴은 실내를 가로질러 베이조스를 마주 보고 앉아 있었다. 헤링턴의 밑에서 오랫동안 재무를 책임지고 있던 데이브 스티븐슨(Dave Stephenson)이 그의 왼쪽에 앉아 있었는데, 그 모습은 마치 영화 〈대부(Godfather)〉에 나오는 마피아의 고문 변호사 같았다. 제프 윌크를 비롯한 S팀의 구성원들과 리테일, 마켓플레이스, 그리고 기타 부서의 임원들은 테이블의 빈자리를 채우거나 벽을 따라서 앉아 있었다. 그 외의 다른 직원들은 회사가 원격으로 회의할 때 사용하는 변덕스러운 앱인 차임(Chime)에 귀를 기울이고 있었다. 회의는 관례적인 절차에 따라 시작되었다. 모든 사람이 정적 속에서 리테일 그룹이 제출한 OP1 보고서를 읽는 것이었다. 그 안에는 지금까지의 재무실적과 앞으로의 운영 계획들을 자세히 보여주는 도표들로 가득했다.

이제 임원들은 베이조스 특유의 매복공격이 문서를 읽기 전에 개시

될지, 아니면 보고서를 읽으면서 반응을 보일지 궁금해했다. 그 순간에 그들은 베이조스가 페이지들을 넘기면서 이맛살을 찌푸렸고 두 눈이 매섭게 변했다는 것을 눈치챘다. 그리고 거의 알아차릴 수 없을 만큼 천천히 고개를 들어 올리더니 이렇게 물었다. "광고가 없었다면 2017 년에 이 부문의 수익성이 과연 어땠을지가 궁금합니다만?"

아마존의 홈페이지에서는 오랫동안 배너 광고를 게시해왔다. 더 최근에는 프록터앤드갬블(P&G) 같은 공급업체나 아마존 마켓플레이스에서 사업을 하는 제3의 판매자가 비용을 지불하면 스폰서 목록이라는 이름으로 검색 페이지의 최상단을 차지했고, 돈을 내지 않은 업체는 아마존의 검색 엔진이 생성하는 결과들과 섞여서 나타났다. 애널리스트들은 이러한 광고로 아마존이 2017년에 28억 달러의 매출을 올렸으며, 매년 61퍼센트씩 성장한다고 추정했다. 그러나 리테일 부문의 임원들은 광고 사업을 자신들의 손익계산서에서 별도로 분리할 수 있는 요소가 아니라, 자신들이 거둔 실적의 핵심적인 부분이라고 생각했다.

"잠시만요, 제프. 제가 알아볼게요." 리테일 부문의 재무 책임자인 스티븐슨이 말했다. 그것은 쉽게 계산할 수 없었다. 아마존에서 17년을 근무한 베테랑인 그는 서류 더미 뒤에 앉은 채로 스마트폰의 계산기로 셈을 했고, 그러는 동안 실내의 나머지 사람들은 스트레스 가득한 침묵 속에 앉아 있었다.

그렇게 5분 정도가 흘렀다. 스티븐슨이 결과를 도출했다. 실내 전체가 안도의 한숨을 내쉬었다. 그러나 베이조스는 테이블 맞은편에서 여전히 헤링턴과 스티븐슨을 싸늘하게 바라보았다. "2016년의 수치는요?" 그가 물었다.

스티븐슨은 다시 서류 더미 뒤에 숨었다. 다시 한번 숨 막힐 듯한 5분이 흘렀다. 스티븐슨은 다른 수치를 내놓았고, 그러자 베이조스는 2014년의 수치를 물었다. 그 회의에 참석한 어느 임원은 당시의 분위기를 이렇게 말한다. "그 회의실의 분위기가 얼마나 위협적이었는지 상상도 못 할 겁니다. 특히 제프의 두뇌가 회전하면서 이것저것을 생각할 때면 더욱 그렇습니다. 분위기가 살벌했습니다. 데이브 스티븐슨이 그토록 침착했다는 것이 아주 인상적이었습니다." 광고 사업이 없다면, 아마존의 국내 리테일 비즈니스는 재무적으로 볼 때 장밋빛과는 전혀 딴판이었다. 그들의 근본적인 재무 건전성이 실제로 악화되고 있었던 것이다.

베이조스가 실 하나를 잡아당기자, 퀼트 이불 전체가 풀리기 시작했다. 그는 계속해서 잡아당겼다. 이후 몇 시간 동안 논의가 이어졌고, 그는 광고 부문의 성장세가 온라인 리테일 비즈니스의 침체를 감추고 있었다고 주장했다. 베이조스는 유망한 신규 비즈니스가 처음 10년 정도 손해를 보는 것에는 체질적으로 관대한 편이었다. 그러나 리테일 부문은 그런 시점을 이미 오래전에 지나왔다. 그는 이러한 문제적인 추세가 언제부터 시작되었는지 알기 위해 최대한 오래전으로 돌아가서 살펴보기를 원했다. 그 OP1 보고서에서는 이후 몇 달 동안 진행하고자 하는 신중한 계획들이 포함되어 있었지만, 그는 윌크를 비롯한 팀원들이 그 계획안을 버리고 자신에게 수정된 버전을 제출하도록 요구했다. 그는 신규 채용을 비롯한 다른 모든 투자의 규모를 완전히 축소할 것이며, 광고라는 안전한 이불이 없던 시절에도 달성한 수익성의 기반을 회복해야 한다고 주장했다.

소비자 리테일 부문에 속해 있던 임원들에게 이것은 놀라운 전개였다. 해당 재무팀의 머리가 희끗희끗한 베테랑들이 냉소적인 의미로 사용하는 표현을 빌리면, 그것은 '뿌리를 뽑는 일'이었다. 베이조스는 개인적으로 경쟁사들의 낮은 가격에 자신들도 맞추어야 하고, 수익성이 없는 카테고리의 상품에도 뛰어들어야 한다고 주장했다. 고객에 대한 특혜와 서비스 수준을 높이는 데에는 비용이 점점 더 늘어났지만, 회사는 앞으로도 계속해서 수익성이 좋은 분야에 주력하고 자신들이 거둔 수익으로 고객 서비스 부문을 지원할 수도 있었다. 그래서 재무팀의 임원들은 광고에서 거두는 수익을 별도로 떼어놓고 보는 방식으로 내부 시스템을 만든다는 건 생각해본 적도 없었다.

20년이 넘는 시간 동안, 베이조스는 마치 리스크(Risk)라는 보드게임을 하면서 대륙을 차지하기 위해 서로 치열하게 다투는 것처럼, 시장 점유율을 높이기 위해서는 낮은 이윤율과 낮은 가격이라는 전략적인 이점을 활용해야 한다고 강조해왔다. 그랬던 그의 생각이 위기를 맞고 있었다. 그는 리테일 부문에서 더 이상 수익성이 없다는 사실은 물론이고, 자신이 가장 신뢰하는 부관인 제프 윌크와 더그 헤링턴이 사업을 운영하면서 더욱 많은 레버리지를 이끌어내지 못한다는 사실에 불만을 느꼈다. 그들이 보여주는 숫자들은 그들이 독자적으로 사업을 이끄는 체제에서 사업 실적을 끊임없이 끌어 올리는 시절로 다시 회귀할 수도 있으며, 베이조스가 불길한 의미를 담아서 '이틀째 기업'이라고 부르는 속성들이 그들에게서도 일부 나타나기 시작했음을 암시하는 것이었다. "이틀째는 정체이며, 이어서 극심할 정도로 고통스러운 쇠퇴가, 그다음에는 죽음이 뒤따를 것입니다. 그래서 언제나 첫날에 머물러 있어야 하는 것입니다." 그해 초에 개최된 전 직원 회의에서 그가 연단에 올라서 한 말이다.

S팀의 구성원들은 스티븐슨에게 비난의 화살을 돌린 것으로 보이는데, 그는 1년 뒤에 회사를 떠나 에어비앤비의 CFO가 된다. 그러한 논의에 참여한 또 다른 임원은 이렇게 말했다. "그때의 분위기는 '당신이 어떻게 이걸 놓칠 수가 있느냐!'는 것이었습니다. 그러나 사실 우리 모두가 그런 사실을 항상 놓치고 있었습니다."

리테일 부문이 OP1에서 겪은 일은 같은 달에 진행되는 다른 논쟁적인 회의들에도 긴장감을 조성했다. 베이조스는 해외 소비재 부문의 수석 부사장인 러스 그란디네티(Russ Grandinetti)에게도 비슷한 권한을 주었는데, 그들 역시 광고 사업을 제외하면 재무상태가 절망적이었다. 베이조스는 영국처럼 아마존이 오랫동안 사업을 벌여온 나라들에서 더욱 뛰어난 결과를 원했으며, 좀처럼 성과를 내기 어려워 보이는 투자에 대해서는 철저하게 검토했다. 그는 아마존이 중국 시장에서 알리바바와 징동닷컴을 상대로 10년 넘게 경쟁했지만 결국엔 엄청난 손실을 기록하며 실패하고 말았다는 사실을 절대 잊지 않았다. OP1 행사가 끝난 뒤에도, 그는 그란디네티의 팀원들과 계속해서 회의를 이어갔다.

또 다른 OP1 회의는 법무, 인사, 글로벌 업무 등을 종합적으로 검토하는 것이었는데, 베이조스는 인력 충원 요청안을 하나하나 따져보면서 그래야 하는 이유를 물었다. 그는 불필요한 확장으로 보이는 사안에는 날카롭게 질문을 던졌다. 한번은 그가 소비재 리테일 부문의 홍보팀 인력을 늘리는 계획에 대해 툴툴거렸는데, 아마존이 도서 판매라는 초창기 시절부터 이어져온 사업을 굳이 홍보해야 하는 이유가 무엇인지 물어보아 일부 직원을 놀라게 했다. 실제로 도서 카테고리에서 그들의 지배력은 이미 확고한 상태였다.

　그러한 위압적인 질타를 피할 수 있었던 것은 오직 AWS 부문뿐이었다. 앤디 재시가 이끄는 AWS의 성장률은 40퍼센트였고 영업이익이 30퍼센트에 달했기에, 그런 사실을 검토하는 회의실은 그야말로 기분 좋은 축제의 현장이었다. 그럼에도 베이조스는 재시는 물론이고 그의 밑에서 오랫동안 CFO로 근무해온 션 보일(Sean Boyle)에게 그들의 재무계획이 리테일 부문에서 그랬듯이 정말로 자동화되었는지, 아니면 인간의 비효율적인 감정이 그것에 영향을 미치는지 따져 물었다.

　그해 가을에 OP1에서 보여준 모습과 그해 말에 아마존의 조직도 전체를 뒤흔들게 되는 CEO의 지시사항이 보여주는 메시지는 명확했다. 그가 개인적으로 부유해졌고 더욱 유명해졌는데도 아마존은 여전히 제프 베이조스의 회사라는 것이었다. 그리고 어느새 10년이 된 광고 사업이 단순히 다른 비즈니스 단위들의 결점을 가려주는 역할을 하는 데 그치는 것이 아니라, 그는 그것을 위해 더욱 원대한 계획을 갖고 있었다.

광고에 대한 아마존의 완고한 기준

———

베이조스가 광고에 대해 품은 초기의 두려움을 보여주는 것일 수도 있는데, 그는 2000년대 중반에 아마존의 웹사이트에서 광고를 게시하기 시작할 때 회사가 받을 수는 있지만 그래서는 안 되는 종류의 광고를 생각하고 있었다. S팀의 구성원들은 베이조스가 아마존의 웹사이트에서 광고해서는 안 되는 제품의 리스트를 제시한 것으로 기억하고 있다. 예를 들면 총기, 주류, 온라인 만남 사이트, 건강 보조식품, 그리고 고금리 대출로 사람들을 몰아넣는 금융 서비스 등이었다. S팀은 이 목록을 비롯해 광고 비즈니스에 진출할 경우의 장점을 몇 시간 동안 토론했다.

이렇게 보호조치를 했는데도 베이조스는 아마존에 광고를 도입하는 것은 물론이고 그것을 활용해 가격을 낮추는 데 지원한다는 입장을 지지했다. 그는 두 가지 유형의 전자상거래 웹사이트를 예로 들어 설명했다.[201] 하나는 광고를 활용해 가격을 낮추는 사이트이고, 다른 하나는 광고가 없지만 가격이 높은 사이트였다. 고객은 언제나 더 나은 조건을 제시하는 웹사이트로 몰려갈 것이라고 그는 말했다. 다수의 S팀 구성원들에 따르면, 그는 이렇게 결론을 내렸다고 한다. "그런데도 이걸 하지 않는다면, 우리는 멍청이입니다."

아마존은 스스로를 온라인 광고에 주력하는 거대 조직으로 빠르게 자리매김할 수도 있었다. 구글은 사람들이 무엇을 검색하는지 알고, 페이스북은 사람들이 무엇을 좋아하는지 아는 반면, 아마존은 그 모든 걸 통틀어 가장 실용적인 데이터 포인트(data point)*를 갖고 있었다. 그것은 바로 사람들이 실제로 무엇을 구입하는지에 대한 정보였다. 그러나 야후, 구글, 페이스북이 모두 이미 오래전에 온라인 광고를 발판 삼아 성장한 경험이 있고, 아마존은 그제야 뒤늦게 본격적으로 이 분야에 뛰어든 상황이었다. 그리고 그 시점에서도 엄청난 경고 신호들이 있었고, 시작 단계에서부터 수많은 실수가 있었다.

2000년대 말, 아마존은 전 세계 광고 분야의 수도인 뉴욕에서 직원을 채용하기 시작했다. 그곳에서 부과되는 판매세를 회피하기 위하여, 그들은 초기에 애드지니아(Adzinia)라는 자회사에서 일했고, 명함이나 이메일 주소에서도 그 이름을 사용했다. 그들은 6번가(Sixth Avenue)에 첫 번째 사무실을 마련했는데, 이곳에서는 55번가(55th Street)의 보도에 있는 그 유명한 '러브(LOVE)' 조형물이 내려다보였다.

---

* 정보나 데이터의 분석을 위한 기본 단위.

그러나 아마존은 마치 사교클럽과도 같은 뉴욕의 광고계에는 전혀 어울리지 않았다. 〈매드맨(Mad Men)〉*의 시대는 오래전에 지나가긴 했지만, 광고 산업은 여전히 개인적인 친분과 값비싼 점심식사를 중심으로 돌아가고 있었다. 광고계의 임원들은 클라이언트들을 최고급 스포츠 이벤트에 데리고 가거나, 프렌치 리비에라(French Riviera, 코트다쥐르)에서 매년 개최되는 칸 국제광고제(Cannes Lions Festival) 같은 화려한 산업 콘퍼런스로 출장 가는 일에 익숙했다.

뼛속까지 검소한 아마존은 그 모든 걸 거부했다. 국제선 비행기를 타고 출장을 갈 때도 개인적으로 좌석의 등급을 올리지 않는 한, 그들은 일반석에 탑승해야만 했다. 이곳에서 5년 동안 거래처 담당 임원으로 일한 앤드루 제임스(Andrew James)는 이렇게 말한다. "비행기 티켓 가격이 특정한 금액을 초과하면 경고 표시가 떴습니다. 구글과 페이스북은 고객에게 성대한 파티를 마음껏 베풀었습니다. 그것이 저희에게는 불리한 점으로 작용했습니다."

아마존은 뉴욕에 있는 광고 영업팀의 규모를 늘리는 데 소극적으로 움직였다. 그들은 문제가 발생하면 인력 규모로 해결하는 것이 아니라 두뇌의 힘을 활용했고, 이 때문에 내부에서는 흔히 불평을 들을 수 있었다. 어느 OP1 회의에서, 광고팀이 제출한 문서의 부록을 넘기던 제프 윌크는 그들의 채용 계획을 회의적으로 평가했다. 그는 이렇게 농담을 던졌다. "내년에 거래처 담당 임원들의 짐을 들어줄 직원의 수가 몇 명이나 되는 겁니까?"

---

* 1960년대 뉴욕의 광고계를 배경으로 한 드라마.

아마존은 업계의 다른 규범들도 거부했다. 프록터앤드갬블(P&G) 같은 기업의 CEO나 최고마케팅책임자(CMO)는 자신들이 광고비를 지출하는 기업을 상대해야 할 때면 해당 회사의 최고위급 임원을 만나길 원했다. 예를 들어 대형 광고주들이 페이스북을 만나야 할 때면, 그들은 그곳의 COO인 셰릴 샌드버그(Sheryl Sandberg)가 나오리라고 예상했다. 그러나 베이조스는 광고주들이나 광고 대행사들과 1년에 한 차례 아침식사를 함께 하는 것 이외의 다른 모든 것은 거부했다. 그리고 몇 년 동안 광고 부문을 이끈 S팀의 제프 윌크와 제프 블랙번 역시 그런 걸 꺼렸다. 참고로 윌크는 버버리(Burberry)의 CMO를 만나는 자리에서 푸른색 버버리 블레이저를 입은 적이 있다.

2013년에 세계 최대의 생활용품 기업 중 하나인 유니레버(Unilever)의 고위급 마케팅 임원 한 명이 아마존과의 관계 확장을 논의하려고 직원들을 대동하고 시애틀을 찾아왔다. 베이조스와 윌크는 회의에 참석하기를 거부했다. 당시 아마존의 광고 부문 임원인 쉬벤 람지(Shiven Ramji)는 이렇게 말했다. "그들은 실망했습니다. 그들은 사람을 너무 많이 데려왔고, 파워포인트에 사진 자료까지 가져왔습니다. 우리는 우리가 제공할 수 있는 멋진 일들을 종이 한 장에 정리했습니다."

비록 광고주들과 직접 만나지는 않았지만, 베이조스는 자신의 존재감을 충분히 과시하고 있었다. 광고 사업 부문의 초기 시절에만 하더라도 그는 대형 프로젝트는 모두 직접 검토하기를 원했는데, 특히 2011년에 컬러 화면으로 출시한 킨들 파이어(Kindle Fire) 태블릿의 프로모션을 진행할 때 더욱 그랬다. 제프 블랙번을 비롯해 당시에 광고 비즈니스의 기술적인 측면을 관리한 엔지니어인 폴 코타스(Paul Kotas) 역시 개인적으로 광고의 진행상황을 검토했다. 그들의 까다로운 기준과 미학적으로 독특한 요구사항들은 아마존의 광고 부문 임원들과 클라이언트들을 미치게 만들었다. 그러나 블랙번과 코타스에게는 충분히 그럴 만한 이유가 있었다. 그들은 당시에 회사 매출의 진정한 동력인 고객들의 신뢰를 해치거나 온라인 구매 경험에 방해가 될 만한 일은 전혀 원하지 않았기 때문이다. 그들의 반응은 "안 됩니다"라는 한 마디로 요약되는 경우가 많았다.

광고주들은 자신들의 광고에서 애매한 표현을 사용할 수 없었다.[202] 그들은 느낌표를 사용할 수도 없었다. 그것이 고객에게 소리치는 것으로 보일 수 있었기 때문이다. 쇼핑객의 주의를 분산시킬 수 있는 화려한 색상도 사용할 수 없었다. 피부를 과도하게 드러낸 이미지도 사용할 수 없었다. 대충 이런 식이었다.

광고주들은 실리콘밸리의 기업들이 고객들의 통계에 관하여 풍부한 자료를 제공받는 것에 익숙했지만, 아마존은 그것 역시 거절했다. 광고주들은 고객들의 연령, 인종, 쇼핑 습관 등에 관한 데이터에 접근할 수 없었다. 아마존은 어도비(Adobe)나 액시엄(Acxiom) 같은 회사들이 광고에 서드파티(third party)* 소프트웨어의 태그(tag)를 넣어놓고 그것의 실적을 추적하는 것도 허용하지 않았는데, 이것은 인터넷에서 흔히 사용하는 기법이었다. 광고주들은 광고의 효율에 대해 아마존이 직접 제공하는 보고서에만 만족해야 했다.

광고 부문 내부에서는 이러한 다툼으로 곤욕을 치렀다. 언젠가 휴일

---

* 자신들의 기업이나 계열사가 아닌, 제3의 기업이나 그들이 만들어낸 제품 또는 모듈.

에는 폴 코타스가 포드자동차(Ford Motor Company)의 광고에서 그들 특유의 파란색을 사용하는 걸 거부했는데, 그러면 광고가 '전단지'처럼 보인다는 것이 그 이유였다. 아마존은 또한 이동통신사인 T-모바일 (T-Mobile)의 트레이드마크인 분홍색 로고가 너무 밝으며 시선을 분산시킨다고 말했다. 그리고 소니픽처스에는 영화 〈007 스카이폴(Skyfall)〉의 배너 광고에서 무기가 노출되는 바람에 자신들의 정책을 위반했다고 알렸다. 아마존 광고 부문의 어느 임원은 당시 영화사 측의 반응이 "엿먹어!" 같은 것이었다고 회상한다. "제임스 본드에게 권총이 없다는 게 말이 됩니까? 그러면 그도 그냥 평범한 사람일 뿐입니다."

아마존은 이렇게 항의를 받으면 대부분 타협을 선택했다. 그래서 결국 007의 주인공에게는 상징과도 같은 무기를 들 수 있게 허용했는데, 자신들이 당초에 지적한 것은 특별한 인물을 겨냥한 것이 아니라고 해명했다. 그러나 광고주들은 아마존이 오만하며 딴 세상에 있다고 여기게 되었다. "광고주들과 관계를 맺을 때면 따뜻하게 악수를 나누었겠지만, 결국 그들은 저희를 지긋지긋하게 생각했습니다." 아마존에서 광고 제작 감독으로 5년 동안 일한 스티브 수시(Steve Susi)의 말이다.

이러한 완고함은 광고를 보여주어야 한다는 것과 어떤 식으로든 고객의 신뢰를 잃는 행동을 해서는 안 된다는 거의 종교에 가까운 신념이라는 개념이 서로 대립하고 있음을 말해준다. 그리고 이러한 철학은 페이스북 같은 실리콘밸리의 기업들과는 차원이 다른 접근방식이다. 아마존이 광고 분야에 진출하는 초기의 과정에서도 베이조스에게는 그 어떤 비즈니스적인 관계나 대차대조표의 실적을 올리는 것보다도 고객의 경험을 신성시하는 것이 절대적으로 우위에 있었다.

또한 아마존의 웹사이트에서 배너를 클릭하면 고객을 다른 사이트로 이동시켜 결국엔 구매에서 멀어지게 만드는 광고가 과연 적절한지를 두고 그들 내부에서는 의구심 어린 시선도 존재했다. 광고 부문에서는 몇 년 동안 노드스트롬(Nordstrom)이나 메이시스(Macy's) 같은 리테일 업체들이 아마존의 웹사이트에서 그들의 상품을 홍보할 수 있게 해주는 제품 광고(Product Ads)라는 서비스를 제공했다. 그 서비스의 원래 취지는 고객에게 더욱 많은 선택권을 제공하고 가격을 낮추기 위한 것이지만, 정작 회사 내부에서는 오해를 샀고 인기도 없었다. "리테일 부문이 불철주야 노력한 것은 아마존으로 트래픽을 유입하는 것인데, 우리는 그 트래픽을 아마존의 밖으로 내보내고 있었습니다. 리테일 부문의 리더들과 정기적으로 미팅을 하면, 그들은 이렇게 말했습니다. '당신들 대체 뭐하는 겁니까?' 우리는 끝장토론을 해야만 했습니다." 아마존에서 성과형 광고(performance advertising)를 담당하는 부사장인 콜린 오브리(Colleen Aubrey)의 말이다.

2014년이 되자 아마존은 회사 내부에서 광고에 대한 전반적인 열의가 시들해지면서 제품 광고는 거의 퇴역당할 수준에 이르렀다. 재무적인 결과는 좋았지만, 그렇다고 아주 좋은 것도 아니었다. 가이드라인이 엄격한 데다 최고위층과도 만날 수 없기에 광고주들을 밀어내고 있었다. 이 부문은 회사에서 리소스를 얻어내기 위해 끊임없이 분투했으며 임원들도 일주일에 60시간씩 동원되었지만, 이러한 노력은 전혀 인정받지도 못한 채 오히려 공격받는다고 느꼈다. "우리는 오랫동안 악역이었는데, 사람들은 그 책임을 우리에게 물었습니다." 광고 부문의 어느 임원의 말이다.

거대한 자금줄이 되어줄 신의 한 수
검색 광고

———

그해 여름의 조직개편에서 폴 코타스는 수석 부사장으로 승진했고 광고 부문 전체를 이끄는 책임을 맡게 되었다. 아마존에서 오랫동안 글로벌 광고 영업을 담당하는 부사장으로 근무했으며, 그전에는 S팀의 제프 블랙번에게 직접 보고를 올리기도 했던 리사 우츠슈나이더(Lisa Utzschneider)는 이후 6개월 동안 불만스러운 시간을 보내다 결국 야후로 이직했다. 비교적 초창기였던 아마존의 광고 사업은 너덜너덜해졌다.

코타스는 월스트리트의 퀀트 헤지펀드(quantitative hedge fund)*인 디이쇼(D. E. Shaw)에서 일하다 1999년에 아마존에 입사했다. 참고로 디이쇼는 베이조스가 근무했던 곳으로, 그는 이곳에서 온라인 서점에 대한

---

* 컴퓨터의 알고리즘으로 거래를 판단하는 헤지펀드.

아이디어를 구상했다. 코타스는 직원들에게 베이조스가 1997년에 자신을 아마존으로 영입하려 했던 이야기를 들려주는 걸 좋아했다. 그는 시애틀로 떠나려고 짐까지 다 싸놓은 상태였지만, 마지막 순간에 헤지펀드에 남기로 결정했다. 그러한 심경의 변화로 결과적으로 코타스는 수백만 달러를 손해 본 셈이 되었다.

코타스는 펑크와 뉴웨이브 음악을 좋아했다. 그리고 다른 많은 동료와 마찬가지로 광고가 로딩되는 데 걸리는 시간 같은 수치에 집착했고, 근검절약 같은 리더십 원칙들을 신봉했다. 그의 부하직원들은 "당신의 지출내역서에 있는 이 저녁 식대를 설명해주세요"라는 말을 자주 들었다. 성수기가 시작되던 무렵에 광고 부문의 임원들이 연말 광고 캠페인이 보여준 성과를 모니터링하려고 모였을 때, 코타스는 가차 없이 이렇게 말하기도 했다. "만약 여러분 중에서 연말에 할머니 댁을 방문해서 전화기를 꺼두고 연락을 받지 않을 예정이라면, 다시 생각하시기 바랍니다!" 광고 부문의 어느 임원은 그가 이런 말을 1년 내내 했다고 기억한다.

코타스는 궁지에 몰린 광고 부문을 단독으로 책임지게 되었는데, 때마침 영원한 난제로 남아 있던 사안들의 해결 방안이 스스로 모습을 드러냈다. 당시에 아마존의 마켓플레이스 비즈니스는 쾌속순항을 하고 있었다. 중국에서 온라인을 타고 물밀듯이 들어오던 상인들을 포함하는 제3의 판매자들은 점점 더 혼잡해지는 검색 결과 페이지에서 자신들의 상품을 눈에 더욱 잘 띄게 만들고 싶어 했다. 그래서 해결책은 명확했다. 돈을 받고 그렇게 해주면 되는 일이었다. 구글이 검색 결과에서 자신들의 웹사이트를 홍보하고자 하는 업체에 수수료를 받는 것처럼 말이다.

아마존이 도입한 이러한 구글 스타일의 검색 광고 경매는 '스폰서 상품(sponsored product)'이라고 불렀다. 예를 들어 침대 시트를 판매하는 제3업체가 경매에 입찰해서 성공하면, 아마존의 검색창에서 고객이 '침구'라는 단어를 입력할 때마다 그들의 침구류를 보여주는 방식이다. 처음에는 이 광고가 검색 결과의 첫 페이지에서 맨 밑에 나타났다. 만약 사용자가 스폰서 상품을 클릭하면, 고객은 해당 제품의 페이지로 이동하고 아마존은 수수료를 챙기는 구조였다.

아마존이 스폰서 상품을 더욱 많은 카테고리로 확대하고 광고 위치를 검색 결과의 오른쪽으로 이동시켰지만, 광고 부문에서는 거기에 필요한 기술을 충분히 빠르게 개발하는 데 어려움을 겪고 있었다. 그들은 광고주들이 입찰하는 검색 결과 경매 시스템은 물론이고, 광고의 효과를 추적하는 도구와 그 결과를 광고주들에게 보여주는 보고서 시스템도 개발해야만 했다. 이런 시스템의 초기 버전을 이용한 광고주들은 당시의 서비스가 허술했다고 기억한다. "우리가 집행하는 광고의 성공과 실패에 대한 정보를 담아 우리에게 전달되는 보고서는 매우 형편없었습니다. 실제로 효과가 있는지 확인하는 건 거의 불가능했습니다." 샤피(Sharpie) 형광펜과 엘머스(Elmer's) 접착제 제조사인 뉴웰브랜드(Newell Brands)에서 글로벌 이커머스 부문 부사장을 지낸 제러미 리보위츠(Jeremy Liebowitz)의 말이다.

아마존은 또한 그러한 광고와 특정한 검색어를 서로 관련 있는 것끼리 적절하게 연결지어야 했다. 구글은 관련 항목을 적절하게 보여주어야 하는 복잡한 검색 분야에서 20년이나 경험을 쌓아온 반면에, 아마존은 거의 신참이었다. 베이조스나 윌크는 잘못 노출된 광고를 발견할 때마다 곧바로 코타스에게 이메일을 보냈다. 그는 다시 그걸 엔지니어들에게 포워딩했고, 그러면 엔지니어들은 좌절감을 느꼈다. 광고 부문의 어떤 엔지니어는 아이들의 장난감을 검색했는데 스폰서 광고에서 성인용품이 나타나는 바람에 한바탕 대소동이 벌어진 일을 기억하고 있었다.

검색 광고는 아마존 내부는 물론이고 광고 부문 자체에서도 논쟁적인 사안이었다. 전통적인 배너 광고를 판매하는 임무를 맡고 있던 뉴욕, LA, 런던의 영업 임원들에게는 매년 공격적인 매출 목표가 주어졌다. 그들의 클라이언트들은 이제 아마존의 완전히 새로운 광고 방식에 점점 정신이 팔렸다. 실리콘밸리에 있는 아마존의 검색 부문인 에이나인(A9)에서 일하던 엔지니어들은 이 새로운 검색 광고를 혐오했다. 그들의 업무는 검색 결과를 통해 객관적으로 유용한 상품을 보여주는 것이지, 광고에 더 많은 돈을 지불한 판매자의 상품을 보여주는 것이 아니기 때문이었다.

그러나 스폰서 광고는 확실히 효과가 있었다. 고객이 실제로 그걸 클릭했기 때문인데, 그들은 스폰서 항목과 객관적인 검색 결과를 잘 구분하지 못했다. 판매자들과 브랜드들은 그 비용에 불만을 드러내긴 했지만, 그들은 이미 구글을 통해 검색 광고에 익숙했으며, 아마존에서는 그것이 소비자의 눈길을 끌 수 있는 방법이라는 것을 파악했다. 2016년이 되자 S팀은 검색 광고의 인기가 커지는 걸 지켜보면서 다음과 같은 중요한 문제를 논의했다. 검색 광고를 유기적인 검색 결과와 섞어서 검색 페이지의 상단에 노출하는 것을 허용해야 하는가?

소위 말하는 '어보브 더 폴드(above the fold)'*에 대한 논쟁이 치열하게 벌어졌고, 관련한 회의는 셀 수 없을 정도로 열렸다. 고객 경험은 신성해야 한다는 주장과 이것은 새롭고도 유망한 수익원이라는 의견이 맞붙었다. 광고 부문의 임원들은 검색 결과에서 스폰서 항목을 상단에 배치하면 판매자와 공급업체에 혜택이 있을 것이라고 주장했다. 리테일 부문의 임원들은 저품질의 상품을 광고한다면 고객이 잘못된 길로 접어들 수 있으며, 그들의 경험 자체가 나빠지며, 사이트에서 전반적인 소비가 줄어들 것이라며 우려했다.

어느 토론 자리에서 국내 리테일 부문을 이끌던 더그 헤링턴은 이 문제를 전갈과 개구리의 우화에 빗대어 설명했다. 그 이야기는 전갈이 개구리에게 자신을 등에 태워 강 건너편으로 데려다달라고 부탁했는데, 건너가던 도중에 자신의 본성을 참지 못하고 개구리에게 독침을 찔러 둘 다 파멸에 이른다는 내용이다. 비유하자면 그의 맞상대인 광고 부문이 전갈이었다. 그들이 그 자체로 사악하지는 않지만, 진실한 검색 결과를 보여주던 평등한 운동장을 왜곡하는 것이 그들의 본성이었다.

결국 베이조스가 논쟁을 해결해야만 했다. 그의 대답은 충분히 예상할 수 있는 방안이었는데, 검색 결과의 상단에 스폰서 광고를 배치하는 방식을 체계적으로 테스트한다는 것이었다. 그리고 우선은 검색 요청 중에서 극히 일부에만 진행할 예정이었다. 테스트를 담당하는 엔지니어들은 결과를 측정하는 도구나 실험 데이터를 그다지 신뢰할 수 없

---

* 스크롤을 하지 않은 상태에서 기본으로 표시되는 화면.

다고 생각했지만, 그래도 그 결과는 상당히 일관성 있게 나왔다. 스폰서 광고를 눈에 잘 띄게 보여주면, 끝내 구매를 완료하는 고객의 수가 단기간에 통계적으로 감지할 수 있을 만큼 소폭 하락했다. 그로 인한 장기적인 영향은 알 수 없었다. 전갈이 개구리를 죽인 것이 아니라, 살짝 찰과상을 입힌 정도였다. 그리고 그 상처로 독이 퍼졌는지도 아직 확실치 않았다.

고객이 원하는 상품을 찾지 못하는 일 같은 부수적인 피해가 있는 것은 거의 확실했지만, 스폰서 상품에서도 매출이 발생했다. 그것도 아주 많았다. 그래서 이와 관련하여 해당 광고를 검색 결과의 상단으로 옮길지에 대한 베이조스의 판단은 한 단어로 요약할 수 있었다. 예스 (Yes). 아마존은 검색 결과에서 스폰서 상품이 포함되는 비율을 계속해서 늘려야만 했다. 그렇다, 그들은 모든 검색 결과에서 스폰서 상품의 수를 늘려야만 했다. 설령 그것이 고객의 클릭 수를 약간 떨어트린다 하더라도 말이다.

전통적인 배너 광고를 하던 시절에만 해도, 베이조스는 고객의 경험에 있어서는 타협을 거부했다. 그러나 이제 그는 너무 많은 광고를 보여주면 고객이 소외될 수 있다고 경고하면서도 힘차게 앞으로 나아가는 걸 선택했다. 그는 엄청난 횡재 가능성과 거기서 발생할 수 있는 투자 기회를 포기해야 할 만큼, 그로 인한 장기적인 피해가 크지는 않을 것이라고 말했다.

검색 광고는 베이조스가 좋아하는 비즈니스적인 특성들을 모두 갖고 있었다. 고객이 광고를 클릭하더라도 아마존의 외부로 나가는 것이 아니라 사이트 내에서 해당 제품의 페이지로 연결되었다. 그리고 고객은 그 상세 페이지에서 구매를 했고, 그들의 플라이휠에 더욱 힘을 실어주었다. 〈매드맨〉 시절처럼 광고를 따내기 위해 뿌려대는 비용 지출도 거의 없었다. 시스템은 대부분 셀프서비스였다. 그리고 일단 기술이 자리를 잡게 되면, 검색 광고는 어마어마한 레버리지를 만들어낼 수 있었다. 그것은 베이조스가 새로운 발명 프로젝트에 지원할 수 있는 거대한 자금줄이 될 것이다.

"검색 결과에서 광고를 상단으로 옮긴 것은 신의 한 수였습니다. 만약 그러한 결정이 없었다면 스폰서 상품들은 현재와는 전혀 다른 모습일 것입니다. 그리고 그러한 결정에 사인한 사람은 바로 제프입니다." 아마존의 광고 비즈니스에서 일한 어느 컴퓨터 과학자의 말이다.

'아마존의 초이스' 배지를 단 제품

———

베이조스가 비교적 능력 위주인 검색 결과를 아마존의 상업적인 이해 관계를 우선시하는 영역으로 전환하겠다는 의지를 보인 이상, 그 가능성은 무궁무진했다. 이와 관련하여 한 가지 재미있는 일화가 있다.

몇 년 전에 베이조스는 플로리다에 사는 어떤 고객에게서 이메일을 한 통 받았는데, 그 사람은 셀카봉을 사기 위해 아마존닷컴을 방문했다고 한다. 그런데 그곳에는 셀카봉이 수백 가지 있었고, 그 고객은 어떤 걸 구입해야 좋은지 알 수 없었다고 한다. 그래서 그는 동네에 있는 가게를 찾아가서 그곳의 직원에게 조언을 얻었다. 그 고객이 보낸 이메일에는 이렇게 적혀 있었다. 아마존도 그렇게 추천을 해줄 수 있지 않을까요?

베이조스는 그 이메일을 S팀에 포워딩했는데, 그들은 이미 그 문제를 심사숙고하고 있었다. 해당 이메일은 리테일 조직 내에 널리 공유되었고, 결국엔 알렉사 프로젝트에서 음성 쇼핑을 개발하던 팀에도 전달되었다. 그렇게 추천하는 상품은 '아마존의 초이스(Amazon's Choice)'라고 불렸다. 그래서 사용자들이 알렉사에게 어떤 제품을 주문해달라고 요청하면, 혼잡한 카테고리에서 하나를 선택하는 게 아니라 고객의 리뷰, 가격, 배송 속도 등의 다양한 변수를 고려해 특정한 상품을 골라주었다.

알렉사를 통한 음성 쇼핑은 빠르게 성장했고, 2016년의 검색 결과에서는 스폰서 상품들과 함께 아마존의 초이스 배지를 단 목록들이 눈에 띄기 시작했다. 그러나 그것의 의미는 다소 모호했다.[203] 이러한 보증 표시가 실제로 무엇을 의미하는지 회사 차원에서는 거의 설명해주지 않았지만, 그래도 그 상품의 분야를 잘 아는 영업사원의 역할을 최소한 어느 정도는 채워주는 것처럼 보였다. 그럼에도 고객들은 배지가 붙은 제품으로 몰려들었는데, 이렇게 단 하나의 항목 때문에 판매량이 세 배나 뛰었다.[204] 당연하게도 판매자들은 시스템을 속이지 않고 긍정적인 리뷰를 착실히 쌓아서 배지를 얻으려 노력하는 대신에, 어떻게 하면 돈을 내고 그 배지를 구입할 수 있는지 알고 싶어 했다. 아마존의 임원들은 판매하는 것이 아니라고 대답했다. 음성 쇼핑을 담당한 부사장인 아사프 로넨(Assaf Ronen)은 이렇게 말했다. "우리는 그것이 매우 간단하다고 말했습니다. 최고의 제품을 가져와 가격을 저렴하게 설정하고, 고객을 기쁘게 하면 되는 것이라고 말입니다."

그러나 아마존의 초이스는 또 다른 방식으로도 회사의 이익에 기여했다. 아마존 베이직의 배터리 같은 자체 브랜드 상품을 생산하던 부서에서는 듀라셀(Duracell) 같은 경쟁사의 브랜드에 그 표시가 붙어 있는 걸 보고는 자신들에게도 배지를 달라고 요구했다. 이는 또 한 차례의 내부 논쟁을 촉발했는데, 자체 브랜드 생산 부서들이 검색을 담당하는 A9의 엔지니어들은 물론이고, 심지어 폴 코타스와 광고 부문에도 항의하는 일이 벌어졌다. 광고 부문의 입장은, 검색 결과에서 자체 브랜드 상품을 돋보이게 하면 광고주들의 이익을 침해하고 배지의 권위를 손상시키게 된다는 것이었다. 그럼에도 이 배지는 아마존의 수많은 자체 브랜드 상품에 더 많이 집중되는 경향이 있었으며, 따라서 검색 결과에서도 경쟁자들에 비하여 또 다른 우위를 갖게 되었다. 2019년에 〈월스트리트저널〉이 아마존의 초이스를 보도한 내용[205]에 따르면, 아마존 베이직의 상품들은 모두 540개 품목에서 배지를 받았는데, 이는 다른 그 어떤 브랜드보다도 많은 숫자였다.

당연히 다른 판매자들은 그 배지가 아마존의 자체 브랜드에 부여되는 것을 보고 분개하면서 항의했다. 아마존의 변호사들은 이러한 관행을 제지했는데, 특히 구글이 검색 결과에서 자사의 서비스에 비슷한 방식으로 특혜를 부여한 행위에 대하여 유럽의 반독점 당국이 조사하고 있었기 때문이다. 자체 브랜드 부문의 임원들도 그것을 멋쩍어하는 분위기였다. 소비재 부문의 전직 관리자인 JT 멩은 이렇게 말했다. "우리 팀의 수많은 사람은 아마존이 그런 일을 해서는 안 된다고 생각했습니다. 그것이 굳이 필요하지 않은 자체 브랜드의 제품에 배지를 붙이는 일은 고객에게 좋지 않을 뿐만 아니라, 반경쟁 행위이기도 했습니다."

아마존의 검색 결과는 알고리즘에 따라 체계적으로 상품을 분류하는 단순한 방식이었는데, 이제는 스폰서 광고, 아마존의 초이스라는 보증, 타사 웹사이트 에디터들의 추천, 그리고 아마존의 자체 브랜드 상품에 이르기까지 과도할 정도의 상품기획이 개입된 진열대로 바뀌었다. 일부 제품 카테고리에서는 모든 결과를 보여주는 페이지에서 유기적인 검색으로 찾은 제품이 겨우 두 개만 나타나기도 했다.[206] 타사의 브랜드 및 판매자는 더 이상 예전의 방식으로는 고객이 자신들의 제품을 찾을 수 있으리라고는 생각할 수 없었기에, 오히려 더욱 적극적으로 지갑을 열어 검색 광고에 더 많은 돈을 소비하는 경향이 있었다. 이후 미국 하원의 반독점 소위원회가 초당적으로 합의하여 작성한 보고서[207]를 보면, 소비자들은 검색 결과의 첫 페이지만을 보는 경향이 있기 때문에 아마존이 "판매자에게 (자사 웹사이트에서) 판매를 허가해주는 조건으로 광고 서비스의 구매를 요구할 수도 있다"고 결론내리게 된다.

2017년이 되자 스폰서 상품으로 벌어들이는 수익은 배너를 비롯한 노출형 광고의 매출을 무색하게 만들었으며, 머지않아 그들을 멀찌감치 따돌리게 된다. 당시에 아마존의 손익계산서에서는 광고 부문의 매출이 '기타' 항목에 포함되어 있었는데, 참고로 이 계정은 예전에 AWS 부문의 매출액을 묻어둔 곳이기도 하다. 아무튼 그해 '기타' 항목의 매출액은 전년보다 58퍼센트나 뛰어 46억 5,000만 달러를 기록했다. 아마존은 자신의 뒤뜰에서 진정한 금광을 발견한 것이다.

세계 최고의 부자가 된 변화의 설계자

그러나 베이조스가 가장 먼저 해야만 하는 일은 소비재 리테일 비즈니스가 스폰서 광고 비즈니스에서 벌어들이는 수익을 약탈하지 않게 하는 것이었다. 2017년 가을의 OP1 회의에서 베이조스는 아마존에서도 가장 오래된 비즈니스가 광고 같은 것으로 위장하지 않고 자기 스스로 설 수 있어야 한다고 주장하며, 회사가 오랫동안 유지해온 관행을 뒤집어야 한다고 말했다. 기존에는 매출액 증대와 시장점유율 확보를 위해 전방위적으로 노력했지만, 이제는 그것이 수익 추구로 대체되었다. 기존에는 회사의 구석구석에 미래를 위한 씨앗을 심는 것이 의무사항이었지만, 이제는 가장 커다란 나무들만이 중요하다는 인식이 자리를 잡았다. (물론 그런 대형 나무들은 베이조스가 직접 씨를 뿌려서 키워낸 경우가 많았다.) 반면에 다른 값비싼 베팅들은 가지치기를 당해야만 했다.

이후 몇 달 동안, 아마존은 그들의 역사에서 아주 보기 드문 모습을 보였다.[208] 그들이 퇴각한 것이다. 미국과 영국에서 콘서트를 비롯한 이벤트 티켓을 판매하기 위해 구축한 웹사이트들이 폐쇄되었다. 그들은 아마존 레스토랑(Amazon Restaurants)이라는 서비스를 새로운 도시들에서 개시하는 속도를 늦췄다.[209] 이것은 원래 미국의 그럽허브(Grubhub)나 도어대시(DoorDash), 그리고 영국의 딜리버루(Deliveroo) 같은 스타트업과 경쟁하기 위해 만든 음식 배달 서비스인데, 2년 뒤에는 아예 문을 닫았다. 그들은 또한 알리바바나 징동닷컴에 비해 가망이 없을 정도로 뒤처져 위기에 몰린 중국 시장에 대한 투자를 줄였으며,[210] 2019년에는 영원히 영업을 종료하게 된다.

아마존은 또한 리테일 부문에서의 신규 채용도 거의 중단했다. 그전까지 그들은 유능한 직원을 채용하는 데는 거의 아무런 제약을 받지 않았다. 시애틀에서 근무하는 아마존의 인력 규모는 2010년의 5,000명에서 2017년에는 4만 명으로 급증했다. 그러나 그다음 해에는 거의 그대로 유지되었다. "우리는 몇 년 동안 고정비용에 대한 투자를 급속히 늘려왔기 때문에, 적어도 1년 동안은 그 속도를 늦추고 그러한 성장세를 조직 내에서 흡수하며 효율성을 높이는 것이 합리적이라고 판단했습니다." 제프 윌크의 말이다.

마치 새로운 정장을 입어보는 것처럼, 그들에게는 오랫동안 낯선 개념이었던 수익성을 처음으로 시도하게 되었다. 리테일 부분의 임원들에게는 코카콜라나 유니레버 같은 주요 브랜드들과의 관계를 재검토하여, 배송 비용이 많이 드는 생수 같은 제품에 대해 자신들에게 좀더 유리한 조건을 이끌어내라는 지시가 내려졌다.[211] 그들은 상거래에서 자사의 우선순위를 높이기 위해 검색 엔진으로 다시 눈을 돌렸는데, 어떤 상품이 '아마존의 초이스' 배지를 받았는지 판단하는 알고리즘 방정식에 상품의 수익성이라는 요소를 추가해 실험을 했다. 리테일 부문의 인력을 소프트웨어로 대체하기 위하여 진행하던 '핸들에서 손 떼기' 프로젝트 역시 속도를 높였다.[212] 이를 통해 판매자들은 아마존의 직원들과 협업하지 않고도 아마존의 웹사이트에서 직접 프로모션을 진행하고 판매관리를 할 수 있었다. 회사는 여전히 대형 업체에는 세심한 서비스를 제공했지만, 이제부터는 그런 서비스에 요금을 부과할 예정이었다.

베이조스는 이러한 재편 과정에서 고정비용을 줄이고, 조직도의 규모를 축소하며, 아마존이 타성에 젖은 '이틀째 기업'이 될지도 모르는 상황을 회피할 수 있는 또 하나의 방법을 발견했다. 그는 전사적인 차원의 지시를 내렸다. 참고로 아마존의 전직 엔지니어인 스티브 예그(Steve Yegge)는 2011년에 블로그 게시글에서 이렇게 썼다. "그는 물론 언제나 그렇게 하고 있다. 사람들은 그럴 때마다 마치 고무망치로 얻어맞은 개미들처럼 몸부림을 친다."[213] 아무튼 당시에만 하더라도 관리자 직급들은 직속 부하직원들도 관리자인 경우가 많았는데, 앞으로 아마존의 모든 관리자는 자신에게 직접 보고하는 직원을 최소한 여섯 명은 데리고 있어야 한다는 것이었다.

'관리의 폭(span of control)'*을 조정한 이러한 지시 자체는 그다지 위험하지 않아 보이지만, 회사 내부에서는 중성자 폭탄에 버금가는 폭

---

* 고위급 관리자가 효율적으로 통제할 수 있는 직속 부하직원의 수.

발을 일으켰다. 직속 부하직원이 3~5명뿐이던 고위급 관리자들은 조직의 내부는 물론이고 직속 부하직원이 데리고 있던 직원들과 접촉해 여섯 명이라는 숫자를 채웠고, 그러느라 정작 해당 부하직원들에게는 필요한 인력이 모자란 상태가 되었다. 이러한 조치는 연쇄적인 효과를 일으켰다. 그리고 아마존의 직급 체계를 꾸준히 올라와서 관리직을 맡게 된 임원들은 이제 더 이상 위로 올라가는 경로가 봉쇄되었다는 사실을 알게 되었다.*

아마존의 많은 직원에게 이러한 조직개편은 기업의 문화 내에 비공식적인 잔인함이 존재한다는 느낌을 상기시켰고, 스택 랭킹이 존재하던 시절을 연상케 했다. AWS 같은 일부 부문은 이러한 지시에서 예외였지만, 다른 부문들은 심각한 타격을 받았다. 리테일 부문의 임원들은 이러한 대대적인 개편 과정에서 동료 중 10~20퍼센트가 (직속 부하직원과 관리자 역할을 빼앗기면서) 자리를 비웠는데, 그들은 AWS나 알렉사 같은 고성장 부문으로 이동하거나 아예 아마존을 떠나기도 했다고 말한다.

아마존의 신발 및 의류 카테고리에서 판매를 책임지는 최고 관리자였던 스탠 프리들랜더(Stan Friedlander)는 이렇게 말했다. "조직의 사기라는 관점에서 볼 때, 그들은 아주 엉망으로 일처리를 했습니다. 대부분의 대기업이 이런 상황을 겪으면, 그들은 보통 정리해고를 단행한다고 발표합니다. 그러면 직원들은 버티거나 퇴직금을 받고 회사를 떠납니

---

* 승진을 하면 6명의 직속 부하직원이 필요했고 자신의 후임 관리자도 그래야 했기 때문에, 회사에서 누군가 1명만 승진시켜도 그 자체로 상당한 인력 구조조정과 재편이 필요했다. 그러다 보니 사실상 조직에서 승진을 시키기 어려워졌다.

다. 그러나 아마존은 지금까지도 그들이 직원을 몇 명 정리하려 하는지 전혀 발표하지 않습니다. 그래서 공포 분위기가 조성되는데, 회사는 그걸 즐기는 것 같습니다." 그도 회사에서 10년 동안 근무할 수 있었지만 그러지 못했다.

이러한 의자 차지하기 방식의 개편으로 아마존은 정리해고를 정식으로 발표하지 않아도 되었고, 내외부에서 제기될 수 있는 비난도 피할 수 있었다. 그리고 조직의 복잡한 구조를 개선하고 '이틀째'의 타성과 싸운다는 베이조스의 목표를 따른다는 미명 아래 원하는 조직개편을 달성했다. 그것은 기발하면서도 다소 잔인하고 전형적인 베이조스의 행보였다. 그러한 지시를 내리면서 그는 동시에 S팀의 구성원들에게는 베인앤컴퍼니(Bain & Company)가 만든 '창업자의 사고방식(Founder's Mentality)'[214]이라는 19분 분량의 유튜브 동영상을 시청하라고 지시했다. 이 동영상은 관료주의를 제거하고, 일상적인 의사결정에서도 고객의 목소리를 중요하게 생각하며, 파괴적인 스타트업의 마음가짐과 동기를 보존해야 한다는 내용이었다. 동영상에서 베인의 이사인 제임스 앨런(James Allen)은 이렇게 말한다. "성장에는 한 가지 역설이 있습니다. 성장을 하면 복잡성을 만들고, 복잡성은 성장을 조용히 죽게 만든다는 것입니다."

많은 임원이 이처럼 파격적인 움직임에는 뭔가가 더 있으리라고 판단하고, 베이조스의 머릿속을 들여다보려 노력했다. 일각에서는 그가 회사에서 유일하게 리스크를 즐기는 사람이라는 사실을 좋아했으며, 다른 직원들은 아무 분야에나 너무 많이 투자한다고 판단한 것이라고 추측했다. 오랫동안 재직했으나 이러한 조직개편 이후에 회사를 떠난 어느 임원은 '가장 그럴듯한 추측'은 베이조스가 단순히 'LA의 왕이 되고 싶은 것'이며, 수익성을 향한 이러한 전환은 아마존 스튜디오를 지원하고 오리지널 TV 프로그램과 영화를 제작하기 위한 비용을 마련하려는 시도였다고 말했다. 다른 이들은 베이조스가 주춤하고 있던 아마존의 주가 때문에 주식 위주로 설계된 그들의 보상 시스템이 영향을 받을까 봐 우려했을 수도 있고,* 수익을 창출하면 월스트리트를 놀라게 할 수 있다는 사실을 잘 이해하고 있었다고 의견을 밝혔다.

만약 그것이 노림수라면, 그 전략은 훌륭할 정도로 잘 먹혀들었다. 2017년 가을의 험난했던 OP1 회의와 '관리의 폭'을 조정하라는 지시가 내려진 후, 인력 증가세가 둔화되었고 아마존 리테일 부문의 수익은 늘어났다. 그리고 전 세계 프라임 회원의 수는 1억 명을 돌파했고, AWS는 계속해서 뜨겁게 성장했다. 그 결과 아마존의 연간 순이익은 2017년의 30억 달러에서 2018년에는 100억 달러로 뛰어올라 투자자들은 심장이 멎을 정도로 광분 상태가 되었다. 아마존의 주가는 폭발적으로 상승했다. 2017년 말 기준으로 5,500억 달러였던 시가총액은 2018년 말에는 7,300억 달러로 치솟았다.

당연히 그것은 지대한 영향을 미쳤다. 몇 년 동안 보상 주식이 누적되는 걸 즐겁게 지켜본 베테랑 임원들의 순자산도 급증했다. 아마존의 오래된 투자자들은 자신들의 충성심에 대해 아주 후하게 보답을 받았다. 그리고 2017년 가을, 제프 베이조스는 마침내 빌 게이츠를 제치고

---

* 주가가 낮으면 직원들이 스톡옵션 등의 방식보다는 현금 보상을 원할 가능성이 있고, 이는 회사로서는 비용 증가로 이어지게 된다.

세계에서 가장 부유한 사람이 되었다.[215] 물가상승률을 고려하더라도, 그는 조만간 마이크로소프트 윈도(Windows)의 독점이 최고조에 달했을 때의 게이츠는 물론이고, 월마트가 미국의 소매업 부문을 장악했을 당시의 샘 월튼(Sam Walton)보다도 더 부유해질 예정이었다.

20년 동안 세간의 주목을 받아온 베이조스는 그러한 자리에 오름으로써 이제 그에게는 완전히 새로운 차원의 찬사가 쏟아졌고, 언론에서는 더욱 철저한 검증을 받게 되었다. "제프가 세계 최고의 부자라고 공표된 그 날은, 주제가 무엇이든 관계없이 아마존에 대한 모든 이야기의 첫 부분에서 그 사실이 언급되기 시작한 날입니다." 아마존의 수석 부사장인 제이 카니의 말이다. 베이조스가 마이애미에서 어린 시절에 살던 집을 찾아갈 때 동행한 그의 고등학교 친구인 조슈아 와인스타인은 이렇게 덧붙였다. "세계 최고의 부자가 되자 다른 사람들이 그를 바라보는 방식이 바뀌었습니다. 그에게는 완전히 다른 세상이 되었습니다."

베이조스는 스스로가 그러한 변화의 설계자였다. 검색 광고라는 금광을 발견하고는 회사가 광고 부문을 목발 신세로 만드는 것을 피해야 한다고 주장하는 한편, 회사 내에서는 관료체계가 커지지 않도록 투쟁하면서, 그는 아마존의 역사상 아마도 가장 비옥한 성장기를 열어젖혔다. 적어도 지상의 비즈니스 세계에서 그는 리테일 및 테크놀로지 분야의 다른 모든 사람을 누르고 절대적인 우위를 굳혔다.

Chapter 11

한 걸음씩 대담하게[216]

'아폴로 키드'의 꿈을 이뤄줄 블루오리진

———

베이조스가 아마존의 관료체계와 전쟁에 돌입하기 1년 전, 새롭게 문을 연 데이원 타워의 6층에서는 이례적인 회의들이 연달아 열렸다. 베이조스가 설립했지만 아마존과는 별개로 그가 개인적으로 소유하고 있는 기업인 블루오리진의 임원들은 2016년 가을의 몇 주 동안 워싱턴주 켄트에 있는 사무실에서 번갈아가며 한 명씩 우버 차량을 호출해서 한낮에 자동차로 30분 정도 걸리는 시애틀의 중심가로 향했다. 무슨 일이었을까? 창업주인 베이조스와 일대일로 만나 점심식사를 하기 위해서인데, 그것은 상당히 드문 일이었다. 그리고 그런 만남을 주선한 이유는 16년 된 우주 관련 스타트업인 그 회사의 문제가 무엇인지 논의하기 위해서였다.

아마존은 눈부신 성공가도를 달리고 있었고 〈워싱턴포스트〉는 화려하게 부활하고 있는 반면에, 블루오리진은 뛰어난 성장을 거두며 확장하고 있던 베이조스의 제국에서 낙오자 신세였다. 사람들을 재활용 가능한 뉴 셰퍼드(New Shepard)라는 이름의 로켓에 태워 준궤도 우주(suborbital space)*까지 올려보내기 위한 그들의 프로그램은 수없는 일정 지연으로 어려움을 겪었고, 갑작스런 폭발로 화염에 휩싸이는 바람에 무인 로켓 두 대를 잃기도 했다. 참고로 로켓 과학자들은 이러한 폭발 사고를 '예상치 못한 급속도의 분해(rapid unscheduled disassembly)'라고 부른다. 그리고 관광객과 화물을 뉴 글렌(New Glenn)이라는 훨씬 덩치 큰 로켓에 태워 궤도에 올려놓는다는 더욱 야심찬 프로젝트도 완료 기한이 불과 몇 년 앞으로 다가와 있었다.

한편 테슬라의 공동 창업자인 일론 머스크가 블루오리진 설립 2년 후에 만든 민간 우주 기업인 스페이스X(SpaceX)는 상당한 전진을 이뤄내며 역사를 써내려갔다. 그들이 만든 건실한 팰컨 9(Falcon 9) 로켓은 상업용 및 군사용 위성을 꾸준히 우주궤도로 보내고 있었으며, 국제우주정거장(ISS)의 물자 공급 로켓으로도 선정된 상태였다. 2016년 4월, 스페이스X는 대서양에 띄운 드론 선박에 팰컨 9의 추진 로켓을 무사히 착륙시켰다.[217] 그것은 기술적으로 놀라운 성취였으며, 두 개의 우주 기업과 두 명의 억만장자 사이에서도 뚜렷한 대비를 보여주었다.

이제 베이조스는 아마존에서의 일과 중 일부를 블루오리진의 문제를 파악하는 데 사용하고 있었다. 앞에서 말한 점심식사는 어떤 경우에는 두 시간 정도로 길어지기도 했는데, 블루오리진의 임원들은 자신

---

* 우주에서 지구의 중력을 완전히 벗어나지 않는 영역.

들의 오너를 이해시키려고 애를 썼다. 그들은 형편없는 내부의 커뮤니케이션, 시간만 허비하는 미팅, 납득할 수 없는 지출 결정에 불만을 드러냈다. 어느 엔지니어는 이 회사를 포템킨 마을(Potemkin village)*이라고 설명했는데, 화려한 겉모습이 고장 난 문화를 가리고 있다는 의미였다. 또 다른 임원은 문제가 즉시 해결되지 않으면 회사를 그만두겠다고 위협했다.

베이조스와 점심식사를 함께 한 블루오리진 직원 중 상당수는 이런 문제의 근원을 파고드는 과정에서 신중한 태도를 보였다. 그들은 베이조스가 야심을 계속 확장하면서도 회사의 인원수에는 제한을 두었다는 이야기를 빙빙 돌려 전달했다. 베이조스가 그 자리에서 한 발언을 공유할지도 모른다고 생각해, 그들은 13년 동안 자신들을 대표하여 블루오리진의 사장으로 재직해온 롭 마이어슨(Rob Meyerson)에 대해서도 말을 아꼈다.

그럼에도 베이조스는 그들의 이야기를 경청했고, 메모를 했으며, 그들의 메시지를 이해한 듯했다. 그러한 점심식사 일정이 모두 끝난 후, 그는 마이어슨에게 블루오리진에서는 지금까지 한번도 가져보지 못한 CEO를 찾아보겠다는 소식을 전했다. 아마존의 인사 담당 부사장인 수전 하커가 베이조스를 위해 후보를 물색했다. 그러한 과정에 참여한 어느 인사의 말에 따르면, 그들은 스페이스X의 정력적인 최고운영책

---

* 실제 현실을 가리고 거짓으로 미화된 모습을 보여주기 위한 시도를 의미한다. 제정 러시아 시대인 1787년에 여제 예카테리나 2세가 신규 합병한 크림반도 시찰에 나섰는데, 예전의 연인이자 관료인 그레고리 포템킨이 강변에 겉모습만 보이는 가짜 마을을 지어 이곳을 마치 발전한 지역처럼 속인 일에서 유래했다.

임자이자 사장이었던 그윈 숏웰(Gwynne Shotwell)에게 제안을 했지만, 그녀는 '옳지 않은 생각'이라고 말하며 즉시 거절했다고 한다.

블루오리진의 CEO 물색은 1년 동안 이어졌다. 마이어슨도 후보자들과의 면접을 도왔는데, 동료들은 그가 자신의 직위를 보호하기 위해 고의로 천천히 진행하는 것은 아닌지, 아니면 베이조스가 결심을 하는 데 어려움을 겪는지를 궁금해했다. 마침내 허니웰에어로스페이스(Honeywell Aerospace)의 기계 시스템 및 부품 부문 사장이었던 밥 스미스(Bob Smith)와 진지한 논의가 오가기 시작했다. 그는 예전에 유나이티드스페이스얼라이언스(United Space Alliance)에서도 전무이사로 재직한 적이 있는데, 그 회사는 지금은 퇴역한 나사(NASA)의 우주왕복선 프로그램을 지원하는 곳이었다.

스미스는 어린 시절의 일부를 텍사스에서 보냈는데, 그는 베이조스와 마찬가지로 미국의 우주인들이 달 표면을 걷는 걸 지켜보던 '아폴로 키드'였다. 그는 블루오리진의 임원들과 12개월 동안 스무 차례 이상이나 면접을 했는데, 나중에는 농담으로 이렇게 말했다고 한다. "제 치과 기록도 보여드릴까요?"

베이조스가 데이원 타워에서 블루오리진의 임직원들과 회의를 한 지 1년이 지났고, 그가 빌 게이츠를 제치고 세계 최고의 부자가 된 바로 그 시점인 2017년 8월에 스미스는 마침내 그 자리를 얻어냈다. 공식적인 발표도 하지 않았고, 언론을 상대로 대대적인 홍보도 없었다. 그러나 베이조스가 스미스에게 내린 지시는 분명했다. 실적이 저조한 연구개발 조직을 세계 최고 부자의 지원과 허세를 정당화해주는 성숙한 비즈니스로 변화시키는 것이었다. 후에 밥 로스는 어느 인터뷰에서 이렇게 말했다. "블루오리진은 심각한 변곡점(inflection point)에 부딪혀 있었습니다. 이제는 훨씬 더 큰 문들을 통과해야 할 때입니다."

거북이와 토끼의 경쟁

———

우주여행에 대한 제프 베이조스의 열정은 그의 유명한 전기를 통해 대중에게도 일찌감치 잘 알려져 있었다. 어린 시절 그의 부모는 매년 여름이면 외할아버지인 로런스 프레스턴 기즈(Lawrence Preston Gise)가 은퇴해서 머물고 있던 텍사스 남부의 목장으로 보냈다. 그의 외할아버지는 1950년대와 1960년대에 미국의 원자력위원회(AEC)에서 우주기술 및 미사일 방어 시스템 분야를 연구했다. 기즈는 우주에 대한 열정을 외손자에게 물려주었다. 베이조스는 여름방학 동안 아폴로 우주선이 발사되는 걸 지켜봤고, 지역의 도서관에서 방대한 양의 공상과학 소설들을 탐독했으며, 언젠가는 우주로 진출하게 될 인류의 운명을 꿈꾸며 상상했다. 그는 모든 사람이 '팝(Pop)'이라고 부르던 외할아버지가 자신에게 독립심의 가치를 가르쳐주었다고 자주 말했다. 그들은 함께 풍차를 고쳤고, 낡은 불도저를 수리했으며, 소에게 백신 주사를 놓았다. 마이애미 팔메토고등학교의 졸업생 대표 연설에서, 베이조스는 수백만 명의 사람을 지구의 궤도를 도는 우주정거장에 보냄으로써 인구 과잉과 공해 문제를 해결해야 한다고 말했다.

2000년에 베이조스는 아마존의 성공으로 얻은 풍부한 자원을 활용하여 그러한 꿈을 추진하기 시작했다. 그는 블루오리진을 설립했는데, 그 이름은 인류가 탄생한 아름답고 푸른 별을 의미하는 것이다. 당시 그는 우주 산업에서 상당한 발전을 이뤄내기 위해서는 액체연료 로켓에 대한 대안이 필요하다고 생각했는데, 이는 금세 틀린 것으로 판명되었다. 훗날 저널리스트인 스티븐 레비(Steven Levy)가 〈와이어드〉 매거진에 쓴 내용에 따르면, 초기 몇 년 동안 블루오리진은 '회사보다는 동호회'와 비슷했다.[218] 참고로 〈와이어드〉 매거진은 소설가 닐 스티븐슨(Neal Stephenson)이나 과학사학자 조지 다이슨(George Dyson) 같은 십여 명의 마니아가 모여 있는 일종의 두뇌집단이다. 조지 다이슨은 검증되지는 않았지만 급진적인 우주여행 방식을 생각해내기도 했다.

2003년이 되자 베이조스는 기존의 액체 추진 방식이 타의 추종을 불허할 정도로 효율적이라는 사실을 인정하고 경로를 수정했다. 로켓을 재발명하기 위해 노력하는 대신, 회사는 그것을 재활용할 수 있게 만들어 제조비용을 낮추는 데 초점을 맞추게 된다. 그해에 그는 나사 출신의 베테랑이며 실패한 우주 관련 스타트업인 키슬러에어로스페이스(Kistler Aerospace)에서 6년간 근무하다 그만둔 마이어슨을 채용했다. 약간 슬픈 듯한 표정에 경영 일선의 경험이라고는 전혀 없는 내성적인 엔지니어인 마이어슨은 뉴 셰퍼드 프로젝트에서 수석 시스템 엔지니어로 근무를 시작했다. 그러나 당시에 이미 하루 종일 눈코 뜰 새 없이 바빴던 베이조스는 모든 결정을 일일이 승인할 여력이 없었고, 블루오리진이 더욱 빠르게 움직이기를 원했다. 마이어슨을 영입한 지 얼마 지나지 않아, 베이조스는 그에게 아직 작은 기업이었던 블루오리진의 프로그램 관리자이자 사장직을 맡겼다.

베이조스가 블루오리진에서의 모든 세부사항까지 일일이 감독할 수는 없었지만, 그래도 직원들이 우선순위를 설정하고 업무를 수행하는 방법의 지침이 되는 메커니즘(발명 시스템)을 고안할 수는 있었다. 2004년 6월, 그는 비공식적으로 '환영 편지(The Welcome Letter)'라고 부르는 800단어 분량의 문서를 작성했다. 이 편지는 지금까지도 블루오리진의 신입 직원에게 입사 물품 중 하나로 전달되는데, 그 내용은 이전까지 공개된 적이 없다.

"우리는 우주에서 인류가 계속 머물게 하는 일에 씨앗을 뿌리는 소규모의 헌신적인 팀입니다." 베이조스는 이렇게 편지를 시작했는데, 이것은 회사의 직원 수를 70명 이하로 유지하겠다는 초창기의 바람이 반영된 것이다. "블루오리진은 이러한 장기적인 목표를 끈기 있게 한 걸음씩 추구할 것입니다." 그는 블루오리진이 '메트로놈처럼 정확하게' 6개월 간격으로 새로운 버전의 로켓을 선보일 것이고, 회사가 결국에는 유인 궤도비행체 프로그램에 집중하는 방향으로 전환할 것이며, 그것은 '블루오리진의 조직과 역량을 강화할 것'이라고 예측했다. 그는 그러한 구체적인 계획과 달 탐사선을 만드는 것과 같은 아직은 가설에 불과한 좀 더 장기적인 시나리오 사이에 분명하게 선을 그었으며, 직원들에게 우선은 지금 당장의 업무에 집중하고 체계적으로 일하라며 주의를 주었다.

그는 이렇게 썼다. "우리는 아무도 탐험하지 않은 산에 지도도 없이 떨어졌고, 시계(visibility)도 아주 좋지 않습니다. 시작하면 멈춰선 안 됩니다. 일정한 속도로 계속 올라가세요. 토끼가 아니라 거북이가 되세요. 비용 지출은 지속가능한 수준으로 유지하세요. 지출은 평탄하면서도 단조롭게 증가해야 한다고 생각하세요." 그는 블루오리진에 개인적으로 지원해야 하는 자금이 아주 많으리라는 사실을 이해한다는 말로 직원들을 안심시켰다. "블루오리진은 합리적인 투자자들이 일반적인 투자를 기준으로 기대하는 수익을 충족시키지 못하리라는 사실을 저도 인정합니다. 블루오리진의 사람들이라면 이러한 예상이 사실로 드러나더라도 제가 놀라거나 실망하지는 않는다는 점을 아는 것이 마음의 평온을 위해 중요합니다."

베이조스의 서명으로 마무리한 이 문서는 아마존이 주주들에게 보낸 첫 편지처럼 블루오리진 내부에서는 신성불가침의 성격을 띠었으며, 매년 전 직원 회의가 열릴 때마다 그것을 다시 상기했다. 그는 이러한 핵심적인 생각을 '그라다팀 페로치테르(Gradatim Ferociter)'라는 라틴어로 압축해 회사의 모토로 만들었는데, 그 의미는 '한 걸음씩 대담하게'였다. 그는 또한 정교한 문장(紋章)도 디자인했는데, 거기에는 지구 위에 거북이가 두 마리가 서 있고, 별들의 모습이 보이며, 그 밑에는 날개 달린 모래시계가 있는데 그것은 빠른 시간을 상징하는 것이었다.

비록 베이조스는 블루오리진을 비밀에 부쳤지만, 환영 편지와 함께 이후에 나온 상징물들은 우주 개척을 꿈꾸는 회사의 열정적인 직원들에게 조용히 말을 건네면서 어둠을 비춰주는 불빛 역할을 했다. 신입 직원들은 모두 그 편지를 읽고 그 내용을 깊이 생각해야 했다. 취업준비생들은 블루오리진의 이러한 사명에 대해 그들이 가진 깊은 열정을 에세이로 작성하라는 요청을 받았는데, 만약 그들의 열망이 충분히 헌신적이지 않는다고 판단되면 취업을 거부당했다.

2000년대 중반, 우주에 대한 베이조스의 관심은 또 다른 유명한 추종자의 관심을 끌었다. 일론 머스크였다. 그는 더 경제적이고 재사용 가능한 로켓을 만들고 우주 개척을 열어가겠다는 동일한 목표를 갖고 2002년에 스페이스X을 설립했다. 베이조스와 머스크는 서로가 공통으로 집착하는 것을 논의하기 위해 두 차례 비공개로 만났는데, 한 번은 샌프란시스코에서, 그리고 곧이어 시애틀에서는 당시 그들의 배우자인 매켄지와 저스틴을 각각 동반하여 만났다. 두 부부는 중심가에 있는 레스토랑에서 저녁식사를 했고, 제프와 매켄지는 머스크와 그의 아내에게 초창기 블루오리진의 창고형 사무실을 구경시켜주었다. 어느 동료가 기억하기를, 직원들이나 업무와 관련하여 어떤 힌트를 발견하지 못하도록 베이조스가 이곳을 특이하게 정리했다고 한다.

당시의 스페이스X는 많은 면에서 블루오리진과는 정반대였다. 머스크를 비롯하여 일련의 벤처투자가들에게서 받은 종잣돈으로 자금을 조달한 이 회사는 상업용 및 군사용 위성을 궤도에 쏘아 올리기 위하여 정부가 발주하는 사업에 항공우주 분야의 거대 기업들을 상대로 입찰에 참여하면서 처음부터 적극적으로 수익성을 추구했다. 블루오리진에 대해 베이조스는 좀 더 장기적인 생각을 갖고 있었다. 그는 이 회사에 자신이 직접 자금을 지원할 생각이었으며, 뉴 셰퍼드를 비롯한 기술들을 개발하기를 원했다. 그리고 이 기술들은 나중에 궤도 및 그 이상의 더욱 야심찬 프로젝트로 통합될 수 있다고 생각했다. 환영 편지에서 베이조스는 이렇게 썼다. "단지 우주선을 만드는 것이 아니라, 우주선을 만드는 회사를 만드십시오."

나중에 머스크는 내게 이렇게 말했다. "저는 제프가 블루오리진을 만든 게 멋지다고 생각했습니다. 그리고 우주와 관련하여 그와 비슷한 자선가적인 목표와 풍부한 자원을 가진 이들이 더 있을 거라고도 생각했습니다." 그는 두 사람의 초기 만남이 우호적이었다고 회상하며, 블루오리진이 계획하고 있던 혼합 연료의 장점에 대해 베이조스와 기술적인 토론을 벌였다고 기억한다. 당시 그 혼합 연료는 과산화수소를 사용하는 것인데, 이건 햇빛에 노출되면 빠르게 분해된다고 알려진 혼합물이었다. 머스크는 이렇게 말했다. "과산화수소는 아주 훌륭한 물질이지만, 그대로 방치해두고 주말에 돌아와 보면 우주선은 물론이고 테스트 현장까지 모두 날아가버렸을 수도 있습니다."

그러나 베이조스는 당시 블루오리진에서 추진력 담당 최고 책임자인 윌리엄 크루즈(William Kruse)의 조언을 기반으로 연구를 진행했는데, 그는 항공우주 기업인 TRW에서 엔지니어로 근무했었다. 크루즈는 과산화수소를 극저온에서도 활용할 수 있다는 특성과, 기존의 터보 펌프(turbo pump)를 기술적으로 거의 변경하지 않고도 사용할 수 있다는 사실을 선호했다.

베이조스는 그러한 기존의 부품들을 사용해 작업한다면 환영 편지에서 소개한 원칙처럼, 블루오리진이 직원 규모를 작게 유지할 수 있으며 빠르게 움직일 수 있다고 생각했다. 그는 여건의 제약이 혁신을 주도한다고 믿었다. 그리고 그는 소프트웨어 프로젝트의 개발 사이클로 우주선을 만들고 싶어 했는데, 새로운 아이디어들을 수많은 반복 작업에 통합하고, 표준화된 기술들을 최대한 많이 사용한다는 것이었다. 이런 기법은 버그가 발생하더라도 쉽게 수정할 수 있는 아마존 같은 인터넷 기업에서는 잘 작동했다. 그러나 끊임없이 자원을 투입해야 하는 항공우주 기업에서 그런 방식으로 운영한다면, 엄격하게 테스트를 진행해 더욱 철저하게 강화해야 하는 시스템에 수많은 오류가 발생할 뿐이었다.

2011년에 블루오리진은 베이조스가 텍사스 서부에 보유한 30만 에이커(약 1,200km²) 면적의 목장에서 우주선 발사 시험을 진행했다. 그해 8월, 소프트웨어상의 단순한 오류 하나로 로켓이 경로에서 벗어났고, 여기에 탑재된 안전 시스템이 작동해 4만 5,000피트(약 14킬로미터) 상공에서 비행이 종료되었다. 그곳에서 약 50킬로미터 떨어진 밴 혼(Van Horn) 마을의 주민들은 '예상치 못한 급속도의 분해(RUD)'를 목격했다.[219] 회사는 그 장면을 촬영한 동영상이 공개되지 않도록 조치했는데, 언론에서 조사하자 그제야 그 사실을 시인했다. 베이조스는 블루오리진의 웹사이트에 있는 블로그에 다음과 같은 글을 올렸다. "우리 중 그 누구도 원치 않은 결과지만, 이런 일이 어렵다는 건 이미 알고 있었습니다."[220]

당시 블루오리진은 휘발성이 강한 과산화수소를 성능이 훨씬 뛰어난 액체 산소와 액체 수소의 혼합 연료로 바꾸는 게 좋다는 머스크의 조언에 따라, 이미 뉴 셰퍼드를 다시 개발하고 있었다. 회사는 또한 정부가 발주하는 사업에도 시험 삼아 지원했는데, 우주비행사들을 국제우주정거장(ISS)에 실어 나르는 사업에 민간기업들을 끌어들이기 위하여 오바마 정부 시절에 진행된 상업적 승무원 개발 프로그램(CCDev)의 초기 2단계에 참여하게 되어 2,500만 달러를 받기도 했다. 그러나 2012년 겨울에 시작한 이 프로그램의 3단계에서는 훨씬 더 어려운 요구조건이 걸려 있었는데, 여기에 참여하는 기업은 향후 3년 안에 궤도 우주선(orbital spacecraft)을 개발해야만 했다.

이러한 중요한 단계에서 경쟁하려면 그가 환영 편지에서 밝힌 일부 원칙들을 신속히 폐기해야 했다. 예를 들면 회사를 간소하게 유지하고 '한 걸음씩' 차근차근 나아가는 것이 대표적이었다. 블루오리진은 여전히 뉴 셰퍼드 개발에 초점을 맞추고 있었기 때문에, 3단계에는 참여하지 않기로 했다. 스페이스X와 보잉(Boeing)이 프로젝트를 따냈고,[221] 그들은 초기 비용으로 4억 4,000만 달러의 거액을 받았다. 몇 년 뒤 나사(NASA)의 감사실(OIG)이 해당 프로그램의 감사 결과를 공개했는데, 스페이스X는 이 프로젝트에서 모두 77억 달러를 받은 것으로 드러났다.[222] 그러자 어느 동료의 기억에 따르면, 베이조스는 예전의 결정에 대한 사실은 까맣게 잊은 채로 큰 소리로 이렇게 외쳤다고 한다. "왜 우리는 여기에 입찰하지 않았을까요?" 이에 대해 질문을 했지만, 블루오리진은 베이조스가 입찰에 참여하지 않기로 한 결정에 의문을 가진 적이 없다고 말했다.

이처럼 다양한 방식으로 접근한 덕분에, 스페이스X는 훨씬 더 거대하고 빠르게 성장했다. 2013년에 블루오리진이 250번째 직원을 채용할 당시, 스페이스X의 인력은 2,750명이었으며 이미 무인 우주선을 국제우주정거장에 보내고 있었다.[223] 블루오리진이 뉴 셰퍼드에 온 힘을 쏟고 있는 반면, 스페이스X는 관광객들을 우주로 데려가기 위한 중간

과정인 준궤도 로켓(suborbital rocket) 개발 단계를 완전히 건너뛰었다. 베이조스의 생각에 준궤도 로켓은 사람에게 우주여행이라는 개념을 익숙하게 만들고, 수백만 명의 사람이 우주 공간에서 거주하며 생활하는 미래를 만든다는 자신의 궁극적 목표를 달성하기 위해 필수적인 것이었다.

베이조스와 머스크는 우주에 대한 야심의 측면에서는 생각이 비슷해 보였지만, 각자의 회사를 이끄는 철학에서는 차이를 보였다. 머스크가 자주 밝히는 목표는 지구에 재난이 닥칠 경우에 대비한 일종의 보험으로 화성을 식민지로 개척해 인류를 '다행성 종족'으로 만든다는 것이었다.[224] 베이조스는 '태양계에 존재하는 모든 행성 가운데에서도 지구가 단연 최고의 행성'이라고 믿었으며, 우주에 접근하는 비용을 낮추는 것이 건강한 많은 사람을 우주정거장으로 보낼 수 있는 길이라고 생각했으며, 그곳에서 태양 에너지를 모으고 달 표면에서 금속을 비롯하여 다른 풍부한 자원들을 채취할 수 있다고 믿었다. 베이조스는 현재의 인구 증가 속도 및 에너지 사용 추세를 고려할 때, 인류는 몇 세대가 지나기 전에 자원을 배급해야 하며, 이는 사회의 정체로 이어질 것이라고 생각했다. 그는 트위터에서 "우리는 지구를 구하기 위해서 우주로 갑니다"라고 선언했다.[225]

그럼에도 블루오리진과 스페이스X는 어쩔 수 없이 서로 갈등하는 관계로 치닫고 있었다. 그들은 정부 사업, 인재, 자원을 두고 다툴 뿐만 아니라, 우주에 열광하는 대중 및 언론의 관심과 찬사를 받기 위해서도 경쟁하게 된다. 2013년이 되자 머스크와 베이조스 사이에서는 예전의 만남에서 보여준 화기애애한 분위기는 사라졌고, 그 자리에는 의지가 강하고 자기중심적이며 크게 성공한 기업가들의 경쟁의식이 싹트고 있었다.

그해 9월 블루오리진은 스페이스X가 케이프 커내버럴(Cape Canaveral)의 케네디 우주센터(Kennedy Space Center)에 있는 나사의 39A 발사시설을 임대하려는 계획에 이의를 제기했는데,[226] 그곳은 원래 아폴로 프로그램이 태어난 역사적인 장소였다. 그들의 의도는 명백하게 경쟁사의 성장 속도를 늦추려는 것이었다.

블루오리진의 법적인 문제제기에 대해 머스크는 〈스페이스뉴스(SpaceNews)〉에 이메일을 보내 자신의 의견을 밝혔다. 그는 블루오리진이 향후 5년 동안 ISS에 도킹할 수 있는 수준의 로켓을 만들어내는 장면보다는, 오히려 "화염 덕트(flame duct)* 안에서 유니콘들이 춤추는 모습을 볼 가능성이 높다"[227]고 밝혔다. 블루오리진의 문제제기는 실패했다. 그들은 나중에 더 작은 규모인 36 발사시설을 확보하는데, 이곳은 재건하는 데 더 많은 비용이 필요했다. 또한 두 회사는 2014년에 해상의 바지선(barge)에 로켓을 착륙시키는 것에 블루오리진이 출원한 엉성한 특허를 두고 대결을 벌였다. 스페이스X가 이 특허에 소송을 제기했고 승리를 거두었다.[228]

한편 베이조스는 스페이스X라는 회사와 그들이 연전연승하는 이유를 분석했다. 머스크의 회사는 로켓 발사 서비스 부문을 매각함으로써 급성장할 수 있는 자금을 지원했다. 아마 블루오리진도 우주 진출이라는 목표에 '한 걸음씩' 다가간다는 전략을 유지하면서 비슷한 일을 할

---

* 로켓이 발사될 때 불꽃의 열기를 견디기 위해 설치하는 구조물.

수 있을 것 같았다. 2014년에 러시아가 크림반도를 침공한 이후, 바로 그런 기회가 찾아왔다. 록히드마틴(Lockheed Martin)과 보잉이 합작해서 만든 항공우주 기업으로, 당시 미국국방부에 로켓을 공급하는 주요 업체인 유나이티드론치얼라이언스(ULA)가 러시아에서 더 이상 로켓 엔진을 구입하지 못하게 되는 경우를 대비하여 미국에서 엔진 공급업체를 찾겠다고 선언한 것이다.[229] 블루오리진의 임원들은 ULA 측에 자신들이 뉴 글렌 궤도 발사체를 위해 개발하고 있던 자사의 신형 BE-4 액화천연가스(LNG) 엔진을 제안했다.

ULA의 모기업 두 곳은 자신들이 미래의 경쟁자인 스페이스X에 도움이 되는 일을 하지 않고자 했는데, 실제로 그들은 결국 수익성이 아주 좋은 위성 발사 분야에서 경쟁하게 된다. 아무튼 베이조스는 두 회사의 임원들과 전화로 이야기를 나누었고, 이는 상당히 설득력이 있어 보였다. 블루오리진은 ULA의 주요 엔진 공급업체인 에어로젯로켓다인(Aerojet Rocketdyne)과 경쟁을 벌여 계약을 따냈고, 이 사실은 2014년 9월 17일에 발표되었다. 그러나 블루오리진은 그들이 모순적인 파트너라는 사실을 스스로 입증해 보인다.

이듬해 4월, 블루오리진은 처음으로 베이조스의 목장에서 뉴 셰퍼드 승무원용 캡슐의 프로토타입을 발사했다. 이 캡슐에는 장난감이나 명함, 보석 등 직원들에게서 수집한 물건들이 실려 있었는데, 이는 '당신의 물건을 날리세요(fly your stuff)'라는 내부 프로그램의 일환으로 진행된 것이었다. 캡슐은 해수면에서 100킬로미터 높이의 무중력 지점인 카르만 선(Kármán line)에 도달했고, 추진 로켓을 분리한 다음 낙하산을 세 개 펴고 지상으로 천천히 내려왔다. 그러나 재사용 가능한 발사체 로켓은 유압 계통에 문제가 생겨 지면에 부드럽게 안착하지 못하고 강하게 착륙하면서, 또 한 차례의 '예상치 못한 급속도의 분해'를 일으켰다.

그러나 그해 11월, 아마도 그들의 빛나는 순간이었을 텐데 블루오리진은 마침내 그 위업을 달성했다. 시험용 우주선이 우주에 도달한 이후에 추진체 로켓이 먼지를 일으키면서 발사대에 똑바로 선 채로 착륙한 것이다. 블루오리진의 선임 관제사인 개리 라이(Gary Lai)는 관제센터 내의 모든 사람이 환호성을 지르며 일어섰고, "예의는 전부 잊어버렸다"고 말한다.

캡슐까지 낙하산을 타고 안전하게 귀환한 이후, 의기양양해진 베이조스는 카우보이모자를 쓴 채로 커다란 샴페인 병을 가져와서는 코르크를 뽑지 않고 거대한 칼로 병의 목 부분을 깨끗하게 잘라냈다고 한다. 라이의 설명에 따르면 그 샴페인이 자신이 그때까지 본 것 중에서 가장 커다란 것이라고 한다. 베이조스는 직원들에게 건배를 제안하며 이렇게 말했다. "저는 두 눈에서 눈물이 날 정도입니다. 이번의 엄청난 쾌거는 그러나 끝이 아니라 시작입니다. 이것은 놀라운 일의 시작입니다. 이것은 단지 블루오리진에만 경사스런 날이 아니라, 모든 인류 문명에 축하할 만한 날입니다. 저는 오늘 우리가 해낸 것이 수천 년 동안 기억될 것이라고 생각하며, 여러분도 스스로를 매우 자랑스럽게 생각하셔야 합니다."

한편 스페이스X는 기술 수준이 낮은 소모성 시스템에서 출발하여 재사용 방식으로 전환한 상태였다. 한 달 뒤 그들이 자체적으로 만든 재사용 추진체를 처음으로 착륙시켰을 때,[230] 베이조스는 트위터로 머스크를 향해 "이 클럽에 가입하신 걸 환영합니다"[231]라는 메시지를 날렸다.

그러나 두 기업 간에는 유전적인 차이가 있었기에, 블루오리진의 우위가 오랫동안 유지되지는 못했다. 추진체가 성공적으로 착륙했을 당시에, 베이조스의 회사에서 일하는 약 400명의 직원은 뉴 셰퍼드 프로그램과 함께 이제 막 시작한 뉴 글렌 프로그램이나 BE-4 엔진 개발 같은 프로젝트에 주력하고 있었다.

한편 스페이스X에는 4,500명의 직원이 있었으며, 궤도 비행이라는 단 하나의 목표를 갖고 빠르게 성장하고 있었다. 블루오리진은 베이조스의 자금 지원에 의존했지만, 스페이스X의 비용을 대부분 부담하던 이들은 미국의 납세자들을 비롯한 다른 고객들이었다.

다시 말해 이것은 동화 속 이야기와는 달랐다. 거북이는 실제로 토끼와 경주를 하고 있었는데, 그다지 놀랄 것도 없이 토끼가 이기는 중이었다.

박수받지 못한 우주비행상 수상

―

이러한 싸움에도 블루오리진의 직원들은 아마존의 직원들과 마찬가지로 앞으로의 경쟁은 무시하고 당장의 업무에만 집중하라는 주문으로 거의 종교에 가까운 세뇌를 받았다. 베이조스의 재산이 계속해서 화려하게 불어났기 때문에, 그렇게 일하는 것 자체는 어렵지 않았다. 외부에서 보면 켄트의 공업지대에 있는 그들의 본사는 그다지 눈에 띄지 않았다. 그곳은 한때 보잉이 영국과 프랑스 사이의 해저 터널에서 사용하는 드릴의 날을 생산하던 2만 8,000m²(약 8,400평) 규모의 방대한 공장이었다.[232] 그러나 내부에 들어가보면, 사무실들은 마치 우주 애호가의 놀이터처럼 꾸며져 있고, 베이조스가 직접 오랫동안 수집해온 기념품과 SF 관련 물품들로 가득 차 있다.

이러한 개인 소장품들은 지금까지 인류의 우주 여정을 알려주는 거대한 활 모양을 따라 펼쳐져 있었다. 거기에는 나사가 수성을 탐사하던 시절에 사용한 안전모, 소유즈(Soyuz)의 우주비행사들이 착용한 우주복, 어느 우주왕복선에 부착되어 있던 열 차폐 타일 등이 있었다. 2층의 널찍한 공간에는 영화 〈스타트렉〉에서 사용한 엔터프라이즈 우주선(Starship Enterprise)의 모형이 있었다. 그 옆에는 쥘 베른(Jules Verne)의 소설 《지구에서 달까지(From the Earth to the Moon)》에서 묘사한 2층 크기의 증기기관 우주선이 있었다. 근처의 벽면에는 레오나르도 다빈치(Leonardo da Vinci)가 말한 문구가 적혀 있었다. "일단 비행을 맛보고 나면, 당신은 영원히 시선을 하늘로 들어 올린 채로 지구 위를 걸어 다니게 될 것이다. 당신이 그곳에 한 번 다녀왔다면, 당신은 언제나 그곳에 돌아가기를 갈망할 것이다."

직원들을 위한 휴식 공간은 건물 북서쪽의 야외에 있는데, 이곳은 프랜시스 호지슨 버넷(Frances Hodgson Burnett)의 소설 제목을 따서 '비밀의 화원'이라고 불렀다. 이곳에는 과일나무들과 블루베리 관목들이 뒤쪽의 콘크리트 정글을 가로막고 있는 가운데, 잉어가 헤엄치는 연못, 산책로, 야외 주방, 흡연실 등이 있었다. 이 정원에 있는 벤치 하나에는 베이조스의 개인 변호사이자 업무 관리를 담당했던 엘리자베스 코렐(Elizabeth Korrell)의 이름이 적힌 기념 명판이 있는데, 그녀는 2010년 42세에 암으로 사망했다.

코렐은 웬만하면 세간의 이목을 피해왔지만, 한 가지 유명한 일화가 있다. 2003년 3월 6일, 그녀와 베이조스는 텍사스 서부의 캐시드럴마운틴(Cathedral Mountain) 인근에 있는 부지를 둘러보았다. 그러다 그들이 탑승한 헬리콥터가 강풍을 뚫고 이륙하려다 얕은 개울에 추락했다.[233]

코렐은 척추가 부러졌고, 베이조스는 살짝 찰과상만 입은 채 걸어 나왔다. 이후의 인터뷰에서 그는 이 사고로 얻은 가장 커다란 교훈은 "가능하다면 언제나 헬리콥터를 피해야 한다는 것"이라고 말했다.[234]

베이조스와 코렐은 결국 밴 혼 마을 인근에서 적당한 부지를 찾아냈고, 유명한 탐험가들의 이름을 따서 만든 지주회사들을 통해 그곳의 대지를 연달아 구입했다.[235] 베이조스는 원래 그의 외조부가 소유한 것과 같은 텍사스의 휴양지를 원했는데, 그는 외할아버지의 목장에서 수많은 여름을 보내면서 큰 영향을 받았기 때문이다. 그곳은 결국 블루 오리진의 시설과 발사대 역할도 하게 된다.

10년 뒤, 이 목장은 블루오리진의 엔지니어들에게 풍족함과 즐거움을 선사하는 또 하나의 탈출구가 되어주었다. 이곳에는 수영장과 테라스, 야외 화덕이 있고, 돔형 고성능 망원경도 있어서 텍사스의 구름 한 점 없는 밤하늘에서 마음껏 별을 관찰할 수 있었다. 그들은 낮에는 부지 내에서 사막용 차량을 타고 돌아나기기도 했고, 밤에는 야외에 마련된 술집에서 베이조스가 파티를 주최하여 값비싼 술을 제공했다. 이 공간에는 특별히 파피의 술집(Parpie's Bar)이라는 이름이 붙어 있는데, 파피는 그의 아버지인 마이크 베이조스를 손주들이 친근하게 부르는 호칭이다. 이곳에서 최고급 스카치 위스키를 한 병 다 마실 때마다, 그는 자리에 참석한 모든 사람이 거기에 서명을 하게 했다.

이러한 휴식을 마치면, 그들은 다시 현실로 돌아가 변화무쌍한 일들이 벌어지는 조직으로 복귀했다. 베이조스는 점점 더 높은 목표를 설정했지만, 그걸 달성하기 위한 자원은 최소한의 수준으로 할당했다. 오랜 기간 동안 그는 이 회사와 보내는 시간에 제한을 두었고, 기술 프로그램들을 깊이 논의해야 할 때면 가끔 토요일에만 만났다. 그렇게 가끔 한 번 만나더라도, 그는 이 회사의 로켓 과학자 및 공기역학자들과 치열하게 토론을 벌이면서 많은 직원에게 깊은 인상을 주었다. 그는 엔지니어들과 교류하는 것을 즐겼으며, 회사의 가장 중요한 설계 및 디자인을 결정할 때도 확실한 역할을 하려 했다. 그러나 그는 눈에 잘 보이지 않는 일상적인 세부 업무에 대해서는 대부분 롭 마이어슨과 이메일로 소통하는 걸 선호했다.

이러한 관리 스타일은 이 회사의 사장을 난처한 입장에 처하게 만들었다. 마이어슨은 베이조스의 의견을 전달하는 역할을 했을 뿐, 특별히 눈에 띄는 권한은 없었다. 그는 또한 베이조스의 변덕스러운 지시를 따르느라 애를 먹었는데, 점점 더 커지는 회사의 야심을 수용하기 위하여 인력을 신속히 채용하는 과정에서도 늘 제약사항이 있다는 사실을 염두에 두어야 했다. 그는 월요일에 자신의 직속 부하직원들과 만나 회의를 했지만 대립을 일삼는 경우가 많았다. 그는 그들이 충분히 빨리 움직이지 않기 때문에 직원들의 사기와 생산성을 떨어트린다고 자주 비난했다. 그들은 그를 회의적으로 바라보았는데, 많은 사람의 설명에 따르면 그가 평상시에 엄청난 양의 메모를 하여 베이조스에게 자주 보고서를 보내며, 실질적인 대표와 자신들 사이를 왜곡시킨다고 생각했다.

블루오리진 내부의 이러한 모든 마찰은 2016년에 벌어진 일련의 험악한 충돌로 절정에 달했다. 직원들의 사기는 바닥이었고, 프로젝트가 진전이 거의 없어 베이조스는 불만을 느끼고 있었다. 그래서 아마존에서는 그간 억눌러왔지만, 블루오리진에서 그는 다시 한번 서슬 퍼런

관리 방식을 강요하면서 분노를 터트리게 되었다. 그해 2월에 열린 기술 관련 검토 회의에서, 그는 뉴 셰퍼드의 시스템 설계자인 그레그 시모어(Greg Seymour)에게 사람의 기를 죽이는 욕설을 퍼부었다. 시모어는 회사에서 12년이나 근무해온 사람이었다. 그렇잖아도 이미 불만이 많던 시모어는 다음날 새벽 3시에 문자메시지로 회사를 그만두었다.

그해 여름, 마이어슨을 비롯한 중역들은 베이조스가 예상하는 수준을 한참이나 초과하는 5억 달러가 훨씬 넘는 예산안을 제시하여 그를 깜짝 놀라게 했고, 베이조스는 그들을 크게 질책했다. 그 당시 그들은 뉴 글렌 프로그램을 위한 로켓 및 엔진 공장 같은 주요 프로젝트에 드는 예산을 추정하고 있었다. 당시에 4,500만 달러 정도를 생각하고 있던 베이조스는 당연히 깜짝 놀랄 수밖에 없었다. "저는 그렇게 많은 돈을 쓰지 않을 겁니다. 만약 이렇게 큰 금액이라면, 당신들은 설령 한밤중에라도 저에게 전화해서 설명을 했어야 합니다." 그는 이렇게 불평했다.

환영 편지에서 베이조스는 회사가 투자에 대한 수익을 즉시 제공하지 않더라도 놀라거나 실망하지 않을 것이라고 약속했다. 그러나 당시 그는 놀람과 실망을 모두 느낀 것으로 보인다. 직원들은 베이조스가 한때는 블루오리진의 본사가 있는 켄트에 수요일마다 찾아왔지만, 어느 순간부터는 방문이 뜸했다고 말했다. 그러던 그가 매주 찾아와서는 비용이 증가하는 이유와 장애가 끊이지 않는 원인을 파악하기 위해 몇 시간씩이나 각 부서의 수장들과 이야기를 나누었다고 한다. 블루오리진이 느린 의사결정으로 방해받는다고 생각한 그는 또한 점심시간이 되면 이 회사의 구내식당에도 모습을 드러냈다. 그러면 누구든 그에게

다가가서 어떤 문제나 아이디어에 대해 빠른 결정을 얻어낼 수 있었다. 물론 그전에 그들이 겪고 있는 어려움과 잠재적인 해결책을 한 페이지의 문서로 준비해야 했다.

2016년 가을에 이런 모든 상황이 이상한 방식으로 대단원을 내리게 된다. 당시 미국천문학학회(AAA)는 '뛰어난 노력과 업적으로 우주 탐사 분야의 발전에 가장 커다란 기여를 한 사람'에게 주는 우주비행상(Space Flight Award)의 수상자로 마이어슨을 지명했다. 베이조스가 경영진 회의에서 이러한 수상 소식을 전했을 때, 그 누구도 박수를 치지 않았다. 오히려 블루오리진의 임원들은 일제히 눈을 내리깔았다. 그러자 베이조스가 말했다. "그래요, 다시 한번 말해야겠군요. 이건 아주 영예로운 상이라고요." 실내는 여전히 침묵이 감돌았다. 그들 모두는 회사 내부의 다툼, 자신들에게 주어지는 자원과 야심찬 기대 사이의 엄청난 격차, 그리고 스페이스X 때문에 자신들의 집단적 자존심이 일상적으로 공격당하는 현실에 크게 화가 나 있었다.

바로 그 시점에서 베이조스가 블루오리진의 임원들을 한 명씩 차례차례 시애틀의 아마존 본사로 불러 점심을 함께 하기 시작한 것이다.

인류의 우주여행 전도사

———

블루오리진이 '아마존 같은 탁월한 관리 방식'을 회사에 도입할 수 있
는 CEO를 물색하고 나서자, 베이조스 역시 회사의 성장을 제한하던
기존의 관리 지침의 일부를 폐기하고 블루오리진을 운영하는 방식에
대한 자신의 생각을 바꾸는 것으로 보였다. 그는 환영 편지에서 밝힌
'메트로놈처럼 정확하게 조금씩 발전한다'는 기존의 입장에서 한 걸음
물러났고, 블루오리진이 야심차게 추진하던 여러 프로그램에 전념할
수 있게 했다. 또한 회사의 지출이 '평탄하면서도 단조롭게 증가해야
한다'는 생각을 철회하고, 대폭 확대된 예산을 승인했다. 2017년 4월
에 콜로라도스프링스에서 열린 스페이스 심포지엄(Space Symposium)에
서 그가 블루오리진의 자금을 대기 위해 매년 10억 달러어치의 아마존
주식을 매각한다고 발표[236]했을 때, 직원들은 깜짝 놀랐다. 그런 소식을

그들도 처음 들었기 때문이다.

그해 말 베이조스가 리테일 부문이 광고를 제외하고도 수익성을 보여주어야 한다고 요구한 것에서 알 수 있듯이, 그는 아마존에서 수많은 반전을 보여주었기 때문에 블루오리진의 직원들은 그가 이렇게 갑자기 마음을 바꾼 것이 무엇을 의미하는지 이해하기 위해 안간힘을 썼다. 유일하게 그럴듯한 해답은 그들의 얼굴을 노려보는 이들, 곧 거북이를 추월한 토끼 때문이었다. 베이조스는 만약 블루오리진이 상업적인 계약 및 정부 발주 프로젝트를 따내서 자체적으로 성장을 위한 자금을 끌어모으고 일론 머스크의 스페이스X를 따라잡으려면 전략을 바꾸어야 한다고 판단했다.

블루오리진의 관심은 돈을 낸 고객을 11분 동안 우주의 경계까지 데려가서 짜릿함을 선사하는 것에만 10년 넘게 고정되어 있었다. 그러나 2016년 10월에 뉴 셰퍼드의 다섯 번째 시험 비행이 성공한 이후로 이 우주선은 1년 넘게 다시 날아오르지 못했다. 대신에 그들의 관심과 리소스는 베이조스가 뉴 셰퍼드의 큰형이라고 부르는 것으로 옮겨갔다.

그해 가을, 회사는 뉴 글렌 프로그램을 공개하면서 2010년대가 끝나기 전에 처녀비행을 하겠다고 약속했다.[237] 그러나 그 목표는 달성하지 못한다. 뉴 글렌의 설계만 보면 그것의 추진력은 스페이스X의 팰컨9이나 그보다 덩치 큰 쌍둥이인 팰컨 헤비(Falcon Heavy)를 능가했다. 그것은 또한 상업용 및 군사용 위성 같은 탑재물을 높은 고도의 지구정지 궤도(geosynchronous orbit)로 실어 나를 수 있었다. 그런데 이는 유나이티드론치얼라이언스(ULA)의 관계자들이 블루오리진은 관심이 없다고 믿었던 바로 그 시장이었다.

"ULA의 임원들은 자신들이 배신당했으며 속았다고 느꼈습니다." ULA의 수석 과학자 겸 부사장이었던 조지 사워스(George Sowers)의 말이다. 두 기업의 임원들은 대화를 중단했다. 긴장감이 너무도 고조된 나머지, 그들은 그해의 스페이스 심포지엄 행사장 복도에서 마주쳤을 때 서로 모른 척하면서 지나칠 정도였다. 이후 블루오리진은 자사의 임원들이 ULA 측과 대화를 중단했다는 지적을 부인했다. 상황이 그러한데도 사워스의 말에 따르면, ULA의 임원들이 블루오리진의 직원들에게서 들은 이야기는 정부가 일론 머스크의 우주 개발 꿈에 자금을 지원하는 것에 베이조스가 불만을 느끼고 있었으며, 자신들도 뭔가 혜택을 받고 싶어 했다는 것이었다.

그처럼 수익성이 좋은 정부 프로젝트에 입찰해서 (베이조스의 표현처럼) '실습에 필요한 비용을 받기' 위해 블루오리진은 결국 프랑스의 유텔셋(Eutelsat), 캐나다의 텔레셋(Telesat), 영국의 원웹(OneWeb) 같은 인공위성 운영사들과 뉴 글렌을 발사하기 위한 계약을 맺는다. 그리고 미국 공군이 국가의 안보위성을 궤도에 올리려는 발사 시스템 개발에 박차를 가하기 위한 경쟁의 다음 단계를 발표했을 때, 베이조스의 생각은 명확해졌다. 그는 블루오리진이 단지 다른 참가자들에게 엔진을 공급하는 업체가 아니라, 주요한 경쟁자가 되기를 원했다. 블루오리진은 결국 노스롭그루만(Northrop Grumman), ULA와 함께 5억 달러에 달하는 발사 프로젝트를 따냈다.[238]

블루오리진은 이제 적나라한 기회주의자가 되었다. 도널드 트럼프가 대선에서 승리하고 2024년까지 다시 미국인을 달에 보내겠다고 선언하자, 블루오리진의 임원들은 재빨리 움직였다. 그들은 달의 남극에 있는 섀클턴(Shackleton) 크레이터에 인류의 식민지를 건설하겠다는 계획안을 담은 7페이지 분량의 제안서를 만들었다. 〈워싱턴포스트〉가 그 제안서의 사본을 입수하자, 베이조스는 신문사에 이메일을 보냈다. "이제는 미국이 다시 달로 돌아갈 때입니다. 그리고 이번에는 계속 그곳에 머물 것입니다."[239] 이러한 아이디어는 결국 또 다른 거대한 프로젝트인 블루문(Blue Moon)으로 발전하게 된다.

블루오리진이 추구하는 범위가 늘어나면서, 베이조스는 회사의 미션은 물론이고 인류의 우주여행이라는 그 자신의 비전에 대한 전도사로 더욱 이름을 알리게 된다. 블루오리진이 추구하는 목표는 그것을 완수한 뒤에야 공개적으로 발표하던 그의 오래된 신념은 완전히 사라졌다. 그해 8월, 위스콘신주 오쉬코쉬(Oshkosh)에 항공 및 우주 분야의 애호가들이 모이는 연례행사인 EAA 에어벤처(EAA AirVenture)에서, 그는 뉴 셰퍼드 캡슐의 완성된 모습을 선보였다. 그 안에는 등받이 의자가 여섯 개 있었는데, 각 의자의 앞에는 둥그런 지구와 방대한 우주를 더 잘 볼 수 있게 제작한 약 110센티미터 높이의 튼튼한 창문이 있었다.

아폴로 우주비행사들 중 생존한 이들이 캡슐을 구경하는 동안, 베이조스는 그곳에 모여 있는 군중을 향해 이렇게 말했다. "우주는 사람들을 변화시킵니다. 우주에 다녀온 사람들과 이야기를 할 때면, 그들은 그곳에서 지구를 되돌아보면 그곳이 얼마나 아름다운지, 얇은 대기층을 가진 지구가 얼마나 연약한지 이야기합니다. 그러한 경험을 통해 우리가 이곳에 살고 있다는 사실이 얼마나 감사한지 깨닫게 만든다고 합니다."

회사의 임원 한 명은 그 자리에 모인 사람들에게 자신들이 향후 1~2년 안에 유료 고객을 우주로 보낼 계획이라고 말했다. 블루오리진은 이번에도 그 기한을 지키지 못한다.

이러한 동시다발적인 목표들을 추진하기 위하여, 블루오리진의 인력 규모는 2017년에 1,000명을 넘어섰으며 2018년에는 두 배로 늘었다. 이러한 신규 인력 중에서는 머스크의 회사 출신도 있었다. 업계에서는 블루오리진을 두고 '스페이스X에서 힘들게 일한 뒤 향하는 컨트리클럽'이라는 비아냥거림이 있었는데, 만약 베이조스가 이런 말을 들었다면 격노했을 것이다. 블루오리진은 또한 케이프커내버럴(Cape Canaveral)과 앨라배마주 헌츠빌(Huntsville)에서 로켓 생산 시설을 만들기 시작했다. 이러한 모든 성장 프로젝트와 회사를 전문화하는 임무를 소화해야 하는 사람은 신임 CEO인 밥 스미스였다.

스미스는 롤스로이스(Rolls-Royce)의 항공 부문, 보잉, 록히드마틴, 노스롭그루만을 비롯한 업계의 전통 기업들에서 베테랑 임원들을 영입했다. 스페이스X의 임원들은 이러한 기업들을 공개적으로 경멸했는데, 그들이 우주 분야의 혁신을 수십 년 동안이나 정체시킨 주범이라고 생각했다. 그러나 새롭게 마음을 다진 블루오리진은 그러한 거리낌이 전혀 없었다. 밥 로스는 이렇게 말했다. "우리는 모든 기업이 해야 할 일을 해야 합니다. 재무적으로 우수한 성과를 내야 하고, 훌륭한 인사 프로세스를 갖추어야 하며, 거대한 조직을 이끌며 발전시키는 방법을 아는 리더가 필요합니다. 이러한 모든 조치는 사람들이 일상적으로 비행할 수 있게 만들기 위해 필수적인 단계였습니다."

전문적인 관리자들이 대거 영입되자, 비밀의 화원을 조용히 거닐기도 하고 텍사스에 있는 파피의 술집에서 자신들이 거둔 성취를 자축하기도 하던 오래된 직원들 중 상당수는 소외감을 느끼며 블루오리진을 떠났다. 롭 마이어슨은 명목상으로는 '고급 개발 프로젝트'를 책임지며 회사에 남았지만, 특별한 권한이나 부하직원도 없었다. 베이조스가 스미스에게 더욱 관심을 보이고 회사에 정기적으로 찾아오는 일을 또다시 중단하자, 마이어슨은 밀려난 느낌을 받았다. 그는 신임 CEO가 더 이상 자신을 필요로 하지 않는다며, 2018년 말에 블루오리진을 떠났다.

베이조스와 머스크의 끝없는 경쟁

―――

환영 편지에서 베이조스는 블루오리진이 결국엔 자신의 대규모 투자에 대한 수익을 창출할 것이라고 예측했다. "저는 아주 오랜 시간이 지나면, 아마 지금부터 수십 년이 될 수도 있는데, 블루오리진이 자급자족할 것이며 이득이 되는 사업을 하면서 수익도 낼 거라고 자신합니다."

그러나 블루오리진을 대중에게 계속 알려나가면서, 베이조스는 이것을 취미나 영리활동이라기보다는 일종의 장기적인 자선사업이라고 규정했다. 2018년 5월에 거대 언론사인 〈악셀스프링거〉의 CEO인 마티아스 되프너와 진행한 무대 인터뷰에서 그는 이렇게 말했다. "제가 하는 일 중에서 우주 기업인 블루오리진이 가장 중요하다는 확신이 시간이 지날수록 점점 더 강해집니다. 제가 이 일을 추진하는 이유는 만약 제가 하지 않으면 결국 우리 인류의 문명은 정체될 거라고 믿기 때문입니다. 그러면 저는 무척 우울할 것입니다. 저는 제 증손자의 증손자가 정체된 문명에서 살게 하고 싶지 않습니다."[240]

그는 현세대가 할 일은 우주로 나가는 비용을 낮추고 인터넷에서 혁신의 황금기를 열었던 것과 같은 창의력을 발휘하는 것이라고 설명했다. 그가 밝힌 목표는 조 단위의 인구가 언젠가는 태양이 가진 풍부한 힘으로 작동하는 우주정거장에 탑승하여 태양계 구석구석을 누비며 일하고 살아가는 것이었다.

이렇게 드높아진 목표는 베이조스가 좋아하는 우주 이론가이자 물리학자인 고(故) 제러드 오닐(Gerard K. O'Neill)의 영향이었다. 이는 또한 세계 최대의 부호가 된 그에게도 유용한 것이었는데, 그의 자선활동에 대해 외부의 비판과 검증이 끊이지 않았기 때문이다. 베이조스는 값비싼 취미를 가진 전자상거래 부문의 최강자가 아니라, 이제 인류에게 성대한 선물을 선사하는 위대한 기업가가 된 것이다.

이러한 박애주의적인 메시지는 블루오리진에서 오랫동안 일해온 많은 동료에게는 낯선 것이었다. 그것은 또한 블루오리진이 살아남기 위해 20년째 고군분투하고 있다는 엄연한 현실을 모호하게 만드는 데에도 도움이 되었다. 2021년 봄이 되었지만, 그들은 여전히 단 한 명의 여행객도 카르만 선까지 올려보내거나 궤도비행을 시키지 못했다. 이것은 베이조스의 라이벌인 일론 머스크가 기회가 있을 때마다 지적한 불편한 사실이었다. 머스크 역시 우주 개발에 쏟는 자신의 노력을 사람들에게 영감을 주고 인류를 멸망 가능성에서 구원하기 위한 방법으로 포장해왔다.

2019년 9월, 머스크는 스페이스X의 차세대 로켓 프로토타입인 50미터 높이의 스타십(Starship)을 공개하는 자리에서 이렇게 말했다. "저는 아직까지 단 하나의 로켓도 궤도에 올리지 못한 어떤 사람을 아주 많이 존경합니다." 이는 블루오리진에 대한 교묘한 야유였다. 몇 주 뒤 열린 어느 금융 콘퍼런스에서 스페이스X의 COO인 그윈 숏웰은 좀 더 노골적으로 표현했다. "그들은 우리보다 2년이나 더 오래된 회사입니다. 그러나 아직까지 궤도에 오르지 못했습니다. 그들은 매년 10억 달러나 돈이 남아도나 봅니다."[241]

블루오리진은 자사의 웹사이트에서 이렇게 주장했다. "우리는 경주를 하는 것이 아닙니다. 그리고 지구를 이롭게 하기 위해 우주로 가려는 인류의 노력에 참가하는 사람은 앞으로도 많이 있을 것입니다." 그러나 두 기업의 대비는 더욱 극명해졌다. 2020년 스페이스X는 사람들을 국제우주정거장에 데려가면서 100차례나 비행을 했고, 세계 최강의 로켓 회사로 자리매김하게 된다. 2021년에 테슬라(Tesla)의 주가가 급등하여 잠시나마 베이조스를 제치고 세계 최고의 부자가 된 머스크는 우주 분야의 산업화를 이끈 최초의 인물이며, 그것을 시합으로 여긴다는 속내를 감추지 않았다. 그는 내게 이렇게 말했다. "경쟁은 나쁜 것이 아니라 좋은 것이라고 생각합니다. 올림픽에서도 모든 선수가 서로 팔짱을 끼고 결승선을 동시에 통과한다면 상당히 지루할 것입니다."

블루오리진은 여전히 베일에 싸여 있었고, 베이조스가 만든 유전자 구조에 암호화된 기능 장애와 씨름하고 있었다. 베이조스는 그 유전자 암호를 통해 그가 만들어낸 거의 모든 다른 분야에서 성공을 거두어왔다. 그러한 상황에서도 두 거물 간의 가시 돋친 설전은 계속되었다. 달

탐사 계획에 대해, 화성 탐사 계획에 대해, 지구 저궤도(low Earth)* 인공위성으로 우주에 일종의 별자리를 만든다는 아마존의 계획이 스페이스X를 모방했다는 주장으로, 그리고 아마존이 언젠가 테슬라와 경쟁할 수도 있는 자율주행차량 제조사인 죽스(Zoox)를 인수한 것에 대해 싸웠다.

머스크와 베이조스는 많이 닮았다. 그들은 거침없었고, 경쟁심이 강했으며, 자신의 이미지에 심취해 있었다. 그러나 머스크는 테슬라의 행사장에 한껏 치장한 채 무대에 오르고 트위터에는 즉흥적으로 (그리고 때로는 무모한 방식으로) 글을 올리면서 세간의 주목을 받기를 원했으며, 자신의 여러 회사와 팬들 사이에서는 일종의 컬트적인 경외심을 키워왔다. 그는 또한 뮤지션 그라임스(Grimes)와의 관계처럼 자신의 사생활을 공개하는 것에 대해서도 너무나 편안해 보였다.**

반면에 베이조스는 좀 더 조심스러웠다. 그는 공개석상에 서야 할 때면 언제나 세심하게 준비해서 충분히 연습을 마친 대본을 그대로 말했으며, 블루오리진의 중심에는 크게 규제를 받는 자신의 시간과 명성이라는 리소스가 아니라 시스템과 가치를 세워놓으려고 노력했다. 그리고 자신의 자세한 사생활에 대해서는 머스크보다 훨씬 더 신중했다.

그러나 그의 사생활에 대해서는 더 이상 억누르기 힘들다는 점이 입증되었다. 2018년 7월, 블루오리진은 텍사스에 있는 베이조스의 목장

----

* 지상에서부터 고도 2,000km까지의 인공위성 궤도.
** 그라임스와 머스크는 2018년부터 연인이 되었으며, 현재 결혼은 하지 않은 채 아이를 낳아 함께 살고 있다.

에서 뉴 셰퍼드의 아홉 번째 시험 비행을 실시했다. 이 시험이 성공하긴 했지만, 뉴 셰퍼드의 관리자들은 주어진 예산을 초과한 것을 두고 골머리를 앓고 있었다. 블랙옵스에이비에이션(Black Ops Aviation)이라는 회사가 블루오리진에 제공한 서비스에 대한 비용을 청구한 것이다. 이 회사는 베이조스가 슈퍼볼(Super Bowl) 중계에서 내보낼 블루오리진의 광고에 쓰일 항공 영상을 촬영하기 위해 계약한 업체였다.

블랙옵스의 창업자는 로런 산체스(Lauren Sanchez)라는 이름의 매력적인 전직 TV 앵커인데, 그녀는 그날의 시험 현장에서 헬리콥터를 타고 베이조스의 옆자리에 앉아 있었다. 그런데 이것은 도저히 상상할 수 없는 변화였다. 다들 알다시피, 베이조스는 헬리콥터를 싫어했기 때문이다.

Part 03

무적불패

아마존, 2018년 12월 31일

연간 순 매출	2,328억 9,000만 달러
정규직 및 비정규직 직원 수	64만 7,500명
연말 기준 시가총액	7,344억 1,000만 달러
제프 베이조스 연말 기준 순자산	1,249억 3,000만 달러

Amazon Unbound

Chapter 12

영업 허가

아마존의 성장 속도를 따라잡기 버거운 시애틀

———

2018년 초, 제프 베이조스의 개인적인 활동과 아마존이 비즈니스를 하면서 뻗어 나온 수많은 실타래가 마침내 하나로 수렴하면서 회사와 창업자가 모두 눈부시게 성장하는 장면을 만들어냈다. 전 세계 수백만 명이 아마존 에코를 보유하면서,[242] 그전까지는 현관문 앞까지만 갈 수 있었던 아마존이라는 존재를 그들의 집 안으로까지 들어오게 했으며, 음성 어시스턴트인 알렉사는 매끄러운 음성 컴퓨팅 분야의 시대를 열어가고 있었다. 계산대가 없는 아마존 고 매장이 마침내 시애틀에서 일반 시민을 대상으로 문을 열었고, 얼마 지나지 않아 미국 전역의 주요 도시에서도 모습을 드러내기 시작한다. 인도에서는 전자상거래 분야의 패권을 놓고 월마트가 소유한 플립카트와 거의 대등한 입장에서 값비싼 결투를 벌이고 있었다. 할리우드에서는 〈마블러스 미세스 메이즐〉이나 〈플리백〉 같은 히트작들을 만들어내면서 이 회사가 새롭고도 파괴적인 세력이라는 사실을 다시 한번 확인시켰으며, 이러한 스트리밍 동영상은 사람들이 프라임(Prime)이라는 풍성한 생태계로 들어가는 또 하나의 진입로가 되었다.

회사가 원래부터 해오던 전자상거래 부문을 살펴보면, 아마존은 중국식 자본주의의 무질서한 세력을 활용해 제3의 판매자들이 참여하는 마켓플레이스를 활성화시켰으며, 홀푸드마켓 인수를 완료했고, 배송 네트워크의 마지막 단계까지 자체적으로 구축함으로써 비즈니스의 성장을 지원하는 동시에 택배 업체나 미국연방우체국에 대한 의존도를 줄였다. AWS는 현금유동성과 수익 측면에서 여전히 회사의 주요 동력원으로 역할을 다하고 있었다. 그럼에도 아마존은 수익성이 높은 온라인 광고 비즈니스라는 또 하나의 수익원을 발굴해냈다.

2018년 초를 기준으로 직원 수가 거의 60만 명에 육박할 정도로 비대해졌는데도 (그들 중 약 3분의 2는 주문처리 센터에서 근무하는 노동자였다) 아마존은 여전히 창의성을 유지했으며 고정자산을 이용해 상당한 레버리지를 보여주었다. 이러한 독특한 조합은 물론이고 대부분의 거대 기업집단을 억제하는 일종의 중력의 법칙에 얽매이지 않은 것처럼 보이는 특성 때문에, 그해 6월 투자자들은 아마존의 시가총액을 사상 유례없는 수준인 8,000억 달러 이상으로 평가했다. 그러고도 주가는 계속해서 상승했다.

베이조스는 마치 서커스에서 묘기를 부리듯 이러한 접시들이 모두 알아서 돌아가게 만들었다. 그리고 아주 가끔 각 분야에 보통은 아무런 사전 경고 없이 찾아가 자극적이면서도 새로운 아이디어들을 내놓왔고, 비용 발생을 억제했으며, 혹시라도 관료주의가 발생하는 것을 진압했다. 자신만의 시간이 생기면 그는 〈워싱턴포스트〉의 비즈니스와 기술을 손보았고, 블루오리진의 신규 경영진을 감독했으며, 텍사스 서부에 있는 자신의 농장에서 뉴 셰퍼드 로켓의 시험 발사가 성공하면 크게 기뻐했다. 또한 어느새 1,000억 달러를 돌파한 그의 재산을 사회에 환원하라는 대중의 압력이 점점 더 거세지자 자선사업 계획도 구상했다. 그리고 언제나 그렇듯이, 그는 아마존의 장기적인 미래를 심사숙고했다. 그것은 단지 그들이 할 수 있는 뭔가 극적이고 새로운 것만이 아니라, 그런 일들을 어디에서 할 수 있는지도 생각했다.

2018년 1월 29일, 베이조스는 유리와 강철을 서로 연결하여 지은 일종의 온실인 스피어즈(Spheres)의 개관식을 위해 워싱턴주 주지사인 제이 인슬리(Jay Inslee) 같은 정계의 유력 인사들과 언론인들을 포함하여 여러 손님을 시애틀의 중심가에 있는 아마존의 본사 캠퍼스로 초대했다. 스피어즈는 수많은 열대 식물과 인공 개울, 수족관 등을 품고 있었다. 그것은 아마존이 사우스 레이크 유니언 지역에서 마이크로소프트의 공동 창업자인 폴 앨런(Paul Allen)이 세운 벌컨(Vulcan Inc.)이라는 회사에서 11층짜리 낮은 빌딩을 임대하면서 시작된 8년간의 공사 여정을 마무리 짓는 순간이었다.[243]

애초에 그들은 회사가 성장하고 있었기에, 조만간 그 공간을 활용하려고 생각했다. 베이조스는 도심의 역동적인 캠퍼스가 아마존을 매력적으로 보이게 만들어줄 것이며, 다른 기업들이 탐내는 기술 인재들의 이탈을 막아주는 데도 도움이 될 거라고 생각했다. 그러나 점진적으로 증가할 것이라고 예상한 인력 규모는 아마존의 비즈니스가 급격히 확장하면서 매년 30~60퍼센트씩 늘어나더니, 사우스 레이크 유니언에 있는 6층짜리 건물에는 사람들이 가득 차게 되었다.

2012년 아마존은 인근에 있는 세 개의 블록까지 포함하여 벌컨에서 그 캠퍼스 전체를 매입했다. 그리고 고층의 복합 오피스 건물을 구상하기 시작했다. 그해 10월, 베이조스는 이탈리아의 마라넬로(Maranello)에 있는 페라리(Ferrari) 본사를 우연히 둘러보게 되었다. 다른 기업의 특이한 점과 문화에 언제나 관심이 많던 그는 슈퍼카 제조사인 그곳의 평온한 공장 바닥에 늘어선 실내 정원에서 뭔가 영감을 받은 듯했다. 그리고 아마존의 새로운 본사에 이런 공간을 만들면 좋겠다는 급진적인 아이디어가 떠오른 것으로 보인다.

수많은 군중이 모인 개관식 단상에 오른 그가 말했다. "알렉사, 스피어즈를 개관해." 그러자 돔의 천장에 부착된 커다란 원형의 고리가 푸른색으로 빛나더니, 콜로라도주 볼더에서 활약하는 가수 니나 롤(Nina Rolle)의 목소리로 만들어진 알렉사가 대답했다. "오케이, 제프." 그리고 분무기들이 수천 종의 이국적인 식물들과 나무들 위로 물을 뿌리기 시작했다. 직원들과 손님들이 박수갈채를 보냈고, 베이조스는 뒤로 물러나면서 아무나 흉내 내기 힘든 특유의 웃음을 터트렸다.

그러나 모든 사람이 축하하는 것은 아니었다. 스피어즈가 개관하던 2018년 1월 당시, 시애틀에서 일하는 아마존의 직원은 4만 5,000명에 달했으며,[244] 회사는 이 도시에 있는 최고급 사무 공간의 약 5분의 1을 점유하고 있었다. 그렇잖아도 빽빽한 중심가에는 신축 호텔과 레스토랑을 비롯한 건축 공사들이 본격적으로 시작되었다. 시애틀은 한때 산업도시이자 그런지 음악이나 패션 같은 대안적인 문화의 원천으로 알려져 있었지만, 아마존은 이 도시의 그러한 독특한 개성을 바꿔버렸다.

이러한 급격한 변화 과정에는 21세기 형태의 도시화가 가진 모든 단점이 수반되었다. 아마존의 본사에서 동쪽으로 약 5킬로미터 떨어져 있으며 주로 흑인들이 거주하는 센트럴디스트릭트(Black Central District) 같은 문화적으로 풍부한 이야기들을 품고 있는 역사적인 지역들에서는 놀라운 속도로 젠트리피케이션(gentrification)이 벌어졌다. 전국저소득주거연합(NLIHC)에 따르면, 시애틀에서 침실 1개인 아파트의 평균 임대료는 2013년부터 2017년 사이에 67퍼센트 상승했다.[245] 5번 고속도로(I-5)는 물론이고 웨스트시애틀(West Seattle)과 동부의 교외로 연결된 다리들을 타고 도시로 들어오는 차량들은 러시아워가 되면 거북이걸음을 했다. 엄격한 토지 사용 규제와 주민의 반대로 주택 신축이 제한되어 저소득 가정들은 원래 살던 곳에서 쫓겨났고, 시애틀의 거리에서는 노숙인을 아주 흔하게 볼 수 있었다.

대부분의 공무원은 시애틀이 이러한 변화에 대응할 준비가 되어 있지 않았으며, 그것에 대응하기 위해 신속하게 움직이지 않았다는 점에 동의한다. 2017년에 잠시 시애틀의 시장을 지내기도 했던 팀 버제스(Tim Burgess) 시의원은 이렇게 말한다. "정부에서 일하는 우리를 놀라게 한 것은, 아마존 성장세의 깊이와 폭, 그리고 속도였습니다. 많은 면에서 우리 시는 그것에 대응할 준비가 되어 있지 않았습니다." 시애틀메트로폴리탄상공회의소(Seattle Metropolitan Chamber of Commerce)의 CEO였던 모드 도든(Maud Daudon)은 이렇게 말한다. "아마존의 성장에 시애틀이라는 공동체는 거의 무방비 상태였습니다. 너무나도 커다란 변화였습니다."

남쪽으로 약 1,300킬로미터 떨어진 실리콘밸리에서도 비슷한 변화가 있었는데, 구글이나 페이스북 같은 기업들이 도시를 변화시키는 모습을 보면서 오래된 주민들이 깜짝 놀란 것이다. 그리고 이러한 변화에 대한 사람들의 반감을 의미하는 '테크래시(techlash)'라는 단어까지 만들어졌다. 시애틀에서는 아주 구체적으로 '아마존래시(Amazonlash)'라고 불렀다.

당연히 끊임없는 성장 메커니즘에 심취해 있던 아마존의 임직원들이 비난 대상이 되었다. 마이크로소프트나 보잉 같은 좀 더 오래된 기업과는 달리, 이 회사는 유나이티드웨이(United Way)의 지부 같은 지역의 자선단체에 거의 아무것도 기부하지 않았고,[246] 심지어 그들의 기부금 규모는 노동자들이 개인적으로 내는 금액에도 못 미쳤다. (아마존은 이러한 주장을 반박하며, 회사가 "시애틀 지역의 여러 사업을 오랫동안 지원해왔다"고 밝혔다.) 베이조스는 가능한 한 동전 한 푼까지도 새로운 제품 생산 라인에 투입하거나 고객을 위하여 가격을 낮추는 작업에 투입하는 걸 선호했다. 아마존과 이 도시가 나누는 의사소통이라고는 아마존에서 오랫동안 부동산 문제를 책임져온 존 쇼틀러(John Schoettler)와 시에서 도시계획을 담당하는 공무원들이 주고받는 형식적인 이메일이 전부였다. 빌 게이츠 부부나 펄 잼(Pearl Jam)*의 리더인 에디 베더(Eddie Vedder) 같은 지역의 유명인사들과는 달리, 베이조스는 지역사회 내에서 그다지 눈에 띄지 않았으며 그들과 비교하면 그는 하찮은 존재였다.

---

* 시애틀에서 결성된 세계적인 밴드.

〈시애틀타임스〉를 비롯한 지역 언론들이 본사 소재지에 대한 자선 사업이 전무하다고 비판하는 것에 민감해진 회사는 2016년부터 지역에 기여할 수 있는 방법을 모색하기 시작했다. 쇼틀러는 회사가 보유한 예전의 트래블로지 호텔(Travelodge Hotel) 시설을 지역의 집 없는 여성과 아이를 위해 활동하는 비영리 단체 메리스플레이스(Mary's Place)에 기부하는 작업을 진두지휘했다. 이 호텔이 철거되자, 아마존은 그들의 보금자리를 인근에 있는 데이즈인(Days Inn) 호텔로 옮겼고, 그다음에는 그들이 짓고 있던 신축 오피스 건물 가운데 한 곳의 여덟 개 층을 이 단체에 배정했다. 그해 아마존은 이 지역에서 경전철을 비롯한 대중교통 노선을 확장하는 540억 달러 규모의 주민 발의 사업이 통과되는 데도 힘을 보탰다.

이러한 업무를 담당한 아마존의 직원들은, 베이조스가 지역의 이런 현안들을 알고 있었다고 말한다. 직원들은 그가 그러한 사업들을 지원한 이유는 그것이 아마존의 이미지를 제고할 수 있으며, 자신의 시간과 돈을 비교적 적게 투자해도 되었기 때문이라고 생각한다. 지역사회에 대한 참여를 논의할 때도 그는 여전히 비즈니스적인 부분에 초점을 맞추었으며, 그것을 대부분 거래라고 생각했다. 회사의 내부 문서들에서는 아마존이 '사회적 영업허가(social license to operate)'[247]를 유지하는 데 충분한 노력을 기울인다고 주장했다. 사회적 영업허가란 비즈니스적인 개념으로, 어떤 기업과 그곳의 임직원, 비즈니스 관행을 대중이 인정해주는 것을 의미한다.

지난 수십 년 동안 기업들과 지역사회 간에 맺어진 이러한 오래된 합의는 비교적 안정적으로 유지되어왔다. 기업은 일자리를 창출하고,

각종 세금을 내고, 약간이나마 공공서비스에도 일조한다면, 자신의 사업을 묵묵히 수행할 수 있었다.

그러나 21세기에 들어서자, 도시들과 그곳에서 무분별하게 확장하는 글로벌 대기업의 관계는 감시가 필요한 문제의 대상이 되었다. 도시가 세금 감면 혜택과 부지를 제공하며 기업을 유치하는 과정에서 공공이 치러야 하는 비용은 얼마인가? 기업이 지역사회와 선의의 파트너가 될 수 있는 방법은 무엇인가? 그리고 정부가 소득 불균형과 빈곤이라는 힘겨운 문제를 해결하는 데 실패했을 때, 기업들이 나서서 그것을 해결해야 할 책임이 있는가?

시애틀에서는 2014년에 스스로를 마르크스주의 사회주의자라고 말하는 크샤마 사완트(Kshama Sawant)가 시의원으로 당선되자 기업의 사회적 책임을 묻는 이러한 움직임이 구체화되었다. 사완트를 비롯한 동료들은 아마존의 성장으로 생기는 부정적인 영향에 대가를 치르도록 강제하기 위한 추가적인 세금을 제안했다. 전직 시장인 팀 버제스는 이렇게 말한다. "그녀의 당선은 공공 담론의 수준과 분위기의 변화 차원에서 중요한 것이었습니다."

2017년 6월, 사완트는 소득이 연간 25만 달러 이상인 개인에게는 소득세를 2.25퍼센트 인상하는 법안을 공동으로 발의했다.[248] 이 법안은 의회에서는 만장일치로 통과했지만 법원에서는 이의제기가 받아들여져 결국엔 시행되지 않았다. 그러나 아마존의 직원들은 이러한 조치가 지역의 정치에 거의 관심을 두지 않던 베이조스의 주의를 끌었다고 말한다. 그해 말, 사완트는 또한 지역에 근무하는 직원 수를 기준으로 기업에 부과하는 일종의 '인두세(head tax)' 법안을 내놓았다.[249] 이 아이디어는 실패했지만, 이후에도 몇 년 동안 재시도가 이어졌다. 그 결과 회사의 임원들은 아마존이 오랫동안 호황과 불황의 사이클에 시달려온 이 도시에서 인정받지 못한다는 느낌을 받게 되었다. 도시의 그러한 분위기는 1970년대에 선보인 유명한 광고판의 문구로 대변될 수 있었다. "시애틀을 마지막으로 떠나는 당신, 불을 끄시오."[*]

동시에 또 하나의 요인이 베이조스의 장기적인 계획에 크게 부담을 주었다. 곧 아마존이 신축 건물을 지을수록, 시애틀에서는 여유 공간이 사라진다는 사실이었다. 2018년에는 매달 수천 명의 신규 직원이 아마존에 입사했다. 도플러나 데이원 같은 오피스 건물에서 일하는 직원들은 사무실이 너무 비좁은 나머지 일부 동료들은 책상을 복도에 놓아야 할 정도였다고 말한다. 회사의 행사가 개최되면 사람들로 가득 찼고, 결국 그해 아마존은 매년 센추리링크 필드에서 개최하는 여름 피크닉 행사가 취소되는 초유의 사태까지 벌어졌다.[250] 그야말로 회사에는 너무나도 많은 직원이 근무하고 있었다.

채용 자체도 점점 더 어려워졌다. 엔지니어뿐만 아니라, 변호사, 경제학자, 심지어는 인사 담당 임원까지 수많은 직원이 지쳐갔다. 북태평양 연안에 걸쳐 있는 구름과 안개가 드리워진 구릉 지역으로 이전하는 것도 하나의 대안이 될 수 있었을 것이다. 차후의 성장 국면을 대비하여, 아마존은 어딘가 다른 곳을 찾아봐야 했다.

---

[*] 1971년에 시애틀 지역의 최대 일터였던 보잉이 경기 불황으로 대규모 인력 구조조정을 단행했다. 이때 해고된 직원들이 도심을 떠나자 이곳은 거의 유령도시처럼 변했다. 그러한 침체된 분위기를 바꾸고자 부동산 중개업자 2명이 약간의 위트를 가미하여 시애틀 공항 진입로에 저런 문구의 광고판을 설치했다. https://www.historylink.org/file/1287

2016년 8월에 작성된 백서는 이러한 필요성을 고려해 만들어진 것이다. '부동산 부지 선정 프로젝트 업데이트 버전, 아마존 북아메리카 캠퍼스 사이트 선정'이라는 다소 장황한 제목을 달고 있는 이 백서는 아마존의 경제개발 부서 임원들이 작성했다. 여기에는 댈러스, 뉴욕, 워싱턴 D. C. 등을 포함하여 그들이 사업을 벌이기에 유리하며 활용 가능한 기술 인재들도 많은 25개 도시에 대해 서술되어 있다. 아마존은 그곳에 대략 2만 명의 직원을 배치하여, 거대한 지국의 사무실이 가진 효율성을 누리게 할 생각이었다.

이 백서의 작성과 S팀에서의 논의가 그들의 고향에 대한 아마존의 의존도를 줄이기 위한 새로운 여정의 야심찬 첫걸음이었다. 1년 뒤인 2017년 9월, 시애틀의 공무원을 비롯한 많은 사람은 언론보도에서 아마존이 제2본사를 개발하는 프로젝트를 추진한다는 소식을 듣고 놀라움을 금치 못했다.

제2본사 조성 계획

———

어느 모로 보나 HQ2라고 알려진 이 프로젝트는 베이조스의 아이디어였다. 그는 보잉사가 제작할 예정인 동체가 넓은 777X 기종의 생산 시설을 유치하기 위해 워싱턴주가 이 항공기 제조업체에 87억 달러의 인센티브를 제공[251]했다는 사실에 주목했다. 그는 일론 머스크가 '기가팩토리'라는 멋진 이름을 붙인 테슬라의 리튬-이온 배터리 공장 건립 계획을 세운 후에, 이를 미국 내 일곱 개 주에 전달해 결국 네바다주 리노 동부의 부지를 선정했고, 그 대가로 13억 달러 상당의 세금 감면 혜택을 받는 과정을 유심히 지켜보았다. 머스크는 독보적인 카리스마를 발휘하며 이러한 선정과정에 직접 참여했는데, 그는 주지사들과도 만나고 후보 부지를 시찰하기도 했다. 그러한 노력 끝에, 네바다주는 테슬라에 주 역사상 최대의 세금 감면 혜택을 제공했고,[252] 10년 동안 사실상 세금을 내지 않고도 사업을 할 수 있게 허용했다.

반면에 아마존은 시애틀이나 워싱턴주에서 세금 감면을 받았거나 요청한 적도 없다. 그러나 이제 베이조스는 높은 보수의 일자리와 혁신 집단으로서의 명성을 지닌 아마존 역시 비즈니스 친화적인 지역에서 막대한 인센티브를 확보할 수 있을 거라고 결론을 내렸다. 아마존의 경제개발 부서에는 "우리에게 지속적인 혜택을 찾아보라"는 지시가 내려졌다. 이는 단지 회사가 당장 사용할 수 있는 보조금 혜택만이 아니라, 그들에게 오랫동안 세금 감면 특권을 제공할 의지가 있는 도시를 찾아보라는 것이었다.

언제나 그랬듯이, 베이조스의 기준은 높았으며 인내심은 거의 없었다. 예를 들어 아마존이 2017년 1월에 신시내티 북켄터키 국제공항의 항공 허브를 50년 동안 임대하는 대가로 4,000만 달러의 세제 혜택을 확보했을 때, 베이조스는 이메일에서 실망감을 크게 표출했다. 그는 왜 일론 머스크만 어마어마한 세금 감면을 따내는 특별한 '초능력'을 가졌느냐고 물었다. 그리고 후에 〈월스트리트저널〉의 보도에 따르면, 아마존의 경제개발 부서가 S팀에서 그해에 할당받은 목표는 매년 10억 달러의 세제 혜택을 얻어내는 것이었다고 한다.[253]

그러한 세금 감면을 끌어낼 수 있는 가장 대담한 아이디어는 결국 베이조스에게서 나왔다. 2017년 여름을 지나며 그는 경제개발 부서가 전해에 작성한 백서에서 내린 결론과 함께, 테슬라나 보잉, 대만의 전자기기 제조업체인 폭스콘(Foxconn)[254]이 주정부 및 지방정부에서 얻어낸 막대한 세제 혜택을 연구했다. 그리고 그는 매우 베이조스다운 아이디어를 떠올렸다. 그것은 기업이 지역사회의 환심을 사기 위해 펼치는 전통적인 방식들을 완전히 뒤집은 참신한 아이디어였다.

여러 도시에서 수많은 오피스를 개발하거나 지국을 만들기 위해 한 곳의 지역과 비밀리에 협상하는 대신, 아마존은 시애틀의 본사와 같은 제2본사를 조성하겠다는 계획을 발표한다. 그다음에는 부지 선정에서 북아메리카의 모든 도시에 기회를 주고 그들이 서로 경쟁을 벌이게 한 다는 것이었다. 이 시합의 상금은 약 5만 개의 일자리 창출과 향후 15 년 동안 50억 달러의 설비투자였다. 베이조스는 그러한 과정에서 자신 들에게 비판적인 사람들이 우려하는 점이 무엇인지가 아니라, 각 지역 이 이 회사에 원하는 것이 무엇인지가 부각될 거라고 주장했다. HQ2 프로젝트의 팀원 한 명은 "그것은 어찌 보면 치어리딩 훈련 같았다"고 말했다. 관련된 많은 사람과 마찬가지로, 그 역시 보복에 대한 두려움 때문에 실명을 밝히길 거부했다. "우리를 원하는 건 누구인가? 그 프로 젝트를 진행하면 그 사실이 저절로 드러날 거라고 생각했습니다."

이 프로젝트를 개시하기 위하여 대외홍보 부서와 경제개발 부서의 구성원들은 6페이지 분량의 문서 초안을 작성했는데, 그 내용의 상당 부분은 보도자료와 함께 아마존이 2017년 9월 7일에 공개하는 HQ2 사 업의 RFP(제안요청서)[255]에 대한 것이었다. 이 RFP에 따르면, 회사는 인 구 100만 명 이상의 대도시 권역을 선호하며, 강력한 인재풀이 존재하 고 교통 접근성이 좋아 비즈니스를 하기에 좋은 환경을 갖춘 곳이어야 한다고 설명했다. 그리고 이 경쟁에서 승리하기 위해 필요한 것이 무 엇인지 콕 집어 말했다. 곧 그들은 '인센티브'라는 단어를 21차례나 사 용했으며, 세금 감면 형식은 '의사 결정 과정에서 중요하게 고려될 것' 이라고 말했고, 경우에 따라 일부 지역에서는 특별법을 통과시켜야 할 수도 있다고 설명했다.

이러한 직접적인 표현은 일부에게 불쾌감을 주었다. 이 자료가 공개된 이후, 워싱턴 D. C.에서 AWS의 데이터 센터 부지를 확보하기 위한 일을 하던 아마존의 경제개발 부서 직원인 마이크 그렐라(Mike Grella)는 미국 전역의 도시에서 친분이 있던 관계자들이 걸어오는 전화를 처리하기 시작했다. 그들은 해당 RFP는 물론이고 은밀하게 추진해야 마땅한 일을 아마존이 공개적으로 처리한다는 개념에 우려를 표했다. 그렇게 공개적으로 추진한다면, 그것은 이제 예측할 수 없는 정치적 영향력과 여론의 감시 대상이 되기 때문이었다.

그런데 그때 재미있는 일이 일어났다. "그들은 모두 화를 냈습니다. 그러더니 모두 줄을 섰습니다." 그렐라의 말이다.

유치 경쟁에 뛰어든 도시들

———

아마존이 HQ2 프로젝트를 추진한다는 발표는 대중매체를 열광시켰다. 데이터베이스 플랫폼인 렉시스넥시스(LexisNexis)에 따르면, 발표이후 2주 동안 언론매체들은 이 경쟁에 대해 800건 이상의 기사와 칼럼을 쏟아냈다고 한다. 전국 각 지역의 신문들은 각자의 도시가 승리할 가능성을 계산했고, 아마존을 잘 아는 관전자들은 내기를 걸었다.[256]〈뉴욕타임스〉는 덴버가 승리할 것이라고 예상했는데 "이 도시의 생활방식과 비교적 저렴한 물가, 게다가 인근 대학들에서 기술 인재들을 공급할 수 있다"[257]고 언급했다. 〈월스트리트저널〉은 댈러스를 꼽았다.[258] 〈블룸버그뉴스〉에 따르면, 아마존의 임원들은 보스턴을 선호했다고 한다.[259]

이의를 제기하는 목소리도 있었다. 자신의 지역구에 실리콘밸리가 포함되어 있는 로 카나(Ro Khanna) 하원의원은 트위터에 이런 글을 올렸다. "기술 기업들은 우리 지역이나 외부의 도시에서 세금 감면을 요구해서는 안 된다. 그들은 지역사회에 투자해야 한다."[260] 〈로스앤젤레스타임스(Los Angeles Times)〉의 어느 칼럼니스트는 이러한 절차가 "오만하고, 철없으며, 상당히 이기적"[261]이라고 평가했다. 그러나 베이조스가 희망한 대로, 전반적인 반응은 긍정적이었고 명확했다. 시애틀이나 실리콘밸리의 비평가들은 기술 대기업들이 젠트리피케이션을 가속화하고 노숙인을 양산하는 데 책임이 있다며 문제를 제기했지만, 다른 도시들은 그들을 유치하기 위해 필사적이었다. 고임금 일자리와 함께 경제 활성화라는 한 세대에 있을까 말까 한 현상금을 차지하기 위해 공공 부문이 서로 전례 없을 정도로 밀치고 다투었다.

그들은 2017년 10월 19일에 제안을 마감했고, 모두 238개의 제안서가 제출되었다. 디트로이트, 보스턴, 피츠버그는 신청 자료에 웅장한 음악을 삽입하고 초보적인 특수효과를 가미하여 각자 도시의 매력을 보여주는 동영상까지 추가했다. 플로리다주 탬파베이의 세인트피터즈버그(St. Petersburg) 지역이 제작한 동영상에는 비치발리볼 선수들이 모래사장에서 즐겁게 뛰어노는 모습이 담겨 있었다. 댈러스는 다른 무엇보다도 '풍미', '분위기', '마르가리타 칵테일'을 장점으로 내세웠다. 도시의 관계자들은 정장에 넥타이를 매고 어색한 모습으로 카메라를 향해 쭈뼛거리며 다가와서는 아마존을 향해 고분고분한 어조로 직접 말을 건넸다.

몇몇 도시는 좀 더 특이한 방법에 기댔다. 앨라배마주 버밍햄(Birmingham)은 도시 주변에 거대한 종이상자를 세 개 놓아두고는 주민들에게 그것과 함께 사진을 찍어 소셜미디어에 올려달라고 부탁했다. 캔자스시티의 시장은 아마존닷컴에서 물건 1,000개를 주문한 다음 각 제품에 리뷰를 남겼는데,[262] 그 내용은 모두 이 도시에 대한 최고의 찬사였다. 캐나다의 캘거리는 시애틀의 길거리에 그래피티를 그렸고, 아마존 본사 부근에는 60미터 길이의 빨간색 현수막을 내걸었는데 거기에는 이렇게 적혀 있었다. "당신들을 위해 곰과 맞서 싸우겠다고 말하려는 건 아니지만, 혹시 그래야 한다면 전력을 다해 싸우겠습니다."*[263] 애틀랜타에서 동쪽으로 약 30킬로미터 떨어진 교외인 조지아주 스톤크레스트(Stonecrest)는 아예 마을 이름을 '아마존'으로 바꾸겠다고 제안했다. 2019년 기준으로 인구 54만 5,000명인 애리조나주 투산(Tucson)은 아마존 측에 6미터 높이의 사과로(saguaro) 선인장을 보냈는데, 회사는 이를 박물관 한 곳에 기증했다. 대충 이런 식이었다.

여러 도시의 관계자 다수는 이처럼 거액의 포상이 걸린 경쟁에 참여하여 노력하는 모습을 유권자들에게 보여줄 수밖에 없었다고 말한다. "개인적으로 일자리의 미래는 결국 기술에 달려 있다고 생각합니다. 그런데도 어떤 식으로든 그런 추세에 참여하지 않는다면, 우리는 완전히 뒤처질 겁니다." 당시에 실패로 돌아간 라스베이거스의 경쟁에서 일했으며, 현재는 네바다주 주지사 직속 경제개발국(GOED) 국장인 라이언 스미스(Ryan Smith)의 말이다.

이러한 신청서류들은 아마존의 시애틀 본사와 워싱턴 D. C. 지사에서 인사, 홍보, 공공정책, 경제개발을 담당하는 여섯 명 정도로 구성

---

* 캘거리에서는 종종 회색곰이 사람들을 습격하는 사고가 발생한다.

된 소수정예의 팀으로 전달되었다. 미국의 수도에서 아마존의 존재감은 오랫동안 무시해도 좋을 정도였다. 아마존의 공공정책팀은 한때 워싱턴 D. C.의 다 허물어져가는 연립주택에서 체로키네이션(Cherokee Nation)*의 로비스트 두 명이 쓰는 사무실 위층 전체를 사용한 적이 있다. 직원들은 화장실 한 개를 함께 사용했고, 가상사설망(VPN)을 이용해 아마존의 네트워크에 접속했다. 아마존은 정부와 우호적인 관계를 맺겠다고 약속했지만, 현실은 고작 그 정도였다. 오바마 행정부에서 일했던 제이 카니는 이렇게 말했다. "저는 아마존 사람들을 단 한 번도 만나본 적이 없습니다. 심지어 모금활동을 하러 시애틀에 갔을 때도 마찬가지였습니다."

카니가 2015년에 글로벌 기업 업무 부문의 수석 부사장으로 아마존에 합류한 이후, 워싱턴 D. C.의 조직은 그에게 직접 보고를 했고 지원도 더욱 확대되었다. 그리고 그 직전에는 사무실을 조지타운대학교 법학센터(로스쿨) 맞은편의 601 뉴저지애비뉴(601 New Jersey Avenue)에 있는 현대식 오피스 건물로 이전한 상태였다. 회사는 이제 정부에서 많은 관심을 받고 있었다. 바로 눈앞에 있었기에 그들은 더 이상 숨을 수도 없었다.

카니의 소속은 워싱턴이지만 시애틀로 출장을 가서 자리를 비우는 경우가 많았기 때문에, 워싱턴 D. C.의 사무실은 법무부의 검사 출신으로 공공정책 부문 부사장인 브라이언 휴스먼(Brian Huseman)이 운영했다. 오클라호마 출신의 휴스먼은 사내 정치에 능숙한 사람으로, 사무실

---

* 미국 내 최대의 체로키 부족 집단.

의 동료들 사이에서는 평가가 극단적으로 갈리는 인물이었다.

HQ2 프로젝트가 시작되던 2017년 가을, 그는 워싱턴 D. C.의 품격 있는 행사에서 아마존의 존재감을 드러내기 위해 신중하게 준비했다. 그 행사는 바로 베이조스가 인권단체인 휴먼라이츠캠페인(HRC)에서 국민평등상(National Equality Award)을 받게 하는 것이었다. 휴스먼은 또한 아마존이 사용하고 있는 9층의 사무실 내부를 새롭게 디자인해서, 엘리베이터의 문이 열리면 정면에 아마존의 검소함을 상징하는 낡은 문짝 책상으로 만든 안내 프런트가 보이도록 했다. 복도 한 곳의 끝에는 키바(Kiva)가 만든 택배 배송 드론의 프로토타입과 아마존 스튜디오가 만든 작품들을 돌아가며 보여주는 영상 스크린으로 꾸민 공개 행사장이 있었다. 다른 복도의 끝으로 가서 회전문을 지나면 아마존 스타일의 예비 사무실들이 있었다. 그 사무실들의 문을 열고 들어가려면 특별한 열쇠가 필요했으며, 이곳이 바로 HQ2 프로젝트팀이 기밀 업무를 수행하는 장소였다. 이곳의 창문에는 신문지로 도배가 되어 있었고, 만약 누군가 안쪽을 들여다보면 팀원들은 보안요원에게 신고했다.

HQ2 프로젝트에 대한 최초의 제안서들이 접수된 이후 몇 주 동안, 워싱턴 D. C.의 조직은 하루에 12시간씩 매주 6~7일을 일하면서 엄청나게 쌓인 신청서류들을 검토했다. 이러한 절차는 개인에 따라 판단이 다를 수 있기 때문에, 어느 시점이 되자 이 팀의 구성원 한 명은 동료들에게 자신들이 객관적인 기준을 만들어 S팀에 판단할 수 있는 데이터를 제공해야 한다는 점을 상기시켰다. 그들은 다시 원래의 RFP를 살펴본 다음, 인구, STEM(과학, 기술, 공학, 수학) 전공 졸업생 수, 실업률, 지역의 GDP 등 다양한 요소를 살펴볼 수 있는 스프레드시트를 만들었다.

이들은 대체로 이상주의에 근거해 이러한 작업들을 진행했다. HQ2 팀의 구성원들은 어느 도시든 승리할 기회가 있다고 진심으로 믿었다. 그리고 어느 시점이 되자 그들은 최종 후보지들을 압축해 종이 몇 장으로 정리한 다음, 그것을 봉투에 밀봉했다. 언변과 대인관계가 좋은 아마존의 경제개발 담당 이사인 홀리 설리번은 그 결과를 가장 정확하게 추정했다. HQ2 직원 중 한 명은 이렇게 말한다. "우리는 정말이지 현세대에서 가장 중요한 경제개발 프로젝트를 진행하고 있으며, 이 프로젝트는 수십만 명의 삶을 바꾸게 될 것이라고 생각했습니다."

1월 초, 설리번과 재무이사인 빌 크로(Bill Crow)가 그 모든 데이터와 신청서를 S팀에 발표했다. 동료들은 모든 후보지를 진지하게 바라봐야 할 책임이 있는 최종 결정권자인 베이조스가 238개 지역이 제출한 신청서를 전부 읽었다고 말한다. 그렇게 검토하는 데만 네 시간이 걸렸다.

2018년 1월 18일에 최종 후보지 스무 곳을 발표하기 위해 준비하면서, HQ2 프로젝트에서 일하던 직원들은 그 최종 명단을 어떻게 보여줄지 다양한 아이디어를 제출했다. 대외관계 부문은 한 시간마다 후보 도시 한 곳을 공개함으로써 긴장감을 증폭시키자는 아이디어를 내놓았지만, 베이조스가 거부했다. 아마도 그는 아마존이 HQ2 프로젝트 그 자체로 발생하는 대외홍보 차원에서의 상당한 노출 횟수를 더욱 늘릴 필요가 없다거나, 그 과정과 관련하여 몰아치는 정치적인 분위기가 이미 너무 예상할 수 없게 되었다고 생각했을 것이다.

최종 후보지들을 발표하기 며칠 전, HQ2 팀은 예선을 통과하지 못한 200여 군데의 도시를 여러 개로 나누었고, 그 지역의 관계자들에게 전화를 걸어 좋지 못한 소식을 전달했다. 그들 대부분은 각자가 쏟아부은 오랜 시간과 수많은 노력이 실패로 돌아간 것에 실망감을 내비치면서 그 이유를 물었다. 아마존의 직원들은 엄청난 양의 데이터를 제시하면서 대답했다. 대표적으로는 이런 식이었다. "당신들의 대도시 권역 인구는 37만 5,000명이고, 그들 중 석박사 학위 소지자는 10퍼센트에 불과합니다. 죄송하지만, 이는 노동력을 공급하기에 충분한 수치가 아닙니다." 각 도시의 관계자들은 대부분 아마존의 대응이 성실했다고 인정했다. 그리고 홀리 설리번은 그러한 질문에 대답하고 관계를 유지하는 과정에 특별히 많은 시간을 투자했는데, 미래에 회사를 위해 도움이 될 수도 있기 때문이었다.

아마존이 최종 후보지를 발표한 이후, 그와 관련하여 그 주에만 1,400개의 기사가 쏟아졌고, HQ2 팀은 머나먼 여정을 시작했다. 설리번과 부동산 부문의 총괄인 존 쇼틀러가 이끄는 10여 명의 직원은 그해 2월부터 4월까지 최종 후보지들을 서부해안, 남부, 동부해안의 세 군데로 나눠 그 도시들을 부지런히 돌아다녔다. 그렇게 출장을 다니는 동안에는 주말에도 거의 쉬지 못했다. 그런 과정에서도 그들은 비행기를 타야 할 때면 민간 항공사의 일반석 티켓을 구입했고, 그렇지 않으면 버스를 타고 이동했다. 그리고 아침 일찍 출발해 밤늦게 일정이 끝나는 전형적인 아마존 스타일의 출장이었다.

방문할 도시에는 며칠 전에 그 사실을 알렸고, 아마존이 제안 부지를 둘러보고 그 도시의 인재풀과 교육시스템에 대해 이야기를 듣겠다는 것 이외에는 거의 아무런 정보를 주지 않았다.[264] LA의 에릭 가세티(Eric Garcetti) 시장은 역동적인 발표를 한 것은 물론이고 지역 대학의 총장들과 조찬을 함께 하는 자리를 마련함으로써 아마존의 대표단에게 깊은 인상을 주었다. 내슈빌에 들른 아마존의 임원들은 현지에서 활동하는 뮤지션들과 만났다. 댈러스의 시 관계자들은 대표단을 고풍스런 M라인(M-Line) 노면전차에 태워 중심가로 데려갔고, 저녁에는 아주 힙한 업타운(Uptown) 지역의 컨트리 스타일 레스토랑에서 식사를 대접했다. 댈러스상공회의소(Dallas Regional Chamber)의 수석 부의장인 마이크 로사(Mike Rosa)는 당시의 상황을 이렇게 말했다. "아마존 팀은 자신들의 이해관계에서 매우 진심이었습니다. '그들은 가식적'이라는 기사를 쓴 사람들은 그곳에 함께 있지 않았습니다. 제가 참여한 여느 프로젝트에서와 마찬가지로 아마존은 아주 진실했습니다."

일론 머스크가 기가팩토리 프로젝트에 참여한 것만큼은 아니지만, 베이조스는 전면에 나서지 않았을 뿐 시애틀에서 여전히 큰 관심을 가진 채 관여하고 있었다. HQ2는 그 자체만으로도 언론에 폭풍을 일으켰기에, 굳이 그가 스스로 모습을 드러내거나 그의 막대한 재산이 부각되면서 일자리 창출과 지역에 대한 투자에 집중된 여론의 관심을 돌릴 필요가 없었다. 동료들은 베이조스를 비롯한 S팀의 구성원들이 설리번에게 자주 이메일을 보내왔고, 부지를 방문한 것과 도시가 제안한 내용의 세부사항에 대해 질문했다고 말한다. 설리번은 언젠가 시애틀의 본사를 방문했을 때 데이원 타워의 6층에서 베이조스와 자리를 함께 했다. 그가 바인더로 묶인 신청서들을 넘기는 동안, 그녀는 긴장한 채로 침묵하면서 그의 질문을 기다렸다.

베이조스에게 HQ2 프로젝트는 회사의 미래를 위해 절실하게 필요한 일일 뿐만 아니라, 이제는 그가 공개석상에 모습을 드러낼 때마다 대부분의 논의가 거기에 집중될 정도로 초미의 관심사가 되었다. 그 해 4월, 그는 서던메소디스트대학교(Southern Methodist University)에서 조지 W. 부시 대통령 센터(George W. Bush Presidential Center)가 주최한 리더십 포럼(Forum on Leadership)에서 연설하기 위하여 댈러스를 방문했다. 이후 진행된 칵테일파티에서, 당시 댈러스의 시장인 마이크 롤링스(Mike Rawlings)가 그에게 다가와서는 단도직입적으로 이렇게 말했다. "이봐요, 당신들의 회사에는 우리 도시가 딱 좋은 곳입니다." 베이조스는 수줍어하면서, 그곳에 살고 있는 친구들에게서 도시에 대해 좋은 이야기를 많이 들었다고만 대답했다. 후에 롤링스 전 시장은 내게 이렇게 말했다. "저는 그가 부끄러워한다고 생각했고, 그게 그다지 기분 좋지는 않았습니다."

바로 그 달에 팀원들은 답사를 마무리했고, 그 결과와 추천 내용을 S팀에 전달하기 위해 6페이지 보고서를 준비했다. 나는 취재를 진행하는 과정에서 그 보고서와 함께 HQ2의 다른 핵심적인 문서 2건도 직접 확인했다. 2018년 6월에 작성된 전자의 보고서는 스무 군데의 최종 후보지를 '부적합', '치열한 의견 대립', '최상위'라는 세 그룹으로 나누었다.

오스틴, 컬럼버스, 덴버, 인디애나폴리스, 마이애미, 메릴랜드의 몽고메리 카운티, 뉴어크, 피츠버그는 모두 첫 번째 카테고리로 분류되어 탈락했는데, 그 이유는 대부분 너무 작거나 필요한 인프라와 인재풀을 갖추지 못했기 때문이다. 여기에 더해 팀원들은 직접 답사해서 대중의 정서를 파악한 결과, 오스틴과 덴버는 아마존이 입주할 경우 적대적인 분위기가 형성될 수도 있다고 결론을 내렸다. 그들은 "오스틴과 덴버를 직접 답사한 결과, 그들은 다른 후보지들만큼 이 프로젝트를 적극적으로 지지하지 않았다"고 썼다. 피츠버그는 "여전히 경제적인 어려움에서 회복하고 있는 중"이었다. 뉴어크는 인근에 있는 뉴욕시의 재능 있는 엔지니어들이 "그곳에서 근무하는 걸 원하지 않을 것"이라는 이유로 단호하게 배제했다.

애틀랜타, 보스턴, 로스앤젤레스, 내슈빌, 토론토, 워싱턴 D. C.는 '치열한 의견 대립' 카테고리로 분류되었다. HQ2 팀은 보스턴과 토론토는 높은 물가와 높은 세금이 부정적인 요소라고 언급했다. 그들은 조지아주 애틀랜타는 교통 혼잡이 문제점이라고 설명했고, 조지아주는 델타항공(Delta Air Lines)의 비행기 연료 구입비에 대한 면세 혜택을 없앤 조치도 문제 요소라고 말했다. 참고로 델타항공은 플로리다주 파크랜드에 있는 학교에서 총기난사 사건이 발생한 이후 전미총기협회(National Rifle Association) 회원들에게 제공하던 할인 혜택을 중단한다고 결정하며 논란을 일으켰다.[265] 아마존 입장에서는 정치적인 이유로 기업에 불이익을 주려는 조지아주의 행보는 상당히 문제가 될 수 있었다.

보고서는 또한 "우리 모두는 내슈빌에 크게 기대했지만, 그 도시는 우리의 어마어마한 투자를 수용할 준비가 되어 있지 않았다"고 적었다. 그리고 로스앤젤레스에 대해서는 "세상에서 가장 혼잡한 도시이고, 지리학적으로도 시애틀과 크게 차이가 없으며, 캘리포니아는 비즈니스 친화적인 주가 아니다"라고 평가했다.

'최상위' 도시들은 시카고, 댈러스, 뉴욕시, 노던버지니아(Northern Virginia), 필라델피아, 롤리(Raleigh)였다. 이런 도시들을 최상위로 추천하긴 했지만, HQ2 팀은 여전히 각각의 도시에 대해 나름의 걱정을 했다. 그들은 지리적으로 고립된 댈러스를 선택한다면 최상급 인재들을 채용하는 일이 더욱 힘들어질 것이라고 우려했다. 뉴욕시는 지방세, 직원들에 대한 보상 수준, 부동산 가격을 고려했을 때, 그리고 주요한 대기업도 아주 많이 존재하는 곳이기 때문에 가장 많은 비용이 드는 지역이었다. "우리가 다른 도시들에서 할 수 있는 것처럼 우리의 존재감을 긍정적인 방식으로 활용할 수 없을 것이다." 노던버지니아는 비즈니스 친화적인 도시지만, 기술 분야의 인재들이 배출되는 지역이 아니었고, 그렇다고 특별히 돈이 적게 드는 것도 아니었다.

마지막 부분에서 HQ2 위원회는 S팀이 최종적으로 추천하는 도시들을 승인해주면, 회사가 그곳의 선출직 공무원들과 대화하여 최적의 후보지를 찾아내겠다고 권고했다. 그리고 이 프로젝트 발표의 1주년 기념일인 9월 7일에 그 결과를 발표하자고 제안했다. 문서는 이렇게 적혀 있었다. "HQ2 프로젝트에서 다음 단계의 목표는 계속해서 언론의 반응을 긍정적인 방향으로 이끌고 우리 회사의 명성을 더욱 강화하는 것이다. 그러면서 비평가들에게는 불필요한 정보를 제공하지 않으며, 이것이 과도한 리얼리티 쇼라는 인식을 심어주지 않아야 한다." 그리고 몇 달 동안 출장, 식사, 추측, 협상을 경험한 내용을 통해 그들은 후보지 세 곳을 추천했다. 그것은 다소 놀라운 결과였다.

세 곳은 시카고, 필라델피아, 롤리였다. "이들 지역은 기존의 기술 인재들이 가장 많이 모여 있는 곳은 아니지만, 우리의 수많은 비즈니스 부문을 통해 인재들이 성장할 수 있는 기반을 갖추었다고 생각한다." 보고서의 결론이었다.

자본은 환영받는 곳으로 향하며
대접받는 곳에 머문다

그러나 아마존에서는 그런 문서들이 그저 옵션과 권고사항만을 제시할 뿐이었다. 그것은 회사에서 심사 절차의 시작을 의미하는 것이지, 끝은 아니었다. 베이조스를 비롯한 S팀은 그 달에 시애틀에서 HQ2 팀의 리더들을 만났다. 그들은 조용히 그 문서를 읽었고, 그다음에는 몇 시간 동안 논의한 끝에 그 프로젝트의 전체적인 경로를 바꾸었다.

노스캐롤라이나주 롤리는 비즈니스 친화적이었고, 생활비가 적게 들며 교통정체도 적었지만, 계속해서 확대되는 아마존의 수요를 감당하기에는 너무 작았다. 시카고의 관공서들은 서로 충돌을 벌이는 경우가 잦았으며, 이 도시는 물론이고 그들이 속한 일리노이주는 모두 신용평가기관들에서 재정적으로 불안정하다는 평가를 꾸준히 받았다. 필라델피아는 기술 인재들을 배출하는 온상이 아니었다. 게다가 어떤 사람의 기억에 따르면, 그 회의에서 AWS를 이끄는 앤디 재시는 그 도시를 싫어한다는 의견을 밝혔다. 그 이유는 자신이 응원하는 뉴욕 자이언츠(New York Giants) 미식축구팀의 라이벌이 있는 도시이기 때문이었다. 그리고 자신을 비롯하여 직원들은 절대로 그 도시에서 살고 싶지 않을 거라고 말했다. 재시는 농담일 수도 있지만, 몇 달 동안이나 구체적인 부분까지 조사하고 수치적으로 분석한 HQ2 팀의 일부 구성원들은 이후에 그러한 모든 과정이 고위 간부들의 제멋대로인 취향으로 평가받는다는 사실에 분노를 표출했다.

HQ2 팀의 관리자들은 자신들이 제안한 것과는 완전히 다른 후보지의 목록을 들고 회의실을 빠져나왔다. 내가 살펴본 두 번째 문서는 8월에 작성한 것인데, HQ2 팀은 6월에 열린 회의에서 다섯 개 도시를 추가로 검토하라는 결정을 반영해서 만든 것이라고 말한다. 그 도시들은 댈러스, 로스앤젤레스, 뉴욕시, 노던버지니아, 내슈빌이었다. 거기에는 HQ2 팀이 제안한 최상위 3개 후보지는 모두 빠져 있었다. 물론 그 문서에서는 시카고를 다시 방문해볼 필요가 있다고 밝히긴 했지만, 그 이유는 "시카고가 이 모든 과정에서 앞서 나가지 않을 경우에 발생할 수 있는 부정적인 반응을 최소화하기 위해서"였다.

HQ2에서는 조사의 우선순위가 변경되었다. 원래는 가장 강력한 세제 혜택을 찾으려던 계획이 이제는 가장 커다란 도시에 대한 관심으로, 인재 채용의 기회가 가장 좋은 곳으로, 정치적인 환경이 가장 우호적인 곳을 찾는 것으로 바뀌었다. 그것은 우연이 아니었다. 아마존의 임원들이 두 번째 본사의 후보지를 고르던 바로 그 당시에, 그들과 시애틀의 관계는 급속도로 악화되었다.

다시 시애틀로 돌아가보면, 크샤마 사완트와 비롯하여 좌편향되어 있던 시의회는 '임직원 시간세(Employee Hours Tax)'라는 이름의 인두세 법안을 발의했는데, 이는 노숙인이나 저렴한 주택 부족 같은 문제를 해결하기 위해 대형 사업장에 직원 한 명당 최대 500달러의 세금을 부과하여 8,600만 달러의 기금을 조성한다는 것이었다. 그것은 가혹한 조치였다. 그와 비교해서 시카고에서는 거의 30년 동안 직원 1인당 4달러의 인두세를 부과했는데, 그마저도 람 이매뉴얼(Rahm Emanuel)이 시장으로 재직하던 시절에 그러한 세금이 일자리 감소의 원인이라고 주장하며 시의회를 설득하여 단계적으로 폐지되었다.

2018년 4월에 상정된 이 법안에 따르면, 아마존의 세금은 이미 지출하고 있던 2억 5,000만 달러의 주세 및 지방세에 더해서 연간 2,250만 달러가 추가될 예정이었다.[266] 2018년에 아마존이 거둔 100억 달러의 수익에 비하면 매우 적은 금액이긴 하지만, 그러한 세제안은 어쨌든 그들에게 적대적인 사고를 기반에 두고 있었다. 시애틀은 기업의 소득과 인원수를 모두 고려하여 이중으로 세금을 부과하려 했는데, 이러한 움직임의 배경에는 워싱턴이 미국에서 개인 소득세를 부과하지 않는 일곱 개 주 가운데 하나인 것도 작용했다. (이는 베이조스를 비롯한 아마존의 임원들에게는 오랫동안 명백하게 혜택이 된 것이 사실이다.) 아마존은 이미 회사가 지방세를 많이 낸다고 믿었으며, 시청이나 시의회가 가장 시급한 문제를 해결하기 위하여 올바른 방식으로 예산을 사용하지 못한다면 그건 회사의 잘못이 아니라고 생각했다.

이러한 인두세 법안이 제안된 후, 베이조스는 존 쇼틀러를 불러 아마존의 부동산 부문이 데이원 건물 근처에 짓고 있던 17층 규모의 '블록 18' 타워 건설을 중단하라고 지시했다.[267] 그리고 레이니어스퀘어 (Rainier Square) 인근에 아마존이 지은 연면적 약 7만 4,000m²(약 2만 2,000평) 규모의 건물을 직접 사용하지 말고 대부분을 임대로 내놓으라고 말했다. 이러한 계산에 해박한 어떤 사람에 따르면, 아마존의 부동산팀은 이러한 조치로 회사가 1억 달러 이상의 비용이 들 것으로 예상했다고 한다. (참고로 이 사람은 회사가 나중에 결국 손익분기점을 맞췄다고 말했다.) 그러나 베이조스는 그런 건 신경 쓰지 않는다고 말했다. 아마존은 성장을 원하지 않는 도시를 키워줄 생각이 없다는 것이었다.

동시에 베이조스는 또 하나의 내부 포고령을 발표했다. 시애틀에 근무하는 아마존의 임직원 규모를 5만 명 정도로 제한하겠다는 것이었다. 시애틀의 최고급 오피스들 가운데 이미 19퍼센트 넘게 사용하고 있던 아마존은 12개월 내로 그 숫자에 도달할 예정이었다.[268] 그 시점이 지나면 회사의 경영진은 추가로 합류하는 인력들을 다른 도시에 있는 아마존의 사무실로 보내야만 했다. 쇼틀러를 비롯한 부동산팀은 이러한 새로운 요구사항을 처리하기 위해 머리를 모았다. 그런데 불과 15분 떨어진 워싱턴호 건너편의 벨뷰(Bellevue)에 약 700명의 직원이 근무하고 있었기 때문에, 아마존의 임원들은 시애틀에서 초과되는 인력은 그곳으로 보내 최대 2만 명 정도의 조직을 꾸리면 된다고 판단했다. 참고로 벨뷰는 시애틀의 교외에 있는 부유한 베드타운이며, 당시에 현지의 기업들을 겨냥하여 약삭빠르게 프로모션 행사를 진행하고 있었다. 그해 가을, 아마존은 벨뷰 시내에서 예전에 온라인 여행사 익스피디아(Expedia)의 본사가 있던 20층짜리 건물을 임대한다.[269]

이러한 인원 제한은 절대 공개되지 않았지만, 아마존은 블록 18의 건설 중단과 레이니어스퀘어 타워의 임대 계획을 대대적으로 알렸다. 이는 시애틀에서 아마존이 가진 영향력을 과시하고, "자본은 환영받는 곳으로 향하며 대접받는 곳에 머문다"[270]는 비즈니스의 격언을 보여주는 행위였다. "저는 그들의 행동이 그러한 사안을 결코 가벼이 여기지 않는 이례적일 정도의 강력한 움직임이었다고 생각합니다." 시애틀메트로폴리탄상공회의소의 전직 대표 모드 도든의 말이다.

시의 관계자들은 그들이 보낸 메시지를 크고 똑똑하게 들었다. 그해 5월, 직원 1인당 480달러를 부과할 예정이던 세금은 1인당 275달러로 줄어들었다. 그들은 이 정도의 타협안이면 아마존이 받아들일 거라고 생각했다. 이러한 세제 조례는 만장일치로 시의회를 통과했다. 그러자 아마존은 이 조례를 폐지하기 위하여 정치활동위원회(PAC)* 한 곳에 2만 5,000달러를 기부하고 11월의 주민투표를 추진했다. 스타벅스나 벌컨을 비롯하여 딕스드라이브인(Dick's Drive-In) 같은 가족이 경영하는 인기 기업들도 마찬가지로 기부를 하고 이 조례에 반대하는 행렬에 동참했다.

그러한 분위기에서 유권자들은 시의회에 등을 돌렸고, 지역의 기업과 대형 사업장의 편에 서기 시작했다. 시의원들은 예상치 못하게 허를 찔린 셈이었다. 조례에 반대하는 시민의 서명이 점차 늘어나 주민투표 개최 요건에 다가갔고, 투표가 진행되면 반대안이 통과될 가능성이 커졌다. 그러자 시의회는 수치를 무릅쓰고 노선을 변경해 7대 2의 표결로 조례안을 철회했다.[271] 인두세 조례에 서명한 제니 더칸(Jenny Durkan) 시

---

* 미국에서 특정한 정당에 소속되지 않고 활동하는 정치단체.

애틀 시장은 이제 폐지안에 서명해야 했다.[272]

그러나 시의원들만 계산착오를 한 것이 아니었다. 베이조스를 비롯한 아마존의 임원들은 시의회가 기업에 적대적인 좌파 의원들에게 장악되었다고 생각했다. 그들은 좀 더 폭넓은 차원에서 시애틀의 대중적인 정서가 변화했다는 사실을 파악하지 못했거나 그다지 신경을 쓰지 않았던 것으로 보인다. 곧 기술 기업들에게 갖는 반감이나 그들이 지역사회에 초래하는 아찔한 변화에 대한 거부감을 눈치채지 못하고 있었다. 그것은 소위 말하는 테크래시(techlash)인데, 아마존에서 후한 보상을 받는 고위급 경영진의 시야에는 보이지 않는 일이었다. 이러한 분위기를 파악하지 못함으로써 이제 그들에게는 심각한 결과가 나타나려 했다.

아마존의 일부 임원은 인력 증가에 대한 즉각적인 대안으로 벨뷰를 고려하는 것 외에도, 제2본사 건설을 이전에 계획한 것보다 더 크고 초기에 예상한 것보다 더욱 빠르게 속도를 올려야 한다고 결론을 내렸다. 그해 8월에 작성된 17페이지 분량의 문서를 보면, HQ2와 S팀은 뉴욕시와 노던버지니아의 크리스탈시티(Crystal City)로 마음이 기울고 있었다. 이 두 지역에서라면 그들의 확장 규모를 감당할 수 있을 거라고 생각했다. 문서에는 이렇게 적혀 있다. "만약 전반적인 비용이나 비즈니스 환경이 주요한 요소라면, 우리는 노던버지니아를 최고의 부지로 권고한다. 만약 인재풀의 존재가 주요한 동인이라면, 우리는 뉴욕시를 권고한다."

HQ2 팀은 두 도시 모두 정치적으로도 환영을 받으리라 예측했다. 결국 아마존은 비즈니스의 중심부인 뉴욕 맨해튼의 바로 바깥에 있는 퀸즈(Queens)의 롱아일랜드시티(Long Island City)를 선택했다. 이곳은 한때 투박한 산업지역이었으나, 지난 15년간 엄청난 속도로 젠트리피케이션이 진행되고 있었다. 문서에는 계속해서 이렇게 적혀 있다. "우리는 뉴욕주로부터 지원을 받아왔으며, 앤드루 쿠오모(Andrew Cuomo) 주지사의 측근인 경제개발국장과도 긴밀하게 협력해왔다. 빌 데블라지오(Bill de Blasio) 뉴욕시장은 이 프로젝트의 적극적인 지지자는 아니며 대기업에도 대체로 비판적인 사람이지만, 우리는 그가 뉴욕시 선정을 지지할 거라고 생각한다."

HQ2 선정 결과와
헬기장 소동

―――

예전과 마찬가지로, 이 문서는 S팀에서 논의하기 위한 출발점에 불과했다. 그리고 그해 9월에 열린 회의에 다녀온 HQ2의 임원들이 들려준 경영진의 결정은 동료들을 깜짝 놀라게 했다. 베이조스를 비롯한 S팀은 제2본사를 뉴욕시와 노던버지니아 두 군데로 나누고, 내슈빌에는 그보다 소규모인 '최고운영센터(Operations Center of Excellence)'를 짓기로 했다. 아마존은 단 한 군데의 부지를 찾기 위해 1년 내내 시간을 보냈지만, 회사에 필요한 인재를 확충해야 하는 실정과 이제부터는 시애틀 외부에서 주로 조직의 확장을 시도한다는 베이조스의 포고령을 고려하면, 이제는 부지 하나만으로는 충분하지 않았다. HQ2 프로젝트에서 일한 직원 한 명은 이렇게 말했다. "저는 도저히 이해할 수 없었지만, 동시에 이해가 되기도 했습니다. 여긴 아마존인데 뭐가 이상하겠어요."

이러한 결정으로 아마존의 대변인들은 난처한 입장이 되었다. 그들은 1년 넘게 HQ2 프로젝트에 대한 냉소적인 비판이나 제2본사의 부지가 이미 동부 해안 쪽에 내정되어 있다는 추측을 적극적으로 부인해왔다. 이제 아마존은 그러한 비판을 인정해야 할 차례였다. 세계에서 가장 부자인 사람이 이끄는 세계에서 가장 부유한 기업 중 하나가 세계 정치와 금융의 중심지로 진출한다는 사실을 말이다. 그리고 베이조스는 뉴욕에 호화 주택을 여러 채 보유하고 있었다. 이처럼 곤란한 상황에서, 9월 4일 화요일 아침에는 아마존의 주가가 2,050달러에 이르렀다. 이후에 주가가 하락하긴 했지만, 이로써 그들의 시가총액은 잠시나마 1조 달러라는 중요한 문턱을 넘어서게 되었다.[273]

내가 살펴본 HQ2 팀의 세 번째 문서는 2018년 10월에 작성된 것으로, 이러한 어려움에 대처하여 그 결정을 발표하는 방법과 이후에 발생할 수 있는 부정적인 후폭풍에 대비하는 방안이 서술되어 있다. 문서는 "우리가 무엇을 하든 그 발표는 전국적인 뉴스로 도배될 것"이라고 설명했다. 그리고 아마존이 시애틀에 버금가는 단 한 곳의 도시를 선정하겠다는 약속을 어겼다고 비난할 수 있는 '자금이 풍부한 비판 세력'이 누구인지도 예상했다.

그들이 후보에 올린 비판 세력들로는 경제개발에서 기업 및 정부의 책임을 촉구하는 시민단체인 굿잡스퍼스트(Good Jobs First), 체인점 및 대기업에 반대하며 지역사회와 중소기업의 이익을 대변하는 지역자립연구소(Institute for Local Self-Reliance) 등이 있다. 그리고 뉴욕대학교의 스콧 갤러웨이(Scott Galloway) 교수도 언급되었는데, 그는 HQ2 프로젝트를 두고 이렇게 평가한 적이 있다. "이것은 제프 베이조스가 더 많

은 시간을 보내기 위한 땅을 두고 벌이는 헝거게임(The Hunger Games)*이
자,[274] 이미 운명이 결정된 미인대회다.[275] 나는 이 시합에서 뉴욕 대도시
권에 판돈을 걸겠다." 그리고 리나 칸(Lina Khan)의 이름도 올라와 있는
데, 그녀는 《예일법학저널(Yale Law Journal)》에 기고한 글에서 아마존의
반경쟁적인 행태를 고발했으며,[276] 미국의 반독점 법률이 한심할 정도
로 시대에 뒤떨어졌다고 비판했다.

불행히도 아마존의 문서에서는 뉴욕 시의회의 진보적인 정치인들
이나 그해 가을 치러질 미국 하원선거에서 뉴욕주 제14선거구에 출마
하여 당선되는 민주당의 카리스마 있는 후보인 알렉산드리아 오카시
오-코르테스에 대해서는 언급되지 않았다. 이 문서에는 이렇게 적혀
있다. "우리는 이 결과 발표를 아마존이 해당 지역의 경제에 긍정적인
투자자이며, 일자리를 창출하고 지역사회의 훌륭한 동반자라는 사실
을 입증할 수 있는 기회라고 생각한다. 따라서 우리는 비판 세력들의
의견이 노출되는 것을 최소화하는 것이 중요하다. 우리가 생각하기에
그들은 우리의 발표를 이용해 자신들의 의제를 더욱 확장하기 위해 단
단히 벼르고 있다."

회사는 몇 주 뒤인 11월 13일 화요일 아침에 HQ2로 선정된 도시들
을 발표했다. 보도자료를 보면 "아마존은 새로운 본사의 소재지로 뉴
욕시와 노던버지니아를 선정했다"[277]고 자랑스럽게 알렸다. 그런데 이
상하게도 이러한 보도자료는 물론이고 아마존의 대변인이 그 내용을

---

* 수잔 콜린스(Suzanne Collins) 원작의 소설이자 영화 시리즈로, 작품의 제목이자 주된 소재인 '헝
거 게임'은 경기장에 던져진 사람들이 목숨을 걸고 끝까지 싸우는 시합을 말한다.

설명하는 자리에서도 제2본사를 줄여서 부르는 약자인 'HQ2'라는 단어에 대해서는 어떠한 언급도 없었다. 회사는 물론이고 그들이 발표하는 모든 문서에 쓰이는 단어 하나하나까지도 신중히 검토하는 베이조스의 입장에서는 이것이 결코 우연일 리가 없었다. 아마존은 지난 14개월 동안에 자신들이 전달한 메시지들 가운데 일부 내용을 애매하게 만들기 위해 노력한 것이다.

예상했다시피, 다른 최종 후보지들에서는 거대한 실망감이 폭풍처럼 몰려들었다. 그들은 이제 아마존이 원래의 제안요청서(RFP)에서 강조한 생활비, 지리적 다양성, 세금 감면 혜택의 규모 등의 측면보다는, 가장 거대한 인구를 가진 권력의 중심지이자 기술 인재들이 많은 도시를 선택했다는 사실을 알게 되었다.

아마존의 홀리 설리번은 댈러스의 마이크 롤링스 시장에서 전화를 걸어 안타까운 소식을 전했다. 댈러스와 텍사스주에서 제시한 재정 혜택은 모두 11억 달러에 달했는데, 이는 크리스탈시티가 속한 알링턴카운티(Arlington County)와 버지니아주가 제시한 5억 7,300만 달러보다 훨씬 더 큰 규모였다. 그러나 뉴욕시와 뉴욕주가 그들을 유혹하기 위해 세액 공제와 세금 환급으로 무려 25억 달러를 제안한 것에 비해서는 적은 금액이었다. 그리고 댈러스는 동부 해안보다 건축비가 약 40퍼센트 적게 들었다. 그러나 결국 그런 건 전혀 중요하지 않았다. 몹시 화가 난 롤링스 시장은 설리번에게 이렇게 물었다. "제발 말해주세요. 이미 어디로 갈지 정해져 있었다면, 대체 왜 우리에게 이 모든 일을 겪게 한 겁니까!"

패배한 도시의 관계자들은 다른 여러 가지 이유에서도 냉소적이었다. 2019년 3월에 솔트레이크시티에서 경제발전 담당 임원들을 대상으로 개최된 콘퍼런스에 참석한 300명에 달하는 사람들은, 홀리 설리번이 그러한 선정 과정 전반에 걸쳐 자신이 버지니아경제발전파트너십(Virginia Economic Development Partnership)의 CEO인 스티븐 모렛(Stephen Moret)과 주기적으로 이야기를 나누었다며 무뚝뚝한 태도로 이야기하는 것을 듣게 되었다. 객석에 앉아 있던 이들 중에서는 당시의 그 발언을 기억하는 사람이 몇 명 있는데, 그중 한 명은 이렇게 말했다. "저는 그녀가 그 프로젝트를 진행하면서 그 사람과 정기적으로 논의를 했다는 사실을 솔직하게 밝힌 것을 고맙게 생각합니다. 그러나 그 과정 자체가 진실성이 있었는지 의구심이 더욱 커졌습니다."

알링턴카운티에서는 모렛을 비롯한 관계자들이 승리를 자축했다. 그러나 뉴욕과 그곳의 자치구인 퀸즈에서는 이러한 상황을 잘 알지 못한 상태에서 그 소식을 뉴스로 접한 지역 공무원들은 깜짝 놀랐으며, 즉각 반대하는 목소리들이 쏟아졌다. 시의회의 코리 존슨(Corey Johnson) 대변인은 입장문을 발표했는데,[278] 그 내용을 보면 그들이 지역사회의 의견을 청취하지 않고 협상과정에서는 시의회를 배제한 것에 대해 아마존은 물론이고 주지사와 시장까지 비난했다.

시의회의 지미 밴 브레이머(Jimmy Van Bramer) 부의장은 뉴욕주 상원의원인 마이클 지아너리스(Michael Gianaris)와 공동으로 발표한 성명에서 아마존을 유혹하기 위해 제시한 세제 혜택에 필적할 만한 전례가 없었다고 주장했다. 성명서의 내용은 이랬다. "우리는 아마존이 뉴욕을 속여 지구상에서 가장 부유한 기업 가운데 하나인 그들이 전례 없을 정도로 어마어마한 세제 혜택을 얻어내는 사리사욕의 현장을 목격하고 있다." 그러나 이는 사실과 달랐는데, 다른 주에서는 보잉이나 폭스콘 등을 비롯한 기업에 훨씬 더 큰 혜택을 제공했기 때문이다.

새로 선출된 오카시오-코르테스 하원의원도 이러한 논쟁에 뛰어들었다. 그녀는 트위터에 이렇게 올렸다. "우리는 이 문제 때문에 하루 종일 퀸즈의 주민들에게서 전화와 문의를 받고 있습니다. 아마존은 수천억 달러의 회사입니다. 그들은 한 번에 수억 달러의 세금 감면을 받아내겠지만, 우리의 지하철은 허물어지고 있으며 우리의 지역사회는 더욱 많은 투자가 필요합니다. 따라서 이곳의 주민들은 그런 생각을 매우 우려하고 있습니다."[279]

아마존의 HQ2 팀이 이러한 비판에 대응하려 준비할 때, 그들에게 뜻밖의 불쾌한 소식이 들이닥쳤다. 회사에서 부동산 업무를 담당하는 팀이 두 도시와 '양해각서(MOU)'를 체결하는 과정에서 아마존에 필요한 공중권(air rights)*을 확보하고 옥상의 헬기장 개발 및 운영을 위한 인허가를 받을 때 시 당국이 그들을 도와줘야 한다는 조항을 마지막 순간에 추가했다는 사실을 알게 된 것이다.

아마존의 변호사 한 명이 그 달에 뉴욕주의 공기업인 엠파이어스테이트개발공사(ESD) 대표에게 보낸 이메일을 보면, 헬기장은 본사 건물의 '현장'에 있는 것이 이상적이지만, 그렇지 않다면 '적당한 인근'에 있어야 한다고 요구했다.[280] 14개월 동안의 HQ2 콘테스트를 거치면서

---

* 뉴욕처럼 땅값이 비싸며 초고밀도 도시에서 시행되는 대지 상공에 대한 권리다. 구체적으로는 건축에서 허가된 연면적과 실제 연면적의 차이를 말하며, 남는 공중권은 인근의 다른 건물에 판매할 수 있다. 아마존 같은 대기업은 토지 활용도를 높이기 위해 주변의 건물들에서 공중권을 최대한 많이 확보하는 것이 필수적이다.

이 기술 대기업이 부리는 변덕에 익숙해진 두 도시는 모두 이러한 추가적인 요구사항도 수용하기로 합의했다.

지역의 언론들은 재빠르게 이러한 새로운 조항에 대한 소식을 전하며 조롱했다. 〈뉴욕포스트〉가 11월 14일 자에 게시한 '퀸즈 랜섬(Queens Ransom)'[281]이라는 제목의 만평을 보면 베이조스가 헬리콥터에서 돈 가방을 든 채로 몸을 내밀고 있다. 아마존 HQ2 팀의 구성원들은 혼란스러웠다. 회사는 헬리콥터를 한 대도 보유하지 않았기 때문이다. 부유한 인터넷 기업의 임원들이 보기에 자동차로 꽉 막힌 도시의 거리와 사람들로 가득한 지하철의 모습은 끔찍했다. 심지어 그 발상조차도 아마존스럽지 않았다. 아마존이 자랑하는 열네 가지 리더십 원칙 중에는 검소함과 겸손이 있었기 때문이다.

몇몇 직원이 헬기장은 끔찍한 아이디어라고 주장했지만, 그 요청은 상부에서 내려온 것이며 철회되지 않았다는 이야기를 들었다. 롱아일랜드시티에 있는 교회인 국제희망센터(Center of Hope International)의 미첼 테일러(Mitchell Taylor) 주교는 HQ2 프로젝트를 지지하는 입장이지만, 그런 그조차도 이렇게 한탄했다. "그들이 헬기장을 요구했다는 것은 최악의 결정입니다. 왜 이곳 한가운데 그런 게 있어야 합니까? 정말 필요하다면 나중에 설치할 수도 있을 겁니다."

아마존의 직원들은 이제 당혹스러워했다. 블랙옵스에이비에이션이라는 회사의 창업자인 방송인 출신의 로런 산체스가 기밀에 싸인 블루오리진의 홍보 영상을 촬영하기 위해 텍사스 서부에 있는 뉴 셰퍼드 시험 발사 현장에 모습을 드러냈을 때도 마찬가지였다. 베이조스는 헬리콥터 타는 걸 좋아하지 않았다. 따라서 회사 건물에 헬기 이착륙 시설을 설치한다는 것은 제프 베이조스의 스타일이 아니기 때문이었다.
뭔가 중대한 변화가 있지 않는 한 말이다.

뉴욕 대참사

난처한 HQ2 선정 결과와 헬기장으로 인한 소동의 여파로, 아마존의 롱아일랜드시티 입성을 반대하는 시민들의 여론이 폭발했다. 오르시오-코르테스의 당선으로 힘을 얻은 풀뿌리 시민단체들은 이제 이 사안에 집중했다. 지역의 교회들에서는 시위가 벌어졌다. 자원활동가들은 길거리를 돌아다니며 주민들에게 유인물을 나눠주었는데, 시애틀에서 진행되는 젠트리피케이션을 일으킨 세력이 퀸즈의 모습도 바꿀 것이라고 경고하는 내용이었다.

 아마존은 무방비 상태였다. 회사는 현장에 나서지 않은 채 기밀을 유지하기로 선택했고, 홍보와 로비 분야에서 경험이 많은 기업들과 계약해 그들이 부정적인 여론에 대응하게 했다. 맨주먹으로 싸우는 뉴욕 스타일의 정치를 잘 모르는 아마존의 임원들은 그들이 쿠오모 주지사나 데블라지오 시장 등을 비롯한 우군의 지원을 받아 그 시기를 헤쳐 나갈 수 있으리라는 오판을 했다. 비즈니스 컨설팅 업체인 BDO에서 기업의 부지 선정을 책임지는 톰 스트링어(Tom Stringer)는 이렇게 말한다. "뉴욕은 그 선정 결과를 발표하는 순간 길을 잃었습니다."

주민들의 반발로 초기에 충격을 겪은 이후에 아마존은 서둘러 육탄전을 벌이기로 했다. 그들은 정치 컨설팅 및 커뮤니케이션 업체인 SKDK와 계약하고, 퀸즈 지역구에서 시의원을 지낸 로비스트 마크 웨프린(Mark Weprin)도 고용했다. 그들은 완벽하게 낙관적인 메시지를 실어 날랐다. 곧 아마존은 그전에 폐허가 된 부둣가 지역에서 향후 15년 동안 4만 개의 일자리를 만들 것이고, 세금 감면은 아마존이 창출할 공공의 혜택에 대한 일종의 환급금일 뿐이며, 그러한 세제 혜택의 상당 부분도 실제로는 뉴욕의 외곽 자치구들(outer boroughs)*의 상업 발전을 장려하기 위해서 필요한 것이라고 말했다.[282]

이러한 주장이 그럴듯하게 들리긴 했지만, 뉴욕에서의 전투는 감정적인 싸움이 되어갔다. 그곳 사람들은 도시와 주택과 교통망이 이미 폭발하기 직전이라고 생각했으며, 그것은 점점 더 커지는 빈부 격차에 몹시 화가 난 서민들이 멀리 떨어진 독점 기업과 세계 최고 부자의 망령을 상대로 벌이는 싸움이었다.

아마존은 그해 12월에 시의회에서 개최될 예정인 청문회에서 자신들을 비판하는 사람들을 처음으로 마주할 기회를 갖게 된다. 적어도 한 명 이상의 컨설턴트들이 오바마 행정부의 구성원이었던 제이 카니

---

* 뉴욕시의 5개 자치구 중 맨해튼을 제외한 나머지 자치구.

가 그 자리에 나서서 증언하기를 원했는데, 그러면 민주당의 시의원들에게 어필할 수 있다고 생각했기 때문이다. 그러나 아마존은 그렇게 하면 오히려 관심만 증폭될 것이라고 판단하여 그러한 제안을 거부했다. 대신에 공공정책 담당 부사장인 브라이언 휴스먼과 홀리 설리번이 출석하기로 결정했다.

이 두 사람은 워싱턴 D. C.에 있는 아마존의 사무실에서 청문회를 준비했다. 설리번은 역동적이며 발놀림이 빨랐지만, 컨설턴트들은 휴스먼이 좀처럼 말이 없는 데다 다소 오만하다며 우려했다. 그는 자신의 서두발언 원고를 직접 작성하겠다고 주장했는데, 거기에는 아마존이 지겹게 사용하는 구절인 "우리는 지구에서 가장 고객 중심적인 회사라는 사실이 자랑스럽습니다"라는 표현이 들어 있었다. 컨설턴트들은 그 구절을 삭제하라고 간청했다. 시의회는 아마존이 퀸즈 자치구에서 무엇을 하려는지 알고 싶은 것이지, 지구에 대한 이야기는 궁금해하지 않는다는 이유였다. 그러나 그는 고집스러웠다.

2018년 12월 12일에 열린 청문회는 대참사였다. 3시간 동안 진행된 청문회에서, 시의원들은 번갈아 가며 부유한 거대 기업에 세금 감면이 필요한 이유에서부터 AWS가 미국 이민세관집행국(ICE)에 안면인식 기술을 판매한 것에 이르기까지 모든 사안에 대해 두 사람을 들들 볶았다. 한번은 시의회의 코리 존슨 대변인이 이렇게 물었다. "당신들에게 헬기장이 왜 필요합니까?" 휴스먼이 대충 얼버무리며 대답하자 존슨 대변인이 호통을 쳤다. "그것이 일반 뉴욕 시민의 현실과는 완전히 동떨어져 있다는 걸 모릅니까!" 한편 2층 방청석에서는 화난 시위대가 '아마존은 거짓말을 배송한다'는 문구가 적힌 현수막을 펼치며 야유를 보냈다.

이처럼 참담한 청문회 이후, 아마존은 리테일 분야에서 체득한 구식 정치로 다시 초점을 맞췄다. 홀리 설리번은 목소리가 부드러우며 내성적인 성향을 가진 공공정책 부문의 이사이자 워싱턴 D. C.의 오랜 동료인 브레이든 콕스(Braden Cox)와 함께 퀸즈 지역을 돌아다니며 현지의 단체 및 지역의 공무원들을 만났다. 쇼틀러는 스무 군데의 중소기업 오너들을 초대해 롱아일랜드시티에 있는 현지의 이탈리안 레스토랑에서 저녁식사를 대접했다.[283] 회사는 지지자들을 결집해 맞대응 집회를 하게 했으며, 지역사회의 대다수는 그들의 계획을 지지한다는 여론조사 결과를 퍼트렸다. 퀸즈 주민들의 우편함에는 "아마존에서 일하는 미래의 이웃들이 여러분에게 새해 인사를 전합니다"라고 적힌 전단지가 꽂혔다. 그 전단지에는 아마존이 창출하게 될 일자리의 규모, 직업 훈련, 세수 증대 등의 내용이 들어 있었다.

그러나 관련된 논쟁이 새해까지 이어지자, 그들은 전혀 다르지만 잠재적으로 위험할 수 있는 한 가지 주제에 집중하기 시작했다. 그것은 바로 조직화된 노동력이었다. 뉴욕은 말 그대로 노동조합의 도시였다. 아마존은 자사의 주문처리 센터들에서 노조를 조직하려는 모든 시도를 강력하게 막아섰다. 그리고 베이조스가 인사 담당 부사장인 데이비드 니커크에게 말했듯이, 그는 조직에 굳건히 뿌린 채로 불만을 품은 시간제 노동력이 회사에는 가장 커다란 위협이라고 강조해왔다.

그런데 아마존은 사실상 여러 도시에서 노조의 도움을 받고 있었다. 시애틀에서는 영향력 있는 건설노조가 회사를 지원했고, 거기에 속한 노조원들이 신축 빌딩들을 건설할 예정이었다. 그러나 지난 10년 동안 홀푸드의 슈퍼마켓이나 아마존의 주문처리 센터 같은 다른 분야에서는 노조 결성이 모조리 실패했다. 물론 그들은 여전히 기회를 엿보았다. 그리고 아마존은 이제 노조의 본거지에 발을 들여놓고 있었다.

비록 이 사람들이 아마존의 새로운 사옥을 채우게 될 화이트칼라 노동자들과는 크게 관계없었지만, 그것은 전혀 상관없었다. 역동적인 정치적 싸움은 그런 것과는 별개로 에너지를 모으고 자양분을 공급하기 때문이다.

퀸즈에 제2본사를 조성하려는 아마존의 계획에 대한 두 번째 청문회는 2019년 1월 30일에 열렸다. 조급하면서도 짜증난 듯 보이는 휴스먼이 대부분의 발언을 했으며 은근한 협박까지 했다. 그는 시의회에 이렇게 말했다. "우리는 우리를 원하는 지역사회에 투자하고 싶습니다." 이후 이어진 3시간 동안, 휴스먼과 설리번은 혹독한 질문 공세를 받았고, 뉴욕시의 노동조합이 역사적으로 얼마나 중요한지도 들어야만 했다.

마지막으로 시의회의 코리 존슨 대변인이 다음과 같이 날카로운 질문을 던졌다. "만약 뉴욕시에서 근무하는 아마존의 노동자들이 조직화를 원한다면, 아마존은 중립적인 입장을 취할 것입니까?"

휴스먼은 다음과 같은 모범답안을 암기하듯 대답했어야만 했다. "우리는 연방법 및 주법을 적용받아 일하는 모든 임직원의 권리를 존중하며, 만약 그들이 스스로를 조직화하기로 결정했다면 그럴 수 있습니다." 그러나 그는 그렇게 하지 않았다.

그는 어이없는 실수를 범했다. "아니오, 우리는 거기에 동의하지 않을 것입니다." 그리고 그들은 그 싸움에서 패배했다. 그날 오후에 열린 기자회견에서 이와 관련한 질문을 받은 빌 데블라지오 시장은 이렇게 말했다. "뉴욕시에 오신 걸 환영합니다. 이곳은 노조의 도시입니다." 그리고 이렇게 덧붙였다. "아마존에 노조 결성을 허용하라는 거센 압박이 있을 것이며, 저 역시 그러한 압박을 가할 사람들 중 한 명이 될 것입니다."[284]

2월 8일, 〈워싱턴포스트〉는 아마존이 뉴욕에서 추진하던 계획을 재고한다고 보도했다.[285] 아마존의 홍보 부서에서 일하는 것이 거의 확실한 익명의 취재원은 이 신문에 이렇게 말했다. "문제는 버지니아와 내슈빌의 사람들이 이토록 환영하는 태도를 보이는데도, 뉴욕의 정치인들이 이 프로젝트를 원하지 않는다면 그것이 과연 가치 있는 일인가 하는 점이었습니다."[286]

퀸즈 현지에서 활동하던 아마존 HQ2 직원들과 로비스트들의 존재는 여전히 베일에 가려져 있기는 했지만, 그들은 협상이 체결되었다고 생각했다. 2월 13일에 휴스먼과 설리번, 그리고 브레이든 콕스는 주지사의 집무실에서 여러 노조에서 나온 관계자들을 만났다. 그들은 치열한 논의를 벌였고, 뉴욕시에서 일하는 아마존의 노동자들에게 노조 결성 허용 여부를 결정하기 위하여 '공정한 선거'를 치를 수 있는 합의의 기초를 마련했다.[287] 데블라지오 시장이 후에 말하길, 당시에는 상황이 진전되는 것으로 보였다고 한다.

그리고 밸런타인데이인 2월 14일에 콕스를 비롯한 아마존의 직원들은 퀸즈에 있는 브루스터(Brewster) 빌딩에서 HQ2 프로젝트를 대체로 지지하는 입장의 지역 자문위원회 구성원들을 대상으로 프레젠테이션을 진행하고 질문을 받았다. 당연히 시청 및 주정부의 고위직 공무원들도 그 자리에 있었다. 이후 맨해튼으로 돌아오는 지하철에서 아마존의 대표단은 회사가 홍보 업무를 수행하던 SKDK와 계약을 해지했다는 내용의 문자를 받았다. 그것은 이상한 일이었다. 약 15분 후, 그들의 전화에서 불이 나기 시작했다. 아마존이 롱아일랜드에서 추진하던 업무단지 조성 계획을 취소한다고 발표한 것이다.

제이 카니는 데블라지오 시장과 쿠오모 주지사에게 전화를 걸어 그 소식을 전했다. 그들의 반응은 당시의 통화에서는 물론이고 이후의 공개석상에서도 엇갈렸다. 시장이 실망감을 보이며 격분한 반면, 주지사는 그러한 결정을 번복하기 위해 협상을 시도했다. 2월 15일, 잔뜩 화가 난 데블라지오 시장은 뉴욕의 WNYC 라디오에 출연해 아마존의 행보에 불만을 드러냈다. "이건 뉴욕의 시민들을 무시한 것입니다. 느닷없이 전화를 걸어서는 이렇게 말했습니다. '잘 있어. 우린 이 일에서 손을 뗄 거야.' 이건 완전히 말도 안 되는 행동입니다. 저는 이런 일을 겪어본 적이 없습니다."[288]

카니는 주지사의 의지를 꺾으려 했지만, 쿠오모는 협상을 되살리기 위해 노력했다. 80명의 비즈니스 관계자, 노조 지도부, 정치인이 서명하여 아마존에 얌전히 사과하며 재협상을 간청하는 공개편지가 〈뉴욕타임스〉에 전면 광고로 실렸다. 그 내용은 이러했다. "우리는 롱아일랜드시티 프로젝트 발표 이후에 진행된 공공의 논의가 거칠었으며 그다지 환영받지 못했다는 걸 알고 있습니다. 뉴욕은 원래 의견이 강한 편이며, 때로는 공격적이기도 합니다. 우리는 그것이 뉴욕의 매력 중 하나라고 생각합니다!" 쿠오모 역시 베이조스에게 전화를 걸었다고 알려졌지만,[289] 베이조스의 마음을 바꾸지는 못했다.

수많은 비난이 쏟아졌다. 시장과 주지사는 지역의 정치인들에게서 지지를 확보하지도 않은 상태에서 아마존을 퀸즈로 끌어들였다. 지역의 지도층에게도 잘못이 있었다. 그들은 아마존이 향후 20년 동안 지역에 기여하는 상당한 규모의 세수 창출에 대한 환급금이 아니라, 25억 달러라는 거액의 지원금을 받는다는 거짓 정보를 내세워 반대 세력을 규합했다. 그들은 또한 소중히 여겨지는 공동체를 비롯한 주변 지역의 특성이 바뀔 것이라는 사람들의 본능적인 두려움을 적극적으로 활용했다. 그러나 사실 롱아일랜드시티의 젠트리피케이션은 이미 오래전에 일어난 일이고, 이곳을 비롯한 인근의 거주민들은 임대료가 안정된 주택이나 임대료 상승에서 보호받는 대규모 공공주택 단지에 살고 있었다. 그리고 집값과 생활비가 오르지 않고 정체되는 일은 거의 없었다. 집값이 떨어지고 생활비가 낮아진다면, 그건 대체로 절망적인 상황이라고 할 수 있다. 외곽 자치구에 속해 있으며 이미 자체적으로 극적인 변화를 겪고 있던 퀸즈는 아마존을 거부함으로써 상대적으로 가난한 주민들에게 간접적으로나마 혜택이 될 수도 있는 경제적 처방을 강탈당한 것이다.

　그러나 아마존의 임원들 역시 이번 사태로 비난을 받아 마땅했다. 뉴욕 정계가 펼치는 무술에 익숙하지 않았던 그들은 평소에는 전혀 친분도 없는 대중 정치인 두 명의 후원에 기대는 모습을 보였다. 이후에 카니도 이렇게 인정했다. "시장은 지지했지만, 사실상 시의회 전체가 이 프로젝트를 반대했습니다."

　그리고 이처럼 무신경한 판단은 HQ2 프로젝트를 진행하는 15개월 동안 수많은 도시와 주민에게서 엄청난 애원과 간청을 받으며 형성된 것이기도 했다. 베이조스를 비롯한 S팀원들은 아마존이 그곳을 정복하는 영웅처럼 비칠 것이라고 생각했으며, 여러 규제와 노조의 정치력, 공동체의 참여의식 등이 얽히고설킨 뉴욕의 복잡한 지형을 대수롭지 않게 여기다가 발목이 잡힌 것이다. 그들은 뉴욕시에서 '사회적 영업허가'를 취득하려면 무엇을 해야 하는지 거의 생각하지 않은 것으로 보인다. 그리고 기가팩토리의 부지 선정 과정을 직접 주도한 일론 머스크와는 달리, 베이조스는 공개적인 과정에서 모습을 드러내지 않았고, 비록 멀리 떨어져서도 세세한 부분까지 관리하긴 했지만 자신의 의도를 비밀로 유지하려 노력했다. 그래서 기자들은 그의 개인적인 취향들을 추측하기도 했는데, 가령 그가 방문할지도 모르는 HQ2 후보 도시가 어디인지 알아보기 위해 그의 전용기가 향하는 곳을 추적하기도 했다.[290]

아마존은 그들 특유의 방식대로 지역의 정치인들과 유권자들의 반대 때문에 계획을 철회했다며 다소 모호한 입장을 취했다. 앞서 소개한 2019년의 콘퍼런스에서 홀리 설리번은 이렇게 말했다. "그 프로젝트에서 뉴욕으로부터 발을 떼기로 한 결정의 근거는 이것이었습니다. '우리가 장기적인 차원에서 정치적인 지지를 받았는가?' 그렇지 않았다는 사실을 우리는 시간이 지날수록 점점 더 확실히 깨닫게 되었습니다."

그러나 물론 구체적인 전환점은 노조들과의 대화였다. 이는 제프 베이조스를 비롯한 임원들이 아마존의 역사를 통틀어 언제나 동일하게 보여준 반응을 촉발했다. 그러한 반응은 2000년 시애틀의 콜센터에서, 2013년 독일의 주문처리 센터와 프랑스에서, 그리고 조만간 시작될 끔찍한 코로나19 팬데믹에서도 마찬가지였다. 노조 결성이나 노동자들의 파업에 대한 이야기가 나올 때면 아마존은 언제나 해당 지역에서의 발전 계획을 철회하거나, 시설을 일시적으로 폐쇄하거나, 사업 예정 부지에서 완전히 발길을 끊어버렸다. 그럼에도 아마존은 뉴욕에서의 결정 철회가 노조 결성에 대한 우려와는 전혀 관계가 없다고 주장했다.

아마존 내부에서는 뉴욕에서의 참사에 대한 반성이 거의 없었다. 워싱턴 D. C.의 팀은 오류 수정(COE) 보고서를 작성하지도 않았는데, 이는 베이조스 자신에게 일부 책임이 있다고 느낄 때만 가끔 있는 일이었다. 브라이언 휴스먼은 퀸즈 현지에서의 게임을 서툴게 치른 책임을 무사히 모면했으며, 자신의 직책을 유지했다. 자타공인 이 프로젝트의 영웅인 홀리 설리번은 세계 사업개발 부문의 총괄 책임자로 승진했으며, 나중에는 부사장 자리에까지 오른다. 온화한 태도를 보인 브레이든 콕스만이 유일하게 대가를 치르는 것으로 보였다. 그는 즉시 조직 내에서 모든 부하직원을 잃었고, 곧이어 회사를 떠났다. 많은 동료는 그가 부당한 희생양이 되었다고 생각했다.

이후 몇 년 동안, 아마존은 미드타운 맨해튼의 허드슨 야드(Hudson Yards) 지역으로 사무실을 확장하고, 뉴욕시에서 직원 2,000명을 추가로 채용하겠다는 계획을 발표한다.[291] 이는 롱아일랜드에서 계획한 4만 명보다는 훨씬 적은 규모였다. 그들은 또한 벨뷰, 오스틴, 댈러스, 덴버, 피닉스, 샌디에이고 같은 도시에서도 규모를 확장했다. 그러나 시애틀이나 퀸즈에서는 아니었다. 그들 스스로 초래한 재앙을 헤쳐나오긴 했지만, 회사는 겨우 한 발짝 삐끗했을 뿐이다. 이후에도 아마존의 앞길에는 예상치 못한 논란들이 갑작스럽게 들이닥쳤지만, 그들의 온라인 판매 비즈니스, 클라우드 컴퓨팅 서비스, 프라임 비디오 스트리밍은 전혀 아무런 영향을 받지 않는 것으로 보였다. 이것이 HQ2 프로젝트 대소동에서 얻은 진정한 교훈이었다. 곧 아마존은 거의 무시무시한 무적불패가 되어갔다는 점이다.

Chapter 13

복잡한 요소

지배력

제프 베이조스가 늦었다. 2019년 2월 14일, 충격적인 폭로가 전 세계에 퍼진 뒤 S팀의 임원들이 처음으로 만나는 자리였다. 그 회의가 열리기 전, 세계 최고의 부자가 텔레비전 방송 진행자 출신의 기혼 여성과 열애 중이며 25년간 함께 지내온 아내와는 이혼을 준비하고 있다는 소식이 알려졌다. 바로 그날 아침, 아마존은 롱아일랜드에 제2본사를 조성하려던 계획을 취소한다고 발표했다. 이른 오후에 시애틀 중심가의 데이원 타워 6층에 있는 커다란 회의실에서 임원들이 아직 도착하지 않은 대표를 기다리는 동안, 실내는 평소보다 훨씬 더한 긴장감이 진동했다.

마침내 베이조스가 성큼성큼 걸어 들어와서는 메인 테이블 한가운데 있는 자신의 자리에 앉았다. 그는 자기 자리 앞에 놓인 6페이지 분량의 문서를 집어 들었고, 그것을 살펴본 다음에는 모여 있는 사람들을 살펴봤다. "나보다 더 힘든 한 주를 보낸 사람이 있으면 손을 들어보세요." 다정하게 웃음을 지으며 내뱉은 이 한 마디에, 실내를 지배하고 있던 긴장감이 순식간에 사라졌다. 그리고 동료들은 늘 그렇듯 다시 침묵을 유지했다. 베이조스는 공과 사를 철저하게 구분했다. 개인적인 영역과 직업적인 생활이라는 복잡한 실타래를 따로따로 구분하는 그의 능력은 타의 추종을 불허했다. 그러나 이제는 그런 실타래가 복잡하게 엉켜버렸다. 그는 다들 쉬쉬하던 문제를 해명해야만 했다.

그 자리에 있던 두 사람의 말에 따르면, 그는 천천히 이렇게 말을 꺼냈다. "오해를 바로잡아야겠습니다. 제가 이 여성과 관계를 맺어온 것은 사실입니다. 그러나 그 기사는 완전히 잘못되었으며 뒤죽박죽입니다. 아내인 매켄지와 저는 성인으로서 이 문제에 대해 건전하면서도 진지하게 이야기를 나누었습니다. 그녀는 괜찮습니다. 아이들도 괜찮습니다. 언론이 마치 사냥하듯 보도하는 것입니다. 이 일 때문에 아주 정신이 없었을 텐데, 이렇게 비즈니스에 집중해주셔서 감사드립니다."

그리고 베이조스는 회사 전체의 인력 증원 계획을 설명하는 문서를 집어 들었다. 다시 일에 집중해야 한다는 의도를 표현한 것이다. 동료들은 그의 짤막한 발언이 놀랍다고 기억했다. 그가 아마존에 일대 파문을 일으킨 점에 대한 사과로 보기에는 부족했지만, 그래도 어쨌든 그가 겸손하게나마 감사함을 표현했기 때문이다.

그럼에도 아마존의 많은 전현직 임원은 힘겨운 시기를 그렇게 쉽게 헤쳐나갈 수 없었다. 베이조스는 언제나 아마존의 임직원에게 흠잡을 데 없는 판단력과 신중함으로 스스로 훌륭하게 처신하도록 요구해왔다. 그는 직원이 기대에 못 미친다고 생각하면 문서를 반으로 찢고 회의실에서 걸어 나갔다. 부적절한 혼외 관계를 맺은 것은 매우 부적절한 일이기에 자극적인 기사를 원하는 미디어에는 아주 좋은 먹잇감이 되었으며, 〈내셔널인콰이어러(National Enquirer)〉가 최초로 보도한 이후에 유명 언론들까지 보도 경쟁에 뛰어들면서, 그가 자기 스스로 정한 높은 기준을 충족시키지 못했음을 만천하에 알리게 된 것이다. 다수의 전현직 임원이 베이조스의 불륜 소식에 깜짝 놀랐으며 상당히 실망했다고 말했다. 전혀 실수하지 않으며 도덕적인 그들의 지도자도 결국엔 결점을 지닌 한 명의 인간인 것이다.

이번 폭로로 최근에 그의 처신에서 보인 몇몇 수상한 변화도 설명이 되었다. 우선은 지난 1년 동안 베이조스가 시애틀의 본사에 머무는 시간이 점점 줄어들었다. OP1 회의들은 미뤄지거나 아예 연기되었고, 오랫동안 근무해온 직원들조차 그와 만나는 일정을 잡기가 점점 더 힘들어졌다. 동료들은 그가 여행하는 데 더 많은 시간을 보낸다는 사실을 알아차렸다. 그리고 2018년 2월에는 아마존이 그해 2월에 인수한 온라인 초인종 비즈니스를 하는 스타트업 링(Ring)의 샌타모니카 본사에 불과 몇 시간 전에 연락하고는 갑자기 방문하기도 했다.*

아마존이 롱아일랜드시티와 노던버지니아에서 추진하는 신규 본사 사옥에 헬기 이착륙 시설을 요구한 것도 이해할 수 없는 일이었다. 아마존의 홍보 담당자들은 뉴욕의 사옥에 헬기장을 만들면 "고위공무원

---

* 샌타모니카는 베이조스와 불륜 관계인 로런 산체스의 회사 블랙옵스에이비에이션(Black Ops Aviation)이 있는 곳이기도 하다.

들의 방문 같은 행사에는 유용할 것"이라고 주장했다. 그러나 사실은 베이조스의 새로운 여자친구인 로런 산체스가 헬리콥터 조종사이며, 그 역시 직접 조종 강습을 받고 있었다. 심지어 연방항공국(FAA)의 항공기 등록정보(Aircraft Registration) 데이터베이스에 따르면, 당시에 그가 개인적으로 설립한 지주회사인 포플러글렌유한회사(Poplar Glen LLC)는 벨텍스트론(Bell Textron)에서 헬리콥터를 최소 한 대 이상 구매했다.

베이조스가 조만간 이혼할 것이라는 소식은 그때까지도 계속해서 풀리지 않던 또 다른 미스터리와도 관련이 있어 보였다. 제프와 매켄지가 이혼 사실을 발표하기 몇 주 전, 아마존의 법무팀과 재무팀이 회사의 대주주인 기관투자자들을 상대로 만약에 아마존이 가격도 낮고 의결권도 적은 2등급 주식(second class stock)을 발행한다면 그것을 지지할지 묻는 일종의 여론조사를 시작했다. 페이스북이나 구글의 모기업인 알파벳(Alphabet)이 도입한 것과 같은 이러한 차등의결권 주식(dual-class stock) 제도는 결국 창업자의 의결권을 더욱 강화해주는 역할을 해서, 그들이 적은 지분의 주식만 보유하고 있어도 기업의 지배권을 좌우할 수 있는 힘을 갖게 된다. 아마존은 실리콘밸리의 동료 기업들보다 약 10년 전에 상장했는데, 당시에는 A클래스/B클래스 주식이라는 개념이 유행하기 전이었다.

아마존이 이런 질문을 하자 일부 주주들은 당혹스러워했다. 베이조스처럼 신임이 높은 CEO가 자신의 회사에 대한 지배력을 더욱 키우려는 이유가 무엇일까? 회사에 대한 그의 영향력은 단지 16퍼센트의 지분만이 아니라 25년 동안 이루어진 마치 예언과도 같은 수많은 발명과 전략적인 선견지명, 그리고 절제된 경영 방식에서 나오는 것이었다. 그렇다고 기업사냥꾼들이 아마존의 주식을 닥치듯 모은 다음에 다른 대주주들을 자기 편으로 만들어, 이베이나 홀푸드마켓 같은 회사들에서 성공을 거둔 것처럼 AWS 부문과 리테일 부문을 분할하라는 것과 같은 중대한 결정을 이끌어낼 가능성도 거의 없었다.

아마존은 2018년 초부터 이러한 방안을 연구하기 시작했다고 말하며, 주문처리 센터의 노동자들에게 주식을 부여하기 위한 변화를 모색하는 것이라고 설명했다. 주문처리 센터의 노동자들은 세금을 낼 돈이 없으면 기존에 받은 주식을 파는 경우가 많고, 그래서 현재는 보유한 주식이 없는 이들이 많다고 했다. 아마존은 또한 워런 버핏의 버크셔 해서웨이와 동일한 방식으로 2등급 주식을 만들면 다른 기업을 인수하는 데 활용할 수도 있다고 말했다.

그러나 2018년 말에 이런 이야기를 들은 일부 투자자들은 그 주장이 이상하며 설득력도 부족하다고 생각했다. 아마존은 바로 얼마 전에 물류창고 노동자의 시간당 임금이 15달러로 인상되자 더 이상 그들에게 주식을 부여하지 않겠다고 발표했기 때문이다. 그리고 규제가 엄격한 상황이었기 때문에, 아마존이 조만간 대규모 인수합병에 나설 수도 없는 입장이었다. 아마존의 설명을 들었지만 그러한 방안에는 반대한 어느 투자자는 이렇게 말한다. "아마존이 평소에 하던 주장과 비교해보면, 그건 설득력이 없었으며 주장의 근거도 미약했습니다. 그저 우리 모두를 혼란스럽게 했을 뿐입니다."

그러나 베이조스가 자신의 이혼 소식을 트위터에 올리고 나자, 차등의결권 주식 이야기를 들은 사람들은 그간의 혼란이 해소되는 것을 느꼈다. 비록 아마존이 이러한 해석을 반박하며 그들이 오해한다고 말하긴 했지만, 그들은 그 계획이 노동자들에게 주식을 부여하기 위한 의도가 전혀 아니라고 생각했다. 그가 이혼하게 되면 어마어마한 위자료 때문에 그의 지분이 12퍼센트로 줄어들 예정이기 때문에, 이런 조치로 회사에 대한 베이조스의 지배력을 더욱 굳건하게 강화하기 위한 것이라고 여겼다.

지배력. 폭풍과도 같은 지난 몇 달 동안 베이조스의 뇌리를 떠나지 않은 것은 바로 그것이었다. 사회생활을 시작한 이후 처음으로, 그는 스스로 자초한 결과로 난처한 입장이 되었고, 온갖 적대세력 때문에 궁지에 몰리게 되었다. 결혼생활이 파탄 나는 과정과 새로운 관계가 시작되는 시기가 겹치면서, 할리우드에서 매니저로 일하는 어떤 이는 그가 주고받은 매우 은밀한 문자메시지를 유출했고,* 슈퍼마켓의 판매대에서 팔리는 쓰레기 같은 타블로이드 신문은 그를 괴롭히는 데 집중했으며,** 언론은 이 모든 이야기를 자세히 보도하며 지구 최고의 부자를 무너트리려 노력했다. 그리고 지구 반대편에 있는 사우디아라비아 왕세자인 모하메드 빈 살만의 이름까지 등장했다. 그는 사우디아라바아의 반체제 언론인 자말 카슈끄지(Jamal Khashoggi)의 살해사건을 〈워싱턴포스트〉가 대대적으로 보도한 것 때문에 베이조스에게 적의를 품은 것으로 알려졌다. 그래서 일부 보안전문가들은 베이조스의 휴대전화를 해킹한 것도 그의 범행이라고 믿게 된다.

여색을 밝히는 데다 저속하기까지 하며, 20년 동안이나 자신의 아내

---

* 로런 산체스의 오빠인 마이클 산체스.

** 〈내셔널인콰이어러〉.

와 가족들의 장점을 극찬해온 남자의 특성과는 완전히 다른 모습을 폭로한 이 모든 이야기는 아마존이 영감을 준 수많은 비즈니스 서적들보다는 오히려 싸구려 소설에서나 등장할 법한 소재였다. 그것은 또한 이제껏 살아오면서 베이조스에게는 마주해야 하는 가장 힘겨운 도전 과제였다. 그리고 그것은 미디어를 상대로 멋진 서사를 만들어내는 회사의 뛰어난 능력뿐만 아니라, 곤경에서 빠져나오는 방법을 찾아내는 그의 비범한 능력에 대한 도전이기도 했다.

다시 시애틀로 돌아와서, 처음에 소개한 기획회의는 초저녁까지 이어졌다. 재무 담당 임원들이 회의실을 정신없이 드나들면서 스프레드시트를 나누어주었다. 베이조스는 자신이 로런 산체스와 벌인 육체적 행각을 신나게 보도하는 타블로이드 신문의 무리를 통제할 수는 없었지만, 아마존의 모든 부문에 걸친 인력 충원은 통제할 수 있었다.

올림픽산맥 너머로 태양이 넘어가면서 회의실 내부에 황금빛 석양이 들이치자, 임원들은 슬쩍슬쩍 각자의 전화기를 들여다보면서 배우자나 연인이 보낸 문자메시지에 답장을 보냈다. 그렇게 오후 7시 30분이 되자 결국 수석 부사장인 제프 블랙번이 다른 사람들의 생각을 대신하여 이렇게 목소리를 높였다. "이봐요, 제프. 이 회의를 언제까지 진행할 생각인가요? 저희들 중 상당수는 약속이 있단 말입니다." 다시 말하지만, 그날은 밸런타인데이였다.

"아, 그렇죠. 제가 잊고 있었네요." 베이조스가 웃으며 말했다.

모험심 강한 여성

베이조스는 오랫동안 매켄지 베이조스[결혼 전 성은 터틀(Tuttle)]와의 연애와 결혼을 자신의 공적인 이미지에 엮어왔다. 연설할 때도 그는 자신이 독신으로 지내던 시절의 목표가 "저를 제3세계의 어느 교도소에서 꺼내줄 만큼" 충분히 똑똑한 여성을 찾는 것이라며 종종 농담을 했다. 마치 언젠가 자신이 베네수엘라의 감옥에 갇히기라도 하면 매켄지가 입에 자물쇠를 따는 도구를 물고 지붕에서부터 줄을 타고 내려와 자신을 구해주기라도 할 것처럼 말했다. 참고로 매켄지는 책을 좋아했으며, 프린스턴대학교 영문학과를 졸업했다.

2014년의 어느 인터뷰에서 그는 이렇게 말했다. "제 아내는 여전히 저를 사랑한다고 말합니다. 저는 그 점에 대해서는 그녀를 의심하지 않습니다."[292] 그리고 매일 밤 하는 설거지의 미덕에 대해서도 찬사를 늘어놓았다. "그것은 제가 하는 가장 섹시한 일입니다."[293] 그는 2017년에 개최된 써밋LA 콘퍼런스에서 동생인 마크와 함께 무대에 올라 대화를 나누었는데, 그들은 이 자리에서 신혼인 1994년에 찍은 부부의 사진을 한 장 보여주었다.[294] 그것은 바로 그들이 아마존닷컴을 창업하게 되는 시애틀까지의 역사적인 여정을 준비하던 당시의 모습이었다.

베이조스와 그의 참모들은 충직한 남편과 가정적인 남성이라는 이미지를 만들어냈지만, 그와 아내의 관심사는 달라졌고 대중의 주목을 끌고자 하는 욕심에서도 서로 갈라졌다. 아마존 스튜디오를 만든 이후 몇 년 동안, 베이조스는 골든글로브나 아카데미 시상식에 참석하고 할리우드의 영화 시사회에 모습을 드러냈으며, 매년 12월이 되면 선셋스트립(Sunset Strip) 위쪽의 베벌리힐스에 있는 가족 소유의 호화 저택에서 연말 파티를 개최했다. 그러면서 그는 분명 할리우드의 에너지와 활기에 끌리고 있었다.

그는 또한 워싱턴 D. C.로 혼자서 자주 출장을 갔다. 그곳에서 그는 재계와 정계의 유력인사들이 모이는 알팔파클럽(Alfalfa Club)의 모임에 참석했고, 〈워싱턴포스트〉의 임원이나 정부 관계자를 비롯한 유명인들을 위해 저녁 만찬을 주최했다. 이러한 행사는 워싱턴 D. C.의 멋진 음식점들의 은밀한 내실에서 진행되었고, 예전의 직물 박물관으로 그가 구입한 칼로라마(Kalorama) 부근에 있는 2,500m²(약 760평) 넓이의 대저택은 대대적인 리노베이션을 진행했다.[295] 그가 더욱 성공을 거둘수록, 수많은 별이 모여 있는 그러한 행사장의 분위기는 점점 더 그에게 집중되었다. 그래서 동료들은 파티가 열리면 달갑지 않은 사람들이 끼어드는 것을 막거나 떼어놓아야만 하는 경우가 많았다.

모든 면에서 베이조스는 각광받는 걸 즐겼다. 그는 애벌레 상태를 탈피했고, 더 이상 떠들썩하게 웃는 시애틀의 유약한 너드(nerd)가 아니라, 개인 트레이너 같은 다부진 체격에 세련된 옷을 입고 있었다. 그리고 전 세계 엘리트들이 모인 최상위층 인사들마저 경외심을 갖게 만드는 엄청난 부와 명성을 갖게 되었다.

매켄지도 가끔 그런 행사에 남편과 동행하긴 했지만, 그녀는 원래부터 사교적인 사람이 아니었다. 그녀는 〈보그〉 매거진과 한 인터뷰에서 이렇게 말했다. "저는 칵테일파티가 상당히 긴장됩니다. 짤막한 대화들, 그리고 그 많은 사람. 그런 것들은 저와 맞지 않습니다."[296] 친구들은 그 두 사람이 네 명의 자녀에게 헌신적이며, 그러한 유명세와 엄청난 부유함으로 생기는 부정적인 영향으로부터 최대한 거리를 두고 있다고 말했다.

당시에 그녀는 중요한 이슈들에 커다란 목소리를 내려고 노력했지만, 결과적으로 보면 의도와는 다르게 작은 속삭임에 그치고 말았다. 2013년 그녀는 바이스탠더레벌루션(Bystander Revolution)이라는 유한회사를 설립했는데, 웹사이트에 따르면 그 회사는 "약자에 대한 괴롭힘을 없애기 위해 개인이 할 수 있는 간단한 일에 대한 실용적이면서도 유용한 조언을 제공한다"고 되어 있다. 이 사이트에는 모니카 르윈스키(Monica Lewinsky),* 데미 로바토(Demi Lovato),** 마이클 J. 폭스(Michael J.

---

* 백악관에서 인턴으로 근무할 당시에 빌 클린턴 전 대통령과 부적절한 관계를 맺은 것이 알려져 많은 시련을 겪었다.

** 미국의 가수이자 배우로, 학교에서 괴롭힘을 경험했다.

Fox),* 루스 웨스트하이머 박사(Dr. Ruth Westheimer)** 등 유명인들의 동영상이 올라와 있었다. 저명한 보안 컨설턴트이자 베스트셀러 작가이며, 베이조스 가족과도 가까운 친구인 개빈 드베커(Gavin de Becker)는 아이들이 대량 총기사건의 범인이 될 수도 있는 일반적인 경고 신호를 식별하는 방법을 포함하여 다수의 정보를 제공했다. 이 프로젝트를 개시하기 위하여 매켄지는 실리콘밸리에서 아마존의 홍보를 담당하는 아웃캐스트에이전시(Outcast Agency)에 도움을 요청했다.

이 캠페인에서 일한 사람들은 매켄지가 겸손하며 느긋할 뿐만 아니라, 자신의 사생활을 철저하게 보호하려는 인물이라고 기억한다. 그녀는 자신의 모습이 드러나는 걸 별로 좋아하지 않았으며, 본격적으로 확대되는 남편의 명성과도 웬만해서는 연관되지 않기를 원했다. 그래서 그런지는 몰라도, 바이스탠더레벌루션이 2014년에 사업을 시작했을 때 언론에서는 그에 대한 언급이 거의 없었으며 별다른 탄력을 받지도 못했다. 이 단체는 2년 뒤에 마지막으로 트윗을 올렸고, 그 이후로 웹사이트는 거의 업데이트되지 않았다.

그녀에게 오랫동안 관심을 가져온 언론인들은 〈뉴요커〉 매거진의 표현처럼 그녀의 소설 두 작품과 함께 2013년의 어느 TV 인터뷰[297]에서 그녀가 설명한 내용 등 '자유롭게 접근할 수 있는 내향성'[298]을 분석하는 데 만족해야만 했다. 당시 인터뷰에서 그녀는 베이조스와 함께 디이쇼(D. E. Shaw)에서 근무할 당시에, 그의 터질 듯한 웃음소리 때문에

---

* 미국의 영화배우로, 30대 시절부터 파킨슨병으로 고생했다.

** 미국의 작가이자 치료사로, 홀로코스트 생존자다.

사랑에 빠졌다고 설명했다. "처음 듣는 순간부터 사랑스러웠어요." 그리고 사귄 지 3개월 만에 둘은 약혼했다.

이후에 제출된 법률 문서들을 보면, 베이조스는 2018년에 이미 로런 산체스를 만나고 있었지만 결혼생활을 전혀 문제가 없는 것처럼 보이게 했다. 그해 4월 베이조스의 가족은 매켄지의 생일을 맞아 노르웨이로 여행을 갖고, 그들은 얼음 호텔에서 묵었다. 그는 즐겁게 웃는 모습으로 개썰매를 타는 짧은 동영상을 트위터에 올렸다.[299] 나중에 어느 무대 인터뷰에서 그는 이렇게 말했다. "그건 정말 믿을 수 없는 휴가였습니다. 우리는 그 모든 걸 전부 사흘 반 만에 해냈습니다. 놀라운 일이었죠."[300] 몇 달 뒤, 부부는 20억 달러 규모의 베이조스데이원펀드(Bezos Day One Fund)를 만들었는데, 이는 저소득층 지역의 주택난을 해결하고 유치원을 짓기 위한 자선단체다.[301]

10월이 되자 그들은 샌타바버라의 포 시즌스 리조트에서 또 다른 버전의 캠프파이어(Campfire) 행사를 주최했다. 이번에는 가족들이 모이는 캠프이자 콘퍼런스였는데, 이 행사를 두고 베이조스는 "개인적으로 올해의 하이라이트였다"고 말했다. 이번에도 손님들을 비롯한 그 가족들은 아마존이 모든 비용을 지불하는 개인 비행기를 타고 날아왔으며, 그들의 호텔 객실 역시 화려한 선물들로 꾸며져 있었다. 이 행사에서 작가인 마이클 루이스(Michael Lewis)는 트럼프 대통령에 대해 쓴 새 책인 《다섯 번째 리스크(The Fifth Risk)》 이야기를 들려주었고, 동물학자인 제인 구달(Jane Goodall)은 기후변화를 이야기했으며, 루스 베이더 긴즈버그(Ruth Bader Ginsburg) 대법관은 위성을 통해 모습을 드러냈다. 파키스탄의 운동선수인 마리아 투르파카이 와지르(Maria Toorpakai Wazir)는 스퀴시 대회에 참가해 경기하기 위하여 16년 동안이나 남자아이 행세를 해야 했던 경험을 들려줌으로써 참가자들의 이목을 끌었다. 마지막 날 밤에는 가수인 제프 트위디(Jeff Tweedy), 데이브 매슈스(Dave Matthews), 존 본 조비(Jon Bon Jovi), 세인트 빈센트(St. Vincent) 등을 비롯한 참가자들이 무대에 올라 함께 합주를 했다.

그들을 개인적으로 알고 지내는 손님들이 보기에 베이조스와 매켄지는 그 주말 동안 평범하고 다정해 보였다. 그러나 결혼이라는 사적인 영역 안에서 무슨 일이 있었는지 그 누가 정확히 알 수 있겠는가? 두 달 뒤에 베벌리힐스의 베이조스 자택에서 개최된 아마존 스튜디오의 연말 크리스마스 파티에 매켄지는 모습을 드러내지 않았다. 베이조스의 옆자리에 있던 사람은 로런 산체스였고, 그녀의 오빠인 마이클도 자리를 함께 했다.

당시 48세이던 산체스는 활기 넘치며 외향적인 사람이었다. 그녀는 인데버(Endeavor)라는 탤런트 에이전시의 회장으로 막강한 영향력을 가진 패트릭 화이트셀의 부인이었기 때문에 파티에 참석한 200여 명의 손님을 대부분 개인적으로도 알고 있었다. 당시에 그곳에 있던 사람으로는 맷 데이먼, 브래드 피트, 바브라 스트라이샌드(Barbra Streisand), 케이티 페리(Katy Perry), 제니퍼 로페즈(Jennifer Lopez), 알렉스 로드리게스(Alex Rodriguez)* 등이 있었다. 그중 일부는 2005년에 수많은 스타가 모여 축하한 그녀와 화이트셀의 결혼식에도 참석했다.

패기 넘치며 육체미도 좋은 산체스는 실내에 들어오면 그 안에 있는

---

* 야구 선수.

모든 사람과 포옹하는 걸 좋아했고, 로스앤젤레스나 뉴욕, 워싱턴 D. C. 같은 도시의 화려한 불빛 아래에서도 아주 편안해 보였다. 많은 면에서 그녀는 매켄지와 정반대였다. 만약 베이조스가 베네수엘라에 수감되기라도 하면, 그녀는 감옥 안으로 뛰어 들어가 모든 교도관을 유혹하고, 적어도 그중 한 명을 설득해 감방의 문을 열도록 했을 것이다.

베이조스와 마찬가지로 산체스도 뉴멕시코주 앨버커키에서 태어났다. 그들의 가족끼리 서로 알고 지내지는 않았지만, 두 사람은 나중에 각자의 가족이나 친척의 동선이 우연히 겹치는 장소들을 지도에 표시하기도 했다. 예를 들면 뉴멕시코 은행(Bank of New Mexico)은 베이조스의 부모인 재키와 마이크가 처음 만난 곳인데, 이곳은 산체스의 사촌이 한때 일한 장소이기도 하다. 산체스의 아버지인 레이는 지역의 항공학교인 골든에어웨이즈(Golden Airways)를 운영하면서 비행기 10대를 보유하고 있었다. 그녀의 어머니인 엘레노어(Eleanor)도 한때 조종사 면허가 있었지만, 산체스가 어렸을 때 비행기 추락 사고로 심각한 부상을 입었다. 비행 교관과 함께 엔진이 꺼진 상황을 연습하고 있었는데, 엔진이 다시 켜지지 않은 것이다.

그녀의 부모는 산체스가 여덟 살 때 이혼했다. 서로 상대방이 부정을 저질렀다고 비난하면서 논란이 많았던 결혼생활에 종지부를 찍은 것이다. 산체스를 비롯해 오빠인 폴과 마이클은 어머니와 함께 살았다. 산체스의 어머니는 이후에도 세 차례나 재혼했으며, 여러 곳을 이동하며 일하는 생활을 시작했다. 그러면서 결국 그녀는 로스앤젤레스의 부시장이 되었으며, 나중에는 컬럼비아대학교의 행정처장 자리에도 오른다. 산체스는 난독증 때문에 학교에서는 공부에 어려움을 겪었지만,

모델로서는 주목을 받았으며 1987년에는 주니어 미스 아메리카의 뉴멕시코 지역 예선에서 우승을 했다. 고등학교를 마친 뒤 그녀는 서던캘리포니아대학교(University of Southern California)에 입학했지만, 학교를 중퇴하고 지역 방송국의 뉴스 프로그램에서 사회생활을 시작했다.[302]

1990년대 말, 로런 산체스는 가십거리를 주로 다루는 신디케이트(syndicate)* 매거진 프로그램인 〈엑스트라(Extra)〉의 통신원으로 일했고, 그다음에는 폭스(Fox)의 아침 방송인 〈굿 데이 LA(Good Day LA)〉에서 앵커가 되었다. 이후 그녀는 인기 리얼리티 오디션 프로그램인 〈유 캔 댄스(So You Think You Can Dance)〉 시즌 1의 진행자가 되었으며, 유명한 영화들에서 카메오로 깜짝 출연하기도 했는데, 영화 〈파이트 클럽(Fight Club)〉에서는 91분경에 뉴스 기자 역할로 등장한다. 그녀는 몇 년 동안 여러 차례 약혼했지만 최소한 세 번 파혼했고, NFL의 미식축구 선수인 토니 곤잘레스(Tony Gonzalez)와의 사이에서 아들을 한 명 낳았다. 그런 다음 할리우드의 슈퍼에이전트인 화이트셀과 결혼해 아들과 딸을 한 명씩 낳았다.

베이조스는 화이트셀을 통해 산체스를 알게 된 것으로 알려졌으며, 2016년에 아마존 스튜디오가 LA에서 개최한 〈맨체스터 바이 더 씨〉의 축하 파티에서 그녀를 다시 만났다. 그녀는 화이트셀과의 결혼생활이 이미 위태로워진 상황이었고, 비행에 대한 애정을 가졌다는 공통점으로 베이조스와 교감을 나누었다.[303] 2018년 초에 그녀가 만든 항공촬영 회사인 블랙옵스에이비에이션이 블루오리진의 다큐멘터리 영상을 촬

---

* 방송에서 프로그램을 만들 때 외부의 콘텐츠를 제공받아 제작하는 방식.

영해 유튜브에 업로드하긴 했지만, 두 사람의 로맨스가 언제부터 시작되었는지는 알려지지 않았다.

2018년 3월, 베이조스는 팜스프링스(Palm Springs)에서 개최된 제3회 연례 마스(MARS) 콘퍼런스[304]에 산체스를 초대했다. 마스는 머신러닝(ML), 인공지능(AI), 로봇공학(robotic), 우주여행(space travel) 부문의 앞 글자를 딴 이름이며, 관련 분야에서 그가 초대한 전문가들만 참석할 수 있는 행사다. 이 행사에 매켄지는 참석하지 않았지만, 베이조스가 일본의 로봇을 상대로 탁구 시범경기를 벌이는 장면[305]을 찍은 동영상에서는 산체스의 목소리를 들을 수 있다.

몇 주 뒤, 산체스는 오빠인 마이클에게 자신의 새로운 남자친구를 소개해주고 싶다고 말했다. 그해 4월, 그들은 웨스트할리우드의 멋진 레스토랑인 하스&하운드(Hearth & Hound)에서 함께 저녁식사를 했다. 그 자리에는 마이클 산체스의 동성 남편을 비롯하여 친구 두 명도 함께 했다. 마이클은 베이조스의 맞은편에 앉았는데, 아마존의 CEO인 그와도 죽이 아주 잘 맞았다. 그는 또한 현지의 파파라치들에게 발각될 위험이 있는데도 두 사람이 어쩌면 그렇게 서로에 대한 애정을 공개적으로 표현할 수 있는지 놀라움을 표시했다. 게다가 두 사람은 모두 각자의 배우자가 있었다.

돌이켜보면 베이조스는 대중의 반응에는 이상하리만치 무관심한 채 그들의 관계를 이어갔다. 그는 시애틀에 산체스와 그녀의 어머니, 오빠까지 데려와 아마존의 스피어즈 건물에서 VIP 투어를 시켜주었다.[306] 그리고 워싱턴 D. C.에서는 산체스에게 〈워싱턴포스트〉의 인쇄기를 보여주었다. 그녀는 뉴 셰퍼드의 9차 발사에 참석했고, 블루오리진이 2분짜리 감동적인 영상을 제작하는 데도 도움을 주었다. 이 영상에서는 보기 드물게 베이조스가 직접 내레이션을 했다. 밴드 유투(U2)와 브라이언 이노(Brian Eno)가 연주하는 〈유어 블루 룸(Your Blue Room)〉이라는 노래가 흘러나오는 가운데, 그는 철학적인 메시지를 전달했다. 영상이 시작되면 그는 이렇게 읊조린다. "탐험에 대한 욕구는 우리 모두의 마음속 깊은 곳에 있습니다."[307]

2018년의 늦여름, 마이클 산체스는 이 커플의 뻔뻔한 태도 때문에 더욱 불안해졌다. 그는 잘생긴 게이이자 트럼프 지지자였으며, 테니스 실력은 아마추어 선수 급이었고, 구찌(Gucci)의 더블 브리지 안경을 좋아했다. 그런데 그의 경력은 여동생과는 상당히 다른 길을 걸어왔다. 그는 할리우드의 탤런트 에이전시인 ICM파트너스(ICM Partners)에서 사회생활을 시작했고, 그 후에는 MTV에서 영업과 마케팅 일을 했다. 그리고 홍보 에이전시인 액시스매니지먼트(Axis Management)를 창업했는데,[308] 이곳은 우파 계열의 케이블 뉴스 채널과 리얼리티 프로그램의 출연자들에 대한 홍보 업무를 대행했다.

그는 2007년에 데드오브윈터프로덕션(Dead of Winter Productions)을 공동으로 설립했고, 〈킬러 무비(Killer Movie)〉라는 호러 영화를 제작했다. (이 영화의 로튼토마토(Rotten Tomatoes) 평점은 19점으로 매우 낮은 편이다.) 이 영화에서 그의 여동생은 작은 역할이긴 하지만 '마고 무어헤드(Margo Moorhead)'라는 이름의 TV 리포터로 출연했다. 영화가 완전히 망하자 회사에 자금을 지원한 이들 중 한 사람이 그가 채무를 갚지 않는다며 고소했다. 자신의 자산을 보호하기 위하여 마이클 산체스는 2010년에 파산을 선언했다. 이와 관련하여 공개된 서류를 보면, 그는 여동생에게

16만 5,000달러를 빚진 것으로 되어 있다.

마이클은 금전적인 이유로 여동생과 몇 년 동안이나 다투었으며, 자주 사이가 멀어졌다. 그렇지만 마이클은 여동생이 화이트셀과 결혼식을 올릴 때 신부의 들러리를 섰으며, 그들이 아들을 낳았을 때는 대부가 되어주었다. 로런 산체스는 베이조스와 문자메시지를 비롯하여 은밀한 사진을 주고받았고, 그런 메시지를 마이클에게도 자주 전달했다. 오빠와 여동생인 그들의 관계는, 점잖게 말하면 평범하진 않았다.

하지만 그런 모든 일은 베이조스의 시야 밖에서 일어났다. 그는 모험심이 강한 성격의 산체스에게 매료되었다. 그리고 그는 선천적으로 그 누구에게도 편견을 갖거나 삐딱하게 바라보지 않았는데, 그녀 오빠의 새로운 연인에 대해서도 마찬가지였다. "언제나 사람들이 자신을 망치려 한다고 생각하기보다는, 자신의 잘못을 인정하고 그들을 신뢰하는 것이 더 낫다." 친구 한 명이 말하는 베이조스의 철학이다.

계획적인 배신

———

2018년 여름을 거치면서 베이조스와 산체스의 관계가 더욱 깊어졌고, 〈내셔널인콰이어러〉의 편집자들이 베이조스의 사생활을 조사하기 시작했다. 1950년대부터 선정적인 가십거리를 제공해왔으며 관음증적인 기사로 유명한 이 타블로이드 신문은 몇 년 동안 아주 힘든 시기를 보내고 있었다. 우선 가판대에서 판매량이 줄어들었다. 그리고 발행인인 데이비드 페커(David Pecker)가 유감스럽게도 이 신문사에 자신의 친구인 도널드 트럼프의 불륜 이야기를 '캐치 앤드 킬(catch and kill)'* 하라는 지시를 내렸는데, 이 때문에 〈내셔널인콰이어러〉와 그 모기업인 아메

---

* 언론사가 특정한 기삿거리를 독점 입수하고는 보도하지 않음으로써 그와 관련된 사람의 명예가 실추되지 않도록 막아주는 것.

리칸미디어(American Media Inc.)는 트럼프의 스캔들이 만들어낸 끝없는 나락으로 떨어지고 말았다. 페커의 부하직원이자 최고콘텐츠책임자(CCO)로 〈레이더온라인(RadarOnline)〉, 〈멘스저널(Men's Journal)〉, 〈어스위클리(Us Weekly)〉 등 아메리칸미디어가 소유한 40개 언론사를 모두 관리하던 딜런 하워드(Dylan Howard) 역시 영화계의 거물인 하비 와인스타인을 고소한 피해자들의 신빙성을 떨어트리려고 시도했다는 사실이 〈뉴요커〉의 필진인 로난 패로 때문에 드러났다.[309]

딜런 하워드는 땅딸막한 36세의 오스트레일리아 사람이며 미국 유명인들의 위선과 몰지각한 행동을 속속들이 잘 알고 있었다. 멜 깁슨(Mel Gibson)의 반유대주의 발언 녹취 내용이나, 아놀드 슈워제네거(Arnold Schwarzenegger)의 사생아와 관련된 초신성급 폭로의 배후에 있을 정도로 언론계에서는 상당한 영향력을 가진 하워드는 원래부터 자신의 일을 지키기 위해 최선을 다했으며, 경쟁자라고 생각하는 사람에게는 전투적으로 덤벼들었다. 〈워싱턴포스트〉가 아메리칸미디어의 캐치앤드 킬 행위를 적극적으로 보도하자, 이에 발끈한 하워드는 〈워싱턴포스트〉의 소유주인 베이조스의 사생활을 철저하게 파헤치라고 지시했다.

그해 늦여름 아메리칸미디어의 편집국에서 기자들에게 발송된 이메일에 따르면,[310] 그들은 이러한 취재 과정에서 베이조스의 친부인 테드 요르겐센의 가족과 베이조스의 관계는 물론이고, 2015년에 요르겐센이 사망했을 때 베이조스가 유가족에게 연락하지 않은 이유도 조사하려 했다. 이 메일에서 외도에 대한 언급은 없었다.

바로 다음 날 일어난 일은 그저 우연으로 치부하기에는 뭔가 석연치 않았다. 그러나 다음 해에 발생하는 일어날 것 같지 않은 사건들을 어떻게 해석하든, 그러한 우연은 이 모든 사건의 주요 산물이라고 할 수 있는 방대한 분량의 인터뷰 내용이나 이메일과 문자메시지 기록, 그리고 수많은 민사 및 형사소송 과정에서 제출되는 다른 증거들에서도 아주 많이 발견된다.

9월 10일 월요일, 마이클 산체스는 아메리칸미디어의 LA 주재 기자인 앤드리아 심슨(Andrea Simpson)에게 이메일을 한 통 보냈다. 산체스와 심슨은 친한 친구였다. 그는 자신의 고객들과 관련하여 그녀에게 기사가 될 만한 소재를 주기적으로 보내주었다. 예를 들면, 그 달에 자신의 여동생이 엑스트라 프로그램의 진행자로 하루 동안 복귀한다거나,[311] 그가 여동생과 함께 충동적으로 문신을 했다거나 하는 내용이었다. (그의 팔뚝에는 'Je suis la tempête(나는 폭풍이다)'라는 문구가 새겨져 있다.) 그 이메일에서 마이클 산체스는 심슨에게 들려줄 아주 따끈따끈한 정보가 있다고 말했다.

그는 친구 한 명이 '빌 게이츠급' 유명인의 회사에서 일하는데, 그 유명인은 기혼인데도 '결혼한 B급 여배우'와 외도하고 있다고 적었다.[312] 마이클 산체스는 그 친구가 연인과 함께 찍은 낯 뜨거운 사진들을 갖고 있는데, 그걸 특종으로 제공하는 대신 백만 달러 이상의 대가를 원한다고 말했다. 산체스 자신은 중개인의 입장에서 일하는 거라고 주장했다.

심슨은 뉴욕에 있는 자신의 편집자와 함께 문제의 연인이 누구일지 그저 추정할 뿐이었다. 나중에 마이클 산체스가 아메리칸미디어를 LA 지방법원에 고소하면서 진행된 소송을 통하여 공개된 이메일들을 보면, 아메리칸미디어의 기자들은 그 후보를 에반 스피겔(Evan Spiegel)*, 마크 저커버그, 마이클 델(Michael Dell)** 정도로 생각했다. 산체스는 몇 주 동안이나 그들이 추정하게 놔두었다. 그리고 그 이야기를 영국의 타블로이드 신문사에 제보할 수 있다고 암시하며 가격을 높이려 했다. 10월 초 그는 이 문제로 더욱 애를 태우게 만들었는데, 심슨을 만난 자리에서 문자메시지와 얼굴을 가린 사진을 보여준 것이다. 그래도 기자인 그녀는 의심할 수밖에 없었다. 그녀는 뉴욕에 있는 상사들에게 이렇게 써서 보냈다. "전체적인 분위기나 체형으로 봐서, 제프 베이조스 같습니다."

10월 18일, 마침내 산체스는 딜런 하워드에게 전화를 걸어 '빌 게이츠급' 사람이 아마존의 CEO라는 사실을 밝혔다. 이후 산체스와 아메리칸미디어는 약 20만 달러의 대가를 지급한다는 내용의 계약서에 서명했는데,[313] 이는 한 건의 제보에 대한 비용으로는 〈내셔널인콰이어러〉 역사상 최대 액수였다. 계약서에 따르면 〈내셔널인콰이어러〉는 산체스의 익명성을 보장하고, 그가 취재원이라는 사실을 노출하지 않기 위해 모든 노력을 기울인다는 내용이 들어 있었다.

산체스가 '결혼한 B급 여배우'의 이름을 밝히지는 않았지만, 〈내셔널인콰이어러〉의 편집인들이 그녀가 누구인지 알아내는 데는 오랜 시간이 걸리지 않았다. 딜런 하워드는 사진기자들을 보내 베이조스의 전용기를 추적하게 했다. 그래서 프랑스 칸에서 개최된 밉콤(MIPCOM) 엔

---

* 스냅챗(Snapchat) 공동 창업자이자 CEO.

** 델테크놀로지(Dell Technologies) 설립자이자 회장.

터테인먼트 산업 축제에 참석했을 때, 그는 아마존의 CEO와 로런 산체스가 베이조스의 전용기인 걸프스트림 G650ER에서 내리는 사진을 받았다.

10월 23일, 마이클 산체스는 뉴욕으로 날아가 딜런 하워드를 비롯하여 〈내셔널인콰이어러〉의 편집자 중 한 명인 제임스 로버트슨(James Robertson)과 저녁을 함께 먹으며 그들이 이미 알고 있는 내용의 진위 여부를 확인해주었다.[314] 그는 또한 베이조스가 자신의 여동생에게 보낸 문자메시지들이 저장된 USB 메모리와 함께, 두 사람이 주고받은 개인적인 사진들도 전달해주었다. 그리고 며칠 후에는 베이조스가 로런 산체스에게 보낸 좀 더 노골적인 '셀카'를 보여줄 수도 있다는 사실을 알려주었다. 그런데 로버트슨과 심슨이 나중에 연방 법원에 출석해 위증할 경우에는 처벌을 받겠다는 선서를 한 이후에 증언한 내용에 따르면, 그들이 취재하는 과정에서 받은 낯부끄러운 자료들은 모두 마이클 산체스 한 명에게서 확보한 것이라고 했다.

맨해튼 남쪽 끝에 있는 아메리칸미디어의 칙칙한 사무실은 창문도 없는 토끼장 같은 환경에, 수년간의 인력 축소와 각종 사건들로 삭막한 분위기에 휩싸인 곳이었다. 그런 분위기에서 베이조스 이야기는 그들에게 활기를 북돋워주었다. 딜런 하워드는 그 이야기가 엉망이 된 언론사의 명성을 부활시킬 수 있다고 믿었다. 그들은 한때 타이거 우즈(Tiger Woods)나 존 에드워즈(John Edwards) 같은 유명인의 사소한 잘못을 세계적인 특종으로 보도하면서 언론계의 권위 있는 매체들에서 탐탁지는 않지만 그래도 나름의 인정을 받은 적도 있다. 언젠가 동료 한 명이 타블로이드 신문을 읽는 사람들은 연예인의 이야기를 읽기 위해서인데, 그런 독자들이 별로 관심도 없는 사업가를 취재해야 하는 이유가 무엇인지 물었다. 그러자 하워드는 이렇게 말했다. "이건 아주 좋은 이야기입니다. 이런 게 바로 〈내셔널인콰이어러〉의 이야기입니다. 이것은 엄청나게 부유하며 유명한 부자의 화려한 전면 뒤에 숨은 속살을 드러내는 일입니다. 그것이 바로 정확하게 우리가 해야 할 일입니다."

그러나 이 신문이 베이조스의 이야기를 취재하기 시작하자, 데이비드 페커는 긴장했다. 그의 회사는 2010년에 파산보호를 신청했고, 〈인터치(In Touch)〉나 〈라이프&스타일(Life & Style)〉 같은 매거진을 인수하면서 빚더미에 올라 있었다. 사우디아라비아 왕국에서 투자를 확보하여 〈타임〉지를 인수할 수 있는 자금을 마련한다는 계획은 별다른 진척이 없었고, 회사를 실질적으로 소유하고 있는 뉴저지 소재의 헤지펀드인 채텀애셋매니지먼트(Chatham Asset Management)의 앤서니 멜키오레 (Anthony Melchiorre) 대표는 아메리칸미디어가 또다시 새로운 소송에 휘말리는 것을 극도로 우려했다.

그해 9월, 아메리칸미디어는 도널드 트럼프에 대한 부정적인 제보 내용을 입수한 다음 묻어버리려고 시도했다는 혐의에 대해 법무부와 불기소협약(NPA)*을 체결했다. 이 협약에 따르면 회사의 임원들은 트럼프의 변호사인 마이클 코언(Michael Cohen)에 대한 FBI의 조사에 협조해야 했으며, 향후에도 흠잡을 데 없는 정직함으로 회사를 운영해야만 했다. 또한 회사는 몇 년 동안 검찰의 감시를 받아야 했다. 이 협약을

---

* 기소유예와 비슷한 처분을 받는 대신에 정부에 협조하기로 약속하는 협약.

위반하면 아메리칸미디어는 재정적인 파탄은 물론이고 징역형을 선고받을 수도 있었다.[315]

코네티컷에 있는 자택과 뉴욕시에 있는 사무실을 자동차로 오가면서 대부분의 업무를 휴대전화로 수행하는 다소 괴팍한 CEO인 페커는 베이조스의 이야기를 듣고는 에너지가 끓어오르면서 동시에 두려움도 느꼈다. 나중에 진행된 이들의 범죄에 대한 수사 내용을 잘 알고 있는 사람에 따르면, 그는 그 기사의 초안 하나를 보고는 "〈내셔널인콰이어러〉의 저널리즘 역사에서 가장 뛰어난 작품"이라고 말했으며, 편집자들에게는 이메일을 보내 "이 이야기를 다루는 페이지 하나하나가 베이조스에게 치명타가 되어야 한다"는 의견을 밝혔다. 그러는 한편 페커는 세계 최고의 부자에게서 소송을 당할지도 모른다는 두려움에 빠졌다.[316] 더구나 이 이야기는 할리우드 관련 소식들만 탐닉하는 독자들은 그다지 관심을 두지도 않는 사안이었다. 그는 이 이야기가 '100퍼센트 확실'하기를 요구했는데, 과연 그것을 언제 공개해야 하는지, 심지어 그 기사를 발행해야 하는지도 동요하고 있었다.

11월 초, 페커는 회사가 마이클 산체스와 맺은 계약에서 딜런 하워드와 아메리칸미디어의 법률고문인 캐머런 스트래처(Cameron Stracher)가 다소 특이한 조항을 넣었다는 사실을 알고는 더욱 흔들렸다. 그 조항은 기사가 발행되기 전에 미리 마이클 산체스에게 그 대가를 선금으로 지급한다는 것이었다. 이제 페커는 사면초가의 상황이었다. 만약 그 기사를 발행하지 않거나 다른 곳에서 먼저 터트린다면, 그들은 거액을 낭비하는 것은 물론이고 회사가 또 한 번 '캐치 앤드 킬'을 하려 했다는 혐의를 받을 수 있었다. 그러던 중 페커가 로어맨해튼(lower Manhattan)에 있는 치프리아니 월스트리트(Cipriani Wall Street)에서 점심식사를 하면서 스트래처에게 화를 내며 폭발했다.[317] 그러자 이 노련한 변호사는 레스토랑에서 나가버렸다. 사실상 그 시점에서 회사를 그만둔 것이다. 그래서 그가 최근에 영입한 직원 존 파인(Jon Fine)이 그 자리에 승진했다. 그런데 이는 또 하나의 우연인데, 그는 예전에 아마존에서 9년 동안 일했기 때문이다.

그해 가을의 나머지 기간 동안, 〈내셔널인콰이어러〉는 마이클 산체스의 도움을 받아 이야기를 완벽하게 다듬었다. 그는 두 사람의 개인적인 사진과 문자메시지들을 모아 신문사에 이메일을 보냈다. 그리고 신문의 편집인이 베이조스와 로런 산체스가 뭔가 의도를 갖고 그 이야기를 실으려는 것이 아닌지 의구심을 표하자, 그 두 사람은 이 취재에 대해 아무것도 모른다며 딜런 하워드를 안심시켰다. 마이클 산체스는 또한 이 신문사에 두 사람의 여행 계획을 미리 귀띔해주기도 했다. 그래서 그가 11월 30일에 캘리포니아주 베니스(Venice)에 있는 펠릭스 트라토리아(Felix Trattoria) 레스토랑에서 두 사람과 함께 저녁식사를 하고 있을 때, 두 명의 기자가 근처의 테이블에 앉아 있었고 신문사의 사진기자들은 조금 떨어진 곳에서 몰래 카메라의 셔터를 누르고 있었다.

그러나 베이조스의 노골적인 셀카를 제공하겠다는 약속에 대해서는 마이클 산체스가 얼버무린 듯하다. 그는 11월 초에 LA에서 하워드에게 그 사진을 건네주기로 하고 약속까지 잡았지만, 이후에 그 약속을 취소했다. 〈내셔널인콰이어러〉의 편집인들이 계속해서 재촉하자, 몇 주 뒤인 11월 21일 그는 마침내 앤드리아 심슨에게 그것을 보여주기로 했다. 그리고 딜런 하워드와 제임스 로버트슨은 뉴욕에서 페이스타임(FaceTime)으로 그것을 확인할 예정이었다.

나중에 결국은 언론을 비롯하여 이 사건을 지켜본 대부분의 사람, 그리고 심지어 그의 친척들까지도 이러한 놀라운 배신행위로 마이클 산체스를 비난한다. 그러나 적어도 마이클 산체스는 마음속으로 자신이 〈내셔널인콰이어러〉를 교묘하게 조종한다고 믿었다. 그런데 그는 개인적인 울분, 여동생과 몇 년 동안이나 이어진 불화, 그리고 복잡한 가정사로 다양한 일을 겪으면서 다소 비뚤어져 있었다.

그의 여동생과 베이조스는 이제 공개석상에서도 친분 관계를 드러냈기 때문에, 각자의 가족을 포함하여 세상이 그 사실을 알게 되는 것도 시간문제일 뿐이라고 생각했다. 그는 후에 이렇게 말했다. "저는 고장 난 비행기를 연착륙시키려고 노력한 겁니다."[318] 그러면서 그는 두 사람이 각자의 배우자에게 그 사실을 알리고, 이혼 절차를 개시하며, 그런 다음 그들의 관계를 공개한다는 세심한 절차를 준비했다고 말했다. "제가 한 모든 일은 제프와 로런, 그리고 저의 가족을 지키기 위한 것이었습니다." 마이클 산체스는 후에 이메일을 통해 이렇게 말하기도 했다. "저는 절대로 아무것도 팔지 않았습니다." 그는 또한 자신이 아메리칸미디어와 맺은 계약에 의거하여, 자신이 그들에게 제공한 부적절한 자료들을 그 회사가 사용하면 안 된다고 생각했다.

이러한 자기합리화는 많은 사람에게 공허하게 들릴 것이다. 그러나 최소한 한 가지 이슈에서는 마이클 산체스가 솔직하게 진실을 말하는 것처럼 보였다. 그는 훗날 뉴욕의 서던디스트릭트(Southern District) 지역을 담당하는 FBI 조사관들에게 자신이 실제로는 베이조스의 노골적인 사진을 갖고 있지 않다고 말했다. 11월 21일, 딜런 하워드와 제임스

로버트슨이 뉴욕에서 페이스타임으로 지켜보며 그 장면을 녹화하는 가운데, 〈내셔널인콰이어러〉의 앤드리아 심슨 기자를 만난 마이클 산체스는 그들에게 베이조스의 사진을 보여주지 못했다. 그가 보여준 것은 게이 에스코트 서비스를 제공하는 웹사이트인 렌트닷멘(Rent.men)에서 캡처한 어느 이름 모를 남성의 생식기 사진이었다.

단순한 가십거리인가,
정치적인 공격행위인가

———

2019년 1월 7일 월요일, 〈내셔널인콰이어러〉의 편집인들은 제프 베이조스와 로런 산체스에게 "당신의 연애 문제로 인터뷰를 요청하기 위해 연락드립니다"라는 선동적인 문장으로 시작하는 문자메시지를 보냈다. 뉴욕에서 HQ2 프로젝트와 관련한 거대한 이야기가 운명적인 대단원으로 치닫고 있던 바로 그 시점에,[319] 이 모든 시련은 이제 스스로의 결말에 가까이 다가가고 있었다. 이 사건은 복잡한 문제들로 서로 관계가 얽히고설킨 여러 사람들 때문에 결국은 여기까지 오게 된 것이다.

너무나도 경악을 금치 못한 두 사람은 신속하게 대응에 나섰다. 로런 산체스는 타블로이드 업계의 뻔뻔한 방식들을 아주 잘 알고 있으며, 자신과도 가장 가까운 사람에게 연락을 했다. 그녀의 오빠였다. 이러한 위기의 와중에도 마이클 산체스는 천진난만하게 이런 제안을 했다. 자신이 〈내셔널인콰이어러〉의 편집자들을 알고 있으니, 그들이 확보한 자료가 무엇인지 알아낼 수 있을 것이라고 말이다. 여동생이 이 혼란스러운 사건을 조사하는 걸 도와주는 대가로 매달 2만 5,000달러를 받기로 계약한 그는 딜런 하워드에게 전화를 걸어 자신이 여동생의 대리인이 되었다고 알렸다. 그리고 자신이 뉴욕으로 건너가 신문사가 보도한 내용을 살펴보겠다고 말했다. (물론 당연히 그가 제보한 내용이었다.) 아메리칸미디어가 기밀을 유지하겠다는 약속에 자신감을 얻은 마이클 산체스는 이제 양쪽 모두를 위해 활약했다.

한편 베이조스는 오래전부터 관계를 다져온 보안 컨설턴트인 개빈 드베커(Gavin de Becker)에게 연락했고, 또한 LA 지역을 중심으로 오랫동안 드베커의 변호사로 활약해온 마티 싱어(Marty Singer)도 합류했다. 1월 9일 수요일 이른 시각, 베이조스는 아마존의 홍보 부서에 이 기사가 공개되기 전에 미리 자신의 공식 트위터 계정에 부부의 이혼 소식을 발표하라고 지시했다. 직원들은 깜짝 놀랐다. 당시의 발표 내용은 이러했다. "우리는 여러분에게 저희의 삶에 변화가 있음을 알려드리고자 합니다. 저희의 가까운 친구와 가족들은 알고 있겠지만, 오랫동안 별거도 시도해보고 사랑을 회복하기 위해 노력한 끝에, 저희는 이혼을 선택하고 친구로서 서로의 삶을 공유하기로 했습니다."[320]

뉴욕에서는 딜런 하워드가 평생의 특종이 될 수도 있는 내용을 손아귀에서 만지작거리고 있었다.[321] 〈내셔널인콰이어러〉는 월요일에 발행되는 신문이지만, 그는 데이비드 페커를 설득하여 11페이지의 특별판 발행을 허가받았으며, 첫 번째 보도 내용을 그날 저녁 온라인에 올렸다. 제목은 '아마존의 대표인 기혼의 제프 베이조스, 영화계 거물의 아내와 바람을 피우고 이혼'이었다. 그날 밤, 마이클 산체스는 하워드에게 몰래 문자메시지를 보내, 베이조스가 트위터에 먼저 그 소식을 알린 것은 물론이고 그 내용을 〈뉴욕포스트〉가 보도한 것도 사과했다. 그는 이렇게 덧붙였다. "저와 함께 일하려고 노력해주셔서 감사합니다. 그 년놈들이라면 그러지 않았겠지만 말입니다."

〈내셔널인콰이어러〉의 보도는 단지 베이조스의 혼외 관계를 폭로하기 위해서만이 아니라, 그에게 모욕감을 주기 위한 것이기도 했다. 그들은 사적인 문자메시지 내용을 인용 형식으로 전달하고, 은밀한 사진들을 직접 보여주는 것이 아니라 묘사하는 방식을 선택함으로써, 마이클 산체스와 맺은 기밀유지 조항을 교묘하게 피해갔다. 또한 다소 특이하게도 베이조스 친부 측 형제의 전 부인인 '캐시 숙모'의 말을 인용했다. 그녀가 베이조스를 마지막으로 본 것은 그가 두 살 때였다. 그리고 '억만장자의 혼외정사'나 '뻔뻔한 간통남'처럼 황색 저널리즘이 사용할 수 있는 모든 모욕적인 표현을 적극 활용했다.

기사의 잔인함과 공격적인 어조 때문에 개빈 드베커를 비롯한 관계자들은 자연스럽게 이 취재의 배후에 대통령 선거가 관련된 것은 아닌지 의심하게 되었다. 데이비드 페커의 친구이자 기소를 앞두고 있던 마이클 코언의 동료 도널드 트럼프는 주기적으로 트위터에 〈워싱턴포스트〉를 공격하는 내용을 올렸고, 아마존이 정당한 세금을 내지 않으며 미국연방우체국을 약화시킨다고 비난했다. 세 번이나 결혼한 트럼프는 베이조스가 새롭게 처한 곤경에도 공세를 가했다.[322]

도널드 트럼프 @realDonaldTrump

제프 베이조스가 경쟁자에 의해 쓰러졌다는 소식을 듣게 되어 무척이나 유감이다. 내가 생각하기에 그 신문의 보도는 그가 로비 목적으로 활용하는 아마존의 〈워싱턴포스트〉보다 훨씬 더 정확하다.

2019년 1월 13일 오후 5:45

보도 목적이 정치적인 것이 아니냐는 의심을 받았지만, 〈내셔널인콰이어러〉는 지면을 모두 활용해 베이조스와 산체스의 관계는 물론이고 그들이 주고받은 은밀한 문자메시지 같은 자세한 부분까지 계속해서 보도를 이어갔다.[323] 결국 마이클 산체스가 나서서 일시적인 휴전을 제안했다. 그 휴전안이란 아메리칸미디어가 새로운 기사의 발행을 중단하고 그 대가로 로런 산체스의 소재에 대한 정보를 독점적으로 제공받는 것이었다. 그래서 그들은 샌타모니카 공항에서 친구 두 명과 함께 걸어가는 로런 산체스의 모습을 몰래 촬영할 수 있었다. 이 사진은 아메리칸미디어의 〈어스위클리〉에서 1월 14일에 이미 알려진 다른 사람들의 발언과 함께 실렸는데, 이번에는 제목의 어조가 조금은 부드러워졌다. '스캔들 이후에도 편안해 보이는 제프 베이조스의 여자친구 로런 산체스의 사진 최초 공개.'[324]

이 사진이 보도된 후, 마이클 산체스는 딜런 하워드에게 은밀히 감사 문자를 보냈다. "지난 14일 동안 당신과 제가 구축해온 협업의 수준은 교과서에 실리게 될 것입니다." 그다음 주, 하워드는 산체스에게 이메일을 보내 최초의 제보자인 그의 익명성은 철저하게 보장될 것이라며 안심시켰다. "당신이 원하던 대로, 아직 공개되지 않은 이야기들은 비공개 상태입니다. 저는 그것을 제 무덤까지 가져갈 것입니다."[325]

그러나 이는 불안정한 평화 상태였다. 베이조스는 드베커에게 그 신문이 어떻게 해서 자신과 로런 산체스가 사적으로 주고받은 문자메시지를 확보했는지 "얼마의 예산이 들더라도 그 사실관계를 추적해달라"[326]고 요청했다. 하와이를 중심으로 활동하던 드베커는 두 명의 대통령 밑에서 자문위원을 지냈고, 폭력의 심리에 대하여 네 권의 책을 저술했으며, 고위급 정치인이나 유명 연예인의 구설수에 대해 컨설팅을 했다. 베이조스는 그가 1997년에 출간한 《서늘한 신호(The Gift of Fear)》를 S팀의 독서 클럽에서 토론할 첫 번째 도서로 선정했으며, 그들이 새롭게 오픈하는 아마존 북스(Amazon Books)의 매장에서 판매해야 한다고도 말했다.

다시 말해 드베커는 능력이 뛰어났으며 성격 판단에서도 탁월한 인물이었다. 이 베테랑 조사관은 마이클 산체스와 여러 차례 통화하고 문자메시지를 주고받은 이후에, 뭔가 이상하다는 것을 감지했다. 로런 산체스의 오빠인 그가 〈내셔널인콰이어러〉의 편집자들을 자신이 조종하고 있다며 자랑했고, 사이버 스파이 활동의 음모이론에 대한 이야기를 들려줬으며, 굴욕적인 경험을 당한 보수적인 정치 컨설턴트 로저 스톤(Roger Stone) 같은 트럼프 측 인사들과의 인연을 언급하기도 한 것이다.[327] 베이조스의 휴대전화가 해킹되었다는 명백한 증거가 없었기 때문에, 드베커로서는 베이조스의 진영에 첩자가 있을 거라고 생각하게 되었다. 그리고 만약 그렇다면 그 첩자는 스스로가 도움을 줄 수 있다고 열심히 주장하는 사람일 것이라고 의심했다.

이러한 의심을 공론화하기 위하여 드베커는 자신들에게 우호적인 〈데일리비스트(The Daily Beast)〉에 연락을 취했는데, 이곳은 베이조스의 친구인 배리 딜러(Barry Diller)가 운영하는 언론매체였다. 〈데일리비스트〉는 1월 31일에 발행한 기사를 통해, 드베커가 마이클 산체스를 유력한 범인으로 지목했다는 사실을 밝혔다.[328] 그러나 드베커는 자신에게 사건을 의뢰한 베이조스가 좀 더 커다란 음모에 걸려들었다는 주장을 입증하기 위해 다소 지나칠 정도로 노력을 기울인 것으로 보인다. 그는 〈내셔널인콰이어러〉의 취재가 트럼프 대통령이 연루되어 있으며 〈워싱턴포스트〉를 대상으로 진행하는 일련의 공세와도 관련이 있다고 주장했다. 해당 기사에서 그는 '정치적인 동기를 가리키는 강력한 단서들'[329]이 있다고 말했다.

이제 이 서사시는 훨씬 더 말도 안 되는 수준으로 발전했다. 타블로이드 신문의 배후에 정치적인 음모가 도사리고 있다는 드베커의 주장은 〈내셔널인콰이어러〉를 강력하게 압박했다. 그리고 이러한 주장은 뻔뻔함의 극치를 보여주는 트럼프 시절이기에 충분히 설득력이 있었다. 아메리칸미디어의 대표인 데이비드 페커는 자신의 신문이 그러한 의혹에 연루되었다는 소문이 퍼지는 순간, 자신들이 법무부와 체결한 불기소협약이 깨질까 봐 초조해했다. 그늘에 가려진 아메리칸미디어의 주요한 재정적 후원자 채텀애셋매니지먼트의 앤서니 멜키오레는 베이조스가 아메리칸미디어를 고소할까 봐 두려워했다.[330] 그러면 혼란한 상황을 싫어하는 주정부의 연기금 등으로 구성된 투자자들이 이 스캔들로 생기는 피해를 막기 위하여 그의 헤지펀드에서 잇달아 인출을 시도할 수도 있다고 생각했다.

페커와 멜키오레는 딜런 하워드에게 이 문제를 제발 해결해달라고 요청했다. 곧 베이조스 진영과 화해를 하고, 〈내셔널인콰이어러〉의 취재에 정치적인 동기가 없다는 것과 정보를 수집하는 과정에서도 불법적인 행위가 없었다는 점을 이해시키라고 말했다. 다행히 딜런 하워드는 이 사건에서 베이조스를 대리하는 변호사들 중 한 명인 마티 싱어와 개인적인 친분이 있었다. 두 사람은 여러 스포츠 행사에 함께 참석한 것으로 알려졌으며, 〈내셔널인콰이어러〉가 폭로하는 기사의 대상들 중에서는 싱어를 변호사로 고용한 유명인도 종종 포함되었기 때문에 그들은 법정에서 서로 마주하는 경우도 많았다. 실제로 싱어가 아직 사건이 본격적으로 전개되기 전에 베이조스를 도와서 변호해달라는 전화를 받을 당시, 그는 뉴욕시에서 하워드, 영화감독인 브렛 래트너(Brett Ratner)와 함께 저녁식사를 하고 있었다.

그러나 어쩌면 이러한 가벼운 친분이 타블로이드 신문 편집자인 하워드가 결국 실패에 이르고 마는 데 일조한 측면이 있다. 2월의 첫 주동안, 하워드와 싱어는 두 사람 모두에게 친숙한 방식으로 연락을 주고받으며 〈내셔널인콰이어러〉와 베이조스 진영 사이에 적대적인 폭로전을 중단하기 위한 협상을 시작했다. 하워드는 싱어 변호사에게 자신들의 취재가 정치적인 공격행위가 아니라는 사실을 베이조스와 드베커에게 전해달라고 요청했으며, 더 이상은 피해를 줄 수 있는 내용을 보도하지 않겠다고 약속했다. 싱어는 신문사가 확보했지만 아직 공개되지 않은 문자와 사진이 정확히 무엇인지 알고 싶어 했다. 하워드는 의구심이 들었다. 그는 이 변호사가 익명의 취재원 정체를 파악하기 위해 자신을 떠보는 것이라고 의심했다.

그런데 그들 사이의 긴장은 오히려 더욱 커지기만 했다. 〈내셔널인콰이어러〉의 폭로가 '단순한 가십거리인가, 아니면 정치적인 공격행위인가'[331]를 주제로 〈워싱턴포스트〉가 이 스캔들에 의문을 제기하는 기사를 발행할 수도 있다는 가능성이 제기되었기 때문이다. 데이비드 페커는 세계적인 권위를 자랑하는 〈워싱턴포스트〉가 그렇게 한다면 불기소협약은 그대로 망하는 것이라며 두려움에 떨었다. 그는 다시 한번 하워드에게 문제 해결을 재촉했다. 그래서 하워드는 마침내 마음을 가라앉히고 자신의 패를 보여주었다.

2월 5일 오후에 아메리칸미디어의 최고콘텐츠책임자인 그는 다음과 같은 내용으로 싱어에게 이메일을 보냈다. "〈워싱턴포스트〉가 〈내셔널인콰이어러〉의 최초 보도에 대하여 확인되지 않은 루머를 공개하려고 준비하는 가운데, 저는 우리가 취재 과정에서 확보한 사진에 대해 당신에게 설명하고자 합니다." 그리고 하워드는 베이조스와 로런 산체스가 주고받은 은밀한 사진 아홉 장을 첨부했다. 그건 바로 로런 산체스가 자신의 오빠에게 공유했으며, 그다음에는 그 오빠가 〈내셔널인콰이어러〉에 건네준 사진이었다.

그들의 잘못된 행보로 자신의 타블로이드 신문사가 거둔 나름의 쾌거가 한순간에 사라지는 걸 느끼면서 모든 자존심을 내려놓은 하워드는 또 하나의 사진에 대해서도 언급했다. 그것은 바로 마이클 산체스가 앤드리아 심슨 기자를 만나는 장면을 그가 페이스타임으로 지켜보며 캡처해둔 '벨트 아래의 셀카'였다. 하워드는 자신도 모르는 사이에 마이클 산체스가 렌트닷멘에서 가져온 익명의 사진에 대하여 이야기한 것이다. "이런 이메일을 보내는 것이 편집자로서 즐거운 일은 아닙니다. 부디 상식적인 판단이 빠르게 퍼져나가길 바랍니다." 하워드의 결론이었다.

그러나 그가 바라는 상식적인 판단은 없었다. 〈워싱턴포스트〉가 그 날 밤에 이를 보도한 것이다. 해당 기사에서 드베커는 다시 한번 마이클 산체스를 유력한 용의자로 지목했고, 그 사진을 유출한 행위에 '정치적인 동기'가 있다는 혐의를 제기했다. 마이클 산체스 역시 〈워싱턴포스트〉의 기자들과 인터뷰를 했는데, 그는 자신의 잘못이라는 비판을 부인했고, 공공매체인 이 신문을 상대로 또 다른 허위사실들을 무차별적으로 퍼트렸다. 그는 두 사람의 외도 소식을 유출한 사람은 드베커라고 거짓 주장을 했다. 그리고 드베커가 〈워싱턴포스트〉를 (비롯해서 나중에는 다른 신문들까지) 상대로 〈내셔널인콰이어러〉가 그 사안에 대해 2018년 여름에 취재를 시작했다고 설득하려 했다는 주장을 펼쳤다. 그러나 2018년 여름이라면, 그가 처음으로 〈워싱턴포스트〉 측에 연락하기 몇 달 전이었다. 그리고 마이클 산체스의 주장이 사실임을 입증하는 증거는 아무것도 없었다.

이 기사가 보도된 후, 페커는 딜런 하워드에게 전화를 걸어 헤지펀드 대표인 멜키오레가 분통을 터트렸다는 사실을 전했다. 그리고 그의 광기를 제발 막아달라고 다시 한번 압박했다. 그래서 하워드는 이제 베이조스를 대리하는 노련한 드베커와 직접 전화로 협상하기 시작했다. 서로 의심하며 경계하고 있었기에, 그들은 모두 통화 내용을 녹음했다.

하워드가 신중해야 했던 것은 당연하다. 드베커는 자신의 베스트셀러인 《서늘한 신호》에서 이렇게 썼다. "나는 의뢰인들에게 자신을 강탈하려는 자에게는 그 사람의 천박함을 드러내도록 부추기라고 권한다. 나는 공격의 대상이 된 피해자들에게 이렇게 반복해서 말하라고 요청한다. '당신이 무슨 말을 하는지 모르겠습니다.' 그러면 결국 가해자가 스스로 그 내용을 확실하게 말하게 된다." 나중에 나에게 설명해준 녹취록의 내용에 따르면, 그 전화통화에서 드베커 자신도 확실히 똑같은 시도를 한 것으로 보인다. 그는 하워드에게 이렇게 물었다. "그래서 당신들은 우리가 서면으로 합의해주지 않는다면 이 사진들을 공개할 건가요?"

하워드는 그런 노골적인 위협은 피하려고 했지만, 그 자료들을 보도할 수 있는 권리를 계속해서 유지하려 노력함으로써 갈수록 나락에 빠져들었다. 어느 순간 그는 베테랑 조사관인 드베커에게 이렇게 말했다. "이것은 협박이나 그와 비슷한 것으로 해석될 수 있는 것이 전혀 아닙니다! 이와 관련된 법적인 권리가 엄연히 존재한다는 점을 고려할 때, 합의하는 것이 양측 모두에게 이익입니다."

하워드와 드베커는 진전을 보이는 듯했다. 2월 6일, 아메리칸미디어의 법률고문으로 승진한 존 파인은 이메일로 마티 싱어에게 합의안을 보냈다. 참고로 그는 얼마 전 사임한 캐머런 스트래처의 자리를 갑작스럽게 대신하게 된 인물이며, 권모술수가 난무하며 지옥 같은 양상으로 진행되는 타블로이드 업계의 법적 다툼에는 아직 능숙하지 않은 편이었다. 아메리칸미디어는 만약 베이조스를 비롯한 대리인들이 "〈내셔널인콰이어러〉의 보도가 어떤 식으로든 외부 세력이나 정치적인 압력 등으로 시작되거나, 명령을 받았거나, 영향을 받았다"[332]는 주장을 공개적으로 부인함으로써 이 회사의 편을 들어준다면, 그들도 문제의 사진이나 문자메시지를 공개하거나 공유하지 않겠다는 데 동의할 생각이었다.

그가 보낸 이메일은 한눈에 봐도 강요하는 것으로 비칠 수 있었다. 2월 7일, 베이조스는 자문단에게 자신이 정확히 무엇을 해야 할지 알겠다고 말했다. 그는 '고맙지만 사양할게요, 페커 씨'라는 제목으로 1,000단어가 넘는 글을 작성해 아마존의 제이 카니에게 전달했다. 카니는 동료들과 차임(Chime)으로 화상회의를 진행하면서 그 내용을 처음 읽었는데, 그는 깜짝 놀라서 미간을 찌푸릴 정도였다. 이후 그는 그걸 온라인 출간 사이트인 미디엄(Medium)에 올렸다.

베이조스는 이 글에서 존 파인과 딜런 하워드가 보내온 이메일의 내용을 전부 소개한 다음, 이렇게 썼다.

어제 저에게 이상한 일이 일어났습니다. 사실 저에게는 그것은 이상한 일이었을 뿐만 아니라, 처음 겪어보는 일이었습니다. 저는 거절할 수 없는 제안을 하나 받았습니다. 아니면 적어도 〈내셔널인콰이어러〉의 최고위층 사람들은 그렇게 생각했을 것입니다. 저는 그들이 그렇게 생각했다는 것이 기쁩니다. 왜냐하면 그들이 이 모든 내용을 이토록 대담하게 글로 쓸 수 있게 해주었기 때문입니다.[333]

그다음 베이조스는 아메리칸미디어가 트럼프 행정부와 법적인 문제로 연루되어 있으며, 사우디아라비아 정부에서 투자를 유치하는 데 실패했다는 사실을 언급했다. 사우디아라비아는 〈워싱턴포스트〉의 보도에 적의를 갖고 있는 (미국 이외에) 또 하나의 국가였다. 베이조스는 이렇게 썼다. "〈워싱턴포스트〉를 소유하고 있다는 사실이 저에게는 복잡한 요소로 작용합니다. 〈워싱턴포스트〉의 뉴스 보도를 경험하는 특정한 권력자들이 제가 그들의 적이라고 간주하는 오류를 범하는 것은 어찌 보면 피할 수 없는 운명입니다." 그러나 그는 그 신문사를 소유한 것을 후회하지 않는다고 덧붙였다. "〈워싱턴포스트〉는 중요한 사명을 지닌 중요한 언론사입니다. 그리고 〈워싱턴포스트〉를 인수한 결정은 제가 90세가 되어 제 삶을 돌이켜보았을 때 가장 자랑스러운 일이 될 것입니다. 제가 운이 좋아서 그 나이까지 오래 살게 된다면 말입니다."

물론 이러한 고결한 생각은 지난 1년 동안 그가 공개적으로 외도를 벌인 것이나, 여자친구 오빠의 계획적인 배신이나, 구름처럼 번지는 정치적인 의구심에서 탈출하기 위한 아메리칸미디어의 필사적인 노력과는 거의 관계가 없었다. 그러나 이것은 마치 1790년대에 미국의 제1대 재무장관 알렉산더 해밀턴(Alexander Hamilton)이 자신의 간통 사실을 폭로하겠다고 협박하며 돈을 갈취하려는 사람들을 비판하기 위해 〈레이놀즈 팸플릿(Reynolds Pamphlet)〉을 직접 작성하여 출간했듯이, 미디엄에 올린 베이조스의 글도 대외관계 차원에서 보면 탁월한 선택이라고 할 수 있다. 베이조스는 스스로를 언론의 수호자 반열에 올려놓았고, 상대편인 아메리칸미디어는 "오래전부터 저널리스트의 특권을 무기로 활용한다는 악명을 얻어왔고, 언론계의 중요한 보호장치 뒤에 숨어 책임을 회피하며, 진정한 저널리즘의 가르침과 명분을 무시한다"[334]고 주장했다.

자신의 노골적인 사진을 공개하겠다는 〈내셔널인콰이어러〉의 협박이 공허하다는 사실을 베이조스가 알고 있었는지 아니면 의구심을 가졌는지는 분명치 않다. 그럼에도 배후의 사기와 기만 같은 건 잘 알지 못하는 독자들에게도 이는 아주 흥미진진한 사건이었으며, 베이조스는 자신의 낯 뜨거운 사진들이 공개될지도 모른다는 위험을 담보로 도 널드 트럼프의 우군인 타블로이드 신문이 벌이는 기만적인 수법을 상대로 용감하게 맞섰다. 〈뉴욕포스트〉는 '베이조스가 페커의 술책을 폭로하다'라는 간결한 제목으로 표현했다. 그리고 이러한 복잡한 난맥의 상황에서 대중의 동정 여론은 그의 편으로 움직였다.

2월 7일 오후에 이 글이 미디엄에 공개되자, 개빈 드베커는 딜런 하워드의 연락을 피했다. 하워드는 아메리칸미디어의 제안에 대해 베이조스 진영의 답변을 달라며 문자메시지로 그를 압박했다. 그러다 결국 이 유명한 보안 컨설턴트는 타블로이드 신문의 편집인에게 문자메시지로 최후의 일격을 날렸다. "당신도 봤다시피, 당신들의 제안은 반대에 부딪혔습니다."

사우디아라비아 왕세자

———

딜런 하워드 역시 더욱 뼈아픈 덩크슛을 얻어맞은 심정이었다. 데이비드 페커는 즉시 피해복구 모드로 전환했고, 위기에 처한 회사의 법적인 문제나 재정적인 상황을 보호하기 위하여 이 모든 참담한 패배에 대한 책임을 최고콘텐츠책임자에게 떠넘겼다. 그는 하워드를 직위해제하고 편집하는 일과는 그다지 관계가 없는 기업 발전 부문의 수석부사장이라는 거의 형식적인 자리에 앉혔다. 하워드는 1년 뒤에 계약이 만료되자 아메리칸미디어를 떠났다.

내가 이 모든 과정에 대한 기억을 묻기 위해 하워드에게 연락했을 때, 그는 이렇게 말했다. "100퍼센트 사실인 이야기에 대해 제가 모든 책임을 졌습니다." 그러더니 현재 이 사건과 관련하여 소송이 진행되기 때문에, 더 이상 설명하기 곤란하다고 말했다. "제가 정치적인 의도를 갖고 그 일을 저질렀다는 근거 없는 주장 때문에 저는 오명을 뒤집어썼습니다."

베이조스가 미디엄에 쓴 글은 아메리칸미디어 내에서 하워드의 입지를 몰락시켰을 뿐만 아니라 그 신문사가 어떻게 그의 은밀한 문자메시지와 사진들을 획득해 사안을 더욱 혼란스럽게 만들었는지 여전히 풀리지 않던 문제를 본격적으로 조사하게 만들었다. 베이조스는 그 글에서 아메리칸미디어가 그 사안을 취재하게 된 어리석은 판단의 기원이 어디인지 "좀 더 확실히 파악해야 하며, 사우디아라비아에 대한 (《워싱턴포스트》의) 시각이 특히 민감한 신경을 건드린 것으로 보인다"며 자신의 의견을 넌지시 밝혔다.

3월에는 개빈 드베커가 〈데일리비스트〉에 기고한 글에서 이러한 주장을 이어갔다. 그는 아메리칸미디어의 광기 어린 행보가 정치적인 음모에 연루되었다는 비판에서 스스로를 보호하기 위한 것임을 지적하며, 이러한 심각한 시련의 배후에는 분명 숨겨진 진실이 존재한다고 주장했다. 그는 이렇게 썼다. "우리 조사단과 다수의 전문가는 사우디아라비아 사람들이 베이조스의 휴대전화에 접속해 개인정보를 획득한 것이 매우 확실하다고 결론을 내렸다. 현재로서는 그것이 어느 정도 수준인지는 불분명하지만, 만약 그랬다면 아메리칸미디어는 그 과정을 자세히 알고 있을 것이다."[335]

사건의 초기에만 하더라도 페커를 비롯한 동료들은 자신들이 도널드 트럼프를 대신해 작전을 벌인다는 주장을 접했다. 그러던 그들은 이제 사우디아라비아와 결탁했다는 의심을 받게 되었다. 하워드가 밀려나 멕시코로 휴가를 가자, 회사는 마이클 산체스에게 약속한 기밀유지 의무를 준수할 의무가 없다고 판단했다. 회사는 이런 내용으로 입장문을 발표했다. "사실대로 말하면, 2018년 9월 10일에 저희 〈내셔널 인콰이어러〉 쪽으로 그들의 외도를 제보한 사람은 마이클 산체스입니다. 그리고 이후 4개월 동안 우리의 취재에 필요한 모든 정보를 제공해 준 것도 그 사람입니다. 그는 우리와 논의하기 위해 지속적으로 노력했고, 자신은 대리인이라고 거짓 주장을 했으며, 진행하는 과정에서는 적극적으로 역할을 했습니다. 그렇기에 우리는 취재원 보호 책임을 포기해도 된다고 판단했습니다."[336]

그러나 아메리칸미디어의 이러한 해명은 그다지 신뢰를 받지 못했는데, 이 회사의 임원들이 트럼프 대통령이 관련된 사안에서 '캐치 앤드 킬'을 했다는 사실에 대하여 너무나도 뻔뻔하게 거짓말을 해왔기 때문이다. 국제적인 스파이 활동이 있었다는 의혹은 여전히 가시지 않았는데, 사우디아라비아 정부가 정말로 제프 베이조스를 함정에 빠트리려 했다고 믿기는 힘들지만 그래도 개연성은 있기 때문이었다.

미국의 다른 비즈니스 리더들과 마찬가지로, 베이조스 역시 무함마드 빈 살만과 개인적인 친분을 키워가고 있었다. 2018년 초로 되돌아 가보면, 사우디아라비아의 젊은 왕세자인 그는 종교적으로 보수적인 자신의 나라를 좀 더 자유롭게 하고, 석유 수출에 의존하는 경제 구조를 바꾸기 위해 노력하는 것으로 보였다. 베이조스는 왕세자가 그해 봄에 미국을 방문했을 때 그를 만났으며, 그들은 서로 왓츠앱 (WhatsApp) 번호를 교환했다. 이후 몇 달 동안 그들은 왓츠앱으로 연락을 계속했으며, 아마존이 20억 달러 상당의 비용을 들여 사우디아라비아에 AWS의 데이터 센터를 설치하려는 계획을 논의했다.[337]

그해 5월, 왕세자는 사우디아라비아의 저렴한 통신비를 홍보하는 광고 영상으로 보이는 암호화된 비디오 파일 하나를 베이조스에게 전송했다. 베이조스는 동영상이 아랍어로 되어 있어 그 문자를 받고는 적잖이 당황했다. 그는 결국 이렇게 답장을 보냈다. "인상적인 숫자들과 동영상입니다."

몇 달 뒤인 10월 2일, 베이조스는 새뮤얼 J. 헤이먼 미국봉사메달 (Samuel J. Heyman Service to America Medals) 시상식에서 봉사정신상(Spirit of Service Award)을 받았다. 그는 시상식에서 〈워싱턴포스트〉의 동료들과 자리를 함께 했다. 행사 중간에 〈워싱턴포스트〉 발행인인 프레드 라이언(Fred Ryan)이 그를 향해 몸을 기울였다. 그리고 그에게 귓속말로 전해줄 소식이 있다고 말하고는, 종이에 그 내용을 적었다. 〈워싱턴포스트〉에 글을 기고하는 칼럼니스트인 자말 카슈끄지(Jamal Khashoggi)가 그날 일찍 결혼 관련 서류를 발급받기 위해 이스탄불 주재 사우디아라비아 영사관에 갔는데 다시 나오지 않았다는 것이었다. 카슈끄지는 빈 살만 왕세자가 잔악한 권위주의로 전환한 것을 비판하는 칼럼을 써왔다. 베이조스는 그 메모를 읽더니 귓속말로 이렇게 대답했다. "제가 어떻게 하면 도울 수 있는지 알려주세요."

이후 몇 주 동안 〈워싱턴포스트〉는 카슈끄지의 끔찍한 살인사건을 끈질기게 조사했고, 그러는 한편 논설위원들은 사우디아라비아 정부를 비난하고 미국의 기업들에는 사우디아라비아와 연계된 비즈니스에서 관계를 끊도록 요구했다. 다른 비즈니스 리더들과 마찬가지로, 베이조스는 빈 살만 왕세자가 주최하며 '사막에서 열리는 다보스(Davos) 포럼'[338]이라고 부르는 연례행사인 미래투자이니셔티브(Future Investment

Initiative)에 참석하려던 계획을 취소했다. 그런데 의아하게도 빈 살만 왕세자는 계속해서 왓츠앱으로 베이조스에게 문자를 보냈는데, 그중에는 베이조스의 결혼생활과 관련한 문제를 암시하는 듯한 메시지도 있었다. 2018년 가을 당시에는 그의 외도가 아직 비밀에 가려져 있을 때였다. 왕세자는 이런 메시지를 보냈다. "여자와 말싸움을 하는 건 소프트웨어 사용권 계약서를 읽는 것 같아요. 결국엔 읽는 걸 포기하고 전부 동의한다는 버튼을 클릭하게 되거든요." 그리고 흑갈색 머릿결을 가진 한 여성의 사진을 함께 보내왔는데, 그 여성은 얼핏 보면 로런 산체스와 묘하게 닮았다.

한편에서는 왕세자의 정권이 급조한 트위터 군대가 온라인에서 베이조스를 공격했다. 그들은 베이조스를 사우디아라비아의 적이자 인종차별주의자로 규정하고, 아마존을 비롯하여 아마존의 아랍 지역 자회사인 수크닷컴(Souq.com)을 보이콧하도록 요구하는 이미지와 동영상을 올렸다.

아델 자베르 @aadelljaber

우리 사우디는 아침에 공격을 가하는 〈워싱턴포스트〉를 결코 용납하지 않을 테지만, 밤이 되면 결국 아마존과 수크닷컴에서 물건을 구매한다! 그런데 이상한 것은 이 세 회사 모두 동일한 유대인의 소유이며, 그는 낮이 되면 우리를 공격하고 밤이 되면 우리에게 물건을 판매한다는 것이다!

2018년 11월 4일 오후 12:20

2019년 초에 베이조스와 〈내셔널인콰이어러〉 사이에 본격적으로 공방이 전개되자, 베이조스는 (참고로 그는 유대인이 아니다) 자신의 스마트

폰이 뭔가 이상하다고 믿을 만한 추가적인 이유들을 발견하게 되었다. 2월 16일, 베이조스가 자신의 외도에 사우디아라비아가 연루되었을 거라는 의심을 공개적으로 알리자, 빈 살만 왕세자는 다시 한번 베이조스에게 문자를 보냈는데, 이번에는 오타가 가득한 영어 메시지였다. "제프, 당신이 듣거나 말한 건 모두 그것은 사실이 아니다 단지 시간의 문제가 당신이 진실을 알게 되었다고 말해준다. 나나 사우디아라비아가 당신이나 아마존을 반대할 것은 없다."

그러자 드베커가 전문가에게 베이조스의 아이폰 X를 조사해달라고 의뢰했다. 그리하여 드베커의 오랜 동료이자 미국국가안전보장회의(NSC)의 사이버사고대응국장을 지낸 앤서니 페란테(Anthony Ferrante)가 작성한 보고서에서는 전년도에 빈 살만 왕세자가 베이조스에게 보낸 저렴한 통신비를 홍보하는 동영상에 페가수스(Pegasus)의 복사본이 포함된 것으로 보인다고 결론을 내렸다. 페가수스는 NSO그룹(NSO Group)이라는 이스라엘 회사가 만든 악성코드로 그 존재가 거의 눈에 띄지 않았다. 페란테는 일단 이 프로그램이 실행되면 베이조스의 스마트폰에서 전송되는 데이터의 양이 약 3,000퍼센트 증가한다는 사실을 발견했다.

그러나 포렌식(forensic) 분석에 따른 더 구체적인 근거가 없었기 때문에, 일부 저명한 사이버보안 전문가들은 페란테의 결론에 의문을 제기했다. 그리고 페란테가 보고서에 기술한 휴대전화에서 대량의 '데이터 방출'은 베이조스가 로런 산체스와 문자메시지나 은밀한 동영상을 주고받을 때도 동일하게 나타났다. 그럼에도 〈월스트리트저널〉은 왕세자와 가까운 사우디아라비아 관계자들이 베이조스의 전화기를 공격

하려는 계획을 인지하고 있었다고 보도했다.[339]

2020년 국제연합(UN)의 인권조사관 아녜스 칼라마르(Agnès Callamard) 와 데이비드 케이(David Kaye)가 작성한 보고서에서는, 사우디아라비아 가 자국 정부에 대한 언론 보도를 통제하려는 폭넓은 시도의 일환으로 베이조스를 비롯하여 다른 정계 및 언론계 인사들의 휴대전화를 해킹 했다는 사실은 "중간에서 높음 정도로 확실하다."[340]고 밝혔다.

빈 살만 정권이 베이조스와 로런 산체스의 관계를 알아낸 후에 그 사실을 〈내셔널인콰이어러〉에 알려주었으며, 마이클 산체스에게서 받 은 정보로 그 사실이 더욱 보강된 것일까? 아주 냉철하게 생각해보면, 그럴 가능성은 논리적으로 매우 타당하다. 비록 성공하진 못했지만, 아 메리칸미디어가 〈타임〉 지를 인수할 자금을 마련하기 위해 데이비트 페커가 한때 사우디아라비아의 투자자들에게 구애한 것은 사실이다. 투자 가능성을 높이기 위해 아메리칸미디어의 임원들은 심지어 왕세 자가 미국 투어에 나서기 전날에, 〈뉴킹덤(The New Kingdom)〉이라는 제 호의 90페이지짜리 번드르르한 잡지를 만들기까지 했는데, 이는 다분 히 그들에게 아첨하기 위한 용도였다.

그러나 최소한 전체적인 그림을 좀 더 잘 파악할 수 있는 현 시점에 서 보면, 하필이면 당시의 특정한 시기에 사우디아라비아가 베이조스 의 불륜에 대해 타블로이드 신문사에 정보를 알려주었다는 가설을 뒷 받침할 수 있는 결정적인 근거는 아무것도 없다. 단지 여러 사건이 중 첩되어 있고, 이질적인 두 인물 사이의 다소 느슨한 관계가 더해졌으 며, 좀 더 기이한 우연들이 합쳐져서 혼란스런 상황이 벌어졌다고 볼 수 있다.

그럼에도 그의 이혼을 둘러싼 당황스러운 사건들을 긍정적인 분위기로 바꾸기 위해 여전히 노력하고 있던 베이조스를 비롯한 자문단 입장에서는, 그러한 불확실성의 구름이 형성됨으로써 더욱 추악하며 복잡한 진실로부터 어느 정도 시선을 분산시키는 효과는 있었다.

베이조스의 무적 갑옷

———

2019년을 거치며 이 모든 혼란이 잠잠해지자, 베이조스와 로런 산체스는 공개석상에 함께 모습을 드러내기 시작했다. 7월에 그들은 아이다호주 선밸리에서 앨런앤컴퍼니가 주최하는 콘퍼런스에 참석해, 워런 버핏, 팀 쿡(Tim Cook), 마크 저커버그 등과 어울렸다. 며칠 후 그들은 윔블던 테니스 남자 단식 결승전을 로열박스(Royal Box)에서 지켜봤는데, 그들은 윌리엄 왕자(Prince William)와 케이트 미들턴(Kate Middleton) 왕자비보다 세 줄 뒤에 앉아 있었다. 8월, 그들은 지중해 서부에 떠 있는 영화계의 거물 데이비드 게펜(David Geffen)의 슈퍼요트 위에서 뛰어다녔다.[341] 그리고 명품 디자이너인 브루넬로 쿠치넬리(Brunello Cucinelli)가 주최한 회담에 참석하기 위해 이탈리아의 솔로메오(Solomeo)로 여행을 갔으며, 배리 딜러(Barry Diller)와 다이앤 본 퍼스텐버그(Diane von Furstenberg)

부부의 호화 요트를 타고 베니스로 놀러 갔다. 이런 여행을 다니면서 그는 문어 그림이 프린트된 화려하면서도 다채로운 수영 팬츠를 입고 있는 모습[342]이 여러 차례 사진에 찍혔는데, 패션 트렌드에 대한 관심이 불붙었음을 짐작할 수 있다.

지난 20년 동안 베이조스는 오직 아마존과 자신의 가족에게만 집중해왔으며, 여유 시간이 생기면 블루오리진과 우주여행에 관심을 쏟았다. 그러나 그의 어마어마한 재산, 흥미로운 사람들에 대한 끊임없는 호기심, 새로운 모험에 대한 갈증, 그리고 로런 산체스와의 관계 등이 분명히 그를 바꾸어놓았다. 그는 이러한 어마어마한 성공을 과시하는 걸 즐기는 것으로 밝혀졌다. 그를 오랫동안 관찰한 사람들이 보기에, 그는 활기차고 행복해 보였다.

그와 매켄지의 이혼은 2019년 7월에 마무리되었다. 그녀는 시가 380억 달러에 달하는 아마존의 주식 1,970만 주를 받았다. 이혼 합의의 일환으로 그는 그녀가 가진 주식에 대한 의결권을 유지했다. 물론 이러한 조건은 그녀가 그 주식을 팔거나 증여할 경우에는 해당되지 않았다. 투자자들은 아마존이 1년 전에 2등급 주식을 발행하려고 모색한 이유 중 하나도 바로 이러한 경우를 고려한 것이라고 추정했다.

그녀는 또한 시애틀과 LA의 주택을 소유하게 되었고, 기부 클럽인 기빙플레지(The Giving Pledge)에는 자신의 재산을 절반 이상 기부하겠다고 약속했다. 2020년 한 해 동안 그녀는 거의 60억 달러를 푸드뱅크, 지역단체, 흑인대학(HBCU) 등에 기부했고, 개인적인 에세이를 올려 그렇게 한 동기를 밝히기도 했다. 그녀는 몇 년 전 바이스탠더레벌루션을 홍보할 때와 같은 조용한 접근방식을 떨쳐내고 싶어 했다. 그녀는 또한 자신의 이름을 매켄지 스콧(MacKenzie Scott)으로 바꾸었는데, 스콧은 그녀의 결혼 전 중간 이름이다.

한편 마이클 산체스는 동성 남편과 함께 샌프란시스코로 이사했다. 어머니인 엘레노어를 제외한 그의 가족들은 모두 그와 연락을 끊었다. LA 지방법원에서는 두 건의 명예훼손 소송이 진행되었다. 그가 아메리칸미디어, 그리고 베이조스와 개빈 드베커를 고소한 것이다. 그러나 사실관계가 조금씩 드러나면서 이어진 거의 모든 판결에서 그는 패소했다.

2021년 초 베이조스는 자신의 변호사 비용 170만 달러를 마이클 산체스가 변상하게 해달라고 법원에 요청했는데, 이후에 판사는 그 총액을 21만 8,400달러로 낮춰 판결했다. 그리고 뉴욕의 서던디스트릭트에서는 연방 검사들이 베이조스가 미디엄에 올린 글에서 밝혔듯이 〈내셔널인콰이어러〉에 기사가 보도된 후 그가 아메리칸미디어에서 갈취 협박을 받았다는 주장을 조사했다. 그러나 이 주장은 검사들이 이 사건을 기소하지 않고 조용히 종결하려 한 것으로 보아 증거가 부족했다고 추정된다.

베이조스는 그 나름대로 바쁘게 움직였다. 10월에 그는 이스탄불 소재의 구 사우디아라비아 영사관의 외부에서 진행된 자말 카슈끄지 피살 1주기를 추모하는 자리에 예고 없이 모습을 드러냈다.[343] 보안과 관련한 복잡한 사안들은 개빈 드베커가 미리 조치했다. 베이조스는 카슈끄지의 약혼녀 하티제 첸기스(Hatice Cengiz)의 옆자리에 앉았으며, 추도식 도중에는 그녀를 끌어안기도 했다. 이 자리에서 그는 이렇게 말했다. "지금 바로 이곳에서, 여러분은 몇 시간 동안이나 길거리를 바라보

있습니다. 여러분은 서성이면서 기다렸지만, 그는 끝내 (이 건물에서) 나오지 않았습니다. 그것은 상상할 수 없는 일이었습니다. 그리고 당신은 우리의 마음속에 있다는 것을 알려드립니다. 우리는 지금 이곳에 있습니다."[344]

잠재적인 위험이 있는 지역까지 찾아갔다는 것은 〈워싱턴포스트〉의 직원에게는 자신들의 오너가 개인적으로 그 비용이 얼마가 들든 관계없이 자신들의 저널리즘을 옹호하겠다는 의지를 보여주는 또 하나의 신호였다. 그것은 또한 베이조스의 적인 무함마드 빈 살만을 직접적으로 겨냥한 것이기도 했다.[345]

이러한 극적인 몸짓들이 모두의 기억 속에 있던 스캔들을 밀어내자, 아마존에 있는 베이조스의 동료들은 그러한 행보를 지켜보며 궁금증이 들 수밖에 없었다. 그들의 CEO는 여전히 그들에게 속해 있는 사람일까, 아니면 부유함과 화려함, 그리고 국제적인 음모가 관련된 또 다른 차원에 속해 있는 것일까?

그는 사무실에 있는 것만큼이나 자주 언론에 모습을 드러냈고, 역사적인 예술 작품들을 구입했다.[346] 그리고 베벌리힐스에 있는 3만 6,000m²(약 1만 1,000평) 넓이에 달하는 데이비드 게펜 소유의 부동산을 1억 6,500만 달러에 덥석 사들였는데,[347] 이는 캘리포니아의 부동산 거래 역사상 기록적인 금액이었다. 그리고 그는 2020년 2월에는 프랑스의 에마뉘엘 마크롱(Emmanuel Macron) 대통령과 기후변화에 대해 이야기를 나누었는데, 당시 그의 옆에는 로런 산체스가 있었다. 또한 마이애미에서 개최된 슈퍼볼(Super Bowl) 경기에서는 그녀를 비롯해 여러 유명인과 신나게 뛰어다녔고, 심지어 어느 유명한 나이트클럽에서는 DJ

부스를 한 차례 차지하기도 했다. 아마존의 설립자에게는 과연 어떤 미래가 펼쳐질 것인가?

이 질문에 대한 한 가지 단서는 네덜란드의 맞춤형 요트 제작사인 오션코(Oceanco)의 조선소에서 발견할 수 있었다. 로테르담 외곽에 있는 그 조선소에서는 새로운 작품이 비밀리에 모습을 갖춰가고 있었다. 이 배에 대해서는 127미터 길이에 돛대가 3개인 스쿠너(schooner)*라는 것 외에는 사실상 아무것도 알려진 것이 없었다. 심지어 웬만한 내용은 입소문으로 전해지는 호화 요트 업계 내에서도 마찬가지였다. 다만 한 가지 확실한 건, 이 배가 완성되면 세상에서 가장 훌륭한 요트가 될 거라는 사실이었다. 오션코는 또한 이 최고급 고객을 위해 초대형 범선과 동행하게 될 지원 요트(support yacht)도 만들고 있는데, 여기에는 설계와 관련하여 특별한 요구사항이 포함되어 있었다. 그것은 바로, 여러분도 짐작하겠지만 헬기장이다.

이처럼 수많은 일이 있었지만 베이조스의 무적 갑옷은 아주 약간만 찌그러졌을 뿐이다. 그리고 이제 아마존의 25년 역사상 가장 거대한 도전이 다가오고 있었다. 미국과 유럽연합에 있는 적들이 아마존의 강고한 시장지배력을 억제하기 위해 선전포고를 시작한 것이다. 그리고 코로나19 팬데믹이 세계 경제 전체를 거의 무너지기 직전까지 몰고 가려 했다.

---

* 돛대가 2개 이상인 범선.

Chapter 14

심판

격화되는 테크래시

베이조스와 산체스의 관계로 타블로이드 신문에서 대소동이 일어난 다음 해에도 아마존은 눈부신 상승세를 이어갔다. 시가총액이 초유의 1조 달러를 향해 순항을 계속했고, 회사는 미국의 회원들을 대상으로 기존의 이틀배송에서 하루배송으로 서비스를 업그레이드한다고 발표하면서[348] 온라인 쇼핑에서의 입지를 더욱 강화했다. 2019년 7월에 매켄지와 이혼 절차가 마무리된 후, 베이조스의 개인 순자산은 1,700억 달러에서 1,100달러로 줄어들었다. 그러나 아마존의 주가가 상승세를 지속하면서 그는 현존하는 세계 최대의 부호 타이틀을 유지했으며, 잃어버린 자산도 불과 열두 달 내에 모두 되찾았다.[349] 그의 개인 자산은 헝가리의 국내총생산(GDP)보다도 많았고, 제너럴모터스(GM)의 시가총액마저도 넘어서는 수준이었다.

이러한 상승세 와중에 마침내 하나의 심판이 임박했다. 미국인과 유럽인은 비즈니스에서 가장 상황판단이 빠른 기업가들이 거둔 승리를 추켜세워주는 경향이 있다. 그러나 또한 자신들과는 동떨어진 거대 기업에 대해서는 선천적으로 회의적인 태도를 갖고 있었으며, 어마어마한 부자에게는 노골적으로 악의를 드러내기도 했다. 특히 소득 불평등이 심각할 정도로 확대되는 시기에는 더욱 그랬다.

그렇기 때문에 제프 베이조스의 재산과 회사의 시가총액이 모두 상승한 것은 비즈니스 업계에서 거둔 역사적인 성취로 찬사를 받았지만, 그와 동시에 상당한 분노도 함께 불러일으켰다. 회사가 가장 성공적인 시기를 보낸 2010년대의 마지막 몇 년 동안, 시스템이 조작되었고 소비자와 중소기업은 아마존의 무자비한 손아귀에 걸려들었으며 아마존을 비롯한 기술 대기업들이 경제 전체를 집어삼킨다는 의식이 싹트고 있었다. 이에 더욱 대담해진 대서양 양쪽의 정치인들은 아마존을 비롯하여 구글, 페이스북, 애플 같은 기술 대기업 집단이 가진 힘에 대해 조사에 착수했으며, 걷잡을 수 없는 그들의 성장세를 제한하기 위한 여러 캠페인을 진행했다. 이것이 비록 기술 대기업 집단 및 그들이 가진 막대한 영향력에 대한 결정적인 전투는 아니었을지 몰라도, 최소한 다가오는 전쟁에 대한 선전포고라고 할 수는 있었다.

제프 베이조스는 비록 아마존의 비즈니스 전략이 가진 날카로운 칼날을 뭉툭하게 하는 행동은 아무것도 하지 않았지만, 이러한 조치들을 환영한다고 말했다. 2018년 워싱턴 D. C.의 이코노믹클럽(Economic Club)에서 진행된 무대 인터뷰에서 그는 사모펀드 업계의 억만장자인 데이비드 루빈스타인(David Rubinstein)에게 이렇게 말했다. "모든 유형의 거대한 조직은 철저한 점검과 검증과 조사를 받아야 합니다. 그걸 개인적인 것으로 받아들여서는 안 됩니다. 그것은 우리 사회가 원하는 것입니다." 그는 그 결과가 어떻게 나오든 간에 그것을 기꺼이 감수하겠다는 듯이 말했다. "우리는 충분히 창의적이기 때문에, 그 어떤 규정이 공표되거나 그것이 어떻게 작동하더라도 우리가 고객에게 봉사하는 것을 막지 못할 것입니다."[350]

그럼에도 베이조스는 점점 더 격화되는 테크래시에 맞서기 위한 방법을 은밀하게 준비하고 있었다. 2019년 가을, S팀의 구성원들과 아마존의 이사회 임원들은 경제사학자인 마크 레빈슨(Marc Levinson)이 쓴 《그레이트A&P 및 미국 중소기업 수난사(The Great A&P and the Struggle for Small Business in America)》[351]를 읽었다. 이 책은 20세기에 처음 등장한 미국의 식료품 체인점 그레이트A&P의 성공과 몰락 이야기는 물론이고, 창업자가 사망한 이후에 그들이 보인 전략적인 표류 과정, 그리고 포퓰리스트 정치인을 비롯하여 단호한 반독점 당국이 이 회사를 상대로 벌인 수십 년 동안의 십자군 전쟁을 추적했다. 이 책은 그레이트A&P를 상대로 벌인 캠페인들이 대부분 정치적인 것이며, 그것은 수천 개에 달하는 불쌍한 구멍가게와 그들에게 물건을 공급하는 업체들이 추동하고, 이러한 분위기는 초기의 비판에 맞서 이례적일 정도로 소극적인 모습을 보인 회사가 자초한 측면도 있다고 결론을 내렸다.

그레이트A&P가 강압적인 유통업체이며 약탈적인 가격으로 경쟁업체를 약화하는 것으로 유명했지만, 정작 자신들에 대한 비판에는 적절하게 대응하지 못하고 창업주가 사망한 이후에 승계 과정도 제대로 진행되지 않음으로써 사실상 파멸을 자초했다는 주장은 베이조스를 비롯한 아마존의 임원들에게 뭔가 반향을 불러일으킨 것으로 보인다. "핵심은 뭐냐 하면, 우리는 외부의 그 모든 소란에 주의력이 흐트러져서는 안 된다는 것입니다. 우리 사회는 대기업을 그런 식으로 대합니다." 아마존의 수석 부사장 겸 법률고문인 데이비드 자폴스키(David Zapolsky)의 말이다.

아마존은 다가오는 상황을 무시할 수 없었다. 기술 대기업에 대한 대중의 정서와 정계의 분위기가 뚜렷하게 변화하면서, 2020년 미국 대통령 선거의 민주당 경선에 참여한 후보자들은 아마존에 대체로 적대적인 입장이었다. 또한 주문처리 센터 노동자들의 임금을 인상하라는 캠페인이 벌어졌고, 회사가 미국과 유럽에서 납부하는 법인세가 지나치게 적다는 논란에 직면해 있었다. 스스로를 베이조스는 물론이고 그가 소유한 〈워싱턴포스트〉 신문사의 적이라고 공언한 도널드 트럼프 대통령은 아마존이 미국연방우체국과 체결한 계약이 불공평하다며 새롭게 비난을 퍼부었으며, 다른 한편으로는 미국국방부가 추진하던 거액의 클라우드 컴퓨팅 사업인 제다이(JEDI) 프로젝트를 수주하려던 AWS의 노력에도 개입한 것으로 알려졌다.

설상가상으로 미국 하원 법사위 반독점 소위원회(U. S. House Judiciary Subcommittee on Antitrust)가 디지털 산업에서의 경쟁 현황을 16개월간 조사한 뒤 내놓은 450페이지 분량의 보고서에서, 그들은 아마존을 비롯한 기술 기업의 권력 남용을 신랄하게 기술했다. 다른 무엇보다도 이 보고서는 아마존이 온라인 리테일 분야에서 지배적인 지위를 마음껏 누렸고, 반경쟁적인 인수합병에도 관여했으며, 제3업체들이 참여하는 마켓플레이스에서 영세 판매자를 괴롭혔다고 비판했다. 이 보고서는 아마존이 과거에 서로 결탁한 철도회사나 이동통신사들처럼 분해되어야 한다고 권고했다.

아마존의 제이 카니 수석 부사장은 특유의 호전성으로 회사를 방어하면서, 소위원회의 보고서에 대해서는 이렇게 말했다. "그것이 아주 신뢰할 만하다고 볼 수 있는 점은 거의 없습니다." 그러나 소위원회의 자문위원으로서 해당 보고서의 작성을 도와준 리나 칸은 이러한 조사 절차가 정치적이라는 주장을 부인했다. 참고로 그녀가 반독점 규정의 재활성화에 대하여 《예일법학저널》에 게재한 논문은 하원의 조사에서 학술적인 토대를 제공하기도 했다.

불과 31세의 나이임에도 아마존의 최대 적수로서 신뢰와 인정을 받는 그녀는 필자와 진행한 인터뷰에서 이렇게 말했다. "아마존은 자사의 플랫폼에서 모든 사람이 의존할 수밖에 없는 조항을 강제할 수 있으며, 경제 전반에 걸쳐 승자와 패자를 가를 수 있는 권한이 점점 더 강해지는 상황을 즐기고 있습니다. 정보력과 협상력이 일방적으로 모든 규칙을 정하는 단 하나의 주체에게 지나칠 정도로 편중된다면, 그것은 어떤 의미에서도 더 이상 '시장'이라고 할 수 없습니다."

끊이지 않는 공격에서
판세를 읽는 법

———

정치인을 비롯한 전문가들이 아마존을 향해 그러한 수류탄 같은 수사들을 쏟아내자, 회사 내에서는 글로벌 커뮤니케이션 및 정책 담당 부서의 규모가 폭발적으로 커졌다. 〈뉴욕타임스〉가 쓰라린 폭로를 한 2015년에만 하더라도 글로벌 홍보 및 정책 부문의 인력은 250명 수준이었다. 2019년 말이 되자 그 규모는 회사의 성장세와 함께 거의 1,000명 가까이 불어났다. 이렇게 확대된 사업부에는 하루 종일 자신들에 대한 언론 보도를 모니터링하고 내부에 쏟아져 들어오는 문의들을 분류하는 일을 담당하는 '신속대응팀'도 포함되어 있었다. "우리는 브랜드의 홍보대사이자 브랜드의 수호자다." 이 부문이 신성시하는 교리들 가운데 하나다. 이러한 원칙들은 직원들의 의사결정에 대한 가이드 역할을 하기 위해 S팀과 협업하며 만든 것이다. "때로는 우리가 오해를 감수해야 할 때도 있지만, 우리는 언론매체, 분석 보고서, 정책 입안자들 사이에서 아마존에 대해 갖고 있는 거짓 정보나 오해를 발견하면 그것에 신속하고, 강력하고, 공개적으로 대응하여 그 기록을 수정한다."

이런 방식으로 드러나는 아마존의 강박적인 예민함의 출처는 당연히 베이조스 자신이었다. 직원들은 그가 부정확하다고 판단하는 기사나 분석하는 글을 찾아 공유하는 능력에 혀를 내둘렀으며, 그러고 나면 홍보부서에 왜 더욱 열심히 밀어붙이지 않느냐고 다그치는 데에는 몸서리를 쳤다. 오랫동안 베이조스 밑에서 홍보를 책임진 드루 허드너(Drew Herdener)는 커뮤니케이션 담당 직원들은 '풀잎 하나하나까지' 살펴봐야 했으며, 만약 그들이 부정확한 내용을 발견해 대응해야 한다고 판단하면 아무리 사소한 상황이라도 절대 간과해서는 안 됐다고 말한다. 그래서 기술 대기업에 대한 시대적인 인식이 변화해 아마존이 정치적인 담론에 꾸준히 오르내리게 되었을 때에도, 회사는 비록 언제나 합리적이지는 않았을지라도 자신들에게 쏟아지는 수많은 비판에도 매우 적극적으로 대응할 준비가 되어 있었다.

회사에 처음으로 맞선 적수들 가운데 한 명은 매사추세츠주 엘리자베스 워런(Elizabeth Warren) 상원의원이었다. 그녀는 하버드대학교 교수 출신으로 2007년의 금융 대위기 이후에 소비자금융보호국(Consumer Financial Protection Bureau) 설립을 지지하고 도움을 주었으며, 월스트리트의 저승사자를 자처하는 인물이었다. 2016년, 워런은 워싱턴 D. C.의 좌파 성향 싱크탱크인 뉴아메리카(New America)에 분명한 메시지를 전달했다. 곧 미국의 경제에서 '경쟁이 죽어가고' 있으며, 아마존이나 구글 같은 기술 대기업들이 지배적인 플랫폼으로서 그들의 지위를 악용하여 고객에게 자사의 제품과 서비스를 사용하도록 유도한다고 천명했다.

워런은 민주당의 대통령 후보 경선 레이스에 뛰어든 이후인 2019년 3월에 온라인 출간 사이트인 미디엄에 '기술 대기업들을 분쇄할 수 있는 방법'[352]이라는 공격적인 제목의 글을 올려 이러한 대의명분에 대한 움직임을 재가동했다. 이 글에서 그녀는 기술 기업들이 너무도 강력하며, 그들이 인수한 대형 기업들을 포기해야 한다고 충고했다. 아마존은 그 대상이 홀푸드마켓과 재포스였다.

이 글을 비롯하여 이후에 CNN에서 방영된 공청회에서 워런은 또한 아마존이 전자상거래 분야를 독점적으로 졸라매고 있으며, 인기 있는 제품들과 비슷한 자체 브랜드의 상품을 출시함으로써 제3의 판매자들을 약화한다고 비판했다. (실제로 이 책의 앞부분에서 살펴봤듯이, 아마존의 자체 브랜드 부문에서 일하는 직원들은 독립적인 판매자들의 매출 데이터를 엿보는 것을 제한하는 내부 규정을 위반했다.) 워런은 CNN 방송에서 이렇게 말했다. "야구 경기에서 심판 같은 역할을 하면서 플랫폼을 정직하게 운영하거나, 아니면 선수가 되어야 합니다. 곧 게임에서는 비즈니스를 하거나 팀을 꾸릴 수도 있습니다. 그러나 같은 게임 내에서 심판이 직접 팀을 꾸리면 안 됩니다."[353]

워런의 공청회가 CNN에서 방영된 다음 날, 아마존은 자사의 트위터 계정에서 반격했다. 그들은 (온라인과 오프라인을 합한) 소매 분야 전체에서 아마존의 시장점유율은 아주 적으며, 자체 브랜드 비즈니스의 규모는 최소한의 수준으로 유지하기 때문에 자신들이 다른 판매자를 착취한다는 주장을 부인했다.

아마존 뉴스 @amazonnews

우리는 개별 판매자의 데이터를 활용해 자체 브랜드 상품을 출시하지 않습니다. (자체 브랜드 상품이 매출에서 차지하는 비중은 약 1퍼센트에 불과합니다.) 그리고 판매자들은 '나가떨어지지' 않으며, 오히려 매년 기록적인 판매량을 보이고 있습니다. 그리고 (저희보다는) 월마트가 훨씬 더 큽니다. 미국 전체 소매 부문에서 아마존이 차지하는 비중은 4퍼센트도 되지 않습니다.

워런을 비롯한 민주당의 경선 후보들은 또한 조세경제연구소(ITEP)의 보고서를 하나 입수했는데, 이 보고서에서는 아마존이 2018년에 112억 달러의 이익을 기록했는데도 연방정부에서 1억 2,900만 달러의 세금을 환급받았다는 사실을 보여주었다. 세법을 빠져나가는 데 아주 능숙한 아마존은 주문처리 센터를 늘리고 주가가 상승한 것을 사회에 기여한 행위로 포장해 세금 감면 혜택을 받았다. 그들은 자체 공급망을 구축하는 과정에서 투입되는 설비비와 직원들에게 부여한 주식을 비용으로 차감하고 방대한 R&D 예산을 편성하면 세액 공제가 된다는 점을 적극 활용함으로써, 연방소득세를 사실상 상계했다.[354]

완전하게 합법적인 이러한 행보는 아마존에 대한 또 한 차례의 공격을 촉발했다. 2019년 6월 13일, 향후 대통령이 되는 조 바이든은 트위터에 이런 글을 남겼다. "저는 아마존에 아무런 반감도 없습니다. 그러나 수십억 달러의 수익을 거두는 기업이 소방관이나 교사보다 적은 세율로 세금을 납부해서는 안 됩니다. 우리는 부를 늘리는 것만이 아니라, 보상 작업도 해야 합니다."

아마존 명성의 수호자들은 같은 날 곧바로 트위터로 응수했다.

아마존 뉴스 @amazonnews

저희는 2016년부터 26억 달러의 법인세를 납부해왔습니다. 우리는 납세의 의무가 있는 단 한 푼까지도 전부 납부하고 있습니다. 의회는 기업들이 미국 경제에 재투자하는 것을 독려하기 위한 방식으로 세법을 설계했습니다. 그래서 우리는 재투자를 해왔습니다. 2011년 이후로 2,000억 달러를 투자했고, 30만 개의 일자리를 창출했습니다. 바이든 부통령은 저희 아마존이 아니라 미국의 세법에 불만이 있는 듯합니다.

베이조스는 커뮤니케이션 담당 부서에 이러한 호전성을 심어주었지만, 그러면서도 때로는 퇴각하는 걸 고려할 줄도 알아야 한다고 조언했다. 그는 2018년에 베를린에서 진행된 무대 인터뷰 행사에서 이렇게 말했다. "제가 아마존 내부에서 가르치며 설파하는 것은, 우리가 비판을 받을 때면 먼저 거울을 들여다보고 그 사람들의 비판이 옳은지 판단하라는 것입니다. 만약 그들이 옳다면, 바꾸어야 합니다. 저항하면 안 됩니다."[355]

아마존은 2018년 말에 이런 전략을 전개했다. 당시에 또 한 명의 최대 비판 세력인 버몬트주 버니 샌더스(Bernie Sanders) 상원의원이 물류창고 노동자들에게 지급하는 보상에 대하여 아마존을 신랄하게 공격하면서 베이조스의 재산에 대해서도 비판을 가했기 때문이다. 샌더스 상원의원은 이후 다소 인위적인 '베이조스 중지(Stop BEZOS)'라는 법안을 공개했다. 참고로 이 법안의 이름은 '보조금을 삭감하여 나쁜 고용주들을 막는다(Stop Bad Employers by Zeroing Out Subsidies)'는 표현의 앞 글자를 딴 것이다. 이 법안에서는 식품 바우처(food stamp) 같은 공공복지에 의존하는 직원을 얼마나 고용하는지를 기준으로 기업에 새로운 세금을 부과하자고 제안했다.

공화당이 장악한 상원에서는 이런 법안이 통과될 가능성이 없었기 때문에, 베이조스는 몸을 웅크리거나 법안을 무시하는 대신에 S팀의 회의를 소집해 노동자들의 급여 문제를 다시 한번 점검했다. 아마존의 주문처리 센터에서 일하는 노동자들의 소득이 각 주마다 다르긴 하지만,[356] 상당수의 직원은 시간당 최소 10달러를 받았는데, 이는 연방에서 정한 최저임금인 7.25달러보다 높은 수준이었다. S팀은 사업 부문 총괄인 데이브 클라크가 제출한 여러 방안을 검토했는데, 그중에는 시간당 12달러나 13달러까지 단계적으로 인상한다는 내용도 있었다. 그러나 베이조스는 오히려 더욱 공격적인 계획을 선택했는데, 미국 전역에서 신입 직원의 시급을 15달러로 올린다는 것이었다. 그러는 한편 그는 물류시설에서 거둔 성과를 기반으로 직원에게 보상하는 보상 주식이나 단체 보너스 같은 노동자들의 부가적인 소득원을 폐기함으로써, 이러한 변화 때문에 추가로 발생하는 경비의 일부를 상쇄했다.

이러한 움직임은 전술적으로 아주 훌륭했다. 아마존은 물류창고의 직원에 대해 몇 년 동안 설문조사를 진행하면서, 그들 중 대다수가 근근이 살아가고 있으며 나중에 현금화할 수 있는 주식보다는 미리 돈으로 지급할 때 더욱 만족한다는 사실을 알아냈다. 베이조스는 이러한 주식 보상제를 폐기함으로써, 전반적인 임금 수준이 상승하는 것을 어느 정도 상쇄할 수 있었을 뿐만 아니라, 생산성이 떨어지거나 불만을 품은 말단 노동자가 단지 그런 보상만을 바라며 몇 년 동안이나 회사에 머무르는 걸 방지할 수 있게 되었다.

이러한 임금 인상은 또한 아마존에 비판적인 사람의 마음을 돌려놓았고, 구직 희망자에게 주문처리 센터의 고된 노동을 더욱 매력적으로 만들었으며, 회사로서는 연방의 최저임금을 더 올려야 한다고 로비할 수 있는 기반을 마련해주었다. 만약 최저임금을 인상한다면, 그다지 풍족하지 않은 리테일 업계의 다른 경쟁자들은 상당히 어려워질 수도 있었다. 그러나 아마존이 이렇게 연이어 임금을 인상하는 조치를 미화하긴 했지만, 일부 임원은 여기에 진정성이 결여되었다는 인상을 받았다. "우리는 지금이 경쟁력 확보에 필요한 수준보다 더욱 높은 임금을 제공하여 앞서나갈(leading) 때라고 판단했습니다."[357] 베이조스가 그해에 주주들에게 보내는 편지에서 쓴 내용이다. 그러나 그의 동료들은 베이조스가 실제로는 앞서나가는 것(leading)이 아니라 판세를 읽는 것(reading)이라는 사실을 아주 잘 알고 있었다. 이 경우에는 물류창고 노동자에게 아마존이 지급하는 임금이 열악한 수준이라는 것을 잘 알고 있는 정치권과 언론매체에서 그들을 비판하는 목소리가 높아지는 현실을 읽은 것이다. 대중적인 비판이 거세질 때만 그 문제에 대응하는 베이조스의 버릇은 머지않아 또다시 반복된다.

임금 상승 계획이 발표된 후, 버니 샌더스는 베이조스에게 전화를 걸어 감사함을 전하려 했다. 그런데 샌더스 상원의원은 그에게 직접 연락하는 대신 공보 담당인 제이 카니에게 전화를 걸었다. (카니는 "그는 자주 연락을 해서 불만을 표시했기에, 이번에도 그럴까 봐 두려웠다"고 말했다.) 샌더스는 S팀의 구성원들에게 감사를 전하며, 그들의 발표에 따르면 일부 정규직 노동자는 이번 새로운 보상 시스템으로 소득이 적어질 수도 있어 보인다고 했다.[358] 카니는 소득이 줄어드는 직원은 아무도 없을 것이라며 그를 안심시켰다.

이러한 설명은 샌더스를 만족시킨 것으로 보인다. 그는 이후 잠시나마 아마존에 대한 비판을 중단했기 때문이다. 그는 두 달 후에 다시 트위터로 돌아와 아마존이 연방소득세를 납부하지 않았다며 열변을 토했다.[359] 이것은 아마존의 시가총액이 1조 달러에 다가가면서 그들에게 일어난 새로운 현실이었다. 곧 정치권의 양쪽에서 공격이 끊이지 않게 된 것이다.

제다이(JEDI) 입찰 경쟁

———

도널드 트럼프는 단임으로 집권하는 4년 동안 아마존과 제프 베이조스, 그리고 그가 개인적으로 소유한 신문사인 〈워싱턴포스트〉에 대한 격렬하면서도 무차별적인 악의를 전혀 감추지 않았다. 그는 아마존의 세무 관리 방식을 트위터와 각종 인터뷰를 통해 주기적으로 성토했고 ("아마존은 아주 복잡한 세법을 교묘하게 잘 빠져나가고 있다"),[360] 아마존이 시내 중심가의 소매업을 죽인다고 비판했으며("미국 전역의 주들과 도시들과 마을들이 피해를 입고 있다. 수많은 일자리가 사라지고 있다!"),[361] 그리고 그다지 설득력은 없지만 아마존이 〈워싱턴포스트〉를 이용하여 그들의 정치적인 의제를 더욱 확장한다며 불만을 쏟아냈다("내 생각에 〈워싱턴포스트〉는 그저 아마존을 위해 일하는 [이 신문사가 잃어버린 재산만큼] 값비싼 로비스트나 다름없다"). 트럼프가 베이조스에게 그토록 적대감을 보인 이유에는 여러 다양한 해석이 존재한다. 그리고 이를 지켜본 많은 사람은 그것이 단지 베이조스가 언론매체를 가지고 있기 때문이 아니라 그의 재산 때문이라고 추정했다. 더구나 그 규모가 대통령의 재산보다 압도적으로 많기 때문이라고 했다.

베이조스는 2015년에 '#sendDonaldtospace(트럼프를 우주로 보내자)'라는 메시지를 올린 이후로는 참모들의 조언에 따라 백악관의 공격에 대한 대응을 자제해왔다. 제이 카니가 후에 말하길, 중립적인 입장을 가진 대부분의 기자는 트럼프의 주장들이 근거가 없으며 〈워싱턴포스트〉의 논조에 대한 분노에서 비롯되었다는 사실을 알고 있기 때문에 굳이 응수할 필요가 없었다고 한다. "우리가 가끔 대통령에게서 공격받는다는 사실은 아마존과는 거의 아무런 관계가 없으며, 그보다는 제프가 독립적인 언론사를 소유한 것과 관련이 있었습니다."

그러나 대통령이 공격하는 방향 중에서는 아마존의 관심을 끄는 것도 몇 가지 있었다. 2017년 말, 트럼프는 아마존이 미국연방우체국과 계약한 것을 주기적으로 비난하면서, 그들이 택배 요금을 적게 지불하기 때문에 결과적으로 미국연방우체국이 납세자들의 세금을 손해 보게 만드는 데 책임이 있다고 주장했다.

도널드 트럼프 @realDonaldTrump

도대체 왜 미국연방우체국이 아마존이나 다른 회사들에 택배 요금을 그렇게 조금만 부과하고 매년 수십억 달러를 손해 보면서 아마존을 더 부자로 만들고 우체국은 더 멍청하고 가난하게 만드는 것일까? 훨씬 더 많은 요금을 부과해야 한다!

트럼프의 많은 문제제기와 마찬가지로, 오해에서 비롯된 그의 불만에서 일말의 진실이라도 발견하기란 쉽지 않았다. 미국연방우체국은 일반 우편을 비롯하여 택배 서비스에 부과하는 요금으로 자체 운영비를 전부 조달한다. 그런데 미국연방우체국이 몇 년 동안 손해를 본 주된 이유는, 그곳의 노동자들을 위한 연금, 퇴직금, 의료보험 등의 항목에 우선적으로 자금을 예치하도록 한 의회의 결정 때문이다.[362] 게다가 우체국이 아마존과 체결한 협약은 기본적으로 UPS나 페덱스 같은 다른 택배업체와 비슷한 성격이며, 계약할 때는 수익이 나는 조건으로 체결하도록 법으로 정해두었다.[363]

이런 사실은 아랑곳없이 트럼프는 아마존에 더 많은 요금을 부과한다면 미국연방우체국이 손해를 복구할 수 있으리라 믿었다. 〈워싱턴 포스트〉의 보도에 따르면, 2017년과 2018년에 여러 차례 회의하면서 그는 미국연방우체국의 메건 브레넌(Megan Brennan) 총재에게 아마존의 요율을 두 배로 올리라고 요구했다.[364] 브레넌은 우편 요율은 독립적인 위원회가 책정하며 택배 배송은 미국연방우체국의 사업들 가운데 가장 성장이 빠른 부문이라고 지적했다. 대통령은 또한 만약 우체국이 시장의 합리적인 수준 이상으로 요율을 올린다면 아마존은 이미 규모를 키워가는 자체 물류 시스템으로 더욱 빠르게 전환할 것이며, 그러면 미국연방우체국을 더욱 곤경에 빠트리게 될 것이라는 중요한 사실도 무시했다.

트럼프는 결국 태스크포스(TF)를 구성해 택배 요금을 검토하도록 의뢰했고, 2018년 말 그들은 소폭의 인상을 권고했다. 그러나 물론 이는 그가 원하는 수준에는 한참이나 못 미치는 것이었다. 이 문제와 관련하여 아마존은 대통령의 분노를 대체로 잘 피한 셈이다. 그러나 다른 사례를 보면, 제프 베이조스와 〈워싱턴포스트〉에 대한 트럼프의 앙심이 상당한 타격을 입힌다.

트럼프가 2017년에 대통령으로 취임한 후, 미국 군부의 지도자들은 제멋대로 뻗어 있으며 단편화된 국방부의 기술 인프라를 대대적으로 시급히 점검해야 한다는 결론에 도달했다. 당시 트럼프 행정부의 국방장관인 짐 매티스(Jim Mattis)는 그해 여름 서부 해안을 순방하며 구글의 순다르 피차이(Sundar Pichai)와 세르게이 브린(Sergey Brin)을 만나는 등 기술 대기업의 CEO들에게서 조언을 구했다. 그는 제프 베이조스도 만났는데, 베이조스는 자신과 국방장관이 데이원 센터의 복도를 걸어가며 이야기 나누는 모습이 담긴 사진을 트위터에 올렸다.[365]

매티스는 현대적인 기술들이 전쟁의 속성을 바꾸고 있으며 국방부는 전쟁 수행 기술을 클라우드로 전환해야 한다는 확신을 갖고 출장에서 복귀했다. 그는 이러한 목표를 추진하기 위한 팀을 구성했는데 이들은 광범위한 조사를 마친 후, 보안상의 이유와 함께 현장에 있는 병력들이 좀 더 쉽게 데이터를 이용할 수 있게 하려면, 일반적인 프로젝트처럼 정부에 필요한 대부분의 서비스를 제공해주는 대행사들과 그들과 연결된 다수의 계약업체로 복잡하게 구성하기보다는 단 하나의 클라우드 제공업체를 선정해야 한다는 결론을 내렸다.

그리하여 대규모합동방위인프라(Joint Enterprise Defense Infrastructure), 줄여서 제다이(JEDI)라고 부르는 사업을 위한 제안요청서(RFP)가 2018년 7월에 공개되었다. 총사업비는 향후 10년 동안 100억 달러 규모라고 명시되었다. 그렇잖아도 뜨겁게 경쟁이 펼쳐지는 대규모 컴퓨팅 분야에서 이렇게 어마어마한 수익을 공공 부문이 보장했기 때문에, JEDI 사업은 순식간에 정부 발주사업 역사상 가장 치열한 경연장이 되었다. "이런 사업에 정치적인 개입이 있을 것이라곤 상상도 할 수 없었습니다. 그래서 저는 그런 행위가 일어날 경우에 대한 대비가 되어 있지 않았습니다." 켄터키 태생의 전직 언어병리학자이며, AWS의 공공 부문 비즈니스 부사장인 테리사 칼슨(Teresa Carlson)의 말이다.

그러나 거의 시작 단계부터 악의적인 의도가 이 사업을 끈질기게 물고 늘어졌다. JEDI의 기술 요구사항들을 살펴본 기술 분야의 많은 기업은 이 사업에 대한 요건을 갖춘 곳은 오직 AWS뿐이라고 결론을 내렸다. AWS는 2018년 현재 클라우드 시장에서 47.8퍼센트를 지배하고 있었으며, 2013년에 CIA의 클라우드 프로젝트를 수주한 이후로는 기밀정보 취급인가에서도 이미 높은 등급을 보유하고 있었기 때문이다. 기술 분야에서는 마이크로소프트, IBM, SAP아메리카(SAP America)를 포함하여 최소 9개 기업이 서로 힘을 합쳐 아마존 쪽으로 유리하게 편향된 이 프로젝트에 저항했고,[366] 의회와 펜타곤에 로비를 해서 해당 사업을 여러 개의 분야로 분할하도록 요청했다.

그런 기업 가운데 하나인 오라클은 한 걸음 더 나아갔다. 오라클의 설립자인 래리 엘리슨은 대담하면서도 적대적인 방식으로 대응에 나섰다. 그들은 하나의 회사가 수주하는 것의 적법성에 이의를 제기하고 선정 과정 자체의 공정성에 의구심을 표하면서 국방부를 고소한 것이다. 그들은 고소장에서 국방부의 여러 관계자가 과거에 아마존에서 일했거나 자문을 했으며, 그들이 JEDI 사업에 부적절한 영향력을 행사한다고 주장했다. 이와는 별개로 워싱턴에서는 33페이지 분량의 기이한 문건이 돌았는데, 국방부의 여러 관계자와 아마존의 임원 사이에 존재하는 개인적인 친분과 직업적인 관계로 맺어진 부적절한 유착이 이번 선정 과정의 무결성에 흠집을 내고 있다는 내용이었다. 이 문건은 워싱턴 D. C. 소재의 사설탐정 업체인 로제티스타(RosettiStarr)가 유포한 것이었다. 그러나 많은 사람은 그 문건에 오라클의 지문이 찍혀 있을 것이라고 확신했다.[367]

오라클의 고소를 검토한 미국회계감사원(GAO)은 몇 가지 부적절한 부분이 있다는 점을 인정하면서도 그것이 대수롭지 않다고 판단하여 오라클의 문제제기를 일축했다. 오라클은 이 사건을 연방법원으로 가져갔는데, 이후 몇 년에 걸쳐 연이어 패소하는 굴욕을 맞본다. 그러나 이러한 도전이 한 가지 측면에서는 성공적이었다. JEDI 입찰 과정을 둘러싼 논란은 이제 널리 공론화되었으며, 더욱 가공할 만한 인물의 주의를 끌게 되기 때문이었다. 바로 트럼프 대통령이다.

2018년 4월 3일, 벤처투자가인 피터 틸(Peter Thiel)은 오라클의 공동 CEO인 새프라 캐츠(Safra Catz)를 백악관에서 열린 저녁 만찬에 데리고 갔다. 캐츠는 공화당의 정식 당원으로 2016년에 트럼프 당선인의 인수위원회에서 일했으며 그의 재선을 위한 선거운동의 주요 후원자이기도 했다.[368] 그런 배경을 가진 캐츠는 트럼프에게 국방부의 이번 입찰이 아마존을 위해 설계된 것 같다며 불만을 토로했다. 당시 〈블룸버그뉴스〉의 보도에 따르면, 트럼프는 그 이야기를 귀 기울여 듣더니 그 입찰 경쟁이 공정하기를 바란다고 말했다.[369]

그해 10월 최종 입찰 마감을 앞두고, 구글의 모기업인 알파벳은 대상 사업의 일부 측면에서 적절한 보안인증 자격을 갖추지 못했으며,

해당 프로젝트가 자사의 기업가치와 상충되는 부분이 있다고 말하며 경쟁에서 발을 뺐다.[370] 이러한 결정을 하기 전, 구글의 직원들은 회사가 보유한 강력한 인공지능(AI) 기술을 미국 정부에 제공하는 것에 공개적으로 반발했다.

만약 아마존의 임직원들이 그와 유사한 우려를 했더라도, 그들은 해당 프로젝트를 노골적으로 지지하는 베이조스의 전면에서는 그러한 표현을 하는 데 더욱 신중했을 것이다. 캘리포니아주 시미밸리(Simi Valley)에 있는 레이건 도서관(Reagan Library)에서 개최된 방위 포럼 연설에서 베이조스는 이렇게 말했다. "만약 기술 대기업들이 미국국방부에 등을 돌린다면, 이 나라는 곤경에 처할 것입니다."[371]

그렇게 해서 최종적으로 4개 기업이 입찰 서류를 제출했다. 그들 중 오라클과 IBM은 2019년 4월에 곧바로 탈락했고, 이제 아마존과 마이크로소프트만 남았다. 그해 봄, 트럼프가 미국연방우체국에서부터 조세 회피에 이르기까지 모든 것을 두고 베이조스를 향해 트위터를 날리고 있을 때, 아마존 웹 서비스(AWS) 직원들은 자신들이 승리할 경우를 대비하여 필요한 자원들을 열심히 준비하고 있었다. 그러나 그들은 자신들의 노력이 허사가 되지는 않을지 의심할 수밖에 없었다. "트럼프가 그런 일이 벌어지도록 내버려두지 않을 것이라는 생각이 여러 번 들었습니다." 익명을 요구한 AWS의 어느 고위급 임원의 말이다.

2019년 7월, 트럼프는 네덜란드 총리와 함께 한 공동 기자회견에서 논란이 되는 JEDI 입찰 경쟁에 대해 질문을 받았다. 그는 이렇게 대답했다. "어느 쪽을 말하는 건가요, 아마존? 그래요, 저는 펜타곤과 아마존이 계약하는 것에 엄청난 불만이 쌓이고 있습니다. 사람들은 그것이 경쟁 입찰이 아니라고 말합니다. 세계에서 가장 거대한 기업들이 그 일에 불만을 토로하고 있습니다. 마이크로소프트와 오라클, IBM 같은 회사들이 말입니다."[372]

몇 시간 후, 대통령의 아들인 도널드 트럼프 주니어(Donald Trump Jr.)는 트위터를 통해 그러한 입찰 과정에 정치를 들이대는 부적절한 시각을 더욱 노골적으로 드러냈다. "공정한 입찰을 하지 않는 베이조스(No Bid Bezos)와 아마존(@Amazon)의 음흉하며 부패 가능성이 있는 관행들이 결국 그들 스스로를 물어뜯을 것으로 보인다."[373]

이 프로젝트는 원래 8월에 승자를 선정할 예정이었으나, 트럼프의 저러한 발언 이후에 신임 국방장관인 마크 에스퍼(Mark Esper)는 갈수록 커지는 이해의 충돌(conflict of interest)과 관련한 불만사항들을 조사하기 위하여 모든 절차를 중단했다.[374] 이후 이 프로젝트는 85일 동안 불확실한 상태로 남겨졌다. 이렇게 연기된 상황에서 에스퍼 장관은 이 프로젝트를 회피하고 있었는데, 그 이유는 그의 아들이 IBM에서 일했기 때문으로[375] 이는 그런 상황에서 또 하나의 웃음거리가 되었다.

2019년 10월 25일, 펜타곤은 마침내 승자를 발표했다. 이 발표는 당시에 급성장하고 있던 공공 부문의 클라우드 컴퓨팅 분야에서 사실상 새로운 리더에게 왕관을 씌워주는 것이나 다름없었다. 승자는 마이크로소프트였다. 이 결과로 기술 업계는 충격에 빠졌다. 그리고 대부분의 언론매체는 이를 엄청난 반전으로 보도했다. AWS의 테리사 칼슨은 이러한 결과가 나올 것에 대비했다고 말했지만, AWS의 몇몇 직원은 나중에 자신들이 실망했다는 사실을 인정했다. 앞서 소개한 익명을 요구한 AWS의 고위급 임원은 이렇게 말했다. "우리가 그 입찰 과정에 투입한 업무량은 어마어마했습니다. 우리는 밤낮이나 주말을 가리지 않고 끊임없이 열심히 노력했습니다. 그건 충격적인 결과였습니다." 이러한 발언은 최근에 아마존의 HQ2 유치 경쟁에서 실패한 도시들의 불만을 연상시켰다.

마이크로소프트의 CEO인 사티아 나델라(Satya Nadella)조차 이러한 예상치 못한 승리에서 정치적인 계산이 작용했다는 사실을 인정하는 듯했다. 그는 기술 관련 뉴스 사이트인 〈긱와이어〉에 이렇게 말했다. "제 의견을 굳이 말하자면, 마이크로소프트가 정치를 신경 쓰지 않고 고객의 요구사항에 집중한 덕분이라고 생각합니다."[376]

아마존은 즉시 연방법원에 제소했다. 이는 또 한 차례의 복잡한 일련의 소송들이 시작되는 순간이었으며, 그 소송들은 1년이 훨씬 지나 이 글을 쓰고 있는 지금까지도 해결되지 않고 있다. 이에 대한 해명으로 펜타곤은 마이크로소프트가 훨씬 더 저렴한 가격으로 입찰 서류를 제출했다고 주장했다. 그러나 AWS의 임원들은 자사의 기술이 훨씬 더 우월하다는 사실을 확신했기 때문에, 아무리 가격 경쟁력에서 앞섰다고 하더라도 마이크로소프트가 승리할 가능성은 도저히 상상할 수도 없었다. 당연히 정치적인 개입이 있을 수밖에 없다고 판단했다. 이들은 강경한 열성신자이기도 했다. 그들은 심지어 연례 AWS 리인벤트(AWS re:Invent) 콘퍼런스와 연계하여 개최된 2019년의 인터섹트(Intersect)라는 음악 페스티벌이 관객도 거의 없이 참담한 성적을 거두었는데도 이 축제가 아주 성공했다고 말한 사람들이다. 다시 말해 AWS의 열성신도들은 강력한 잠재력을 갖고 있었다.

JEDI에서 패배한 후, AWS의 대표인 앤디 재시는 내게 이렇게 말했다. "우리는 최고의 파트너입니다. 만약 여러 다양한 항목을 제대로 평가한다면, 우리가 그 사업을 위해 훨씬 더 뛰어난 역량을 갖고 있으며, 정보기관들과도 여러 사업을 수행하면서 훨씬 더 많은 경험을 갖고 있다는 점이 명백하게 드러날 것입니다."

그러나 그는 다양한 분야로 뻗어나가던 아마존의 비즈니스와 베이조스 개인의 지주회사들로 구성된 제국*이 아마존에서도 가장 빠르게 성장하고 있으며 가장 수익성이 높은 부문인 AWS의 사업적인 기회를 인위적으로 제약하기 시작했다는 점은 말하지 않았다. 월마트나 타깃 같은 경쟁 유통사들이 AWS 사용을 꺼렸고,[37] 월마트가 자사의 공급업체들에도 그렇게 하라고 요구했듯이, 자신의 정치적 적수라고 공언하는 기업과 정부의 중대한 사업을 체결하지 말라고 트럼프가 펜타곤을 넌지시 압박했다는 것은 누구나 쉽게 추정할 수 있었다. 미국에서도 가장 권위 있는 정치 신문사들 가운데 하나를 인수함으로써, 베이조스는 지구상에서 가장 막강한 권력을 가진 사람과 적어도 4년의 임기 동안은 반목하게 되었다. 게다가 그는 성미가 급하며 복수심이 강하기까지 했다. 이 시점에서 〈워싱턴포스트〉의 진짜 인수 가격이 얼마인지 드러났다. 결국 그 때문에 아마존은 100억 달러를 손해 본 셈이었다.

---

* 여기서는 특히 〈워싱턴포스트〉를 가리킨다.

온라인 청문회

———

1990년대 말, 많은 기술 기업의 내부 법무팀은 미국 정부가 마이크로소프트를 대상으로 제기한 반독점 소송은 물론이고 그 과정에서 적나라한 이메일이나 증언 녹취록, 회의록 등이 증거로 제출되는 것을 보면서 중요한 교훈을 얻었다. 아마존은 임원들에게 엄격한 규정 준수 및 경쟁과 관련한 연수를 실시했는데, 그들은 다양한 상황에 적절하게 대응하고 마이크로소프트가 저지른 것과 같은 실수를 범하지 않기 위한 교육을 받았다. 예를 들어 당시의 내부 교육에 대한 세부적인 내용들을 기억하고 있는 아마존의 직원들에 따르면, 만약 동료 중 누군가가 가격을 담합하거나 협력업체와 결탁하는 이야기를 들으면, 그들은 '실내에서 가장 가까이에 있는 커피잔을 넘어트린 다음' 일어서서 강경한 목소리로 반대하라는 교육을 받았다고 한다.

브루클린에서 검사로 일하다가 기업을 보호하는 단호한 변호사로 전향한 데이비드 자폴스키는 혹시 있을지도 모르는 법적인 조사에 대비하여 그보다 훨씬 더 나아갔다. 자폴스키는 '법률에서는 언어가 매우 중요하다'고 생각했다. 그래서 2012년에 아마존의 법률고문으로 영입된 이후 그는 내부 문서나 논의 과정에서 통용되는 용어 중에서, 특별히 문제를 일으킬 수도 있어 사용하면 안 된다고 생각하는 단어의 목록을 자신의 사무실 벽에 붙여놓았다. 직원들은 정확히 어떤 특정한 시장을 의미하지 않는 한 '시장'이라는 단어를 사용할 수 없었고, 그들이 다른 기업과는 동떨어져 있으며 강력한 권위를 갖고 있다는 느낌을 넌지시 들게 만드는 '플랫폼'이라는 단어도 사용할 수 없었다. 그 외에도 벽에 붙어 있던 표현으로는 '지배적인'과 '빅 데이터'가 있었고, '드릴 다운(drill down)'*이나 '등위 집합(level set)'**처럼 다소 어렵게 느껴지는 전문용어도 마찬가지였다.

자폴스키는 언어가 중요하다고 지속적으로 설교했다. 언어에는 힘이 있으며, 잘못된 표현은 아마존에 불리하게 작용할 수도 있다. 자폴스키는 이렇게 말했다. "그런 잘못된 용어들은 유용하지도 않은데, 규제당국이 그런 표현들을 사용해서 유행어가 된다면 특히 위험합니다. 왜냐하면 그런 표현들은 실제로 피해를 입힐 수 있기 때문입니다."

이러한 조언은 결국 일종의 선견지명으로 밝혀졌다. 트럼프는 물론이고 2020년 대선 경선에 나선 민주당의 후보들이 회사에 가하는 압

---

* 더 많은 정보를 찾기 위하여 웹페이지를 마치 뚫고 들어가듯이 검색하는 것.

** 어떤 함수에 넣었을 때 특정한 상수가 결과로 나오는 변수들의 집합.

박이 점점 거세지자, 아마존은 또한 법학자들이나 국회의원들, 규제당국에서 별도의 조사 대상이 되었다. 그들은 아마존이 불법적인 반경쟁적 행위에 연루되었다는 사실을 입증하려 했고, 과거의 스탠더드오일(Standard Oil Company)이나 US스틸(U.S. Steel), AT&T 같은 무시무시한 독점 기업과 같은 방식으로 처리해야 한다고 주장했다.

이러한 주장이 시작되는 데 가장 많은 역할을 한 사람은 리나 칸으로, 그녀는 그보다 1년 전인 2017년 1월 《예일법학저널》에 〈아마존의 반독점 역설(Amazon's Antitrust Paradox)〉이라는 93페이지 분량의 논문을 게재했다.[378] 이 논문은 미국의 반독점 행위 단속이 최근에 느슨해졌다는 사실에 문제를 제기하며, 규제당국이 전자상거래 대기업인 아마존을 더욱 철저하게 조사하도록 촉구했다. 그녀는 아마존이 '21세기 시장에서의 지배력이 어떤 구조인지 현행 법률이 제대로 파악하지 못하고 있음'을 보여주는 특별한 사례라고 생각했다. 아마존의 조세 회피 및 독립적인 판매자의 처우에 대한 비판이 커지고, 기술 대기업에 새로운 비판론이 제기되는 상황에서 나온 이 논문은 단지 신경에 거슬리는 수준이 아니었다. 그것은 확실히 하나의 움직임을 촉발했다.

리나 칸은 원래 반독점에 대한 수십 년의 통념에 도전할 것으로 여겨지는 인물이 아니었다.[379] 그녀의 부모는 파키스탄 사람으로, 집안의 장녀인 그녀는 열한 살 때 가족과 함께 미국으로 이민을 왔다. 그녀는 윌리엄스칼리지(Williams College)에서 정치학을 전공했고, 철학자인 한나 아렌트(Hannah Arendt)가 1958년에 펴낸 《인간의 조건(The Human Condition)》에 대해 학위논문을 썼다. 참고로 이 책에서는 현대의 기술이 민주주의에 어떻게 영향을 주었는지 탐구했다.

2010년에 졸업한 리나 칸은 싱크탱크인 뉴아메리카에 들어갔는데, 이곳에서 그녀는 엘리자베스 워런의 영향을 받아 기술 대기업에 반대하는 초기의 의식이 싹트게 된다. 그리고 이곳의 선임연구원이자 현대의 독점 권력에 대한 비판적인 견해를 발전시킨 수많은 서적과 논문을 발표한 작가인 배리 린(Barry Lynn)과 함께 일했다. 배리 린이 이곳에서 칸에게 준 첫 번째 업무는 아마존의 최초 사업이자 지배력이 가장 강한 시장인 도서 산업의 역사에 대한 보고서를 작성하는 것이었다.

몇 년 후에 칸은 이때 사용한 비판적이면서도 저널리즘적인 접근법을 동일하게 적용하여 《예일법학저널》에 게재할 논문을 작성했다. 논문의 제목은 로버트 보크(Robert Bork)가 1978년에 발표한 기념비적인 저작인 《반독점 역설(The Antitrust Paradox)》을 따서 지었다. 이 책은 소비자 가격이 높아질 수도 있는 상황에서만 규제당국이 시장 지배력을 규제해야 한다고 주장했다. 칸은 소위 말하는 '소비자 복지 기준(consumer welfare standard)'*은 아마존 같은 기업이 인터넷을 통합했을 때 나타나는 효과를 다루기에는 적합하지 않다며 냉정하게 반박했다. 아마존은 소비자 가격을 무자비한 수준으로 낮춰 경쟁자들의 출혈을 일으키고 시장점유율을 높이기 때문이다. 이는 장기적으로 손해를 보는 전략이지만, 아마존의 끈기 있는 투자자들한테는 지지를 받았다.

리나 칸의 논문은 단지 아마존만이 아니라 규제의 전반적인 현실에 도전했다. 아마존을 비롯한 기술 대기업의 급속한 성장에 문제를 제기

---

* 반독점 행위를 규제할 때 경쟁자에 대한 피해보다는 소비자의 피해에 더욱 초점을 맞추어 판단해야 한다는 주장.

함으로써, 이 논문은 워싱턴 D. C.의 정계는 물론이고 유럽연합의 본부가 있는 브뤼셀에서도 필독서가 되었다. 정치인들은 인터뷰에서 이 논문을 인용했고,[380] 기존의 반독점 관행을 재고해야 하며, 단지 가격으로 인한 영향만이 아니라 지배적인 기업이 노동자, 임금, 중소기업에 미치는 영향까지 고려해야 한다고 주장했다. 칸의 논문에 비판적인 한 사람은 이런 현상을 두고 '반독점의 유행'[381]이라고 조롱하듯 말했다. 굳이 비판하려는 의도는 아니지만, 어쨌든 그녀의 이름은 확실히 알려졌다.

칸의 논문은 시애틀에서도 주목을 받았다. 논문이 출간된 지 6개월 후, 데이비드 자폴스키는 뉴아메리카의 배리 린에게 느닷없이 전화를 걸어 자신이 아마존의 정책팀과 함께 워싱턴에 있다고 말하면서 그와 만나기를 원했다. 린은 그해 여름 그곳에 있던 칸과 함께 반독점 전문 변호사이자 연방거래위원회(FTC)의 상근 변호사인 조너선 캔터 (Jonathan Kanter)를 불러들였다.

뉴아메리카의 사무실에서 한 시간 동안 진행된 이 만남은 화기애애했다. 자폴스키는 아마존이 24조 달러에 달하는 전 세계 소매업에서 극히 일부만을 담당하기 때문에 독점이 아니라고 주장했으며, 경쟁 환경이나 중소기업에 미치는 영향은 긍정적이라고 말했다. 그는 아마존이 어떤 식으로 다르게 행동해야 하는지 물었고, 아마존의 행동으로 발생하는 어떤 문제라도 이야기를 들으면 자신에게 연락해달라고 요청했다. 곧 그러한 문제에 대해 법적으로 날카롭게 분석하는 논문을 작성하거나 언론에 적대적인 인터뷰를 하지 말고, 먼저 자신에게 이야기를 해달라는 요청이었을 것이다. "오랫동안 서로를 향해 총구를 겨누고 바라보던 사람들이 그런 이야기를 나눈다는 것은 상당히 비현실적인 순간이었습니다." 캔터의 말이다.

그러나 자폴스키는 그 자리에서 어떤 정보 하나를 숨긴 것으로 밝혀졌는데, 이후 그의 적들은 그것이 특히나 중요한 정보였음을 깨닫게 된다. 그다음 날인 2017년 1월 16일에 아마존이 홀푸드마켓의 인수를 발표한 것이다. 칸의 논문이나 기술 대기업에 대한 배리 린의 거침없는 논평들에 대해 아직까지는 동요하지 않는다는 듯, 규제당국은 68일 만에 홀푸드의 인수합병을 신속하게 승인했다.[382]

그러나 기술 권력을 규제해야 한다는 칸과 린의 도발적인 생각은 규제 시스템 내부로 서서히 스며들고 있었다. 1년 뒤, 유럽연합(EU)의 경쟁 활성화 담당 집행위원인 마르그레테 베스타게르(Margrethe Vestager)는 아마존이 독립적인 판매자의 데이터를 부적절하게 활용해 그들의 자체 브랜드 상품을 유리하게 만들었는지 조사에 착수했다.[383] 그보다 1년 뒤인 2019년 5월에는 미국법무부에서 반독점 분야를 담당하는 마칸 델라힘(Makan Delrahim) 차관보와 연방거래위원회의 조지프 시몬스(Joseph Simons) 의장이 베스타게르 집행위원의 선례를 따라 기술 대기업 4곳에 대한 조사에 착수했다. 법무부는 구글과 애플을 조사했고, 연방거래위원회(FTC)는 페이스북과 아마존을 들여다보았다.[384]

몇 년 전만 하더라도 혁신적인 역량과 부의 창출로 칭송받던 기술 대기업들은 이제 정부의 정밀 조사라는 거대한 파도에 맞서야 하는 상황에 직면했다. 이러한 파도가 밀려드는 상황에서 로드아일랜드를 지역구로 둔 민주당의 데이비드 시실리니(David N. Cicilline) 하원의원이 리나 칸에게 접근했다. 시실리니는 형사 전문 변호사 출신으로, 아마존의 홀푸드 인수에 대해 하원 법사위의 반독점상법행정법 소위원회(Subcommittee on Antitrust, Commercial and Administrative Law)가 조사를 실시해야 한다고 주장한 인물이다. 그는 당시 반독점 소위원회의 위원장에 막 취임한 시점이었으며, "기술 대기업에 책임을 묻겠다"[385]고 공언했다. 칸은 로스쿨을 졸업했으며, FTC에서 법률연구원으로 일한 경험도 있었다. 과연 그녀가 기술 대기업이 가진 경제적으로 막강한 권력에 대하여 정부 차원에서 실시하는 전례 없을 정도의 대대적인 조사에서 자문위원으로 일하는 데 관심이 있었을까?

칸은 그 기회를 붙잡았다. 2019년 6월에 공식 발표된 디지털 시장의 경쟁 현황에 대한 초당적인 조사는 이후 16개월 동안 치열하게 진행되었다. 주로 시실리니와 칸이 주도한 이 조사는 하원 법사위에서 트럼프 대통령의 탄핵안이 가결되고, 하원 법사위의 공화당 간사인 더그 콜린스(Doug Collins)가 상원 보궐선거에 도전하기 위해 사퇴했으며, 그의 후임으로 법사위 간사가 된 오하이오주 하원의원 짐 조던(Jim Jordan)이 독점 권력에 대한 것이 아니라 소셜네트워크의 반보수적 편향성을 조사해야 한다는 생각에 집착하며 혼란스러운 상황을 조장하는 등 여러 특이한 난관들을 헤쳐나가야만 했다. 그러던 2020년 초에는 코로나19 팬데믹이 시작되었다. 팬데믹이 전 세계를 뒤집어놓자 의회의 조사관들도 몇 달 동안 원격으로 일해야만 했다.

이러한 엄청난 역경에 맞서서, 소위원회는 기술 대기업이 권력을 축적하고 보존하는 방식에 대한 광범위하면서도 도발적인 조사를 겨우겨우 진행할 수 있었다. 그들은 아마존에 여러 건의 인수합병, 상품의 가격 책정, 제3의 마켓플레이스를 관장하는 규칙 등에 대하여 내부에서 주고받은 모든 자료를 요청했다. 이러한 자료들은 이후에 방대한 양의 문서로 수합되어 공개되었는데, 이에 따르면 아마존의 임원들은 2009년에 다이퍼스닷컴(Diapers.com)을 운영하던 업체와 경쟁하는 과정에서 자사의 기저귀 사업을 운영하기 위하여 허둥지둥 전략을 수립했고, 2018년에 인터넷 초인종 업체인 링(Ring)을 인수한 목적은 그 회사의 기술력 때문이 아니라 시장에서의 지배적인 지위를 확보하기 위해서라는 사실이 드러났다.

2020년 1월, 소위원회는 콜로라도주 볼더에서 청문회를 열고, 많은 브랜드와 판매자가 전자상거래 대기업인 아마존과 왜 그리도 관계가 껄끄러운지 직접 이야기를 들었다. 스마트폰 뒷면에 부착하는 손잡이를 만드는 팝소켓(PopSockets)이라는 회사의 설립자인 데이비드 바넷(David Barnett)은 아마존이 웹사이트에서 짝퉁 제품이 널리 퍼지는 것을 허용했으며, 자신들의 제품은 상호 합의한 가격 이하로 판매했다고 증언했다. 그가 아마존과 도매 관계를 정리하고 마켓플레이스에서 독립 판매자로 사업을 시작하려고 했지만 아마존은 그것을 허용하지 않았으며, 그러면서 팝소켓은 아마존의 웹사이트에서 사실상 쫓겨나게 되었다. 바넷은 이후 나에게 이렇게 말했다. "제프 베이조스는 회사의 소규모 단위가 실제로 어떻게 행동하는지 알지 못할 수도 있습니다. 만약 그가 알았다면, 직접 나서서 그런 행위를 막았을 겁니다."

이러한 전체적인 조사 과정에서 시실리니가 가진 목표들 중 하나는 명확했다. 그것은 바로 베이조스를 비롯한 기술 대기업의 수장이 의회에 나와 선서를 하고 증언하는 것이었다. 그러나 아마존의 정책 담당 임원들은 자신들의 CEO가 페이스북의 마크 저커버그가 반복적으로 감내해야 했던 것과 같은 대중적인 비난의 대상이 되는 것을 절대 원하지 않았다. 소위원회는 베이조스에게 출석을 요청했지만, 그들은 답변서로 대응했다. 그것도 CEO인 베이조스가 아니라 공공정책 담당 부사장인 브라이언 휴스먼이 서명한 것인데, 휴스먼은 아마존의 제2본사 프로젝트를 대참사로 이끈 주인공이다. 휴스먼이 얼버무리며 작성한 내용은 이러했다. "우리는 귀 위원회가 이러한 중요한 문제를 해결할 수 있도록, 아마존에서 해당 업무를 담당하는 임원들을 대기시켜두었습니다."[386]

이러한 상황의 배후에는 버락 오바마 행정부에서 법무부의 형사국장을 지냈으며, 아마존의 업무를 담당한 로펌인 코빙턴&벌링(Covington & Burling)의 파트너 변호사 래니 브루어(Lanny Breuer)가 있었다. 그는 민주당의 소위원회 의원들에게 영향력을 행사하고, 베이조스가 주목받지 않게 하려고 노력했다. 리나 칸이 이후에 내게 말하길, 조사위원회는 아마존의 이러한 태도를 "무자비할 정도로 공격적"이라고 생각했으며, 그녀는 그들이 "솔직히 말해서, 국회의원들에게도 무례했다"고 말한다. 그리고 구글이 보여주는 좀 더 예의 바른 접근법과도 비교할 수 없을 정도라고 여겼는데, 구글은 10년 전에 정부의 혹독한 조사를 경험한 이후에 그런 접근방식을 만들어왔다.

결국 초당적으로 협력하고 있던 하원의 소위원회는 〈월스트리트저널〉의 기사를 언급하며 베이조스에게 소환장을 발부하겠다고 위협했다. 기사에서는 아마존이 어떻게 제3의 판매자에 대한 내부 자료를 활용해 자체 브랜드의 상품을 만드는지 내부 직원들의 발언을 전했다. 그에 앞서 아마존의 변호사인 네이트 서튼(Nate Sutton)은 위원회에 출석하여 선서한 뒤에 그런 관행이 없었다고 증언했다.[387] 그러자 의원들은 베이조스에게 이러한 관행을 시정하도록 요구하며, 서튼이 위증을 했는지 답변을 요청했다. 베이조스와 회사는 더 이상 회피할 수만은 없었다. 그리하여 베이조스는 사상 처음으로 의회에 출석하여 증언해야 하는 상황에 놓이게 되었다.

팬데믹이 맹위를 떨치고 있었지만 각자 재택근무를 하고 있던 아마존의 정책 부서와 커뮤니케이션 담당 부서의 임원들은 데이원 센터에 나와 베이조스가 청문회를 준비하는 과정을 도왔다. 제이 카니는 후에 이런 준비 과정을 두고 "업무 면에서 개인적으로 올해의 하이라이트였다"고 말했다. 그 이유는 두 가지인데, 하나는 (팬데믹 상황에서도) 그가 동료들을 직접 만났다는 것이며, 또 하나는 베이조스가 특유의 호기심을 발휘하여 당면한 도전과제를 가장 잘 헤쳐나갈 수 있는 방법을 적극적으로 배우고자 했기 때문이다. 그런데 적어도 한 가지 측면에서 보면, 베이조스는 이러한 첫 경험을 쉽게 치러낼 수 있었을 것이다. 증언을 요구받은 네 명의 CEO는 국회의사당에 직접 출석하여 사람들로 꽉 들어찬 청문회장에서 카메라 세례를 받으며 앉아 있지 않아도 되었기 때문이다. 대신에 그들은 원격으로 출석하여 실시간 화상통화로 증언할 예정이었다.

2020년 7월 29일 열린 청문회는 대서양의 양안*뿐만 아니라, 유럽의 여러 수도에서도 눈여겨 지켜보았다. 시실리니는 모두 발언에서 이렇게 말했다. "(오늘 출석한) 창업자들은 왕 앞에서 고개를 숙이는 것이 아

---

* 미국과 영국.

니며, 우리도 온라인 경제의 황제들 앞에서 고개를 숙여서는 안 됩니다." 그의 오른쪽 어깨 너머에는 하늘색 재킷을 입고 마스크를 착용한 리나 칸의 모습이 보였다. 베이조스는 짙은 청색 정장과 넥타이를 착용한 채로 시애틀의 사무실 책상 앞에 앉아 카메라에 모습을 드러냈다. 그리고 그는 모두 진술의 기회를 활용하여 자신의 부모에게 품격 있게 경의를 표하고 아마존의 고객에게는 신뢰의 메시지를 전달하는 한편, 소매 산업 내에는 여전히 수많은 경쟁자를 위한 여지가 남아 있다고 주장했다.

그 시점부터 청문회가 혼란스러워졌다. 의원들은 각 회사들과 연관된 특수한 사안들 사이를 오가며 다섯 시간이 넘도록 제프 베이조스, 순다르 피차이, 마크 저커버그, 팀 쿡에게 질문을 쏟아부었다. 청문위원들은 CEO들의 발언을 툭하면 중단시켰고, 좀 더 충분한 해명이나 회사 차원에서 준비한 답변을 듣는 대신에, 한정된 시간 동안 정치적으로 과장된 주장들을 끼워 넣으려고 서두르는 모습을 보였다. 다수의 공화당원도 그들을 다그치긴 했지만, 그것은 기술 업계에 반보수적인 편향이 있다는 주장이었다. 설상가상으로, 베이조스가 모두 진술을 마친 이후에 의회의 화상통화 소프트웨어에서 기술적인 결함이 나타나,[388] 청문회 시작 후 1시간 동안 베이조스는 제대로 참여하지도 못했다.

그러나 기술적인 문제가 해결되자, 위원들은 베이조스에게 공세를 퍼부었다. 그는 그전까지는 단 한 번도 공개적으로 발언해야 하는 상황에 내몰리지 않은 주제들에 대해 맹공을 받았다. 예를 들면 짝퉁 상품 문제는 물론이고, 아마존이 다이퍼스닷컴과 맹렬한 가격 전쟁을 벌이는 과정에서 필자가 《모든 것을 파는 가게》*에서 폭로한 내용[389]에 대한 질문이 있었다. 그리고 소규모 출판사들에 대한 아마존의 솔직한 입장도 물었는데, 한때 아마존은 자신들을 치타라고 지칭하며 소규모 출판사들과의 내부 협상 프로그램을 '가젤 프로젝트(gazelle project)'라고 부른 적이 있기 때문이다. 아마존의 법무팀이 오랫동안 우려했듯이, 과거에 무분별한 단어와 표현을 사용한 것이 이제는 회사를 겨누는 무기로 활용되었다.

그러나 대부분의 의원은 아마존의 반경쟁적인 행위 사례들을 가장 쉽게 수집할 수 있는 부분에 포격을 집중했다. 아마존의 마켓플레이스가 그 대상이었는데, 그들은 아마존의 행태에 불만을 품은 개별 판매자들에게서 수많은 사례를 접수한 것이다. 베이조스는 이러한 질문에 진지하게 답변했지만, 그러나 어떤 면에서는 다소 준비가 덜 된 듯했으며, 회사를 방어하기 위한 뻔한 해명 이외의 다른 대답은 할 수 없었거나, 또는 어쩌면 그럴 의지가 없는 것으로 보였다. 아마존의 전직 임원들은 나중에 이 상황을 그들이 알고 있는 베이조스의 능력에 비교했다. 곧 아마존에서는 아무리 열심히 일하고 몇 주 동안 철저하게 준비한 직원이라 하더라도, 까다로우면서도 호전적인 S팀이 퍼붓는 날카로운 질문들에 난사당하면서 무참하게 나가떨어지는 경우가 수도 없이 많았기 때문이다.

아마존의 비평가임을 자처하는 시애틀의 프라밀라 자야팔(Pramila Jayapal) 하원의원이 가장 먼저 베이조스에게 핵심적인 질문을 던졌다.[390]

---

* 한국어판은 《아마존 세상의 모든 것을 팝니다》(21세기북스, 2014)로 출간되었다.

그것은 바로 아마존의 직원들이 판매자들의 비공개 판매 데이터를 엿보았는가 하는 점이었다. 그녀는 소위원회와 이야기를 나눈 전직 직원의 발언을 인용했다. "그곳은 사탕가게입니다. 원한다면 누구나 어떤 자료에든 접근할 수 있습니다."

베이조스는 자야팔 의원에게 이렇게 말했다.[391] "저희는 확실한 안전장치를 시행하고 있습니다. 저희는 그러한 정책을 기반으로 직원들을 교육하고 있습니다. 저희는 직원들에게 저희가 준수하는 다른 모든 규칙과 동일한 방식으로 그 정책을 따르도록 요구합니다." 그는 그 정책이 허술하게 시행되었으며, 내부의 공격적인 기준을 충족시키기 위해 필사적인 직원들에 의해 계속해서 짓밟혀왔다는 사실을 확실히 알고 있었을 것이다. 그러나 그는 "그 정책이 단 한 번도 위반된 적이 없다고 보장할 수는 없다"고 모호한 태도로 말하며, 해당 사안은 내부 조사가 여전히 진행 중이라고 주장했다. 그는 이렇게 덧붙였다. "저희는 그런 정책을 자진해서 시행하고 있습니다. 저희 외에 그런 정책이 있는 소매업체는 없을 거라고 생각합니다."

그러자 시실리니는 어느 소규모 의류 판매자가 아마존에서 상품을 판매하는 걸 두고 마약중독에 빗댄 이유가 무엇인지 물었다. 베이조스가 말했다. "의원님, 저는 의원님과 이 위원회를 무척이나 존경합니다. 하지만 그런 식의 비유에는 전혀 동의하지 않습니다. 소매업 분야에서 저희에게 정말로 가장 가치 있는 부동산이라고 할 수 있는 저희의 제품 상세 페이지에 제3의 판매자를 초청한 것은 회사 내부에서도 매우 논란이 많은 결정이었습니다. 저희가 그렇게 결정한 이유는 그것이 소비자에게 좋은 일이며, 소비자에게 더욱 많은 상품을 보여주는 것이 좋다고 확신했기 때문입니다."

조지아주 루시 맥배스(Lucy McBath) 하원의원은 이런 질문으로 문제를 제기했다. "만약 아마존에 이러한 판매자들에 대한 독점적인 권력이 없었다면 괴롭힘, 두려움, 공포로 특징지어지는 이러한 관계를 그들이 계속 유지했을 거라고 생각하십니까?"

베이조스는 또다시 발언이 중단되기 전에 대답했다. "하원의원님, 대단히 죄송하지만 저는 그런 질문의 전제를 받아들일 수 없습니다. 그것은 저희가 비즈니스를 운영하는 방식이 아닙니다. 사실 우리는 판매자들에게 환상적인 도구를 제공하기 위해 매우 열심히 노력하고 있으며, 그분들이 성공할 수 있는 이유도 바로 그 때문입니다."

보안관으로서의 의무

———

2020년 여름 동안 리나 칸을 비롯한 의회의 직원들이 최종 보고서의 초안을 작성할 당시, 나는 마켓플레이스에 북적이는 수만 명의 판매자 사이에서 아마존의 진정한 인기가 어떤지 궁금해졌다. 불만을 품은 소매상인들이 소위원회에 제출한 증거에 따르면, 아마존은 거의 만화 속 악당처럼 보였다. 아마존은 판매자들을 괴롭히고, 그들의 데이터를 갈취했으며, 웹사이트에서 마구잡이로 내쫓았고, 그들의 삶과 생계에 피해를 주었기 때문이다.

이에 대해 아마존의 임원들은 그처럼 광범위한 불협화음의 사례는 개인들의 진술에만 근거한 것이며, 아마존에서 실제 거래되는 상품의 60퍼센트를 판매하는 독립적인 소매상인 중 대부분은 사업이 번창한다고 주장했다. "인구가 100만 명이 있다면, 그중에서 불행하다고 생각하는 사람이 몇 명쯤은 있기 마련입니다." 데이비드 자폴스키의 말이다. 그는 그러한 사례 중 일부가 아마존의 실수로 비롯되었다는 점을 인정하긴 했지만, 대부분은 자신들이 기대한 만큼 성공을 거두지 못한 판매자들에게서 나오는 불만이라고 말했다.

아마존 판매자들의 실제 정서를 가늠하기 위해 모든 사람을 대상으로 설문조사를 실시할 수는 없었기에, 나는 판매자 커뮤니티에서 익숙하게 들을 수 있는 적대적인 사람들의 목소리가 아니라 회사의 동맹군을 조사하기로 결정했다. 곧 예전에 아마존을 위해 로비를 했거나 그들을 대변하여 목소리를 높인 소매상인들을 만나보기로 한 것이다. 의회가 베이조스 제국의 진정한 실체를 신중하게 조사하는 동안, 그들에게 우호적인 판매자들은 리테일 분야에서 끝없이 발전하는 아마존의 개척지를 어떻게 생각했으며, 과연 회사가 공정하면서도 원칙에 입각한 보안관으로서의 의무를 충실하게 이행한다고 여겼을까?

폴 손더스(Paul Saunders)는 2017년과 2018년에 두 차례 의회에서 증언을 했다. 이는 아마존이 소상공인을 도와주고 있음을 입증하기 위해 진행한 캠페인의 일환이었다. 미국 해병대를 제대한 손더스는 바로 그 해병대의 모토인 셈페르 피델리스(semper fidelis), 곧 '언제나 충성'이 무엇인지 대표적으로 보여주었다. 그는 인디애나주 에번즈빌에서 고품질 생활용품을 판매하는 자신의 회사인 이럭셔리(eLuxury)가 급성장한 것은 아마존 덕분이라며 의원들 앞에서 그들을 거듭 칭찬했다. 그는 언젠가 아마존이 경제에 미치는 영향을 파악하기 위한 비공개 회의 자리에서 고위급 공직자들에게 이렇게 말하기도 했다. "아마존은 너무 자주 욕을 먹습니다. 만약 아마존이 없었다면 저는 아마도 75명의 직원을 고용한 회사를 만들지도 못했을 것이고, 지방세와 연방세로 수백만 달러를 납부하지도 못했을 것이며, 직원들의 복지를 위해 거액을 투자할 수도 없었을 것입니다."

그러나 2020년에 내가 그에게 연락했을 때, 손더스의 견해는 바뀌어 있었다. 판매 수수료가 인상되고 아마존에서 광고하기 위해 필요한 비용이 갈수록 오르면서, 그의 수익은 처참할 정도로 줄어들었다. 검색 결과에서는 아마존 베이직의 제품들이 자신이 등록한 상품들 옆에 바로 붙어서 경쟁을 했다. 그리고 제조비용이 저렴하고, 납세 의무가 없으며, 리뷰 내용도 의심스럽고, 그 외에도 비윤리적인 관행을 통해서 만든 것으로 보이는 상품들로 무장한 외국의 판매자들과 경쟁한다는 것은 거의 불가능한 실정이었다. 뼛속까지 충성심이 가득한 손더스는 처음에만 하더라도 자신의 우려를 공개적으로 드러내는 걸 극도로 꺼리면서, 아마존의 임원들에게 계속 연락해 도움을 구했다. 그러다 그가 마침내 동의했는데, 그는 내게 그가 개인적으로 회사의 임원들에게 제출한 아마존 스타일의 6페이지 문서에서 일부 발췌한 내용을 보내주었다. 그가 이 문서를 보낸 임원 중에는 수석 부사장인 더그 헤링턴도 포함되어 있었다.

그 문서에는 좌절감을 느낀 협력업체의 날것 그대로의 감정이 고스란히 드러나 있었다. 그는 아마존의 성공에 나름의 역할을 한 판매자의 안정을 지원해줄 수 있는 수많은 방법을 제시하면서 이렇게 결론을 내렸다. "저는 아마존은 물론이고 여러분의 고객에게 신뢰할 수 있으며 영향력 있는 파트너가 되기 위하여 '당연한 의무 이상'을 해왔습니다. 불행하게도, 그리고 갈수록 점점 더, 아마존은 이러한 철학을 공유하지 않는 것 같습니다. 특히 제3의 판매자와 관련된 사안일수록 더욱 그렇습니다."

그들과 면담한 후 몇 달이 지났지만 그다지 달라진 것이 없자, 손더스는 아마존을 떠나 이력셔리 제품의 상당수를 더욱 신뢰할 수 있는 파트너인 월마트, 타깃, 웨이페어(Wayfair), 오버스탁(Overstock) 등으로 옮겼고, 그곳에서는 다시 사업이 계속해서 성장했다. 그는 아마존이 불량 판매자에게 벌칙을 가하거나 고객을 보호하기 위한 즉각적인 조치를 취하지 않아 실망하기도 했고 놀라기도 했다. 그는 내게 이렇게 말했다. "아마존이 그들의 마켓플레이스가 엉망이라는 걸 알고 있었지만 그걸 어떻게 고쳐야 하는지는 몰랐다는 점은 수많은 아마존 직원도 동의할 것입니다. 저는 정말로 그렇게 생각하고, 그 누구보다도 잘 알고 있습니다."

웬델 모리스(Wendell Morris)도 이런 생각에 대체로 동의했다. 그는 샌타모니카에 사무실을 두고 있는 요가랫(YogaRat)의 창업자인데, 아마존에서 요가 매트와 요가 타월을 처음 판매한 사람들 가운데 한 명이다. 그는 나중에 비치 타월과 극세사 이불까지 제품을 확장했는데, 이는 모두 중국에서 가져오는 것이었다. 2014년에는 제프 베이조스가 주주들에게 보내는 연례 서신에서 아마존의 판매자 중 몇 사람의 이름을 언급했는데, 수많은 사람이 읽는 이 편지에는 그의 이름도 포함되어 있었다. 베이조스는 그 해의 편지에서 모리스가 한 다음과 같은 발언을 인용했다. "아마존의 장점은 뭐냐 하면, 누군가 '사업을 시작하고 싶다'고 말하면 아마존에 와서 실제로 사업을 시작할 수 있다는 것입니다. 여러분은 처음부터 건물을 임대하거나 직원을 고용하지 않아도 됩니다. 여러분은 혼자서도 얼마든지 할 수 있습니다. 저도 그런 식으로 사업을 시작했습니다."

그러나 필자와 이야기를 나눌 때의 모리스는 손더스와 마찬가지로 예전과는 생각이 바뀌어 있었다. 요가랫의 직원이 7명이던 2016년에 그는 자신이 올린 상품들이 아마존의 검색 결과에서 알 수 없는 이유로 사라진다는 사실을 발견했다. 그는 인도에 있는 아마존의 고객지원 직원들과 몇 시간 동안이나 통화를 하고, 베이조스의 공개 이메일 주소로 청원하는 편지를 쓰기도 했다. 그가 올리는 상품들이 다시 복구되긴 했지만, 예전처럼 검색 결과에서 맨 위에 오르는 일은 결코 없었다. 1년 뒤에는 그의 판매자 계정이 완전히 정지되었다. 그가 올리는 이미지들 중 일부가 제품 사진에서는 사람의 모습이 보이면 안 된다는 아마존의 가이드라인을 위반했다는 것이 그 사유였다. 모리스는 자신의 실수를 인정하면서도, 얼마나 많은 판매자가 자신과 똑같이 규칙을 위반하는지 내게 열심히 보여주었다. 실제로 그들은 아무런 제재도 받지 않았다. 아마도 경쟁업체로 보이는 누군가가 그를 콕 집어 아마존의 단속팀에 신고한 것이다.

모리스가 자신의 계정을 되살리기 위해 안간힘을 쓰는 동안, 동일한 상품 카테고리의 다른 판매자들이 검색 결과의 상위권을 차지했다. 요가랫의 순위는 결코 회복되지 않았다. 그는 현재 아내와 함께 단둘이서 남은 물품들로 회사를 꾸려가는데, 힘들어서 벅찰 지경이다. 그는 자신의 디자인을 모방한 해외의 짝퉁 상품과 끊임없이 맞서 싸웠으며, 때로는 자신의 회사 제품에 대한 평가가 의아하게도 경쟁업체의 목록에 그대로 올라오는 경우도 발견한다. 그는 아마존의 고객서비스 센터에 직접 전화를 해보기도 하는데, 그 전화를 받는 상담직원들은 되도록이면 통화를 빨리 끝내기 위해 노력한다는 의심이 든다. 모리스는 한때 헌신적인 요가인이었지만, 이제는 요가 매트를 가만히 쳐다보는 것도 힘들 지경이다.

그는 내게 이렇게 말했다. "저는 경쟁하는 건 찬성입니다. 그러나 저 스스로의 사업을 시작하고 아마존에서 판매한 이유가 저 자신이 파멸하고 땅에 파묻혀 결국엔 아마존의 성장을 위한 밑거름이 되기 위한 건 아니었습니다. 이런 일이 수많은 판매자에게도 진행되는 건 분명하며, 이건 결코 옳은 일이 아니라고 생각합니다. 아마존이 하는 일을 비유하자면, 추수감사절 저녁 만찬에 초대받아 갔는데 식사하기 위해 자리에 앉고 보니 저 자신이 칠면조였다는 사실을 깨닫는 거라고 할 수 있습니다."

스테판 아르스톨(Stephan Aarstol)과 그의 회사인 타워패들보드(Tower Paddle Boards)는 2016년 4월에 발행된 베이조스가 주주들에게 보내는 편지에 등장했다. 참고로 이 편지에서 아르스톨의 이름은 철자가 잘못 표기되었고, 베이조스가 이후에 자신이 쓴 글들을 모아 출간한《발명과 방황(Invent & Wander)》*에서는 스티븐(Stephen)이라고 되어 있다. 〈샤크 탱크〉라는 TV 프로그램에 나와 인상적인 활약을 보여준 아르스톨은 회사가 한창 성공가도를 달릴 때는 직원을 10명 고용했으며, 공기주입 패들 보드를 매일 1만 1,000달러 넘게 팔기도 했다. 그는 오랫동안 아마존에는 믿을 만한 실험 대상이었다. 그는 자신의 제품을 다른

---

* 한국어판은《제프 베조스, 발명과 방황》(위즈덤하우스, 2021)으로 출간되었다.

곳에서는 판매하지 않기로 합의하며 아마존 독점 브랜드를 위한 신규 프로그램에 참여했고, 창고에 보관하고 있던 상품들을 담보물로 제공해 확장을 위한 자금을 아마존에서 빌렸다. 베이조스는 주주들에게 보내는 편지에서 이렇게 썼다. "그의 회사는 샌디에이고에서 가장 빠르게 성장하는 업체 가운데 하나가 되었는데, 여기에는 아마존 렌딩(Amazon Lending)에서 받은 도움도 작은 보탬이 되었습니다."

그러나 그 직후에 아르스톨에게 전환점이 찾아왔다. XY러브(XYLove)나 펀워터(FunWater) 같은 이름을 가진 수백 곳의 스탠드업 패들보드 판매자가 아마존의 웹사이트에 나타나 타워패들보드와 겨루기 시작했다. 이들은 정식 사업자도 아니었고, 주로 중국에서 온 판매자들이었다. 이런 판매자 중 일부는 고객의 리뷰를 긍정적으로 조작하고, 아마존의 웹사이트에서 가장 인기 있는 상품 가운데 하나처럼 사기를 쳐서 경쟁하기도 했다. 그렇게 하면 검색 결과에서 좋은 자리를 차지하는 데 도움이 되었기 때문이다.

아르스톨은 눈에 잘 띄게 하려고 아마존에서 광고를 해보기도 했지만, 그러면 수익성이 떨어졌다. 베이조스의 편지에서 그의 이름이 언급된 지 몇 년 만에, 그가 고용하는 직원의 수는 10명에서 3명으로 줄었고, 연간 매출은 400만 달러를 기록했다가 150만 달러 미만으로 하락했다. "아마존은 다른 브랜드는 안중에도 없습니다. 다른 사람이 죽든 말든 그들은 신경 쓰지 않습니다." 아르스톨의 말이다. 2020년이 되자 그는 아마존과는 완전히 관계를 끊고, 자체 웹사이트에서 판매하는 데 집중하고 있다.

투자자들에게 보내는 같은 편지에서, 베이조스는 버니 톰슨(Bernie

Thompson)의 회사인 플러거블테크놀로지(Plugable Technologies)의 사례도 언급했다. 거기에 인용된 톰슨의 발언을 보면, 그는 자사의 제품을 대량으로 선박에 실어 유럽과 아시아에 있는 아마존의 물류창고로 보낼 수 있게 되면서 "패러다임이 바뀌었다"고 말했다. 톰슨은 그전까지 수년간 중국의 공급업체들과 경쟁해왔다. 그는 한때 중국의 소비자 가전 판매업체인 앤커(Anker)의 점잖은 설립자이자 친하게 지내던 상대인 스티븐 양에게서 "버니, 미안하지만 내가 너에게 한 방 먹일 거야"라는 말을 듣기도 할 만큼 영향력이 있던 판매자였다.

경쟁자에게 저런 도전장을 받았는데도, 내가 이야기를 나눠본 아마존의 우군이었던 업체들과는 다르게 플러거블테크놀로지는 여전히 사업이 번창했다. 톰슨은 가격을 낮게 유지하고 품질은 높게 관리하면서 아마존 베이직이 내놓는 똑같은 상품들의 공세를 극복했으며, 오래된 상품은 시간이 지나면 결국 일상화되기 때문에 끊임없이 새로운 물품을 출시했다. 그러나 톰슨은 여전히 자신이 상품을 등록하는 걸 아마존이 언제든 중단시킬 수 있다는 남모를 두려움을 품고 있다.

2019년 중반에 톰슨은 20페이지 분량의 파워포인트 자료를 만들어 시애틀 본사에서 발표를 했다. 폴 손더스와 마찬가지로 아마존과의 친분관계를 적극 활용한 것이다. 그는 자신의 회사가 아마존에 얼마나 의존적인지, 그리고 자신의 제품이 제멋대로 아마존의 사이트에서 갑자기 사라질 때 얼마나 공포스러운지 설명했다. 그가 발표 자료 한 페이지를 할애해 요청한 해결책은 '놀라는 일이 없도록' 하는 것과 '불확실성을 줄이는 것'이었다.[392]

그러나 톰슨의 간청은 별다른 관심을 끌지 못했다. 매달 수천 명의 신규 판매자가 마켓플레이스로 몰려들면서, 아마존의 단속팀 인력은 속수무책이었고 그들이 구축한 자동화 시스템은 불량 판매자에게 유린당하는 경우가 많았다. 그가 발표한 후 몇 달이 지나지도 않은 7월의 어느 일요일, 톰슨의 제품 가운데 가장 많이 팔려 전체 매출액의 40퍼센트를 책임지던 노트북 도킹 스테이션(docking station)*이 아마존에서 모습을 감추었다.

이 제품은 4일이 지나서 사이트에 다시 나타났지만, 이미 10만 달러나 손해를 본 뒤였다. 그런데 이것마저도 톰슨이 아마존 고객 관리자의 특별한 관리를 받기 위한 프리미엄 서비스 명목으로 아마존에 매년 6만 달러를 내고 있었기에 가능한 일이었다. 그는 이를 두고 "마치 깡패들에게 보호비를 뜯기는 듯한 기분이 들었다"고 말했다. 그는 자신의 노트북 도킹 스테이션의 판매가 중단된 이유를 정확히 알아낼 수 없었다.

지금까지 살펴본 아마존에 적극 협력했던 사람들의 이야기는 하원 소위원회에 제출된 문제점들을 더욱 극명하게 보여주는 사례들이다. 몇 년 전, 제프 베이조스는 아마존의 마켓플레이스 부서에 몇 가지 간단한 지시를 내렸다. 아마존에서 판매하는 데 방해가 되는 모든 걸림돌을 없앨 것, 국경을 넘는 거래를 가로막는 장벽을 제거할 것, 많은 비용이 드는 인력 투입을 지양하고 자동화된 시스템과 혁신적인 기술을 지향하며 그와 관련한 모든 문제를 해결할 것 등이었다. 그로 인한 한 가지 결과는 저가 상품이 폭발적으로 증가한 것이며, 이는 아마존의

---

* 노트북 컴퓨터를 데스크톱 컴퓨터처럼 사용할 수 있게 하는 연결 장치.

전자상거래 비즈니스가 눈부시게 성장하는 데 중요한 동력원이 되어주었다. 그러나 또 하나의 결과는 세계화 때문에 걷잡을 수 없게 된 세력이 나타난 것인데, 이들은 서양의 판매자들을 무너트렸고, 지적 재산권을 보호하거나 사기를 방지하거나 분쟁을 공정하게 조정하는 일 등이 극도로 어려워진 새로운 역학관계를 만들어냈다.

아마존은 이런 문제들을 알고 있었지만, 지칠 줄 모르는 기업의 홍보 창구로 스스로를 위장했는데, 아마존이 기업가들의 친구라고 주장한 것이다. 베이조스는 2019년에 공개한 주주들에게 보내는 편지에서 이렇게 썼다. "제3업체 판매자들은 우리의 직접 관계자들 엉덩이를 걷어차고 있습니다." 그러면서 마켓플레이스가 어떻게 해서 아마존의 리테일 비즈니스를 앞지를 정도로 그토록 성공적일 수 있었는지 설명했다.

2020년에 미국의 공중파 텔레비전에 대대적으로 방영한 '중소기업을 지원합니다'라는 제목의 광고[393]에서는 어느 목공소의 하루 일과가 시작되는 장면을 보여준다. 그러나 아마존의 수많은 판매자라면 확실히 알고 있듯이, 이런 유형의 수공예품 제작업체의 사업이 번창한 것은 보헤미안의 집단 거주지라고 할 수 있는 엣시(Etsy)라는 마켓 덕분이지, 아마존의 잔인하며 피비린내 나는 자본주의의 개척지 때문이 아니었다.

베이조스는 이런 전쟁터에서 멀리 떨어져 있었다. 아마존 마켓플레이스의 직원으로 일했으며, 현재는 전자상거래 컨설팅 업체인 바이박스익스퍼트(Buy Box Experts)의 최고전략책임자로 일하는 제임스 톰슨은 이렇게 말한다. "회사가 너무나도 복잡해졌기 때문에, 그가 이런 세세한 부분들까지 전부 속속들이 알고 있다는 것은 말이 안 됩니다. 그러나 아마존이 전달하기 위해 열심히 노력한 훌륭한 이야기들 중 일부는 심하게 망가졌다는 것을 그도 알고 있어야만 합니다."

아마존의 위상을 더욱 드높일 기회

반독점 소위원회의 최종 보고서는 2020년 10월 6일에 공개되었으며,[394] 450페이지에 달하는 이 보고서는 아마존, 구글, 페이스북, 애플의 폭력적인 관행을 폭로하면서 그들을 비판했다. 리나 칸을 비롯한 동료들은 상당히 설득력 있는 주장을 펼쳤다. 곧 거대 기술 플랫폼들이 자의적이며 이기적으로 우리의 정치적 담론과 우리의 경제 활동을 통제하며 수많은 중소기업의 건강을 해친다는 것이었다. 그리고 그들을 규제하지 못한 것은 정부가 책임을 방기한 것이며 이는 위험한 상황이라고 주장했다.

시실리니 소위원장은 제리 네이들러(Jerry Nadler) 법사위원장과 발표한 공동 성명서에서 이렇게 적었다. "우리의 조사를 통해 의회와 반독점 규제당국이 경쟁을 복원하기 위하여 강력하면서도 명확한 조치를 취해야 한다는 데에는 아무런 의구심이 없습니다."[395] 보고서가 제안한 처방 가운데는 아마존을 비롯한 기술 기업을 여러 개로 분할해 한 회사 내의 다른 사업 부문들 간에 발생할 수 있는 이해충돌의 여지를 제거한다는 것이 있다. 예를 들면 아마존의 오프라인 매장, 제3자가 참여하는 마켓플레이스, 전자상거래 비즈니스, AWS 부문을 분리한다는 것이다.

이처럼 정치적으로 치열한 싸움에서 아무런 이해관계가 없는 중립적인 의원들과 반독점을 연구하는 학자들은 이런 원칙들에 어느 정도 동의한 반면, 이러한 처방이 다소 지나치다고 생각하는 이들도 있었다. 회사를 분할한다고 해서 아마존의 판매자나 협력업체, 고객에게 도움이 되지 않을 것이며, 아마존 베이직 같은 자체 브랜드 생산라인을 폐쇄할 수 있는 법적인 근거도 거의 없다는 것이었다. 그렇기 때문에 그레이트A&P 같은 아주 오래전의 유통업체들도 무엇이 잘 팔리는지 연구하고 저가의 자체 브랜드를 만들어 매장의 진열대에 더 많은 종류의 제품을 제공한 것이다.

보고서는 또한 아마존이 심지어 독점 권력을 이용해 미국의 법률에서는 불법일 수도 있는 특정한 행위를 저질렀다는 점을 규명하기 위해 고군분투했다. 업계에서 가장 유명한 데이터 수집 업체인 이마케터(eMarketer)는 미국의 전자상거래 매출에서 아마존이 차지하는 비중은 38.7퍼센트라고 말한다.[396] 월마트와 타깃의 웹사이트도 성공을 거두고 있고, 또한 개별 브랜드들이 웹사이트를 만들어 소비자에게 직접 판매할 수 있는 서비스를 제공하는 캐나다의 쇼피파이(Shopify) 같은 회사의 존재 역시 아마존이 이 업계를 꼼짝 못할 정도로 장악하고 있다는 주장에 반대되는 사례다. (이와 관련해서는 아마존이 미국 내에서 확실하게 지배력을 행사하는 종이책과 전자책 부문만이 좀 더 깊이 들여다볼 가치가 있는데, 이 두 분야에서 아마존의 시장점유율은 2018년 현재 종이책은 42퍼센트, 전자책은 최대 89퍼센트다.)[397] "아마존에 필적할 만한 독자적인 온라인 판매자가 없는 것은 사실이지만, 기존의 반독점 관련 법률로는 아마존이 독점 권력을 행사한다는 걸 입증하기는 상당히 어렵습니다." 뉴욕주 법무부의 반독점 담당 국장인 제이 하임스(Jay Himes)의 말이다.

그러나 이 보고서는 1970년대의 AT&T와 1990년대의 마이크로소프트를 상대로 진행된 것과 같은 지나치게 시간이 오래 걸리는 반독점 소송에 의존하지 않고도 아마존의 시장 권력에 대응할 수 있는 다양한 방법도 제시했다.

예를 들면 규제당국이 아마존과 판매자가 맺은 계약을 조사한다면, 판매자가 다른 곳에서 더 낮은 가격에 물건을 등록하더라도 아마존이 페널티를 부과하지 못하도록 할 수 있을 것이라고 했다. 또한 판매자가 아마존을 상대로 집단 소송을 제기할 수 있는 권리를 복원한다면, 오래 걸리며 비밀스러운 중재 과정을 강제하는 현재의 조항들을 막을 수 있을 것이다. 보고서는 또한 의회가 기술 대기업의 인수합병 승인 요건을 더욱 강화한다면, 지배적인 기업이 아무리 규모가 작은 업체를 인수할 때도 구체적인 내용을 공개해 그러한 인수합병이 '공공의 이익을 증진시키기 위해 필요하다'는 점을 입증하도록 할 수 있다고 제안했다.

보고서에서 언급되지는 않았지만, 아마존 마켓플레이스의 혼란을 잠재우기 위해 의원들은 통신품위법(CDA, Communications Decency Act)의 악명 높은 조항인 섹션 230을 개정할 수도 있을 것이다. 이 조항에는 아마존 같은 인터넷 서비스 업체가 사용자의 법적인 위반행위에 책임을 지지 않는다고 명시되어 있다. 섹션 230을 개정한다면 자사의 사이트에서 제3의 판매자가 저지르는 사기행위나 안전하지 않은 제품의 판매에 대해 아마존에 책임을 물을 수 있을 것이다. 규제당국은 또한 아마존이 사업자등록번호를 이용해 판매자를 확인하도록 요구하거나, (알리바바의 T몰(Tmall)이 하는 것처럼) 판매자가 안전보증금을 예치해두고 만약 사기 조짐이 있으면 보증금을 몰수하는 정책을 실시하도록 강제할 수도 있을 것이다. 아마존의 판매자가 되는 과정을 까다롭게 만들면, 현재 중국의 판매자에게 유리하게 조성된 경쟁 환경에서 균형을 회복할 수 있을 것이다.

그러나 이러한 처방은 업계에서 제기되는 부정행위들 중에서도 가장 극명한 문제만을 다룰 뿐이다. 소위원회는 또한 아마존에 더욱 심각한 혐의를 제기했다. 곧 아마존이 AWS와 광고 부문에서 거두는 수익을 소매사업 부문에 보조금으로 활용함으로써 경쟁자들의 가격 경쟁력을 약화하고, 이제껏 관련 없던 업종으로 진출하기 위한 자금으로 충당하면서 디지털 세계에서의 부동산을 더욱 닥치는 대로 먹어치운다는 것이다. 그러나 보고서는 이러한 혐의를 제대로 입증하지는 못했다. 보고서에서는 아마존이 "소위원회가 독자적으로 평가할 수 있을 만큼 충분한 재무 데이터를 제공하지 않았다"[398]며 불만을 드러냈다.

그리고 이것이 바로 반독점 당국이 마주한 가장 험난한 도전과제다. 아마존을 분할할 수 있는 합당한 근거를 마련하려면 그들은 아마존이 파악하기 힘들 정도로 어지럽혀놓은 수많은 질문에 답을 찾아야만 할 것이다. 그러한 다양한 요소가 서로 어떻게 연관되어 있는가? 아마존 프라임 같은 서비스의 구독료로 사업 비용의 일부를 충당했다면 개별 사업 단위의 진정한 수익성을 어떻게 계산할 것인가? 아마존이 그런 수수료를 높이거나, 또는 2019년 가을에 프라임 서비스와는 별개였던 월 15달러의 식료품 배송료를 면제했듯이[399] 수수료를 아예 없애서 시장에서의 지위를 높이고자 한다면, 그것은 반경쟁적인 행위인가?

"외부인들이 보기에 아마존보다 복잡하고 이해하기도 힘든 회사는 전 세계에 없을 겁니다." 15년 동안 아마존의 회계책임자로 일하다가 2019년에 회사를 떠난 커트 점월트(Kurt Zumwalt)의 말이다. "이곳은 버크셔해서웨이나 제너럴일렉트릭 같은 일반적인 대기업이 아닙니다. 아마존의 거의 모든 부분은 고객과의 관계를 조금이라도 강화하는 것을 중심으로 구축되어 있습니다. 이러한 비즈니스 모델의 강점은 스스로 강화되는 비즈니스 및 서비스의 총합이 서로 결합되어 있다는 것입니다. 그리고 이런 강점은 세계적인 수준의 기술, 탁월한 경영 방식, 프로세스의 철저한 검토와 평가가 있기에 가능한 것입니다."

현재로서는 아마존의 권력에 대한 최고 수준의 조사가 끝났지만, 이후에도 여전히 수많은 문제가 놓여 있는 것이 확실하다. "기업 임원들의 이메일이 한 가지 이야기를 하고 있지만 공개적으로는 다른 해석을 제시하는 경우가 많습니다. 그러나 역사적으로 보면, 현실을 부인하려는 그러한 노력은 기업에는 거의 먹혀들지 않았습니다." 리나 칸의 말이다.

2021년 초 현재, 바이든 대통령은 그녀를 정원 5명의 연방거래위원회(FTC) 위원으로 지명하기 위해 준비하고 있다.* 그리고 유럽에서는 경쟁 분야를 책임지는 마르그레테 베스타게르가 제3의 판매자의 민감한 내부 데이터를 이용하여 자체 브랜드 상품에 불공정한 방식으로 특혜를 주면서 소매 부문의 경쟁을 저해한 혐의로 아마존을 기소했다.[400] 이 소송은 몇 년 동안 진행될 것이며, 예전에 EU가 구글에게 부과한 것과 비슷한 수준으로 거액의 벌금 판결이 내려질 수도 있다.

베이조스는 어떠한 상황이든 받아들이겠다는 모습을 보여왔는데, 때로는 그것이 실제로는 아마존의 위상을 더욱 드높일 기회가 될 수도 있음을 내비치기도 했다. 베를린에서 열린 어느 행사에서 그는 이렇게 말했다. "규제로 종종 의도치 않게 일어나는 결과 중 하나는 그것이 기존의 강자에게 실제로는 더욱 유리하게 작용한다는 것입니다. 현재 시점에서 아마존은 강자입니다. 그래서 저는 그걸 행복하게 여겨야 할수도 있습니다. 그러나 제가 그럴 수만은 없는 이유는 제가 사회에 대해 생각하기 때문이며, 여러분도 사회가 지속적으로 진보하는 걸 진심으로 원하기 때문입니다. 이건 매우 어려운 질문입니다. 그러나 우리는 몇 년이 지나더라도 거기에 답을 하지 못할 것입니다. 한동안은 계속해서 그 상태가 지속될 거라고 생각합니다."[401]

그러한 불확실한 미래는 수많은 요소에 좌우될 것이다. 대표적으로는 미국 의회 내에서 정당 의석수의 변화, 사안의 시급성을 보면 구글이나 페이스북 같은 기술 기업이 보이는 행태부터 우선 해결해야 하는

---

* 리나 칸은 2021년 6월 15일에 상원의 의결을 거쳐 FTC의 위원이 되었으며, 바이든 대통령은 곧바로 그녀를 위원장으로 지명했다. 미국 대통령은 FTC 위원 5명 중에서 1명을 위원장으로 지명할 수 있다.

상황, 그리고 아마존과 베이조스를 향한 대중의 전반적인 정서 등이 있다. 기술 대기업은 물론이고 서양의 경제권에서 아마존의 지배력이 강화되는 현실에 대해 의구심이 점차 고조되고 있지만, 2020년이 되자 아마존은 전 세계 수백만의 가정에 던져진 생명줄이자 구원 수단이 되었다. 코로나19 팬데믹의 가차 없는 공격 속에서, 사람들이 자가격리를 시작한 것이다.

Chapter 15

팬데믹

마법의 문턱 1조 달러를 넘어선 시가총액

아마존이 최근에 겪은 어려움들은 그저 여러 개의 과속방지턱처럼 보였다. 제2본사 대소동, 베이조스의 사생활 드라마, JEDI 프로젝트 입찰 패배, 도널드 트럼프 및 반독점 규제당국과의 싸움 등 이런 도전들은 아마존의 거침없는 상승세를 거의 늦추지 못했다. 제프 베이조스와 그의 글로벌 제국은 적어도 그 순간에는 대기업의 성장 속도를 늦추고, 조직의 민첩성을 제한하며, 막대한 부를 가진 고위급 지도자들에 대한 판단을 흐리게 만드는 중력의 법칙에서 완전히 벗어난(unbound) 것처럼 보였다.

물론 새로운 장애물들이 나타나긴 했지만, 아마존은 그러한 어려움도 매끄럽게 극복했다. 2019년 9월 20일, 수천 명의 아마존 직원이 사무실의 책상을 박차고 일어나서 전 세계 기술 노동자와 학생 무리에 합류했다. 10대 활동가인 그레타 툰베리(Greta Thunberg)가 주최하는 기후 총파업에 참여하기 위해서였다. 시애틀의 참가자들은 오전 11시 30분에 아마존의 스피어즈 건물 앞에 모여 '아마존, 온도를 높이지 말고, 기대치를 높이자'나 '석유와 가스를 사용하는 AWS 반대'* 같은 팻말을 들었다. 그러면서 그들은 아마존이 환경에 대한 영향은 전혀 고려하지 않은 채, 고객에 대한 선택의 폭을 더욱 늘리고 배송시간을 단축하고 고객을 기쁘게 하려고 노력하는 사고방식을 재고해야 한다고 주장했다.

다음 날 제프 베이조스는 워싱턴 D. C.에서 기자회견을 열고 기후 서약(The Climate Pledge)을 발표하면서, 아마존이 2040년까지 자체 탄소 배출량을 순제로(net zero)로 만들겠다고 약속했다. 이는 파리기후협약에서 정한 가장 대담한 목표보다도 10년이나 빠른 시한이었다. 이후 이 서약에는 버라이즌(Verizon), 마이크로소프트, 메르세데스 벤츠 같은 회사도 서명하고, 아마존은 시애틀에 새로 단장한 대형 실내경기장의 명칭권(naming rights)을 구입해 '클라이밋플레지(기후서약) 아레나'라고 부른다.

이 두 사건은 모두 전 세계의 언론이 보도했는데, 그들은 아마존의 기후서약에서 보이는 모호하지만 야심찬 약속보다는 직원들의 시위에 훨씬 더 공감하는 논조를 보였다. 이처럼 상반되는 대비는 지금까지와는 다른 새로운 정치권력의 출현을 예고하는 것이었다. 그리고 그

---

* 아마존의 AWS나 구글 클라우드, 마이크로소프트의 애저(Azure) 같은 대형 클라우드 서비스 업체들이 데이터 센터 운영에 드는 막대한 유지비용을 줄이기 위하여 석유재벌들이 제공하는 저렴한 석유나 천연가스를 이용하면서 기후위기를 더욱 부추긴다는 비판이 제기되어왔다.

권력은 기업의 전능하신 주인들이 아니라 기술 기업의 직원들이 행사하는 것이었다. 내부에서 위험한 갈등이 발생하지 않게 대비하는 일은 이듬해의 예상치 못한 시련의 기간 동안 아마존이 겪게 되는 가장 커다란 시험들 가운데 하나가 된다. 그러나 세간의 관심은 아마존이 상당한 양의 탄소를 배출한다는 사실에서 금세 멀어졌다. 회사는 이런 식으로 자신들에게는 계획이 있다며 세상을 안심시켜왔다.

베이조스는 아마존은 물론이고 회사가 사회와 지구에 미치는 영향에 그 어떤 비판이라도 제기되면 훨씬 더 높은 곳에서 스스로 그 상황을 내려다보았다. 그해 11월, 정계와 언론계의 엘리트들이 워싱턴 D. C.에 있는 스미스소니언 국립초상화박물관(National Portrait Gallery)에서 개최된 격식 있는 행사에 모여들었다. 저명한 미국인들의 초상화를 모아놓은 이곳에 새로운 작품이 추가되는 걸 축하하기 위한 자리였다. 이날 그러한 영예를 안게 된 여섯 명 중 한 명인 베이조스는 아마존의 이사회 구성원들, 〈워싱턴포스트〉 임원들, 자신의 부모와 아이들을 포함하여 대규모 응원단을 데리고 왔는데, 그중에는 여자친구인 로런 산체스도 있었다.

소감을 발표하는 자리에서 베이조스는 이미 여러 차례 언급해서 진부한 표현들을 몇 가지 사용했는데, 예를 들면 파이어폰에 대해 자학적인 농담을 하기도 했고, 아마존의 초창기 시절에 배송할 책을 포장하기 위해 바닥에 무릎을 꿇지 않으려면 작업용 테이블을 구입해야 한다는 사실을 깨달았던 일화 등을 들려주었다. 관객은 함께 따라 웃었다. 그런데 그의 장남인 당시 19세의 프레스턴 베이조스가 그를 소개한다는 건 상당히 이례적인 일이었다. 아들은 대중에게 거의 알려지지 않은 이 억만장자의 단면을 들려주었다.

제가 여덟 살 때 부엌에 앉아 있던 일이 기억납니다. 아빠가 못 하나에 철사 가닥을 천천히 감는 걸 지켜보았죠. 제 기억에 아빠는 그 철사의 양쪽 끝을 건전지에 가져다 댔어요. 그리고 아빠가 그 못을 금속 조각 하나에 가까이 가져갔는데, 그 두 개가 서로 달라붙었어요. 저는 두 눈이 완전히 휘둥그레졌는데, 그때 아빠는 지하실에서 화이트보드를 끌고 와서는 최대한 쉽게 그 원리를 설명하려고 했어요. 여덟 살 아이에게 말이죠. 당연히 전자기력 때문에 그랬겠지만, 어린 제가 보기에 그건 완전히 마술이었어요. 사실 아빠는 그런 장면을 이미 그전에도 아마 열몇 번은 보여줬을 거예요. 그런데도 그 기억이 제게 아주 특별한 이유는, 수없이 반복한 아빠의 그 행동이 제 머릿속에 영원히 남게 된 게 바로 그날이기 때문입니다. 자상한 따뜻함, 지식에 대한 즐거운 추구, 끈기 어린 인내심이 있었기에 아빠는 그렇게 할 수 있었습니다. 제가 아빠를 좋아하는 점들이 바로 그런 겁니다. 제가 아빠를 아주 특별하다고 생각하는 것들입니다. 그리고 한 가지 희망사항이 있다면, 이게 가장 중요한데, 아빠가 그렇게 기억되기를 바라는 겁니다.

베이조스는 진심으로 감동하는 듯 보였다. 마이크를 이어받은 그는 이렇게 말했다. "저 이야기를 들으니, 잠시 마음을 추스를 시간을 가져야겠습니다. 저는 프레스턴이 무슨 이야기를 할지 전혀 알지 못했습니다. 아들이 저에게 미리 이야기를 해주려 하지 않았습니다. 아들은 저를 깜짝 놀라게 해주고 싶었나 봅니다." 공개석상에 모습을 드러낼 때면 일반적으로 대본을 써서 연습하는 비즈니스의 거물에게서, 그 순간에는 잠시나마 아버지의 모습을 볼 수 있었다.

두 달 뒤, 베이조스는 이번에도 흥미로우면서도 예측할 수 없는 방식으로 진화하고 있던 대중적 인지도를 높일 수 있는 기회를 갖게 되었다. 2020년 1월 중순, 그는 인도를 방문했다. 2014년에 트럭 위에 커다란 모형 수표를 놓아둔 채로 공개적인 행사를 진행한 이후로는 처음으로 이 나라를 다시 찾은 것이다. 그 이후로 너무나도 많은 것이 변했다. 당시 일정에서 베이조스와 로런 산체스는 타지마할(Taj Mahal) 앞에서 포즈를 취한 채 사진을 찍었고, 마하트마 간디(Mahatma Gandhi)의 무덤을 참배했으며, 화려한 인도의 야회복 차림으로 뭄바이에서 열린 프라임 비디오의 행사에 참석했다. 아마존은 이 나라에서 5년 넘게 영업을 해왔지만, 베이조스는 회사가 이제 겨우 사업을 시작한 것이라고 말했다. 그리고 아마존의 개별 소매상인들이 모이는 어느 행사에서 무대에 오른 베이조스는 자신의 수석 부사장이자 예전에는 기술보좌역이었던 아미트 아가르왈에게 이렇게 말했다. "이 나라에는 뭔가 특별한 게 있습니다. 이번 세기는 인도의 세기가 될 것입니다."

그러나 그를 대표하는 기술 낙관주의나, 그의 아들인 프레스턴이 말하는 '끈기 어린 인내심'은 이제 그다지 환영받지 못했다. 인도의 소매상인들이 모인 단체는 그의 방문을 항의하며 그를 '경제적 테러리스트'라고 불렀고, '제프 베이조스, 돌아가!'라고 적힌 피켓을 흔들었다. 그가 도착하기 이틀 전, 인도의 경쟁위원회(Competition Commission)는 아마존은 물론이고 그들의 최대 라이벌인 월마트 소유의 플립카트가 벌인 반경쟁적인 할인 행사에 대해 새롭게 조사에 착수한다고 발표했고,

정부 각료들은 베이조스가 소유한 신문인 〈워싱턴포스트〉에서 인도가 소수 종교와 소수 민족을 박해한다는 기사를 보도한 것에 대해 베이조스를 비판했다. 나렌드라 모디 총리는 베이조스와의 만남을 모두 거부했는데, 이를 지켜보는 많은 사람은 정부가 인도 최대의 부자이자 이동통신과 소매업을 포함하여 온갖 분야에까지 촉수를 뻗치고 있는 대기업 릴라이언스인더스트리의 회장 무케시 암바니가 전자상거래 분야로 진출하려는 노력을 암묵적으로 지원하는 것이라고 생각했다.

그러나 인도를 비롯한 세계의 다른 지역에서 계속해서 발생하는 어려움들은 그 어느 것도 아마존의 전반적인 비즈니스 실적에는 거의 타격을 입히지 못하는 것 같았다. 베이조스가 미국으로 돌아온 이후인 1월 30일, 회사는 지난 연말의 어마어마한 수익 실적을 발표했다. 프라임 회원에게는 기존의 이틀배송이 아니라 주문 후 하루배송 서비스를 하기로 정책을 변경하면서 온라인 판매는 더욱 커다란 탄력을 받았으며, AWS는 지속적인 강세를 보였고, 뒤뜰에서 발견한 금광인 광고 부문에서는 계속해서 황금알을 낳아주어 그들은 무려 33억 달러의 수익을 기록했다. 이는 월스트리트의 예상을 훨씬 넘어선 수치였다. 아마존은 또한 2년 전에 1억 명이던 전 세계 프라임의 회원수가 현재는 1억 5,000만 명이 되었으며,[402] 모두 80만 명에 달하는 직원을 고용함으로써 미국에서는 월마트의 뒤를 이어서 민간 사업장으로는 두 번째로 커다란 고용주로서의 지위를 공고히 했다고 밝혔다.

그들이 분기 실적을 발표하자, 투자자들은 아마존의 주식을 매입하기 위해 앞다투어 뛰어들었다. 아마존의 시가총액은 마법의 문턱인 1조 달러를 넘어섰고, 몇 주가 지나면서부터는 계속해서 1조 달러 이상을 유지하게 되었다. 제프 베이조스의 자산가치는 무려 1,240억 달러에 이르렀고, 마치 무적처럼 보이는 아마존의 분위기는 그 어느 때보다도 더욱 흔들리지 않을 듯했고, 모든 이야기는 이제 여기에서 끝날 것처럼 보였다. 그러나 바로 그 순간, 아마존의 임원들은 매우 드물면서도 예상치 못한 재앙을 암시하는 신화에서나 접하던 검은 백조의 모습을 처음으로 얼핏 보게 된다. 검은 백조는 새까맣게 변한 풍경 속에서 날개를 펼치고 있었는데, 이는 곧이어 닥칠 2020년의 일들을 암시하는 것이었다.

팬데믹의 위험을 관리하는 광범위한 시도

———

컬럼비아대학교의 전염병학자인 이언 립킨(Ian Lipkin) 박사는 1990년 대 말 발생한 웨스트나일(West Nile) 바이러스와 2003년 사스(SARS) 대유 행을 추적하면서 '바이러스 사냥의 대가'로 이름을 알리게 되었다. 그 는 상황이 심상치 않다고 생각했다. 2020년 1월에 중국으로 출장을 갔 는데 베이징과 광저우의 거리는 한산했고, 가게들은 텅 비어 있었으 며, 병원에는 아픈 환자들로 넘쳐났다. 중국 서쪽의 우한에 있는 육류 와 수산물을 판매하는 노천 시장에서 코로나19를 발병시키는 전염성 이 아주 강한 신종 코로나바이러스가 발생했고, 불과 몇 주 만에 나라 전체에 퍼진 것이다.

베이징에서 뉴어크로 향하는 마지막 직항편을 타고 미국으로 돌아 와 맨해튼의 어퍼웨스트사이드(Upper West Side)에 있는 자신의 아파트에서 2주 자가격리를 시작한 다음 날인 2월 5일, 립킨은 아마존에서 오랫동안 건강과 안전을 책임지고 있던 케이티 휴즈(Katie Hughes)에게서 전화를 받았다. 미국의 다른 기업과 마찬가지로 아마존은 직원이 중국을 출입하는 걸 제한하고 있었다. 그러나 아마존이 십여 개의 물류창고와 배송 허브를 갖고 있던 이탈리아 전역에도 이 바이러스가 퍼지기 시작했다. 휴즈는 립킨에게 코로나바이러스의 위험을 분석하고 다가오는 폭풍을 헤쳐나가도록 도와줄 수 있는지 물었다.

립킨은 프라임 회원이자 아마존을 찬미하는 사람이지만, 아마존이 중소 상인에게 미치는 영향을 안타까워하면서 언제나 가능하면 동네 매장에서 물건을 구입하고자 노력했다. 그는 또한 이 신종 전염병에 대해 상당히 많이 파악하고 있었기 때문에, 만약 최악의 사태가 현실화된다면 아마존의 노동자들이 심각한 위험에 직면하리라는 것을 알고 있었다. 다른 기업이라면 회사의 문을 닫고 직원을 집으로 보낼 수 있었다. 그러나 아마존은 배송을 멈출 수 없었다. 그리고 전 세계에 빽빽하게 들어찬 수백 개의 주문처리 센터는 전염성 바이러스의 온상이 될 가능성이 있었고, 배송을 담당하는 직원은 매일 수많은 사람과 접촉하고 있었다. 립킨은 자문을 해주기로 동의하며 아마존과 계약했다.

그해 2월에 아마존의 인사 부서 및 사업 부문과 정기적으로 온라인 회의를 하던 립킨은 물류창고의 각종 표면을 철저하게 소독하고 MERV-13이라는 공기 필터를 세척하는 방법에서부터 작업자들이 마스크와 장갑을 반드시 착용하게 해야 한다는 것과 모든 현장에는 체온을 확인하는 시설을 설치해야 한다는 것에 이르기까지 조언을 해주었다. "아마존 사람들은 수학과 기술에 따라 움직입니다. 그렇기 때문에 그들에게 객관적이면서도 과학적인 근거에 기반을 두어 무언가를 제안하면, 그들은 그것을 실행합니다. 비용이 얼마가 드는지는 전혀 고려하지 않았습니다. 수많은 단체와 일해봤지만, 그런 곳은 별로 없었습니다." 립킨의 말이다.

2월 27일, 립킨은 아마존의 S팀 전원과 화상으로 이야기를 나누었다. 그는 베이조스를 비롯한 고위급 임원들에게 최근에 중국을 다녀온 이야기를 했으며, 아마존의 직원들이 마주할 수도 있는 위험을 설명했다. 트럼프 행정부가 국가적 비상사태를 선언하며 전염병과 관련한 전문용어들이 수많은 미국인의 일상생활 속으로 들어가기 몇 주 전이었는데도, 아마존의 임원들은 이미 상당히 많은 지식을 습득한 것으로 보였다. 그들은 립킨에게 코로나바이러스의 잠복기에 대해 물었고, 한 사람에게서 감염될 수 있는 사람들의 수를 의미하는 기초 감염 재생산지수(R0) 같은 날카로운 질문을 던졌다. 립킨은 베이조스가 무엇을 물었는지는 떠올리지 못했지만, 그에 대해서는 이렇게 말했다. "그 사람을 보고 있었던 게 기억납니다. 그는 꽤 건강해 보였습니다."

S팀과 립킨이 화상회의를 한 다음 날, 아마존은 직원의 불필요한 출장을 전면 중단했다.[403] 그런데 시애틀의 직원 한 명이 바이러스 확진을 받자, 회사는 사무실에서 근무하는 직원들에게 2주 동안 재택근무를 하라고 지시했다.[404] 그러다 사무실 복귀 시한을 조금씩 연장하더니, 결국엔 직원들에게 그 해의 남은 일정 전체를 집에서 근무하라고 지시했다.[405] 그로부터 1주일 뒤, 아마존은 모든 대면 면접을 취소했고,[406] 대부분의 구직자와는 아마존이 사내에서 사용하는 화상회의 소프트웨어인 차임(Chime)을 이용해 온라인으로 면접을 진행했다. 이러한 움직임

은 첨예한 분열을 조장했는데, 이는 아마존이 겪은 최대 시련들 중 하나이기도 했다. 곧 화이트칼라 노동자들은 안전한 원격근무로 전환하도록 허용한 반면, 물류창고의 직원들은 필수 인력으로 간주하여 더욱 커다란 위험에 노출시켰기 때문이다.

3월 초가 되자 시애틀 기준으로 매일 오후 4시가 되면 온라인에서는 이번 위기에 대한 대응방안을 논의하기 위한 S팀 내부의 소회의가 열렸다. 이 회의는 인사 담당 총괄인 베스 갈레티가 주재했으며 제프 윌크, 앤디 재시, 사업 부문 총괄인 데이브 클라크, 그리고 베이조스가 참석했다. 아마존의 CEO인 베이조스는 일반적으로 향후 몇 년 이내에 성공할 가능성이 있다고 생각되는 프로젝트에 상당한 시간을 투입했다. 그러나 그는 이제 다급한 현안에 시선을 단단히 고정했다. 그는 많은 질문을 던지고 자신의 의견을 개진했으며, 자가격리 상태인 고객에게서 급증하는 수요를 충족시키면서도 직원을 보호할 수 있는 새로운 기술 활용 방안에 대한 브레인스토밍 과정을 이끌었다.

그는 또한 자신의 존재감도 더욱 높였다. 그는 3월 21일에 전 직원에게 편지를 썼다. "친애하는 아마존 임직원들에게. 지금은 평상시와 다릅니다. 그리고 엄청난 스트레스와 불확실성의 시기입니다. 또한 우리가 하는 일이 가장 중요한 시기에 접어든 순간이기도 합니다. 사람들은 우리에게 의지하고 있습니다."[407] 이 편지에는 청소하는 빈도를 높이고, 사회 전반적으로 마스크 재고량이 감소하고 있지만 직원들을 위하여 그 수량을 확보하기 위한 노력 등 아마존이 초기에 펼친 건강 관련 예방대책들이 제시되었다. 그리고 아마존이 물류창고에서 10만 명의 직원을 신규 채용하고, 시간당 임금을 한시적으로 2달러 인상하며,

초과근무 수당을 올리고, 직원에게는 무급휴가를 무기한 허용하겠다고 발표했다. 그는 이렇게 썼다. "현재 저의 시간과 사고는 전적으로 코로나19와 아마존이 맡은 역할을 다할 수 있는 방법에 초점이 맞추어져 있습니다."

아마존에서 수행하는 자신의 일상적인 활동의 상당 부분을 오랫동안 비공개로 유지해오던 베이조스는 이제 그걸 대대적으로 홍보했다. 3월 26일, 그는 텍사스 서부에 있는 자신의 농장에서 세계보건기구 (WHO)의 테드로스 아드하놈 게브레예수스(Tedros Adhanom Ghebreyesus) 사무총장과 영상통화를 하는 장면을 찍은 사진을 인스타그램에 올렸다.[408] 다음 날에는 워싱턴주 주지사인 제이 인슬리와 대화를 나누는 사진을 올렸다.[409] 4월 8일, 아마존은 CEO인 베이조스가 마스크를 착용하고 소매를 걷어 올린 채 댈러스 인근의 주문처리 센터와 홀푸드 매장을 걸어 다니는 모습을 담은 동영상을 트위터에 올렸다.[410] 사업 부문에서 일하는 다수의 직원에 따르면, 그가 물류창고를 직접 방문한 것은 몇 년 만에 처음이라고 한다. 반면에 매주 수요일마다 진행하는 〈워싱턴포스트〉 및 블루오리진과의 회의는 건너뛰었다. 두 회사의 임원들은 팬데믹 초기의 몇 주 동안은 그와 이야기를 나누지 못했다고 한다.

베이조스가 이렇게 공개적인 행보를 많이 보인 것은 아마존의 CEO인 그가 어려운 시기에 리더십을 보여주려는 시도의 일환이었다. 바이러스가 퍼지면서 불안감도 뒤따랐다. 주문처리 센터에서는 직원들의 결근율이 치솟았다. 일부의 추산에 따르면, 아마존의 노동자 중에서 코로나19에 걸리거나 동료나 친구, 가족이 확진자와 접촉했다는 이야기를 들으면 자신도 감염될까 봐 걱정하면서[411] 일터에 출근하지 않는 비율이 30퍼센트[412]였다고 한다. 이로 인한 노동력 부족 문제는 기후서약 같은 장기적인 목표로는 어림도 없었다. 아마존은 결근하는 직원이 급증하고 고객의 수요가 폭발하는 이중의 어려움에서 새로운 노동자들이 필요했다. 그러는 동시에 아마존의 방대한 유통망 속에 뿌리 깊게 박힌 수많은 프로세스를 그때그때 수시로 변경해야만 했다.

그러나 바로 이런 부분에서, 아마존은 남들에게서 부러움의 시선을 받는 대상이었다. 중학교 밴드 교사 출신으로 안경을 쓴 데이브 클라크는 거대하면서도 복잡한 시스템을 개발하는 데 탁월한 능력이 있음을 스스로 입증해왔다. 대표적인 것이 바로 키바(Kiva)의 로봇을 도입한 물류창고 네트워크와 그들의 자체 운송사업 부문인 아마존 로지스틱스가 있다. 아마존 로지스틱스는 이제 아마존이 전 세계에 배송하는 물품의 약 절반[413]과 미국 내에서 배송하는 물량 중에서 3분의 2를 책임지고 있었다.[414] 군사 분야의 오래된 격언처럼, 아마존의 유통망이 승리할 수 있었던 이유는 베이조스가 세계에서 가장 뛰어난 장수들 중 한 명을 곁에 두었기 때문이다.*

4월 4일에 립킨은 클라크에게 요긴한 조언들을 해주었다. 이에 따라 클라크는 직원들과 함께 주문처리 센터와 분류 센터, 그리고 운송 허브 등의 내부에 체온 점검 시스템을 설치했다. 그들은 손에 쥐고 측정하는 적외선 온도계를 사용하지 않았다. 그러려면 개인보호장구(PPE)를 뒤집어쓴 요원이 건물 안으로 들어오려는 노동자 가까이 다가가서

---

* 장능이군불어자승(將能而君不御者勝), 장수가 유능하고 군주가 간섭하지 않으면 승리한다. ―
《손자병법》

체온을 재야 했기 때문이다. 대신에 아마존은 수백만 달러를 들여 열화상 카메라를 최대한 많이 확보한 다음, 그것을 각 시설의 입구에 설치해 직원의 체온을 원격으로 스캔했다. 아마존은 또한 마스크를 대량으로 주문했는데, 그 과정에서는 수많은 사업가가 보내오는 수백 통의 이메일도 확인해야 했다. 그들은 아마존의 이러한 시급한 상황을 최대한의 기회로 활용하기 위해 그런 식으로 연락을 해온 것이다. 클라크는 당시를 이렇게 회상했다. "수많은 사람이 중국에서 마스크를 만드는 사람을 알고 있다며 연락을 해왔습니다. 거의 모든 사람이 중국에서 마스크 제조시설을 갖고 있는 사촌, 삼촌, 숙모, 아니면 가족의 친구가 있는 것 같았습니다."

아마존은 부족한 공급 물량을 보완하기 위해, 프라임 에어(Prime Air) 드론 연구소에 있는 3D 프린터를 가져와 플라스틱 페이스 쉴드(face shield)를 만들었다.[415] 4월 초에 아마존은 직원에게 수백만 장의 마스크를 배포했으며, 팬데믹의 최전선에서 활약하는 의료 노동자를 위해 N95 마스크를 기부하겠다고 발표했다.[416] "미칠 것 같은 상황이었습니다. 그런 날들이 최소한 1주일 넘게 지속되었습니다." 클라크의 말이다.

이러한 혼란 속에서 회사는 오직 성장만을 위해 발달된 직감에 반대되는 방식으로 행동해야만 했다. 아마존의 웹사이트에서는 어머니의 날*과 아버지의 날** 프로모션 행사를 취소했고,[417] 비슷한 구매 이력을 가진 다른 사람이 구입한 물건을 고객에게 보여주는 추천 기능도

---

* 5월의 두 번째 일요일.

** 6월의 세 번째 일요일.

보류했다. 또한 물류창고에 가해지는 압박을 완화하기 위해 프라임 데이 행사를 가을로 연기했다. 그리고 코로나19 확산에서 중요한 시기인 봄철의 몇 주 동안, 그들은 아마존이 제3의 판매자들의 물품을 배송해주는 시스템인 아마존의 주문처리(Fulfillment by Amazon, FBA) 프로그램에 참여한 개별 판매자에게서 오직 '가정용 필수품과 의료용품 등 수요가 높은 상품'[418]만 접수를 받겠다고 발표했다.

이러한 금지 조치는 FBA 프로그램에 절대적으로 의존하고 있던 일부 판매자를 소외시킨 반면에, 아마존은 해먹이나 수조 등 필수재가 아닌 상품은 자체적으로 보유하고 있던 재고를 계속해서 판매함으로써 불공정하게 이득을 챙겼다. (아마존은 이후 반독점 소위원회에 그러한 물품들을 판매한 것이 실수였다고 인정했다.)[419] 이 금지령은 4월 중순까지 지속되었다. 그리고 아마존은 계속해서 늘어나는 수요를 충족시키기 위해 7만 5,000명의 노동자를 추가로 채용하겠다고 발표했다.[420]

클라크에게 가장 커다란 도전과제는 주문처리 센터의 노동자들이 서로 무리를 지어 모이는 것을 막는 일이었다. 아마존의 주문처리 센터는 효율성을 극대화하기 위해 설계되었기 때문에, 사회적 거리두기를 시행하기에는 적합하지 않은 환경이었다. 관리팀에는 새로운 가이드라인이 주어졌다. 이제 직원들은 물류창고 내에서 이동할 때 최소한 2미터의 간격을 두어야 했는데, 관리팀은 그런 규칙이 잘 지켜지는지 감시했다. 그리고 마스크 착용을 의무화했으며, 시설을 청소하는 직원은 방호복을 입고 병원에서 사용하는 수준의 분무식 소독제를 살포했다. 그러나 아마존이 시행한 조치 중 대부분은 기술적인 것이었다. 로봇공학 부서에서는 시설 내부의 보안카메라 영상을 분석하고 직원들

사이의 간격을 추적하기 위하여 '프록세믹스(Proxemics, 근접학)'라는 시스템을 만들었다. 이 시스템은 AI 알고리즘을 활용해 문제가 되는 지역을 파악했고, 총괄관리자를 위해서는 풍부한 데이터를 가진 보고서를 만들어 해당 시설이 얼마나 잘 대응하는지 알려주었다. 그리고 디스턴스 어시스턴트(Distance Assistant)라는 프로그램으로 아마존은 물류창고에 카메라와 모니터를 추가로 설치해놓고 지나가는 직원을 관찰했다.[421] 만약 노동자들이 너무 가까이 붙어서 걸어가면, 화면에 있는 그들의 모습 위에는 빨간색 원이 나타났다.

아마존의 사업 부문이 시도한 모든 노력이 실효를 거둔 것은 아니다. 예를 들어 그들은 홀푸드의 슈퍼마켓 내부를 돌아다니면서 자외선으로 진열대를 소독하는 용도로 자율주행 카트를 설계하고 있었는데, 공공의료 관계자들이 식료품의 표면에서는 바이러스 전이가 크게 우려할 만한 수준이 아니라는 결론을 내리자 계획이 중단되었다. 그리고 맥박 산소측정기(pulse oximeter)를 이용해 정기적으로 주문처리 센터 노동자들의 혈중 산소포화도를 측정한다는 프로젝트는 코로나19 감염자를 제대로 파악하지 못하여 폐기되었고, 개인 휴대전화와 시설 내부의 와이파이 네트워크를 활용해 물류창고 안에서 직원의 위치를 추적한다는 시도 역시 중단되었다.[422]

이언 립킨 박사는 무증상 감염 노동자가 일하러 나와서 자신도 모르게 코로나바이러스를 퍼트리는 걸 막으려면, 신속하게 테스트하는 것이 급선무라고 S팀에 이야기했다. 미국에서 코로나19 테스트 장비가 심각할 정도로 부족해지고 아마존도 자체 공급망으로 그걸 확보할 수도 없게 되자, 베이조스는 아마존이 테스트 장비를 직접 만들어야 한다고 판단했다. 비록 그들이 이 분야에서 아무런 경험이 없더라도 말이다. 제이 카니에 따르면 그는 이렇게 말했다고 한다. "우리는 현실 세계를 상대하고 있습니다. 그곳은 백신이 존재하지 않고, 단시일 내에 그런 건 나타나지 않을 것이 분명한 세계입니다."

그렇게 해서 울트라바이올렛(Ultraviolet, 자외선)이라는 프로젝트가 탄생했다. 제프 윌크가 프로젝트의 책임자를 맡았고, 캘리포니아주 서니베일에 있는 아마존의 부설연구소 랩126과 켄터키주 루이빌에 있는 물류 허브의 일부가 간이 의료 실험실로 전환됐다. 보건 전문가와 과학 연구원, 조달 전문가로 구성된 팀이 꾸려졌다. 이들은 원래 담당하던 직무를 떠나, 거대한 규모의 자체 실험 시설을 구축하기 시작했다. 그해 가을, 23개 주에 분포한 아마존의 물류창고에서 일하는 수천 명의 직원이 실험에 자원했고, 양쪽 콧구멍에 10초 동안 면봉을 집어넣어 시료를 채취한 다음에 두 군데 실험실 중 한 곳으로 보냈다. 회사는 650곳의 현장에서 매일 수천 건의 테스트를 진행했다고 말했다.[423]

그해 4월에 1분기 실적을 발표하면서 베이조스는 이렇게 썼다. "아마존의 주주라면, 자리에서 제 이야기를 들어주시기 바랍니다. 왜냐하면 중대한 사안이기 때문입니다." 그러면서 회사가 다가오는 여름 동안 코로나19와 관련하여 수십억 달러를 지출하게 될 거라고 예상했다. "이번 위기는 최소한 몇 개월은 더 지속될 것이기 때문에, 고객에게 물건을 공급하고 직원을 보호하려면 기술력, 겸손함, 발명, 자금이 필요합니다." 아마존은 끝없는 비판이 쏟아지는 가운데서도, 이번의 투자가 거액이 될 것이며 팬데믹의 위험을 관리하려는 광범위한 시도가 있을 것이라는 점을 내비쳤다. "우리는 가지고 있는 모든 조언을 따라, 우리가 할 수 있는 모든 것을 했습니다." 인사 부문을 총괄하는 베스 갈레티의 말이다.

제이 카니는 여기에 이렇게 덧붙였다. "초기의 이야기와 장기적인 역사를 모두 기록할 때, 아마존과 규모가 비슷한 기업 중에서 우리보다 더욱 빠르고 훌륭히 잘 해낸 기업이 없을 거라는 점을 저는 자신 있게 말할 수 있습니다. 그런데 우리가 완벽하게 해냈을까요? 절대로 그렇지 않습니다."

내부고발자

———

코로나19가 미국과 유럽 전역을 강타하자 수많은 오프라인 소매상이 문을 닫았고, 그나마 남아 있던 매장의 진열대에서는 화장지나 소독제 같은 필수 품목들이 전부 사라졌다. 역설적이게도, 아마존을 비롯한 온라인 소매업체는 이러한 불확실성과 두려움의 여파로 분위기가 크게 고무된 상태였다. 사람들이 바이러스로부터 비교적 무해하면서도 편안한 집 안의 거실에 앉아 클릭으로 구매하는 것이 더욱 안전했기 때문이다. 온라인 주문량이 하늘 높이 치솟았고, 아마존 제국 내에서 다소 뒤처진 아마존 프레시나 홀푸드의 식료품 배송 서비스 같은 부문조차 주문 건수가 급격하게 상승했다. 어느 전문가는 코로나19가 '아마존에 성장 호르몬을 주입한 것'[424]과 비슷하다고 말했다.

아마존의 이러한 성과에는 늘 그렇듯이 많은 비판이 뒤따랐다. 회사에서는 임원들이 여러 보호조치를 구상하여 꺼내놓을 수 있었고, 말단 직원들의 임금을 몇 달 동안 인상할 수도 있었으며, 초과근무 수당을 한시적으로 올릴 수도 있었다. 그러나 고객에 대한 서비스를 지속하려면, 직원들을 위험으로 내몰아야만 했다. 심지어 아마존의 건물들로 출퇴근하는 과정에 위험이 도사리고 있다고 하더라도 마찬가지였다.

3월이 되자 이탈리아와 스페인에서 아마존 노동자 최소 5명이 바이러스에 감염되면서[425] 이러한 우려가 더욱 확실해졌다. 그 후 몇 주 동안, 미국 전역에 있는 아마존의 시설에서 확진 사례가 급증했다. 나는 데이브 클라크에게 이렇게 끔찍한 모순을 해결하기 위해 시설을 폐쇄하거나 서비스를 전면 중단하는 것을 논의한 적이 있는지 물었다. 그는 이렇게 대답했다. "우리는 특정한 건물들과 세계의 다른 지역에서 그런 방안을 검토했습니다. 그러나 사람들은 물품을 받아볼 수 있는 방법이 필요했습니다. 특히 초기에는 더욱 그랬습니다."

이러한 입장은 수많은 물류창고의 노동자를 분노케 했는데, 오랫동안 아마존을 공공연한 적으로 간주해온 노동조합들도 마찬가지였다. 4월 중순, 프랑스의 노동조합연맹인 민주연합연대(SUD, Solidaires Unitaires Démocratiques)가 파리 법원에 아마존을 고소하면서, 프랑스에 있는 여섯 개의 주문처리 센터를 폐쇄하도록 요구했다. 판사는 아마존이 의료용품이나 식료품 등 필수 품목만을 판매해야 한다고 말하며, 이를 어기면 한 번 위반할 때마다 110만 달러의 벌금을 부과하겠다고 판결했다.

그런데 이는 생각보다 쉽지 않은 일이었다. 복잡하게 뻗어 있는 유통망에서 일하는 노동자들이 얼마든지 실수할 수도 있고 제품을 잘못

배송할 수도 있기 때문이다. 그러면 파리 법원의 판결을 위반하는 것이었다. 아마존의 프랑스 사업부는 부채가 최대 10억 달러 이상 늘어날 수 있다고 계산했다. 그러자 시애틀의 본사에서 프랑스의 주문처리 센터들을 폐쇄하라는 지시가 내려왔다. 클라크는 파리 법원의 판결과 거대한 부채에 대한 전망이 "그 어려운 일을 가능하게 만들었다"고 말했다.

프랑스의 주문처리 센터들은 한 달 동안 폐쇄되었고,[426] 그러면서 수많은 악평이 쏟아졌다. 안 이달고(Anne Hidalgo) 파리 시장은 아마존에 대한 보이콧을 호소하며, 지역의 가게를 애용해달라고 요청했다. 프랑스 문화부장관은 독설을 퍼부었다. "아마존이 혼자서만 실컷 먹고 있습니다. 우리가 해야 할 일은 그들에게 먹이를 주지 않는 것입니다."[427]

이 싸움은 회사 내부에도 커다란 타격을 입혔다. 유럽 각국의 사업부들은 아마존이 신뢰할 수 있는 고용주라는 인식을 만들기 위해 오랫동안 공을 들여왔다. 그곳의 일부 임원은 이제 유럽 현지의 동료에게 수천 킬로미터나 떨어진 시애틀에서 내려지는 독단적이며 중앙 집중화된 의사결정이 자신들의 노력을 허사로 만든다고 생각했다. 프랑스에서 이런 싸움이 벌어지는 와중에, 아마존의 유럽 사업부에서 오랫동안 부사장으로 재직해온 로이 퍼티쿠치(Roy Perticucci)가 갑자기 회사를 떠나더니, 곧이어 그의 팀에서 함께 일하던 다수의 고위급 임원들도 줄줄이 문을 박차고 나갔다.

미국의 시간제 인력들 사이에서도 비판이 흘러넘쳤다. 사회적 거리두기를 의무화하려는 회사의 시도가 무색하게, 직원들이 소셜미디어에 올리는 사진과 동영상을 보면 작업장의 바닥과 휴게실에는 여전히 많은 사람이 빽빽하게 들어차 있었다. 회사가 내놓는 해결책들은 효과가 없었고, 노동자들은 불만이 가득했다. 회사가 안전보다 판매를 더 우선시했기 때문이다. 캘리포니아 남부의 리버사이드카운티(Riverside County)에 있는 주문처리 센터의 노동자들은 확진자가 발생하더라도 지역 신문에 보도가 되고 며칠이 지나서야 그에 대한 이야기를 들었으며, 손 소독제 용기는 비어 있는 경우가 많았다며 불만을 토로했다.[428] 다른 주문처리 센터나 운송 허브에서 일하는 노동자들은 교대근무를 시작할 때 소독용 물티슈를 단 한 장만 지급받았다며 불평했다.[429] 그들은 그것으로 각자의 작업대나 차량을 닦아야 했다.

이처럼 참담한 증언들이 구체적으로 입증되지는 않았지만, 팬데믹의 초기에 노동자들에게 가해지는 위험을 억제하려 한 아마존의 시도가 임원들이 주장하는 수준보다는 덜 체계적이었을 가능성을 암시한다. 인디애나폴리스 남쪽에 있는 5만 6,000m²(약 1만 7,000평) 규모의 시설인 IND9의 노동자들은 초기에만 하더라도 빽빽한 간격으로 붙어 있는 물류 반입구역에 찢어지기 쉬운 비닐로 만든 샤워커튼을 걸어 임시 칸막이로 사용했다고 불만을 토로했다. 이 커튼은 몇 주가 지나서야 플렉시글라스(Plexiglas) 칸막이로 교체되었다. 오하이오주 콜럼버스 동쪽에 있는 7만 9,000m²(약 2만 4,000평) 규모의 주문처리 센터인 CMH1의 관리자들은 휴게실에 있는 수십 개의 전자레인지 중에서 여러 대를 치웠는데, 이는 노동자들 사이의 거리를 늘리기 위한 나름의 선한 의도에서 나온 조치였다. 그러나 노동자들의 말에 따르면, 오히려 남아 있는 전자레인지에 더 많은 사람이 몰려드는 결과만 낳았다고 한다. 콜로라도의 25번 고속도로 옆에 있는 거대한 물류창고인 DEN3에서는 소독약이나 손 소독제 같은 위생용품이 5월까지도 제대로 보급되지 않았다. 직원들은 그들 사이에서 '손상 지역(damage land)'이라고 부르는 곳에서 대체할 만한 용품을 찾아내라는 지시를 받았다. 손상 지역이란 배송에 적합하지 않아 폐기된 물건을 모아놓는 구역이다.

많은 직원이 아마존이 허용하는 무제한 무급휴가 제도를 적극 활용하자, 켄터키주 셰퍼즈빌(Shepherdsville)에 있는 SDF9 주문처리 센터의 노동자들은 그 건물이 팬데믹 초기의 몇 주보다도 오히려 더 한산하게 느껴진다고 말했다. 그러나 미국 전역에서 확진 사례가 전혀 줄어들지 않는데도 이러한 일시적인 특혜가 5월 1일에 만료되자, 이 건물은 사회적 거리두기 정책을 실시하기 전보다 더욱 많은 사람으로 넘쳐나게 되었는데, 시설 전역에서 움직여야 하는 동선을 표시해둔 바닥의 마크가 지워질 정도였다. SDF9의 노동자 한 명은 이렇게 말했다. "상당히 무서웠습니다. 방역 지침이 시행되었지만, 동료들은 잘 따르지 않았습니다."

스테튼아일랜드 주문처리 센터(JFK8)에서 대리 직급으로 일하는 크리스 스몰스(Chris Smalls)보다 이러한 우려를 더욱 부각한 사람은 없었다. JFK8의 직원들은 목소리를 내고 조직화하는 걸 좋아하는 성향임을 그전부터 이미 보여주었으며, 롱아일랜드시티에 추진하던 아마존의 제2본사 프로젝트를 반대한 바로 그 노동조합과도 연대하고 있었다. 3월 초 JFK8의 노동자들은 시애틀에서 연수를 받은 후에 돌아왔다. 당시에 시애틀은 코로나바이러스가 퍼지던 초기의 온상이었으며, 집으로 돌아온 스몰스는 감염 증세를 보였다고 말한다. 그런 사실에는 무관심한 듯, 이 시설의 관리자들은 3월 12일에 직원을 위한 실내 행사를 주최했다. 이 행사는 DJ 쇼와 경품 추첨으로 마무리되었는데, 이 행사의 취지는 직원에게 아마존을 좋아하는 시민단체에 가입하도록 독려하기 위한 것이었다.

얼마 지나지 않아 사회적 거리두기 조치를 시행했지만, 처음에 노동자들은 3피트(약 90cm)만 간격을 유지하면 된다는 이야기를 들었다.[430] 이것은 당시 질병통제예방센터(CDC)의 권고사항이었다. 그러나 물류창고에서는 기본적으로 팀 단위로 작업한다는 점을 고려하면, 스몰스는 10명 이상 모이지 말라는 것과 같은 그 외의 지시사항들을 지키기는 불가능하다고 생각했다. JFK8에서만 5년을 근무한 베테랑인 그는 휴가를 내고, 주문처리 센터를 철저하게 소독하기 위해 일시적으로 폐쇄해야 한다고 자신의 상급자들을 설득했다.

3월 24일, 스몰스는 일터로 복귀해 정규 스탠드업 미팅에 참석했다. 고위급 관리자들은 이들에게 JFK8 시설에서 코로나19 첫 확진자가 나왔다는 사실을 알렸다. 그 직원은 이미 2주 넘게 그 건물에 들어오지 않았다. 스몰스는 물류창고를 폐쇄하고 소독해야 하며, 모든 노동자는 유급휴가를 받아야 한다고 주장했다. 그의 상급자들은 이를 거절했다. 스몰스는 이에 굴하지 않고 "그곳을 나가면서 가능한 한 많은 사람에게 적극적으로 이야기를 했다"고 한다.

그 후 며칠 동안 크리스 스몰스는 뉴욕시, 뉴욕주, 그리고 CDC에 진정서를 제출했다. 그는 자신이 확진자인 동료와 접촉한 사실을 인정했지만, 다시 물류창고의 휴게실로 돌아와 연좌농성을 벌였다. 3월 28일 토요일, 상급 관리자가 스몰스에게 유급 '자가격리 휴가' 결정이 내려졌으니 집에 가서 머물라고 말했다. 하지만 그는 돌아오는 월요일에 물류창고의 밖에서 점심시간에 맞추어 시위를 벌이기로 계획하고, 그 사실을 언론사들에 미리 귀띔했다. 시위대는 '제프 베이조스, 우리 목소리가 들리는가?'와 '알렉사, 우리를 집으로 보내줘!' 같은 문구가 적힌 팻말을 들고 있었다. 그들 중 일부는 마스크를 턱까지 내린 채로 함께 무리를 지어 모여 있었다. 기자들과 아마존의 노동자들은 이 시위를 동영상으로 생중계했다.

"저는 사람들이 두려움을 느낄 수 있도록 노력했습니다. 이것이 무서운 상황이라는 것을 점점 더 많은 사람이 깨달았고, 우리가 무엇을 상대하는지 알지 못했습니다." 스몰스의 말이다. 몇 시간 뒤, 그는 해고됐다. 표면상으로는 집에 머물라는 지시를 어겼다는 것이 이유지만, 그는 "옳은 것을 위해 들고 일어서려 했다"[431]는 것이 이유라고 생각한다.

상황은 아마존에 불리한 방향으로 더욱 복잡하게 전개되었다.[432] 며칠 뒤, 〈바이스뉴스(Vice News)〉가 아마존 S팀의 회의에서 유출된 문건을 하나 공개했다. 문건에 따르면 고위급 임원들은 흑인인 스몰스에 대한 처리 방법을 논의했고, 아마존의 안전 예방책을 반대하는 그의 행동이 언론매체에서 많은 관심을 받았다는 내용이 적혀 있었다. 그 회의 메모에 따르면, 표현의 중요성을 강조하는 아마존의 법률고문인 데이비드 자폴스키는 이렇게 말했다. "그는 똑똑하지도 않고, 자신의 의견을 분명하게 말하는 사람도 아닙니다. 그리고 우리와 그의 대결 구도에 초점을 맞추고자 하는 언론으로 사안을 더욱 키웠습니다. 단순히 우리가 노동자를 보호하기 위해 몇 차례 시도했는지 설명하는 것보다는, 훨씬 더 강력한 PR을 하게 될 것입니다. 이번 이야기에서는 (회사가 아니라) 그 사람을 화제의 중심에 있게 해야 합니다. 그리고 가능하다면 그가 노동조합이나 조직화 활동을 대표하는 사람으로 만들어야 합니다."

자폴스키는 당시에만 하더라도 스몰스와의 대결에 대해 아무것도 몰랐다고 말했지만, 나중에는 당시의 발언을 공개적으로 사과하기 위하여 상당한 노력을 하게 된다. 심지어 그는 그해 5월에 조지 플로이드(George Floyd)의 피살 사건으로 탄력을 얻게 되는 '흑인의 생명은 중요하다(Black Lives Matter)' 운동을 지지한다는 내용이 담긴 이메일을 자신의 직원들에게 보내기도 했다. 그는 내게 이렇게 말했다. "그런 감정이 저에게 들지 않도록 해야 했습니다. 저는 아마존의 직원을 그런 식으로 표현하지 말았어야 합니다. 믿을 수 없을 정도로 후회스러웠습니다."

그러나 아무리 사소한 몸짓이라도 노조가 조직화하려는 움직임에 대해 회사가 가진 반감은 이제 그 문건에서 보이는 냉소적이면서도 악의적인 표현들을 통해 만천하에 드러나게 되었다. 이후 몇 달 동안, 이와 관련한 추가 보도들이 이어졌다. 예를 들어 아마존이 정보 분석요원을 모집하기 위해 올린 두 건의 채용 공고를 보면, 그들의 직무 내용은 주문처리 센터 내부의 '노조 조직화 위협'을 파악하는 것이었다.[433] 그리고 홀푸드마켓에는 노조에 우호적인 정서가 얼마나 되는지 측정하기 위해 각 매장에서 직원의 이직률, 인종 다양성, 안전기준 위반 등의 변수를 측정해서 만드는 히트 맵(heat map)*이 존재한다는 사실도 폭로되었다.

---

* 어떤 이미지 위에 다양한 정보를 열화상 그래픽처럼 표시하는 것.

주문처리 센터 내부에서 발생한 갈등의 핵심은 아마존이 해당 시설의 코로나19 감염 관련 정보를 직원에게 통보하는 방식이었다. 팬데믹 초기에 회사의 내부 커뮤니케이션 담당 부서는 업무량이 과도할 정도로 많아져 직원에게 감염 관련 정보를 전달하는 절차를 개발하는 데 어려움을 겪었다. 커뮤니케이션 부서 내부의 논의는 감염이 확진되기까지의 어느 단계에서 그 사실을 알릴지에 집중되었다. 곧 의심 사례까지 공개할지, 아니면 검사 결과로 확진을 받은 사람만 발표할지에 대한 것이었다. 그 수준에 따라 직원에게는 대량의 경보가 발송될 수도 있었다. 이건 사소한 주제가 아니었다. 검사 결과에 대한 문서를 확보하려면 이틀 정도가 소요되기 때문에, 해당하는 개인이 자가격리 휴가를 개시하는 시점은 물론이고 동료에게 관련 정보를 통보하는 시기도 늦어질 수밖에 없기 때문이다. 그러나 의심 사례까지 전부 공개하면 과도한 두려움을 일으켜 패닉 상태를 촉발할 수도 있었다.

결국 커뮤니케이션 부서는 검사를 거쳐 확진으로 판명된 이후에만 문자메시지와 자동안내 전화를 이용해 시설 내의 모든 직원에게 그 사실을 알린다는 계획을 마련했다. 확진자의 프라이버시를 침해하지 않으며 소셜미디어에서의 헛소문이나 근거 없는 추정을 불러일으키지 않으면서도, 그들이 시설 내에서 맡은 업무나 어떤 교대조에서 일했는지에 대한 정보를 얼마나 많이 공개해야 하는지에 대해서도 더욱 많은 논란이 이어졌다. 이들은 확진자와 접촉한 사람을 추적하기 위하여 물류창고의 동영상을 활용한다는 계획을 수립했다. 그리하여 확진자와 밀접하게 접촉한 노동자는 인사부서에서 자가격리를 하라는 지시 및 안내를 받았다. 유급 자가격리였다.

이러한 조치는 어려운 상황이었음을 고려하면 합리적인 해결책이지만, 그해 봄에 아마존 노동자의 확진 사례가 급증하자 직원들 사이에서는 혼란과 좌절감이 더욱 확대되었다. 그들은 감염자가 정확히 몇 명이나 있는지 듣지 못했으며, 자신이 확진자와 접촉했는지 여부를 직접 확인할 수 있을 만큼 충분히 세부적인 정보를 제공받지 못했다고 불만을 토로했다. 통보 가이드라인을 정하는 논의에 참여한 직원 한 명은 그 과정을 두고 "대서양을 건너가려고 헤엄을 치면서 완전한 함대 전체를 구축하는 것"에 비유했다.

확진 사례에 대한 신뢰할 수 있는 데이터가 부족하자, 일부 직원은 아마존의 고전적인 방식대로 그 빈틈을 스스로 메우기 위해 노력했다. 인디애나 남쪽에 있는 SDF8 주문처리 센터에서 일하던 59세의 자나 점프(Jana Jumpp)는 팬데믹이 발발하자 휴가를 냈다. 그리고 아마존의 주문처리 센터 노동자들이 모인 페이스북의 비공식 그룹들을 세심히 살펴보면서 보고되지 않은 확진 사례와 소문을 수집했고 자신의 동료들에게 그 사실을 알리기 위해 노력했다.

점프는 5월에 CBS의 〈식스티 미닛츠〉와 인터뷰하면서, 아마존이 공유하기를 거부한 확진 사례 데이터를 추적하며 알리려는 노력에 대해 발언했다.[434] 크리스 스몰스와 한 인터뷰도 포함되어 있던 이 프로그램은 주문처리 센터들의 감염률에 대한 어떠한 정보도 공개하기를 꺼린 아마존에 강력한 책임을 물었다. 데이브 클라크는 CBS의 어마어마한 앵커인 레슬리 스탈(Lesley Stahl)에게 홀로 맞서서 해명을 내놓아야만 했다. 그는 나긋나긋한 어조로 아마존은 대부분의 직원이 일터가 아니라 자신이 거주하는 지역에서 감염되었다고 믿기 때문에, 코로나19의 전반적인 확진 사례에 대한 숫자는 유용한 수치가 아니라는 입장을 유지했다.

그러나 가을이 되자 압박이 더욱 거세져 아마존은 방향을 바꾸었다. 최전선에서 일하는 130만 명의 직원 중에서 약 2만 명이 코로나19 테스트를 받았거나 양성으로 추정된다는 보도가 나왔기 때문이다.[435] 회사는 자체 예방조치를 통해 지역사회의 감염률을 기반으로 예측할 수 있는 수치보다도 훨씬 더 낮은 수준으로 감염을 방지해왔다고 주장했다. 그들은 또한 그런 데이터를 공개한 경쟁업체는 단 한 곳도 없으며,[436] 그러한 이유로 대중여론과 언론매체의 혹독한 질타에 시달리는 곳도 없다고 말했다.

하지만 크리스 스몰스나 '기후정의를 위한 아마존의 직원들'이라는 단체를 결성한 사람들과 마찬가지로, 자나 점프는 해고되었다. 아마존은 또한 홀푸드의 슈퍼마켓 매장들에서 코로나19 확진 사례를 추적한 케이티 도언(Katie Doan),[437] 소말리(Somali)족 출신으로 미네소타의 주문처리 센터에서 일하며 더욱 강력한 안전조치를 요구한 바시르 모하메드(Bashir Mohamed),[438] 펜실베이니아의 노동자로 파트타임 직원에게 유급휴가를 장려하는 배지를 나눠준 코트니 보우든(Courtney Bowden)[439]을 해고했다.

회사는 그러한 결정이 목소리를 높인 직원에 대한 보복 조치가 아니라고 주장했다. 각각의 사례에 대해 아마존의 대변인은 그들이 사회적 거리두기를 어기거나 회사의 승인 없이 언론매체와 대화하는 걸 금지하는 등의 내부 지침을 위반했다고 설명했다. 그러나 그대로 믿기는 어려웠다. 제프 베이조스를 비롯한 수뇌부들은 외부의 비판에는 그저 발끈할 뿐이었지만, 회사의 내부에서 터져 나오는 목소리는 절대로 용인할 수 없는 것처럼 보였다. 그들은 자신들의 조직 내에서 시작된 자그마한 불똥이 결국에는 오랫동안 두려워한 불만 세력과 노동 활동가들의 거대한 화재로 진화하는 걸 두려워하는 듯했다.

다른 여지가 없는 선택

———

팀 브레이(Tim Bray)는 양심의 가책으로 더 이상 아마존에서 일할 수 없었다. 페도라(fedora) 모자를 쓰고 다니는 소프트웨어 개발자이자 강력한 웹 프로그래밍 언어인 XML을 만든 주역들 가운데 한 명이기도 한 브레이는 AWS에서 5년 동안 부사장 겸 저명한 엔지니어로 근무했으며, 어떤 프로젝트에 문제가 발생하면 낙하산을 타고 침투하는 사제단의 일원이기도 했다. 브레이는 진보적인 좌파 진영의 친구들에게서 공격을 받았다. 내부고발자를 해고하며 노동자의 안전에 대한 사안을 무책임하게 대하는 회사에서 어떻게 아무렇지도 않게 계속 근무할 수 있는가?

그는 그럴 수 없었다. 브레이는 5월 초에 직장을 그만두었다. 그리고 자신의 개인 웹사이트에 통렬한 내용의 입장문을 써서 올렸다. 그는 그 사람들에 대한 해고는 부당하며, 아마존이 노동자를 부주의하게 대하는 태도는 회사의 유전적인 구조에 문제가 있음을 반영한다고 주장했다. 그는 이렇게 썼다. "내부고발자를 해고하는 것은 단순히 거시경제의 영향력으로 생기는 부작용이 아니며, 자유시장의 원리에 내재된 것도 아니다. 그것은 회사의 문화에 독성의 혈액이 흐른다는 증거다. 나는 그러한 독극물을 제공하지도, 마시지도 않기로 결정했다."[440]

몇 달 후, 나는 영상통화로 브레이와 접촉했다. 그는 밴쿠버에 있는 모터보트를 홈오피스로 꾸며 일하고 있었다. 그는 좋은 직장을 그만둔 것과, 그러면서 많은 일거리를 남겨두고 나온 것에 대해서는 살짝 멋쩍어했다. 그러나 노동자들이 위험한 노동환경을 고발하며 소셜미디어에 올리는 게시글에 대해서는 액면 그대로 받아들였다. 그는 회사가 활동가적인 직원들을 해고한 것이 자신에게 심각한 영향을 주었다고 말했다. "내부고발자를 해고하는 건 완전히 다른 차원의 문제입니다. 윤리적으로 완전히 잘못된 조치라고 느꼈습니다. 철저히 원칙에 따라 움직이는 회사로서는 도저히 설명할 수 없는 일이었습니다. 그런 곳에서 저는 더 이상 함께 지낼 수 없었습니다."

브레이의 블로그 게시글을 언론매체들이 앞다투어 보도하는 동안, 아마존의 홍보 부서는 기자들에게 슬며시 접근해 그의 주장에 반박할 자료가 있다고 알려주었다. 아마존의 또 다른 저명한 엔지니어인 브래드 포터(Brad Porter)가 링크드인(LinkedIn)에 올린 글이었다.[441] 포터는 회사가 안전 예방과 관련하여 늑장대응을 했다는 브레이의 의견을 반박했으며, 회사가 노동자를 사용했다가 폐기하는 소모품으로 취급했다는 주장에도 반대하는 입장을 밝혔다. 그는 이렇게 썼다. "만약 우리가 아마존의 택배 물품을 고객에게 전달하는 일을 하는 사람을 뽑아야 한다면, 가장 먼저 해야 할 일은 그 소중한 직원을 안전하게 지켜주기 위해 회사가 늘 최선을 다한다는 확신을 주는 것이다."

그러나 포터의 반박은 물론이고 아마존의 코로나19 대응 계획을 비판하는 목소리에 대해 회사가 보인 반응을 보면, 브레이의 양심선언에서 지적하는 핵심적인 부분들을 제대로 설명하지 못했다. 브레이는 활동가적인 직원들이 표출하는 불안감은 지금과 같은 참혹한 시기에는 충분히 받아들일 수 있는 것이라고 생각했다. 그러나 조건반사적으로 방어적인 태도를 보인 아마존은 정규직원을 진심으로 걱정한 것이 아니라, 조직화된 노동 그룹 같은 적대 세력의 보이지 않는 손이 영향력을 행사한다고 생각했다. 이와 관련하여 데이브 클라크는 내게 이렇게 말했다. "여러 소음이 섞여 있으면, 때로는 우리 직원이 하는 이야기인지, 아니면 사안을 확대하는 제3의 그룹이 말하는 것인지 구분하기 어려울 때가 있습니다. 우리를 좋아하는 사람은 우리가 무엇을 하든 크게 개의치 않지만, 우리를 정말로 싫어하는 사람은 우리가 하는 일들에 사사건건 불만을 갖습니다."

브레이는 단지 아마존만이 아니라 미국이라는 국가가 가장 취약한 노동자를 보호하는 데 실패한 것에 대해서도 중요한 주장을 했다. 그는 아마존을 비롯한 많은 기업의 직원 및 하청업체는 연방정부의 더욱 강화된 법적인 보호조치가 절실하게 필요하다고 믿었다.

예를 들어 비교하면, 유럽의 많은 나라는 사업장이 일정한 규모 이상이 되면 노동조합과는 별개이지만 작업장 내의 주요한 사안에 대해 직원의 목소리를 대변할 수 있는 노동협의회(Works Council) 설치를 법적으로 의무화한다. 미국에는 그런 것이 없기에, 노동자의 삶을 극적으로 뒤바꿀 수도 있는 결정이 수천 킬로미터 떨어진 곳에서 내려질 수도 있다. 그리고 그러한 결정이 마음에 들지 않는다면, 그만두고 다른 일자리를 찾거나 해고될 위험을 무릅쓰고 공개적으로 발언하는 것 외에는 달리 의지할 수 있는 방법이 없다.

다른 선진국들은 기본적인 생활이 가능한 최저임금을 보장하는 것은 물론이고 유급병가나 육아휴직 같은 정부가 의무사항으로 정하는 각종 혜택을 제공하고 있으며, 파트타임 노동자도 동일하게 처우해야 하고, 노동 시간은 엄격하게 제한된다.

최저임금이 시간당 7.25달러에 불과한 미국의 많은 의원과 일부 기업의 경영진이 그러한 정책들을 값비싼 사치품으로 여기며 미국 기업의 경쟁력에 부담을 준다고 생각한다. 그 결과 코로나19 위기가 닥치자, 그 여파에 수많은 노동자가 그대로 방치되었다. 소득은 오직 급여뿐이고 의료비는 직장에서 가입한 건강보험이 있다면 그것에 의존해서 생활할 수밖에 없기에, 그들은 일자리를 잃는 걸 두려워했다. 그래서 어쩔 수 없이 각자의 생명과 가족의 안전을 위험으로 밀어 넣는 것 외에는 달리 선택의 여지가 없었다.

모터보트에서 영상통화를 하던 브레이는 이렇게 말했다. "아마존은 더욱 커다란 문제가 보여주는 하나의 증상일 뿐입니다. 저는 제 아이들에게 '착하게 굴어야지!'라고 말하는데, 기업에도 그렇게 말하고 싶습니다. 그러나 그렇게 말해봐야 아무런 소용이 없을 겁니다. 우리에게 필요한 것은 규제의 틀입니다. 물류창고에서 일하는 사람에 대한 처우가 마음에 들지 않는다면, 그런 걸 시정할 수 있는 규제가 있어야 합니다. 미국은 일선의 직원을 똥처럼 취급하는 게 완벽하게 합법인 나라입니다. 그래서 이런 일이 벌어지는 것입니다. 설령 우리가 그렇게 하지 않더라도, 경쟁자들은 그렇게 할 것이기 때문입니다."

아마존이 없는 예전으로
돌아갈 수 없는 삶

———

2020년 말까지 코로나19로 전 세계에서 그리고 특히 미국에서 지속적으로 수많은 사망자가 발생하자, 아마존 내부에서는 새로운 형태의 정상화(normalcy)가 자리를 잡았다. 이제는 잠시 그들의 실적을 살펴보자.

그해는 전반적으로 불행했지만, 아주 얄궂게도 아마존은 번창했다. 코로나19 테스트 장비 및 안전조치에 상당한 투자를 했는데도, 연간 매출액이 37퍼센트나 급증해 3,800억 달러를 넘어섰고 회사는 사상 최대의 수익을 기록했다.[442] 가을에는 미국과 유럽 전역에서 새로운 변종 바이러스가 퍼지고, 아마존의 주문처리 센터들에서는 그 어느 때보다도 많은 노동자를 흡수하면서, 그들은 정규 인력과 비정규 인력을 합해 사상 처음으로 100만 명 넘게 고용하게 되었다.[443]

기존의 비즈니스 출장과 대면 접촉을 원격회의와 온라인 학습이 대체하자, 보이지 않는 곳에서 인터넷을 뒷받침하는 핵심 인프라인 AWS의 사용량이 치솟았다. 집에서 꼼짝 못하는 고객들은 알렉사와 더욱 자주 교류했고, 끝이 보이지 않는 고립이 지속되는 가운데 그들은 음성지원 어시스턴트에게서 작은 위안을 찾았다. 폭력이 난무하는 슈퍼히어로 드라마인 〈더 보이즈(The Boys)〉나 〈보랏 속편(Borat Subsequent Moviefilm)〉 같은 작품들이 히트하면서 아마존 스튜디오는 할리우드의 최전선에서 확고한 기반을 다졌고, 이를 바탕으로 프라임 비디오는 꾸준히 성장하여 넷플릭스를 비롯하여 디즈니플러스(Disney+) 같은 경쟁업체들과 어깨를 나란히 하게 되었다.

그해 말 기준으로 아마존의 시가총액은 1조 6,000억 달러를 자랑했고, 제프 베이조스의 자산은 1,900억 달러가 넘었다. 팬데믹 기간 동안 그의 재산은 70퍼센트 이상 증가했다. 그것은 숨 막힐 듯한 성취였지만, 바이러스로 야기된 아마존 주문처리 센터 노동자들의 경제적 곤궁이나 갈등 상황과는 놀라울 정도로 대비되는 것이었다. 아마존을 비롯한 기술 대기업을 향해 이미 기울어져 있던 글로벌 비즈니스의 운동장은 중소기업들과 지역의 업체들이 떼 지어 도산하자 그들에게 더욱 유리한 방향으로 기울게 되었다.

시애틀의 데이원 건물에서는 한 시대가 저물어갔다. 그해 1월, 아마존의 소비자 비즈니스를 이끌던 53세의 CEO인 제프 윌크는 베이조스에게 이듬 해에는 은퇴하고 싶다고 말했다. 그러나 팬데믹이 맹위를 떨치자, 그는 베이조스에게 당분간은 자신의 퇴직을 걱정하지 말라고 했다. 그는 이렇게 말했다. "회사가 안정적이며 우리가 사업을 벌이는 세계를 제대로 이해하고 있다는 확신이 정말로 들기 전까지, 저는 여기에 있을 겁니다." 8월이 되자, 그는 아마존이 최악의 상황을 견뎌냈다는 사실에 안도감을 느꼈고, 은퇴를 선언하기로 결심했다.

윌크는 아마존의 역사상 최악의 시기인 닷컴 붕괴의 기간 동안 주문처리 네트워크를 설계했고, 그다음에는 온갖 분야로 확장하고 있던 전자상거래 부문에서 다양한 서비스들을 감독했다. 그는 또한 냉혹한 문화에서도 더욱 인간적인 요소들을 옹호한 사람으로 널리 알려져 있었다. 베이조스는 회사의 구성원들에게 이런 글을 썼다. "제프 윌크의 유산과 영향은 그가 떠난 후에도 오랫동안 살아 있을 것입니다. 그가 없었다면 아마존은 지금과는 전혀 다른 모습일 것입니다. 그는 그런 사람입니다."[444]

별로 놀랍지는 않지만, 윌크는 후임자로 데이브 클라크를 지명했다. 아마존 로지스틱스를 만들고 코로나바이러스 위기를 헤쳐나가는 과정에서 탁월한 능력을 보여준 클라크는 베이조스 바로 다음인 리테일 부문의 CEO가 되었으며, 2021년 1월에는 조 바이든 신임 대통령에게 편지를 써서 아마존이 백신 배포를 도와주겠다고 제안했다.[445] 물론 실제 배포 업무는 클라크의 후계자들이 맡아서 해야 할 몫이었다. 아무튼 이처럼 그의 탁월한 소질은 아마존이 성장하던 시기에 주문처리 센터라는 혼란스러운 참호 속에서 일선 노동자들이 겪는 어려움에 냉정하게 대처하기도 하고 때로는 공감하기도 하면서 마구잡이로 뻗어 있는 복잡한 사업을 훌륭히 관리하는 능력을 키운 것과 비슷한 방식으로 형성된 것은 아니었다.

오랫동안 근무한 다른 많은 임원도 조용히 물러났다. 그들이 은퇴한 이유는 그간 거침없이 달려오면서 지치기도 했고 이미 거대한 부를 축적했기 때문이거나, 좀 더 작은 회사에서 더욱 활기찬 영역에 몰두하고 싶었기 때문이다. 그렇게 회사를 떠난 사람들 가운데는 아마존에서 22년간 일하면서 아마존 스튜디오와 광고 부문의 호황을 이끈 제프 블랙번 수석 부사장도 있다. 그들이 떠난 자리는 신세대들이 대체했는데, 그중에는 S팀에 갓 합류한 다수의 임원도 포함되어 있었다. 대표적으로는 아마존 패션(Amazon Fashion)의 크리스틴 보샹(Christine Beauchamp), 광고 부문의 콜린 오브리, 사업 부문의 앨리시아 볼러 데이비스(Alicia Boler Davis) 등이 있었다.[446] 그리고 베스 갈레티도 마침내 여기에 가세하여 오랫동안 젠더 다양성과 인종 다양성이 너무나도 부족한 25명으로 구성된 최고위급 지도층의 윤곽을 바꾸기 시작했다.

베이조스에 대해 말하자면, 팬데믹에 대한 아마존의 대응책이 대체로 제 모습을 갖추면서 그는 마침내 일련의 새로운 계획들을 실행에 옮길 수 있게 되었다. 앞서 2020년 2월에 그는 자신이 베이조스 지구기금(Bezos Earth Fund)이라고 부르는 자선사업의 일환으로 과학자, 활동가, 기후 관련 단체 등에 후원금 100억 달러를 기부하겠다고 약속했다. 코로나19 위기로 그 계획이 지연되던 와중에, 그의 전 부인 매켄지 스콧이 세계를 깜짝 놀라게 했다.[447] 그녀가 다양한 흑인 대학과 여성단체 및 성소수자 인권단체 등에 60억 달러에 달하는 거액의 후원금을 아무런 조건 없이 신속하게 지급했으며, 이후에는 시애틀의 화학교사인 댄 주잇(Dan Jewett)과 재혼한 것이다. 참고로 주잇 역시 매켄지와 마찬가지로 기부 클럽인 기빙플레지에 서명한 사람이다. 그녀의 전 남편이 이제 막 시작한 자선활동과는 극명하게 대비되는 행보였다.

2020년 가을을 거치면서 베이조스와 로런 산체스는 기후 및 환경보존 단체들과 화상회의를 했다. 이런 단체의 수뇌부들은 이 커플이 통찰력 있는 질문을 했으며, 실질적인 변화를 이끌어내려면 어떻게 해야 하는지 간곡하게 조언을 요청했다고 말한다. 저소득층 거주지역의 오염을 막는 것 같은 다양한 대의를 위해 활동하는 소규모 풀뿌리 단체들을 포함하여 폭넓은 비영리 단체들과 접촉하면서, 이 두 사람은 그들이 보이는 반응에 놀란 것 같았다. 그들 중 일부는 베이조스의 돈을 신뢰하지 않았고, 노동자를 학대한다는 평판을 받는 기업의 CEO와 긴밀하게 제휴하는 것을 경계했다.

미국 원주민들에게 힘을 실어줄 수 있는 지속가능한 해결책을 만드는 데 헌신하는 단체인 NDN컬렉티브(NDN Collective)는 베이조스 지구기금에서 1,200만 달러를 받은 후에 다음과 같은 내용이 포함된 특이한 성명을 발표했다. "우리는 아마존과 제프 베이조스가 특히 부당한 노동 조건을 강요한 것과 정부에서 자금을 지원받은 것에 대해, 그리고 세계의 기후변화에 직접적으로 기여하는 것에 대하여 근거 있는 비판을 받아왔다는 사실을 모른 척 넘어가지 않을 것이다."[448]

다른 풀뿌리 단체들은 자신들이 환경방어기금(Environmental Defense Fund)이나 세계자원연구소(World Resources Institute)처럼 1억 달러의 지원금을 받을 예정이던 대형 환경단체들과 비교적 동등한 처우를 받았다고 주장했다. 이러한 환경정의단체 다섯 곳은 모두 합해서 1억 5,100만 달러를 받게 된다.

그러나 몇몇 단체는 더 나아가서 베이조스에게 기후단체에 기부하는 것만이 아니라 공정한 노동 기준을 확립하기 위해 나서달라고 요구했다. 이들과의 대화가 자신이 예상한 것보다 훨씬 더 복잡해지고 논쟁적인 사안으로까지 확대되자, 베이조스는 아마존의 오랜 이사회 구성원이자 빌&멀린다게이츠재단(Bill and Melinda Gates Foundation)의 전임 CEO 패티 스톤사이퍼(Patty Stonesifer)에게 중재를 요청했다. 환경단체들은 그녀가 그해 가을에 그러한 업무를 이어받아서 기후및청정에너지주식형펀드(Climate and Clean Energy Equity Fund)나 기후및젠더정의를위한하이브펀드(Hive Fund for Climate and Gender Justice) 같은 단체들도 베이조스의 후원금을 받을 수 있도록 도움을 주었다고 회상했다. 그녀는 또한 노동의 권리를 기후정의의 필수적인 요소라는 확고한 입장을 갖고 있는 유색인지위향상협회(NAACP)의 환경및기후정의프로그램 (Environmental and Climate Justice Program) 같은 단체와의 대화도 원만하게 마무리했다.

2020년 11월 16일, 베이조스 지구기금이 1차로 7억 9,100만 달러를 후원한다는 발표는 베이조스가 마침내 자신의 뛰어난 지능과 막대한 재산을 현세대의 가장 커다란 도전과제들에 사용하기 시작했다는 사실을 보여주었다. 그의 진정한 의도가 무엇인지 환경단체들 사이에서는 회의적인 반응이 끊이지 않았지만, 그는 평생에 걸쳐 어마어마한 성공을 거둔 이후에 설정한 삶의 방식을 쉽게 바꾸지는 않을 것이다.

그의 위상이 계속해서 성장하는데도 이러한 태도는 아마존 내부에서 가장 새롭고도 유망한 노력들을 면밀하게 관리하는 방법에도 적용되었다. 알렉사나 아마존 고 매장 같은 프로젝트를 키워냈듯이, 그는 위성을 쏘아 올려 전 세계 사람들에게 초고속 인터넷 서비스를 제공하기 위한 프로젝트 카이퍼(Project Kuiper)가 성장할 수 있게 힘을 보탰다. 아마존이 100억 달러를 투입하는 이 프로젝트는 일론 머스크의 스페이스X가 이미 구축한 스타링크(Starlink) 위성 시스템에 정면으로 도전장을 내민 것이라고 할 수 있다. 두 회사는 무선전파 대역폭(radio spectrum)과 신호가 가장 강한 지구 저궤도의 우선권을 두고 규제당국 앞에서 싸움을 벌였다. 세계에서 가장 부유한 두 사람이 세간의 주목을 끄는 경쟁에서 다시 한번 맞붙은 것이다.

마찬가지로 베이조스는 대략 4조 달러 규모인 미국의 의료시장에서 아마존의 비즈니스를 계속해서 감독했다. 대표적으로는 아마존의 고객이 온라인으로 처방약을 주문할 수 있도록 오래전부터 준비해온 아마존 약국(Amazon Pharmacy)이 있는데, 11월에 코로나19가 미국에서 기승을 부리자 회사는 본격적으로 서비스를 개시했다. 의료 분야에서의 다른 시도들로는 핏빗(Fitbit)과 비슷하며 2020년 8월에 공개된 헤일로 (Halo)라는 스마트 밴드, 그리고 워싱턴주에서 일하는 아마존의 직원에게 의사와 가상으로 상담할 수 있게 만든 스마트폰 앱 기반의 서비스인 아마존 케어(Amazon Care)[449]를 이제는 다른 기업에도 판매하기 시작했다. 베이조스는 의료 분야에서는 창조적 파괴와 혁신을 위한 잠재력이 상당하다고 믿었고, 회사 내부에서는 '위대한 도전(grand challenge)'이라고 부르는 비밀 그룹과 주기적으로 만났다. 이 그룹의 목적은 의료 분야에서의 아이디어를 짜내고 새로운 가능성을 추구하는 것이었다.

베이조스는 이미 막대한 회사의 자산을 더욱 크게 증식할 수 있는 새롭고도 유망한 비즈니스 기회를 포착하는 데만 자신의 시간을 할애했다. 그는 또한 오래된 사업 부문의 권한을 앤디 재시나 데이브 클라크 같은 핵심 임원들에게 계속해서 넘겨주었다. 그리고 2021년 2월 2일, 아마존은 역사적인 발표를 한다. 베이조스가 자신의 CEO 직위를 넘겨준다는 것이었다.[450] 회사가 이후 발표한 분기 재무보고서에서, 베이조스는 오랫동안 AWS를 이끌어왔으며 오래전 자신의 첫 번째 전속 기술 보좌역이었던 앤디 재시에게 최고경영자 자리를 물려주고, 자신은 이사회 의장으로 물러난다고 밝혔다.

이러한 움직임은 아마존의 공식적인 근위병 교대식이자 현대의 비즈니스 역사에서 가장 극적으로 흘러온 한 시대가 끝났음을 알리는 것이었다. 25년이라는 시간을 거쳐오면서, 베이조스는 웹이라는 새로운 매체에서 책을 판매한다는 아이디어를 구상했고, 수많은 발명을 하고 거침없이 기술을 포용하면서, 그리고 무자비할 정도로 레버리지를 추구하면서 1조 5,000억 달러가 넘는 기업가치를 지닌 글로벌 제국을 구축했다.

전현직 동료 중에서는 그의 퇴진 소식을 듣고 놀라는 사람이 거의 없는 것 같았다. 베이조스는 아마존 외부에서 벌여놓은 많은 중요한 일에 쏟는 시간을 늘려가면서, 오랫동안 서서히 멀어졌기 때문이다. 그들은 또한 그의 여자친구에 대해서도 궁금해했는데, 그가 과연 호화로운 저택들은 물론이고 거대한 요트에서 로런 산체스와 함께 호사스런 휴양을 즐기며 살아가는 걸 원할지 알 수 없었기 때문이다.

베이조스가 최고경영자 자리에서 벗어나려 한 이유가 또 하나 있다. 아마존의 CEO로 일하는 것이 점점 재미가 없어진 것이다. 아마존 마켓플레이스 같은 복잡하면서도 이미 성숙한 비즈니스에는 끊이지 않는 사기행위와 불공정한 경쟁에 불만을 가진 소매상인들이 가득했다. 그리고 100만 명 이상의 블루칼라 노동자가 일하는 아마존의 주문처리 네트워크에서는 급여 인상과 노동조건 개선을 요구하는 목소리들이 커졌다. 그런 사람들은 아마존의 최고 경영진에 대한 분노를 키웠으며, 문제가 생기면 베이조스 개인에게 책임을 묻는 경향이 있었다. 워싱턴과 브뤼셀에서도 그와 관련된 규제들이 생겨날 조짐을 보였다. 베이조스는 특이한 관리 방식으로 철저한 훈련을 거쳐서 규율이 잘 갖춰진 53세의 앤디 재시를 새로운 지도자로 지명했다. 재시는 스포트라이트를 받으면서도 뛰어난 성과를 거두었으며, 아마존의 정치적 적대자들에게는 다소 겸손한 목표를 제시했다. 한때 베이조스의 기술보좌역이었던 그는 아마존에서도 가장 수익성이 높은 부문(AWS)을 스스로 만들고 운영하면서 그 자신의 능력을 충분히 입증했으며, 더욱 전념을 다해 몰두해야 하는 역할에 어울리는 인물이었다.

베이조스는 직원들에게 이런 이메일을 보냈다.

아마존의 CEO라는 건 막중한 책임이며, 엄청나게 힘든 직책입니다. 여러분이 그런 책임을 지게 되면, 다른 것에는 관심을 두기가 너무나도 어렵습니다. 이제 저는 이사회 의장으로서 아마존의 중요한 프로젝트에는 여전히 참여하겠지만, 개인적으로는 데이원 펀드(Day 1 Fund), 베이조스 지구 기금, 블루오리진, 〈워싱턴포스트〉 등을 비롯한 저의 열정에 더욱 집중하기 위해 저의 시간과 에너지를 쏟을 것입니다. 지금처럼 에너지가 넘친 적은 없었으며, 이것은 은퇴가 아닙니다.[451]

지금까지 제프 베이조스의 임무는 아마존이 정체되는 걸 막고 자신을 능가할 수 있는 창의적인 문화와 강력한 시스템을 가진 '첫날' 기업으로 유지하는 것이었다. 그는 언젠가 전 직원이 참여하는 회의에서 이렇게 경고한 적이 있다. "아마존은 너무 커서 망할 수가 없습니다. 그러나 사실, 저는 언젠가 아마존이 망할 거라고 예상합니다. 아마존은 파산할 것입니다. 다른 대기업의 사례를 살펴보면, 그들의 수명이 100년을 넘기기는커녕 30여 년에 불과하다는 것을 알 수 있습니다."

그러한 암울한 가능성을 막아야 하는 건 이제 대부분 앤디 재시의 책임이 될 것이다. 신임 CEO의 앞날에 놓인 가장 커다란 도전과제들로는 아마존의 주가가 정체되더라도 회사의 노련한 고위급 임원들을 회사가 잃지 않는 것, 계속해서 증가하는 물류창고 노동자들에게 동기부여를 하고 행복하게 해주는 것, 그리고 미국의 안팎에서 예고되는 규제당국의 엄중한 조사를 잘 헤쳐나가는 것 등이 있다. 그중에서도 가장 중요한 싸움은 언젠가는 미국 정부가 아마존에 반독점 소송을 제기하는 것이 될 텐데, 아직까지는 대체로 아마존에 우세한 상황이었다.

그러나 신성불가침의 영역으로 여겨지는 열네 가지 리더십 원칙이 여전히 건재하고, 여러 비즈니스 부문이 조밀하게 맞물려 있으며 전체적으로 아주 강력하게 가속도가 붙은 상황이기 때문에, 베이조스는 자신이 옆으로 물러나더라도 재시가 회사를 이끌면서 충분히 잘 성장시킬 수 있으리라고 판단한 것으로 보인다.

그럼에도 끊임없이 따라다니는 질문에 대한 대답은 여전히 어렴풋한 상황이며, 그건 지금도 마찬가지다. 그것은 바로 '아마존이 있는 세상이 과연 더 나은가?'이다.

어쩌면 아마존이 1조 달러의 제국으로 진화하고 제프 베이조스가 일선에서 물러나 비즈니스 역사의 연대기 속으로 들어간 이후, 이런 질문을 하는 것이 이제는 무의미해졌을 수도 있다. 아마존은 현재 우리의 삶이나 지역사회와는 떼려야 뗄 수 없을 정도로 복잡하게 얽혀 있고, 고객을 집에서 편하게 주문하는 편리함에 가두고 있으며, 매우 영민한 지역의 일부 업체를 제외한 소매상인에게는 도저히 극복할 수 없는 어려움을 제기하고 있다. 이러한 현실을 지켜보다 보면, 일방향 (one-way)과 양방향(two-way) 도어에 대해, 그리고 돌이킬 수 없는 '일방향 유형'의 결정에 대해 오래전에 베이조스가 말한 내용이 떠오른다. 우리는 오래전에 제프 베이조스와 그의 동료들이 대부분 구상하고 구축해놓은 기술적인 사회를 향해 열린 일방향의 문을 열고 걸어 들어왔다. 2020년대 경제 현실의 아주 많은 부분을 지배하고 있는 이 회사와 그 사람에 대해 무엇을 생각하든, 이제 우리는 예전으로 돌아갈 수 없게 되었다.

Amazon
Unbound

JEFF BEZOS and
the INVENTION of a
GLOBAL EMPIRE

◀ 제프 베이조스는 월스트리트에서 고액 연봉의 일자리를 그만둔 후, 1995년 7월에 조촐한 규모로 온라인 서점을 열었다. 회사의 첫 물류창고는 그의 집 지하에 있는 사무실이었다.

짐 로트(Jim Lott)/시애틀타임스(Seattle Times)

▼ 1999년, 당시 서른다섯 살이던 제프 베이조스와 아내인 매켄지가 시애틀의 자택에 있는 모습. 그해 가을, 아마존의 시가총액은 250억 달러에 도달했고, 그는 〈타임(Time)〉지 '올해의 인물'에 선정되었다. 그 직후 인터넷 산업이 붕괴하기 시작했고, 아마존은 가까스로 살아남았다.

데이비드 버넷(David Burnett)/컨택트프레스이미지(Contact Press Images)

▲ 베이조스가 어렸을 때, 그의 부모는 매년 여름이 되면 아들을 텍사스주 커툴라(Cotulla)에 있는 은퇴한 외할아버지의 목장으로 보냈다. 그곳에서 그는 자급자족의 가치를 배우고, 공상과학과 우주에 대한 애정을 키웠다. 그는 이 목장을 1999년에 다시 방문했다.

데이비드 버넷/컨택트프레스이미지

◀ 제프 베이조스는 아마존이 완전히 새로운 스마트폰을 만들기를 원했다. 그가 2010년에 구상해서 어렵게 개발하고 있던 파이어폰은 화면에서 이미지를 3D처럼 보여줄 생각이었다. 그러나 아마존의 엔지니어들은 그러한 특징에 회의적이었다. 그리고 2014년 6월에 출시되었지만 완전히 망했다.

데이비드 라이더(David Ryder)/게티이미지(Getty Images)

▶ 인도 아마존의 임원들이 보수적인 성장 계획안을 제출하자, 베이조스는 그들에게 이렇게 말했다. "제가 인도에서 필요로 하는 건 컴퓨터 과학자가 아닙니다. 저는 카우보이가 필요합니다." 이후 그들이 보여준 야심에 화답하는 차원에서 그는 2014년 9월에 인도를 방문했으며, 트레일러 트럭을 타고 커다란 20억 달러짜리 가짜 수표를 건네주었다.

만주나스 키란(Manjunath Kiran)/게티이미지

▲◀ 베이조스는 〈워싱턴포스트〉 중역들과 전략회의를 할 때 전설적인 편집장인 마티 배런이 참석하기를 원했다. "만약 레스토랑을 바꾸려면, 그곳의 셰프와 이야기를 나누어야 합니다." 두 사람이 2016년 5월에 열린 무대 행사에서 이야기하고 있다.

▲▶ 〈워싱턴포스트〉의 테헤란 주재 기자였던 제이슨 레자이언은 적법하지 않은 스파이 혐의를 받고 18개월 동안 이란에서 투옥되었다. 2016년 1월에 그가 석방되었을 때, 베이조스는 자신의 전용기를 타고 프랑크푸르트로 날아가 레자이언을 미국에 있는 가족들의 품으로 데려왔다.

알렉스 웡(Alex Wong)/게티이미지

◀ 할리우드와 〈스타트렉〉의 광팬인 베이조스는 결국 2016년에 개봉한 영화 〈스타트렉 비욘드〉에 카메오로 출연했다. 그는 이 영화의 시사회에 당시의 아내였던 매켄지를 비롯하여 네 명의 아이들을 데리고 참석했다.

토드 윌리엄슨(Todd Williamson)/게티이미지

▶ 아마존 스튜디오의 초대 수장인 로이 프라이스는 〈트랜스페어런 트〉 같은 히트작으로 사업에 대한 전권을 얻으면서 아마존과 제프 베이조스가 할리우드에 진출하는 것을 도왔다. 그는 아마존이 주최하는 파티의 주역이었는데, 2016년 9월에 에미상 수상 직후에 열린 축하연에서도 마찬가지였다. 프라이스는 그 파티에서 저지른 부적절한 언행으로 이듬해에 대표직을 사임했다.

찰리 갤리(Charley Gallay)/게티이미지, 아마존 스튜디오

▲ 할리우드는 수십억 달러의 자산을 가진 아마존의 창업주를 향해 움직였고, 베이조스 역시 할리우드에 점점 더 이끌렸다. 2018년 1월, 베벌리힐튼 호텔에서 아마존의 후원으로 주최된 골든글로브 시상식 파티에서, A급 스타인 맷 데이먼, 크리스 헴스워스(Chris Hemsworth), 영화감독인 타이카 와이티티(Taika Waititi)와 자리를 함께한 베이조스의 모습.

알베르토 E. 로드리게스(Alberto E. Rodriguez)/게티이미지

▲◀ 전 세계 소비자 부문의 CEO 제프 윌크는 아마존의 냉철한 문화에서도 비교적 인간적인 요소들을 옹호하는 인물이었다. 2020년에 그가 은퇴를 선언했을 때, 베이조스는 직원들에게 이런 글을 남겼다. "그가 없었다면 아마존은 지금과는 전혀 다른 모습일 것입니다."

조 뷰글위츠(Joe Buglewicz)/블룸버그

▲▶ 아마존 웹 서비스(AWS)의 CEO였던 앤디 재시는 자신이 맡은 사업부가 거두는 어마어마한 재무 실적을 최대한 오랫동안 감추려고 노력했다. AWS는 현재 아마존이 거두는 영업이익 전체의 60퍼센트 이상을 책임지고 있다. 2021년 베이조스는 재시가 자신의 뒤를 이어 아마존 모든 부문을 대표하는 CEO가 될 것이라고 발표했다.

데이비드 폴 모리스(David Paul Morris)/블룸버그

▲◀ 3년이 넘는 시간 동안 S팀에서 유일한 여성 임원인 베스 갈레티는 2015년에 〈뉴욕타임스〉가 아마존의 문화를 비판하는 내용을 폭로한 직후에 아마존의 인사 부문을 총괄하게 되었다. 그녀는 성과 평가 시스템을 "급진적으로 간소화하라"는 요청을 받았다.

홀리 안드레스(Holy Andres)

▲▶ 데이브 클라크는 2012년부터 아마존의 방대한 사업 부문들을 맡아 운영해왔다. 안전 관리에 대한 비판이 제기되는 상황에서도 그는 로봇 기업인 키바(Kiva) 인수와 택배 배송 분야로의 진출 등을 진두지휘했다. 그는 2021년에 제프 윌크의 뒤를 이어 소비자 부문의 CEO가 되었다.

카일 존슨(Kyle Johnson)

▲◀ 도널드 트럼프는 대통령으로 재임하는 동안 아마존이 세금을 회피하고 미국연방우체국을 사취한다고 비난하는 등 아마존과 심각한 갈등을 빚었다. 2017년 6월, 베이조스와 마이크로소프트의 사티아 나델라 CEO 등을 비롯한 기술 업계의 리더들이 백악관을 방문했을 때는 대체로 평화로운 분위기였다.

재빈 보츠포드(Jabin Botsford)/워싱턴포스트/게티이미지

▲▶ 2017년 7월, 베이조스는 아이다호주 선밸리에서 개최된 앨런앤컴퍼니 콘퍼런스에 참석했다. 운동과 식이요법으로 건강미를 과시한 이 사진은 인터넷에서 엄청나게 화제를 일으키며 수많은 밈(meme)을 양산했고, '불룩한 베이조스(swole Bezos)'라는 표현도 만들어냈다.

드루 앵거러(Drew Angerer)/게티이미지

▼ 2015년 11월, 블루오리진은 승무원 캡슐과 재사용 가능한 로켓 추진체를 발사해 모두 성공적으로 착륙시켰다. 한 달 뒤에 일론 머스크가 같은 일을 성공했을 때, 베이조스는 트위터로 머스크에게 "이 클럽에 가입하신 걸 환영합니다"라는 메시지를 보냈다.

블루오리진/주마프레스(ZUMA Press)

◀ 〈내셔널인콰이어러〉가 베이조스와 로런 산체스의 관계를 공개한 이후, 그들은 엘리트 사교계에서 공개적으로 함께 다니기 시작했다. 2020년 2월, 로스앤젤레스에서 열린 어느 패션쇼에서 두 사람은 제니퍼 로페즈, 그리고 전설적인 〈보그〉의 편집장 애나 윈터와 함께 참석했다.

칼라 케슬러(Calla Kessler)/뉴욕타임스/리덕스(Redux)

◀ 베이조스는 2020년 1월에 인도를 다시 찾았는데, 2014년의 첫 방문 때와는 상당히 다른 분위기였다. 이번에는 영세 상인들이 그가 오는 것에 저항했으며, 베이조스와 로런 산체스는 옷을 갖춰 입고 타지마할 앞에서 사진을 찍었다.

파완 샤르마(Pawan Sharma)/AFP/게티이미지

◀ 3개의 유리 온실이 서로 연결된 건물인 스피어즈가 2018년 1월에 시애틀에서 개관하던 당시, 아마존은 이 도시의 최고급 사무실들 가운데 5분의 1을 점유하고 있었고, 도시의 진보적인 시의회와의 관계는 점점 냉랭해졌다.

잭 영(Jack Young) – 장소들(Places)/알라미(Alamy)

▶ 아마존이 제2본사의 절반을 뉴욕 퀸즈의 롱아일랜드시티에 건설하겠다고 발표했을 때, 이를 반대하는 목소리가 높았다. 2019년 1월 시의회에서 제2본사 관련 청문회를 열었는데, 시위대들이 아마존을 반대하는 현수막을 펼쳐 보이며 야유를 보냈다. 불과 며칠 후, 아마존은 뉴욕에 신축 사무실을 건설하려던 계획을 취소했다.

드루 앵거러/게티이미지

▶ 코로나19 팬데믹이 시작되자, 아마존의 시간제 노동자들 사이에서 비판이 거세게 일었다. 체온을 측정하는 장비를 설치하고 사회적 거리두기 지침을 마련하는 등 다양한 안전 조치를 시행했는데도 감염되는 직원은 계속해서 늘어났고, 노동자들은 회사가 안전보다 판매를 우선시한다며 저항했다.

리앤드로 저스틴(Leandro Justen)

▲ 아마존은 베이조스가 의회에 출석해서 진술하는 것만은 막으려 했지만, 더 이상 어쩔 수 없는 상황이 되었다. 2020년 7월 29일, 베이조스는 페이스북의 마크 저커버그, 구글의 순다르 피차이, 애플의 팀 쿡과 함께 하원의 반독점 소위원회가 온라인 플랫폼과 시장 지배력에 대해 주최한 청문회에 온라인으로 출석했다.

만델 응간(Mandel Ngan)

▲"제 삶은 거대하게 이어진 실수들에 바탕을 두고 있습니다." 2019년 11월, 워싱턴 D. C.에서 스미스소니언이 주최한 미국인의 초상화 행사에서 베이조스가 발언하고 있다. 그를 소개한 사람은 장남인 프레스턴이다.

◀ 베이조스는 예술가들의 명단이 있는 책자를 훑어본 후에, 하이퍼리얼리즘 화가인 로버트 맥커디를 선택했다. 그는 '자신이 가진 모든 결점, 모든 불완전함, 모든 반흔조직 자국까지 아주 세밀하게 그려줄 하이퍼리얼리즘 화가'를 찾고 있었다.

| 감사의 말 |

나는 2018년 초부터 이 책을 쓰기 위해 취재를 시작했고, 2020년에 코로나19 팬데믹 와중에 집필했다. 이 험난한 시기의 다른 수많은 일과 마찬가지로, 내가 깊이 신세를 지고 있는 친구들, 가족들, 동료들의 지지와 지혜가 있었기에 이 책을 성공적으로 끝마칠 수 있었다.

　사이먼앤슈스터(Simon & Schuster)의 스테파니 프레리치(Stephanie Frerich)는 어려운 질문을 던지거나, 투박한 문장을 수정하거나, 거대한 이야기의 흐름이 중심에서 벗어나지 않게 하는 일에서 절대 물러서지 않는 품위 있는 편집자다. 에밀리 시몬슨(Emily Simonson), 엘리사 리블린(Elisa Rivlin), 재키 시오(Jackie Seow), 매튜 모내헌(Matthew Monahan), 사만다 호백(Samantha Hoback), 리사 어윈(Lisa Erwin)은 빠르게 진행된 출간 일정에서도 결승선을 넘을 수 있게 도움을 주었다. 조너선 카프(Jonathan

Karp), 데이나 커니디(Dana Canedy), 리처드 로러(Richard Rhorer), 킴벌리 골드스테인(Kimberly Goldstein), 스티븐 베드퍼드(Stephen Bedford), 마리 플로리오(Marie Florio), 래리 휴즈(Larry Hughes), 그리고 고(故) 캐롤린 리디(Carolyn Reidy)는 이 책의 신봉자이자 이 책의 엄청난 주제를 철저하게 검토한 지지자다.

나의 에이전트인 UTA의 필라 퀸(Pilar Queen)은 나를 강력하게 대변해준 사람이자 조언자다. 그녀는 아마존 및 제프 베이조스와 관련하여 빠르게 진화하는 주제로 다시 한번 돌아가야 한다며 끈질기게 나를 설득했고, 그다음에는 열렬한 대변자이자 초기의 독자 중 한 명이 되었다. 그녀에게 정말 감사한다.

린지 겔맨(Lindsay Gellman)은 꼼꼼하면서도 신속하게 작업하는 린지 무스카토(Lindsay Muscato), 리마 파리크(Rima Parikh), 제러미 간츠(Jeremy Gantz)와 함께 사실관계 확인을 도와준 것 외에도 연구에서 귀중한 지원을 해주었다. 다이애나 수리야쿠스마(Diana Suryakusuma)는 사진 작업에 도움을 주었다. 모든 오류는 전적으로 나의 책임이다. 다수의 인터뷰를 원활하게 수행하고 수많은 사실을 수집할 수 있게 도와준 아마존의 크리스 오스터(Chris Oster)와 할리 고든(Halle Gordon)에게도 감사한다.

〈블룸버그뉴스(Bloomberg News)〉에서 이번 프로젝트를 열렬하게 지지해주었으며, 일상적인 업무에서 가끔 거리를 두는 데에도 너그럽게 이해해준 존 미클스웨이트(John Micklethwait), 레토 그레고리(Reto Gregori), 헤더 해리스(Heather Harris)에게 고맙게 생각한다. 내가 블룸버그의 글로벌 테크놀로지(Global Technology) 팀의 일원이라는 사실이 매우 자랑스럽다. 우리 팀의 톰 자일스(Tom Giles), 질리언 워드(Jillian Ward), 마크 밀리언(Mark Milian), 피터 엘스트롬(Peter Elstrom), 에드윈 챈(Edwin Chan), 자일스 터너(Giles Turner), 몰리 슈어츠(Molly Schuetz), 엘리스테어 바(Alistair Barr), 앤디 마틴(Andy Martin)은 전 세계의 65명에 달하는 재능 있는 기술 분야의 저널리스트들을 이끄는 멋진 동료들이다. 〈블룸버그 비즈니스위크(Bloomberg Businessweek)〉 매거진의 조엘 웨버(Joel Weber), 크리스틴 파워스(Kristin Powers), 짐 앨리(Jim Aley)는 늘 한결같은 동료다. 맥스 채프킨(Max Chafkin)은 이 글을 쓰는 과정에서 수많은 유익한 조언과 암울한 농담을 들려주었다.

블룸버그의 동료인 마크 거먼(Mark Gurman), 오스틴 카(Austin Carr), 엘렌 휴엣(Ellen Huet), 조슈아 브루스테인(Joshua Brustein), 디나 배스(Dina Bass), 프리야 아난드(Priya Anand), 이언 킹(Ian King), 니코 그랜트(Nico Grant), 카르티카이 메흐로트라(Kartikay Mehrotra), 앤 밴더메이(Anne Vandermey), 나오미 닉스(Naomi Nix), 톰 멧캘프(Tom Metcalf), 잭 윗지그(Jack Witzig), 브로디 포드(Brody Ford), 데번 펜들턴(Devon Pendleton)은 내가 간혹 도움을 요청할 때마다 흔쾌히 응해주었다. 새라 프라이어(Sarah Frier)와 에밀리 창(Emily Chang)은 언제나 동기부여와 격려를 해줄 준비가 되어 있었다. 사리타 라이(Saritha Rai)는 인도에서 펼쳐진 아마존의 이야기를 풀어내는 데 도움을 주었고, 3장의 일부는 우리가 함께 〈블룸버그 비즈니스위크〉에 쓴 커버스토리에 바탕을 두고 있다. 애슐리 밴스(Ashlee Vance)는 흔들림 없는 친구이자 나와는 늘 함께 일을 꾸미는 사이다.

블룸버그 기자인 스펜서 소퍼(Spencer Soper)와 맷 데이(Matt Day), 그리고 편집자인 로빈 아젤로(Robin Ajello)에게는 특별히 고마움을 전하는데, 그들의 커다란 노고는 이 책의 주석에서 확인할 수 있다. 그들은 아주 중요한 피드백을 제공했으며, 아마존에 대한 심층적인 지식의 저장고 같은 존재다. 우리는 숀 웬(Shawn Wen)이 제작하는 블룸버그 테크놀로지의 팟캐스트 시리즈인 〈파운더링(Foundering)〉의 일환으로 아마존에 대한 이야기를 오디오 버전으로 만드는 일을 함께 했다.

앤 콘블러트(Anne Kornblut), 맷 모스크(Matt Mosk), 애덤 피오리(Adam Piore), 션 메쇼러(Sean Meshorer), 이선 와터스(Ethan Watters), 마이클 조던(Michael Jordan), 프레드 샤플스(Fred Sharples), 루즈와나 바쉬르(Ruzwana Bashir), 애덤 로저스(Adam Rogers), 대니얼 맥긴(Daniel McGinn), 찰스 두히그(Charles Duhigg)는 모두 도움이 필요한 다양한 순간에 친구로서 기꺼이 도움을 제공해주었다. 닉 빌튼(Nick Bilton)과 크리스타 빌튼(Chrysta Bilton) 부부는 내가 로스앤젤레스로 여러 번 출장을 갈 때마다 너그럽게 나를 맞아주었다. 닉 윙필드(Nick Wingfield)와 에밀리 윙필드(Emily Wingfield) 부부도 내가 시애틀로 출장을 가면 똑같이 환대해주었다. 스티븐 레비(Steven Levy)는 아주 오랫동안 현명한 조언과 함께 아주 귀중한 우정을 보여주었다.

브라이언 스톤(Brian Stone)과 에릭 스톤(Eric Stone), 디타 파프라니쿠 스톤(Dita Papraniku Stone)과 베카 졸러 스톤(Becca Zoller Stone), 루앤 스톤(Luanne Stone), 마테 쉬슬러(Mate Schissler)와 앤드루 이오르굴레스쿠(Andrew Iorgulescu), 존 스톤(Jon Stone)과 모니카 스톤(Monica Stone) 부부를 포함하여 많은 가족에게서 지지를 받았다는 것이 너무나도 큰 행운이다. 나의 아버지 로버트 스톤(Robert Stone)은 나와 가장 가까운 독자이자 이번 책의 여러 아이디어를 점검해주었다. 나의 어머니 캐롤 글릭(Carol Glick)은 헌신적인 사랑과 조언을 내게 주었으며, 이렇게 힘든 작업을 하는 동안에는 나를 걱정해주기도 했다. 나의 할머니 버니스 야스판(Bernice Yaspan)은 103세의 고령에도 열렬한 독자로 남아 계시며, 나의 개인적인 목표들 중 하나는 이 책을 할머니의 두 손에 직접 건네드리는 것이다.

나의 딸 이사벨라 스톤(Isabella Stone), 칼리스타 스톤(Calista Stone), 하퍼 폭스(Harper Fox)는 매일 나를 아주 자랑스럽게 만들어준다. 팬데믹 기간 동안에 아이들이 보여준 회복력에 비하면, 또 한 권의 책을 쓴다는 건 비교적 쉬운 일 같다. 그러나 물론 나의 아내 티파니 폭스(Tiffany Fox)의 사랑과 인내와 무한한 격려가 없었다면, 이 책은 거의 불가능했을 것이다.

책장을 펼치자마자 한 폭의 풍경화가 펼쳐졌다. 어느 미술관에서 개최된 행사를 소개하는 장면이었다. 그리고 뒤이어 초상화 한 점이 소개되었다. 이날의 주인공을 그린 극사실주의 작품이었다. 이 모든 그림은 사진으로 제시되는 것이 아니라, 흰색 바탕에 검은색 텍스트로 묘사되어 있었다. 그것은 마치 그날의 이미지를 텍스트로 인코딩 해놓은 것 같았다. 그 텍스트의 코드를 풀어내면, 그 안에 암호화되어 숨겨져 있던 입체적인 장면들이 마법처럼 눈앞에서 되살아났다. 그렇게 실제 그림에 대한 소개로 시작한 이 책은, 수많은 단어가 이어져 이야기의 씨줄과 날줄을 만들고, 그러한 씨줄과 날줄이 서로 촘촘하게 엮이면서 하나의 챕터를 구성해낸다. 그리고 그러한 챕터들이 하나씩 켜켜이 쌓이면서 아마존과 제프 베이조스에 대한 입체적인 형상이 완성된다.

이 책은 세계 최고의 부자와 그가 만든 회사에 대한 거의 완벽한 해설서라고 할 수 있다. 그러나 아마존이 성공할 수 있었던 비결을 소개하는 내용도 아니고, 제프 베이조스의 리더십을 찬양하는 책도 아니다. 저자는 오히려 저널리스트의 입장에서 그들의 내부를 최대한 파헤치고 분석하는 것을 목표로 하고 있다.

이 책은 시중에서 흔히 볼 수 있는 실용서나 자기계발서가 아니라, 아마존을 심층적으로 취재한 탐사저널리즘의 결과물이다. 아마존에 그다지 관심 없던 사람이라도, 한 번 책장을 넘기면 흥미진진한 이야기 전개에 흠뻑 빠져들게 될 것이다.

이 책에서는 세계 최고의 기업에서도 최고위층 경영진들이 모여 치열한 토론을 나누는 자리에 우리가 함께 참석하는 듯한 착각이 들 정도로 생생한 현장감을 전해준다. 그렇게 저자는 우리를 시애틀의 아마존 본사로, 제2본사 프로젝트를 추진하며 일대 혼란을 일으킨 뉴욕으로, 대통령에게도 맞서며 언론을 자유를 지켜내려는 워싱턴 D. C.로, 화려한 스타들이 참석하는 할리우드와 베벌리힐스로, 텍사스 서부의 로켓 발사 현장으로, 그리고 인도와 멕시코와 중국으로 숨 쉴 틈 없이 데리고 다닌다.

문장 하나하나의 완성도만 따져도 저자인 브래드 스톤이 뛰어난 필력을 가진 인물이라는 것을 알 수 있지만, 이야기를 끌어가는 솜씨에서는 탁월한 스토리텔러로서의 자질이 느껴지며, 사건의 공백이나 빈틈을 메우기 위해 수많은 관계자를 직접 찾아가 인터뷰하는 점에서는 저널리스트로서의 철저한 직업의식을 엿볼 수 있다.

원문 텍스트가 워낙 완벽했기에, 나는 그것이 가진 원형의 가치를 손상하지 않기 위해 최선을 다했다. 따라서 역자로서 내가 한 일이라고는 그러한 씨줄과 날줄들이 흩어지지 않도록 하나씩 조심조심 풀어낸 다음, 가지런하게 정렬해서 다시 잘 엮어냈을 뿐이라고 말할 수 있다.

　이처럼 뛰어난 원문을 만난 것이 즐거웠고, 그걸 우리말로 옮기는 작업을 할 수 있어 큰 보람을 느낀다.

2021년 가을
강릉 초당에서
전리오

프롤로그 ·· 전 세계에서 가장 영향력 있는 기업

1 맷 데이(Matt Day), "아마존, 기후 문제를 주요한 방침으로 만들기 위해 노력한다", 블룸버그, 2020년 9월 21일, https://www.bloomberg.com/news/features/2020-09-21/amazon-made-a-climate-promise-without-a-plan-to-cut-emissions, (2021년 1월 16일 확인)

2 기후정의를 위한 아마존의 직원들, "제프 베이조스 및 아마존 이사회에 보내는 공개편지", 미디엄, 2019년 4월 10일, https://amazonemployees4climatejustice.medium.com/public-letter-to-jeff-bezos-and-the-amazon-board-of-directors-82a8405f5e38, (2021년 1월 18일 확인)

3 "의미 있는 혁신이 아마존 방문객의 끊임없는 개선을 이끌고, 출시하고, 자극한다"는 표현이 밀리라비(milliravi)라는 약자를 만드는 기초가 되었는데, 이는 아마존 임원 한 명이 '백만 달러 이상으로 심각한 수학적 오류'라는 의미로 만든 단어다. 브래드 스톤, 《모든 것을 파는 가게: 제프 베이조스와 아마존의 시대》(보스턴: 리틀, 브라운앤컴퍼니, 2013), p. 135

4 제프 베이조스 프로필, "억만장자들: 2011년 3월", 포브스, 2011년 3월 9일, https://web.archive.org/web/20110313201303if/http://www.forbes.com/profile/jeff-bezos, (2021년 1월 17일 확인)

5 니콜 브로더(Nicole Brodeur), "주민들이 아마존에 대해 말하다", 시애틀타임스, 2012년 1월 12일, https://www.seattletimes.com/seattle-news/neighbors-talking-about-amazon, (2021년 1월 17일 확인)

6 엘리자베스 워런 상원의원, "기술 대기업을 분쇄할 수 있는 방법", 미디엄, 2019년 3월 8일, https://medium.com/@teamwarren/heres-how-we-can-break-up-big-tech-9ad9e0da324c, (2021년 1월 17일 확인)

7 카타르지나 니두르니(Katarzyna Niedurny), "이보나의 음성 당사자, 엘리베이터에 타서 버튼을 눌렀더니 내 목소리로 '1층'이라고 말하는 안내음이 들렸다", 2019년 1월 4일, https://wiadomosci.onet.pl/tylko-w-onecie/jacek-labijak-o-karierze-glosu-jacek-w-syntezatorze-mowy-ivona/kyht0wl, (2021년 1월 19일 확인)

8 유진 킴, "아마존이 아무도 예상하지 못한 또 하나의 억만 달러 비즈니스인 에코를 만들 수 있었던 자세한 내막", 비즈니스인사이더, 2016년 4월 2일, https://www.businessinsider.com/the-inside-story-of-how-amazon-created-echo-2016-4, (2021년 1월 19일 확인)

9 데이비드 베이커(David Baker), "영국인 윌리엄 턴스톨-페도, 에비로 애플의 시리에 맞서다", 와이어드UK, 2012년 5월 8일, https://www.wired.co.uk/article/the-brit-taking-on-siri, (2021년 1월 19일 확인)

10 마이크 버처(Mike Butcher), "아마존이 시리와 비슷한 에비 앱을 2,600만 달러에 인수했다고 취재원이 말했다", 테크크런치, 2013년 4월 17일, https://techcrunch.com/2013/04/17/sources-say-amazon-acquired-siri-like-evi-app-for-26m-is-a-smartphone-coming, (2021년 1월 19일 확인)

11 제임스 블라호스(James Vlahos), "하나의 완벽한 답안을 위한 아마존 알렉사 및 검색", 와이어드, 2018년 2월 18일, https://www.wired.com/story/amazon-alexa-search-for-the-one-perfect-answer, (2021년 1월 19일 확인)

12 니코 스트룀(Nikko Ström), "니코 스트룀, AI의 최전선에 가다: 알렉사의 딥러닝", 슬라이드셰어, 2017년 1월 14일, https://www.slideshare.net/AIFrontiers/nikko-strm-deep-learning-in-alexa, (2021년 1월 19일 확인)

13 아마존, 로봇 기기를 활용하여 충전하는 이동식 기술, 미국 특허 9711985, 2015년 3월 30일 출원, https://www.freepatentsonline.com/9711985.html, (2021년 1월 19일 확인)

14 제프 베이조스, "2018년 주주들에게 보내는 편지", 아마존, 2018년 4월 11일, https://www.aboutamazon.com/news/company-news/2018-letter-to-shareholders, (2021년 1월 19일 확인)

15 오스틴 카(Austin Carr), "제프 베이조스의 파이어폰이 실패한 내막", 패스트컴퍼니, 2015년 1월 6일, https://www.fastcompany.com/3039887/under-fire, (2021년 1월 19일 확인)

16 찰스 두히그(Charles Duhigg), "아마존은 멈출 수 없는가?", 뉴요커, 2019년 10월 10일, https://www.newyorker.com/magazine/2019/10/21/is-amazon-unstoppable, (2021년 1월 19일 확인)

17 맷 데이(Matt Day), 자일스 터너(Giles Turner), 나탈리아 드로즈디악(Natalia Drozdiak),

"당신이 알렉사에게 말한 것을 아마존의 노동자들이 듣고 있다", 블룸버그, 2019년 4월 10일, https://www.bloomberg.com/news/articles/2019-04-10/is-anyone-listening-to-you-on-alexa-a-global-team-reviews-audio?sref=dJuchiL5, (2021년 1월 19일 확인)

18 조슈아 브루스테인(Joshua Brustein), "아마존이 에코를 만든 진짜 이야기", 블룸버그, 2016년 4월 19일, https://www.bloomberg.com/features/2016-amazon-echo, (2021년 1월 19일 확인)

19 마리오 아귈라(Mario Aguilar), 2015년 1월 25일, https://gizmodo.com/amazon-echo-review-i-just-spoke-to-the-future-and-it-1672926712, (2021년 1월 19일 확인)

20 켈시 캠벨-덜라핸(Kelsey Campbell-Dollaghan), "아마존의 에코는 지난 몇 년 동안 가장 혁신적인 기기다", 기즈모도, 2014년 11월 6일, https://gizmodo.com/amazons-echo-might-be-its-most-important-product-in-yea-1655513291, (2021년 1월 19일 확인)

21 조슈아 브루스테인, "아마존이 에코를 만든 진짜 이야기"

22 데이비드 피어스(David Pierce), "리뷰: 구글 홈", 와이어드, 2016년 11월 11일, https://www.wired.com/2016/11/review-google-home, (2021년 1월 19일 확인)

23 토드 비숍(Todd Bishop), "아마존이 에코와 알렉사를 80개국에 추가로 출시하며 본격적으로 글로벌 확장을 시도한다", 긱와이어, 2017년 12월 8일, https://www.geekwire.com/2017/amazon-bringing-echo-alexa-80-additional-countries-major-global-expansion, (2021년 1월 19일 확인)

24 섀넌 랴오(Shannon Liao), "아마존이 미친 듯한 웃음소리를 고쳤다", 버지, 2018년 3월 7일, https://www.theverge.com/circuitbreaker/2018/3/7/17092334/amazon-alexa-devices-strange-laughter, (2021년 1월 19일 확인)

25 맷 데이, "보고서에 따르면, 아마존의 알렉사가 아무런 동의 없이 대화를 녹음해서 공유했다", 시애틀타임스, 2018년 3월 24일, https://www.seattletimes.com/business/amazon/amazons-alexa-recorded-and-shared-a-conversation-without-consent-report-says, (2021년 2월 12일 확인)

26 제임스 빈센트(James Vincent), "알렉사가 인간처럼 말하게 하기 위해 아마존이 개최한 350만 달러의 상금이 걸린 대회의 내막", 버지, 2018년 6월 13일, https://www.theverge.com/2018/6/13/17453994/amazon-alexa-prize-2018-competition-conversational-ai-chatbots, (2021년 2월 12일 확인)

Chapter 02 ·· 너무 지루한 이름

27 찰리 로즈와 나눈 제프 베이조스의 인터뷰, 찰리 로즈, 34분 40초, 2012년 11월 16일,

https://charlierose.com/videos/17252, (2021년 1월 19일 확인)

28 존 마코프(John Markoff), "고양이 한 마리를 알아보려면 얼마나 많은 컴퓨터가 필요할까?", 뉴욕타임스, 2012년 6월 25일, https://www.nytimes.com/2012/06/26/technology/in-a-big-network-of-computers-evidence-of-machine-learning.html, (2021년 1월 19일 확인)

29 제이콥 데미트(Jacob Demmitt), "아마존의 서점이 공개되나? 수상쩍은 시애틀 매장의 청사진이 새로운 단서들을 제시하다", 긱와이어, 2015년 10월 12일, https://www.geekwire.com/2015/amazons-bookstore-revealed-blueprints-provide-new-clues-about-mysterious-seattle-site, (2021년 1월 19일 확인)

30 브래드 스톤, 맷 데이, "아마존의 가장 야심찬 연구 프로젝트는 편의점이었다", 블룸버그, 2019년 7월 18일, https://www.bloomberg.com/news/features/2019-07-18/amazon-s-most-ambitious-research-project-is-a-convenience-store?sref=dJuchiL5, (2021년 1월 19일 확인)

31 로라 스티븐스(Laura Stevens), "아마존이 문제점을 해결하기 위해 무인 매장의 개점을 연기하다", 월스트리트저널, 2017년 3월 27일, https://www.wsj.com/articles/amazon-delays-convenience-store-opening-to-work-out-kinks-1490616133, (2021년 1월 19일 확인) 올리비아 잘레스키(Olivia Zaleski), 스펜서 소퍼(Spencer Soper), "아마존의 무인 매장의 본격 영업이 임박하다", 블룸버그, 2017년 11월 15일, https://www.bloomberg.com/news/articles/2017-11-15/amazon-s-cashierless-store-is-almost-ready-for-prime-time?sref=dJuchiL5, (2021년 1월 19일 확인)

32 샤라 팁켄(Shara Tibken), 벤 폭스 루빈(Ben Fox Rubin), "아마존의 미래적인 자동화 매장의 내부는 어떤 모습인가", CNET, 2018년 1월 21일, https://www.cnet.com/news/amazon-go-futuristic-automated-store-seattle-no-cashiers-cashless, (2021년 1월 19일 확인)

33 아마존은 AWS 부문의 운영비용을 R&D 지출 항목에 포함시키고 있다. 라니 몰라(Rani Molla)의 글 참조, "아마존이 지난해 R&D에 거의 230억 달러를 지출했는데, 이는 미국의 그 어떤 기업보다도 많은 금액이다", 복스, 2018년 4월 9일, https://www.vox.com/2018/4/9/17204004/amazon-research-development-rd, (2021년 1월 19일 확인)

34 스펜서 소퍼, "아마존은 2021년까지 3,000개의 무인 매장을 개점하려고 계획할 것이다", 블룸버그, 2018년 9월 19일, https://www.bloomberg.com/news/articles/2018-09-19/amazon-is-said-to-plan-up-to-3-000-cashierless-stores-by-2021?sref=dJuchiL5, (2021년 1월 19일 확인)

35 서배스천 헤레라(Sebastian Herrera), 애런 틸리(Aaron Tilley), "아마존이 식료품을 판매하는 무인 슈퍼마켓을 열기 위해 막바지 박차를 가하고 있다", 월스트리트저널, 2020년 2월 25일, https://www.wsj.com/articles/amazon-opens-cashierless-supermarket-in-latest-push-to-sell-food-11582617660?mod=hp_lead_pos10, (2021년 1월 19일 확인)

36 제프 베이조스, "2015년 주주들에게 보내는 편지", https://www.sec.gov/Archives/edgar/data/1018724/000119312515144741/d895323dex991.htm, (2021년 1월 19일 확인)

37 로빈 아젤로(Robin Ajello), 스펜서 소퍼, "아마존이 무인 계산대를 위한 스마트 쇼핑 카트를 개발한다", 블룸버그, 2020년 7월 14일, https://www.bloomberg.com/news/articles/2020-07-14/amazon-develops-smart-shopping-cart-for-cashierless-checkout?sref=dJuchiL5, (2021년 1월 19일 확인)

Chapter 03 ·· 카우보이와 킬러

38 나는 2018년 9월에 동료인 사리타 라이와 함께 벵갈루루에 있는 인도 아마존과 플립카트를 방문했다. 이 장은 우리가 함께 쓴 기사인 〈아마존이 인도에서 온라인 스토어를 열고자 하는데, 월마트와 전쟁을 치를 것이다〉를 기반으로 작성했다. 블룸버그 비즈니스위크, 2018년 10월 18일, https://www.bloomberg.com/news/features/2018-10-18/amazon-battles-walmart-in-indian-e-commerce-market-it-created, (2021년 1월 19일 확인); 나는 또한 다음 책의 일부도 활용했다. 미히르 달랄(Mihir Dalal),《억만 달러의 스타트업: 플립카트에 대한 알려지지 않은 이야기》(뉴델리: 판 맥밀런 인디아, 2019). 나는 2019년 8월 3일에 멕시코 아마존의 CEO였던 후안 카를로스 가르시아를 인터뷰했다. 그후 그는 법망을 피해 도주했다.

39 니콜라스 워댐스(Nicholas Wadhams), "아마존 중국 부문, 가짜 화장품에 대한 보도 이후에 문을 닫는다", 비즈니스오브패션, 2014년 3월 20일, https://www.businessoffashion.com/articles/technology/amazon-china-unit-closes-vendor-report-fake-cosmetics, (2021년 1월 19일 확인)

40 아르준 카르팔(Arjun Kharpal), "아마존이 중국의 마켓플레이스 비즈니스를 종료한다", CNBC, 2019년 4월 18일, https://www.cnbc.com/2019/04/18/amazon-china-marketplace-closing-down-heres-why.html, (2021년 1월 19일 확인).
펠릭스 리히터(Felix Richter), "아마존이 중국 시장을 뚫지 못하다", 스태스티스타, 2017년 2월 22일, https://www.statista.com/chart/8230/china-e-commerce-market-share, (2021년 1월 19일 확인)

41 미히르 달랄,《억만 달러의 스타트업》, 101페이지

42 "인도 아마존, 2013년 6월 5일 서비스 개시", 유튜브 동영상, 2분 38초, 아미트 데슈판데(Amit Deshpande) 업로드, 2016년 3월 11일, https://www.youtube.com/watch?v=TFUw6OyugfQ&feature=youtu.be&ab_channel=AmitDeshpande, (2021년 1월 19일 확인)

43 제이 그린(Jay Green), "아마존이 인도의 '넓고 넓은 동부'에서 카우보이 전략을 택하다", 시애틀타임스, 2015년 10월 3일, https://www.seattletimes.com/business/amazon/amazon-takes-cowboy-tactics-to-wild-wild-east-of-india, (2021년 1월 19일 확인)

44 미히르 달랄, 슈루티카 베르마(Shrutika Verma), "아마존의 합작회사인 클라우드테일이 인도 최대의 판매자가 되었다", 민트, 2015년 10월 29일, https://www.livemint.com/Companies/RjEDJkA3QyBSTsMDdaXbCN/Amazons-JV-Cloudtail-is-its-biggest-seller-in-India.html, (2021년 1월 19일 확인)

45 아디티야 칼라(Aditya Kalra), "인도의 규제를 피하기 위한 아마존의 비밀 전략이 내부 문서로 드러나다", 로이터, 2021년 2월 17일, https://www.reuters.com/investigates/special-report/amazon-india-operation, (2021년 2월 23일 확인)

46 미히르 달랄, 《억만 달러의 스타트업》, 163페이지

47 서니 센(Sunny Sen), 조시 폴리옌투르텔(Josey Puliyenthuruthel), "주문을 외워, 일본, 독일, 영국, 미국에서 비즈니스를 했던 것처럼 인도에서도 서서히 기반이 형성되고 있다", 비즈니스투데이, 2014년 10월 26일, https://www.businesstoday.in/magazine/features/amazon-ceo-jeff-bezos-sachin-bansal-binny-bansal/story/211027.html, (2021년 1월 19일 확인)

48 "아마존 CEO 제프 베이조스, 나렌드라 모디 총리를 만나다", 인디아TV, 2014년 10월 4일, https://www.indiatvnews.com/business/india/narendra-modi-jeff-bezos-amazon-ceo-flipkart-e-commerce-14744.html, (2021년 1월 20일 확인)

49 캐롤리나 루이즈(Carolina Ruiz), "메르카도리브레, 멕시코의 비즈니스 동맹을 찾는다", 엘피난시에로, 2014년 10월 11일, https://www.elfinanciero.com.mx/tech/mercadolibre-busca-alianzas-con-competidores-en-mexico, (2021년 1월 20일 확인)

50 제임스 퀸(James Quinn), "제프 베이조스, 인생 최고의 시기에 있는 아마존의 대표", 아이리시인디펜던트, 2015년 8월 19일, https://www.independent.ie/business/technology/news/jeff-bezos-amazon-man-in-the-prime-of-his-life-31463414.html, (2021년 1월 20일 확인)

51 아마존이 2015년에 구글의 검색 광고에 지출한 비용은 티누티(Tinuiti)의 연구이사인 앤디 테일러(Andy Taylor)가 추산한 것이다.

52 데이나 베스 솔로몬(Daina Beth Solomon), "보고서에 따르면, 아마존이 2017년에 멕시코의 최고 온라인 소매업체가 되었다", 로이터, 2017년 12월 15일, https://www.reuters.com/article/us-mexico-retail/amazon-becomes-mexicos-top-online-retailer-in-2017-report-idUSKBN1E92ID, (2021년 1월 20일 확인)

53 존 라킷(Jon Lockett), "멕시코 아마존의 전직 CEO, 아내가 의문의 살해를 당한 이후 미국으로 도주, 몇 달 전에는 아내를 폭행", 더선, 2019년 12월 12일, https://www.thesun.co.uk/news/10538850/amazon-boss-shooting-mexico-fugitive, (2021년 1월 20일 확인)

54 아디티 슈리바스타바(Aditi Shrivastava), "아마존이 '차이 카트'라는 프로그램으로 소규모 상인들에게 구애를 하는 방법", 이코노믹타임스, 2015년 8월 21일, https://economictimes.indiatimes.com/small-biz/entrepreneurship/how-amazon-is-wooing-small-merchants-with-its-chai-cart-programme/articleshow/48565449.cms, (2021년 1월 20일 확인)

55 "미국을 방문한 모디 총리가 미국인도기업인협의회에서 말한 10가지", 파이낸셜익스프레스, 2016년 6월 8일, https://www.financialexpress.com/india-news/modi-in-us-10-things-pm-said-at-us-india-business-council/277037, (2021년 1월 20일 확인)

56 위와 동일

57 말라비카 벨라야니칼(Malavika Velayanikal), "공식 발표: 앱으로만 이용할 수 있는 플립카트와 민트라는 재앙이다", 테크인아시아, 2016년 3월 8일, https://www.techinasia.com/flipkart-myntra-app-only-disaster, (2021년 1월 20일 확인)

58 존 러셀(Jon Russell), "인도에서 전자상거래에 대한 새로운 규제가 아마존과 월마트의 크리스마스를 망치고 있다", 테크크런치, 2018년 12월 27일, https://techcrunch.com/2018/12/27/amazon-walmart-india-e-commerce-restrictions, (2021년 1월 20일 확인)

59 사이타 라이, 매튜 보일(Matthew Boyle), "월마트가 인도 기술 산업의 아이콘을 쫓아낸 이유", 블룸버그, 2018년 11월 15일, https://www.bloomberg.com/news/articles/2018-11-15/how-walmart-decided-to-oust-an-icon-of-india-s-tech-industry?sref=dJuchiL5. 사리타 라이, "월마트로부터 쫓겨난 플립카트의 억만 장자가 그간의 침묵을 깨다", 블룸버그, 2019년 2월 4일, https://www.bloomberg.com/news/articles/2019-02-05/flipkart-billionaire-breaks-his-silence-after-walmart-ouster?sref=dJuchiL5, (2021년 1월 20일 확인)

60 "플립카트 설립자인 사친 반살의 아내가 지참금 문제로 괴롭힘을 당했다며 그를 고소하다", 트리뷴, 2020년 3월 5일, https://www.tribuneindia.com/news/nation/flipkart-founder-sachin-bansals-wife-files-dowry-harassment-case-51345, (2021년 1월 20일 확인)

61 빈두 고엘(Vindu Goel), "판매에 관한 신규 법률에 의거하여, 인도의 아마존 사용자들은 선택권이 줄어들고 더 많은 가격을 내야 한다", 뉴욕타임스, 2019년 1월 30일, https://www.nytimes.com/2019/01/30/technology/amazon-walmart-flipkart-india.html, (2021년 1월 20일 확인)

62 마니쉬 싱(Manish Singh), "인도 최고의 부자, 아마존과 월마트의 플립카트를 공격하기 위한 준비 완료", 테크크런치, 2019년 12월 31일, https://techcrunch.com/2019/12/30/reliance-retail-jiomart-launch, (2021년 1월 20일 확인)

Chapter 04 ·· 굴욕적인 한 해

63 찰리 로즈와 나눈 스티브 발머의 인터뷰, 찰리 로즈, 48분 43초, 2014년 10월 21일, https://charlierose.com/videos/28129, (2021년 1월 20일 확인)

64 베르너 보겔스(Werner Vogels), "다이나모의 10년: 차세대 고성능 인터넷 규모의 애플리케이션에 힘을 실어주다", 올띵스디스트리뷰티드, 2017년 10월 2일, https://www.

allthingsdistributed.com/2017/10/a-decade-of-dynamo.html, (2021년 1월 20일 확인)

"다이나모: 아마존의 고성능 데이터베이스", https://www.allthingsdistributed.com/files/amazon-dynamo-sosp2007.pdf, (2021년 1월 20일 확인)

65 "제프 베이조스의 위험한 도박", 블룸버그 비즈니스위크, 2006년 11월 13일, https://www.bloomberg.com/news/articles/2006-11-12/jeff-bezos-risky-bet, (2021년 1월 20일 확인)

66 "아마존의 건설과 창조 문화를 유지하기", 갤럽, 2018년 2월 26일, https://www.gallup.com/workplace/231635/maintaining-culture-builders-innovators-amazon.aspx, (2021년 1월 20일 확인)

67 "2015년 아마존닷컴 연례 보고서", https://ir.aboutamazon.com/annual-reportsproxies-andshareholder-letters/default.aspx, (2021년 3월 10일 확인)

68 벤 톰슨(Ben Thompson), "AWS의 IPO", 스트래트처리, 2015년 5월 6일, https://stratechery.com/2015/the-aws-ipo, (2021년 1월 20일 확인)

69 존 러셀, "알리바바, 중국의 싱글스 데이에 93억 달러의 매출을 기록하다", 테크크런치, 2014년 11월 10일, https://techcrunch.com/2014/11/10/alibaba-makes-strong-start-to-singles-day-shopping-bonanza-with-2b-of-goods-sold-in-first-hour, (2021년 1월 20일 확인)

70 캐런 위즈(Karen Weise), "기술이 길을 잃은 10년", 뉴욕타임스, 2019년 12월 15일, https://www.nytimes.com/interactive/2019/12/15/technology/decade-in-tech.html, (2021년 1월 20일 확인)

71 위와 동일

72 마크 윌슨(Mark Wilson), "당신들은 아마존의 프라임 데이에 농락당하고 있다", 패스트컴퍼니, 2019년 7월 12일, https://www.fastcompany.com/90374625/youre-getting-screwed-on-amazon-prime-day, (2021년 1월 20일 확인)

73 맷 크랜츠(Matt Krantz), "아마존, 월마트의 시가총액을 뛰어넘다", USA투데이, 2015년 7월 23일, https://www.usatoday.com/story/money/markets/2015/07/23/amazon-worth-more-walmart/30588783, (2021년 1월 20일 확인)

74 테일러 소퍼(Taylor Soper), "좋은 날: 놀라운 실적을 거둔 아마존의 직원들 앞에서 맥클모어가 공연을 펼치다", 2015년 7월 24일, https://www.geekwire.com/2015/a-good-day-macklemore-performs-for-amazon-employees-after-company-crushes-earnings, (2021년 1월 20일 확인)

75 조디 칸토어, 데이비드 스트라이트펠드, "아마존 내부: 상처 주는 일터에서 거대한 아이디어와 씨름하는 곳", 뉴욕타임스, 2015년 8월 15일, https://www.nytimes.com/2015/08/16/technology/inside-amazon-wrestling-big-ideas-in-a-bruising-workplace.html, (2021년 1월 20일 확인)

76 제이 카니, "뉴욕타임스가 말하지 않은 것", 2015년 10월 19일, https://medium.com/@
jaycarney/what-the-new-york-times-didn-t-tell-you-a1128aa78931, (2021년 1월 20일 확인)

77 존 쿡(John Cook), "전문 공개: 제프 베이조스가 뉴욕타임스의 혹독한 기사에 대응하
며, 그가 이끄는 아마존에 대해서 잘못된 이야기를 하고 있다고 말하다", 긱와이어, 2015년 8
월 16일, https://www.geekwire.com/2015/full-memo-jeff-bezos-responds-to-cutting-nyt-
expose-says-tolerance-for-lack-of-empathy-needs-to-be-zero, (2021년 1월 20일 확인)

78 디에고 피아센티니, 필자와 나눈 대화, 그리고 조르주 기용 드 케밀리(Georges Guyon de
Chemilly), 필자와 나눈 대화

79 "아마존, 세계 최고의 직장 2위에 오르다", 아마존, 2020년 10월 20일, https://www.
aboutamazon.com/news/workplace/amazon-ranks-2-on-forbes-worlds-best-employers-
list, (2021년 1월 20일 확인)

80 스펜서 소퍼, "아마존 노동자들, 해고 통보에 대하여 동료들로 구성된 재판부에 항소 가
능", 블룸버그, 2018년 6월 25일, https://www.bloomberg.com/news/articles/2018-06-25/
amazon-workers-facing-firing-can-appeal-to-a-jury-of-their-co-workers?sref=dJuchiL5,
(2021년 1월 20일 확인)

Chapter 05 ·· 민주주의는 어둠 속에서 죽는다

81 글렌 케슬러, "오사마 빈 라덴을 예측했다는 트럼프의 주장", 워싱턴포스트, 2015년 12
월 7일, https://www.washingtonpost.com/news/fact-checker/wp/2015/12/07/trumps-claim-
that-he-predicted-osama-bin-laden, (2021년 1월 20일 확인)

82 팀 스테노빅(Tim Stenovic), "도널드 트럼프, 자신이 대통령에 당선되면 아마존은 상
당한 문제에 직면할 것이라고 말하다", 비즈니스인사이더, 2016년 2월 26일, https://www.
businessinsider.com/donald-trump-says-amazon-will-have-such-problems-2016-2, (2021
년 1월 20일 확인)

83 질 에이브럼슨(Jill Abramson), 《진실의 판매상(Merchants of Truth)》(뉴욕: 사이먼&슈스
터, 2019) 참조, 제프 베이조스가 인수하기 전과 후에 워싱턴포스트가 겪은 어려움들을 좀 더
자세히 확인할 수 있다.

84 위와 동일

85 크레이그 팀버그(Craig Timberg), 폴 파르히(Paul Farhi), "제프리 P. 베이조스, 워싱턴
포스트를 방문해서 편집인 등을 만나다", 워싱턴포스트, 2013년 9월 3일, https://www.
washingtonpost.com/lifestyle/style/jeffrey-p-bezos-visits-the-post-to-meet-with-editors-
and-others/2013/09/03/def95cd8-14df-11e3-b182-1b3bb2eb474c_story.html, (2021년 1월

20일 확인)

86 매튜 쿠퍼(Matthew Cooper), "프레드 하이아트, 제프 베이조스의 워싱턴포스트를 그만 두겠다고 말하다", 야후뉴스, 2013년 11월 5일, https://news.yahoo.com/fred-hiatt-offered-quit-jeff-bezoss-washington-post-123233358-politics.html, (2021년 1월 20일 확인)

87 댄 케네디(Dan Kennedy), "베이조스 효과: 아마존의 설립자가 워싱턴 포스트를 재발명 하는 방법, 그리고 사면초가에 몰린 신문 산업에 주는 교훈", 쇼렌스테인 미디어정치공공정 책센터, 2016년 6월 8일, https://shorensteincenter.org/bezos-effect-washington-post, (2021년 1월 20일 확인)

88 질 에이브럼슨, 《진실의 판매상》. 262페이지

89 마티아스 되프너, "제프 베이조스, 제국을 건설하는 것에 대해 말하다", 비즈니스인사이더, 2018년 4월 28일, https://www.businessinsider.com/jeff-bezos-interview-axel-springer-ceo-amazon-trump-blue-origin-family-regulation-washington-post-2018-4, (2021년 1월 20일 확인)

90 저스틴 엘리스(Justin Ellis), "워싱턴포스트, 다른 신문들과의 협업 관계를 구축함으로써 새로운 수익 창출의 기회를 열다", 니만랩, 2015년 4월 7일, https://www.niemanlab.org/2015/04/congratulations-toledo-blade-reader-on-your-subscription-to-the-washington-post, (2021년 1월 20일 확인)

91 워싱턴포스트 홍보팀, "CBS, 제프베이조스가 워싱턴포스트의 성장에 대해 말하다(영상)", 워싱턴포스트, 2015년 11월 24일, https://www.washingtonpost.com/pr/wp/2015/11/24/cbs-jeff-bezos-talks-washington-post-growth-video/&freshcontent=1/?outputType=amp&arc404=true, (2021년 1월 20일 확인)

92 켄 닥터(Ken Doctor), "워싱턴포스트와 '기록의 신문'이라는 별칭에 대하여", 폴리티코, 2015년 12월 3일, https://www.politico.com/media/story/2015/12/on-the-washington-post-and-the-newspaper-of-record-epithet-004303, (2021년 1월 20일 확인)
프랭크 팰로타(Frank Pallotta), "워싱턴포스트의 '새로운 기록 매체'라는 표현은 뉴욕타임스를 겨냥한 것이다", CNN, 2015년 11월 25일, https://money.cnn.com/2015/11/25/media/washington-post-new-york-times-paper-of-record, (2021년 1월 20일 확인)

93 스티븐 머프슨(Steven Mufson), "워싱턴포스트, 직원들의 퇴직금 혜택 삭감 발표", 워싱턴포스트, 2014년 9월 23일, https://www.washingtonpost.com/business/economy/washington-post-announces-cuts-to-employees-retirement-benefits/2014/09/23/f485981a-436d-11e4-b437-1a7368204804story.html, (2021년 1월 20일 확인)

94 마티 배런과 나눈 제프 베이조스의 인터뷰, "제프 베이조스, 워싱턴포스트를 인수한 이유를 설명하다", 워싱턴포스트 영상, 4분, 2016년 5월 18일, https://www.washingtonpost.com/video/postlive/jeff-bezos-explains-why-he-bought-the-washington-post/2016/05/18/

e4bafdae-1d45-11e6-82c2-a7dcb313287d_video.html, (2021년 1월 20일 확인)

95 벤자민 워포드(Benjamin Wofford), "제프 베이조스의 워싱턴 D. C. 생활을 들여다보다", 워싱터니언, 2018년 4월 22일, https://www.washingtonian.com/2018/04/22/inside-jeff-bezos-dc-life, (2021년 1월 20일 확인)

96 게리 스미스(Gerry Smith), "베이조스의 워싱턴포스트, 자사의 출간 기술을 BP에 판매", 블룸버그, 2019년 9월 25일, https://www.bloomberg.com/news/articles/2019-09-25/bezos-s-washington-post-licenses-its-publishing-technology-to-bp, (2021년 1월 20일 확인)

97 조슈아 벤튼(Joshua Benton), "월스트리트저널, 뉴욕타임스가 선점한 200만 디지털 독자 클럽에 가입", 니만랩, 2020년 2월 10일, https://www.niemanlab.org/2020/02/the-wall-street-journal-joins-the-new-york-times-in-the-2-million-digital-subscriber-club, (2021년 1월 20일 확인)

98 마리사 페리노(Marissa Perino), "리처드 브랜슨 개인이 소유한 섬에서부터 제프 베이조스의 6,500만 달러 전용기까지, 기술 억만장자들의 충격적인 낭비 사례", 비즈니스인사이더, 2019년 10월 15일, https://www.businessinsider.com/elon-musk-bill-gates-jeff-bezos-tech-billionaire-wildest-purchases-2019-10, (2021년 1월 20일 확인)
마크 스타일스(Marc Stiles), "코스트코, 550만 달러의 보잉 야전 격납고를 제프 베이조스에게 매각", 푸젯사운드비즈니스저널, 2015년 10월 22일, https://www.bizjournals.com/seattle/blog/techflash/2015/10/costco-just-sold-a-5-5boeing-field-hangar-to-jeff.html, (2021년 1월 20일 확인)

99 릭 글래드스톤(Rick Gladstone), "제이슨 레자이언, 워싱턴포스트 사주의 비행기를 타고 미국으로 귀환", 뉴욕타임스, 2016년 1월 22일, https://www.nytimes.com/2016/01/23/world/middleeast/rezaian-family-departs-germany-us.html, (2021년 1월 20일 확인)

100 벤자민 워포드, "제프 베이조스의 워싱턴 D. C. 생활을 들여다보다"

Chapter 06 ·· 할리우드 공습

101 피트 해먼드(Pete Hammond), "피트 해먼드의 시즌 분석, AFI가 레이스에 가세, '라라랜드'가 LA를 강타, 제프 베이조스가 〈맨체스터 바이 더 씨〉 파티 개최, 톰 포드의 식사", 데드라인, 2016년 12월 8일, https://deadline.com/2016/12/pete-hammonds-notes-on-the-season-afi-narrows-the-race-la-la-hits-l-a-jeff-bezos-throws-a-party-by-the-sea-tom-ford-chows-down-1201867352, (2021년 1월 20일 확인)
"제프 베이조스와 맷 데이먼이 〈맨체스터 바이 더 시〉 연말 파티를 개최", IMDB, https://www.imdb.com/gallery/rg2480708352/?ref_=rg_mv_sm, (2021년 1월 20일 확인)

102 레베카 존슨(Rebecca Johnson), "매켄지 베이조스: 작가, 네 아이의 엄마, 유명인의 아내", 보그, 2013년 2월 20일, https://www.vogue.com/article/a-novel-perspective-mackenzie-bezos, (2021년 1월 20일 확인)

103 피터 바트(Peter Bart), "피터 바트: 아마존의 제프 베이조스가 할리우드를 겨냥하다", 데드라인, 2016년 12월 9일, https://deadline.com/2016/12/jeff-bezos-hollywood-plan-amazon-manchester-by-the-sea-peter-bart-1201867514, (2021년 1월 20일 확인)

104 매튜 잉그램(Mathew Ingram), "컴캐스트가 넷플릭스와 휴전을 선언하기로 결심한 진짜 이유", 포천, 2016년 7월 5일, https://fortune.com/2016/07/05/comcast-truce-netflix, (2021년 1월 20일 확인)

105 세실리아 강(Cecilia Kang), "넷플릭스, 컴캐스트와 타임워너케이블의 합병을 반경쟁적인 행위라고 비판", 워싱턴포스트, 2014년 4월 21일, https://www.washingtonpost.com/news/the-switch/wp/2014/04/21/netflix-opposes-comcasts-merger-with-time-warner-cable-calls-it-anticompetitive, (2021년 1월 20일 확인)

106 새라 페레즈(Sarah Perez), "컴캐스트의 셋톱박스로 아마존의 프라임 비디오 시청 가능", 테크크런치, 2018년 8월 2일, https://techcrunch.com/2018/08/02/amazon-prime-video-is-coming-to-comcasts-cable-boxes, (2021년 2월 23일 확인)

107 조엘 켈러(Joel Keller), "아마존의 오픈소스 오리지널 콘텐츠 전략을 파헤치다", 패스트컴퍼니, 2013년 3월 8일, https://www.fastcompany.com/1682510/inside-amazons-open-source-original-content-strategy, (2021년 1월 20일 확인)

108 제넬 라일리(Jenelle Riley), "아마존, 〈트랜스페어런트〉로 골든글로브의 역사를 쓰다", 버라이어티, 2015년 1월 11일, https://variety.com/2015/tv/awards/amazon-transparent-make-history-at-golden-globes-1201400485, (2021년 1월 20일 확인)

109 유진 킴(Eugene Kim), "아마존이 제러미 클락슨의 신규 방송에 투자한 2억 5,000만 달러가 성과를 거두고 있다", 비즈니스인사이더, 2016년 11월 21일, https://www.businessinsider.com/amazon-250-million-bet-on-the-grand-tour-paying-off-2016-11, (2021년 1월 20일 확인)

110 킴 마스터스(Kim Masters), "아마존의 TV 프로듀서, 최고경영자인 로이 프라이스에게 성희롱 당한 사실 독점 공개", 할리우드리포터, 2017년 10월 12일, https://www.hollywoodreporter.com/news/amazon-tv-producer-goes-public-harassment-claim-top-exec-roy-price-1048060, (2021년 1월 20일 확인)
스테이시 퍼먼(Stacy Perman), "성추행 혐의로 아마존에서 쫓겨난 로이 프라이스, 이제는 말할 준비가 됐다", 로스앤젤레스타임스, 2020년 11월 23일, https://www.latimes.com/entertainment arts/business/story/2020-11-23/amazon-studios-roy-price-sexual-harassment-responds-me-too, (2021년 1월 20일 확인)

111 미셸 카스틸로(Michelle Castillo), "넷플릭스, 새로운 프로그램 제작에 60억 달러를 투자해서 경쟁자들을 모두 날려버릴 계획", CNBC, 2016년 10월 17일, https://www.cnbc.com/2016/10/17/netflixs-6-billion-content-budget-in-2017-makes-it-one-of-the-top-spenders.html, (2021년 1월 20일 확인)

112 네이선 매컬론(Nathan McAlone), "JP모건(JP Morgan)에 따르면, 아마존은 올해 넷플릭스를 상대로 벌이는 싸움에서 45억 달러를 투입할 예정이다", 비즈니스인사이더, 2017년 4월 7일, https://www.businessinsider.com/amazon-video-budget-in-2017-45-billion-2017-4, (2021년 1월 20일 확인)

113 마크 버겐(Mark Bergen), "아마존 프라임 비디오가 넷플릭스와 경쟁하는 이유는 두 마리 토끼를 모두 잡기 위해서다", 복스, 2016년 5월 31일, https://www.vox.com/2016/5/31/11826166/jeff-bezos-amazon-prime-video-netflix, (2021년 1월 21일 확인)

114 레슬리 골드버그(Lesley Goldberg), "〈반지의 제왕〉시리즈가 아마존의 콘텐츠로 20개의 배역을 추가 제공", 할리우드리포터, 2020년 12월 3일, https://www.hollywoodreporter.com/live-feed/lord-of-the-rings-adds-20-to-sprawling-cast-for-amazon-series, (2021년 1월 21일 확인)

115 브랜든 카터(Brandon Carter), "조코비치, 아마존의 다큐멘터리 시리즈 취소", 베이스라인, 2017년 11월 28일, http://baseline.tennis.com/article/70627/novak-djokovic-calls-amazon-documentary, (2021년 1월 21일 확인)

116 벤 프리츠(Ben Fritz), 조 플린트(Joe Flint), "아마존이 장악에 실패한 곳, 할리우드", 월스트리트저널, 2017년 10월 6일, https://www.wsj.com/articles/where-amazon-is-failing-to-dominate-hollywood-1507282205, (2021년 1월 21일 확인)

117 위와 동일

118 킴 마스터스, "아마존의 TV 프로듀서, 최고경영자인 로이 프라이스에게 성희롱 당한 사실 독점 공개"

Chapter 07 ·· 셀렉션 시스템

119 스펜서 소퍼, "아마존의 똑똑한 시스템이 물류창고에서 본사로 옮겨가고 있다", 블룸버그, 2018년 6월 13일, https://www.bloomberg.com/news/articles/2018-06-13/amazon-s-clever-machines-are-moving-from-the-warehouse-to-headquarters, (2021년 1월 22일 확인)

120 비디 초더리(Vidhi Choudary), "영향력이 약한 소비자용 앱 위시가 11억 달러 규모의 IPO 신청", 더스트리트, 2020년 12월 7일, https://www.thestreet.com/investing/wish-shopping-app-files-for-1point1-billion-ipo, (2021년 1월 25일 확인)

121 프리야 아난드(Priya Anand), "온라인 저가 스토어인 위시, IPO를 앞두고 힘을 잃다", 블룸버그, 2020년 12월 15일, https://www.bloomberg.com/news/articles/2020-12-15/wish-the-online-dollar-store-is-losing-momentum-before-ipo, (2021년 1월 25일 확인)

122 그레그 벤싱어(Greg Bensinger), "쇼핑 앱 위시, 투자 라운드에서 5,000만 달러 확보", 월스트리트저널, 2014년 6월 27일, https://www.wsj.com/articles/BL-DGB-36173, (2021년 1월 25일 확인)

123 프리야 아난드, "온라인 저가 스토어인 위시, IPO를 앞두고 힘을 잃다", 블룸버그, 2020년 12월 15일, https://www.bloomberg.com/news/articles/2020-12-15/wish-the-online-dollar-store-is-losing-momentum-before-ipo, (2021년 1월 25일 확인)

124 필자가 2019년 6월 26일에 피터 슐체프스키와 나눈 인터뷰. 슐체프스키는 포브스와 한 인터뷰에서는 상당히 다른 내용을 이야기했는데, 이후 그는 그 차이를 다시 한번 명확하게 확인했다.
파미 올슨(Parmy Olson), "아마존의 제안을 거부하고 세계에서 가장 많이 다운로드 된 전자상거래 앱인 위시를 설립한 억만장자를 만나다", 포브스, 2019년 3월 13일, https://www.forbes.com/sites/parmyolson/2019/03/13/meet-the-billionaire-who-defied-amazon-and-built-wish-the-worlds-most-downloaded-e-commerce-app/#ff927bd70f52, (2021년 1월 25일 확인)

125 라이언 피터슨(Ryan Petersen), "아마존이 해상으로 화물을 들여온다: 전자상거래 대기업, 해상 운송 서비스 업체들과 계약", 플렉스포트닷컴(Flexport.com) 2016년 1월 14일, https://www.flexport.com/blog/amazon-ocean-freight-forwarder, (2021년 1월 25일 확인)

126 2015년 1월 22일 서배스천 거닝햄이 보낸 이메일, 2020년 8월 6일 하원 법사위 반독점 소위원회에 증거로 제출되며 내용이 공개, https://judiciary.house.gov/uploadedfiles/00185707.pdf, (2021년 1월 25일 확인)

127 닉 스태트(Nick Statt), "앤커는 어떻게 해서 액세서리 분야에서 애플과 삼성을 꺾을 수 있었을까?", 버지, 2017년 5월 22일, https://www.theverge.com/2017/5/22/15673712/anker-battery-charger-amazon-empire-steven-yang-interview, (2021년 1월 25일 확인)

128 데이브 브라이언트(Dave Bryant), "중국의 우체국과 미국연방우체국이 자체 브랜드 비즈니스를 죽이는 방식과 그 원인", 이컴크루, 2017년 3월 18일, https://www.ecomcrew.com/why-china-post-and-usps-are-killing-your-private-labeling-business, (2021년 1월 25일, https://web.archive.org를 통해 확인)

129 알렉산드라 버즌(Alexandra Berzon), "아마존, 호버보드 소송에서 안전하지 않은 제품에 대한 책임을 회피하다", 월스트리트저널, 2019년 12월 5일, https://www.wsj.com/articles/how-amazon-dodges-responsibility-for-unsafe-products-the-case-of-the-hoverboard-11575563270, (2021년 1월 25일 확인)

130 앨러나 시뮤얼스(Alana Semuels), "당신이 아마존에서 구입한 물건이 폭발한다면", 애틀랜틱, 2019년 4월 30일, https://www.theatlantic.com/technology/archive/2019/04/lithium-ion-batteries-amazon-are-exploding/587005, (2021년 1월 25일 확인)

131 아리 레비(Ari Levy), "짝퉁 상품 급증으로 버켄스탁이 아마존을 떠난다", CNBC, 2016년 7월 20일, https://www.cnbc.com/2016/07/20/birkenstock-quits-amazon-in-us-after-counterfeit-surge.html, (2021년 1월 25일 확인)

132 파멜라 댄지거(Pamela N. Danziger), "이미 미국 최대의 패션 소매업체인 아마존, 시장 점유율을 더욱 확보하기 위해 자세를 취하다", 포브스, 2020년 1월 28일, https://www.forbes.com/sites/pamdanziger/2020/01/28/amazon-is-readying-major-disruption-for-the-fashion-industry/?sh=7acace9267f3, (2021년 1월 25일 확인)

133 제프리 대스틴(Jeffrey Dastin), "아마존, 짝퉁 상품 제거 프로그램을 판매자들에게로 확대하기로", 로이터, 2017년 3월 21일, https://www.reuters.com/article/us-amazon-com-counterfeit-idUSKBN16S2EU, (2021년 1월 25일 확인)

134 존 허먼(John Herrman), "BSTOEM에서부터 ZGGCD까지, 모두가 사랑하는 브랜드들", 뉴욕타임스, 2020년 2월 11일, https://www.nytimes.com/2020/02/11/style/amazon-trademark-copyright.html, (2021년 1월 25일 확인)

135 제프 베이조스, "2018년 주주들에게 보내는 편지", 어바웃아마존닷컴(AboutAmazon.com), 2019년 4월 11일, https://www.aboutamazon.com/news/company-news/2018-letter-to-shareholders

136 찰리 우드(Charlie Wood), "트럼프 행정부는 아마존의 해외 웹사이트 5곳을 '악명 높은 마켓' 목록에 포함시켰고, 아마존은 그것이 정치적 탄압이라고 말한다", 비즈니스인사이더, 2020년 4월 30일, https://www.businessinsider.com/us-blacklists-five-amazon-websites-as-notorious-markets-2020-4, (2021년 1월 25일 확인)

137 새라 페레즈, "사기행위와 싸우기 위하여, 아마존은 이제 영상통화로 제3의 판매자들을 검증한다", 테크크런치, 2020년 4월 27일, https://techcrunch.com/2020/04/27/to-fight-fraud-amazon-now-screens-third-party-sellers-through-video-calls, (2021년 1월 25일 확인)

138 "아마존닷컴에서 중국 판매자들의 수가 미국의 판매자들을 앞서다", 마켓플레이스펄스, 2020년 1월 23일, https://www.marketplacepulse.com/articles/chinese-sellers-outnumber-us-sellers-on-amazoncom, (2021년 1월 25일 확인)

139 제니 레너드(Jenny Leonard), "짝퉁을 막기 위해 미국이 아마존의 해외 사이트 5곳을 언급하다", 블룸버그, 2020년 4월 29일, https://www.bloomberg.com/news/articles/2020-04-29/ustr-lists-amazon-s-foreign-domains-in-counterfeiting-report, (2021년 1월 25일 확인)

140 브래드 스톤, "홀푸드, 반값 할인", 블룸버그, 2015년 1월 29일, https://www.bloomberg.com/news/articles/2015-01-29/in-shift-whole-foods-to-compete-with-price-cuts-loyalty-app, (2021년 1월 24일 확인)

141 앤드루 마틴(Andrew Martin), "홀푸드 경영진이 가명을 사용했다", 뉴욕타임스, 2007년 7월 12일, https://www.nytimes.com/2007/07/12/business/12foods.html, (2021년 1월 24일 확인)

142 존 매키,《의식 있는 자본주의》(보스턴: 하버드비즈니스리뷰프레스, 2013), 22페이지

143 헤더 해든(Heather Haddon), 데이비드 베누아(David Benoit), "홀푸드, 투자자와의 오랜 싸움의 악령을 마주하다", 월스트리트저널, 2017년 5월 12일, https://www.wsj.com/articles/whole-foods-faces-specter-of-long-investor-fight-1494581401, (2021년 1월 24일 확인)

144 스펜서 소퍼(Spencer Soper), 크레이그 지아모나(Craig Giammona), "아마존, 자나파트너스가 뛰어들기 전에 홀푸드의 인수를 검토한 것으로 알려져", 블룸버그, 2017년 4월 11일, https://www.bloomberg.com/news/articles/2017-04-11/amazon-said-to-mull-bid-for-whole-foods-before-jana-stepped-in, (2021년 1월 24일 확인)

145 그레그 벤싱어, 로라 스티븐스, "아마존, UPS를 위협하며 자신들의 택배를 직접 배송", 월스트리트저널, 2014년, 4월 24일, https://www.wsj.com/articles/amazon-tests-its-own-delivery-network-1398360018, (2021년 1월 24일 확인)

146 마크 로고스키(Mark Rogowsky), "전면 압박 익스프레스: 구글이 배송 서비스로 확장하며 아마존을 세게 밀어붙이다", 포브스, 2014년 10월 14일, https://www.forbes.com/sites/markrogowsky/2014/10/14/faster-google-expands-its-same-day-delivery-service-into-new-markets-presses-amazon/?sh=1b199d1a5e34, (2021년 1월 24일 확인)

147 "구글: 아마존이 최대의 검색 라이벌", BBC, 2014년 10월 14일, https://www.bbc.com/news/technology-29609472, (2021년 1월 24일 확인)

148 "자체 브랜드 상품의 현황: 전 유럽에서 자체 브랜드가 인기를 얻고 있다", PLMA인터내셔널, 2020, https://www.plmainternational.com/industry-news/private-label-today, (2021년 1월 24일 확인)

149 그레그 벤싱어, "아마존, 음식에서부터 기저귀까지 자체 브랜드 제품을 확장한다", 월스트리트저널, 2016년 5월 15일, https://www.wsj.com/articles/amazon-to-expand-private-label-offeringsfrom-food-to-diapers-1463346316, (2021년 1월 24일 확인)

150 줄리 크레스웰(Julie Creswell), "아마존은 어떻게 쇼핑객들을 자체 상품으로 몰고 가는가", 뉴욕타임스, 2018년 6월 23일, https://www.nytimes.com/2018/06/23/business/amazon-the-brand-buster.html, (2021년 1월 24일 확인)

151 다나 마티올리(Dana Mattioli), "아마존, 경쟁 제품을 만들기 위해 다른 판매자들의 데이터를 퍼가다", 월스트리트저널, 2020년 4월 23일, https://www.wsj.com/articles/amazon-scooped-up-data-from-its-own-sellers-to-launch-competing-products-11587650015, (2021년 1월 24일 확인)

152 토드 비숍(Todd Bishop), "아마존의 보물 트럭이 전달한 메시지는 실수였으며, 꼬여버린 출시 과정에서 나온 또 하나의 엇박자다", 긱와이어, 2015년 8월 27일, https://www.geekwire.com/2015/amazon-announces-treasure-trucks-launch-two-months-after-mysterious-delay, (2021년 1월 24일 확인)

153 "아마존 보물 트럭, 웨스트 필라델피아의 주차장에서 화염에 휩싸이다", 필라델피아 CBS, 2018년 5월 3일, https://philadelphia.cbslocal.com/2018/05/03/west-philadelphia-parking-lot-fire-amazon-treasure-truck/amp, (2021년 1월 24일 확인)

154 로베르토 퍼드먼(Roberto A. Ferdman), "나는 햄버거 하나에 몇 마리의 소가 들어가는지를 계산해보려 노력했다", 워싱턴포스트, 2015년 8월 5일, https://www.washingtonpost.com/news/wonk/wp/2015/08/05/there-are-a-lot-more-cows-in-a-single-hamburger-than-you-realize, (2021년 1월 24일 확인)

155 커트 슐로서(Kurt Schlosser), "끊임없는 탐사에 배고픔을 느낀 제프 베이조스가 이구아나를 먹으며 우주여행의 비용을 지불하는 방법을 논의하다", 긱와이어, 2018년 3월 12일, https://www.geekwire.com/2018/hungry-exploration-jeff-bezos-eats-iguana-discusses-pay-space-travel, (2021년 1월 24일 확인)

156 스테파니 자로반(Stefany Zaroban), 앨리슨 인라이트(Allison Enright), "아마존의 거대하며 성장하는 주문처리 네트워크의 안쪽을 들여다보다", 디지털커머스360, 2017년 8월 2일, https://www.digitalcommerce360.com/2017/08/02/amazon-jobs-day-a-look-inside-amazons-massive-and-growing-fulfillment-network, (2021년 1월 24일 확인)

157 로널드 오롤(Ronald Orol), "홀푸드 CEO인 존 매키: 아마존과의 만남은 '사랑에 빠지는 것'과 같았다", 더스트리트, 2018년 3월 5일, https://www.thestreet.com/investing/stocks/whole-food-ceo-john-mackey-says-meeting-amazon-was-like-falling-in-love-14509074, (2021년 1월 24일 확인)

158 시니드 커루(Sinead Carew), 데이비드 랜들(David Randall), "인수전 속에서 홀푸드 주가 꾸준히 상승", 로이터, 2017년 6월 19일, https://www.reuters.com/article/us-usa-stocks-wholefoods-idUSKBN19A22J, (2021년 1월 24일 확인)

159 아바 바타르차이(Abha Bhattarchai), "홀푸드, 공급업체들에 새로운 제한을 부과하면서 일부 소상공인들 울상", 워싱턴포스트, 2018년 1월 5일, https://www.washingtonpost.com/business/economy/whole-foods-places-new-limits-on-suppliers-upsetting-some-small-vendors/2018/01/05/7f58b466-f0a1-11e7-b390-a36dc3fa2842story.html, (2021년 1월 24일

확인)

160 다나 마티올리, "워싱턴 D.C.의 엄중한 조사로 아마존의 협상이 위협받다", 월스트리트저널, 2019년 7월 3일, https://www.wsj.com/articles/amazons-deal-making-threatened-by-d-c-scrutiny-11562146205, (2021년 1월 24일 확인)

161 로라 스티븐스, "아마존, 홀푸드와 배송 부문을 베이조스 직속부하 산하로", 월스트리트저널, 2017년 11월 9일, https://www.wsj.com/articles/amazon-puts-whole-foods-rapid-delivery-businesses-under-veteran-executive-1510236001, (2021년 1월 24일 확인)

Chapter 09 ·· 마지막 구간

162 "아마존의 거대한 물류센터는 어떻게 운영되는가", 블룸버그 퀵테이크(Bloomberg Quicktake)가 올린 유튜브 동영상, 2012년 11월 26일, https://www.youtube.com/watch?v=bfFsqbIn_3E, (2021년 1월 23일 확인)

163 데이브 클라크, 2019년 9월 6일에 올린 트위터, https://twitter.com/davehclark/status/1169986311635079168, (2021년 1월 23일 확인)

164 스펜서 소퍼, "아마존 물류창고의 내부 공개", 모닝콜, 2011년 9월 18일, https://www.mcall.com/news/watchdog/mc-allentown-amazon-complaints-20110917-story.html, (2021년 1월 23일 확인)

165 스펜서 소퍼, "아마존의 배송 시스템을 만든 남자", 블룸버그, 2019년 12월 17일, https://www.bloomberg.com/news/articles/2019-12-17/amazon-holiday-shopping-the-man-who-makes-it-happen, (2021년 1월 23일 확인)

166 크리스 웰치(Chris Welch), "아마존의 로봇 대회를 통해 창고에서 사람의 일자리가 당분간은 보장될 것으로 보여", 버지, 2015년 6월 1일, https://www.theverge.com/2015/6/1/8698607/amazon-robot-picking-challenge-results, (2021년 1월 23일 확인)

167 "여러분의 상품을 실어 나르는 아마존의 새로운 로봇을 만나다", 블룸버그 테크놀로지의 동영상, 2분 10초, 2014년 12월 1일, https://www.bloomberg.com/news/videos/2014-12-01/meet-amazons-new-robot-army-shipping-out-your-products, (2021년 1월 23일 확인)

168 윌 에번스(Will Evans), "아마존은 안전상의 위험을 어떻게 감추었나", 리빌, 2020년 9월 29일, https://revealnews.org/article/how-amazon-hid-its-safety-crisis, 미국 노동부, "아마존 주문처리 센터에 7,000달러 벌금 부과", 2016년 1월 12일, https://www.osha.gov/news/newsreleases/region3/01122016, (2021년 1월 23일 확인)

169 스펜서 소퍼, "아마존의 배송 시스템을 만든 남자", 블룸버그, 2019년 12월 17일,

https://www.bloomberg.com/news/articles/2019-12-17/amazon-holiday-shopping-the-man-who-makes-it-happen, (2021년 1월 23일 확인)

170 데빈 레너드(Devin Leonard), "아마존이 페덱스를 죽일 것인가?", 블룸버그, 2016년 8월 31일, https://www.bloomberg.com/features/2016-amazon-delivery, (2021년 1월 23일 확인)

171 암리타 자야쿠마르(Amrita Jayakumar), "아마존, 크리스마스 배송 문제를 일으킨 UPS 에 환불 요구", 워싱턴포스트, 2013년 12월 26일, https://www.washingtonpost.com/business/economy/amazon-ups-offer-refunds-for-christmas-delivery-problems/2013/12/26/c9570254-6e44-11e3-a523-fe73f0ff6b8d_story.html, (2021년 1월 23일 확인)

172 세실리아 강, "아마존, 미국연방우체국의 부대를 활용하여 일요일에도 배송하기로", 워싱턴포스트, 2013년 11월 13일, https://www.washingtonpost.com/business/technology/amazon-to-deliver-on-sundays-using-postal-service-fleet/2013/11/10/e3f5b770-48c1-11e3-a196-3544a03c2351_story.html, (2021년 1월 23일 확인)

173 데이비드 와일(David Weil), 《균열 일터(The Fissured Workplace)》(하버드대학교출판부, 2014)[한국어판은 《균열일터 당신을 위한 회사는 없다》(황소자리, 2015)], 와일은 《피케티 이후 (After Picketty)》(하버드대학교출판부, 2017)의 "소득 불평등, 임금 결정, 균열 일터"라는 장에서 이에 대해서 더욱 자세히 서술했다.

174 제이슨 델 레이(Jason Del Rey), "아마존이 운송 부문의 야심을 키우며, 수천 대의 화물 트레일러를 구입하다", 복스, 2015년 12월 4일, https://www.vox.com/2015/12/4/11621148/amazon-buys-thousands-of-its-own-trucks-as-its-transportation, (2021년 1월 24일 확인)

175 앙헬 곤잘레스(Angel Gonzalez), "아마존이 타깃으로 향하던 물류 부문의 전직 임원이 '기밀' 정보를 누출했다며 고소하다", 시애틀타임스, 2016년 3월 22일, https://www.seattletimes.com/business/amazon/amazon-sues-target-bound-former-logistics-executive, (2021년 1월 24일 확인)

176 레이먼드 첸(Raymond Chen), "마이크로소프트의 용어: 침 발라놓기", 마이크로소프트 블로그 게시글, 2009년 12월 1일, https://devblogs.microsoft.com/oldnewthing/20091201-00/?p=15843, (2021년 1월 24일 확인)

177 메리 슐랑엔스타인(Mary Schlangenstein), "페덱스 CEO, 아마존의 도전에 대한 보도를 '환상적'이라고 부르다", 블룸버그뉴스, 2016년 3월 17일, https://www.bloomberg.com/news/articles/2016-03-17/fedex-ceo-smith-calls-amazon-challenge-reports-fantastical, (2021년 1월 24일 확인)

178 "비밀 야간비행 이후 아마존의 첫 프라임 에어 비행기가 시애틀에서 데뷔하다", 긱와이어, 2016년 8월 4일, https://www.geekwire.com/2016/amazon-prime-airplane-seafair, (2021년 1월 24일 확인)

179 제프리 대스틴, "아마존, 새로운 항공화물 분야로 근육을 꿈틀거리기 시작하다", 로이

터, 2016년 12월 23일, https://www.reuters.com/article/us-amazon-com-shipping-insight/amazon-starts-flexing-muscle-in-new-space-air-cargo-idUSKBN14C1K4, (2021년 1월 24일 확인)

180 랜디 우즈(Randy Woods), "아마존, 프라임 에어 항공 허브를 신시내티로 이동하기로", 에어카고월드, 2017년 2월 1일, https://aircargoworld.com/news/airports/amazon-to-move-prime-air-cargo-hub-to-cincinnati, (2021년 1월 24일 확인)

181 제이슨 델 레이, "아마존, 자사의 화물기를 위한 15억 달러짜리 허브를 구축한다", 복스, 2017년 1월 31일, https://www.vox.com/2017/1/31/14462256/amazon-air-cargo-hub-kentucky-airport-prime-air, (2021년 1월 24일 확인)

182 스펜서 소퍼, "아마존의 제2본사 대참사의 이면: 제프 베이조스는 일론 머스크를 질투했다", 블룸버그, 2020년 2월 3일, https://www.bloomberg.com/news/articles/2020-02-03/amazon-s-hq2-fiasco-was-driven-by-bezos-envy-of-elon-musk, (2021년 1월 24일 확인)

183 "84세 여성을 숨지게 한 전직 아마존 배송기사 무혐의로 풀려나", NBC5, 2019년 8월 1일, https://www.nbcchicago.com/news/local/former-amazon-driver-acquitted-in-death-of-84-year-old-pedestrian/127151, (2021년 1월 24일 확인)

184 캐롤라인 오도노반(Caroline O'Donovan), 켄 벤싱어(Ken Bensinger), "아마존의 익일 배송이 미국의 길거리에 혼란과 학살을 불러왔지만 세계 최대의 소매업체는 비난을 면할 시스템을 갖고 있다", 버즈피드, 2019년 8월 31일, https://www.buzzfeednews.com/article/carolineodonovan/amazon-next-day-delivery-deaths, (2021년 1월 24일 확인)

185 패트리시아 캘러핸(Patricia Callahan), 캐롤라인 오도노반, 켄 벤싱어, "아마존 사망 사고를 일으킨 배송업체들과 계약 해지", 프로퍼블리카/버즈피드뉴스, 2019년 10월 11일, https://www.propublica.org/article/amazon-cuts-contracts-with-delivery-companies-linked-to-deaths, (2021년 1월 24일 확인)

186 패트리시아 캘러핸, "어머니가 아마존 물품을 배송하던 승합차에 치어 사망한 아들이 제프 베이조스에게 보내는 편지를 공개한다", 프로퍼블리카, 2019년 10월 11일, https://www.propublica.org/article/his-mother-was-killed-by-a-van-making-amazon-deliveries-heres-the-letter-he-wrote-to-jeff-bezos, (2021년 1월 24일 확인)

187 제이콥 데미트(Jacob Demmitt), "사실 확인: 아마존 플렉스 공식 론칭, 택배 배송 버전의 우버, 긱와이어, 2015년 9월 29일, https://www.geekwire.com/2015/confirmed-amazon-flex-officially-launches-and-its-like-uber-for-package-delivery, (2021년 1월 24일 확인)

188 레이첼 프리맥(Rachel Premack), "올해 아마존의 항공기 추락 사고로 사망한 조종사의 유가족이 형편없는 안전기준을 이유로 아마존을 비롯한 협력 항공사들을 고발한다", 비즈니스인사이더, 2019년 9월 9일, https://www.businessinsider.com/amazon-atlas-air-fatal-crash-pilots-sue-2019-9, (2021년 1월 24일 확인)

189 가브리엘 코폴라(Gabrielle Coppola), "아마존, 배송 프로그램을 강화하기 위해 메르세데스 승합차 2만 대 주문", 블룸버그, 2018년 9월 5일, https://www.bloomberg.com/news/articles/2018-09-05/amazon-orders-20-000-mercedes-vans-to-bolster-delivery-program, (2021년 1월 24일 확인)

190 에리카 판디(Erica Pandey), "아마존, 배송 업계의 새로운 왕좌", 액시어스, 2019년 6월 27일, https://www.axios.com/amazon-shipping-chart-fedex-ups-usps-0dc6bab1-2169-42a8-9e56-0e85c590eb89.html, (2021년 1월 24일 확인)

191 짐 탠커슬리(Jim Tankersley), "트럼프, 아마존이 연방우체국에 사기를 치고 있다고 비난했지만, 그의 행정부는 동의하지 않았다", 뉴욕타임스, 2018년 12월 4일, https://www.nytimes.com/2018/12/04/us/politics/trump-amazon-post-office.html, (2021년 1월 24일 확인)

192 폴 지오브로(Paul Ziobro), "UPS, 온라인 쇼핑의 수요를 감당하기 위하여 일주일 내내 배송을 하기로", 월스트리트저널, 2019년 7월 23일, https://www.wsj.com/articles/ups-to-start-7-day-delivery-to-juggle-demands-of-online-shopping-11563918759, (2021년 1월 24일 확인)
폴 지오브로, "UPS와 팀스터, 일요일 배송을 위해 2중 급여 체계를 논의하다", 월스트리트저널, 2018년 5월 9일, https://www.wsj.com/articles/ups-and-teamsters-discuss-two-tier-wages-sunday-deliveries-1525860000?mod=article_inline, (2021년 1월 24일 확인)

193 토머스 블랙(Thomas Black), "페덱스, 아마존과의 육상 배송 계약을 종료한다", 블룸버그, 2019년 8월 7일, https://www.bloomberg.com/news/articles/2019-08-07/fedex-deepens-pullback-from-amazon-as-ground-delivery-deal-ends?sref=dJuchiL5, (2021년 1월 24일 확인)

194 폴 지오브로, "프레드 스미스는 페덱스를 창업했다. 이제 그는 그 회사를 재창조해야만 한다", 월스트리트저널, 2019년 10월 17일, https://www.wsj.com/articles/fred-smith-created-fedex-now-he-has-to-reinvent-it-11571324050, (2021년 1월 24일 확인)

195 스펜서 소퍼, 토머스 블랙, "아마존 프라임의 연말 배송에 페덱스의 육상 운송 서비스 이용 금지령", 블룸버그, 2019년 12월 16일, https://www.bloomberg.com/news/articles/2019-12-16/amazon-cuts-off-fedex-ground-for-prime-shipments-this-holiday?sref=dJuchiL5, (2021년 1월 24일 확인)

196 스펜서 소퍼, "아마존, 8억 달러를 투입하여 하루배송 체제로 전환", 블룸버그, 2019년 4월 25일, https://www.bloomberg.com/news/articles/2019-04-25/amazon-will-spend-800-million-to-move-to-one-day-delivery, (2021년 1월 24일 확인)

197 "프라임 회원이 되면 초고속 식료품 배송이 무료", 아마존 블로그, 2019년 10월 29일, https://www.aboutamazon.com/news/retail/ultrafast-grocery-delivery-is-now-free-with-prime, (2021년 1월 24일 확인)

198 크리스 스파고(Chris Spargo), "배송용 드론은 필요 없다: 아마존의 창업자 제프 베이조스가 810억 달러짜리 미소를 환하게 지으며 아내와 껴안고 이탈리아의 전통시장에서 현실세계의 쇼핑을 하다", 데일리메일, 2017년 5월 11일, https://www.dailymail.co.uk/news/article-4497398/Amazon-founder-Jeff-Bezos-vacations-Italy.html, (2021년 1월 24일 확인)

199 닉 윙필드(Nick Wingfield), "자선사업에 대한 아이디어가 필요한 제프 베이조스, 트위터에 도움을 요청하는 글을 올리다", 뉴욕타임스, 2017년 6월 15일, https://www.nytimes.com/2017/06/15/technology/jeff-bezos-amazon-twitter-charity.html, (2021년 1월 24일 확인)

200 이언 서번티스(Ian Servantes), "근육맨이 된 아마존 CEO 제프 베이조스에 대해 인터넷이 떠들썩하다", 멘스헬스, 2017년 7월 17일, https://www.menshealth.com/trending-news/a19525957/amazon-jeff-bezos-buff-memes, (2021년 1월 24일 확인)

201 마이클 리어먼스(Michael Learmonth), "광고는 아마존의 저가 정책을 위한 새로운 무기가 되었다", 애드에이지, 2012년 10월 8일, https://adage.com/article/digital/advertising-amazon-s-newest-low-price-weapon/237630, (2021년 1월 24일 확인)

202 스티브 수지(Steve Susi), 브랜드 커런시(Brand Currency),《전직 아마존 임원이 돈, 정보, 충성도, 시간에 대해 말하다》(라이언크레스트출판, 2019), 그리고 필자와의 인터뷰

203 데이비드 카노이(David Carnoy), "아마존의 초이스는 어떻게 선정될까? 아마존은 말하지 않는다", CNET, 2018년 3월 21일, https://www.cnet.com/news/do-humans-choose-what-products-get-amazons-choice, (2021년 1월 24일 확인)

204 모니카 니켈스버그(Monica Nickelsburg), "미국의 정책 입안자들이 아마존의 초이스가 추천하는 것이 '오해를 일으키는 것'에 대해서 추궁하다", 긱와이어, 2019년 8월 12일, https://www.geekwire.com/2019/us-lawmakers-raise-questions-misleading-amazons-choice-recommendations, (2021년 1월 24일 확인)

205 셰인 쉬플리트(Shane Shifflett), 알렉산드라 버즈, 다나 마티올리, "아마존의 초이스는 보기와는 달리 어떤 보증서가 아니다", 월스트리트저널, 2019년 12월 22일, https://www.wsj.com/articles/amazons-choice-isnt-the-endorsement-it-appears-11577035151, (2021년 1월 24일 확인)

206 주오자스 카지우케나스(Juozas Kaziukėnas), "아마존, 유기적 검색 결과의 질을 떨어뜨리다", 마켓플레이스펄스, 2019년 10월 30일, https://www.marketplacepulse.com/articles/amazon-search-demotes-organic-results, (2021년 1월 24일 확인)

207 "디지털 마켓의 경쟁에 대한 조사: 다수 직원의 보고 및 권고안", 2020, https://judiciary.house.gov/uploadedfiles/competition_in_digital_markets.pdf, (2021년 1월 24일 확인)

208 앤디 몰트(Andy Malt), "아마존, 티켓 판매 중단", 아마존 블로그, 2018년 2월 22일, https://completemusicupdate.com/article/amazon-tickets-to-close, (2021년 1월 25일 확인)

209 마이크 로젠버그(Mike Rosenberg), 앙헬 곤잘레스(Angel Gonzalez), "아마존 덕분에 시애틀은 현재 미국 최대의 기업 도시가 되었다", 시애틀타임스, 2017년 8월 23일, https://www.seattletimes.com/business/amazon/amazon-thanks-to-amazon-seattle-is-now-americas-biggest-company-town, (2021년 1월 25일 확인)

210 "아마존, 중국의 전자상거래 스토어의 폐쇄를 준비한다", 블룸버그, 2019년 4월 17일, https://www.bloomberg.com/news/articles/2019-04-17/amazon-is-said-to-prepare-closing-of-chinese-e-commerce-store?sref=dJuchiL5, (2021년 1월 25일 확인)

211 로라 스티븐스, 섀런 털렙(Sharon Terlep), 애니 가스파로(Annie Gasparro), "아마존 실적에 더욱 초점을 맞춰서 수익성이 떨어지는 품목 겨냥", 월스트리트저널, 2018년 12월 16일, https://www.wsj.com/articles/amazon-targets-unprofitable-items-with-a-sharper-focus-on-the-bottom-line-11544965201, (2021년 1월 25일 확인)

212 스펜서 소퍼, "아마존의 똑똑한 시스템이 물류창고에서 본사로 옮겨가고 있다", 블룸버그, 2018년 6월 13일, https://www.bloomberg.com/news/articles/2018-06-13/amazon-s-clever-machines-are-moving-from-the-warehouse-to-headquarters, (2021년 1월 25일 확인)

213 스테이시 크레이머(Staci D. Kramer), "아마존이 제대로 할 수 있는 가장 거대한 것, 그것은 바로 플랫폼", 기가옴, 2011년 10월 12일, https://gigaom.com/2011/10/12/419-the-biggest-thing-amazon-got-right-the-platform, (2021년 1월 25일 확인)

214 베인앤컴퍼니, "창업자의 사고방식과 지속가능한 성장으로 가는 길", 유튜브 동영상, 2014년 9월 10일, https://www.youtube.com/watch?v=Rp4RCIfX66I, (2021년 1월 25일 확인)

215 톰 멧캘프, "제프 베이조스, 빌 게이츠를 뛰어넘어 세계 최고의 부자가 되다", 블룸버그, 2017년 10월 27일, https://www.bloomberg.com/news/articles/2017-10-27/bezos-seizes-title-of-world-s-richest-person-after-amazon-soars, (2021년 1월 25일 확인)

Chapter 11 ·· 한 걸음씩 대담하게

216 이 장을 집필하는 과정에서는 다음과 같은 두 권의 귀중한 책을 참고했다. 크리스천 데이븐포트(Christian Davenport), 《우주의 부호들: 일론 머스크와 제프 베이조스, 그리고 우주 식민화를 위한 탐구(The Space Barons: Elon Musk, Jeff Bezos, and the Quest to Colonize the Cosmos)》(뉴욕: 퍼블릭어페어즈, 2018)(한글판 《타이탄, 실리콘밸리 거물들은 왜 우주에서 미래를 찾는가》(리더스북, 2019)). 팀 펀홀즈(Tim Fernholz), 《로켓 억만장자들: 일론 머스크, 제프 베이조스, 그리고 새로운 우주 경쟁(Rocket Billionaires: Elon Musk, Jeff Bezos, and the New

Space Race)》(뉴욕: 허튼미플린하코트, 2018).

217 로렌 그러쉬(Loren Grush), "스페이스X, 사상 처음으로 바다에 떠 있는 드론 선박 위에 자사의 로켓을 성공적으로 착륙시키다", 버지, 2016년 4월 8일, https://www.theverge.com/2016/4/8/11392138/spacex-landing-success-falcon-9-rocket-barge-at-sea, (2021년 1월 24일 확인)

218 스티븐 레비(Steven Levy), "제프 베이조스는 우리 모두가 영원히 지구를 떠나기를 원한다", 와이어드, 2018년 10월 15일, https://www.wired.com/story/jeff-bezos-blue-origin, (2021년 1월 24일 확인)

219 클레어 오코너(Clare O'Connor), "제프 베이조스의 우주선 비공개 발사 테스트에서 폭발", 포브스, 2011년 9월 2일, https://www.forbes.com/sites/clareoconnor/2011/09/02/jeff-bezos-spacecraft-blows-up-in-secret-test-flight-locals-describe-challenger-like-explosion/?sh=6cde347836c2, (2021년 1월 24일 확인)

220 제프 베이조스, "성공적인 단거리 도약, 후퇴, 다음 우주선", 블루오리진, 2011년 9월 2일, https://www.blueorigin.com/news/successful-short-hop-setback-and-next-vehicle, (2021년 1월 24일 확인)

221 제프 파우스(Jeff Fouse), "NASA, 승무원 수송 민간 업체로 보잉과 스페이스X 선정", 스페이스뉴스, 2014년 9월 16일, https://spacenews.com/41891nasa-selects-boeing-and-spacex-for-commercial-crew-contracts, (2021년 1월 24일 확인)

222 나사 감사실, "국제우주정거장에 대한 재보급 서비스 업체 선정에 대한 감사", 보고서 번호 IG-18-016, 2018년 4월 26일, 4페이지, https://oig.nasa.gov/docs/IG-18-016.pdf, (2021년 1월 24일 확인)

223 조너선 에이모스(Jonathan Amos), "스페이스X, ISS의 화물을 띄워 올리다", BBC, 2012년 10월 8일, https://www.bbc.com/news/science-environment-19867358, (2021년 1월 24일 확인)

224 일론 머스크, "인류를 다행성 종족으로 만들기", 매리앤리버트출판사(Mary Ann Liebert, Inc),《뉴 스페이스 5》2호(2017), 46페이지, https://www.liebertpub.com/doi/10.1089/space.2017.29009.emu, (2021년 1월 24일 확인)

225 제프 베이조스, 2018년 오전 9시 30분에 올린 트윗, https://twitter.com/jeffbezos/status/959796196247142400?lang=en, (2021년 1월 24일 확인)

226 앨런 보일(Alan Boyle), "베이조스의 우주 모험 프로젝트인 블루오리진이 나사의 발사시설에 항의했지만 패소하다", NBC뉴스, 2013년 12월 12일, https://www.nbcnews.com/science/bezos-blue-origin-rocket-venture-fails-stop-nasas-launch-pad-2D11736708, (2021년 1월 24일 확인)

227 댄 리언(Dan Leone), "머스크, 블루오리진과 ULA의 발사 시험은 그들이 우주선 발사시설을 임대하기 위해 벌이는 '허구적인 연출 전술'이라고 부르다", 스페이스뉴스, 2013년 9월 25일, https://spacenews.com/37389musk-calls-out-blue-origin-ula-for-phony-blocking-tactic-on-shuttle-pad, (2021년 1월 24일 확인)

228 토드 비숍, "제프 베이조스의 블루오리진, 로켓 착륙에 대한 엉성한 특허를 두고 스페이스X와 대결", 긱와이어, 2015년 3월 5일, https://www.geekwire.com/2015/jeff-bezos-blue-origin-dealt-setback-in-patent-dispute-with-spacex-over-rocket-landings, (2021년 1월 24일 확인)
토드 비숍, "스페이스X가 소송에서 승리하며, 블루오리진의 로켓 착륙 특허 취소", 긱와이어, 2015년 9월 1일, https://www.geekwire.com/2015/blue-origins-rocket-landing-patent-canceled-in-victory-for-spacex, (2021년 1월 24일 확인)

229 아민 로젠(Armin Rosen), "일론 머스크의 항공우주에 대한 호언장담이 타격을 입다", 비즈니스인사이더, 2015년 6월 17일, https://www.businessinsider.com/ula-wont-buy-rocket-engines-from-russia-anymore-2014-6, (2021년 1월 24일 확인)

230 "스페이스X, 팰컨 9 로켓을 우주로 쏘아 올렸다가 성공적으로 착륙시키다", 버지, 2015년 12월 21일, https://www.theverge.com/2015/12/21/10640306/spacex-elon-musk-rocket-landing-success, (2021년 1월 24일 확인)

231 제프 베이조스, 2015년 12월 21일 오후 8시 49분에 올린 트윗, https://twitter.com/jeffbezos/status/679116636310360067?lang=en, (2021년 1월 24일 확인)

232 에릭 버거(Eric Berger), "막후 취재, 블루오리진의 비밀스런 로켓 공장에 아르스가 출동하다", 아르스테크니카, 2016년 3월 8일, https://arstechnica.com/science/2016/03/behind-the-curtain-ars-goes-inside-blue-origins-secretive-rocket-factory, (2021년 1월 24일 확인)

233 크리스천 데이븐포트, 《우주의 부호들: 일론 머스크와 제프 베이조스, 그리고 우주 식민화를 위한 탐구》(뉴욕: 퍼블릭어페어스, 2018), 11-13페이지

234 앨런 도이치먼(Alan Deutschman), "제프 베이조스의 마음 속 파헤치기", 패스트컴퍼니, 2004년 8월 1일, https://www.fastcompany.com/50541/inside-mind-jeff-bezos-4, (2021년 1월 24일 확인)

235 마일린 맹걸린던(Mylene Mangalindan), "제프 베이조스와 발사 장소를 둘러싼 텍사스 서부의 잠음", 월스트리트저널, 2006년 11월 10일, https://www.wsj.com/articles/SB116312683235519444, (2021년 1월 24일 확인)

236 스펜서 소퍼, "베이조스, 우주 프로젝트를 위해 매년 10억 달러의 아마존 주식 매각", 블룸버그, 2017년 4월 5일, https://www.bloomberg.com/news/articles/2017-04-05/bezos-hopes-big-windows-will-give-space-tourism-a-boost, (2021년 1월 24일 확인)

237 크리스 버긴(Chris Bergin), 윌리엄 그레이엄(William Graham), "블루오리진, 뉴글

렌 궤도 LV 공개", NASASpaceFlight.com, 2016년 9월 12일, https://www.nasaspaceflight.com/2016/09/blue-origin-new-glenn-orbital-lv, (2021년 1월 24일 확인)

238 샌드라 어윈(Sandra Erwin), "공군이 발주하는 발사체 개발 프로젝트에서 블루오리진, 노스롭그루만, ULA가 계약을 체결하다", 스페이스뉴스, 2018년 10월 10일, https://spacenews.com/air-force-awards-launch-vehicle-development-contracts-to-blue-origin-northrop-grumman-ula, (2021년 1월 24일 확인)

239 크리스천 데이븐포트, "달에 '미래의 인류 정착지'를 건설하려는 제프 베이조스의 계획 독점 공개", 워싱턴포스트, 2017년 3월 2일, https://www.washingtonpost.com/news/the-switch/wp/2017/03/02/an-exclusive-look-at-jeff-bezos-plan-to-set-up-amazon-like-delivery-for-future-human-settlement-of-the-moon, (2021년 1월 24일 확인)

240 마티아스 되프너, "제프 베이조스, 제국 건설이 어떤 것인지에 대해 밝히다", 비즈니스인사이더, 2018년 4월 28일, https://www.businessinsider.com/jeff-bezos-interview-axel-springer-ceo-amazon-trump-blue-origin-family-regulation-washington-post-2018-4, (2021년 1월 20일 확인)

241 마이클 쉬츠(Michael Sheetz), "스페이스X의 대표가 베이조스의 블루오리진을 농락하다: '그들은 매년 10억 달러나 돈이 남아도는 것 같다'", CNBC, 2019년 10월 25일, https://www.cnbc.com/2019/10/25/spacex-shotwell-calls-out-blue-origin-boeing-lockheed-martin-oneweb.html, (2021년 1월 24일 확인)

Chapter 12 ·· 영업 허가

242 새라 페레즈, "보고서에 따르면, 3,900만 명의 미국인이 스마트 스피커를 보유하고 있다", 테크크런치, 2018년 1월 12일, https://techcrunch.com/2018/01/12/39-million-americans-now-own-a-smart-speaker-report-claims, (2021년 1월 26일 확인)

243 에릭 프라인(Eric Pryne), "아마존, 사우스 레이크 유니언에서 거대한 개발 움직임", 시애틀타임스, 2007년 12월 22일, https://www.seattletimes.com/business/amazon-to-make-giant-move-to-south-lake-union, (2021년 1월 25일 확인)

244 맷 데이, "아마존의 인력: 시애틀의 기술 대기업에서 일하는 사람들을 만나다", 시애틀타임스, 2018년 3월 8일, https://www.seattletimes.com/business/amazon-humans-of-amazon-meet-some-of-the-people-behind-seattles-tech-juggernaut, (2021년 1월 25일 확인)
마이크 로젠버그, 앙헬 곤잘레스, "아마존 덕분에 시애틀은 현재 미국 최대의 기업 도시가 되었다"

245 로버트 매카트니(Robert McCartney), "시애틀의 아마존: 신이 내린 경제적 선물인

가, 아니면 자기중심적인 거대 기업인가?", 워싱턴포스트, 2019년 4월 8일, https://www.washingtonpost.com/local/trafficandcommuting/amazon-in-seattle-economic-godsend-or-self-centered-behemoth/2019/04/08/7d29999a-4ce3-11e9-93d0-64dbcf38ba41story.html, (2021년 1월 25일 확인)

246 에이미 마르티네즈(Amy Martinez), 크리스티 하임(Kristy Heim), "아마존, 고향 도시의 자선사업에 사실상 아무런 활동을 하지 않고 있다", 시애틀타임스, 2012년 3월 31일, https://www.seattletimes.com/business/amazon-a-virtual-no-show-in-hometown-philanthropy, (2021년 1월 25일 확인)

247 윌 켄튼(Will Kenton), "사회적 영업허가(SLO)", 인베스토피디아, 2019년 8월 23일, https://www.investopedia.com/terms/s/social-license-slo.asp, (2021년 1월 25일 확인)

248 푸옹 레(Phuong Le), "시애틀, 부유한 주민들에 대한 신규 소득세법 가결", 어소시에이티드프레스(AP), 2017년 7월 10일, https://apnews.com/article/d747b2eef95449c3963bb62f9736ef93, (2021년 1월 25일 확인)

249 "인두세 법안에 대한 면밀 분석", 시애틀시티카운슬인사이트, 2017년 10월 30일, https://sccinsight.com/2017/10/30/close-look-proposed-head-tax, (2021년 1월 25일 확인)

250 테일러 소퍼(Taylor Soper), "아마존, 시애틀 임직원 수가 증가하면서, 거대한 여름 피크닉과 연초 파티를 취소하고 프라임 데이 이후의 새로운 콘서트 계획", 긱와이어, 2018년 6월 13일, https://www.geekwire.com/2018/amazon-cancels-huge-summer-picnic-holiday-party-seattle-employee-count-swells-plans-new-prime-day-celebration-concert, (2021년 1월 25일 확인)

251 "워싱턴주, 미국 역사상 최대 규모의 주세 보조금 혜택을 선사하다", 워싱턴포스트, 2013년 11월 12일, https://www.washingtonpost.com/blogs/govbeat/wp/2013/11/12/washington-just-awarded-the-largest-state-tax-subsidy-in-u-s-history, (2021년 1월 25일 확인)

252 제이슨 히달고(Jason Hidalgo), "테슬라 협상의 기술: 네바다는 어떻게 기가팩토리를 손에 넣었는가", 리노가제트저널, 2014년 9월 16일, https://www.rgj.com/story/news/2014/09/13/art-tesla-deal-nv-won-gigafactory/15593371, (2021년 1월 25일 확인)

253 샤인디 레이스(Shayndi Raice), 다나 마티올리, "아마존, 제2본사 프로젝트로 10억 달러의 세제 혜택을 노린다", 월스트리트저널, 2020년 1월 16일, https://www.wsj.com/articles/amazon-sought-1-billion-in-incentives-on-top-of-lures-for-hq2-11579179601, (2021년 1월 25일 확인)

254 워치독뉴스, "폭스콘, 위스콘신을 제조공장 부지로 선정하면 1만 3,000개의 일자리가 창출된다고 주장", 센터스퀘어, 2017년 7월 26일, https://www.thecentersquare.com/wisconsin/foxconn-chooses-wisconsin-for-manufacturing-plant-says-13-000-jobs-will-be-created/article_9a65242e-869a-5867-9201-4ef7b49fb2aa.html, (2021년 1월 25일 확인)

255 아마존, 2017년 9월 7일, https://images-na.ssl-images-amazon.com/images/G/01/Anything/test/images/usa/RFP_3._V516043504_.pdf

256 스펜서 소퍼, "아마존, 제2본사 후보지로 보스턴에 무게를 두다", 블룸버그, 2017년 9월 12일, https://www.bloomberg.com/news/articles/2017-09-12/amazon-is-said-to-weigh-boston-in-search-for-second-headquarters, (2021년 1월 25일 확인)

257 에밀리 배저(Emily Badger), 쿽트렁 부이(Quoctrung Bui), 클레어 케인 밀러(Claire Cain Miller), "아마존, 당신들의 새로운 본사를 골랐습니다", 뉴욕타임스, 2017년 9월 9일, https://www.nytimes.com/interactive/2017/09/09/upshot/where-should-amazon-new-headquarters-be.html, (2021년 1월 25일 확인)

258 로라 스티븐스, 션 맥데일(Sean McDade), 스테파니 스탬(Stephanie Stamm), "거물에게 구애하기", 월스트리트저널, 2017년 11월 14일, https://www.wsj.com/graphics/amazon-headquarters, (2021년 1월 25일 확인)

259 스펜서 소퍼, "아마존, 제2본사 후보지로 보스턴에 무게를 두다"

260 토니 롬(Tony Romm), "새로운 본사를 대가로 세금 감면을 받으려는 아마존의 시도가 반발을 사고 있다", 복스, 2017년 9월 7일, https://www.vox.com/2017/9/7/16268588/amazon-tax-credits-ro-khanna-opposition, (2021년 1월 25일 확인)

261 마이클 힐지크(Michael Hiltzik), "칼럼: 시의 지도자들에게: 우리의 도시를 아마존에 팔아넘기지 말라", 로스앤젤레스타임스, 2017년 9월 12일, https://www.latimes.com/business/hiltzik/la-fi-hiltzik-amazon-hq-20170911-story.html, (2021년 1월 25일 확인)

262 나타샤 바흐(Natasha Bach), "캔자스시티의 시장이 아마존의 HQ2 입찰 제안에서 주목을 끌기 위해 아마존에서 1,000개의 제품을 구매한 다음에 리뷰를 썼다", 포천, 2017년 10월 12일, https://fortune.com/2017/10/12/amazon-hq2-kansas-city, (2021년 1월 25일 확인)

263 섀넌 랴오, "아마존의 HQ2를 따내기 위해 도시들이 보인 가장 특이한 시도 8가지", 버지, 2017년 10월 19일, https://www.theverge.com/2017/10/19/16504042/amazon-hq2-second-headquarters-most-funny-crazy-pitches-proposals-stonecrest-new-york, (2021년 1월 25일 확인)

264 로라 스티븐스, 쉬바니 마흐타니(Shibani Mahtani), 샤인디 레이스, "교전규칙: 각 도시들은 아마존의 신사옥을 유치하려고 어떻게 하고 있는가", 월스트리트저널, 2018년 4월 2일, https://www.wsj.com/articles/rules-of-engagement-how-cities-are-courting-amazons-new-headquarters-1522661401?mod=article_inline, (2021년 1월 25일 확인)

265 리처드 포세트(Richard Fausset), "조지아, NRA의 위상 논란에 대해 델타항공을 징벌하는 법안 가결", 뉴욕타임스, 2018년 3월 1일, https://www.nytimes.com/2018/03/01/business/delta-nra-georgia.html, (2021년 1월 25일 확인)

266 모니카 니켈스버그, "아마존, 시애틀에서의 건축을 중단하고, 다른 곳에서 거대한 비즈니스를 통해 세제 혜택 추진", 긱와이어, 2018년 5월 2일, https://www.geekwire.com/2018/amazon-suspends-construction-seattle-city-considers-new-tax-biggest-businesses, (2021년 1월 25일 확인)

맷 데이, "관계자의 제보에 의하면, 아마존은 2017년에 워싱턴 주세와 지방세로 2억 5,000만 달러를 납세했다", 시애틀타임스, 2018년 5월 9일, https://www.seattletimes.com/business/amazon/amazon-paid-250-million-in-washington-state-and-local-taxes-in-2017-source-says, (2021년 1월 25일 확인)

267 맷 데이, 대니얼 비크먼(Daniel Beekman), "아마존, 시애틀의 인두세 도입 계획에 반발하며 오피스 건물 건축 중단", 시애틀타임스, 2018년 5월 2일, https://www.seattletimes.com/business/amazon/amazon-pauses-plans-for-seattle-office-towers-while-city-council-considers-business-tax, (2021년 1월 25일 확인)

268 마이크 로젠버그, 앙헬 곤잘레스, "아마존 덕분에 시애틀은 현재 미국 최대의 기업 도시가 되었다"

269 맷 데이, "아마존, 예전에 익스피디아의 본사가 있던 건물을 임대했다는 사실을 인정하다", 시애틀타임스, 2018년 8월 21일, https://www.seattletimes.com/business/amazon/amazon-confirms-major-office-lease-in-bellevue-will-occupy-former-expedia-headquarters, (2021년 1월 25일 확인)

270 리처드 칼가드(Richard Karlgaard), "자본은 환영받는 곳으로 향하며 대접받는 곳에 머문다", 포브스, 2009년 5월 18일, https://www.forbes.com/sites/digitalrules/2009/05/18/capital-goes-where-its-welcome/?sh=36ede97353d4, (2021년 1월 25일 확인)

271 로버트 매카트니, "시애틀의 아마존: 신이 내린 경제적 선물인가, 아니면 자기중심적인 거대 기업인가?"

272 대니얼 비크먼, "뒤로 돌아가: 시애틀 시의회가 기업들과 주민투표의 압박 속에서 인두세를 철회하다", 시애틀타임스, 2018년 6월 12일, https://www.seattletimes.com/seattle-news/politics/about-face-seattle-city-council-repeals-head-tax-amid-pressure-from-big-businesses, (2021년 1월 25일 확인)

273 브래드 스톤, "1조 달러를 돌파했지만, 아마존의 주가는 여전히 상승 중", 블룸버그, 2018년 9월 4일, https://www.bloomberg.com/news/articles/2018-09-04/at-1-trillion-amazon-is-still-not-its-stock-price, (2021년 1월 25일 확인)

274 스콧 갤러웨이, "스콧 갤러웨이 교수, 아마존의 HQ2에 대해 말하며 왜 지금이 기술 대기업을 분쇄하기에 적합한 시기인 이유를 설명하다", 서플라이체인24/7, 2018년 1월 25일, https://www.supplychain247.com/article/professor_scott_galloway_on_amazon_hq2_break_up_big_tech, (2021년 1월 25일 확인)

275 위와 동일

276 리나 칸, "아마존의 반독점 역설", 예일법학저널 126, 3호(2017), https://www.yalelawjournal.org/note/amazons-antitrust-paradox, (2021년 1월 25일 확인)

277 "아마존은 새로운 본사의 소재지로 뉴욕시와 노던버지니아를 선정했다", 아마존, 2018년 11월 13일, https://www.aboutamazon.com/news/company-news/amazon-selects-new-york-city-and-northern-virginia-for-new-headquarters, (2021년 1월 25일 확인)

278 코리 존슨, 2018년 11월 13일 오전 11시 40분에 트위터로 발표, https://twitter.com/CoreyinNYC/status/1062384713535537152, (2021년 1월 25일 확인)

279 알렉산드리아 오카시오-코르테스, 2018년 11월 12일 오후 11시 40분에 올린 트윗, https://twitter.com/AOC/status/1062203458227503104, (2021년 1월 25일 확인)

280 크리스 솜머펠트(Chris Sommerfeldt), 마이클 가틀랜드(Michael Gartland), "뉴욕시 관계자들 지역 주민들의 우려에도 불구하고 퀸즈 지역에서 아마존에게 헬기장 시설을 운영할 수 있게 허가하는 방안을 추진 중", 뉴욕데일리뉴스, 2020년 4월 16일, https://www.nydailynews.com/news/politics/ny-amazon-queens-helipad-emails-20200416-3oi2fwjzpzhmncfzalhqre5aru-story.html, (2021년 1월 25일 확인)

281 론 디커(Ron Dicker), "제프 베이조스와 아마존, 뉴욕포스트의 1면 만평에서, 어마어마한 혜택을 갖고 도망가고 있다", 허핑턴포스트, 2018년 11월 14일, https://www.huffpost.com/entry/jeff-bezos-amazon-new-york-post-cover_n_5bec4243e4b044bbb1ab8738, (2021년 1월 25일 확인)

282 "산업 및 상업 경감 프로그램", 뉴욕시 재무국, https://www1.nyc.gov/site/finance/benefits/benefits-industrial-and-commercial-abatement-program-icap.page, (2021년 1월 25일 확인)

283 J. 데이비드 굿맨(J. David Goodman), "아마존, 뉴욕의 회의론을 없애기 위한 새로운 전략", 뉴욕타임스, 2019년 1월 29일, https://www.nytimes.com/2019/01/29/nyregion/amazon-new-york-long-island-city.html, (2021년 1월 25일 확인)

284 J. 데이비드 굿맨, "뉴욕, 아마존에 매력을 과시하며 은근히 위협하다", 뉴욕타임스, 2019년 1월 30일, https://www.nytimes.com/2019/01/30/nyregion/amazon-queens-nyc-council.html, (2021년 1월 25일 확인)

285 로버트 매카트니, 조너선 오코넬(Jonathan O'Connell), 패트리시아 설리번(Patricia Sullivan), "두 명의 관계자에 따르면, 반대를 마주한 아마존은 뉴욕의 본사 부지를 재고하고 있다고 한다", 워싱턴포스트, 2019년 2월 8일, https://www.washingtonpost.com/local/virginia-politics/facing-opposition-amazon-reconsiders-ny-headquarters-site-two-officials-say/2019/02/08/451ffc52-2a19-11e9-b011-d8500644dc98_story.html, (2021년 1월 25일 확인)

286 위와 동일

287 조시 아이들슨(Josh Eidelson), 디나 배스(Dina Bass), "아마존, 뉴욕시와 협약을 마무리하기 위해 수요일에 대화를 하기로", 블룸버그, 2019년 2월 14일, https://www.bloomberg.com/news/articles/2019-02-14/amazon-was-holding-talks-wednesday-to-make-nyc-deal-happen?sref=dJuchiL5, (2021년 1월 25일 확인)

288 질리언 요르겐센(Jillian Jorgensen), "데블라지오 시장, 롱아일랜드시티에 추진하던 제2본사 프로젝트 협약이 무산된 것에 대해서 아마존을 맹비난하다", 뉴욕데일리뉴스, 2019년 2월 15일, https://www.nydailynews.com/news/politics/ny-pol-deblasio-amazon-hq2-20190215-story.html, (2021년 1월 25일 확인)

289 J. 데이비드 굿맨, "앤드루 쿠오모, 아마존이 돌아올 수 있는 다른 명확한 길을 찾고 있음을 암시", 뉴욕타임스, 2019년 2월 28일, https://www.nytimes.com/2019/02/28/nyregion/amazon-hq2-nyc.html, (2021년 1월 25일 확인)

290 조너선 오코넬, 앤드루 바 트란(Andrew Ba Tran), "베이조스의 비행기가 가장 많이 날아가는 곳, 그리고 아마존 HQ2 프로젝트의 승자가 누구일지에 대해서 그것이 말해줄 수도 있는 것", 워싱턴포스트, 2018년 11월 2일, https://www.washingtonpost.com/business/where-bezoss-jet-flies-most-and-what-it-might-say-about-amazons-hq2/2018/11/02/792be19a-de16-11e8-b3f0-62607289efee_story.html, (2021년 1월 25일 확인)

291 "아마존, 미국 전역의 기술 허브에서 3,500개의 일자리 창출", 비즈니스퍼실리티스, 2020년 8월 21일, https://businessfacilities.com/2020/08/amazon-creating-3500-jobs-in-tech-hubs-across-the-u-s, (2021년 1월 25일 확인)

Chapter 13 ·· 복잡한 요소

292 헨리 블로젯(Henry Blodget), "제프 베이조스에게 수익성, 논란의 책, 전화기의 실패 등 어려운 질문들을 던졌다, 그는 아마존이 어마어마한 성공을 거둘 수 있는 이유를 보여주었다", 비즈니스인사이더, 2014년 12월 13일, https://www.businessinsider.com/amazons-jeff-bezos-on-profits-failure-succession-big-bets-2014-12, (2021년 1월 25일 확인)

293 위와 동일

294 제프 베이조스가 마크 베이조스와 나눈 대화, "아마존 CEO 제프 베이조스가 흔치 않은 인터뷰를 했는데, 동생인 마크에게 회사의 성장과 성공의 비결에 대해서 말하다", 써밋 LA 17, 54분 55초, 2017년 11월 14일, https://summit.co/videos/amazon-ceo-jeff-bezos-and-brother-mark-give-a-rare-interview-about-growing-up-and-secrets-to-success-3nBiJY03McIIQcgcoe2aUe, (2021년 1월 25일 확인)

295 벤자민 워포드(Benjamin Wofford), "제프 베이조스의 워싱턴 D. C. 생활을 들여다보다", 워싱터니언, 2018년 4월 22일, https://www.washingtonian.com/2018/04/22/inside-jeff-bezos-dc-life, (2021년 1월 25일 확인)

296 레베카 존슨(Rebecca Johnson), "매켄지 베이조스: 작가, 네 아이의 엄마, 유명인의 아내", 보그, 2013년 2월 20일, https://www.vogue.com/article/a-novel-perspective-mackenzie-bezos, (2021년 1월 25일 확인)

297 조나 엔젤 브로미치(Jonah Engel Bromwich), 알렉산드라 알터(Alexandra Alter), "매켄지 스콧은 누구인가?", 뉴욕타임스, 2019년 1월 12일, https://www.nytimes.com/2019/01/12/style/jeff-bezos-mackenzie-divorce.html, (2021년 1월 25일 확인)

298 케이티 월드먼(Katy Waldman), "매켄지 베이조스의 소설에 등장하는 이상화된 내향적인 아내들", 뉴요커, 2019년 1월 23일, https://www.newyorker.com/books/page-turner/the-idealized-introverted-wives-of-mackenzie-bezos-fiction, (2021년 1월 25일 확인)

299 제프 베이조스, 트위터 영상, 2018년 4월 22일 오후 4시 34분, https://twitter.com/JeffBezos/status/988154007813173248, (2021년 1월 25일 확인)

300 마티아스 되프너, "제프 베이조스, 제국을 건설하는 것에 대해 말하다"

301 새라 설리나스(Sara Salinas), "아마존의 제프 베이조스, 집 없는 가정을 돕고 유치원을 만들기 위해 20억 달러 '데이원펀드' 조성", CNBC, 2018년 9월 13일, https://www.cnbc.com/2018/09/13/bezos-launches-day-one-fund-to-help-homeless-families-and-create-preschools.html, (2021년 1월 25일 확인)

302 에이드리언 고메즈(Adrian Gomez), "앨버커키 태생의 유명인 2명에게 관심 집중", 앨버커키저널, 2019년 1월 11일, https://www.abqjournal.com/1267508/celebrity-bu-zzcenters-on-2-abq-natives.html, (2021년 1월 25일 확인)

303 새라 네이선(Sara Nathan), "로런 산체스의 오빠, 베이조스의 로맨스에 대해 말하다, '이건 진짜예요'", 페이지식스, 2019년 3월 30일, https://pagesix.com/2019/03/30/this-was-real-lauren-sanchezs-brother-tells-all-on-bezos-romance, (2021년 1월 25일 확인)

304 대니얼 터디맨(Daniel Terdiman), "아마존의 MARS 콘퍼런스, 제프 베이조스, 200명의 뛰어난 두뇌들과 미래를 구상", 패스트컴퍼니, 2018년 3월 23일, https://www.fastcompany.com/40547902/at-amazons-mars-conference-jeff-bezos-plots-the-future-with-200-very-big-brains, (2021년 1월 25일 확인)

305 MIT테크놀로지리뷰, 트위터 영상, 2018년 3월 20일 오후 6시 57분, https://twitter.com/techreview/status/976231159251324928, (2021년 1월 25일 확인)

306 키스 그리피스(Keith Griffith), 제니퍼 스미스(Jennifer Smith), "제프 베이조스와 연인 로런 산체스, 각자의 배우자들이 그들의 관계를 알게 된 직후에도 할리우드의 명소에 '십대처

럼 어울려 다녔고', 그들의 옆자리에는 마이클 산체스가 앉아 있었다", 데일리메일, 2019년 1월 12일, https://www.dailymail.co.uk/news/article-6583895/Jeff-Bezos-lover-reportedly-like-teenagers-Hollywood-restaurant-Felix.html, (2021년 1월 25일 확인)

307 "수백만 명의 사람이 우주에서 살며 일하는 것", 유튜브 동영상, 1분 57초, 블루오리진이 2018년 10월 15일에 업로드, https://www.youtube.com/watch?v=KMdpdmJshFU&feature=emblogo&ab_channel=BlueOrigin, (2021년 1월 25일 확인)

308 데이비드 응(David Ng), 스테이시 퍼먼, 리처드 윈튼(Richard Winton), "마이클 산체스는 누구인가? 할리우드의 수준 낮은 매니저로, 베이조스 스캔들의 중심에 있는 인물이다", 로스앤젤레스타임스, 2019년 2월 13일, https://www.latimes.com/business/hollywood/la-fi-ct-michael-sanchez-20190213-story.html, (2021년 1월 26일 확인)

309 "딜런 하워드의 할리우드 속편: 왜 수많은 A급 스타들이 타블로이드 대표와 일하는가?", 할리우드리포터, 2020년 2월 3일, https://www.hollywoodreporter.com/features/why-are-a-listers-working-dylan-howard-1275651, (2021년 1월 26일 확인)

310 라클란 마케이(Lachlan Markay), "내셔널인콰이어러가 제프 베이조스의 누드 사진을 입수한 배경에 대해서 내부 이메일이 그 자세한 내막을 말해주다", 데일리비스트, 2020년 7월 3일, https://www.thedailybeast.com/emails-tell-the-inside-story-of-how-the-enquirer-got-jeff-bezos-nudes, (2021년 1월 26일 확인)

311 "TV 재회! 에미상 수상자 로런 산체스, 이번 목요일에 '엑스트라' 진행자로 복귀", 레이더온라인, 2018년 9월 11일, https://radaronline.com/exclusives/2018/09/tv-reunion-emmy-winner-lauren-sanchez-returns-to-host-extra, (2021년 1월 26일 확인)

312 라클란 마케이, "내셔널인콰이어러가 제프 베이조스의 누드 사진을 입수한 배경에 대해서 내부 이메일이 그 자세한 내막을 말해주다"

313 조 팔라졸로(Joe Palazzolo), 마이클 로스펠드(Michael Rothfeld), 《해결사: 밑바닥 인생, 부정한 변호사, 가십을 떠벌리는 자, 포르노 스타, 45대 대통령을 만든 자》(뉴욕: 랜덤하우스, 2020), 351-356페이지

314 "딜런 하워드, 제임스 로버트슨, 앤드리아 심슨, 피고인들의 공격을 위한 특별한 움직임에 대한 진술", 마이클 산체스 대 아메리칸미디어 소송 자료 4페이지 19번째 줄

315 뉴욕 서던디스트릭트의 집행관이 찰스 스틸먼과 제임스 미첼에게 보낸 편지, 2018년 9월 20일, https://www.justice.gov/usao-sdny/press-release/file/1119501/download, (2021년 1월 26일 확인)

316 마이클 로스펠드, 조 팔라졸로, 알렉산드라 버즌, "내셔널인콰이어러는 어떻게 베이조스의 문자를 입수했는가: 그들은 그의 여자친구 오빠에게 20만 달러를 지급했다", 월스트리트저널, 2019년 3월 18일, https://www.wsj.com/articles/how-the-national-enquirer-got-bezos-texts-it-paid-200-000-to-his-lovers-brother-11552953981, (2021년 1월 26일 확인)

317 위와 동일

318 에번 리얼(Evan Real), "로런 산체스의 오빠, 제프 베이조스의 불륜 사실 유출에 대해 말하다", 할리우드리포터, 2019년 2월 14일, https://www.hollywoodreporter.com/news/lauren-sanchezs-brother-speaks-involvement-jeff-bezos-affair-leaking-1186817, (2021년 1월 26일 확인)

319 마크 피셔(Marc Fisher), 매뉴얼 로이그-프란지아(Manuel Roig-Franzia), 새라 엘리슨(Sarah Ellison), "타블로이드 신문이 베이조스의 불륜을 폭로한 것은 단지 선정적인 가십이었나, 아니면 정치적인 의도의 공격이었나?", 워싱턴포스트, 2019년 2월 5일, https://www.washingtonpost.com/politics/was-tabloid-expose-of-bezos-affair-just-juicy-gossip-or-a-political-hit-job/2019/02/05/03d2f716-2633-11e9-90cd-dedb0c92dc17_story.html, (2021년 1월 26일 확인)

320 제프 베이조스, 2019년 1월 9일 오전 9시 17분에 올린 트윗, https://twitter.com/JeffBezos/status/1083004911380393985, (2021년 1월 26일 확인)

321 마크 피셔, 매뉴얼 로이그-프란지아, 새라 엘리슨, "타블로이드 신문이 베이조스의 불륜을 폭로한 것은 단지 선정적인 가십이었나, 아니면 정치적인 의도의 공격이었나?"

322 매튜 이글레시아스(Matthew Yglesias), "도널드 트럼프의 트위터가 아마존에 대한 불만으로 가득한 이유", 복스, 2018년 4월 4일, https://www.vox.com/policy-and-politics/2018/4/4/17193090/trump-amazon-feud, (2021년 1월 26일 확인)

323 딜런 하워드, 제임스 로버트슨, 앤드리아 심슨, "베이조스, 아내와의 잠자리 대화를 연인에게 들려주고, U2의 보노에 대해서도 자랑하다", 내셔널인콰이어러, 2019년 1월 12일, https://www.nationalenquirer.com/celebrity/jeff-bezos-shared-wifes-pillow-talk-with-mistress-lauren-sanchez, (2021년 1월 26일 확인)

324 "스캔들 이후에도 편안해 보이는 제프 베이조스의 여자친구 로런 산체스의 사진 최초 공개", 어스위클리, 2019년 1월 4일, https://www.usmagazine.com/celebrity-news/pictures/lauren-sanchez-steps-out-after-news-of-jeff-bezos-affair-pics, (2021년 1월 26일 확인)

325 딜런 하워드의 진술

326 제프 베이조스, "고맙지만 사양할게요, 페커 씨", 미디엄, 2019년 2월 7일, https://medium.com/@jeffreypbezos/no-thank-you-mr-pecker-146e3922310f, (2021년 1월 26일 확인)

327 마크 피셔, 매뉴얼 로이그-프란지아, 새라 엘리슨, "타블로이드 신문이 베이조스의 불륜을 폭로한 것은 단지 선정적인 가십이었나, 아니면 정치적인 의도의 공격이었나?"

328 라클란 마케이, 아사윈 수에브사엥(Asawin Suebsaeng), "베이조스, 자신의 결혼을 파경으로 내몬 로런 산체스와 주고받은 문자가 유출된 경위에 대한 조사 착수", 데일리비스트, 2019년 1월 30일, https://www.thedailybeast.com/bezos-launches-investigation-into-leakedtexts-with-lauren-sanchez-that-killed-his-marriage, (2021년 1월 26일 확인)

라클란 마케이, 아사원 수에브사엥, "베이조스의 조사관들, 내셔널인콰이어러의 폭로 취재 과정에서 연인 로런 산체스의 오빠인 마이클 산체스에게 의혹의 시선을 던지다", 데일리비스트, 2019년 2월 13일, https://www.thedailybeast.com/bezos-investigators-question-the-brother-of-his-mistress-lauren-sanchez-in-national-enquirer-leak-probe, (2021년 1월 26일 확인)

329 라클란 마케이, 아사원 수에브사엥, "베이조스의 조사관들, 내셔널인콰이어러의 폭로 취재 과정에서 연인 로런 산체스의 오빠인 마이클 산체스에게 의혹의 시선을 던지다"

330 게리 스미스, 엘리스 영(Elise Young), "뉴저지 당국, 베이조스와의 불화에 대해 내셔널인콰이어러의 헤지펀드 오너를 압박하다", 블룸버그, 2019년 2월 12일, https://www.bloomberg.com/news/articles/2019-02-12/n-j-officials-press-enquirer-s-hedge-fund-owner-over-bezos-feud?sref=dJuchiL5, (2021년 1월 26일 확인)

캐서린 버튼(Katherine Burton), 스리다르 나타라잔(Sridhar Natarajan), 샤히엔 나시리포르(Shahien Nasiripour), "뉴저지, 몇 년은 걸릴 것으로 예상했던 채텀과 절연", 블룸버그, 2019년 6월 11일, https://www.bloomberg.com/news/articles/2019-06-11/as-n-j-cuts-hedge-fund-ties-chatham-shows-that-can-take-years?sref=dJuchiL5, (2021년 1월 26일 확인)

331 마크 피셔, 매뉴얼 로이그-프란지아, 새라 엘리슨, "타블로이드 신문이 베이조스의 불륜을 폭로한 것은 단지 선정적인 가십이었나, 아니면 정치적인 의도의 공격이었나?"

332 위와 동일

333 위와 동일

334 위와 동일

335 개빈 드베커, "베이조스의 조사 결과, 사우디아라비아가 그의 개인 데이터를 갖고 있음을 확인", 데일리비스트, 2019년 3월 31일, https://www.thedailybeast.com/jeff-bezos-investigation-finds-the-saudis-obtained-his-private-information, (2021년 1월 26일 확인)

336 "내셔널인콰이어러, 베이조스의 뉴스와 관련, 사우디아라비아는 관계없다고 밝혀", 데일리비스트, 2019년 3월 31일, https://www.thedailybeast.com/national-enquirer-says-saudis-didnt-help-on-bezos-story, (2021년 1월 26일 확인)

337 케이티 폴(Katie Paul), "단독 보도: 애플과 아마존, 사우디아라비아에 설비 구축 논의", 로이터, 2017년 12월 28일, https://www.reuters.com/article/us-saudi-tech-exclusive/exclusive-apple-and-amazon-in-talks-to-set-up-in-saudi-arabia-sources-idUSKBN1EM0PZ, (2021년 1월 26일 확인)

브래들리 호프(Bradley Hope), 저스틴 셰크(Justin Scheck), 《피와 석유: 세계 권력을 향한 모하메드 빈 살만의 거침없는 노력(Blood and Oil: Mohammed Bin Salman's Ruthless Quest for Global Power)》(뉴욕: 헤이체트, 2020)

338 마크 피셔, 조너선 오코넬, "사우디아라비아 왕자, 억만장자, 아마존 프로젝트 사막에서 동결되다", 워싱턴포스트, 2019년 10월 27일, https://www.washingtonpost.com/politics/the-prince-the-billionaire-and-the-amazon-project-that-got-frozen-in-the-desert/2019/10/27/71410ef8-eb9c-11e9-85c0-85a098e47b37_story.html, (2021년 1월 26일 확인)

339 저스틴 셰크, 브래들리 호프, 섬머 사이드(Summer Said), "사우디아라비아 왕자, 갈라서기 전에는 아마존의 베이조스와 친해지려 했다", 월스트리트저널, 2020년 1월 27일, https://www.wsj.com/articles/saudi-prince-courted-amazons-bezos-before-bitter-split-11580087674, (2021년 1월 26일 확인)

340 마크 피셔, "UN 보고서: 사우디아라비아 왕세자가 베이조스의 휴대전화가 해킹되었다는 혐의에 연루되었다", 워싱턴포스트, 2020년 1월 22일, https://www.washingtonpost.com/politics/un-ties-alleged-phone-hacking-to-posts-coverage-of-saudi-arabia/2020/01/22/a0bc63ba-3d1f-11ea-b90d-5652806c3b3a_story.html, (2021년 1월 26일 확인)

자레드 말신(Jared Malsin), 더스틴 볼즈(Dustin Volz), 저스틴 셰크, "UN, 베이조스의 전화가 사우디 왕세자의 계정을 이용해서 해킹됐다고 밝혀", 월스트리트저널, 202년 1월 22일, https://www.wsj.com/articles/u-n-experts-say-hacking-of-bezoss-phone-suggests-effort-to-influence-news-coverage-11579704647, (2021년 1월 26일 확인)

341 벤 포이어헤르드(Ben Feuerherd), "제프 베이조스와 로런 산체스, 이탈리아의 메가요트에서 편하게 휴식", 페이지식스, 2019년 8월 31일, https://pagesix.com/2019/08/31/jeff-bezos-and-lauren-sanchez-get-cozy-on-mega-yacht-in-italy, (2021년 1월 26일 확인)

342 프리야 엘란(Priya Elan), "카프탄, 샌들, 조끼를 착용한 기술계 인사… 그리고 제프 베이조스의 반바지", 가디언, 2019년 11월 2일, https://www.theguardian.com/fashion/2019/nov/02/jeff-bezos-shorts-tech-bro-fashion, (2021년 1월 26일 확인)

343 빌 보스톡(Bill Bostock), "제프 베이조스, 워싱턴포스트의 논객인 자말 카슈끄지가 1년 전 살해된 사우디아라비아 영사관에서 열린 추도식에 참석", 비즈니스인사이더, 2019년 10월 2일, https://www.businessinsider.com/jeff-bezos-visit-saudi-consulate-istanbul-khashoggi-murder-anniversary-2019-10, (2021년 1월 26일 확인)

344 "워싱턴포스트의 소유주인 제프 베이조스, 이스탄불에서 열린 카슈끄지의 추모식에 참석하다", 데일리사바흐, 2019년 10월 2일, https://www.dailysabah.com/turkey/2019/10/02/washington-post-owner-jeff-bezos-attends-khashoggi-memorial-in-istanbul, (2021년 1월 26일 확인)

345 위와 동일

346 에일린 킨셀라(Eileen Kinsella), "제프 베이조스, 지난해 가을 경매에서 케리 제임스 마

셜과 에드 루샤의 작품에 7,000만 달러 이상을 쏟아 부은 것으로 알려져", 아트넷, 2020년 2월 6일, https://news.artnet.com/market/jeff-bezos-art-collector-1771410, (2021년 1월 26일 확인)

347 케이티 맥러플린(Katy McLaughlin), 캐서린 클라크(Katherine Clarke), "제프 베이조스, 데이비드 게펜의 로스앤젤레스 저택을 1억 6,500만 달러에 구입", 월스트리트저널, 2020년 2월 12일, https://www.wsj.com/articles/jeff-bezos-buys-david-geffens-los-angeles-mansion-for-a-record-165-million-11581542020, (2021년 1월 26일 확인)

Chapter 14 ·· 심판

348 스펜서 소퍼, "아마존, 8억 달러를 투입하여 하루배송으로 바꾼다", 블룸버그, 2019년 4월 25일, https://www.bloomberg.com/news/articles/2019-04-25/amazon-will-spend-800-million-to-move-to-one-day-delivery?sref=dJuchiL5, (2021년 1월 25일 확인)

349 잭 위트지그(Jack Witzig), 버버 진(Berber Jin), 블룸버그, "제프 베이조스, 이혼 손실을 회복하며 총자산 신기록 달성", 포천, 2020년 7월 2일, https://fortune.com/2020/07/02/jeff-bezos-net-worth-new-high-amazon-shares-divorce, (2021년 1월 25일 확인)

350 워싱턴 D. C. 이코노믹클럽과의 인터뷰, 2018년 9월 13일, https://www.economicclub.org/sites/default/files/transcripts/JeffBezos_Edited_Transcript.pdf, (2021년 1월 25일 확인)

351 마크 레빈슨, 《그레이트A&P 및 미국 중소기업 수난사》(뉴욕: 힐앤드왕, 2011)

352 엘리자베스 워런, "기술 대기업들을 분쇄할 수 있는 방법", 미디엄, 2019년 3월 8일, https://medium.com/@teamwarren/heres-how-we-can-break-up-big-tech-9ad9e0da324c, (2021년 1월 25일 확인)

353 "워런이 기술 대기업들을 분쇄하고자 하는 진짜 이유는 바로 이것이다", CNN, 2019년 4월 23일, https://www.cnn.com/videos/politics/2019/04/23/elizabeth-warren-amazon-google-big-tech-break-up-town-hall-vpx.cnn, (2021년 1월 25일 확인)

354 리처드 루빈(Richard Rubin), "아마존은 정말로 세금을 내지 않는가? 그 수법은 아주 복잡하다", 월스트리트저널, 2019년 6월 14일, https://www.wsj.com/articles/does-amazon-really-pay-no-taxes-heres-the-complicated-answer-11560504602, (2021년 1월 25일 확인)

355 마티아스 되프너, "제프 베이조스, 제국을 건설하는 것에 대해 말하다"

356 아브하 바타라이(Abha Battarai), "아마존, 시급 25센트 찔끔 인상, 직원들은 '피해 대책'이라고 불러", 시애틀타임스, 2018년 9월 24일, https://www.seattletimes.com/business/amazon/amazon-raises-starting-wage-for-its-workers-to-15-an-hour, (2021년 1월 25일 확인)

357 제프 베이조스, "2018 주주들에게 보내는 편지", 2019년 4월 11일, https://www.aboutamazon.com/news/company-news/2018-letter-to-shareholders, (2021년 1월 25일 확인)

358 크리스탈 후(Krystal Hu), "일부 아마존 직원은 임금 상승 후에도 소득이 적을 거라고 말한다", 야후파이낸스, 2018년 10월 3일, https://finance.yahoo.com/news/amazon-employees-say-will-make-less-raise-174028353.html, (2021년 1월 25일 확인)

359 버니 샌더스, 2019년 12월 27일에 올린 트윗, https://twitter.com/BernieSanders/status/1210602974587822080, (2021년 1월 25일 확인)

360 "도널드 트럼프, 아마존은 아주 복잡한 세법을 교묘하게 잘 빠져나가고 있다고 말해", 가디언, 2016년 5월 13일, https://www.theguardian.com/us-news/2016/may/13/amazon-getting-away-with-on-tax-says-donald-trump, (2021년 1월 25일 확인)

361 도널드 트럼프, 2017년 8월 16일에 올린 트윗, https://www.thetrumparchive.com/?searchbox=%22many+jobs+being+lost%21%22, (2021년 1월 26일 확인)

362 "세간의 추정을 주의하시기 바랍니다", 미국연방우체국 감사실, 2015년 2월 16일, https://www.uspsoig.gov/blog/be-careful-what-you-assume, (2021년 1월 25일 확인)

363 유진 키엘리(Eugene Kiely), 디안젤로 고어(D'Angelo Gore), "아마존에 대한 트럼프의 공격", 팩트체크, 2018년 4월 5일, https://www.factcheck.org/2018/04/trumps-amazon-attack, (2021년 1월 25일 확인)

364 데이미언 팔레타(Damian Paletta), 조시 도우지(Josh Dawsey), "트럼프, 미국연방우체국 총재에게 아마존을 비롯한 기업의 요율을 두 배로 올릴 것 주문", 워싱턴포스트, 2018년 5월 8일, https://www.washingtonpost.com/business/economy/trump-personally-pushed-postmaster-general-to-double-rates-on-amazon-other-firms/2018/05/18/2b6438d2-5931-11e8-858f-12becb4d6067_story.html, (2021년 1월 25일 확인)

365 제프 베이조스, 2017년 8월 10일에 올린 트윗, https://twitter.com/JeffBezos/status/895714205822730241, (2021년 1월 25일 확인)

366 나오미 닉스(Naomi Nix), "아마존, 펜타곤의 클라우드 발주 사업에서 수많은 적을 만나다", 블룸버그, 2018년 6월 26일, https://www.bloomberg.com/news/articles/2018-06-26/amazon-foes-in-pentagon-cloud-deal-are-said-to-include-sap-csra?sref=dJuchiL5, (2021년 1월 25일 확인)

367 나오미 닉스, "아마존의 펜타곤 클라우드 입찰을 저지하려는 지저분한 싸움의 내막", 블룸버그, 2018년 12월 20일, https://www.bloomberg.com/news/features/2018-12-20/tech-giants-fight-over-10-billion-pentagon-cloud-contract, (2021년 1월 25일 확인)

368 브라이언 슈워츠(Brian Schwarz), "바이든이 기업들의 세금 감면 규모를 줄이겠다고 위협하는 가운데, 대기업의 CEO들이 공화당에 대한 후원금 액수를 늘리고 있다", CNBC,

2020년, 7월 27일, https://www.cnbc.com/2020/07/27/top-ceos-give-big-to-gop-as-biden-threatens-to-scale-back-corp-tax-cuts.html, (2021년 1월 25일 확인)

369 제니퍼 제이콥스(Jennifer Jacobs), "오라클의 새프라 캐츠, 아마존의 입찰 경쟁에 대해서 트럼프에게 의구심을 제기하다", 블룸버그, 2018년 4월 4일, https://www.bloomberg.com/news/articles/2018-04-04/oracle-s-catz-is-said-to-raise-amazon-contract-fight-with-trump?sref=dJuchiL5, (2021년 1월 25일 확인)

370 나오미 닉스, "구글, 펜타곤의 100억 달러 클라우드 입찰 경쟁에서 발을 빼다", 블룸버그, 2018년 10월 8일, https://www.bloomberg.com/news/articles/2018-10-08/google-drops-out-of-pentagon-s-10-billion-cloud-competition?sref=dJuchiL5, (2021년 1월 25일 확인)

371 마이크 스톤(Mike Stone), "제프 베이조스, 아마존은 펜타곤과 더욱 많이 일하고 싶다고 말하다", 로이터, 2019년 12월 7일, https://www.reuters.com/article/us-usa-pentagon-amazon/amazon-ceo-says-wants-to-work-more-with-pentagon-idUSKBN1YB0JL, (2021년 1월 25일 확인)

372 "트럼프 대통령, 네덜란드 총리와 만나다", C-SpAN, 2019년 7월 18일, https://www.c-span.org/video/?462777-1/president-trump-meets-dutch-prime-minister-mark-rutte, (2021년 1월 25일 확인)

373 도널드 트럼프 주니어, 2019년 7월 18일에 올린 트윗, https://twitter.com/DonaldJTrumpJr/status/1151905489472630785, (2021년 1월 25일 확인)

374 빌리 미첼(Billy Mitchell), "신임 국방장관, 제다이(JEDI) 프로젝트에 대한 불만사항 조사한다", 페드스쿠프, 2019년 8월 1일, https://www.fedscoop.com/jedi-mark-esper-review-congress-complaints, (2021년 1월 25일 확인)

375 프랑크 콘켈(Frank Konkel), 헤더 쿨델(Heather Kuldell), "에스퍼 장관, 제다이 클라우드 입찰 계약에 대한 사안을 회피하다", NextGov.com, 2019년 10월 22일, https://www.nextgov.com/it-modernization/2019/10/esper-recuses-himself-jedi-cloud-contract-review/160782, (2021년 1월 25일 확인)

376 모니카 니켈스버그, 토드 비숍, "사티아 나델라, 정치를 신경 쓰지 않고 기술에 집중한 것이 펜타곤의 클라우드 계약을 따내는 데 도움", 긱와이어, 2019년 11월 1일, https://www.geekwire.com/2019/satya-nadella-staying-politics-focusing-tech-helped-microsoft-win-pentagon-cloud-contract, (2021년 1월 26일 확인)

377 제이 그린, 로라 스티븐스, "월마트, 업체들에게 아마존 클라우드 사용 중단 요구", 월스트리트저널, 2017년 6월 21일, https://www.wsj.com/articles/wal-mart-to-vendors-get-off-amazons-cloud-1498037402?mod=e2tw, (2021년 1월 26일 확인)

378 리나 칸, "아마존의 반독점 역설", 예일법학저널 126, 3호(2017), 710-805페이지, https://www.yalelawjournal.org/note/amazons-antitrust-paradox

379 데이비드 스트레이트펠드, "아마존의 반독점 조사관, 획기적인 아이디어를 내놓다", 뉴욕타임스, 2018년 9월 7일, https://www.nytimes.com/2018/09/07/technology/monopoly-antitrust-lina-khan-amazon.html, (2021년 1월 26일 확인)

380 알렉시스 마드리갈(Alexis C. Madrigal), "실리콘밸리의 의원이 아마존에 대해 말하다", 애틀랜틱, 2017년 6월 19일, https://www.theatlantic.com/technology/archive/2017/06/ro-khanna-amazon-whole-foods/530805, (2021년 1월 26일 확인)

381 코스티아 메드베도프스키(Kostya Medvedovsky), 2017년 6월 19일에 올린 트윗, https://twitter.com/kmedved/status/876869328934711296, (2021년 1월 26일 확인)

382 브렌트 켄달(Brent Kendall), 헤더 해든, "FTC, 아마존의 홀푸드 합병 승인", 월스트리트 저널, 2017년 8월 23일, https://www.wsj.com/articles/whole-foods-shareholders-approve-merger-with-amazon-1503498623, (2021년 1월 26일 확인)

383 아담 사타리아노(Adam Satariano), "아마존이 소매상들과 플랫폼을 장악하면서, 유럽은 충분히 우려할 만하다", 뉴욕타임스, 2018년 9월 19일, https://www.nytimes.com/2018/09/19/technology/amazon-europe-margrethe-vestager.html, (2021년 1월 26일 확인)

384 데이비드 맥러플린(David McLaughlin), 나오미 닉스, 대니얼 스톨러, "트럼프의 반독점 조사관들, 마이크로소프트가 겪은 교훈을 다른 기술 대기업에도 가르쳐주다", 블룸버그, 2019년 6월 11일, https://www.bloomberg.com/news/articles/2019-06-11/trump-s-trustbusters-bring-microsoft-lessons-to-big-tech-fight?sref=dJuchiL5, (2021년 1월 26일 확인)

385 "시실리니 의원, 반독점 소위원회 의장 취임", 2019년 1월 23일, https://cicilline.house.gov/press-release/cicilline-chair-antitrust-subcommittee, (2021년 1월 26일 확인)

386 킴 라이언스(Kim Lyons), "네이들러 하원 법사위원장, 아마존이 법사위에 보낸 편지를 두고 용인할 수 없다고 말하다", 버지, 2020년 5월 16일, https://www.theverge.com/2020/5/16/21260981/nadler-amazon-bezos-seller-judiciary, (2021년 1월 26일 확인)

387 로런 페이너(Lauren Feiner), "아마존 임원, 의원들 앞에서 회사는 제3업체들이 판매하는 물건보다 자체 브랜드를 유리하게 만들지 않았다고 증언", CNBC, 2019년 7월 16일, https://www.cnbc.com/2019/07/16/amazon-tells-house-it-doesnt-favor-own-brands-in-antitrust-hearing.html, (2021년 1월 26일 확인)

388 로라 하우탈라(Laura Hautala), "기술 대기업 청문회에서 화상통화 소프트웨어 기술적 결함", CNET, 2020년 7월 29일, https://www.cnet.com/news/tech-titans-face-video-glitches-in-congressional-testimony, (2021년 1월 26일 확인)

389 브래드 스톤, 《모든 것을 파는 가게》(보스턴, 리틀브라운앤컴퍼니, 2013), 294-300, 241-246페이지

390 데이비드 맥케이브(David McCabe), "아마존의 가장 강력한 비판자 중 한 명은 그들의 바로 안마당에 있었다", 뉴욕타임스, 2020년 5월 3일, https://www.nytimes.com/2020/05/03/technology/amazon-pramila-jayapal.html, (2021년 1월 26일 확인)

391 여기에 있는 모든 발언은 2020년 7월 29일, 기술 대기업을 대상으로 진행한 하원 소위원회의 반독점 관련 청문회의 공식 속기록을 참조했다, https://www.rev.com/blog/transcripts/big-tech-antitrust-hearing-full-transcript-july-29, (2021년 2월 27일 확인)

392 캐런 와이즈(Karen Weise), "프라임 파워: 아마존은 그들의 스토어 이면에서 업체들을 어떻게 쥐어짜고 있는가", 뉴욕타임스, 2019년 12월 20일, https://www.nytimes.com/2019/12/19/technology/amazon-sellers.html, (2021년 1월 26일 확인)

393 유튜브 동영상, 30초, 2020년 10월 5일, https://youtu.be/4qwk2T8-SRA, (2021년 1월 26일 확인)

394 하원 법사위, "법사위 반독점 소위원회의 조사를 통해서 디지털 경제가 독점 권력에 의해 고도로 집중되어 있음이 드러나다", 2020년 10월 6일, https://judiciary.house.gov/news/documentsingle.aspx?DocumentID=3429, (2021년 1월 26일 확인)

395 위와 동일

396 "아마존 부동의 1위를 유지하다", 이마케터, 2020년 3월 11일, https://www.emarketer.com/content/amazon-remains-the-undisputed-no-1, (2021년 1월 26일 확인)

397 맷 데이, 재키 구(Jackie Gu), "아마존의 시장 영향력 이면의 어마어마한 숫자들", 블룸버그, 2019년 3월 27일, https://www.bloomberg.com/graphics/2019-amazon-reach-across-markets/?sref=dJuchiL5, (2021년 1월 26일 확인)

398 하원 법사위, 반독점 상법 행정법 소위원회, "디지털 마켓의 경쟁 현황 조사", 2020년 10월, 318페이지, https://judiciary.house.gov/uploadedfiles/competition_in_digital_markets.pdf?utm_campaign=4493-519

399 "프라임 회원에게는 초고속 식료품 배송이 이제 무료다", 어바웃아마존, 2019년 10월 29일, https://www.aboutamazon.com/news/retail/ultrafast-grocery-delivery-is-now-free-with-prime, (2021년 1월 26일 확인)

400 푸 윤 치이(Foo Yun Chee), "유럽, 시장 지배력과 데이터를 이용해서 경쟁업체들을 쥐어짠 혐의로 아마존을 기소하다", 로이터, 2020년 11월 10일, https://www.reuters.com/article/eu-amazon-com-antitrust/europe-charges-amazon-with-using-its-dominance-and-data-to-squeeze-rivals-idUSKBN27Q21T, (2021년 1월 26일 확인)

401 마티아스 되프너, "제프 베이조스, 제국 건설이 어떤 것인지에 대해 밝히다"

402 "아마존의 새로운 투자가 결실을 맺었음이 실적을 통해 드러나면서, 주가도 덩달아 급증", 블룸버그, 2020년 1월 30일, https://www.bloomberg.com/news/articles/2020-01-30/amazon-holiday-results-crush-wall-street-estimates-shares-surge, (2021년 1월 26일 확인)

403 제프리 대스틴, "기업들의 출장 중단이 확산되면서, 아마존도 미국 내에서 불필요한 이동을 금지하다", 로이터, 2020년 2월 28일, https://www.reuters.com/article/us-china-health-amazon-com/amazon-defers-non-essential-moves-even-in-u-s-as-corporate-travel-bans-spread-idUSKCN20M2TZ, (2021년 1월 26일 확인)

404 테일러 소퍼, "아마존, 코로나 관련 대책을 변경하며, 시애틀 지역의 직원들에게 3월 31일까지 재택근무를 명하다", 긱와이어, 2020년 3월 4일, https://www.geekwire.com/2020/amazon-changes-coronavirus-plan-tells-seattle-area-employees-work-home-march-31, (2021년 1월 26일 확인)

405 모니카 니켈스버그, "아마존, 사옥은 새로운 안전조치로 열어두고, 재택근무 2021년 1월까지 연장", 긱와이어, 2020년 7월 15일, https://www.geekwire.com/2020/amazon-extends-work-home-policy-january-2021-opens-offices-new-safety-measures, (2021년 1월 26일 확인)

406 로이 마우어(Roy Maurer), "코로나19에 대한 대응으로 구직자 면접을 가상공간에서 진행하다", SHRM, 2020년 3월 17일, https://www.shrm.org/resourcesandtools/hr-topics/talent-acquisition/pages/job-interviews-go-virtual-response-covid-19-coronavirus.aspx, (2021년 1월 26일 확인)

407 제프 베이조스, "CEO이자 창업주로부터의 메시지", 아마존, 2020년 3월 21일, https://www.aboutamazon.com/news/company-news/a-message-from-our-ceo-and-founder, (2021년 1월 26일 확인)

408 제프 베이조스, 인스타그램 게시글, 2020년 3월 26일, https://www.instagram.com/p/B-NbzviHy5B, (2021년 1월 26일 확인)

409 제프 베이조스, 인스타그램 게시글, 2020년 3월 27일, https://www.instagram.com/p/B-QSpVsHQcq, (2021년 1월 26일 확인)

410 아마존뉴스, 트위터 영상, 2020년 4월 8일, https://twitter.com/amazonnews/status/1248092828070301697, (2021년 1월 26일 확인)

411 벤자민 로마노(Benjamin Romano), "아마존, 시애틀 지역의 물류창고들 중 한 곳에서 코로나19 양성 확진 직원 발생 시인", 시애틀타임스, 2020년 3월 8일, https://www.seattletimes.com/business/amazon/amazon-confirms-covid-positive-employee-in-one-of-its-seattle-area-warehouses, (2021년 1월 26일 확인)

412 캐런 와이즈, 케이트 콩거(Kate Conger), "50개 이상의 물류창고로 바이러스가 확산되면서 아마존의 반응에도 격차", 뉴욕타임스, 2020년 4월 5일, https://www.nytimes.com/2020/04/05/technology/coronavirus-amazon-workers.html, (2021년 1월 26일 확인)

413 맷 데이, "아마존, 35억 건의 소포를 실어 나르면서 최대의 택배업체가 되다", 블룸버그, 2019년 12월 19일, https://www.bloomberg.com/news/articles/2019-12-19/amazon-is-its-own-biggest-mailman-delivering-3-5-billion-orders, (2021년 1월 26일 확인)

414 "전문가에 따르면, 아마존의 자체 택배 배송이 7월에 기록적인 수치를 기록했다." 벤징가, 2020년 8월 14일, https://www.benzinga.com/news/earnings/20/08/17085321/amazon-posts-self-delivery-record-in-july-consultancy-says, (2021년 1월 26일 확인)

415 유진 킴, "유출된 이메일에 따르면, 아마존의 드론 배송 부서가 코로나19용 페이스 쉴드를 만들고 있으며, 직원들로부터 물류창고의 안전을 높일 수 있는 아이디어를 수집하고 있는 것으로 밝혀졌다", 비즈니스인사이더, 2020년 5월 6일, https://www.businessinsider.com/amazon-drone-delivery-team-is-manufacturing-covid-19-face-shields-2020-5, (2021년 1월 26일 확인)

416 "우리 직원에게 수백만 장의 마스크를 배포합니다", 아마존, 2020년 4월 5일, https://www.aboutamazon.com/news/company-news/getting-millions-of-masks-to-our-employees, (2021년 1월 26일 확인)

417 다나 마티올리, "아마존, 팬데믹 기간에 주문량을 줄이려는 목표 설정", 월스트리트저널, 2020년 4월 16일, https://www.wsj.com/articles/amazon-retools-with-unusual-goal-get-shoppers-to-buy-less-amid-coronavirus-pandemic-11587034800, (2021년 1월 26일 확인)

418 "우리의 주문처리 센터에 입고되는 물품에는 일시적으로 우선순위를 설정합니다", 아마존 서비스 판매자 포럼, 2020년 3월, https://sellercentral.amazon.com/forums/t/temporarily-prioritizing-products-coming-into-our-fulfillment-centers/592213, (2021년 1월 26일 확인)

419 "디지털 마켓의 경쟁 현황 조사", 270페이지, https://www.documentcloud.org/documents/7222836-Investigation-of-Competition-in-Digital-Markets.html#text/p270, (2021년 1월 26일 확인)
아디 로버트슨(Adi Robertson), 러셀 브랜덤(Russel Brandom), "하원, 기술 대기업들에 대한 반독점 보고서 공개", 버지, 2020년 10월 6일, https://www.theverge.com/2020/10/6/21504814/congress-antitrust-report-house-judiciary-committee-apple-google-amazon-facebook, (2021년 1월 26일 확인)

420 다나 마티올리, "아마존, 필수적인 물품들까지 배송을 확대하고, 인력 추가 채용은 지속하기로", 월스트리트저널, 2020년 4월 13일, https://www.wsj.com/articles/amazon-seeksto-hire-another-75-000-workers-11586789365, (2021년 1월 26일 확인)

421 브래드 포터(Brad Porter), "아마존, 디스턴스 어시스턴트 도입", 아마존, 2020년 6월 16일, https://www.aboutamazon.com/news/operations/amazon-introduces-distance-assistant, (2021년 1월 26일 확인)

422 마크 디 스테파노(Mark Di Stefano), "아마존, 와이파이를 통해 물류창고 노동자들을 추적하려는 실험 중단하기로", 인포메이션, 2020년 9월 24일, https://www.theinformation.com/articles/amazon-quietly-expands-large-scale-covid-testing-program-for-warehouses, (2021년 1월 26일 확인)

423 "코로나19 테스트 업데이트", 아마존, 2020년 10월 1일, https://www.aboutamazon.com/news/operations/update-on-covid-19-testing, (2021년 1월 26일 확인)

424 매튜 폭스(Matthew Fox), "코로나19는 아마존에게 성장 호르몬을 주입한 것과 같다: 아마존의 주가가 4,000달러를 향해 올라가기 시작하면서, 4명의 애널리스트들이 아마존의 실적보고서에 대해서 말하다", 비즈니스인사이더, 2020년 7월 31일, https://markets.businessinsider.com/news/stocks/amazon-earnings-wall-street-reacts-blockbuster-report-analysts-stock-price-2020-7-1029456482, (2021년 1월 26일 확인)

425 맷 데이, 다니엘레 레피도(Daniele Lepido), 헬렌 푸케(Helen Fouquet), 마카레나 무노즈 몬티자노(Macarena Munoz Montijano), "코로나바이러스, 아마존 사업의 심장부 강타", 블룸버그, 2020년 3월 16일, https://www.bloomberg.com/news/articles/2020-03-16/coronavirus-strikes-at-amazon-s-operational-heart-its-delivery-machine?sref=dJuchiL5, (2021년 1월 26일 확인)

426 매튜 달튼(Matthew Dalton), "법원의 코로나바이러스 제한 명령으로, 아마존의 프랑스 물류창고 6곳 폐쇄", 월스트리트저널, 2020년 4월 16일, https://www.wsj.com/articles/amazon-shuts-warehouses-in-france-11587036614, (2021년 1월 26일 확인)
마티유 호즈망(Mathieu Rosemain), "아마존이 프랑스에서 운영하는 물류창고들, 근무하는 인력의 규모를 30퍼센트 수준으로 감축한 채 다시 가동", 로이터, 2020년 3월 18일, https://www.reuters.com/article/health-coronavirus-amazon-france/amazons-french-warehouses-to-reopen-with-30-staff-unions-idINKBN22U27G?edition-redirect=in, (2021년 1월 26일 확인)

427 피에르-폴 버밍엄(Pierre-Paul Bermingham), "코로나19 조치가 경쟁사들 강타, 프랑스 아마존에 거센 비판", 폴리티코유럽, 2020년 11월 5일, https://www.politico.eu/article/spotlight-falls-on-amazon-as-french-businesses-are-restricted-by-lockdown-rules, (2021년 1월 26일 확인)

428 샘 딘(Sam Dean), "코로나19를 겁내는 아마존 노동자들, 노동 조건에 대한 정부 조사 요구", 로스앤젤레스타임스, 2020년 4월 9일, https://www.latimes.com/business/technology/

story/2020-04-09/fearful-of-covid-19-amazon-workers-ask-for-state-probe-of-working-conditions, (2021년 1월 26일 확인)

429 서배스천 헤레라(Sebastian Herrera), "해고된 아마존 물류창고 노동자들, 회사의 보복행위를 고발, 사측은 부인", 월스트리트저널, 2020년 4월 14일, https://www.wsj.com/articles/fired-amazon-warehouse-workers-accuse-company-of-retaliation-which-it-denies-11586891334, (2021년 1월 26일 확인)

스펜서 소퍼, 맷 데이, "아마존 배송기사들, 교대근무를 하기 전 차량 세척용 물티슈 한 장 지급받았다", 블룸버그, 2020년 3월 18일, https://www.bloomberg.com/news/articles/2020-03-18/amazon-drivers-received-single-wipe-to-clean-vans-before-shifts?sref=dJuchiL5, (2021년 1월 26일 확인)

430 벤자민 로마노(Benjamin Romano), "아마존, 시애틀 물류창고 직원 코로나 감염 확인", 시애틀타임스, 2020년 3월 28일, https://www.seattletimes.com/business/amazon/amazon-confirms-covid-positive-employee-in-one-of-its-seattle-area-warehouses, (2021년 1월 26일 확인)

431 조시 아이들슨, 루크 카와(Luke Kawa), "아마존 파업 주동자를 해고한 사건에 대해 주 정부 및 시 당국 정밀 조사", 블룸버그, 2020년 3월 30일, https://www.bloomberg.com/news/articles/2020-03-30/amazon-worker-who-led-strike-over-virus-says-company-fired-him, (2021년 1월 26일 확인)

"크리스 스몰스와의 인터뷰", 에밀리 창(Emily Chang), 블룸버그TV, 2020년 3월 30일, https://www.bloomberg.com/news/videos/2020-03-30/striking-amazon-employee-accuses-company-of-retaliation-video, (2021년 2월 28일 확인)

432 폴 블레스트(Paul Blest), "해고된 파업 주동자에게 오명을 씌우려는 아마존의 상세 계획 문건 유출", 바이스뉴스, 2020년 4월 2일, https://www.vice.com/en/article/5dm8bx/leaked-amazon-memo-details-plan-to-smear-fired-warehouse-organizer-hes-not-smart-or-articulate, (2021년 2월 28일 확인)

433 해일리 피터슨(Hayley Peterson), "아마존이 소유한 홀푸드, 어느 매장에 노조 조직화의 위험이 가장 높은지를 점수로 매긴 히트맵 도구로 직원들을 조용히 추적하고 있었다", 비즈니스인사이더, 2020년 4월 20일, https://www.businessinsider.com/whole-foods-tracks-unionization-risk-with-heat-map-2020-1?r=US&IR=T, (2021년 1월 26일 확인)

닉 스탯(Nick Statt), "아마존, '노조 조직화 위협'을 파악하기 위한 자세한 내용을 담은 구인 공고를 삭제하다", 버지, 2020년 9월 1일, https://www.theverge.com/2020/9/1/21417401/amazon-job-listing-delete-labor-organizing-threat-union, (2021년 1월 26일 확인)

434 "아마존 노동자: 최소 600명의 아마존 직원이 코로나바이러스로 타격을 받았다", CBS, 2020년 5월 10일, https://www.cbsnews.com/news/amazon-workers-with-coronavirus-60-minutes-2020-05-10, (2021년 2월 16일 확인)

435 "코로나19 테스트 업데이트", 아마존

436 "코로나19 테스트 업데이트", 아마존

437 로렌 카오리 걸리(Lauren Kaori Gurley), "홀푸드 코로나바이러스 사례를 추적하던 직원 해고", 머더보드, 2020년 3월 29일, https://www.vice.com/en/article/y3zd9g/whole-foods-just-fired-an-employee-who-kept-track-of-coronavirus-cases, (2021년 2월 28일 확인)

438 새라 애슐리 오브라이언(Sarah Ashley O'Brien), "아마존 물류창고 내부의 두려움과 해고", CNN, 2020년 4월 22일, https://www.cnn.com/2020/04/22/tech/amazon-warehouse-bashir-mohamed/index.html, (2021년 2월 28일 확인)

439 캐롤라인 오도노반(Caroline O'Donovan), "해고당한 이 노동자는 아마존이 자신에게 보복했다고 말한다. 그러면서 현재 회사는 고소를 당할 위기에 처해 있다", 버즈피드뉴스, 2020년 12월 4일, https://www.buzzfeednews.com/article/carolineodonovan/amazon-worker-retaliation-coronavirus, (2021년 2월 16일 확인)

440 팀 브레이(Tim Bray), "아마존이여, 안녕히", 팀 브레이가 계속해서 업데이트 하는 블로그 온고잉, 2020년 4월 29일, https://www.tbray.org/ongoing/When/202x/2020/04/29/Leaving-Amazon, (2021년 1월 26일 확인)

441 브래드 포터, "팀 브레이가 퇴사하면 남긴 글에 대하여", 링크드인, 2020년 5월 5일, https://www.linkedin.com/pulse/response-tim-brays-departure-brad-porter, (2021년 1월 26일 확인)

442 스펜서 소퍼, "아마존, 전자상거래의 수요가 강력할 것이라는 신호를 보내며 매출액 신장을 계획하다", 블룸버그, 2021년 2월 2일, https://www.bloomberg.com/news/articles/2021-02-02/amazon-projects-revenue-signaling-strong-e-commerce-demand, (2021년 2월 28일 확인)

443 캐런 와이스, "팬데믹의 거센 영향으로 아마존은 비견할 데 없는 채용 잔치를 벌이고 있다", 뉴욕타임스, 2020년 11월 27일, https://www.nytimes.com/2020/11/27/technology/pushed-by-pandemic-amazon-goes-on-a-hiring-spree-without-equal.html, (2021년 2월 28일 확인)

444 애니 팔머(Annie Palmer), "아마존의 소비재 부문 대표이자 베이조스의 2인자였던 제프 윌크, 2021년에 은퇴한다", CNBC, 2020년 8월 21일, https://www.cnbc.com/2020/08/21/amazons-consumer-boss-jeff-wilke-to-step-down-in-2021.html, (2021년 1월 26일 확인)

445 애니 팔머, "코로나19 백신 배포를 돕겠다고 제안하며 아마존이 바이든에게 보낸 편지 전문 공개", CNBC, 2021년 1월 20일, https://www.cnbc.com/2021/01/20/amazon-sends-letter-to-biden-offering-to-help-with-covid-19-vaccines.html, (2021년 2월 28일 확인)

446 제이슨 델 레이, "제프 베이조스, 아마존의 최고위급 경영진에 마침내 두 명의 여성

임원 추가, 기존의 남성 임원은 모두 19명", 복스, 2019년 12월 5일, https://www.vox.com/recode/2019/12/5/20998013/amazon-s-team-leadership-women-jeff-bezos-tech-diversity, (2021년 2월 28일 확인)

테일러 소퍼, "제프 베이조스의 최고위 엘리트 그룹인 S팀에 방금 합류한 세 명의 아마존 임원들을 소개한다", 긱와이어, 2020년 8월 21일, https://www.geekwire.com/2020/three-amazon-execs-just-joined-jeff-bezos-elite-s-team-leadership-suite, (2021년 2월 28일 확인)

447 소피 알렉산더(Sophie Alexander), 벤 스티버만(Ben Steverman), "매켄지 스콧의 놀라운 기부가 베이조스의 재산을 바꾸고 있다", 블룸버그, 2021년 2월 11일, https://www.bloomberg.com/features/2021-bezos-scott-philanthropy, (2021년 2월 28일 확인)

448 닉 틸슨(Nick Tilsen), "움직이는 권력과 과감해진 원주민들이 이끄는 기후 해결책: NDN컬렉티브가 베이조스 지구기금에서 지원금을 받은 것에 대해 말하다", NDN컬렉티브, 2020년 11월 25일, https://ndncollective.org/shifting-power-and-emboldening-indigenous-led-climate-solutions-ndn-collective-on-bezos-earth-fund-grant, (2021년 1월 26일 확인)

449 블레이크 다지(Blake Dodge), "아마존이 기업에 제공하려는 노동자를 위한 의료 서비스인 아마존 케어의 내면을 보다", 비즈니스인사이더, 2020년 12월 16일, https://www.businessinsider.com/inside-amazon-care-telehealth-employers-2020-12, (2021년 1월 26일 확인)

450 "아마존, 재무 실적과 함께 CEO 직위를 넘기겠다는 내용 발표", 아마존, 2021년 2월 2일, https://ir.aboutamazon.com/news-release/news-release-details/2021/Amazon.com-Announces-Fourth-Quarter-Results, (2021년 2월 17일 확인)

451 "제프 베이조스가 직원들에게 보내는 편지", 아마존닷컴, 2021년 2월 2일, https://www.aboutamazon.com/news/company-news/email-from-jeff-bezos-to-employees, (2021년 3월 10일 확인)

아마존 언바운드

1판 1쇄 발행 2021년 12월 1일

지은이 | 브래드 스톤
옮긴이 | 전리오
펴낸이 | 박선영

편집장 | 이효선
마케팅 | 김서연
디자인 | 이진욱
발행처 | 퍼블리온
출판등록 | 2020년 2월 26일 제2021-000048호
주소 | 서울시 영등포구 양평로 157, 408호 (양평동 5가)
전화 | 02-3144-1191
팩스 | 02-3144-1192
전자우편 | info@publion.co.kr

ISBN 979-11-91587-09-8 03320

※ 책값은 뒤표지에 있습니다.